唐君毅全集卷二十

文化意識與道德理性

臺灣學生書局印行

目　錄

文化意識與道德理性

第四章　政治及國家與道德理性

第七章　人類宗教意識之本性及其諸形態

第十章　人類文化在宇宙之地位與命運……六二四

文化意識與道德理性

本書於一九五八年由香港友聯出版社初版，分上、下册。一九七五年臺灣學生書局再版。至一九八〇年四月，共發行四版。全集所據爲臺灣學生書局第四版（臺三版），經全集編輯委員會重新校訂，並將上、下册合爲一册。

自序（一）

——寫作緣起

吾寫作本書，始於三十六年尚在南京中大任教時。十之六七，成於太湖濱之江南大學。論宗教一章，成於江西信江鵝湖書院。最後二章第一章及自序，於四十一年成於香港。計地歷四處，時經五載。稿成後，除應友人之約，曾分別發表若干章外，即散置篋中，迄未遑自閱一通。今又匆匆五載矣。憶余初動筆時，本欲只寫一文，論家庭、國家、與天下觀念之建立。及論家庭既畢，即覺有擴大爲一總論文化意識之道德理性基礎之必要。遂於課餘絡續寫作，竟成巨帙。余十年來，遭逢世變，安居無地，不免心與境遷，情隨物轉。然在寫此書時，則力求不動於氣，冀明放之四海而皆準之義理之當然爲事。唯余對文化及道德之問題，於世書俗說，多所未安。意吾所欲言，皆須歷經曲折而後能達。乃不惜取西方哲學著作之體裁，繳繞其辭，碎義析理。粗心自讀，亦苦文義艱澀。故亦不亟亟於刋行。而五六年以來，余所寫之一般文字，則皆頗求通俗，較切事情，少事剖析，略具華彩。顧此類即事言理之文，隨事宛轉，意氣激昂，亦使人心志外馳，往而不返。其於世爲益爲損，亦未易論。而其所根據之義理，又咸在此書。則此書之艱澀，抑正在其所陳之思想，如深植根於地下，乃自泥土沙礫之壓抑中，蜿蜒生長而出者。古人言，仁者先難而後獲，君子之道費而隱。區區爲學，亦嘗慕此。則此書文義艱澀，亦未爲大病。抑亦可助讀者之更能不避艱澀，以深植其思想之本根。乃將此書重次定目錄，是正文句，加以刋行。如世之讀者苦其艱澀，亦無妨與余以前所發表，其他較流暢通俗之著，如人生之體驗，人文精神之重建等，互相參看。既可觀其互相照映之義理，亦知二者之別，乃文章體類之不同。離之而後雙美，合之則必兩傷。而學問之事，則凝攝之功與發揮之事，初未必相妨。古人云，卷之則退藏於密，放之則彌綸六合。此乃古人爲學作文之最高境界。然要必先卷而後放。斯意也，吾固遠未能逮，願與天下賢士共勉之。

四十六年一月卅日

自序（二）

——明本書宗趣

一　本書宗趣

本書之寫作，一方是為中國及西方之文化理想之融通建立一理論基礎，一方是提出一文化哲學之系統，再一方是對自然主義、唯物主義、功利主義之文化觀，與以一徹底的否定，以保人文世界之長存而不墜。本書之內容十分單純，其中一切話，皆旨在說明：人類一切文化活動，均統屬於一道德自我或精神自我、超越自我，而為其分殊之表現。人在各種不同之文化活動中，其自覺之目的，固不必在道德之實踐，而恆只在一文化活動之完成，或一特殊的文化價值之實現。如藝術求美，經濟求財富或利益，政治求權力之安排……等。然而一切文化活動之所以能存在，皆依於一道德自我，為之支持。一切文化活動，皆不自覺的，或超自覺的，表現一道德價值。道德自我是一，是本，是涵攝一切文化理想的。文化活動是多，是末，是成就文明之現實的。道德之實踐，內在於個人人格。文化之表現，則在超越個人之客觀社會。然而，一不顯為多，本不貫於末，理想不現實化，內在個人者，不顯為超越個人者，則道德自我不能成就他自己。而人如不自覺各種文化活動，所形成之社會文化之諸領域，皆統屬於人之道德自我，逐末而忘本，泥多而廢一；則將徒見文明之現實之千差萬別，而不能反溯其所以形成之精神理想，而見其貫通；徒知客觀社會之超越個人，而不知客觀社會亦內在於個人之道德自我、精神自我；則人文世界將日益趨於分裂與離散，人之人格精神將日趨於外在化世俗化。所以本書之目的，一方是推擴我們所謂道德自我、精神自我之涵義，以說明人文世界之成立；一方即統攝人文世界於道德自我、精神自我之主宰之下。我認為中國文化過去的缺點，在人文世界之未分殊的撐開，而西方現代文化之缺點，則在人文世界之盡量的撐開或淪於分裂。此義在人文精神之重建等書中已詳論。此書之目的，唯在指出道德自我、精神自我之存在與各種文化活動之貫通。我希望中國將來之文化，更能由本以成末，現代西方文化更能由末以返本。這亦即是為中西文化理想之會通，建立一理論基礎，而為未來之中西文化精神之實際的融和，作一鋪路之工作。

二　本書所承於中國思想之處

至於就此書之內容說，則此書是提出一文化哲學之系統。其所以是提出一文化哲學之系統，乃因其對中西文化哲學之思想，皆有所承繼，亦有創新之意見。此書所承者，在根本觀點上是中國之儒家思想。儒家思想始於孔子。孔子之功績，一方在承繼以前中國之六藝之文化。（原始之六藝爲：禮、樂、射、御、書、數。禮卽道德法律，樂爲藝術、文學，射御卽軍事體育，書是文字，數是科學。後來之六藝爲：詩書禮樂易春秋。詩屬文學藝術、禮屬道德倫理、社會風俗、制度。書屬政治、法律、經濟。易屬哲學宗教。春秋卽孔子依其文化理想所以裁判當世，垂敎當世之敎育法律也。）而孔子則統六藝之文化於人心之仁。以後中國儒家論文化之一貫精神，卽以一切文化皆本於人之心性，統於人之人格，亦爲人之人格之完成而有。儒家一貫是尊人文的，此與道家之尙自然，爲中國思想之兩大支。道家之尙自然，是由於見人文之弊害。而儒家則不主張因噎廢食，而知一切人文之弊害，皆由於人文與其本原所自之人之德性或道德理性相離，由於人之道德自我、精神自我之不能主宰文化。這一意思，是我全部承受的。孔子以後，孟子重義利之辨、人禽之辨，偏重在講人生。荀子則特偏重講文化。文與野對、文與質對、文與自然對。故荀子反自然、重人爲，而以自然之性爲惡。荀子之哲學，善於講心之主宰性超越性，以對治自然之性，由此便顯出人文世界之莊嚴。但荀子不知人心之本性，乃理性或性理之性，而非其所謂自然之性。故我此書之論人文之基礎不在自然之性，雖同於荀子；而論人文之基礎在能超越主宰自然之性的心之性理或理性，則是孟子之路數。漢儒重教育、政治、經濟制度之建立，以厚風俗而尊天，可謂能重社會文化之實際措施。然文學、藝術、哲學、宗教，在人文世界之地位之高，則在魏晉六朝隋唐。宋明理學家用心之重點，在依性與天道以立人極、明道德。其對社會文化之重視尚不足。永康永嘉一派，重政治、經濟，又太偏於功利。明末顧黃王諸儒，乃直承宋明理學家之重德性之精神，而加以充實擴展，由「博學於文」以言史學，兼論社會文化之各方面。其中王船山之論禮、樂、政教，尤能力求直透於宇宙人生之本原。唯王船山之論性與天道，過於重氣，誠不如朱子、陽明重心與性理之純。然重氣卽重精神之表現，由精神之表現以論文化，又較只本心性以論文化者，更能重文化之多方發展。而我今之論文化，卽直承船山之重氣重精神之表現之義而發展。然吾人之言心與性理，則仍依於朱子與陽明之路數，此卽本書所承於中國儒家思想者也。

三　本書所承於西方思想之處

然本書之論文化之中心觀念，雖全出自中國儒家之先哲。然在論列之方式，則為西方式的，並通乎西洋哲學之理想主義之傳統的。西方哲人之論文化，與中國哲人之論文化之方式有一大不同。中國哲人之論文化，開始即是評判價值上之是非善惡，並恆是先提出德性之本原，以統攝文化之大用。所謂明體以達用，立本以持末是也。而西方哲人之論文化，則是先肯定社會文化之爲一客觀存在之對象，而反溯其所以形成之根據。本書之作法正是如此。希臘哲學自蘇格拉底，至柏拉圖、亞里士多德，乃重論文化。然蘇格拉底尤重明道德。其論道德之方式，不似孔子之直指人心之仁孝，以明道德之本，而是就當時社會所流行之道德習慣風俗或道德判斷，加以反省問難，以明道德知識之內心根據。柏拉圖再由論道德與知識，與其他文化如政治、教育之內心根據，以至進求其形而上之根據，此乃一由末返本，由用識體之用思方式。至亞里士多德，遂開始分門別類的論「文藝、倫理、政治、經濟等文化之理性根據」，及「人及其文化與自然世界或神之關係」。人類文化，在亞里士多德，可謂純被推置爲一客觀之對象來看。而亞里士多德之哲學，即爲後世各種自然科學文化科學之始祖。在亞氏以後，斯多噶、伊壁鳩魯之哲學，均重論人生道德，而帶自然主義之色彩，未能眞尊重人文。基督教興，而以宗教統率道德哲學。然科學與文藝、政治、經濟在社會文化中之獨立性，亦皆不免被忽視。至近世之文藝復興、宗教改革，而後科學、文藝及個人之良心、個人之自然欲望、自然情感等之重要性被認識。近世西方文化之多方面之發展，經濟、政治、文藝、哲學、宗教、道德、教育、法律、體育皆一一宛成社會文化中之一獨立領域，乃西洋古代所未有，亦中國過去所未有。然近世之哲學，初只及於人類知識之起源如何，人之理性經驗與知識之關係如何，或如何依純理性或經驗以建立形而上學上之上帝存在或靈魂不朽、意志自由等問題。直至康德，乃由知識論以限制知識世界之範圍；於純粹理性以外，認識實踐理性之重要，由此以提出道德之重要；再由道德以建立宗教、法律、政治，並由理性之顯於自然及超利害心的興趣之出現，以論美與藝術。至菲希特、席林、叔本華、黑格爾等遂皆重精神之表現所成之文化。其中菲希特所重者，在道德與社會文化。席林所重者在藝術、文學、神話。叔本華所重者在由科學、藝術以達於道德，歸於宗教。黑格爾則遍論人類文化之各方面，於家庭、社會道德、國家、法律、藝術、宗教、哲學，皆視為客觀精神或絕對精神之表現，以進而論人類各時代之文化在歷史中所表現之本身價值，與「為繼起之人類文化精神之向上發展之基礎」之效用價值。由黑格爾等所開啓之對人類文化歷史之研究，遂促進近代之社會科學、文化科學、歷史科學之繼近代初期之自然科學、生物科學，而分門別類的發展。大率各種社會科學家、文化科學家、歷史科學家之論文化，在客觀的分析態度上，均精密過於哲學家。然直透本原之涵蓋貫通的智慧，則不如哲學家。他們大皆自原始社會之考察，不同民族文化之比較，社會文化現狀之調查統計，或史料之搜集、整理與分析，以研究人類之歷史文化現象，或再取資於一般社會心理學、自然心理學或其他社會科學中現有之知識或原理，以說明人類之文化現象。其由經驗事實以歸納出一條理，或以現成其他科學中之知識原理為根據以論文化，都可說是一由外以入內之硏究方法。此種硏究方法自極有價值，但不能說是哲學的，亦非我們今之所取。

在黑格爾以後之論歷史文化之哲學家，除德國西南學派及狄爾泰等外，在現代，有斯賓格勒 Spengler、斯普朗格 Spranger、凱薩林 Keyserling、佛芮德爾 Friedell、托因比 Toynbee 及卡西納 Cassirer。西南學派之溫德爾班 Windelband、利卡脫 Rickart 及狄爾泰 Dilthey 之思想，我只由他人之介紹而知。托因比之書，我亦只看節錄本。但托因比之方法，仍是一歸納的比較文化學之方法，其哲學意味實不夠。溫德爾班、利卡脫之論歷史，重在歷史中人物與事件之特殊個體性與價值性。卡西納之論文化，重由各符象形式之表現於語言神話科學等者，說明其意義。狄爾泰之論文化，重文化之心理意識上之起原。但皆與此書之直重反省吾人之文化意識中所表現之普遍理性者有異。至於佛芮德爾之「近世文化史」與斯賓格勒之「西方文化之衰落」，都是縱論歷史文化之演變。就方法態度方面說，佛芮德爾對西方近世文化之態度乃一諷刺而含幽默感的態度。斯賓格勒對人類文化之態度，則是一同情的體驗一民族文化精神之生長、興盛與衰亡之見於歷史事實之發展者之態度。其論歷史不免以自然生命之歷程相類比，其結論純是悲觀的，與黑格爾之視人類文化歷史之發展爲一往向上升進的相反。我之此書，非就歷史以論文化，與黑格爾、托因比、佛芮德爾、斯賓格勒皆不同。他們之豐富的文化歷史之知識，亦非我之所及。我論人類文化之態度，亦非諷刺的或悲觀的態度，並不以文化生命與自然生命相比。我之此書，只是橫面的論各種文化活動之道德理性基礎。此與凱薩林之重論人類文化之精神意義，有相似而亦不全同。因凱氏仍是直接就東西文化之外表之表現，以抉發其精神意義，其方法爲卽事顯理的，亦不重系統之建立的。凱氏論文化智慧之高，乃今世所少有。其精巧透闢之見，亦我所佩服。我此書則重在言理，且較重系統的。至於斯普朗格之「人生之形式」一書，由人之各種心理意識，以論各種文化活動，亦重各種文化活動之道德價值，乃與此書之方法態度，似最相近者。我亦頗喜其書。但斯氏之態度，乃先從事文化活動之心理意識之分析，再由其相互之配合或衝突之關係，以引出道德價值之問題。而我之此書，則重在於文化活動之心理意識中，隨處指出有道德理性之一貫的主宰作用之存在。故與斯氏之用心仍迥然不同。而此書直接所承受之論文化之態度，在西方，只能說是直本於康德、黑格爾之理想主義之傳統。

康德及黑格爾皆以人類文化爲人之理性實現於客觀世界，或精神之客觀表現。康德論文化之最大功績，在以其批導之方法，分清科學知識、道德、宗教、藝術、政治、法律之不同的領域，而一一於其中見人類之理性要求之一實現或滿足。而黑格爾論文化之大慧，則在依其辯證法以指出不同之文化領域，乃同一之精神自我之客觀的表現，其自身所遞展出之精神形態。而人類之歷史，亦卽同一之絕對精神或宇宙精神表現其自身於地上之行程。然而黑氏論精神自我之表現爲不同領域之文化，以哲學爲最高，宗教次之，藝術又次之，國家法律、社會道德再次之，家庭又次之。宇宙精神、絕對精神之表現於歷史，則由中國、印度、埃及、波斯、希臘、羅馬、日耳曼世界，亦顯爲次第升進之形態。日耳曼世界中之普魯士國家之政制，爲絕對精神之自覺的實現其自身於地上。但對人類未來歷史文化當如何，則他無話說，故其於「歷史哲學」中，終於謂歷史哲學只能說過去，不能說未來。而且如果普魯士之國家政制已爲絕對精神之自覺的實現於地上，則理當更無表現更高精神之未來歷史。故黑格爾之絕對唯心論之似樂觀的歷史哲學，一轉手卽爲馬克斯之唯物史觀，斯賓格勒之悲觀的歷史哲學。而其層層次第上升之歷史觀文化觀，乃一直綫式的歷史文化觀，此便非我所採取。又其論文化，恆注重一文化民族與他文化民族之互相戰爭衝突而毀滅，以昭顯其文化之精神價值於後世等處，實帶一潛伏之悲觀精神。此可以說明西方文化，而不能說明中國文化。更不能謂人類之未來文化亦只能如此。其所謂宇宙精神，或表現爲人類各文化領域之客觀精神絕對精神，乃一可上升亦可下降而波瀾起伏之精神。其下降後之上升，亦只有先通過其自身之毀滅。黑格爾於此，亦實有極高之智慧。但吾意眞正上升之精神，並自覺其所以上升之根據之精神，卽可不須通過毀滅以求上升。由是而吾人之論精神之表現爲各種文化領域也，亦不須如黑格爾之將家庭、社會道德、國家法律、藝術、宗教、哲學連成一線，以論由前者之自身限制之超越，以轉出後者。吾之論文化，卽改而遵康德之精神，以同時肯定各種文化活動，爲同一之精神自我之分殊的表現，而不先在原則上決定各種文化領域之高下。

吾書以道德爲文化之中心，而不以哲學爲文化之最高者，乃承康德之精神。然康德之論道德，注重自覺的道德意志或自覺的道德理想或所謂目的世界之建立。在康德哲學系統中，其外堂是科學知識之世界。其道德生活之所指向者，乃宗教信仰。他又由人人爲自覺立法者之道德觀念之應用，即以肯定政治法律中之自由民主精神，並求永久和平之國際關係之維持。至於足以潤澤人之道德生活之嚴肅，使人覺道德理性亦實現於自然界及感覺界者，則爲美感與藝術。在其哲學系統中，道德之生活，乃一超越現實之生活。其所謂道德理性皆爲自覺的依理性以立法以自律之理性。由此自律，而人之自然心理性向、自然欲望、所求之快樂幸福，皆在道德世界本身無地位。同時一般人之日常生活或文化活動，能不自覺或超自覺的表現人之道德理性之處，皆康德道德哲學之所未加分析者。黑格爾能於一切文化中同見一精神、或理性、在其中之表現。黑氏之精神理性，又非一直向上的，處處直接正面地成就他自己的，而恆是由其向下之否定、或反面之否定、以成就他自己的。道德一名，只是其文化領域中，在哲學、宗教、藝術之下之客觀精神之一領域。而吾人之工作，則是一方承康德以道德爲文化之中心，而同時不如康德之只以自覺的依理性以立法自律之道德理性與其所成之道德生活，乃爲眞正之道德理性，道德生活。我們注重說明：人在自覺上只是實現一文化理想時，亦有不自覺或超自覺之道德理性之表現。人之一切文化生活，在一意義下皆可爲道德生活之內容。於是道德生活即內在於人之一切文化生活中。由是而吾人之論道德與文化，即既異於黑格爾之以道德與其他文化領域並列，而置於哲學下之論法；亦異於康德之只承認自覺的道德生活爲道德生活，並以自覺的道德生活爲一切文化生活之中心，居一切文化生活之上之論法。我乃著重於指明人在自覺求實現文化理想，而有各種現實之文化活動時，人卽已在超越其現實的自然心理性向，自然本能，而實際的表現吾人之道德理性。由是而將康德之道德理性之主宰的效用，在人類之文化活動之形成發展上，加以證實。

此卽本書論道德文化與西方近世及現代諸哲之異同點，而由之可見本書所承於西哲者也。

四　理想主義、自然主義，自我與理性

本書所承之中西哲人之思想爲理想主義、人文主義之傳統。故本書所反對者，卽爲中西思想中之自然主義、唯物主義或功利主義、現實主義之思想。中國之老莊之自然主義，因其返自然，唯所以去人文之弊害，而其所返之自然乃純樸之自然，或萬化未始有極之自然。他們重致虛守靜而游心於天地萬化之變；故尙表現一形上學或藝術之精神。此非我所主要反對者。現代西方之自然主義者如杜威、桑他耶那等，能盡量承認精神理想亦存於自然之義，此亦非我所主要反對者。我所最反對之自然主義，乃西方近世以人之自然欲望如物質欲望、性欲、權力欲或自然心理，如過去經驗習慣交替反應，或自然環境之決定力量，說明人類文化之形成之自然主義。如馬克斯之唯物的經濟決定論

，亭廷頓之地理決定論，佛洛特之文化創造之性欲背景之分析，及尼采之以權力欲之伸展，說明並批判過去之科學或宗教道德之理論，行爲主義者之以思想爲語言、爲一種交替反應或喉頭之顫動諸說，吾人皆以爲可以毀滅人類文化之本身價值之曲說。而功利主義者正均以人類文化之價值，唯在滿足人之自然欲望或單純之求快樂之心者。西方功利主義者中如邊沁、穆勒，承認各種文化活動所致之快樂皆有價值。穆勒、席其維克之功利主義，並肯定快樂之有高下之別。其思想對人類文化，尙無害處，並可促進人之力求其行爲之產生實效。然如中國之墨家，重功利而只肯定社會經濟事業及兼愛一種道德、與希天賞畏天罰之宗教，即太顯狹隘。而中國之法家，依性惡論及功利主義與道家之虛無思想，而只肯定國家之富強之價值，並否認一切禮樂仁義之價值，則成一反人文之曲說。馬列主義之依唯物主義以主張人之一切文化皆所以助人求生存之說，抹殺宗教與個人創造文化之自由，及超政治之學術、文藝、道德、教育之價值，尤爲一足以使人類文化全失本身價值之思想。而一般自然主義、唯物主義、功利主義之思想，均易得不曾有深刻之反省的思想之一般人之信從。故我們即聚古今之聖哲之理想主義與人文主義之思想以破之，亦恆不能阻其蔓延。故吾書不重辨吾個人之主張與諸中西大哲之理想主義、人文主義思想之同異。於我所承於中西大哲者，固不加以分別一一指出。即我所異于中西大哲，自認爲有創發之見之處，亦不特別標示。而全力貫注於說明此一般自然主義、唯物主義之不足解釋文化之產生，而對各種文化之超功利的精神價值，隨處加以指出。

我相信，只要讀者眞正一字一句將本書讀過，並處處體會其涵義；則自然主義、唯物主義與功利主義之錯誤，卽可完全明了於心。有此明了，人卽能眞正尊重人類文化，而眞正立人道於天地之間，以進而建立人之人格世界，卽康德所謂人人自身爲一目的之王國。而本書之所以著之最大之目的，與其說在提出個人的文化哲學系統，不如說在對一般自然主義、唯物主義、功利主義之文化觀，與以一徹底的否定，而使人文世界得永保其向上的發展而不墜。

至於說到此書之內容方面，則我並不忽視或否認人類之創造文化之精神，與人所處之自然環境及人之自然本能、自然欲望有關係。但此關係只是一規定的關係，而非決定的關係。此規定的關係，亦內在於人之向上精神之自身。我亦不否認人類之向上精神可以墮落，不否認人類文化之發展至一階段，可以產生弊害。人有時亦當有一求返於自然之意識。但我們以爲人之向上精神之墮落，均由於人之精神之陷於其自然的本能欲望。而人文發展之弊害所自生，則由於人文之「自然的一發展，亦卽由於我們之不能隨時提起吾人之向上的創造精神，自覺人之文化活動之本原之淸淨，而返本以成末。人如果順精神之本性發展，則他只有向上而無向下。卽向下後，人只要一念自覺其向下之故，卽可重歸向上。故人類文化之弊害，人亦在原則上可以加以挽救。挽救之道，亦卽在自覺其弊害所自生，而眞知文化之本原之淸淨。本書乃擴充孟子之人性善論，以成文化本原之性善論，擴充康德之人之道德生活之自決論，以成文化生活中之自決論。此卽一方與宗教家之謂「人嘗知識之果而知羞恥以穿衣，乃人之降落之本」之文化本原之性惡論，及自然主義、唯物主義者之以為文化原於自然本能、自然欲望、自然心理之文化本原的性無善不善論相反。同時一方與人類文化被神所決定之超越決定論之說不同，亦與人類文化被一切自然力量所決定之外在決定論相反。我只承認，所謂精神以外之自然力量，可以規定精神表現之形態及文化之自然的發展可生出弊害。只順文化之自然的發展流行，則其弊害之孳生，亦可使人類文化歸於一悲慘之命運。然因自然力量對人之精神之規定關係，仍內在於精神之自身，所以人總可自覺其精神自身之自動自主性，精神之本性之至善，文化本原之至善，而有一自己決定其未來文化之如何之自由，以自挽救其弊害，而自拔於自然降臨的悲慘命運之外。這是我在本書第一章及最後一章所合以說明的。

在本書第一章，吾人除論人之精神之自決性之外，復兼論人類精神之何以能表現於身體、物質之形相世界，與感覺界之語言文字符號之故。本書未專論語言文字之哲學，即在此附論。最後一章，則除論人之文化之順其自然的發展之所以致文化衰落之故，及挽救之道外，兼對人之創造文化之精神在自然世界之地位，與自然之進化之關係，有一說明。由此說明，可以使我們了解人之精神與自然的心理、自然生命、或自然的物質世界，所遵循表現之理則，與人自覺的理想之建立中所表現之理性，在形上學中可以加以貫通。而吾人之理想主義、人文主義，並不否認：從事實上看，人之精神之出現於自然，乃由進化而來，其出現有其自然之條件。然而所謂由自然進化而來，皆由自然之自己超越而來。故自然之進化出精神，卽精神之自己表現、自己呈現。故我們決不走到自然主義。此章涉及形上學宇宙論之問題，然而我們不能充量的自各方加以討論。此章中之所以論及此中問題，唯所以使人不致以我們所謂人之精神，全與通常所謂自然世界或自然進化之事實相脫節而不相干者。

五　本書各章大旨

本書第一章泛論人類創造文化之精神之自主自動性或自決性。末章總論人之文化之弊害之所以產生之故，及如何挽救之道，與人之精神與自然世界之萬物之理則及自然進化之事實之關係。其餘各章，皆是分論各種文化領域中之文化活動之依何種文化意識而形成，與各種文化意識、文化活動、文化理想形成時，其中所實現之道德價值或所表現之道德理性。吾人所謂理性，卽能顯理順理之性，亦可說理卽性。理性卽中國儒家所謂性理，卽吾人之道德自我、精神自我、或超越自我之所以爲道德自我、精神自我、或超越自我之本質或自體。此性此理，指示吾人之活動之道路。吾人順此性此理以活動，吾人卽有得於心而有一內在之慊足，並覺實現一成就我之人格之道德價值，故謂之爲道德的。順此性此理而活動而行爲，卽使吾人超越於有形相之物質身體之世界，並超越於吾人之自然欲望、自然本能、自然心理性向等。吾人由此而得主宰此有形相之物質身體之世界，與吾人之自然本能欲望等，使之爲表現此理此性之具。此理此性本身爲內在的，屬於吾人之心之「能」的，而不屬於吾人之心之「所」的。故非作爲所與而呈現的，亦卽非通常所謂現實的，而只是現實於吾人之心之靈明之自身的。故此理此性爲形上的、超越的、精神的。順此理此性之活動，爲精神活動。精神活動之內在的體驗卽精神意識，簡名之曰意識。而當吾人之精神活動，有一自覺或不自覺依理性而形成的對客觀世界之理想時，吾人卽有一文化理想而亦有一文化活動。每一文化活動、文化意識，皆依吾人之理性而生，由吾人之自我發出。故每一文化活動均表現一對自我自身之價值或道德價值。由是而吾人所謂道德自我、超越自我、精神自我，創造文化具備文化意識之自我，只是一自我之異名，在本書中，亦交替隨文用之。大率如欲顯其爲非一般之現實的所與所對或已成自我，而恆超越於一切所與所對或已成自我之上，只爲主而不爲客說，卽用超越自我。如欲顯其非物質的超形相的、超自然本能欲望等的，則用精神自我。如欲顯其爲實現一對人格自身之價值的，卽用道德自我。如欲顯其爲抱某一文化理想、成就某一文化活動的，則只用自我二字，或冠以一詞如求眞時之自我，作某文化活動時之自我等。

至於本書所謂理性之意義，乃以其超越性及主宰性爲主。理性之普遍性，乃由其超越性所引出。其必然性由其主宰性引出。吾人可謂理性之發用，首先卽表現爲一超越感覺形相之世界，而超越物質身體之世界與自然本能欲望等的。吾人之識取人之超自覺或不自覺的理性之活動，當先自此處識取。至於自覺的依理性而成之理想或自然合理性之理想，**其普遍性乃直接由此理想之形成**，依於吾人之已能超越此上所言吾之個體所具所遇之一切特殊現實而來。能超越特殊之現實，即能形成**普遍之理想**。凡意念不自限於一特殊事物或一個體自我的本能欲望心理中者，即成**具**普遍性之理想。**意念**理想無「私性」，即具公性。無「私性」即禮，公性即仁。禮由仁發，仁由禮現。禮即理，**仁即性**。二而一者也。而理性之發用，首先乃表現於「私性或自限於一特殊之性」之超越，以主宰**吾人之**自然活動上。至於所形成之理想爲具必然性、普遍性、公性、仁性者，乃以後之自覺所反省**出者**。吾人既能形成具普遍性、公性之理想，以之裁判吾人偏私之意念或偏私之理想，乃有自覺的**建立合**理的理想之事。以合理之理想與偏私意念之偏私相對照，乃知此合理之理想，爲依理性必然**當如此建立者，由**是而有**康德**所論之自覺爲普遍立法者之道德意志。故吾人之道德理性，不僅表現**爲實踐理想之自覺**，或自覺之**實踐**理性活動。理性之最早之表現，即表現於人之日常之情感意志行**爲中**，亦表現於吾人自覺是求一非**實踐**性理想，如求一眞理或美**之活動中。唯如是，吾人乃得說道德理性之爲一切求一文化理想之實現的文化活動之必然的基礎，而爲支持人類之人文世界之永久存在者。**

六　本書論各種文化活動各章之次第

至於吾人之論各種文化領域或文化活動之形成次序，則首論者爲家庭。在此中，吾人所論者爲反對家庭之成立之基礎在性本能之說，而主對「男女之愛之關係之理想」之愛，爲夫婦關係成立之基礎。其次則說明人對父母之孝與對兄弟之友之形上學的涵義。由此形上學之涵義，卽顯出人之孝友爲人之道德理性之直接的顯示，於吾人之自然生命欲望之規定者。在此章，吾人因鑒於家庭之道德之爲人所忽，吾人特重說明家庭關係中之常道之重要，並由家庭中之人與人之直接的情感關係中，指出人之超越個體的自我之超越自我或道德自我之存在，以使人易於親切把握此概念，爲後來討論之張本。此章中最重要之處，乃論孝友之意義及家庭關係之當求恒常之理由。此可謂皆發前人所未發者。

吾人於第三章論生產技術及社會經濟之文化。在此中吾人首指出人之求生存之慾望，不能爲經濟文化之基礎。乃進而說明生產技術之活動，爲人依其精神理想，以型範自然之活動。次論生產工具之客觀性，其對人之客觀的社會意識之形成之關係。再及於生產活動中之道德意識，及交換財物以形成之商業之經濟活動中之道德意識，以至於財富分配及財富消費中之合理的理想之討論。在此中，吾人指出由所謂原始的生產活動，至所謂資本主義之經濟、社會主義之經濟理想中，有一貫之精神活動，道德意識之支持其存在。而終於一更高的依消費之目的，以決定經濟上生產行爲與分配制度之人文經濟的理想之提出，以此爲最合人之道德理性之所要求者。此章重要目的，在辨明人之生產、交換、分配、消費之經濟活動，如無人之精神活動或道德意識之支持，卽自始不能存在。而最精要之處，則在指明：如何由公平分配之社會主義之經濟理想中，轉出人文經濟之理想，肯定私產制度之道德理性之基礎。

第四章論政治，則首明人之權力欲或權力意志之不能爲政治之文化之基礎。吾人先說明，如無客觀價值之意識，則政治上人與人之支配服從之關係之不可能。次指出人之權力意志之自毀性質，與其必須轉爲求榮譽而尊重客觀價值之意識。由是而人與人之權位關係，卽須轉爲能位、德位、或勢位之關係。而由此以指明人之權力意志之自己超越，而隸屬於一道德意志之路。其次卽進而論人之社會團體所以形成之理性基礎，與國家之產生之必然性，及國家之要素，如人民、土地、主權之意義。吾人在此中評論過去各種之國家之學說，而指出其缺點，及其與吾人國家起原之學說之相通，進而論各種政治制度之意識之高下之道德理性基礎。再下卽論國家之實在性問題。吾人在此指出國家在一義下爲一精神實體之理由，並說明吾人之國家思想與黑格爾之相同處。然後吾人乃進而指明黑格爾對於個人超越自我涵蓋國家之認識，尙有不足，及其不能肯定超國家之天下或世界之觀念，乃其國家學說之缺點。及吾人依何理由可於尊敬吾人自己之國家外，兼尊敬其他國家之道德理性根據。最後再歸於論國際和平與天下一家之可能，與如何在不廢國家之條件，實現此理想之道路。

在第五章吾人論科學哲學之道德價值，此乃表示吾人不視純粹理性之活動與實踐理性活動在根原上為二。吾人以純粹理性之活動，當其目的在眞理時，即為一實踐理性所支持者。吾人不以人之科學哲學之活動之目的，只在得眞理，而注重說明科學哲學之求眞理之活動，即一使吾人超出自然之本能欲望或其他自然心理之束縛，顯出吾人超越自我，而使吾人破除各種感相或知識之執着之活動。故人在科學哲學活動中，亦有一道德價值之實現。然吾人在此章中，仍首論人純求知眞理之活動，非一般之實踐理性之活動，亦超越任何實用之目的者。次乃分析吾人求知眞理之活動，如何依序進展，以逐步自自然世界之束縛及知識之執着解放，以開出各種經驗科學、數理科學、歷史、應用科學、邏輯、哲學之世界，而歸結於論在何種條件下之求知眞理之活動，乃眞表現道德價值，否則無眞正之道德價值之實現。

第六章論文學、藝術。吾人首明藝術文學之審美的意識、審美判斷與求眞意識之不同，次則明審美的文藝活動之所以仍為一表現理性之活動之故。吾人在此中復進而論人之求眞理之活動之目的，乃在得具體之眞理，而具體之眞理則在美中實現，以進而明眞理與美二種價值之互相補足性。在此章最後，吾人復分論人之文學藝術之類別，而一一明其與人之科學哲學中之類別，可相對應類比。

在此二章中，吾人對科學哲學文學藝術皆分為高下不同之諸類，加以論列。唯此所謂高下，乃依吾人之討論科學哲學藝術文學之類別時之理論先後之次序，其在先者即較低，在後者即較高。如依另一先後之次序以討論文化之類別，則此高低亦可變者。又凡吾書所論之各種文化活動之高低，均不表示有某一文化活動者在其當下之文化活動中所實現之道德價值之高低。眞正由一文化活動之中所表現之道德價值或精神價值之高低，應依其所超越之「為阻礙之自然的本能欲望或自然心理，已成知識、或其他已成之文化活動之機械習慣」之廣度量或强度量上說。如人之自覺的道德行為之道德價值或精神價值之高低，唯依其自覺的加以克制，而自覺的加以超越之「自然的本能欲望或自然心理，及其他一切機械習慣」之廣度量强度量上說也。此義在本書未言及，特提出加以說明。

第七章論宗教。吾人首指出宗教意識為一皈依崇拜神之意識。由說明此意識非其他一切自然本能，自然心理或文化意識之變形，以論宗教意識為一純粹的求超越現實自我，以體現超越自我之意識。而所謂神，即此超越自我之客觀化，而此超越自我又顯示為一絕對超離吾人之現實自我者。吾人在此中，特說明此超越自我與現實自我之對峙而二元化，如何可能，再及於原始之宗教意識之說明，及各種宗教意識之高下之層級。在此，吾人對世界一切宗教意識，皆予以一地位，並提出一較過去人類已有之宗教意識更廣大之宗教意識，為吾人之理想之宗教之基礎。

第八章論道德。吾人在此章之所著重，首是一方說明不自覺或超自覺之道德意識之爲一切文化意識之基礎；一方說明自覺之道德意識，爲涵蓋一切文化意識者。次卽說明自覺的道德意識，爲一自覺其超越自我之呈現之意識，由此以論中國儒者所宗尙之人之主要的德性，終歸於論道德活動與其他文化活動之相依。在此中，吾人未詳論道德哲學中之諸問題。吾人之論道德之立脚點，亦未能如康德之扣緊人之尊嚴以論。此文尙是只爲就文化哲學觀點以論道德意識者，而非就道德哲學觀點以論道德者。

第九章論體育、軍事、法律、教育四種文化活動。吾人以此四種文化活動，皆爲保護人類文化之存在之文化活動。在此章，吾人對每一種文化意識，皆姑分爲五型。而此四種文化與其他文化之關係，亦隨文論及。在此章中之精要處，在論體育意識與軍事意識之道德價値之處。而論法律意識之精要處，則在指出最高之法律意識應通乎禮。論教育之精要處，則在指出最高之教育意識爲人類之人文世界、人格世界自求延續於自然所生出之文化意識一點。

以上是此書各章之內容或結論。此結論本身之了解不難，唯人未必皆能知此結論所據之理由，則其知此結論，仍同於未知。又一切哲學著作之價値，皆不在其結論，而在其能指出建立此結論之眞理由，以使吾人可堅信不移，與其書各章之義，能互相照映而烘托出一中心意旨，而使人直覺其彌綸布濩於全書。此書之中心意旨，卽顯示道德理性之遍在於人文世界。而道德理性不顯示於人文世界之成就與創造，則道德理性亦不能眞顯示超越性、主宰性、普遍性與必然性於人生與宇宙。吾在各章中對所主張者所提之理由，亦未必能皆充足而必然，而各章之配合，亦未必能皆使讀者直覺方才所言之中心意旨之彌綸布濩於全書。此則固吾之罪，亦望讀者之進而自求之者也。

第一章　導論：人類文化活動之涵義及其自決性

一　文化活動之涵義

文化非自然現象，亦非單純之心理現象或社會現象。單純心理現象，爲主觀的，個人的。而文化現象則爲超個人的，客觀的。單純之社會現象，雖爲超個人的、客觀的，然尅就人與人之社會之關係爲鬥爭、合作、分工、互相模倣暗示而言，亦非必涵文化之意義。動物中如蜂蟻牛羊，其羣居皆有各種鬥爭、分工、合作、或互相模倣暗示之社會性活動，而形成一社會關係。然吾人並不承認其社會爲有文化之社會。吾人承認人類之社會性本能或社會心理，如互相模倣暗示等，爲超個人之客觀社會文化的形成之主觀心理因素，然吾人不能以文化爲單純之主觀心理現象或社會現象。吾人之意，是視文化現象在根本上乃精神現象，文化即人之精神活動之表現或創造。人之精神活動，自亦可說是人之一種心理活動。然吾人可別精神活動於一般心理活動，吾人所謂精神活動，乃爲一自覺的理想或目的所領導者，亦即爲自覺的求實現理想或目的之活動。然當吾人有一自覺理想或目的欲實現時，吾人必以此理想目的之實現爲有價值者。故實現理想目的即實現價值。吾人之實現此理想目的，又必非只實現之於抱此理想目的之意識或心靈之自身；而恆是兼實現之於此心靈之外之客觀自然，客觀社會，或我意想中之未來自我。如此理想爲道德理想，則吾人之實現一道德理想，乃實現之於我之自然性格、自然氣質、或有過惡之已成之我之中而超化之。由是而凡一實現理想之活動，皆必在此理想之自身外，兼肯定一可實現此理想之場所。此場所即一對理想暫爲客觀外在之現實，亦對抱一理想之主觀心理，爲一客觀外在之現實。而凡吾人對一現實求實現吾人之理想於其中時，此現實必先爲不表現吾人之理想，因而亦不合吾人之理想，而與吾人之理想相對待而並峙，若現爲吾人理想之阻礙者。然吾人實現理想之精神活動，則必求克服此對待或阻礙，使理想實現於現實，而現實得表現吾人之理想。夫然，故人之精神活動，乃依於理想目的與價值之求實現，而一方肯定一客觀外在於吾人主觀心理之現實，而感一主觀內在理想與客觀外在現實之相對待；另一方則求實現此主觀內在理想於客觀外在之現實，而克服此對待，使客觀外在現實表現吾人之理想。而此後者，亦卽是一方使吾人之主觀之理想由實現於客觀外在之現實，而不復限於主觀以客觀化，同時使現實成吾人之理想之表現者而理想化，而不復眞對吾人之理想爲外在而內在化者。此使主觀理想實現而現實化客觀化，使外在現實理想化內在化，卽爲人之一切精神活動之本性。此精神活動卽一精神要求。此所要求者，在客觀現實之理想化內在化，與主觀理想之現實化客觀化。故此精神要求，亦卽要求其自身之表現於客觀。由是而一切精神活動，皆爲一精神要求，亦皆爲一精神之表現。唯人在實現理想時之自覺目的，恒只在滿足一精神要求，而不必抱一求精神表現之自覺目的耳。

吾人了解上文之義，便知吾人謂文化乃人之精神活動之表現（或創造），亦卽謂文化之概念與精神之概念，同爲一綜攝主客內外之相對，心與物，心與生命，生命與物，個人與社會之相對之一概念。吾人可謂有外於心之物，外於心之自然生命，外於個人之社會等。然吾人如尅就吾人正有一精神活動或文化活動時，而直觀吾人之精神之狀態或自我之心境，則此精神活動文化活動，實爲統攝此一切之一絕對活動。吾人之精神活動，包含一所實現之理想或價值之覺識，此固爲心理的或心靈的。而吾人實現此理想之志願，却能貫通於吾人之自然生命，並指揮命令吾人之身體動作，以發生一對所謂外在之自然界或人間社會，求有所改變之行爲。吾人身體之動作，或爲手之動作，或爲口之動作，或爲身體其他各部之動作，亦皆可使自然界之物質或空氣，發生一變化運動。此中有一生理物理因果的連鎖。由此生理或物理因果的連鎖，而人能製成器物，發出語言聲音，寫出文字。

此器物、語言、文字，皆爲感覺界之有形相之物，亦卽賴物質世界之物質而存在之文化物。而此文化物，亦依一物理的因果關係，與他人之生理的感覺能力之連鎖，而爲他人所感覺。再依他人之心理上之理解力，以理解吾人造此文化物之精神活動，吾人造此文化物時，心中懷抱之理想要求等。由是而吾人之理想要求，卽爲人所理解，而客觀化普遍化於他人之心，而社會化。由此再引起他人對我及我所造之文化物之愛惡，對我之文化活動，我之理想要求等，發生反應，而他人復可有其他理想之提出或形成。而他人對其理想之嚮往，實現理想之志願，復貫通於其自然生命，並賴其身體之動作，而表現之於感覺形相世界或物質世界，於社會之前，於我之前。而當吾人眞自覺的依理性以形成理想時，吾人可在形成理想時，卽知此理想爲當普遍化於他人或社會之理想，並或已爲吾人自覺的求其普遍化者。因而此形成理想之個人之心，自始卽爲能涵蓋他人與社會者。夫然，故吾人之本精神活動文化活動，以實現理想，或自覺的形成理想之事，卽爲貫攝吾人之主觀心理，與自然生命、身體物質、個人與社會之事。而吾人在反省吾人實現理想時，吾人亦卽知吾人之自然生命、身體，與物質，及他人或整個社會，皆爲吾人實現理想，而使吾人精神客觀化，以成就文化活動之必需條件，亦整個爲載運吾人之理想，以使之得所寄託歸宿，而成就吾人之精神之實在性之各種實在。吾人如肯定精神之實在性，同時卽必須肯定此各種條件之實在。故吾人以文化爲精神之表現之說，不意涵世俗之人所想及之主觀唯心論之說。

唯吾人所謂精神雖非只為一主觀心理，然精神之所以成為精神，要必以心靈之自覺的肯定或任持一理想，而有實現理想實現價值之志願為主。人如先無一理想之自覺，則人之活動同於木石或禽獸。禽獸木石之活動，亦可暗合乎一理想或表現一宇宙的眞理與美善。然其對理想等未嘗有自覺，則其活動不能有精神之價值。而凡有精神價值之活動，必有一理想先行。此理想先行而尙未實現與現實為對待，則此理想為高臨於現實之上或超越現實的。凡理想在人自覺其尙未全實現時，無不與現實有一距離，卽無不為超越現實的。而凡吾人能肯定一理想之意識或自我，皆為一超越意識或超越的自我。故凡有一理想之人，無不有一超越意識或超越自我，昭臨於其所接之現實之上。而此現實對之亦必呈現一理想的意義——卽可引至、促進、完成或寄托理想等意義。吾人今所謂「理想」或「超越自我」、「理想意義」等，乃自其最廣義上說。此乃任何人所能直接就其當下之生活得證實者。人無論作何事——如木匠造一桌，此造桌卽為木匠之理想。而木匠所持之斧鑿與木料，卽其現實。有造桌之理想之木匠之心，卽超越意識，此意識之自我卽一超越自我，而與直接看見此木料之自我意識——此可名之木匠之現實自我現實意識——相對者。此斧鑿木料，可以賴其手之如何動作以成如何之桌。而他人看見將滿意與否，或可在市塲售出幾多錢等，卽此「斧鑿木料」、「手」與「手之動作」之理想的意義。吾人由此例以類推，卽知吾人之日常生活，實處處充滿此廣義之一理想之嚮往，處處有超越意識超越自我之呈現。而吾人所直接接觸之現實事物，實隨時啓示各種不同之理想意義於吾人之前。吾人之理想愈高，其方面愈多，則吾人所接之現實事物，愈呈現其理想的意義。吾人之經驗知識愈多，智慧愈高，卽愈能由一理想意義以知其他理想意義。故現實世界雖似為一平面，而為一切人所公共認識之世界，然對各種人，則呈現出不同深淺廣狹之理想意義。而在有不同之理想之心靈下，人分別持其理想，以與現實事物相接，而分別發現其理想意義，並權衡其對理想之實現之效用價值後；則似同一公共之現實世界，卽染上不同之理想意義之光輝而分殊化，凹凸不平化。人類文化為精神之表現，而精神初屬於個人。個人表現其精神於他人，而後有社會文化。個人之精神，又依個人心靈之理想而生。人所發現之現實世界之理想意義，又隨人之理想、人之超越意識、超越自我之為如何，及其所凝之經驗智慧而異。故吾人欲了解人之文化活動，必先透入人之精神或人之理想之本身之了解，視此精神理想為決定人之文化活動之第一因，而不能以人所接之現實環境，為決定人之文化活動之第一因。此所謂現實環境，卽指精神欲實現其理想於其中之一切。不特我之外之自然界與社會現狀，為我所欲實現理想於其中之現實環境。卽我之已成之心理習慣、性格、自然生命力與身體，對吾人當下之文化道德理想，或遷善改過之精神言，亦為其現實環境。吾人今之所欲主張者，卽此一切現實環境，皆不能眞決定吾人之理想之形成，決定吾人之精神活動。而唯吾人之理想與精神活動之自己生發與形成，可以逐漸決定此一切現實而表現為文化。

二　文化活動之自決性

吾人欲說明吾人之主張，吾人必須先說明吾人不僅有抱一理想之超越的自我，吾人且有一不斷創造理想之一超越自我。吾人說吾人有抱一理想之超越自我，此理想可爲過去我之所形成，或受他人之宣傳而形成。若然，則此時吾人便唯是接受過去我或他人之理想而以之爲我之理想。在此處吾人之接受一理想，雖亦出於當下自我之抉擇，吾人之如是抉擇，固亦爲一精神上之創發活動。然人恆由念此理想之爲過去我或他人所先有，於是忽視吾人如是之抉擇，爲一精神上之創發活動。故吾人欲了解吾人之有一超越的自我，最好自吾人精神生命力健盛發皇時，在吾人之不息於創發新理想之生幾上，直接反躬體驗此超越自我之存在。如吾人不能如此，吾人卽須恆自反省：凡屬於已成之現實者，皆屬於過去之世界，而現在之自我或方生之自我，對於已成而過去之現實，皆可有不同之態度。凡過去之我或已成之現實之我之如此，均不涵蘊吾今後之必須如此。此卽謂過去之我已成之我，不必然地決定今日之我與未來之我之當如此。吾人之當不當之判斷，乃定然的超越於吾人已成自我或過去自我，而在其上施行判斷者。故任何當不當之判斷，必依於當下自我之一自覺的或不自覺的一理想作標準。當人對已成自我作判斷時，卽或爲依理想而對已成自我，有一肯定之態度，生一自好之情，作一當如此之判斷；或爲依理想而對已成自我，有一否定之態度，生一自惡之情，作一不當如此之判斷。此自好自惡之情，自己肯定已成自我，或否定已成自我之情，乃任何人只要一念反省，皆不容已於不生者。而吾人既有此自好自惡之情，自己肯定或否定已成自我之態度，而判斷其當與不當，吾人再反省此情此態度此判斷之所依，吾人即見吾人必有一超越已成自我，而內在於具有此態度此情此判斷之自我或心靈本身之理想作標準。此理想乃根於吾人之理性而生起，而具理性之普遍性者。此理想縱初非自覺的而爲超自覺的，然亦可由反省而使之成爲自覺的。而其由超自覺的而成爲自覺的，即更證其不由外來而純由內出。其能對吾人已成自我之經驗內容，表示判斷態度，即證此理想之所以由內出而形成，由吾人原有形成此理想之內在理性。此理性在中國儒家即名之爲性理。此性理或理性，即不斷生起創發一切具普遍性之理想之超越而內在的根原。具此理性或性理之自我，即一恆常悠久的具普遍性之超越自我。而每一依理性而生起創發之理想之自我，即爲一當下之超越自我。此當下之超越自我，實具此理想而又肯定此理想之當實現，即生發一志願。依此志願，人即可本其上述之肯定或否定之態度或有當不當之判斷，而對已成之自我，有加以執持加以改造之主宰活動。凡此等等，吾人皆只須一念自反吾人已成之現實自我爲如何之一自我，吾人即見有一對此現實自我表示判斷或態度之超越自我冒起於其上，湧現生發一理想，而對已成現實自我加以涵蓋而主宰之。而此超越自我之畢竟將具體的湧現生起何種理想，吾人在未有如是反省時，尅就吾人之現實自我上看，乃不能預測者。吾人卽依此以言其湧現生起理想而定立志願之意志活動，爲自動而自由者，此種自由，卽爲一人人所同有之主宰自己改造自己之道德的自由。

吾人有改造自己之道德的自由，乃任何人在從事其修養自己、主宰自己之一切之道德生活中所必然同肯定者。人如不肯定此自由，則人必視其一切行爲，皆受因果律所決定，因而於一切善惡，皆不負任何道德的責任，同時對於其生命之前途，亦不能有任何眞正之希望。因如彼有眞正之希望，則必求所以達之；而彼眞求所以達之，必自信能自動堅持其求達之意志，並多少引起所以達之之行爲或身體動作。而任何意志之堅持至行爲之引起，皆必肯定吾人之有如是去堅持去引起行爲之自由，亦卽有能改造未有此行爲時之現實自我或提醒懈怠之自我，「使此自我能堅持初所定之意志」之自由，卽此中仍有一超越自我之主宰現實自我之活動存焉。夫然，故無論在一般哲學上，對人之自由問題之討論如何複雜，然吾人眞從人之實際生活上看，則人無不對其未來多少有眞希望，卽無不多少自己承認其有主宰自己之意志行爲之道德的自由。此亦卽謂不能不承認其有能依理性或性理，以形成對自己道德之理想之超越自我之存在也。

然人雖較易承認吾人道德生活之有一意志自由，人有能形成道德理想之超越自我之存在；而人恆不易相信人之其他文化活動之第一因，亦依於人之自動自發之自由意志所形成之理想，或超越自我之理想。人恆以爲個人之文化活動，乃由社會、或自然環境、或人之生物本能欲望，或其他主觀心理所決定；而不能眞知人之文化活動，推本其原，亦唯在人之超越自我所生起創發之理想。蓋道德意志純爲自己對自己者。而一般文化活動，則恆有一求實現於一客觀外在之物之理想。此理想恆與客觀外在之物相對待相阻碍。此對待阻碍之克服，亦恆非吾人自己能把握者。由是而吾人之創造文化之活動，遂恆覺有一客觀外在之環境，爲吾人之理想之限制，使吾人創造文化之精神，感一桎梏或束縛或不自由。由此而使吾人亦生一幻覺，卽吾人之精神或創造文化之活動，亦如非吾人之精神自我或超越已成現實之超越自我所自發。而吾人自外而觀人之文化活動之形態，吾人復可見人在不同之現實環境，卽有不同之文化活動，此亦使吾人視吾人之創造文化之活動或精神爲一派生的產物如生物的本能欲望主觀心理之產物。然實則在吾人文化活動中，所生之受限制桎梏，或覺束縛不自由之感，皆唯是依於吾人之有一自發自動不容已之求文化活動之完成之志願而後可能。故此中吾人之有不自由之感，正反證吾人之精神或文化活動之生起與創發，全由於吾人之精神自我或超越自我之自身。至於所謂吾人之文化活動，隨吾人所在之現實環境而異，唯是吾人之精神受現實環境之規定，而表現爲不同之文化活動。吾人之所以用規定二字，而不用決定者，乃表示此受規定者，仍有一自動自決其如何活動之自由。所謂規定，唯是消極的規定吾人之精神或文化活動不能爲其他類不爲何種，然未嘗積極的決定吾人之精神或文化活動之必爲何類中之何種。吾人之主張是：一切謂現實環境決定吾人之精神或文化活動者，皆實只是規定而非決定。而決定吾人之精神或文化活動者，唯是吾人之精神自我，或超越自我之自身。此依佛家之名詞說，即凡精神自我超越自我以外者，對精神與文化活動之自身，皆爲一外緣，而非眞因。或一切現實環境，至多只爲吾人精神文化活動之必需條件規約條件，而非充足條件或實現條件。此充足條件實現條件，只能在吾人之精神自我或超越自我。如吾人之精神自我超越自我爲體，則一切精神或文化活動皆爲其用。此用之體不能求之於現實環境。吾人亦不能以此用爲縛繫於吾人與現實環境之因果的必然連鎖中者。譬如人於人之精神或文化活動之受現實自然環境、社會環境、或吾人之已成現實自我之習慣、性格、性別、年齡、職業之決定處，常可舉出無數之例證，以爲人之精神自我不自由之證。如近山之人樸厚，而近水之人靈巧，健康之人思前進，多病的人恆想後。男性强而自尊，女性弱而自謙。老年好靜，少年好動。農業之人保守，商業之人喜新奇。富者易習奢華，而貧者易習儉約。氣質剛者喜爭鬥，氣質柔者喜和平等。由人之精神狀態各不相同，而人之文化活動，亦各不相同。如近水之人靈巧，而長於工藝，近山之人樸厚，而睦宗族厚鄰里，長於組織政治社會。健康之人信樂觀之哲學，多病之人信悲觀之哲學。男性强而自尊，而可爲軍事政治之人物，女性弱而自謙，則宜於處家。老年好靜，愛田園山林之文學。少年好動，愛讀冒險之小說。農業之人保守而重歷史，商業之人喜新奇而輕歷史。富者豪華，而喜金壁輝煌之廟宇，貧者儉約而敬深山之苦行僧。凡此等等由人之現實環境之爲如何，遂致人之精神狀態或文化活動亦爲如何，無論吾人自個人或自一集體之社會國家民族之現實環境上看，皆可發現無限之例證，而為社會科學家所樂加以統計而比較研究者。吾人亦不能否認此類之事實。然吾人仍反對現實環境對吾人精神或文化活動之決定說者，則在吾人認定吾人之精神活動或文化活動，畢竟依於吾人對現實環境所表現之一態度，而對此態度，吾人乃始終能自己加以批判，而估量判斷其價值，對之有所好惡者。吾人如透過吾人自己對自己之態度，加以估量而判斷其價值之一超越的活動以觀，則見現實環境實未嘗眞決定吾人對之之態度，亦未嘗眞決定吾人之精神或文化活動之形態。而眞正決定之者，唯是發出此態度，並能估量判斷其價值之精神自我，或超越自我。此精神自我、超越自我，不僅可決定吾人對現實環境之態度，不僅可求改變我與現實環境之關係，且可求對現實環境本身，加以改變。譬如吾人謂近山之人樸厚，近水之人靈巧。然近山之人之所以自愛其樸厚而願保其樸厚，唯由其自己之天理良知知樸厚之為一善德，而自加以肯定。如當其覺過於樸厚而近於呆笨時，彼卽欲學靈巧，以至求得一近水之地以養其心靈之活潑靈巧。而近水之人在覺其靈巧而流於圓滑時，亦復可自求改其圓滑，或居山地以養樸厚。富者豪華，而當其自覺豪華流於奢侈時，則富者亦可擺脫富貴，而入山苦行，如釋迦。貧者儉約，而貧者當覺其過於儉約而流於吝嗇時，亦可一轉而學豪華。人任何精神文化或活動被保存，亦初無不賴人自覺該精神或文化活動有某一價值，而自覺的加以愛好之態度。而當吾人沉溺於一精神或文化活動，而覺此足致吾人精神之偏蔽於一面，以抹殺其他，而近於過惡時；吾人亦將立覺其當改變，或取他人之長以自輔。或去求擺脫自己之現實環境，以至一新環境，以便啓發吾人其他精神或文化之活動。夫然，故吾人雖可承認吾人之精神或文化活動之形態，似恆隨現實環境之變而變，然吾人不能以此中之關係，爲一決定之關係。蓋吾人對一特定之現實環境之態度，恆有二種。一爲適當合理者；一爲過或不及而不合理者。譬如吾人以山地之人之樸實爲合理，樸實而呆笨即不合理。以近水之人靈巧善工藝爲合理，靈巧善工藝而圓滑，文太勝而無質，則不合理。男子氣質剛，而在軍中强毅勇武，爲合理，而近於粗暴殘忍則不合理。女子氣質柔而和婉宜家，爲合理，而只私其家則不合理。以此類推，則知凡一現實之環境（此包括吾人當下之精神自身以外之一切自然環境，社會環境，及已成自我），吾人對之之精神態度，皆有合理或不合理二者之可能。此卽吾人之精神態度，非被現實環境所決定之證。如說決定，則合理不合理之二相反之態度，皆當同爲其所決定。而同一之現實環境，決不能同時決定此相反之態度。而欲決定此二種中究爲何種者，唯有恃吾人精神自我或超越自我之自身。此二種中，縱其一已實際表出，吾人能加以自覺之精神自我超越自我，仍可對其重加以價值之估量，好惡之判斷。唯此自我之能好合理而惡不合理，能知已表出之態度活動之當保存與否，而與以一最後之決定。然此決定，卽純爲自己對自己之決定，而非現實環境對我之決定。至於當吾人之超越自我已決定吾之某一種應付現實環境之態度爲非，或吾人某一精神之表現文化之活動不適當，而自求改變環境時；吾人此時固可承認環境之改變，可引發吾人另一形態之種種精神，或文化活動，而承認環境對吾人精神或文化活動之規定力量。然此承認本身，仍爲純自吾人精神自我或超越自我自身所發出之一一超越於現實環境之上而意想另一理想的環境」之超越的承認。而吾人之自動求改變環境與我之關係之活動，仍實際上爲一直接依吾人形成另一型態之精神或文化活動之理想而生，亦卽依於抱此理想之超越自我精神自我主宰吾人之意志而生之行爲活動，不得謂之爲由現實環境自身所決定者矣。

吾人上文之說，其目的唯在說明吾人之精神或文化活動，乃有一不容否認之自動自發之自由。吾人不否認現實環境之能規定吾人精神或文化活動之形態。然同一之現實環境，可使吾人應之以合理或不合理二種不同之態度，亦卽可使吾人對之所表現之精神活動或文化活動爲適當或不適當。此合理適當與否之二種態度或二種精神之表現，無論何者出現，皆當說其出自吾人之當下精神自我本身之決定，而當由吾人之當下精神自我本身負責。此卽所謂吾人之當下精神自我，有一絕對之自由之意。

然上所謂自由，乃一中性可合理可不合理之自由。如吾人只有此中性之自由，如此如彼之可能相等，則在理論上亦可全無所決定。此乃一理論上之大困難。吾人欲逃此困難，必須對於吾人何以有時有合理之決定，有時則有不合理之決定，分別有一說明。吾人前已謂所謂合理不合理之標準，只能是由吾人超越自我精神自我之理性所形成之理想。故所謂合理之態度活動，實卽順承此理想而表現同一之理性之態度活動，亦卽依於同一之精神自我、超越自我而生起或創發之態度活動。至於不合理之態度活動，則在此精神自我超越自我之理性本身爲無根，唯依於吾人個人之生物的本能欲望、自然心理之已成習慣、任意聯想，或所謂交替反射而生之活動以形成。吾之意，非謂生物的本能欲望等之生，卽無理可講——如此則生理學心理學等不可能——吾亦非謂此等本能欲望本身決不當有。吾乃謂：由吾人之理性所形成之理想，如不眞被吾人自覺的保持；吾人之生物的本能欲望等等興趣便可使吾人泯沒其理想，或歪曲吾人之理想內容，以形成一不合理之態度活動或不合理之理想。此不合理之態度活動或理想，乃吾人生物的本能欲望等，對吾人之出自理性之理想，加以阻滯或互相夾雜之一產物。故尅就吾人之生物的本能欲望等而觀之，亦爲無根。然因吾人之精神，一方欲貫澈其依於理性而生之理想，以主宰吾人之生物的本能欲望等，故吾人之生物本能欲望等，亦可轉而阻礙吾人之依理性而生之理想，並與之相夾雜，而歪曲合理之理想，成不合理之理想。而吾人之精神若不再克服此阻礙，以伸展其合理的理想或去其所夾雜，成純淨合理的理想，而加以實現，精神亦不能眞完成其所要求。故精神之合理的態度活動，與不合理的態度，皆同可視爲精神自身之表現。而精神之充量表現，則在既表現爲合理之態度活動與不合理之態度活動後，又表現爲一否定不合理者而肯定合理者，以自覺其理性之圓滿實現，與超越自我精神自我之完成。夫然，故吾人若純自精神自身以觀，則精神之一切活動皆爲自己決定。其表現合理或不合理之活動，與肯定合理否定不合理之活動，皆爲其自身所決定。然自精神之本性以觀，則精神之本性唯表現爲依理性以形成理想，且唯歸宿於理性之圓滿實現，因而其本性亦唯是理性自己。至於精神之所以有不合理之活動，則唯有溯其原於精神理想之受生物的本能欲望等等之阻碍，或與生物的本能欲望等相夾雜。此唯是精神自身所經度之中間階段，而賴之以完成其本性之自覺者。（不經反面，不能自覺。）如不通過此階段之兩頭以觀，則此爲精神之下墜之階段。亦卽生物性之本能欲望等之轉而主宰吾人之精神自我超越自我，或超越自我精神自我泯沒而物化於吾人之本能欲望中之階段，此卽中國先哲所謂人心勝道心之階段。然吾人無論如何，不能唯由此階段之存在，或人皆恆在此階段中，而疑及精神之本性或爲精神之表現之文化活動之本性之爲理性。

三　文化理想文化活動之種類

今吾人再剋就精神依其本性之理性而表現之文化理想文化活動，與所謂規定精神自身之表現之現實環境之全部（自然界及社會界，與本非精神性之生物的本能欲望及自然心理習慣等）之關係，再加以一橫面的分析，以見形成人類文化世界之諸因素之意義，兼明本書之歸趣。

一直接順吾人之性理或理性而生起創發之理想，必具下列之性質：

一、超越當前之感覺的現實之超越性。

二、指向「覺此理想之主觀心理本身以外」之客觀對象、客觀世界、客觀事物之世界、或其他有客觀性之世界等之客觀性。（在道德理想中，凡吾人欲改造之現實自我，對有此道德理想之意識自身言，仍爲一客觀事物。）

三、直接自吾人之超越自我自身生起創發之直接性或內在性。

四、欲使吾人之理想客觀化於客觀世界，並使客觀而似外在之世界，成爲表現或完成吾人之內在的理想者之主宰性。

五、一切自我如在同樣情形下具此理想，皆同爲應當之普遍性。理想有普遍性，即表現理性之本性。

此卽直接順人之理性而生之合理的眞理想之性質。

此種直接順人之理性而生之眞正文化理想有多種，吾人可依其所包含之價值目的觀念而分爲：

一、直接以使吾人之得眞理或得眞知識，成就科學哲學爲目的之理想。

二、直接以使吾人能欣賞美表現美，成就藝術文學作品之理想。

三、直接以使吾人超越現實自我現實世界，而皈依一絕對超現實之客觀的精神自我或絕對超現實之精神境界之理想，卽體證神心或神聖界之理想。此卽宗教理想。

四、直接依超越自我之理想，以改造主宰吾人自己之現實自我之理想，此爲道德理想。

五、依一觀念以改造自然物，製造供人需用之人造物，此爲生產技術中之理想。生產技術恆依科學知識之應用於改造自然而後有。尅就此應用本身言，即一種藝術精神。唯藝術爲超實用，此爲實用的。藝術之作品，本身有保存之價值；生產之財物只有被消費之效用價值。生產技術中之理想，即一使自然物隸屬於或被主宰於人之精神之理想，及使自然物多表現其實用價值，與人之科學藝術理想之一混合的產物。

六、依理性以共同生產分配消費財物之理想，此爲社會經濟之理想。此理想所求實現之價值，爲財富利益之增加，分配之公平，消費之適當等。

七、依理性以組織個人成社會政治之團體之理想，此爲政治理想。此理想所求實現之價值，爲個人之榮譽，權位之獲得，他人之榮譽權位之肯定，國家之治理，天下之太平。

八、依理性以規定自然生理關係所成親屬之關係，此爲家庭倫理之理想，此理想所求實現之價值，爲愛情之悠久，家庭之和睦等。

九、依理性以操鍊人自然身體之理想，此爲體育之理想。所實現之價值爲健康、强壯、壽命之延長。

十、依理性以保衞一團體或國家之存在之理想。此乃軍事之理想。此理想所實現之價值，爲國家之强盛、軍事之勝利等。

十一、依理性以建立社會國家內部之法紀之理想。此爲法律之理想。此理想實現之價值，爲個人之自由之保障，社會秩序之保障等。

十二、依理性以延續發展人類文化自身於後世之理想。此爲敎育之理想。此理想所實現之價值，爲敎化之大行。

此十二種理想，可以括盡人類文化之理想。吾人以後除第五種併於第六種中討論外，將一一分別論其皆爲直接依人類之理性自身而生起創發出。然其中分爲三組。前四者乃爲人類理性之最純淨之表現。而中四者乃人類理性規範條理人之自然生命之欲望之產物，故恆與人之自然生命欲望相夾雜。吾人分析人之自然生命欲望主要有三種：一爲賴物質以滿足人之生理需要之欲望，二爲男女愛欲及生殖之欲，三爲支配他人之權力欲。人恆由此三者以說明人之生產技術社會經濟及家庭政治之起原。然吾人將一反此說，而說明此一切皆人之理性逐漸顯發其自身以規範人自然欲望之所成。至於體育、軍事、法律、敎育，則吾人將統稱之爲維護人類文化之存在之文化。由此四者，而人類文化自身乃得維持其存在於自然世界中，亦維持其存在於人類文化世界之自身。又此十二種文化理想中，道德理想雖只爲其一種。然此乃指自覺的道德理想而言。實則一切文化理想可謂皆依於吾深心之欲實現道德理想而生。每一文化活動中，雖表面只實現某一特殊之文化價值，如眞美等，實皆同時實現或表現一道德價値——亦卽使人之超越自我、精神自我，更得盡其本來之理性之價値。吾人之理性爲生起創發文化理想之性，亦卽生起或創發道德理想之道德理性。故一切文化活動，亦皆可謂道德活動之各種化身之實現。此當於後論之。

四　自然生命欲望、自然心理、及物質的身體與文化活動之關係

吾人之精神之內容，除直接依理性而生之於文化理想以外，尚有可規定其形態之自然生命欲望——如上述之求生存生殖及權力之欲望，及其他自然心理之性向。此所謂別於欲望之自然心理性向，乃指人之互相暗示、模倣、同情之性向；依習慣而行爲，本過去經驗而自然聯想之性向；及依交替反應之原理，而轉移對一對象之反應行爲以及於曾在過去經驗中，與此對象同時呈現之另一對象之性向等。此等等性向，吾人皆難言其爲一種欲望，亦不能謂之皆爲依一自覺理想而生之活動。唯吾人可謂此各種自然心理性向，有不同程度之依一不自覺之理性而生之意義。如當吾人見他人笑時而笑，哭時而哭，吾人受他人活動之暗示，而模倣之同情之，此有時乃表示吾人之超越個體之自我，而有一自然的理性或仁心之流露。然有時吾人之受暗示而模倣同情他人，實只爲他人之動作表情之感覺的形狀聲音之撥動吾人自身由過去習慣或依交替反應原理所形成之機括。吾人此時實未嘗眞

超越吾人之個體之自我，而眞與他人通情。唯吾人之依過去習慣、或依交替反應原理而形成之機括以行爲，或對環境人物作反應，仍依於一種生理之必然。此生理之必然，乃由於吾人當下之自我，能以過去自我之行爲反應之模式，爲其自己之模式。此中仍有一前後自我之相通，與此模式之顯其普遍的規定作用之現象。則此模式卽爲一具普遍性之理。人順此模式而行爲反應，亦爲一不自覺的順理之行爲，此仍依於吾人之理性，而後可能。唯此種理性，乃局限於吾人個體之主觀的過去經驗中之理性，乃不自覺之自然理性。如以此爲理性，則進一步亦可言生物之保存自己身體之存在與生子孫，亦卽求其生命之形態之繼續，以得一恆久而普遍於時間中之各段之存在；而生物或人之飮食男女之欲，亦皆依於自然理性而生。在形上學中，亦當說此一切自然欲望皆以理性爲根，皆爲理性之表現。唯本書所重之理性，乃理性之表現爲自覺之理想者。則此種自然理性之局限於生物或人之個體之過去主觀經驗或個體生命欲望中者，不得爲眞正之理性之表現，而唯是一種自然生命欲望或自然心理之機括。在吾人之行爲反應，只動於此欲望或機括時，吾人所以如此動之理，在吾人當下自我之外。故當下自我乃純爲被規定或被動者。而我之如此動，在客觀上看來雖有理而爲定然，在我之主觀中則爲偶然者，以定然之理不在自覺中故。而眞正理性之表現爲自覺之理想時，則此理想乃吾人自定之於自覺之內，爲領導吾人之行爲反應之型模者。故吾人於此，順承此理想而動，亦卽自動。此理想爲在自覺中者，同時亦卽指向一客觀世界客觀對象，超越乎吾人之個體之主觀經驗或生命欲望而有客觀性普遍性者。吾人之順此自定之普遍性客觀性之理想而動，同時可自覺為定然者。人既有如此之理想，乃有此順承之動，則吾人之動，在主觀上乃復為定然者。吾人以理性之表現於自覺的理想之形成者，為眞正之理性。故不自覺之順理而動可全不名之為理性之表現，而可只名之自然生命欲望或自然心理之機括之表現。唯當此自然生命欲望或自然心理之機括之表現，被吾人所反省，而加以自覺時，吾人乃可本之以為自覺的理想之內容，表現眞正理性活動之憑藉，而開拓吾人理想之內容，理性活動之範圍。由是而吾人之精神活動其最初之被動的受此自然生命欲望自然心理之機括之規定，對吾人理性生活之成長，亦有所貢獻。而吾人之自然生命欲望自然心理，及吾人之精神之受規定之本身，皆非必為反乎理性而不善者。而吾人若加以絕對之禁絕，或反為不合理而不善之事。唯在如前所謂，吾人之精神受此自然生命欲望等之規定，而又使依理性而生之自覺之理想，受阻礙或被歪曲之情形下，然後有不善之生。唯此不善之生，亦只為吾人精神內部之問題或理性生活內部之問題，而只能由吾人自身以吾人前所論之道加以解決者也。

吾人以上論精神之內容，皆唯就個人精神以為說。精神之表現為文化之活動，最初可只為一依於精神理想而生之求眞求美等純精神活動。然順此理想而生者，可卽吾人生命或身體自身之活動，或改變人與物質環境社會環境關係之實際活動。理想之形成卽有客觀性主宰性，此吾人前已論及。故「不產生一種生命或身體之活動，或不求對環境有所改變之活動」之精神活動，乃未嘗存在者。

人創作藝術或從事生產技術時，人固須以手對自然物有所改變。科學家之實驗觀察，亦爲一種以手或身體改變身體與自然界物體之關係或改造自然之事。即純理論科學家及哲學家之用思，其求居處於靜地或用腦垂目，亦爲一身體之運動。而人之用思想，恆不能脫離文字及其他符號，而表達思想更須寫出文字及符號。以至在道德宗教之活動，吾人亦須對吾人之生命或身體之動作有一安排，以顯爲禮節儀式。足見若無吾人生命或身體之動作，則吾人個人之精神或文化活動，即不能眞客觀化或社會化，以使個人之文化活動形成社會之文化。吾人相信一切社會文化之形成，最初皆始於少數人或一個人之有某一文化活動而逐漸社會化，以互相模倣、暗示、同情，亦互相批評、增補、充實、淘汰、剪裁、組合以形成。然若無生命或身體之動作，則個人精神蓋無由眞有客觀之表現而社會化。唯關於吾人之生命或身體自身之動作，與身體向物質的自然之動作，所以能客觀表現吾人之文化活動，而使之得社會化之理由，畢竟何在？乃一極深奧之問題。此問題即是物質性的物體、身體、物質的形相世界，何以能表現吾人之精神之問題。而精神之表現於物質的物體身體之形相世界者，何以亦能反而引發他人或自己生起相似或同一之精神形態之問題。此問題之後一半，與吾人之在環境中所接之物質的形相，何以能規定吾人精神之形態，爲同一類之問題。對此問題，吾人會思之至深。吾人之答案爲：如直接就吾人之精神之爲超形相，而物質身體之世界或環境中之物體爲有形相以觀，則二者無溝通之道，亦無相需之理。而吾人純自自然界或環境中之物體身體中之物質本身以觀，更無溝通之道。吾人唯一可說明二者之所以相需相通之道，唯有視吾人精神之表現於物體身體之形相世界，乃由物體身體之形相本身可啓示一理想的精神意義。吾人可謂物體身體有二種理想的精神意義，一爲作文化活動之材料或工具之精神意義；一爲直接表現文化活動之精神意義。而此二種意義之顯出，前者待於物體身體之物質質料之銷毀，後者則係於吾人姑捨自然界之身體物體之自身，而唯觀物體身體之形相關係。此形相關係，或由一物體身體與其他物體身體之靜的地位關係中顯出，或由一物體身體在其自身或環境中之運動變化中顯出。此形相關係卽一種理的關係。而此理的關係之觀照或直覺，同時卽可表現或規定引發一形態之精神生起。譬如吾人見山峯挺拔，吾人精神卽隨之而挺拔升起。此何以故？此決不能歸其故於山峯之物質的材料。此唯可歸其故於山峯之物質之形相之表現一離地之形相而上升之關係。吾人之精神於此，一方凝注於地面，一方順山峯之挺拔而上升，吾人乃感一精神上之挺拔。此精神上之挺拔，乃吾人所直感之精神意味，於此吾人不能指出此物質的地或物質的山峯之能幫助吾人此精神意味之生起者在何處。吾人只能說，當吾人初着於地面之意念爲順山峯之挺拔而生之意念所逐漸加以超越時，吾人卽直感一吾人自己精神之超越而挺拔。而此精神之超越挺拔，實對吾人初着於地之意念而超越挺拔也。夫然，故彼山峯形相之能引發吾人精神使之生起云云，其對精神之效用，乃是消極的使吾人之精神消極的自吾人之意念解放超越之效用。吾姑以此一例暫以概括說明一切人在自然之生活狀態不同，所處自然環境不同，所以似直接能引發生起吾人不同之精神，及一切藝術上之顏色聲音形相之配置可以表現吾人精神之故。

至於在科學研究中，吾人之恆須改變吾人身體與自然界物體之關係，或改造自然物以便觀察實驗等，則皆不外使自然物之形相更多得呈現於感官，而由其形象之關係，以識取其理之關係。吾人在此運動身體及感官之目的，唯在消極的縮短配置吾人之身體與自然物之距離地位關係。吾人之運動及對自然物之感覺活動，本身亦皆爲一消極的耗費生理的物質之事。而唯由此生理的物質之耗費，乃顯吾人精神性的感覺注意以求眞理之活動。而吾人在實驗中之改造自然物，使之發生化學變化，放射出各種能力，則亦爲一耗費自然物之質力之事。至於在科學哲學中之用思，以融通經驗及矛盾之觀念判斷，則爲耗費腦髓之質力之事。一切科學哲學研究中之觀察實驗用思之活動，其最初固依於精神自發之求眞理之理想。其最後之所得，亦唯是眞理之昭顯於精神。此中中間一段，一切關涉於自然界物體及其身體質力者，皆是藉自然界物體身體之質力之耗費而銷毀，以成就眞理之昭顯於精神，亦即成就吾人求眞精神之表現。此求眞精神之表現，乃表現於物質身體世界中質力之耗費與銷毀之際，亦即物體身體只表現其消極的工具的托顯眞理之意義之際。故精神與物體身體世界二者間，無矛盾之可言也。

至於在宗教道德之活動中，吾人身體之活動，誠更爲重要。然吾人細察此中身體之活動，如非純視此身體之活動爲工具，以作事或持物以貢獻於神或他人，以達吾人之道德宗教之目的，則吾人之身體之活動，皆表現一自己收斂而反乎當吾人受欲望支配時身體之動作形態者。如吾人在道德宗教之禮儀中，有點首、垂目、低眉、拱手、跪拜等。此中首之低下，手之不用以持物，足之不用以直立，皆表示一不將吾人之身體器官，用之於滿足欲望之動作，而反收斂其自然之動作之謂。而此種身體之動作所以能表現吾人之道德宗教精神，亦即在吾人收斂此自然之動作之際，即見吾人道德宗教精神之主宰力量。而吾人觀彼宗教道德修養深之人所成就之身體之相貌態度，吾人亦將見其處處與禽獸或逐嗜欲者之動作所凝成之相貌態度相反。故所謂身體之動作、態度、相貌、表現人之精神，實非此身體之物質本身，或此容貌態度動作之形相本身，能表現人之精神，而唯是此容貌態度動作之超欲望的意義，或超一般「順欲之動作態度容貌的意義」，能表現道德宗教精神。而吾人之所以於某種容貌態度之人，一見之下，即覺其表現一道德宗教精神，吾人無意中，實以一順自然欲望而生動作之人之身體的容貌態度，作一背景，而直覺的識取其反乎此而超越乎此，遂引起吾人之超越欲望之道德宗教之精神，以與之相應也。

五　語言文字與精神之關係

人之精神之表現於客觀社會，主要賴語言文字。然語言文字不僅可作人我精神互相表現而貫通之用，亦可作紀錄凝定自己之心意，如思想、情感，以便反省之用，及以之代表一複雜之觀念，或一羣觀念，使思想之進行更爲方便經濟之用。吾人非謂人無語言文字，卽不能思想，不能重現心意於己，表現心意於人。唯人若無語言文字，則於吾人心意中類似之觀念，吾人無分別之語言文字，加以凝定，必易於混淆。而諸觀念所綜合成之觀念必易於散開，而抽象之概念之思維，必不易保存。由是而依概念之互相貫通涵攝而成之推理，亦必不易向一特定之方向進行。而對於集體之事物之各方面，加以硏究後所得之結果，與所決定之應付之態度，如無一語言文字加以記下，吾人以後將不免重新開始，而不能以此結果爲其他硏究或推理之前提，以此態度作參攷，以安排吾人以後對其他事物之態度。由是而重現心意於己，或向人表現心意，當大不便。此卽吾人可以斷定者。吾人之用語言文字，不特用之於科學哲學中，以敍述說明事理；且用之於表達吾人之想像情感，而有文學。又用之於表達命令要求，爲各人或各社團國家定名字，而用於社會政治之活動。又用之於生產技術社會經濟中，以記生產貨物與財富之數目，標誌各種貨物之名目類別，以便於查攷尋取。復用之於道德生活中。如道德理想之凝固於道德名詞，道德命令之表爲道德格言，均可加強吾人對道德理想或道德命令之固執。最後，又用於宗教上之咒語、神之名稱之規定、及對神之告語祈禱等。故吾人可總括語言文字之效用，一、在紀錄。此卽客觀化自己之經驗、思想、觀念、概念、推理結果於文字，此可稱之語文向自己表現自己之效用。二、在傳達。此爲語文之表現自己於他人之效用。

凡紀錄可向自己表現之效用，亦可向他人表現。故二者可相連。此二種語文之用，主要見於文學及學術之活動中。三、在表現自己之命人，此主要見於社會政治之活動。四、在表現自己之自命，此主要見於道德生活或自己支配自己之活動。五、在向宇宙或神表現要求，此可謂有求於神而如有命於神或宇宙。此主要見於宗敎詩歌哲學之活動。此可謂向一超越的自己或超越的貫通人我之天心或宇宙表現自己，而對此超越的自己或天心宇宙有所望而如有所命之活動。（唯此點下文未能詳論）語言文字所以有如此大的效用，其故畢竟何在？語言文字之形相，唯是一聲音或字形簡單之屈曲，此乃屬於感覺界，且語言文字之表某義，初乃人隨意定者，何以其竟能表現吾人多方面之精神？

然此問題之答案，亦卽在語言文字之初由人之隨意定立，語言文字之外表，唯是一聲形之簡單之屈曲上。吾人原初之定立某聲形表某觀念或某物，此初並無必然。故中國以「鳥」表某物，英文可以Bird表之，德文可以Vogel表之。然一社會中既先有某一人，初以某形聲表某物某觀念，他人從而效之，約定俗成，某字之形音卽有某義。人見某字形音，卽思某義。而心中有某觀念某物，卽用某字。此字形與某義之聯結，乃一習慣使之聯結。而吾人之由某形音至某義，或由某義至某形音，卽一種自然心理之聯想。至於對某字，則有一對某字之義所表之觀念或事物之一反應活動，則爲一種交替反應。然此某字與某義之聯結，初乃由吾人自由定立而約定俗成者。而其既約定俗成以後，吾人聞他人用某字，卽思他人心中有某義。吾人自己知用某字代表某義時，吾人復知，此字說出，將使他人心中知某義。則吾人之聞人言或自己向人言，吾人之心皆爲一照顧而涵蓋他人之心意者。此卽使吾人之心成一社會心或普遍心。而吾人如故意用某字以表另一義，或說誑以使他人誤解吾人自己，或掩蔽事實眞相；吾人卽有亂用語言文字之罪，吾人須負一道德責任。此卽見語言文字之意義，初雖由自由定立，吾人之由某字至某義，雖只爲一習慣、自然聯想、及交替反應之機械動作；然此機械動作之上，復湧出一對他人之心意之涵蓋照顧之心，而使吾人之心成一社會心普遍心，此卽使吾人之用語言文字，爲一道德責任感所規範約束者。由是而吾人之求一切合之字以表某義表眞實，使人有遍眞之理解，卽爲一種依社會心普遍心以規定自己之道德意識。語言文字與意義之機械聯結之由人之自由定立，亦卽吾人之自由定立一規律，以規定一種在社會之道德性活動之方式。

每一語言文字與其意義之有一機械聯結之價値，一方在使吾人向人表達心意、命人、而與人之精神貫通，成眞正可能，使吾人用一文字時之心，成一社會心或普遍心；同時亦使吾人當下自我之精神，可貫通於過去自我之精神之內容，而成一統一自我。文字之所以有對自己表現或紀錄備忘之用，及對自己下命令之用，卽由於當吾人將文字提起時，吾人卽將吾人過去用此文字所代表之意義，亦同時提起。因語言文字之簡單性，而易提起，卽使吾人對文字之意義亦易提起。吾人縱不能同時提起一文字之全幅意義，吾人亦可以反復念此文字語言，而逐漸提起之。當吾人用文字語言時，可賦此一文字語言以極複雜之意義，如一涵義深厚之名詞，如一簡老之文句。然吾人可先只提起此簡單名詞文句，而使其複雜之意義，追蹤而至，逐漸呈現。而此事之所以可能，亦卽於由當吾人初以某名詞文句表其複雜意義時，吾人亦卽自立一規律，以對自己有一規範約束。卽規範約束：如此如此複雜之意義，與如此之名詞文句之聲形上屈曲，有一聯結，並規範約束我之未來自我以後亦當再有由此聲形之屈曲，以反溯其意義之活動。由是而吾人現在之用文字以表達心意，吾人之精神亦卽貫通於過去之自我所自定之規律，及過去自我之精神。同時吾人用語言文字表達心意時，吾人卽向一超越於現在自我之精神的、未來自我之精神、或社會精神，表達吾人之心意。於是此未來自我之精神、社會精神，亦同時內在於當下之現在自我之精神中。而此未來自我精神與社會精神之綜合之概念，卽可同於一客觀的普遍自我之精神之概念——卽一義上之神之概念。故吾人復可謂，吾人之表達心意，皆向內在於現在自我中之客觀普遍自我之精神或一義上之神而表達。

吾人上所論語言文字外表之聲形之屈曲形態，與其意義之聯結，爲人所自由定立與人共遵守之規律云云，卽謂語言文字之意義，雖寄託於客觀感覺性之形相世界，然語言文字之聲形與意義之聯結之成立，則全爲人之個人之精神或社會精神所支持，而吾人亦知其爲此精神所支持。至於吾人之自覺要求表達或表現吾人之心中所思之意義於語言文字，使此意義寄託於形相世界之聲形之事，更決不能只說爲一機械之習慣或交替反應之事。而當說之爲定立吾人之心意之重現或普遍化社會化之可能與應當，於吾人之主觀當下的心之外之形相世界之事。凡在時空形相世界之事物之各部，皆爲互相外在，於其互相外在之中，自有其時空的秩序。吾人之語言之聲音，在時間中互相外在，文字寫下，則在空間中互相外在。其互相外在之中，亦自有其時空的秩序。分別不同之聲形，表達分別不同之心意，而使如互相外在的佈列於語言文字中。此諸語言文字之在時空中之互相外在，即可支持吾分別不同之心意之不相混亂。而吾人之依空間中左右上下之秩序，及時間中先後之秩序，而聽之讀之，或重提起之，即可使吾人所理解之他人之心意，或重現之自己心意，其相續生起於當下之我心，而向前擴展之歷程，爲語言文字之次第在時空中呈現之秩序所支持，而不致捲回。此即見語言文字世界之開闢，何以能成就或表現心意世界之開闢之故。誠然，語言文字之用，亦有種種缺點。如吾人心意或精神中所欲表達之思想情感與所見事物之各方面，恆爲互相貫通滲透者。而當其表示於互相外在之語言文字時，此語言文字之互相外在性，首即使吾人覺其與心意或精神之本性若不相應。而吾人由語言文字以了解他人之心意，亦恆易分成互相外在不相連結之諸片斷之意義。又吾人寫文字時，吾人心意之次第先後，亦不必即其所會悟義理自身之先後次第。吾人恆因是由語文之先後次第，以了解人用文字時之心意之先後次第，以識義理，於是易以義理自身之先後次第，同于作者心意及語文之先後次第。此亦足成誤解。又語文之意義只表示事物之通性或普遍性，而不表示其個性或特殊性。固有名詞雖可指特殊之個體物，然固有名詞之意義，則純視吾人對此名詞所指之事物之直接經驗而定。他人之直接經驗不同，則視此名詞之意義不同。又吾人於一名詞恆本吾人之對此名詞所指事理之新了解，而賦予一他人所不知之新意義。而此名在未經解釋時，則他人可全不知其意義；即經解釋，他人亦不必能全與我所了解者相契。又有若干經驗根本為不可以語言文字加以解釋，或愈解釋而愈遠者。凡此等等語言文字之用之缺點與限制處，吾人固須承認。然此諸缺點限制，亦可賴吾人聽者之綜合貫通諸互相外在之文字意義，及人之虛心參照經驗事物，以體會他人之言外之意，以謀補救。如人逐漸皆能由如是體會，以知人初用某字之義，並亦用某字表某義後，某字即被公認獲得一新義。此新義之賦與，亦即所以補救語言之缺點之一道。而此語言文字之缺點限制與如何加以補救之道，亦正須吾人曾盡量用語言文字以後，乃眞能識得。故亦可謂由用語言文字之所啓示。至於語言文字之普遍化社會化吾人之心意，並使之重現成可能與應當，及助吾人心意擴展之功效，固不容否認者也。

抑吾人尙有須說明者，卽語言文字之聲形之屈曲，與特定意義之聯結固為機械的，然吾人由一語言文字之組合，而自覺的求綜合貫通理解其整全之意義，或有一整全之心意，而自覺求一適當之文字組合以達之，則不能說眞為機械的事。因一語言文字，實有多方面之意義。故諸語言文字組合而合表一整全之意義時，吾人欲理解其中一語言文字之意義，恆須連其與上下文他字之意義之互相規定，以得此文字組合之整全的意義，再依此整全的意義，以正確理解此字之意義。而吾人欲覓一適當之文字組合，以表一整全之心意時，吾人亦須選擇於意義相近之諸字之中，求其最切合者。並時須用一字之某一特殊意義，以表達吾人之心意。由是而吾人之求理解文字組合之整全的意義，此綜合貫通的理解，即爲求綜合構造說者之整全的心意，及當機規定一文字之特殊意義之創發性的精神活動。又吾人在如是重構造說者整全之心意時，吾人由知說者之心意而可能思及之意，必不限於說者之意。因吾人之所以能理解說者之意，乃憑藉吾人之經驗思想背景，由此背景中凸顯一部，以與說者之意相湊泊。故吾人知說者之意後，再作反省，便可對說者之意，加以新的引申。此亦爲吾人恆有之一創發性之活動。而吾人之覓適當文字以表一整全之心意，吾人亦須有綜合性創發性的依照吾人之整全心意之各方面之情形，以選擇切合文字，而加以組合，並求在此文字之組合中，表現吾人整全之心意。而吾人之造成如此文字之組合，其最初之目的固只在取諸字之一意義，合以表達吾人已有之心意。然當此文字之組合既成時，則此諸字之其他意義之再被覺察，又可引吾人至一新思想、情感、想像之開闢。此即所謂情生文文生情之故。而此情文之相生以開闢思想，更見文字之運用本身，可引導吾人之精神之拓展之最大效用。

最後，吾人須知文字語言爲一感覺界之聲形。此聲形之屬於客觀物質世界，而復能使吾人之心意，得重現於己並普遍化社會化。凡此等等文字語言對精神表現之價值，實亦純爲消極的工具的。此所謂消極的工具的，即謂吾人理解文字語言時，吾人必須求超越語言文字之本身，以知其所表之心意。而吾人用文字語言時，吾人乃先有一心意。而當其表現於語文時，吾人之理想，即在使吾人之心意普遍化社會化，或使之重現成可能或當有。此理想純爲精神的。而吾人語文旣成時，吾人再加以感覺，以自看自聽時，恒反而再理解或檢討如是如是之語文之意義，使此意義重現於我前。語文之意義，自亦可卽爲其他文字，然最後必歸至一語文所表達之心意中之思想、觀念、想像、情感或事物等。語文之能表現吾人之此諸心意於他人社會或未來之我之前，仍在其被肯定爲可超越之媒介之時，則感覺性之語文可表現超越感覺性之心意或精神無難矣。

吾人以上已分別說明：形相世界之物體、身體、及感覺性之語言文字，所以能表現吾人之精神，自然形相之所以能啓示一理想的精神意義，以引發規定吾人精神之形態之理由，皆在此等等之具自己超越性之方面。唯由其自己超越，乃與精神之本性不相違反，而可表現吾人之精神。抑吾人尙有須進而論者，卽凡人之一切自然生命欲望與自然心理性向之自己超越其主觀性與機括性被動性，皆可成爲精神之表現。蓋主觀性之自己超越，卽客觀性。機括性之自己超越，卽見活潑周流之生機。被動性之自己超越，卽自覺其初之被動所依之理。而一切理才被自覺，卽化私爲公，化主觀爲客觀，超特殊之個體而爲普遍，而不自覺的依理而動之行爲，皆成依自覺自定之理想而動之自動的精神活動。唯吾人自然生命欲望及自然心理之性向之自己超越，復爲違吾人主觀的自然之趨向者。其自己超越而顯爲精神自我之活動，或須俟其自然生活之經大挫折，其由自然心理之性向而發出之反應活動，與欲望所要求者之相違，或其欲望之活動爲自然心理中如模倣同情所引起之活動所壓抑。

總而言之，卽吾人欲望之活動及自然心理之活動之相互尅制，與人受挫折時，外在環境强大力量對吾人生活之限制，恆爲逼出吾人之欲望自然心理性向之自己超越，而顯出吾人之精神自我之活動者。唯有時過度之挫折與欲望及自然心理性向之太被尅制，又反增强吾人之欲望，使吾人更不易有精神自我之活動之顯出。此則或賴與欲望等以滿足，或使之放浪形骸，有任自然心理性向而動之一時期，或賴他人精神活動之鼓舞感染；然後其精神自我之自動活動，乃能顯出，以使人之欲望及任天而動之性向，由得滿足而被超越。夫然，故人或以貧賤更懾於飢寒，富貴更流於逸樂。或以貧賤憂患而勵志，亦或以富貴厚生而更不淫。一切外境之順逆，對吾人之精神活動之生起與創發，皆可有其當機之價値或效用。然要視吾人所以處順逆之境時，原來自然生命欲望自然心理性向及精神自我之昭露之狀態，爲如何爲定。然其當機之效用與價値，皆在使人自然欲望自然心理性向得一超越則無不同也。

吾人以上之說明，凡非精神性之物之所以能表現精神，及對精神活動之生起之價値或效用，皆不在其積極方面，而在其自己超越方面。吾人在此並非看輕表現精神之物體身體文字之形相及自然生命欲望等之重要。吾人承認精神之表現於物體身體文字之形相，可規定精神之形態；並成就人與人及人之前後自我之精神貫通，以互相增上而生發者。故此形相世界，亦可視爲人之精神互相貫通，以生發精神之樞紐。而人之自然生命欲望及自然心理性向之活動，皆可在其成爲自覺之內容時，成爲吾人理想之內容，亦卽成精神之規定者。唯吾人以爲此形相世界與自然欲望、自然心理性向之重要性之眞正顯出，正在其自己超越之際。凡此等等，對精神之規定爲精神樞紐之用，皆不表示其爲精神之外在的決定者，而可使吾人疑及精神活動之自動性自決自主性。只當視此樞紐，卽存在於交光相網互相貫通之人我精神，或前後之自我之精神之內部。此諸規定，皆內在於精神之自身，而爲精神自己主宰、自己生發、自己表現之歷程中之條理。精神自身以外，實無任何外在的能決定之之任何事物。吾人至多只能說形相世界、自然欲望、或自然心理之活動，皆精神活動之憑藉或場所。本書之目的，卽在由人類各種文化意識之生起發展之說明，以托顯此義。

吾人在本章唯是泛論文化活動爲精神之表現，及精神活動之意義，精神活動之自決性自主性，及其與規定之之形相世界、自然欲望、或自然心理之關係，以明吾人本書之立場。而以下諸章，則將分別論各種文化意識，在本原上皆爲依吾人之超越自我或精神自我而生起之意識，亦卽皆爲一精神意識或精神活動。此卽謂一切文化意識，皆有其理性之基礎，並表現一成就精神自身之生發，提高吾人之人格之道德價值；而人之實現文化理想之要求，皆依於人深心之實現道德理想之要求。人形成其文化理想之理性，在本原上亦卽一道德理性。人之各種文化的精神活動，皆人之道德的精神活動之各種化身。本書目的，只重在說明此義，使各種文化部門，統於一宗，至於各種文化部門本身之內容之分析，則不能全備也。

第二章　家庭意識與道德理性

吾人論各種文化活動，重在論其精神基礎。故吾人論文化活動，重在論各種文化意識。各種文化意識中，吾人將先論家庭意識。吾人之論家庭意識，重在說明家庭意識，爲人所必當有者。由此而見家庭意識之成立有其道德理性之基礎，家庭亦當永遠存在。而在人類社會中，家庭之所以實際存在，亦即自覺或不自覺的由於人之道德理性爲之支持。而在中國文化中之特重視家庭，亦有其至深厚高明之涵義在。

一　導言

今人論中國從前之重視家庭，恆謂其乃由中國以前之社會爲農業社會手工業社會使然。在農業社會手工業社會，家人只同耕一土地，共同生產，故不得不重家庭之團聚，且自然趨向於大家庭制度。今日之中國社會已變爲現代之工商業社會，父子夫婦或就業於不同之機關，故大家庭之崩壞，固有必然。而父母子女隨職業之不同，恒分居異地，故卽小家庭之家庭意識，亦必然淡薄。卽夫婦關係，亦以夫或婦皆參加公共生活，又不必同處一地，所接觸之人與環境之不同，生活形態與習慣時有變化，其間之情感，自易動搖，故離婚之事必然增多。是社會愈向前進化，家庭意識必只有日淡一日。至於人之需要家庭，世之論者又恒謂家庭之所以產生，乃根於男女之性本能，夫婦之結合亦不過滿足此本能。若然，則夫婦關係縱變化無常，以至根本取消婚姻制度，重返於原始之雜交，無父子夫婦之親，兒童由國家養育，而人皆得滿足其性本能，亦似無不可。又今人或謂人類之有家庭，不過社會進化史之一階段之情形，在野蠻時代無家庭，更文明之時代又何嘗不可無家庭乎？今之西方大哲羅素亦喜在此憑幻想以作妙論。凡此諸說，吾人可名之爲家庭成立之經濟決定論，家庭目的純在本能之滿足論，家庭之暫時存在論。然吾人之重建家庭觀念，則根本反對上列諸說。吾人主張家庭爲有永恆之存在性者，吾人主張家庭之目的是完成人之道德生活。吾人主張人類之經濟生活之變化，對吾人之道德意識，並無絕對的決定力量。若吾人認爲夫婦關係應以恆常永久爲原則，在工商業社會中用法律、敎育、輿論、與道德之力量，未嘗不可阻止任意性浪漫性之輕率變化婚姻關係之風氣，人亦未嘗不可孝父母祭祖宗。且如工商業之社會之破壞家庭之力量太强，吾人又認爲家庭不當如此破壞，吾人便當改造此工商業之社會，爲農業工業化之社會。吾人只有理由改變經濟生活之形態，以適合吾人之道德生活。而無理由改變吾人之道德生活以適應經濟生活。吾人只有理由在經濟生活未能遽爾改變之時，仍力求保持吾人之道德生活，使現實之經濟生活，不致使吾人道德下降。吾人無理由藉口經濟生活尙未改變，而一切受經濟生活之決定而放蕩墮落。吾人不否認經濟生活對吾人之影響之大，吾人對於今人之受經濟生活之決定而產生之過失，吾人應取較爲寬大之標準以矜原之。然在論道理上則絲毫不容假借。吾人須辨淸當然之理與實然之事之別。實然之事，固一時不能合於當然之理。然在此處正是吾人須努力於實現當然之理，以改變實然之事處。當實然之事遠於當然之理時，吾人更須認淸當然之理。當然之理，是如何便是如何。人不能以詖遁之辭，蔽當然之理，曲解未合理之實然之事爲當然。經濟決定論者之最大過失，卽爲以事實之敍述代當然之理之省察。以實然如此便是當然，於是一切不合理之事實，只由歷史以知其必然致此之因，卽成合理。故吾之下文，唯當憑純粹之道德理性，以建立家庭何以有永恒存在性，家庭之目的不在滿足本能之說。吾人以下當首論人不能無家庭意識而存在之理由，再論夫婦之常道與變道，及孝與友之哲學意義，然後再總攝之以論家庭存在之根據，並指出其當永恒存在之理由。

人類文化中之所以有家庭，吾人將不謂其在人之有性的要求以延續其子孫。因人可不必結婚，人可信宗敎而不屑結婚。結婚配偶可死亡。結婚可無子，無子則自己所造之家庭不能完成其延續子孫之目的。故家庭存在之根據，不能從己身之性的要求與欲延續其子孫之目的着想。如先從此着想，則我之家庭以至全人類之家庭是否繼續存在，是否應當繼續存在，皆直接無理性上之必然根據。人亦可不復有家庭意識。若干宗教思想家，卽可以念人之可不結婚而不重家庭之倫理。故吾人之斬關第一義，卽須打斷人向下看、向前看、以論家庭所以存在之論。吾人之論家庭所以存在之根據，唯歸於人之不能亦不當無家庭意識。人之不能不當無家庭意識，乃依於吾人之皆當向上看向後看，而知其爲父母所生，知其由其父母所造之家庭所養育。人唯賴此家庭存在之意識，而自意識其存在，故人不能無家庭意識而存在。向下看向前看，人或有家庭或無家庭，則「人之不能無家庭意識」非必然之命題，亦非可普遍於人人之普遍命題。而家庭意識之存在無必然性普遍性。人亦可懷疑家庭何以必須存在而主家庭不當存在。向上看向後看，則一人存在其家庭必已先存在，一人意識地肯定其自身之存在，卽意識地肯定其父母之家庭之存在，而有家庭意識。此方是一必然而普遍之命題，吾人之依理性上不容不承認者。誠然一人可爲一私生子，或其父母生彼後卽離婚，故此人非由父母養育而由社會養育。然一人如爲一私生子，或父母生之後卽離婚，此人必終身引爲遺憾。此人在孤兒院中，必覺人皆有父母而我獨無，是一悲痛傷心之事。吾人試細思此種憾恨之感，根據何在。此人或不知，而唯情不容已。然吾可指出此理性之根據，卽可於人愛其自己之一念中求得。蓋人愛其自己，而人由其父母相愛而生，則此父母相愛之本身，亦必然爲可愛。故人必自覺的或不自覺的望其父母之繼續相愛。而我父母若生我而離婚，或我爲私生子之故，而不得知我父母是否尙相愛，此即我之憾恨所從出。由此而人必然望其父母之家庭之繼續存在。人之望其父母之家庭繼續存在之爲應當，故人父母之家庭之繼續存在亦爲應當有之事。人覺不應爲無家之子，則人之覺爲無家之子，此人之存在本身即有所不完足。此即謂人無家，不特是無一在人之外之家，而是人自己喪失了自己之一部。亦卽謂完全而無所憾之人未存在。然人雖無家而仍以無家爲憾，卽人仍肯定人之當有家，人仍有家庭意識，且仍以有此意識爲應當。故吾人可曰人不能無家庭意識而存在。

二　夫婦之常道與變道

吾人所謂夫婦之常道與變道，乃謂夫婦關係以永續爲常道，離異爲不得已之變道。蓋夫婦關係之所以應永續，根據有三：其一卽由上條引申。蓋夫婦由相愛而生子，故夫婦皆愛其所生之子。愛其所生之子，則當以其子之心爲心。人子之心未有望其父母之仳離者，其理由如上之所論。故夫婦應自愛子之心出發，而力求婚姻關係之永續。二、人皆愛其父母，則子應以父母之心爲心。父母相愛而生子，則愛其子，亦愛其「生子」之本身。父母愛子，亦愛子之生子。故父母必望子之結婚，由相愛以生子。而父母必望（這個必望要從深處看父母之本心）子婦之相愛。子婦不相愛，固可另爲婚以生子。然另爲婚，父母之本心必有所間斷。順父母之本心必不願有此間斷。故人如愛父母，必體父母之本心，而以永續婚姻關係爲常道。三、夫婦之關係固基於性之本能，然夫婦之愛情不能只基於性之本能。男女相愛之本身，卽可轉出一純粹精神性之關係。此根據在人之能自覺。蓋男與女間，雖可原於形色之慕悅，生理之衝動，以造成結合而相愛之事實。然此結合而相愛之事實既已產生，人卽自覺此結合而相愛之關係，而對此結合而相愛之關係之本身，有一種愛。此乃基於人之爲自覺之動物，必然產生之一種對相愛之關係之愛。此結合而相愛之關係本身，乃可有普遍性者，卽一種理想。愛此關係卽愛一理想。原始之愛是本能性的，對本能性之愛加以自覺，而生之對相愛關係之愛，卽對愛之愛，　則是超本能性的。此必須細加辨別。　原始之愛可純是滿足個體之欲之念，然對「愛之關係」之愛一產生，卽超越滿足個體之欲之念。此種愛之愛之出現，其機甚微，而其效則至大。其首先之表現爲　「人欲求其本能欲之滿足時，須照顧對方。」（此點羅素在「快樂之心理」中亦言之，但彼不能由此再進一步）。由此照顧對方，而對對方之心理卽有體貼與了解。由此不能肆個人之意以求本能欲之滿足。由是而有節制。由彼此間之體貼了解與節制，及其他之人與人間自然有之互助同情之表現，卽使夫婦皆對對方有一種感恩意識。此在中國稱爲恩愛夫妻。原始之感恩意識，乃對對方任何相助之行爲與心理皆有者，唯通常或不自覺。體貼了解與節制同情互助爲一種道德活動，一種善之表現，而感恩則爲對對方之道德活動，加以肯定賞謝，而謀有以報之之一種善之表現。此乃一更高級之道德活動，可謂爲一善（動詞）對方之善之表現，而有的善之表現。由此而產生夫婦間之情感之累積，與道義關係之加强。此種道義之關係，乃由夫婦之間不自覺的或自覺的道德活動之互相投映互相促進所構成，在性質上，和人與人一切道義關係，並無不同。唯此種道義關係，初唯是表現於有「原始之生理結合之愛情」之男女之間；故此種道義關係之意識，卽限制規範此男女二人，不當隨意分離。蓋此中之道義意識之形成，乃自「對於最初之結合關係之愛本身」之愛順展而成，故此道義意識，亦復保障此愛之愛之繼續。此卽謂如有一方欲分離時，「對最初之結合之愛本身」，所順展出之道義意識，卽逼之替對方設想。此方之替對方設想，並非爲對方所決定，而是直接爲自己之道義意識所決定。由如此之設想卽使非在雙方皆願分離情形下，我如棄彼，我之良心卽有所憾。由是而此道義意識卽足以阻止單方之見異思遷，而遏抑限制規範其本能欲之向外亂注與泛濫。以至對方已死，猶念對方之恩義，不忍分飛。由此而有所謂堅貞之道德。而一方之堅貞又可引起對方之感恩，亦以堅貞相報，由此而有堅貞之互信。此互信本身又爲一持續堅貞之力量。此堅貞互信之道德，乃以夫婦之道義意識，規定本能衝動之產物，其在道德價值層次上居一更高之位。男女之間從本能欲出發之愛，通過愛之愛，至道義關係之形成，至道義之限制本能欲，整個是一道德生活之發展歷程。在常態之婚姻，此種發展乃爲無間隙而逐步上升者。至堅貞互信而道義關係乃居主位，本能生活卽統於道德生活，而夫婦之道卽完成。由此種完成，而夫婦間之關係，不特是出自欲望的，不特有溫情的互助，而且眞有人格的崇敬，古代所謂夫婦相敬如賓之意，正當從此階段了解，或從準備化夫婦間之關係成此階段之夫婦關係上了解。人之婚姻關係，不能發展至此最後之階段，終是一種不幸，終是未得遵行其應循之路道。其不能發展至此最後階段之責任，不必由當事者負之；然人類終應設法使一切人婚姻關係得遵行其所應循之路道。故男女關係應以永續堅貞為常道。

在今日現實之社會中，以人類心理性格及社會關係之複雜，夫婦固不免有離異之事。離異固不必為不道德，然要是一種不得已，而為一變道。人在通常之情形，皆應遵循常道。在特殊之情形，可行變道。行變道亦有不得已之理由，此理由或極為特殊，他人不能了解，然吾人良心必自覺此理由之無可疑，乃可行變道。且吾個人雖行變道，仍不得因此否認有常道。常道是理想之社會人人所當遵，人人遵之皆無誤者。變道，則在理想之社會中無此道，在現實社會人或遵之而誤，或遵之而不誤，要以其人之道德能力為判。故常道可垂訓，變道不可垂訓。然當人遇特殊之情境，或只能本一特殊之理由以行變道。行變道非即不道。變字無劣義。故强一切之人行常道亦不可。强一切之人行常道，反成不道。動輒責人之行變道為不道，乃刻薄之人也。唯如有人處可行變道之境，而犧牲自己以行常道，如中國過去之女子，以自覺此堅貞為人類之常道，遂寧肯對不滿意之婚姻隱忍，於對方之負心皆不計較，而仍自守此夫婦間之當然之常道，犧牲自己以為此常道之例證，使此道不絕於天壤之間，以為世範，則尤為一更高之道德。在此點上其道德不僅有個人意義，且有社會意義與宇宙意義。由此吾人方可了解過去何以有貞節牌坊，而貞節牌坊上，或以貞烈留天壤之言頌之，其故即在於此。吾人可謂過去獎勵女子貞節，恒不免過度。如未婚守節少年守節之類，或不免苦常人之所難，而悖於人情。為之者不必出於自動之道德意識，或唯是懼社會之譏刺，博貞節之美名。然吾人終不能否認有出於自動之道德意識而守此最高之夫婦之道之女子，其人格應被人崇敬。吾人以之為難能，不以為一般人之訓可也。謂之非更高之道德不可也。吾人以難能者望一般人，則對處變境之人之情，不能曲恕，流於殘刻，古所謂以理殺人固有之矣，此責人苛之不可也。然於難能之行不加以崇敬，竟至於以難能之道德行為皆非道德行為，則顚倒善之等級，尤不可也。君子尊賢而容衆，則不泯善之等級，亦無苛責之弊矣。

三　孝之形上學根據與其道德意義

中國五四時代有非孝之論。社會學家謂野蠻人有殺父母者。或舉古今中外，人對父母之孝之程度，有各種不同，以證重孝為某一特殊社會之道德。哲人中如柏拉圖亦謂在理想國公夫婦，則子女以高一代之一切老人為父母，將無所謂特定之父母以致其孝。中國之康有為之大同書，亦為此論。在中國今日一般之世俗，則順自然之感情，仍以孝父母為應當者。然吾則將惟順道德之理性，以論證孝之爲應當。孝父母爲任何社會中之人應有之普遍道德。

人當孝父母之理性根據，不在父母對我之是否愛。父母愛我，我固當報之以孝；然父母不愛我，我仍當孝父母。此孟子之所以稱舜之號泣於旻天。舜之號泣，非怨父母之不愛己，而是其愛父母慕父母之意，無所底止，透過父母之心不遇承受其愛者，即一直上升，而寄於悠悠蒼天也。吾爲此言，其意謂人之孝父母，根本上爲返於我生命所自生之本之意識。人何以當返本？因人必須超越自己之生命以觀自己之生命。（此種超越自己以觀自己，乃萬善之本，吾人本書隨處論之。）而人超越自己之生命以觀自己之生命，即必須認識「我如是之生命之存在，自時空中觀之，非自始即存在者。」「我在未生以前，我不存在。我之存在乃父母所誕育，父母之一創造。」此中縱謂我未生前，原有我之所以爲我之理型在上帝心中，或我之靈魂或阿賴耶識先在，亦與此問題不相干。因只此上帝與其心中之理型，或只此靈魂、或阿賴耶識之自身，並不能化爲如此如此現實存在的我之生命。此現實存在之我之生命與其現實存在性，仍爲父母由愛情結合之統一的努力之一創造。我初不在現實世界，父母之在現實世界，生出此現實存在之我，對現實世界言，仍是在無中生有。父母未生我，我在此現實世界即等於零。當我在此現實世界等於零之時，則足致我之生之根本動力，惟在我之父母之心身中。此時只有「在我父母心身之中足致我之生之根本動力」之現實存在，而無我之現實存在。而此時致我之生之根本動力，又爲瀰漫於父母之心身，不能指定其所在者。故吾人若超越此現實存在之我以觀我之未生以前，則唯有父母而無我，我卽在父母之中。此是說在父母未生我之前，我無在此宇宙之現實存在性，我在此宇宙之現實存在性，若分於父母之現實存在性而有。當我尚未現實存在時，卽唯有此父母之現實存在性。如此時說有我，我便是一無我之我，忘我之我，以父母爲我之我。在現實世界中人皆知愛我，然道德生活之開始，卽爲超越單純之自愛而愛他人。人能愛他人之根據，在能忘我而以他爲自。人之所以能有忘我而以他爲自之愛，其根據在何處？人之以他爲自之愛首當對何人表現？吾人可答曰：人之所以能忘我而以他爲自，其根據直接說在吾人本有以他爲自而忘我之仁心仁性，然亦同時卽由於父母未生我以前我原是無我。當父母未生我而無我之時，如要說一我，此我卽爲一以父母爲我之無我之我，忘我之我。吾人本曾爲無我，或本由忘我之我，無我之我，而以父母爲我之我來。故吾人今之此有我之我，能超越其我執，忘我於致我之生之父母之前，以父母爲我。由是而吾人欲實現其忘我而以他爲自之仁心仁性，將必然首表現爲在父母之前，自動的將自己之現實存在性，還歸之消納之於父母之現實存在性，將對自己之現實存在之愛上推而成愛父母之孝。而念「我之由父母生，初只有父母而無我」，卽最直接之引發我今之無我忘我之意識，使我之仁心我之無我之我忘我之我呈現者。故中國古人總說對父母之孝卽人之仁心最初呈現處發芽處，其涵義實甚深遠。吾人由此可知：孩提之童無不知愛其親，乃一自然之合理之愛。兒童固不知此許多道理，然彼是不自覺的依此理而愛父母。超兒童的自覺之此理，在後面規定引導兒童而爲其本性，使之不能不愛父母。由是而吾人亦可知孟子說此言，乃依必然之道德理性而說之必然命題，非自經驗之歸納而得之命題。如從經驗之歸納得來，則天下古今之兒童何限，我將何所根據而知其在本性上皆能愛其親。今人謂兒童之愛其親，是愛其親之乳，愛其親之撫以衣食之習慣而來，此乃純自後天看之淺薄論調。羅近溪謂赤子自母懷分出時之啞啼一聲，卽表示對母懷之依戀，此便是孝之根苗。此語含義甚深，但須善會。落入唯物論之解釋，便不可救藥。此啞啼一聲所象徵之意義，不是捨不得母懷之溫暖，而是要返本，返自父母未生前之本。此所謂父母未生前，莫有我，但非一切莫有。禪宗要人想父母未生前面目，以達無寄之境，與此處用意全異。吾人今要人認識者，是在我未生前，雖莫有如此之現實存在之我，然有父母，我在父母之中。此時之我是一無我之我，忘我之我，同時以父母爲我者。唯如此，方可說孝子忘我以事親，卽所以顯此忘我之我。依此說，人要顯其忘我之我，第一步不能是破執觀空而只能是在父母前盡孝以忘我，對父母致其愛敬。此中有愛，因須體親心故。此中有敬，因是自我之超越與收斂而表現卑順故。此是人之最原始之愛敬。此愛敬是愛敬父母，同時卽是實現那超越的無我之我。此種愛敬可一直通過父母而及於無窮之父母，及於使我有此生之整個宇宙。於此吾人如不落目在父母祖宗與萬物之一一箇體之分別上看，卽可再進一層視父母祖宗與萬物之全體，整個之宇宙，整個之乾坤，卽我之父母。在我未生前，我之無我之我忘我之我卽在宇宙之中乾坤之中。由此吾人亦可對整個宇宙乾坤致其愛敬。此卽張橫渠所謂對天地乾坤之孝。亦卽禮記所謂報本返始之意識。

由上吾人言超越的無我之我，在我未生之前，卽以整個宇宙爲我。然父母之生我宇宙之生我，自現實存在上言，乃一創造。此創造之所以可能，由於父母或宇宙現實存在狀態之有一自己超越，由此自己超越方轉出我之現實存在。此亦卽可謂是「初『以生我之父母與宇宙爲我』之超越的我」之自己超越。父母宇宙之自己超越以生我，其生我，是一種善之流行。因而我生以後，我卽求我之生命之延續。我卽以使我之繼續生爲善。我以我之能繼續生爲善，我卽必須肯定，父母宇宙之生我爲善。如我眞相信父母宇宙之生我爲不善，我卽亦復不當以求我之繼續生爲善。故除願自殺者，無理論根據以謂父母宇宙之生我爲不善。父母宇宙生我之爲善，不必由父母宇宙之自覺其生我爲善而生我。父母宇宙生我之行爲，可爲自父母之本能，一宇宙之盲目衝動出發。然父母宇宙之生我是自本能與盲目衝動出發是一事，而此自本能與盲目衝動出發之生我，由我之自覺看來，必肯定其爲善，否則我應立卽自殺。父母宇宙之自己超越以生我，是一種善之流行，卽初「執父母與宇宙爲我之超越的我」之自己超越而呈現爲此現實之我，乃超越的我之善之流行。然父母宇宙之生我雖爲一善之流行，彼未必自覺生我之爲善而生我。故父母之生我，只對我之自覺爲善行，而非對父母本身爲自覺之善行。由是而使單純的現實的我之如此呈現而自然生，對「執父母宇宙爲我」之超越的我，亦非自覺之善行。然父母宇宙之生我，對父母宇宙本身雖非自覺之善行；我自覺父母宇宙生我對我之爲善行，而肯定此善行；念父母宇宙之能自超越以生我，我卽報以我之自己超越，以孝父母宇宙，則爲自覺之善行。故自然之愛子，單純之現實之我之如此呈現而自然生，皆不必爲道德之生活，而孝則爲道德之生活。孝之爲道德生活，乃由超越的我之兩重超越。超越的我既超越其對父母宇宙之執以生我，而又超越對現實之我之執以孝父母宇宙。執父母宇宙爲我之我是一無我之我，此無我之我自己超越而有我。此我再自己超越而重現無我之我，重現之謂返本。然此中之道德價値，唯表現於返本之返上。故眞正之本，不在所返之本上，而在能返本之「能」之本上（此語重要）。原始之無我之我，乃執父母宇宙爲我，此是我之不自覺的無我之我，由此無我之我之自己超越而生我，是不自覺的生我。若無所謂自己超越之事卽無善，然此中有自己超越之事，卽有善。唯非自覺的自己超越之事，卽非自覺的善行。唯我既生以後，而又超越此對現實之我之執以使無我之我呈現，乃爲自覺的自己超越之事，自覺的善行。此無我之我之呈現，則首表現於對父母宇宙之孝思。此種對父母宇宙之孝思，乃超越的我之超越其對父母宇宙之執，以生此現實之我，而又超越「對此現實之我之執」之表現之開始。故此孝思乃超越的我之自性之呈顯之開始，乃一純粹之精神活動之照體獨立。

然父母與宇宙，吾雖可同樣寄其孝思，宇宙亦可謂我之父母。然單言宇宙，人恆易落入自然宇宙之想念。在我生以前之自然宇宙，自現實上觀之，乃兼含物質性生命性精神性，而物質性尤顯著者。而直接以此自然宇宙爲我之父母而寄其孝思，如自然宗教所包含，乃一致孝思以返本之入路上之歧途。蓋我非直接由渾淪之自然宇宙所生，乃直接由父母所生。自然宇宙中足致我生之動力，必透過父母之生命精神乃有助於生我。則我只能透過父母之孝思，以言對宇宙之孝思。而父母之能生我，主要依其爲有生命意義精神意義之存在，而非依其爲物質意義之存在。故「透過父母以看助於生我之自然宇宙」所含之主要意義，亦爲生命精神之意義。由是而我之透過對父母之孝思以看出之自然宇宙，乃爲一眞有生命精神意義的宇宙。由如此之孝思所顯之超越的我，方爲眞表現其生命精神性之我。故人之返本意識，只能先反於父母之本，由此以返宇宙之本。方顯自己之能返本之返之本。唯如此之返本，乃能眞返於自己或宇宙之生命精神之本體，而顯超越的我之純生命精神性。唯如此之返本，乃人之最直接而自然之返本之道路。西洋基督教忽過對父母之孝思，而要人返於宇宙之生命精神之本體，此卽上帝。但說上帝，恒要說上帝所造之天地萬物。然不透過對父母之孝思，只放眼外看之天地萬物，其生命精神意義不若其所含之物質意義之富，則與「上帝之爲一純生命純精神之本體之觀念」有一矛盾。因而由西方之宗教意識順下來，或爲以研究物質亦爲知上帝，由此而促進近代之科學。但人如眞只以研究物質爲本，恒破壞對生命精神之本體之上帝之虔敬。故人實當先鄙棄物質，以便接觸純生命純精神之上帝。後者卽西方中古宗教精神之可貴處。然此宜先絕棄塵俗，便非人人自然可循之直接的返本之路。中國人之拜天地萬物，於物質亦拜，表面爲自然宗教，似較基督教爲低，西方人於此恒有貶斥之意。然彼不知中國人乃透過孝父母祭祖宗以拜天地，則天地皆生命精神化矣。由孝所培養之宇宙意識，正爲最富生命性精神性之宇宙意識。而由孝以透入宇宙之生命精神的本體，乃人人可循之直接返本的道路。其中既包含道德意識，亦包含宗教意識。大約在生前之孝以道德意識爲主，死後之孝與祭、卽以宗教意識爲主。在儒家所教之孝之最高義中，乃要人在父母前絕對忘我，念念唯有父母。此是一自我之絕對超越。孟子言舜之大孝，曰好色富貴皆人所欲，而舜則五十而慕父母。此卽謂慕父母可使人自一切現實之欲望中解放，而實現純粹之精神生活也。

然眞通過一絕對之孝，又不必否定一切現實之生活，否定現實之生命之繼續。蓋由孝之義而忘我，純以父母之心爲心，則爲人子者，同時了解體貼及父母之望我之生命之延續。父母生我此子，卽望我此子亦生子(卽生孫)。其望我之生子，亦表現自然之道德理性。蓋父母以生我此子而愛我，卽以生子爲善。父母自以其生子爲善，卽必以我之生子爲善。父母之生我此子，卽直接肯定生子之爲善於其所生之子。故父母之望我生子爲必然者，合自然之道德理性者。由此而我以父母之心爲心，遂有繼續此現實生命之義務。由此義務，卽又保證結婚生子之要求爲正當。故孟子一面謂舜五十而慕父母，一面又說舜不告而娶爲無後也。此中表面有一矛盾。人只順任其自然本能之結婚生子要求，本非自覺之善行。故教人超越本能生活之道德家宗教家，欲人之實現超越的我，必要人絕男女之欲，此原爲應當者，亦人性醒覺之自然結果。然人絕男女之欲，則可以父母之生我亦出於男女之欲，而爲罪惡。故宗敎家中或言人類始祖卽犯罪，由此而敎人超家庭之愛以事上帝。此是宗敎理性之必然如此發展。故佛家亦要人出家。唯自此點上措思，乃能知宗敎理性之本質。然以父母之生我爲犯罪之一念，又違悖吾人最原始之孝思。吾人可謂在另一義中，如吾人有通於神之路道，原始之孝思非必然不可違悖者。然如吾人欲肯定吾人最原始之孝思，則吾人不能以父母之生我爲犯罪。如父母之生我非犯罪，則父母之望我之生子非罪念，而我本孝思，體父母之心以爲心，而結婚生子以延續生命，成我之道德義務。我通過此道德義務感以結婚生子，則我之自然本能欲，經道德義務感之印可，而本能生活亦道德生活化，而結婚生子乃爲自覺之善行。由是而現實生命之延續，乃不復只爲自然者，且爲應當者。故肯定孝之作用有兩方面，一方是求超越現實之我，而以父母爲我，以超越本能生活，實現超越的我。一方是透過父母與超越的我，以印可本能生活，使本能生活含道德意義，昇華成道德生活，而孝遂爲統一超越的我與有本能欲望之現實之我之生活，以成爲一整個自我之道德生活，並將形上之我與形下之我，溝通而一貫之者。由是而孝不特是反本，而是成末。不是要歸於遏絕自然生命之流行，而是要順展自然生命之流行。然順展之，同時是以道德理性規範之，條理之。故不孝父母是罪過，孝父母而不自愛其身，父母死而哀毀過情，傷父母之遺體，亦成罪過。保此遺體而不能踐形盡性成賢成聖，亦是罪過。此中條理萬端，皆所以一方實現超越的我成就孝思，一方成就自然生命之流行。中國先賢極高明道中庸之教義，異於一往出世思想者，亦可由此悟進。

以上由道德理性以建立孝之爲應當，乃旨在說明孝之絕對意義。此義謂無論父母是否愛我，我皆當孝。此爲只自我一方說以表示孝之爲無條件。如自父母一面說，則父母未有不愛子者。蓋子之生卽本於父母之愛。其生子卽肯定子之生，肯定子之生，卽肯定子之成其生。故父母在本性上，未有不願養育其子女者。大多數父母之自然願養育其子女，而對子女慈愛，亦自然之合乎道德理性，表現自然之道德理性者。父母之不慈不愛其子女，乃父母失其本性。父母如自然慈愛子女，子女固當益感其慈愛而益報之以孝。父母之不慈愛子女非其本性，乃由其本性有所蔽塞而未表現。則子女仍當知父母之本性非不愛我，且旣深信其本性原是愛我，則當信其本性時時可表現，而使之表現以復父母之本性，其責任亦在我。由此而父母之不愛我，我不特不當不孝，而當更由孝以感格父母之心，使父母復其本性而免於不慈之過。而人對父母之本性，眞了解或相信者，則同時信其必可表現，而我之感格必有效。眞信我之感格必有效，則能一往致其孝思，不期其何時之有效。一往致孝思乃求諸己者。求諸己，必不期效於何時。凡期效於何時，皆向外用心求諸人者也。一往求諸己而不期效，則信之所在，誠亦隨之。誠之所在，有信而無疑，則無論自外觀其誠信是否有效，然其內心全是一片誠信，無間隙以容此懷疑，則不見有眞不慈之父母。故於父母終無所怨，而愛慕無極，直通於天，此或舜之所以號泣於旻天之另一義。號泣者非失望之感覺，乃誠信之極不見其效而又不期必效，唯是一往自責其誠信不孚之內在的激動，故號泣也。此義不僅可用於對父母，亦可用於對一切人與天下國家，宜細體會。

最後吾人將純自父母方面說，吾人將謂夫婦之愛如須亦道義關係化，即須以養育子女爲其主要之責任。子女之誕育，常言爲夫婦愛情之結晶，然自哲學上言之，即愛情之客觀化。夫婦之愛情，使夫婦之心身成統一體。此統一體之客觀化，即子女心身之統一體。吾人前言夫婦相愛而成統一體，即皆有愛之愛以維護此統一之意識，由此使夫婦間關係成道義關係化。然子女爲夫婦之愛之客觀化，故子女生而夫婦間之愛之愛，即由此愛之客觀化之子女而促進。此即謂夫婦間之情誼即通過對此子女之情誼而促進。而夫婦間之情誼除直接之情誼以外，尙有一種以對子女之情誼爲媒介而生之情誼。對子女之情誼爲夫婦之情誼之媒介，夫婦間之情誼即間接化。此種夫婦情誼之間接化，宛若造成一夫婦之距離。然此距離同時增加夫婦間之敬意，使夫婦關係更成一種超兒女私情之關係。蓋夫婦此時同愛其愛之客觀化之子女，由知子女之爲一獨立之存在，即更意識對方之爲一獨立之存在。兒女私情主宰之夫婦關係，恒不免注目對方之身體，以對方之身體爲滿足欲望之具。然有子女以後，則注目於子女之身體。子女之身體之基本質素，由我與對方分出以凝成之統一的身體。然此身體非男女本能欲之對象，蓋此身體爲我與對方之愛之客觀化。吾人已言對愛之愛非自欲望出發，而自自覺出發，其中有純精神之意義。故夫婦對子女之愛，亦有純精神之意義。愛子女之身體，即愛一「不能為欲望對象之身體」之始。此身體有我之質素與對方之質素，然此子女身體中之對方之質素成非欲望之對象，即使吾人之意識對方身體之本身，因含有非欲望對象之質素，而含非欲望對象之意義。以至吾人可言，吾之欲望對方，即欲望之為「一能生子女，以使其身體之質素成非欲望對象，而表現非欲望對象之意義者」。故由夫婦對子女之愛之出現而愛其子女，同時即使夫婦間減少冲淡其身體之欲望，而逐漸超化其兒女之私情而促進夫婦間之敬意，與其中關係之道義關係化。故夫婦間愈能愛其兒女，愈能認識其對子女之責任，即使夫婦之關係愈道義關係化。而子女之自然成長，自然之身心之發展，亦自然吸注夫婦之對客觀之子女更伸展其愛，而使夫婦之私情更為對子女之情所間接，而道義關係化。由此吾人可了解慈愛子女對夫婦關係本身之道德意義。

然此對子女之慈愛之最初發端處，始自夫婦之本能的對子女之身體之愛。父母之慈愛仍易過重視子女之身體。由是慈愛本身之發展，仍不易使夫婦間之本身的愛完全超化成精神的愛。此種超化，一方待夫婦本身之道德進步，而一方則有待於為子女者之孝思。蓋父母之慈愛為下流者，而子女之孝思為上達者。慈愛之根為本能之愛，孝思之根為超本能之愛。故父母之慈愛為子女所承受而報以孝思時，則父母之慈愛與一純粹之精神之愛相遇。由此而下流之慈愛為上達之孝思所推上，乃不復見為根於本能之下流。此意謂子女之孝思，恆表現為子女在父母前忘我。忘我而在父母前服役事養，即對之貢獻其身體，而自超化其身體之執。故父母感子女之孝思時，即真意識及子女之純精神性之活動。父母卽意識及其所生之子女之身體，非子女之所以爲子女之本質。由是而父母之慈愛乃可不復是只注目於子女之身體者。子女在父母前自忘其身，父母亦暫忘子女之身。由是而父母慈愛轉爲對子女之孝思本身之一種愛。由此可更培養出他種對子女之精神之愛。父母以子女之孝思或精神爲慈愛之對象，父母之慈愛卽漸化爲一種超本能之慈愛。由是而父慈子孝之關係，亦成爲純道義之關係。由此父母之慈愛之化爲超本能之慈愛，而以此慈愛爲媒介所促進之父母間之夫婦關係，亦更道義關係化。故夫婦關係之道義關係化，除由夫婦之自身之道德進步以致之之外，子女之孝思有其巨大之作用。由此而吾人可了解子女之孝思對夫婦關係本身之道德價値。而子女之孝思之發展至對父母有一宗敎之情緒，由對父母之孝以透入宇宙生命精神之本體或上帝時，同時亦卽將父母間之夫婦關係向神性化推進。此義暫不詳。

四　友之形上學根據與其道德意義

家庭中之關係有三，一爲夫婦關係，一爲父子關係，一爲兄弟關係。夫婦是交互關係，父子是因果關係，兄弟是並立關係。夫婦必同時存在，父子必異時存在。父母存在時，子可尙未存在。子通過父母而存在，亦卽通過未有自身之存在時之父母而存在。兄弟異時而先後存在，但後存在者不通過先存在者而存在。夫婦關係必同時存在，其關係開始爲一現實境之關係。此關係之構成初自現實之本能欲出發，覺彼此皆有相吸之力，以構成此關係。在父子之關係中，以子望父母，父母中初無我。念父母中之初無我，此我未存在時之父母，我永不能見，卽對我爲理想境。我永只能在理想境中了解我未生時父母之存在狀態，及父母之生我。而我自始未嘗有力以使父母生我。在此義下，故父母之全部存在對我爲一理想境中之存在。我對父母之關係，如以我自身爲現實境，乃一現實境望理想境之關係。而父母對子女，則父母初存在時，子女尙未存在。而彼知其可能有子女，故子女對父母初亦爲一理想境之存在。然彼可逐步憑其現實之活動，有力以致此理想境之現實化。故父母對子女之關係，乃一現實境含理想境之關係。以現實境望理想境，自始卽產生純粹之精神性之孝思。以現實境含理想境，最初只產生半精神性之慈愛。在兄弟之關係中則以弟覩兄，兄在弟未存在時已存在，則兄之最初存在對弟永爲理想境。兄可知其可能有弟，弟亦對兄爲理想境。唯彼可見其弟之現實化。兄不能生弟，弟知其非兄所生，皆曾互爲理想境中之存在，而彼此之現實活動，皆無功於爲理想境時之對方之現實化。故兄弟關係乃互爲不相依賴之現實境，亦互爲理想境之關係。夫婦之關係，初以欲望維繫，表現現實境之互相依賴。子對父母之孝思，表現現實境之在理想境前之企慕。父母對子女之慈愛，表現現實境之趨於實現理想境。而兄弟之關係則表現現實境間之獨立而互爲理想境。故兄弟之關係不以欲望維繫，在現實境非必須相依賴。彼此知其人格之獨立，無功於對方之所以得存在者，而又知其爲一父母所生，故兄弟間之根本道德爲平等相敬重相友愛。此亦爲純粹精神性之道德。其所異於孝思者，在孝思之根據爲我與父母之存在間之直接關係，而兄弟間之敬重友愛所自生，原於兄弟皆爲一父母所生。兄弟之關係通過共同之父母而成，其關係爲間接關係。

吾人上已言子女爲父母愛情之客觀化，子女之相繼生而有兄弟關係之成立，依於父母愛情之相繼之客觀化。父母愛情之相繼客觀化，以父母婚姻關係之維持，愛情之永續一貫爲條件。而父母愛情之有一貫性，乃根據父母間之能由自覺其愛而「愛」其愛，保持其愛，而有堅貞之道德。父母之愛情之客觀化爲子女，而父母「愛」其愛中之「愛」客觀化卽成子女間之愛。卽兄弟之友愛。故兄弟之友愛卽父母之愛情中之堅貞道德之客觀化。堅貞可有不同之程度，寬泛義之堅貞乃任何維持婚姻關係之父母間皆多少有者。吾人由此當了解父母愛情始終愈一貫者，其所生之子女間之兄弟間姊妹間，在原則上當更友愛。吾人自可言兄弟之友愛之根據，只須同爲一父母所生一點已足够。以至只須同父或同母所生，卽已足够。然此處仍不可只自同分得一父母之身體物質之一部上着想，以論友愛之所以產生之根據。因自所分得之身體物質之一部上着想，則只見兄弟之各成其爲一獨立之個體。吾人唯可由兄弟之各分得父母身體之物質之一部，以說明兄弟之所以各成一獨立之個體，而各有其私。而不能自此以說明兄弟間之友愛所以發生之根據。吾人問何以同一父母或同父同母所生，卽可爲友愛發生之根據？吾人必須透過父母本身生命精神之一貫性統一性以觀。吾人之意爲父母本身之生命精神，如非在不同時仍表現相當之一貫性與統一性，則其客觀化所生之子女，將只爲分立之個體，而貫兄弟之情之精神性之自然之愛，將無根據於其父母。吾人認爲在自然之友愛中，有相互之以他爲自之意識，兄弟間有一心共命之意識。此一心共命之意識中，所表現之一貫性統一性，當唯是父母之生命精神之一貫性統一性之客觀化。唯如此乃可說明同一父母或同父同母所生之爲友愛發生之根據。於是而吾人可在原則上說：父母之愛情能前後統一一貫者，其子女相互之間當更富於友愛。蓋夫婦之間之愛情前後愈一貫者，則夫婦間之每一時期之愛情，皆愈珍惜尊重其前一段時期愛情，並預期後一段時期之愛情，望其愛情繼續。此種夫婦間前後時期之愛情，愈互相透入而相涵攝，則其客觀化所生之子女之間，在原則上自亦當更富於友愛也。而吾人如謂父母生命精神之表現一貫性統一性，父母之愛情之一貫爲應當者，則兄弟姊妹間之友愛亦爲應當者。父母精神之缺乏一貫性統一性，父母之愛情之不一貫，固可在原則上使所生之子女缺乏友愛。然父母生命精神之缺乏統一性一貫性，致愛情不一貫，乃一罪過或不得已。亦父母失其本心本性，而未能循夫婦之常道。故因之而缺乏友愛之兄弟姊妹，仍當培養其友愛，敎之以友愛。而兄弟姊妹誠相友愛，則不和之父母，見其不同時所生子女，爲友愛所聯貫而統一，則可使彼等直覺彼等間愛情之未能前後持續而一貫之爲罪過。此種直覺常爲不自覺者，須細心體會方得。由是而子女和睦，即成增强父母維持其愛情之力量者。反之，兄弟姊妹不和睦，父母見其愛情客觀化所成子女之分爭，則亦直覺一彼等自己生命精神之分裂，覺其過去夫婦愛情關係之持續一貫爲無意義。此一念，卽可削弱夫婦之情愛之持續一貫於未來。吾人將以此爲兄弟之友愛對父母之道德的價値。

復次，夫婦之關係初自本能欲出發，由此而夫婦結合爲一統一體。然在此統一體中，以有本能欲爲之根據，故同時是互相佔有互相把握而執住，此之謂兒女私情。此私情中表現一生命之黏合而凝滯性。此私情一方通過夫婦間之道德意識，而漸道義關係化，一方客觀化爲子女而寄情子女。合此二者漸解放生命之黏滯，使精神上升。父母之生子女而寄情子女，乃生命之順展。子女寄孝思於父母，乃生命之反本。而子女不斷生出爲並立之兄弟，則爲生命之順展而分流。此分流是成就並立之個體。此並立之個體爲異性之其他個體所吸引而成夫婦，以生子女。順生命之自然傾向，則子女成長卽有離父母之傾向，否定所自生之家而與其他異性自成一家之傾向。而兄弟姊妹之間各以不同方向異道，而四求異性以成分立之家，由此而有生命之展開。然徒任此生命之趨向於展開，任其一往下順而分流，凡有所合皆傾向於分，卽只見分而不見合，而一切合皆只是夫婦二人之合。夫婦於子女皆預知其將離家，皆任其傾向於離家，則漸覺子女非家庭中之主要成份，於是夫婦爲家庭之唯二之人。夫婦無子女，或有子女而子女又只求生命之下順而分流，則夫婦不能眞由注念於子女以貞定其愛情，則夫婦之關係亦必易於變化而難於有恒。吾將以此爲近代工商社會之家庭意識必然發展之路向。此路向走至極則家庭全破壞。在中國先哲蓋知此理，故雖承認生命當展開，然不只是任其趨向於展開，任其一往下流而分流。乃於其展開下順而分流之中，復加以一種規範與限制。使之一方展開，一方收歛。一方下順而分流，一方上溯而合原。此收歛而使之上溯而合原之道，卽爲敎孝敎友。孝者生命之反本而上溯也，友愛者使之念同爲一父母所生而合原也。此中孝是主，友是輔。孝是根本，友是隄防，以隄防生命之一往下流。然此中孝尙易，而友似難。因子女次第生出爲兄弟姊妹，乃獨立之個體之次第成就。獨立個體已成，其關係爲間接關係——謂通過對父母之關係乃有兄弟姊妹也。——故原有互外而相抗衡之對峙之勢。然友愛與敬並行卽不難。敬者順相互獨立而個體化之勢，而肯定其個體化之趨向，以承認人格之獨立也。相敬是一種聯繫或統攝人與人間之道德活動。然此活動乃順分立之勢而聯繫統攝之。人只相愛可皆無私。然相敬則允各有其私。各有其私而互承認其私，爲敬之一涵義。然承認人之私，乃本於我之愛，故互承認其私之敬，乃愛之一種轉化或變形。愛化爲敬，而曲成人之私，與愛相輔，則人之諸個體雖獨立而各有其私，亦仍可不失其統一與聯繫。由是相敬之兄弟姊妹，可各與他人結婚而不破壞手足情誼。可各於其結婚，不視爲家庭之分裂，而視爲家庭之擴大。家庭擴大則愛敬隨之而擴大。由是而生命之開展，同時是道德生活之展開。由此故孝與友不同。孝須忘我之個體，友愛中有敬，則互敬其個體，而不須忘個體。不須忘個體，卽不悖生命中個體化之勢，亦不悖生命當開展之原理，而可使生命之展開，成道德生活之展開。人便非只順生命之自然開展，一往下流，有分而無合矣。

兄弟之間應友愛且相敬，然弟對於兄主於敬，兄對於弟主於愛。孟子言孩提之童無不知敬其兄。弟之敬兄與孩提之愛親，初皆自然之道德理性活動。然吾將抉發其中之道德理性之根據，而使人自覺之。吾人謂弟之敬兄，與人之當敬長，依於同一之道德理性。人何以當敬長，我於此問題初嘗思之至久而不得，亦不見古人有論之者，後忽然得之。吾人不能說人之當敬長之此根據，只在於彼長者之智多於我，或長者恆賢於我。蓋其智縱不多於我，其賢之程度全與我同，單就其長於我一點，我已當敬之。誠然長者之智與賢之程度不及我，我可不敬之。然此乃根據於我不敬不賢不智，而非根據於我之不敬長。故長之本身即有當敬之理。長之所以當敬，在長者之在時間上之先於我而存在。單純謂其在時間上之先於我而存在，不過一事實之敍述。時間上之先存在者，似不含當敬之意義。自外而觀一人在時間中先存，一人後存，此固無價值之涵義。然則吾人何以當敬長乎?故吾人須知吾人欲由長者在時間上之先存在，以追尋引出此當敬之理，不能自外而觀，不能自長者本身在時間上之先存在性而觀。唯當由長者與我之關係而自內觀之。由此吾人即可發現，當我念及一人之先我而存在時，我即不能已於敬。此理由即在吾人前所謂先我而存在者，對吾人即為理想境之存在之義。蓋先我而存在者，即吾尚未存在而彼已存在者。吾未存在時之彼之存在，吾可思之，而我永不可感之。蓋此中根本無感之可能。由是而我尚未存在時之彼之存在，唯在我之理想境中。而我念及我尚未存在時之彼之存在時，我即知在彼時之現實世界中我等於零。我等於零，即我只是一虛位。故當我念一人之先我而存在時，我同時直覺我之曾爲虛位。此種我之虛位感，卽使我對對方取一承托之態度，同時對於我之現實活動加以收斂。我對之之承托態度與對我之現實活動之收斂，卽成就我之虛位感，卽我之虛位感呈現之必然結果。然此種對對方之承托態度與對我之現實活動之收斂，卽是敬之本質。敬只是一自己收斂凝聚，而同時對對方作一承托虛受之態度。敬爲一純粹之精神活動。其所以爲純粹之精神活動，正由於敬根於我之虛位感。我之虛位感使我收斂我之現實活動，卽使我超越現實之我而忘我。此忘我同時使我肯定對方之我，而承托虛受之。然以敬爲純粹之精神活動，故敬之所對，亦恆爲對方之精神活動。能之性質與所之性質，必趨向於一致。如不一致，則能同化於所，將壞其能。故人所敬恆是人之精神而非敬其形軀。人固可以見他人之形軀而對之致敬，然我此時乃念此形軀爲其精神之表現，而透過形軀以直達於精神而對之施敬。故在吾人對一可敬之人之形軀之前，恆直覺其形軀宛爲一精神之雰圍所包裹。由此而其形軀亦宛若如不可以加以接觸者。我將以此解釋，何以吾人對於可敬之人之形軀恆自覺對之覺有一不可狎侮之性質。蓋可敬之人之形軀，吾已直覺其爲精神雰圍所包裹，吾卽將此形軀精神化。精神化故不可狎侮也。然亦正依此理，故我對於任何不可加以現實之接觸狎侮之對象，吾均有將之精神化之趨向。吾人對深遠之事物，卽恒精神化之而覺其有可敬之處。吾人於晚上見天上之星空，自然覺有一虔敬。此虔敬之根據，在其深遠不可測，亦卽非吾之現實活動所能達。然天上之星空自其隸屬一現實之空間言，在原則上非我之現實活動所不能達者。吾固可假想吾之由此地以逐漸上升，而無遠弗屆也。然對於在我未生以前之存在之人，則原則上爲我之現實活動所絕對不能達者。故此種存在乃注定其爲在我理想境中肯定者。在我之理想境中肯定者，卽爲吾之精神雰圍所包裹者。故吾念及先我而存在之人，如彼別無可不敬之處，吾卽自然覺其在一精神雰圍所包裹之中，而爲可敬者。此卽吾人敬長之道德理性之根據所在。

弟對兄長之敬，根於兄長之先弟而存在。兄長對弟之愛，則根於其後我而存在。吾人對後我而存在者恒自然有愛護之意。蓋後我而存在者，卽我初存在時彼尙未存在者。尙未存在之彼對已存在之我爲一虛位。故我念其後我存在，卽覺彼爲一虛位時我已爲一實位。由是我直覺我當以實充虛位。敬之本質是收斂，由虛己而承托對方。愛之本質是發揚，充實自己以包覆對方。敬原於覺己有所不足，愛原於覺對方有所不足。彼足而我不足，卽以虛承實爲敬。彼不足而我足之，卽包覆之而以實充虛爲愛。敬爲現實活動之純粹超越，愛爲現實活動之擴展。於擴展中見最初現實活動之超越。愛爲以現實活動使未有者有，故愛恒向愚者弱者貧者而施。而年長者對年幼者卽覺其多所不足，其年之有所不足本身，亦可引發我對之愛。故兄長對弟卽純在年較長之意義本身，便應多愛護之意。

五　總論家庭成立之理性根據與吾人之家庭哲學之價值

世之論家庭者，恆不免以家庭成立之根據，在男女之性本能。實則此語只爲家庭之所以出現之生理的原因，而非家庭成立之根據。吾人當逆反其說，謂家庭成立之根據，實在超化人之性本能。即人之不自覺的依道德理性以實現其道德自我。如家庭成立之根據，在人之性本能，則吾人可試問性本能之發揮與滿足，何必待於家庭之成立？其他動物無家庭，又何嘗不能滿足其性本能？人或謂性本能之目的在保存種族，家庭成立之根據在便於養育子女，而達其保存種族之目的。此種功利主義之說，以父母純爲子孫而存在，子孫復爲其子孫而存在，則現實之人類無一非手段。而任何代之人類皆爲一手段，則目的乃永爲外在而不可達者。此種以人類之活動與組織皆爲外在之目的而存在之說，終將使人類一切活動與組織皆成無本身價值與意義。且如謂養育子女乃須家庭之說而眞，則吾人如能將養育子女之責付之社會，則家庭即不需要，此即理想社會無家庭之說所由出。人如謂家庭之目的，唯在滿足性本能。則須知生物性之性本能本身乃可向任何異性而發者。純自性本能出發，則父子聚麀兄妹結婚有何不可。此佛洛伊特之假定所由出。今人又以人而亂倫則生殖之子女不强之說解釋亂倫之非是，此又是一功利主義之觀點。如依此說則人如服一種藥使亂倫所生殖子女而強，則亂倫未始不可。又如家庭之根據若惟在性本能，而吾人如以性本能爲罪惡如若干宗教家所言，則廢絕家庭爲當然之結論。而父子之親兄弟之愛，成罪惡結晶，其中無一可令人生感處。縱或有之，亦當與其他一切人與人之親愛之使人生感，毫無殊異。故吾絕對不許家庭成立之根據在性本能之說，吾將反而論其根據乃在性本能之超化，與人之能依道德理性，以實現其道德自我。此吾前文已有所述，今更略總攝而加詳以論之。

吾之所以說家庭成立之根據在性本能之超化以使其道德自我實現者，蓋家庭之成立，乃處處根據於性本能之規範以實踐一道德。吾人前所論夫婦之堅貞，固爲性本能之規範而爲一道德。夫婦生子，而注念於其子，對其子之愛，亦可表現一性本能之超化歷程，道德自我之實現歷程。吾今論此點，當先自自然生命之本性，生物之性本能，說到人類家庭意識。關於自然生命之本性，吾在另一書（道德自我之建立第三章，商務版）曾謂自然生命之歷程，根本爲一耗費之歷程。因生命每一動作，皆對於其身體中之質力有所耗費。故生命之歷程，即生命本體求自物質中解放而超越之歷程。而生物之性本能之滿足，尤爲生物之體內之質力之大耗費。耗費之而分出之，以形成另一生命。則生物之性本能之滿足，亦表現生命本體求自質力中解放之歷程。此耗費分出一部質力所成之另一生命，可謂爲其自身之生命之外在化。外在化之生命之結構與自己同，而苦樂利害不直接相關。故外在化之生命，只分於自己之生命之理之所成，或唯是自己生命之理，通過自己之身，而再度實現，自己生命之理之重增加一表現之例證。故性本能乃依於生命之理，相續求表現而成立。此理以生物之體內之質力之耗費與分出，爲伸展其自身而表現之憑藉。故性本能之滿足，乃自保其身之本能，在保種之本能前屈服。亦卽自身所攝聚質力之喪失，而爲「生命之理之伸展而別求有所表現」之所用。此是生物個體之質力之執着，在「生命之理之伸展前」之屈服與解放。由此解放，另一生命得成就，生命之理之伸展亦成就。原生命自身則日益失其所執持質力而趨於死亡。是此種性本能之滿足，明爲近死亡之信號；而生物願向死亡追近者，且於如是之滿足中感樂者，則以生物循生命之理之伸展，失其所執持質力，生命之本體卽自物質中解放而超越。而此自物質中解放超越，自始爲生命本體之所求。一生命之生命本體，亦卽其所依之理之全體，故其順生命之理之伸展而耗費其質力，彼爲此理所主宰，彼卽向生命之本體還歸。由還歸故感樂也。

生命之歷程，無論自其動作與生殖觀之，皆一自物質中解放而超越之歷程。然彼欲維持此歷程之繼續存在，則彼不能一往耗費其所攝聚之質力。欲其耗費之繼續，則必求相續之新攝聚。由其求相續之攝聚，遂有飮食以補充。飮食以爲攝聚，生殖以爲耗費，相依如循環之一練，則生命可永繼續此種「如是之自物質中求解放而超越之歷程」。然彼不斷重陷入物質攝聚中以求超越，則永不得超越。眞欲求超越，則不當陷入。眞願陷入，則不當超越。此中有一根本之矛盾。然生物之自性卽根據於此矛盾，以成就其飮食男女之生活之相續歷程。此矛盾之可以不視爲矛盾者，以自然生命乃既非眞求超越物質亦非眞願陷入。彼以陷入爲超越，故非眞陷入。彼超越復陷入，故非眞超越。皆非眞而相更迭，則於異時表現之攝聚及耗費二種活動，遂相容於生命之進展歷程中而不矛盾。其不矛盾，乃依於生物生命歷程之非能眞求超越，而達生命本體之所求。故自然生命之自物質中解放超越，唯有經過死亡。唯死亡乃爲生物所能用之質力之耗費至盡，而亦不能有所攝聚之時。死亡之在生物界，乃生命自物質解放超越，還歸生命本體之唯一路道。

然在人類則不須以死亡爲唯一自物質中解放超越之唯一路道。此另一路道之呈現，即首呈現於性本能之超化爲愛情。性本能之要求滿足，表現爲本能的愛。而人之自覺此愛而愛其愛，則非復本能的愛。此中之愛之愛之所對，最初爲本能的愛而與併展。然此愛之愛之所對，乃如是之結合，而此結合本身，則爲超我之個體者。故此愛之愛之自身，乃純自精神自我發出，雖與本能的愛併展，而自始爲自上至下以籠照本能的愛而提昇之，以使夫婦關係道義關係化，如吾人以前之所論。此精神自我之所發出之愛之愛本身，自始在性質上，爲自現實自我之個體之身體超越解放而有者。二者有毫厘之辨而千里之隔。由夫婦間有愛情之存在，故其所生之子女，不僅爲其生命之外在化，且直覺之爲愛情之客觀化。自外表觀，父母之愛其子女，與生物之愛其子女，似同根於一生物之保種本能。然此中仍有毫厘之差而千里之隔。蓋生物不能自覺，即不能自覺其子女爲其身體以外之另一身體，其個體以外之另一個體。故撫育其子女，只是單純的自保其身體之活動之延長。此延長固使之超越其只自保其身體之存在之活動。然彼不自覺此超越，以其不知其身體與子女之身體之分離，其個體非子女之個體也。然人則自覺子女之身體與其身體之分離，其子女之個體非其個體。由是人愛其子女，乃自覺其自己之能超越自己之身體個體而有所愛。此愛固原於本能的愛，然其自覺此本能的愛後，所引出「自己能超越其自己身體之自覺」，則不原於本能的愛。此自覺初固與本能的愛併展。然此自覺既自覺自己能超越自己身體，而寄其愛於外於自己身體之子女，則此自覺同時爲肯定此「超越自己身體之趨向」，而加强此超越自己身體趨向，以引導其本能的愛，一直向外之子女凝注者。在單純之生物性之愛子女之本能，恒與其自保之本能互相限制。其自保之本能出現時，愛子女之本能卽隱退。故此愛子女之本能，恒有其自然之限制。然人以有自覺心之故，此自覺心可以成就一「超越自己身體之趨向」爲其性質。故此自覺心與對子女之本能之愛併展時，則自覺心卽自然引導並加强此對子女之本能的愛，一直向子女凝注，而自覺的壓抑其自保之本能。此壓抑本能之事順自覺心而發展，在原則上可爲無限者。此卽可以解釋，人之父母何以有自覺的爲子女，忍受一切苦難以至於死亡之事，而其他生物則不能。故在生物之生殖與養育子女，唯是自然生命之「求自物質攝聚中解放超越」之表現。而人之愛其子女，則爲自覺的求自身自物質之攝聚中，解放超越之表現。前者永在自保與保種，飲食與男女之生活中流轉。而後者則能自覺的促進對子女之本能的愛，以戰勝降服其自保之本能，而更趨向於完成「生命自物質之攝聚中解放超越之要求」。生物之役於自保之本能而不能自覺的爲子女犧牲，乃所以避免死亡。死亡眞避免，則生命不得超拔。故生物唯由其終於死亡以得超拔。然人類之願自覺的爲子女犧牲，則本於戰勝自保本能，而不求避免自己之死亡。吾人須知任何之自己犧牲，以至輕微之忍苦，皆一種戰勝自保之本能，皆使自己迫近死亡，而其實義上，皆一種不求避免死亡，而自覺的迎接死亡之表現。故父母之自覺爲子女犧牲，乃在生命中接受死亡。在生命中接受死亡，卽在生命中超越物質之攝聚要求，得生命之超拔。由此而不須由死亡以使生命超拔，而在生命中超拔死亡。生物之生殖乃所以使其生命外在化，其生命之理得伸展。其生命之理之伸展，以其自身之質力之分出爲憑藉。然生物以不自覺，故於其所生之子女雖亦有自然之本能之愛，然彼不知其子女之超越其自身而爲另一個體，則亦不知此子女之與其自身之生命表現同一之理。彼不自覺子女之與其自身生命表現同一之理，則一子女之生命只其自身生命之理之另一例證。而彼不能在子女之生命中看見與其自身生命同一之理，亦不知其子女之生命，卽自身之生命之理之伸展，而於子女之生命中照見自己之生命。因之，彼不能知其子女生命之延展，在一意義上，卽同於其自己生命之延展。彼亦不能知其子女生命之存在，卽其自身之在一意義上之未嘗死亡。由是而彼亦不知犧牲自己以維持子女之生命，卽所以使之自覺其未嘗死亡，得感其自身生命之永恆。然人以能自覺之故，則能一方知其子女之生命之超越其自身爲獨立之個體，則能將彼與我對等而平列觀之，而知其同爲一生命之理所表現之一例證。由是而人遂能自覺其自身之生命與子女之生命之一貫，子女卽其自身之生命之理之伸展而表現之一生命，而能覺子女之存在卽其生命未嘗死亡。其爲子女之自覺的犧牲，一方是其生命之自物質之攝聚中超越解放，迎接死亡以超拔死亡，而同時卽是成就其自身之生命之理之伸展，於子女中照見其自身，成就其自身生命之永恒。復次，由吾人在子女中照見與我同樣之生命，子女又爲客觀獨立之存在，故吾對子女之愛，向子女凝注時，復與敬俱。蓋子女有其生命，復有與我同樣之精神。凡對獨立之存在，皆可使我收歛自己而引發敬。而凡遇獨立之精神，則敬得其所對而得維持。故由我之對子女能肯定其有精神，而對之有敬，則我不復只視子女爲我生命之外在化，我身體一部物質之分出所成之物質的個體，子女亦復不只被視爲夫婦間之生理結合之產物；而兼視爲精神性的愛情之客觀化。由此而夫婦間之自愛其精神性的愛情，轉化爲對子女之精神之愛。由此而父母與子女之關係，卽完全道義關係化。此種道義關係化，既使父母對子女之表現禽獸之性的欲求爲不可能，而人同於動物之性本能，卽受此道義關係意識之規範而被超化。而兄弟姊妹之間，必然相敬，以使生命趨於展開。展開而與異家之子女結婚，敬卽與之順展而曲成其私。吾人上已有所論。而此種曲成其私之敬，卽復規範兄弟姊妹之各有其配偶而不相亂。此又依於原始的人同於動物之性本能之節制與超化。此種父母兄弟姊妹之配偶關係之不相亂，乃人類異於禽獸之性向之最原始的表現。人倫之始亦家庭之始，家庭之始卽同於禽獸之本能之節制與規範與超化之始也。

吾人上已論家庭之成立之根據，不在性本能之義。世之論者只知無性本能則無家庭，而不知性本能本身，本不能爲家庭成立之根據。性本能至多爲家庭成立之質料因。而家庭之所以爲家庭，其開始一點卽在節制規範此質料。家庭之所以爲家庭，純在其形式。此形式乃人之精神活動道德活動自己建立，以約束隄防條理原始之性本能，並實現吾人精神活動道德活動之道路。此道路純是吾人精神活動道德活動爲其自身之表現而開出。其成立之根據亦在其自身。吾人可言家庭之形式爲性本能之上層建築。然此建築之鋼骨唯吾人之道德理性。吾人可言人類先無性本能，則無家庭。則人之有性本能亦可說爲家庭出現歷史的原因。然家庭之成就爲家庭者，在其形式。而此形式之出現，乃對於原始人同禽獸之性本能，先加以節制約束之努力而出現，亦卽以一反原始之性本能之姿態而出現。先反之而隄防條理之以規範之，乃見此形式。則此形式自發之根原自別有所在。吾人只可言，吾人之精神活動道德活動條理規範性本能上之結果，卽顯此家庭之形式。而不可言此形式之根據在性本能。吾人只可言吾人之精神活動道德活動之表現於家庭中，卽家庭中之精神活動與道德活動。而不可言家庭中之精神活動道德活動，直接爲性本能之變形或昇華之產物。吾人可言家庭中之精神活動道德活動，乃所以實現性本能之形上學的意義，而不能以家庭之精神活動道德活動之意義，爲可自現實之性本能之現實的意義中引出。故吾人眞論家庭成立之根據，不能着眼於家庭成立之質料因，而唯當着眼於此形式因。不能着眼於其歷史因，而唯當着眼於其成就因。

家庭之形式，爲夫婦之形式、父子之形式、兄弟之形式等。然此形式之保持，唯在夫婦關係父子關係兄弟關係之持續上。形式不持續則同於無形式，故唯其持續之所在，乃形式之所在。西方哲學中或有懸空以論自在之形式者，此卽離持續以言形式。非吾所取。持續爲自覺的保存與預期之精神的努力道德的努力之事。故此形式皆此自覺的精神努力道德努力之表現，而爲此種努力所支持與保證，而不能虛懸。由是故此形式雖不在家庭中之各個體人之現實狀態上，而爲超越人之個體之現實狀態者，然此超越的形式並不能離各個體人之精神活動與道德活動而獨立。乃內在於人的精神活動道德活動中者，亦卽內在於發此活動之精神自我道德自我者。在家庭中之各個人，各以其精神自我道德自我體驗此形式保持此形式，而共建立此家庭。故家庭之意識卽一維持家庭之形式之意識。而每個人之家庭意識，皆使其在家庭中超越其個體，籠照其他個體並調整其個體與其他個體間之關係。故有家庭意識維持家庭形式之精神自我道德自我，卽一超越其個人之現實個體之我，而爲一超越自我。由此超越自我以觀現實個體之我，卽自覺其爲家庭一分子。此一分子之一切行爲，皆當受其他家庭分子之行爲所規定或限制，以維護此家庭之存在。由是每一家庭之分子對其他分子皆有自己之節制忍耐犧牲，而相互之間則有同情互助相敬之事。然此自己之一切節制、忍耐、犧牲，乃超越自我之忠實於家庭之形式，並實現其道德意志之道路。故此犧牲卽所以完成超越自我，而同情互助相敬等，皆依於吾人能以對方之心爲心而實現超越自我之意志，故亦卽所以完成超越自我，並使我之現實活動，亦隸屬於超越自我之意志而爲超越自我之表現。此中人與我之互以對方之心爲心，而各表現道德意志，以實現其超越自我，雖直接目的不在滿足各現實自我之欲求；然亦並不必歸於各自我對其欲求之絕對的否定。蓋互以對方之心爲心，一方固包含對對方欲求之肯定，望對方之得所願。一方亦包含對對方道德意志之肯定。由對對方之欲求之肯定，雖可致吾人之自願否定犧牲其自己之欲求，以爲他人。然如此則有違於對方之亦望我得所願之心，違對方對我之道德意志。故吾人眞正通過對方之心以爲心，又將順吾人對對方之道德意志之肯定，轉而再肯定吾人之欲求。如此之一再肯定之欲求，乃經吾人之超越自我之兩重超越之事之結果。其第一重之超越，爲超越現實的我之欲求。其第二重之超越，乃超越此超越欲求之活動之本身。在第一重之超越中，我唯以貫徹我最初之道德意志爲目的。唯經過此第二重之超越，我乃兼以成就對方之道德意志爲心。我唯以貫徹我最初之道德意志爲心，我仍不免有私。此私由我之能超越現實的我之欲求，而實未超越我之「我」之觀念之執着。而我之道德意志，亦尙非最高之道德意志。唯有在我能兼以成就他人之道德意志爲心，而再肯定我之欲求時，我乃有最高之道德意志，全無我之私執，而實現超越自我之絕對超越性。而當我依於成就他人道德意志實現超越自我之絕對超越性，以肯定我之欲求時，則此欲求之肯定，亦成我之道德意志之表現，而非復自然之欲求。夫然，故家庭中人（社會中人亦然）之各以對方之心爲心之結果，不必歸於各自欲求之自己否定，而共爭求他人之得其所欲，爭自己之成爲能犧性者，以構成各道德心靈之牴觸。而當歸於各通過對方之心所望於我者再肯定其欲求。此中唯在家庭中人皆各以欲求本身爲罪惡，既不望自己得之、亦不望他人得之之情形下，然後家庭之各份子，互以對方之心爲心時，可歸於互勉於絕其所欲（如在一種宗教徒之家庭）。否則互以對方之心爲心，絕不當發展爲道德心靈之牴觸，以歸於皆窒塞其欲。而唯當發展爲各通過對方之心以得其欲而暢遂其生機，使欲求之肯定本身，爲超越的我絕對超越性之表現。此卽爲家庭生活在成就人之道德自我精神自我中，兼成就自然生命之欲求之又一意義。

吾人以上之論家庭成立之根據，不在單純之性本能，乃自夫婦及父母對子女上說。吾人指出夫婦本能的愛以外，自始卽有與此愛併展之精神的愛。指出父母對子女除本能的愛以外，亦自始有與此本能的愛併展之精神的愛。至子女對父母之孝與兄弟姊妹間之敬，自始爲超性本能者。吾人上亦指出，吾人意在嚴分由現實本能之所生，及與之併展之精神活動道德活動，而由此種精神活動道德活動，以透入家庭之形式理念與超越的自我之認識。此種家庭之形式的理念與超越的自我之存在，在吾人之日常生活中，恒不自覺其存在。唯由吾人對於家庭意識作一超經驗的反省，乃能發現此乃家庭意識所必然涵蘊者，亦爲使家庭意識可能之形上的根據。在吾人之日常家庭生活中，恒以吾人之精神活動道德活動，直接寄托表現於各種家事之處理中。且家庭之愛恒與本能的愛併展，故吾人不易反省出此形上的根據。在吾人之日常生活中，只順自發之精神活動道德活動以建立家庭維持家庭，以呈現此超越自我，用此超越自我之精神活動道德活動以安頓家庭；遂不自覺到我們之所以能如此，乃有其超越本能之形上之根據。孟子所謂行之而不著焉，習矣而不察焉，終身由之而不知其道，易經所謂百姓日用而不知，是也。因實際上，人只自然的用之而不知之，於是人在反省其何以能自然的成立家庭時，恆易以爲家庭之成立之根據，唯在家庭之共同事務，或原始之本能的愛。此蓋以超越自我所發出之活動，初唯是與本能的愛同流，故易有此理智上混淆。必須有深一層反省如吾人以上之所爲，乃能透入家庭意識之核心，而知其形上的根據也。

吾人以上之討論中，超越自我一名爲不可避免者。超越自我之本質或自體，即性理或理性。此超越自我不能圖形化而想像之爲外在之物，亦不能對之作理智的把握。而唯可由「我之精神活動道德活動能超越現實的我之本能欲望」上，反觀而默識之。此中所顯出者只是精神活動或道德活動，此只「我」之用。然吾人由此用之流出不窮，即知流之有原，而能默識我之理性之自體，是之謂「即用顯體」。自吾人日常生活言，吾人之能否識得此形上的超越自我，與善良的家庭之存在亦無關。吾人自然顯現之道德理性，總在規範超化吾人之自然生命而條理化之。然吾人須知吾人之自覺的精神活動之流行，亦有爲吾人之自然生命之本能欲望所阻礙之時。當此之時，本能欲望可轉而利用吾人自覺之精神活動中之理性。吾人之理性不能自覺的生起有普遍性之理想，依此理想以主宰規範本能欲望，理性或順理性而起之理想，即爲自然生命本能欲望之生起所掩沒，反向本能欲望中沉入，理性乃依其普遍性，普遍化此本能欲望成無盡之貪欲。同時爲此一往發展之本能欲望，思維計慮如何滿足之方。理性於此卽降下陷落，成本能欲望之工具，此卽造成人之罪惡。在家庭意識中則表現爲溺於夫婦之愛而不孝不弟；或溺於男女之欲，一任此男女之欲發展，化爲隨意泛濫之愛欲。此種隨意泛濫之愛欲，乃陷落之理性推進本能欲望所成。此亦人之異於禽獸者。以人可有此陷落之理性推進本能欲望，於每一本能欲望，皆加以認可而重複之普遍之，人之本能欲望之泛濫乃無底止。故人之罪惡可甚於禽獸。唯以人有被本能欲望戰勝之時，人又有其內在之道德理性之新表現，以反抑本能欲望，救出陷落之理性，復其主宰規範之能力。故人終可不淪於禽獸。此種道德理性之新表現，首卽表現爲對陷落理性，表現一批評態度。批評卽評之爲罪惡之念，爲役於物欲之理性，爲虛假之理性，非眞正之理性。此批評卽道德理性重顯示自身，同時卽救出陷落之理性，而使之超昇復位。此種批評卽爲良心之裁判。在良心之裁判活動初顯，我卽顯爲兩種自我，一爲降落之自我，一爲使降落自我上昇之自我。而吾人對於吾人之超越的自我首先的認識，卽在此時。良心與本有之理性，卽緣人對超越自我有認識時，自然迸出於口之名。故人類如無陷落於現實自我之時，超越自我之名可不立；而人有陷落之時，則此名不容不立，如人心之外有道心是也。

至於吾人之哲學的說明之所以必須者，則因吾人日常生活，以不自覺此超越自我之爲家庭成立之根據，而誤以家庭中之共同的事務，或性本能爲家庭成立之根據，則人之認識不够深入，而不能自覺的肯定家庭之當存在。人之思想不能使人自覺的肯定家庭之當存在，則人亦未嘗不可主張一哲學，以容許提倡違悖家庭道德之本能欲望之泛濫，而不以罪惡爲罪惡，且反以罪惡爲正當爲合理。故吾人必須建立吾人之家庭哲學，以反對錯誤之家庭哲學，使吾人能在自覺的理性上肯定家庭之當存在，以防止一切違悖家庭道德之思想之出現，此卽吾人之家庭哲學之價值。吾人須知此價值，要在消極的避免破壞家庭之思想而不在其他。至於人之道德活動精神活動，則此種哲學本身並不能負積極引發之責任。唯此種哲學將反省引自深處以後，則破壞家庭之思想，無根可立，而破壞家庭之罪惡一產生，卽被判爲罪惡；吾人之自發的道德活動與精神活動之積極的表現，以無阻礙的思想之存在，更能暢行而無阻耳。此卽吾人之所以言家庭觀念之必須通過自覺的道德理性，重加以建立之意。過此以往，如人根本無違悖家庭之道德之罪惡，或人本直覺家庭之道德意義，根本不疑家庭之當存在，則吾人之家庭哲學亦爲多餘。吾今反復說明此點，解釋吾人之所以須建立家庭哲學之理由，亦同樣應用於吾人之建立國家哲學，以及其他一切文化之哲學。故若純從實際敎育政治設施上說，當如何培養人家庭國家文化之意識，吾人所言皆可爲無用而多餘者。吾人所需之敎育語言政治語言或爲另一種。然吾人今日之目的在導人之反省，使之深入以袪除當今之世破壞家庭國家之主張，則吾人不能不循吾人之立論方式以立言。

吾人誠了解吾人上述之家庭哲學，了解家庭成立之根據，卽知家庭對人爲一必須有之存在的組織，亦一對人永當有之存在的組織。蓋家庭成立之根據，既在吾人之道德活動精神活動，乃所以實現吾人之道德理性者，則吾人之道德理性爲永恆者，家庭卽當爲永恆者。吾人之超越的我爲形而上之眞實，則家庭亦根據之而爲形而上之眞實之意義所貫注。形上之眞實有永恆之意義，而家庭亦有永恆之意義。吾人不能在道德理性上容許無家庭以規範吾人之性本能，否定家庭之當存在。吾人亦不能在純粹理性上否定家庭當存在。因純粹理性不能對當不當之問題有所表示。吾人唯一可否定家庭當存在之根據，唯在吾人之可無性本能。若吾人無性本能，則家庭之形式無所規範，亦無所寄託而表現。然人若無性本能，則根本無人類之相續生。吾人固可絕棄吾人之性本能，使人類未來無家庭之存在。然如此則未來亦無人。無人乃無家庭，並不悖有人卽當有家庭。且未來雖可無人，而現在則有人。現在之人皆父母所生，卽皆在家庭中存在，卽皆對父母兄弟有責任，人對此家庭仍有維持存在之責任當實踐家庭中之道德。故家庭之存在與家庭之道德，乃人所不可離。人存在則家庭存在，家庭之形式對人乃一永恆規範形式，故家庭之道乃人之無所逃於天地間之道。

六　論家庭道德之限制及其與社會道德之貫通

吾人皆知吾人之由家庭而生。吾上又論家庭成立之根據在吾人之精神活動道德活動，在吾人之超越的道德自我之求實現。故家庭有其永恆存在性。人類社會中不能無家庭之組織，而人盡其道德責任，亦必須自盡其對家庭之責任、盡孝弟之道始。諸義固無可疑。然即循吾人上之所論，吾人已可知吾人對家庭中人之責任非平等，且非必皆可得而盡者。循吾人上之所論，唯孝與友自始爲出自純粹之向上之精神活動，純自自然之道德理性流出者。故孝友之責任爲純粹之道德責任。其中孝之責任乃人人得而盡者。蓋人皆有父母，即父母已死或不知所往，仍可有心理上之孝思與其他體其遺志以盡孝之道。故爲絕對之純粹道德責任。兄弟之友愛則唯有兄弟者方能盡之，故爲相對之純粹道德責任。夫婦之愛與父母之愛子女之責任，以其中精神活動與本能欲望併展，故此愛初非依於純粹之道德理性，且非無夫婦無子女者所能得而盡，故皆爲相對者。此二種中，以吾之子女爲特定之對象，人對子女之愛乃自然有所集中者。集中則其對子女之愛，易順吾人上所言之自然發展之道路而增强其愛，且由本能的愛而化爲精神的愛。而夫婦之愛則以男女之本能初可以任何異性爲對象，而泛濫，則不易集中，以增强其愛，難由本能的愛發展爲精神的愛。故慈於子女易，守夫婦之道難。而夫婦之堅貞之道德價值亦高於自然之慈。而有夫婦者不必有子女，則慈之責較難得而盡。故夫婦之道之須加講求，尤過於慈之道。由上以觀，可知孝慈友愛與堅貞之道德責任，價值層次不同，人之是否皆得而盡亦不一。父母爲必有，兄弟夫婦子女皆可有而不必有。若人而無夫婦兄弟子女，則只有孝之責可盡，而孝爲家庭責任中最爲人所無可逃於天地間者，而亦爲最高者。

然人雖皆有父母，而父母死亡或不知所往，除吾人尚可體其遺志以行並致吾人之孝思外，則直接在父母前盡孝爲不可能。而兄弟夫婦子女又不能必有，則人在世間可成無直接之家庭責任可盡之人。所謂成無父母兄弟夫婦子女之畸零人是也。此種畸零人，人或以爲乃無告之窮民而憐之。然可憐尙非此中之重要問題，蓋人可不自以爲可憐，而一往寄情於上帝或來生或藝術科學與物質生活之享受也。人亦可以內心之自由與開闢，爲唯一幸福也。問題在此種人必求有對之可盡責之人，乃能眞完成其超越的道德自我之實現或道德人格。吾人今卽自此以引出人之不能不有家庭以外之生活，不能不要求與社會中人接觸而有社會生活有社會責任之理由。吾人今可作一辯論以說明，人只應對家庭中人盡責之自相矛盾。蓋吾人上述之畸零人，吾人自己今雖不必是，然須知此乃吾人皆可是者。人之家庭中人皆有一一死亡之可能，卽人皆有爲畸零人之可能。若人只能對家庭中人盡道德責任，則人亦可無對之盡道德責任之人。故凡主張人只能對家庭中人盡責任，卽等於主張人可不對任何人盡道德責任。然人眞可不對任何人盡道德責任，則人亦可不對家庭中人盡道德責任。而人對家庭之責任，亦非必然者。此卽謂：人只對家庭中人盡道德責任，在理論上，可引致一自相矛盾。欲免此矛盾，須知吾人所以欲爲家庭中人盡責任，乃依於吾人有一原始的欲爲人盡責之動機。唯吾人先有此動機，吾人乃有爲家庭中人盡責之動機。吾人爲人盡責之動機，乃依於吾人本有遍覆一切人之仁心仁性。而吾人爲家庭盡責，唯是此仁心仁性之呈現之始。吾人無理由以謂此仁心仁性之呈現，唯當對家庭中之特殊個體人而呈現也。若吾人而謂吾人之仁心仁性，唯當對此家庭中之特殊個體人而呈現，則家庭中人若死亡，我便可無仁心仁性之表現。而一說我可無仁心仁性之表現，則家庭中人雖不死亡，我亦可對之無仁心仁性之表現，而對家庭之責任亦可無。此則吾人以上之辯論所由出也。

大率人如主張人只應對其家庭盡責者，其着眼點恒在直接之血統關係。人之只私愛其家庭者，皆爲其所見之血統關係所蔽。而不知家庭之所以成立之根據，並不在血統關係。血統關係只爲家庭中之本能的愛之基礎，而本能的愛並非家庭成立之眞正之基礎。唯家庭中人之道義關係，乃家庭成立之眞正基礎。如吾人眞了解吾人以前所論之此義，便知人之對家庭中人之盡責任，只是人之欲爲人盡責之動機，人之仁心仁性在家庭中之表現。此卽程子解釋「孝弟爲仁之本」一語爲孝弟爲行仁之本之故。（唯程子以爲性中只有仁而無孝弟，則尙待商量。）人之仁心仁性，初原無局限其表現於家庭中人之意義，而原爲遍覆一切人者。此點吾人務須認淸。如不認淸，而以吾之對家庭之人之責任，唯根據於血統關係，則吾至少將懷疑，對與吾無血統關係之人，或不能確知其是否有血統關係之人，是否亦有責任。（若要依據生物學人類學之言，人與人間皆有間接血統關係，以言吾對一切人皆有責任。則此對人責任，成依知識而造作者。人在無此知識或不能確知一人與吾之間接血統關係之詳細情形時，吾人仍可對其人無責任感。）而人所謂推愛家庭之心以愛社會中人，將成一不可能之虛語。蓋吾之愛家庭中人之根據，若在知其有血統關係，則不知其有血統關係，當爲不愛之根據。吾愈意識吾與家庭中人之有血統關係而愛，吾即將愈意識其他人與吾無血統關係而不愛。中國先秦之儒家之言孝弟，因表面上有自血統關係上言之嫌，故來墨家之責難。墨家謂儒家單自血統關係上言仁愛，必至對無血統關係之人卽無仁。其說實是。而世之提倡人之社會道德者，或必欲打破家庭道德，亦由誤認家庭道德之根據在血統關係。然墨家不知儒家表面雖有自血統關係言孝弟之嫌，而實則不是。此義在程子之言中方點得明白，故只說孝弟是仁心仁性之開始表現處。吾人之家庭哲學，根本否認將家庭基礎建立於本能欲望生理的血統關係之說，而以道義關係爲家庭成立之基礎，吾人之仁心仁性，乃吾人欲對家庭盡責之動機所自生，正是從程子之義說下來。唯由此說，方見得家庭道德與社會道德，原出自一根一本，由家庭道德至社會道德非由有血統關係到無血統關係之突變。故吾人既不當自限於家庭道德，亦不當因提倡社會道德而主張打破家庭道德。而當認識其中本無衝突，由家庭道德至社會道德，乃同性質之道德生活範圍之擴大與順展，同一之道德自我或仁心仁性實現其自身之一貫的表現。而吾人之所以當先盡對家庭之責任，其根據唯在吾之生命來自父母，兄弟乃吾降生此世界之一路上之先後之人，吾之道德自我仁心仁性必先通過孝弟以表現。吾之生物性之本能欲望之超化，當先在夫婦私情與舐犢之愛上求超化。而吾對吾家庭之責任，乃他人不能代吾而盡，亦吾之無旁貸之責，故吾更不得不先盡對我家庭之責。吾之與父母兄弟之此血統關係，只規定吾之道德責任感最初表現之所，而自始不爲吾之道德責任感之本身所以有之根據。唯如此方知吾人對家庭之責任感，自始未嘗限制吾人責任感之擴大與順展，限制吾人對社會之責任感。由家庭道德之實踐所培養之道德意識，卽可再表現爲對社會之道德意識。二者只有表現範圍之不同，本無性質上之不同。因而其表面之衝突皆有可化除之道（此點今不能詳論）。而道德行爲之道德價值之高下，可只須視其性質之如何，不須視其涉及範圍之大小。故人除出於私意而自限其涉及之範圍，爲其血統關係之觀念所蔽，只知家庭而不知社會者爲罪過外；人之道德行爲之價值之高下，惟視其動機之純與不純，能固守其善，而超越其本能欲望者之强度與高度等。故無機會以與社會接觸之孝子賢妻，本其一念之誠，而所爲之可歌可泣之行，其價值並不亞於忠臣烈士。凡此等等皆賴吾人眞正認識家庭道德，原不自血統關係上立根，其與社會道德不同，唯是表現範圍之不同，而無性質之不同，皆以實現吾人同一的道德自我或仁心仁性爲目的；乃能深切了解者。

此外關於某種家庭道德，與某種社會道德之特相貫通，如古人所謂孝所以事長，慈所以使衆，兄弟之道通於社會中之義，及家庭道德與其他文化意識如宗敎禮樂等之關係，其可促進其他文化意識者何在，今皆不及一一論。

附論　父母在兄弟子孫以同居爲常道及女嫁男家之理由

父母在則子孫不分居，乃中國之古訓，而西洋不如是。又女嫁於男家，乃中西同俗，而西藏有男嫁女家者。自風俗而觀之，則二者皆無必然。夫婦爲家庭之始，則子女旣成夫婦，便可獨立爲家庭，何必不分居？男女皆平等，則女嫁男家與男嫁女家，亦皆無不可。此中究竟孰爲較合道德理性，頗堪討論。

吾人以父母在子孫不分居爲較合道德理性，而子孫分居則爲不得已。故前者爲常道，而後者爲變道。原家庭之成立，固只須夫婦卽可成立。然吾人上已言子女對父母之當孝，而夫婦必待子女之孝，乃能使其關係更道義關係化。然子女之孝父母，則必知父母之望其子女之常在側。父母之望子女在側，乃本於父母之愛子女，並本於子女中乃得見其生命之理之伸展。（參考上文所論）故子女而孝父母，則在父母尚存之時，必不忍自成一獨立之家庭，而必將其自造之家庭隸屬之於父母。而父母亦唯在子女之如此之孝思中，使其夫婦關係道義關係化。且吾深探家庭意識之完成，家庭形式之完全的發展，必須在三代以上，兄弟皆有配偶之家庭相處。蓋單純之夫婦所成之家庭，只有夫婦之結合之統一意識。然此統一意識分在各人之精神自我中存在而無客觀之象徵。唯夫婦之愛情客觀化而生出子女後，此統一之意識乃有客觀之象徵。故夫婦一代之關係，必發展爲二代之關係。然夫婦雖有子女爲其愛情之客觀化，此中所客觀化者唯是愛情中之統一意識，而非夫婦關係之本身。唯人在望其子女結婚時，則有客觀化其自身與對方之夫婦關係本身之意識。夫婦之情初爲私情，而望子女結婚或爲子女求婚則爲自覺其夫婦關係之存在，欲客觀的普遍化此夫婦關係於其子女，使其夫婦關係所根據之理，得一新的例證。故夫婦之望子女結婚，乃爲求其夫婦關係中公理之伸展，而非只出於私情。由是而其夫婦私情，可轉化爲順理伸展，以尊重子媳間夫婦關係之公情。又夫婦生子，則望子之生子。夫婦生子，初原於私情，其生子後，對子之本能之愛，仍爲私情。然其望子之生子，則是自覺其生子之事，而欲客觀的普遍化之於其子，使其亦生子。由是以使其生子之事所根據之理，得一新例證。故其望子之生子，亦爲求其生子之理之伸展，而非只出於對子之本能的私情。由是而其愛子之私情，順理之伸展，轉化爲尊重子之愛孫之公情。故夫婦之私情之完全客觀化，必在其生子且子女結婚而生子以後。唯在如此情形，私情乃成公情。此公情固非常言之公情，然終是家庭中之公情。而此公情之得所寄托，則以子女之配偶與其孫之在前爲條件。唯在此情形，夫婦乃於其子之夫婦之愛與子之愛其孫中，自覺其夫婦之私情，與愛子之私情之客觀化，而顯一愛子媳與孫之公情，以超化其最初之夫婦之私情與愛子之私情。故子媳與孫之分居爲獨立之家庭，則將使其公情不能自然伸展，而造成公情之失寄。此種失寄，將使夫婦不得眞超化其最初之私情。而子媳與孫之分居，則恒原於不顧此父母之公情，而只求自遂其私情者。

至於吾人之所以說，家庭之形式之完全的發展，所以必須有兄弟姊妹之關係且結婚生子者，則根於子一代之夫婦關係（卽子與媳、女與壻）及子與孫之父子關係宜普遍化。有父母與子媳，使夫婦之理普遍化，表現於父母間又表現於子媳間。生子與子之生子，使生子一事之理普遍化於父子與子孫間。然此中尙無子媳中之夫婦關係、子與孫中之父子關係，普遍化於諸子女。然子有兄弟姊妹，卽有諸子女。諸子女而結婚生諸孫，則子女中之夫婦關係普遍化，子與孫之父子關係亦普遍化。由此而父母於兄弟妯娌女與壻間見一普遍化的子媳中之夫婦關係，於諸子與諸孫間見一普遍化的子孫間之父子關係。原始之家庭由夫婦生子一事構成。此中只有夫婦父子之關係，或亦有兄弟之關係。而三代之家庭中兄弟各有其配偶，則夫婦關係有一縱一橫之普遍化。縱者爲見於父母與子媳中者，橫者爲見於兄弟妯娌女壻間者。父子關係亦有一縱一橫之普遍化，縱者爲見於父子與子孫中者。橫者爲見於兄弟與子姪中間者。一經一緯，有異位之夫婦，有同位之夫婦。有異位父子，有同位之父子。有自上而下之普遍化，有左右展之普遍化。上下相望見私情之依公理以成公情。左右相望者則自始卽見公理，而示人以當抑私情順公理，以致其公情。如兄弟妯娌伯叔子姪之關係是也。公理見而公情顯於人倫之經緯，則原始之家庭中夫婦之私與父子之私，乃遂無往而不可得其超化之道。此三代同居兄弟妯娌共處之家庭，爲家庭之形式之完全的發展，最能陶冶人之道德意識，亦最合道德理性者也。

至於男嫁女家與女嫁男家，孰爲較合道德之理性之問題，吾亦將主張女嫁男家爲較合道德之理性。世之論男子不應嫁女家者，蓋以爲男嫁女家，必須以女爲家主。然女子不善統率，而男子性剛强，喜爭鬥，而不願服從。如數男同嫁一女家，則必爭鬥甚多。女子性柔順，愛和平，則樂於服從。而男子亦恒善統率。或者又謂女子體弱，多生殖養育之事，故不能保護家庭以禦外侮。叅不便時時代表家庭與社會接觸，故男應爲家主，而女嫁男家爲宜。或者又謂男之爲家主，蓋由過去之習慣。而最初之習慣所由成，則以男子初乃掠奪女子以爲婚，習慣既成，則改之麻煩。順習慣卽是女嫁男家之理由。

凡此諸論，固未必非。然是否皆必然無疑，亦甚難說。吾今所嘗論者，乃是一道德理由，乃眞顚撲不破者。故此諸理由均所不取。吾今可承認古代男子掠奪女子之說是一事實。然復當問何以有男子掠奪女子回家，而無女子之掠奪男子？男女之力固有强弱，然女子實亦本能的羞於先往求男子。此中之故，蓋亦生理心理之性格使然。在生理心理上，女子恒爲被動的接受男子之愛者，而罕自動的向男子施發其愛者。正由於此故，女子恆靜處於家而被求，男子則恆出其家以求女。吾人須知原始男子之出其家以求女，乃先表現離家之意識，亦一家庭意識之喪失。如其離家而求女，處於女家而不返，則將忘其父母兄弟，而一往無原始家庭意識之復蘇，而孝弟之德亦將忘。故男子以求女而離家外向以求女，必求女與之重返其家，乃自出道德理性之自然要求，補償其家庭意識之喪失，而免於一往而不返之罪。而在女子一方面，則彼之嫁於男子，雖爲離家之表現，然其離家初非其自動，乃受感而後離。受感而離，則初無自動離家外向之罪。其後之離家，似可言對其家爲有罪，然此乃所以報男子之曾來索，並助男子之復其家庭意識，盡其孝弟之德。則女子之功過可以相抵。婚姻之道，男先求女即向女往，女從男則向男往。男先動女先靜。男動以動「靜」，則靜者順動者以動。往來相報，動靜相順，而皆免於罪戾。則男先求女，女宜從男，以嫁男家爲更合於道德理性也。至於女往男家，乃兼視男子之父母如父母，代男子盡孝弟之責。此亦本於夫婦關係之原道義關係化，互以對方之心爲心，並父子以不分居爲常道之自然結果，今不多論。

第三章　經濟意識與道德理性

一　導論

本文論經濟意識與道德理性，其目標乃在指出人類之經濟意識、經濟活動、經濟的社會組織與其理想，自始根據於人之內在的精神活動道德自我之要求而成立，亦即直接間接以人類之自覺或不自覺的道德理性爲基礎而成立。故人之各種經濟活動各種經濟社會組織與其理想之高下，亦可依人之自覺的道德理性加以衡定，而歸於吾人之人文的經濟社會爲有最高價値之經濟社會之結論。

吾人在日常之經濟生活中，恆覺吾人周遭之世界，唯是一財物之世界。吾人生產財物，交換分配財物，消費財物。而財物之用，主要在滿足吾人衣食住等本能欲望，以使吾人得生存。而所謂經濟上生產方式之進化，由漁獵，而游牧，而農業，而工商業之意義，亦似皆在使吾人增加財富，而更能滿足其物質欲望，故吾人在此時恆易忽視經濟生活所以成立之內在的精神活動道德自我之要求之根據，道德理性之基礎，而以經濟社會成立之根據，唯是爲共同生產與交換分配財物而有。而交換分配之目的，則在各個人之消費，以滿足其各個人私自之本能欲望，其共同之生產分配，乃所以達非共同的個人私自之欲。則人類經濟社會乃爲個人自私之欲之滿足而存在。而人之從事共同之生產交換之事，其動機自亦當溯源於此各個人各欲求其私自之欲之滿足。吾人復見世人之參加各種經濟社會，皆欲求其個人之財物增加，益復證實人之有社會經濟之生活，其根據在各個人之欲由消費財物以滿足其私自之本能欲望之說。故經濟學恒稱爲研究如何生產交換分配財物以使人各得其所欲之學問。

然此種人類之經濟生活觀，乃對人類之經濟生活未加深沉之反省之結果。吾人須知社會經濟現象乃一文化現象，而非一自然現象。吾人欲說明一文化現象之所以爲一文化現象之根據，必需就其異於自然之處說明之。唯其根據之異於自然現象者，乃吾人所特當注目。如吾人只由各個人欲由消費財物以滿足其私自之欲望，以說明人類經濟社會之所由生，則欲得物以滿足其本能欲望，動物亦然。何以一般動物無經濟社會之組織。即此足證人類經濟社會成立之根據，主要不在個人對財物之欲求。說者或謂人類之有經濟社會之組織，在由共同生產而交換分配，則各個人更易滿足其欲求。人由智慧，與經驗之教訓，知共同生產交換，更有利於個人之滿足其欲求，遂知經濟社會之組織爲不可少。是人類之有經濟社會，不過所以謀自然欲望之更大滿足。論人類經濟社會成立之根據，至多加上人有智慧能反省其由經驗所得之敎訓已足，並無其他任何神秘之精神活動道德自我之要求爲之根據、道德理性爲之基礎也。此種常識之見，亦西方之一部份功利主義者所詳加敷陳之學說。然實皆不能尅就經濟現象是一文化現象深加反省，以識人類經濟社會所以成立之理由者也。

二　造工具之意識與儲蓄意識及社會意識

吾人如尅就經濟現象是一文化現象而反省之，則首須反省人類經濟生活如何自人類之自然生活中突創而出。說者謂人類經濟生活始於人類之造生產工具，工具人可共用，而有共同生產勞動，此即經濟社會之始。此說固有至理。然人類之能造生產工具，本於人之智慧與經驗，同時即本於人之超越其現實自我之精神活動或道德要求。吾人如試溯人類造工具之始源，吾人皆知人不能造工具之時，人行爲動作之憑藉，唯是其身體之各部如手足等。此時人如有欲求，只須指揮其手足以行爲動作。然人在用人造工具之先，必先已能用一自然物如木石等爲工具。如猿猴之類，即能用自然物之木石爲射擊之工具，而未必能造工具。吾人如追問，人何以能由用自然物爲工具以進而造工具？吾人將以爲，此乃原於當人用自然物爲工具之時，人以他物之用，輔手足之用之所不及，人即培養出一種暫時將手足與他物平等觀之心境。在此心境中，人在覺他物與手足之相輔爲用之一念中，人即暫忘其手足之別於他物。此卽人超越其自己身體之執着之始。人於此凝視他物之用，可輔手足之用而如同於手足之用，人卽擴大其手足之意識，而視他物如手足。於是，由人自覺其能自由運用支配改易手足之地位狀態，以適合一目的之意識，卽轉出一求自由運用支配改易他物之狀態以適合一目的而造另一他物之意識，是卽造工具之意識。然在此造工具之意識中，既一方須有使所造之工具所適合之某一目的之觀念，一方亦須有過去我之手足如何動作，卽可使爲材料之他物如何改變之經驗之反省。唯吾人先以某一目的之觀念爲型範並反省過去之經驗中各種動作，而加以重新揀擇組織，以求一適合於目的之達到之動作，加於材料物，然後材料物乃被改變，而實被造成工具。人之所以覺有造工具之必要，因因其感到只用自然之手足以動作，與只用當前之自然物爲工具，不能達到某一目的。然如人之精神眞爲役於其身體欲望中者，則人憑其手足自然之動作，及以自然物爲工具而不能達某一目的時，人可只亂動手足亂用物。此時人卽同於動物。人之由其自然動作之不能達某一目的，乃不歸於亂動，而自止息其亂動，憑過去經驗以求造一工具；此中卽有精神之超越。此所謂精神之超越表現爲三方面，一爲亂動所自生之身體欲望衝動之暫時節制。二爲前所謂直接運用支配手足之意識之轉化爲運用支配材料物之意識，直接欲對身體有所作爲之轉化爲欲對身體以外之物有所作爲，以使之成爲適合某一目的之工具。由是而有一客觀目的觀念之形成，身體觀念本身之超越。三爲以某一目的爲型範，對過去經驗加以反省揀擇組織，以創生適合此目的之新動作。此新動作依於目的觀念與過去經驗之互相融貫，卽表現另一超越于目的觀念與過去經驗之上之精神。此種之精神之超越，皆出自一種自動而不容已之精神之奮發。自其爲一種奮發言，卽皆有一種道德意義，皆根據於一不自覺之道德要求不自覺之道德理性。

吾人之所以說，人之能造工具本於人精神之有自動不容已之奮發而表現精神之超越。此乃盡頭之語，再不能追問何以人有此精神之奮發，或另尋人能造工具之眞理由。通常人欲對此再作追問別求人能造工具之理由者，其所得之答案皆是外緣。如人類學家謂人之能特有智慧——亦卽人之所以有吾人所謂精神之奮發——乃由於人身體特弱，或人類最初處境特艱難，或身體之能直立，頭腦構造特殊，手之運用靈活等，皆是外緣之說，而不足爲人能造工具之眞理由。蓋身體之弱，處境之特艱難，亦可爲被自然淘汰之理由。而腦之構造手之靈活，皆人之精神之外部表現。空言身體之能直立，腦之構造如何，手靈活之程度如何，皆不含必能造工具之意義。唯有如吾人以上所述精神之奮發所致之身體欲望衝動之節制，客觀目的觀念之形成等，乃造工具之活動之所以可能之眞根據。至於精神之奮發本身，則別無理由。若問人何以獨有此精神之奮發，而其他動物不能。則吾人之答覆爲：有如此如此之精神之奮發者卽爲人，否則非人。非其他動物注定不能有如此之精神之奮發；其能有如此之精神之奮發者已是人故也。至於問何以宇宙間有人與非人之別，人如何進化而有此精神之奮發之外緣，如人之處境之艱難身體直立及手之靈活，與精神奮發之關係，則當另論之。

人之能造工具，乃人之有經濟生活之始。然只就人之能造工具而言，尚不能卽謂人必有經濟社會之生活。蓋人之能造工具，可純為個人用也。吾人如追述人類經濟社會之意識之發展，吾將謂造工具時自己之欲望衝動之節制，與儲蓄之意識，同為人類之社會之意識之一本源。

照一般之見，人或謂人之造與用工具，乃所以求足其欲望。在造用工具之際，固有一欲望之節制。然此節制之目的，仍在造用工具以足其自私之欲。故造用工具仍根於自私之目的。人儲蓄亦出自為自己未來打算之自利動機。然依吾之見，則須先將此種人所共認之此種自利行為中，發見其潛在有一意義之超自利的精神活動。人之儲蓄或造用工具，固是求足未來之欲。然須知此中終是以暫節現實之欲為先導。如人根本不能暫節現實之欲，則為未來打算，亦不可能。人之所以為未來打算，固本於人對自己生命有執着之意沾戀之情，人因恒欲其延展其生命至未來，恐未來之生命之無所享用，故願暫節其欲而儲蓄或作造工具之事。然未來之我之生命，終為一超現實之我之欲望而尚未存在者。我之未來之生命，對現實之我言，終為在一理想境或想像境中者。吾人必自現實之我之欲超拔，乃能為此理想境中未來之我，有所犧牲。為未來之我而儲蓄與創造工具，賴於一犧牲之精神，亦有如向他人之我作施捨之事，為他人之我作服務之事之賴於一犧牲之精神者。未來之我對現實之我之自己言，在一義上，亦可說是一他人。故為未來之我打算，亦可謂為一種超現實自我之自利之利他。吾人之所以說奢靡自侈者之人格，不如節儉者之人格，卽在奢靡自侈者全陷於當前現實之我之欲望中，而不肯犧牲任何當前自己之享受。而奢靡自侈者可同時爲對他人最吝嗇者，節儉者之同時可爲樂施捨者，即因節儉與施捨，實同根於一種自當前現實之我之欲望超拔之精神。至於節儉者之同時或爲吝於施捨者，則由於其雖能自當前現實之我之欲超拔，而不能自「其個人未來之我之打算」中超拔，此乃其超拔精神之有所限制而未充其度，而非其節儉之不根於一超拔之精神。由此吾人即可說，任何些微之暫節其欲，忘其欲，而從事於儲蓄或創造工具之行爲，均賴一自現實自我之欲望超拔之精神爲其可能之根據。通常所謂爲未來打算之自利之行爲，自其自現實自我之欲超拔，而求利理想境想像境中之未來之我言，亦有一潛在之超自利之精神活動於其中。吾人亦唯有在人之通常所謂自利之行爲，發現此超自利之精神活動，乃知人之利他性與社會性之根，實即深植於人之利己性與求個體生命之維持性之中。而人之節欲儲蓄亦即爲人之社會意識之本源，乃可得而說。

吾人上言利他之社會意識之根，即潛在於人爲未來打算之自利中，仍不能眞泯除利他與自利之差別。蓋人之爲未來之我打算，此未來之我對純粹之當前現實之我言，固可視如一他我。然此未來之我與當前現實之我，仍是依於一身體，自有一串之相續經驗，非同他人之我之別依於一身體，而有另一串之相續經驗。故由爲未來打算之自利化爲純粹之利他，使潛在前者中之利他意識眞正完全顯發，必有賴於一精神活動之逐漸提高，而進至於一徹底之自我革新。利他意識之完全顯發，即爲大公無私之仁者之愛。此爲最完全之社會意識，亦道德意識之基本。由通常所謂爲自己未來打算之自利至大公無私之仁者之愛，即爲一徹底之自我革新一種人格之徹底轉變。此種轉變之如何可逐步完成，可自自利之經濟意識如何發展，以顯發其中所潛利他之社會意識以論之。

人之社會意識之最高者固爲利他之社會意識，然利他之意識乃他人與我分別之意識，已先自覺的形成而後有者。在人未能有自覺的利他或仁者之愛之先，人另有一自然流露之社會意識。此即模倣意識。模倣意識乃人與動物同者。動物中之相從而動，與人之相模倣實相類。唯動物之相模倣乃全不自覺者。而人之相模倣，則可初爲不自覺者，繼爲被自覺者。模倣之意識乃欲己與人同動作。模倣之意識通常表現爲使自己去模倣人，然亦可轉化爲欲人之模倣我。己之模倣人與求人之模倣我，皆出於同一之望人與我同動之目的。欲人之模倣我即領導支配意識之原始，亦權力意識之原始。故通常不以欲人之模倣我爲模倣意識。模倣意識之以求人與我同動爲目的，與依於仁之利他者之以求人與我同享用等爲目的者，皆根於一人我之無差別觀，欲使人我得有所共通之動機。然依於仁之利他者，恒先有一自覺而超自覺的涵蓋人我之心之昭露，此心自始即以成物爲性，繼必又覺人之異於我。人在利他時自覺於自己如有所犧牲，初不免有勉强之意識。而模倣意識之發動，則可初無人異於我之自覺。人在相模倣之時，恒只是先在一未有人我差別之心境中見他人如何動作，即隨之以動作。人之相模倣恒爲自然流露的無任何種爲人而勉强犧牲自己之意識。故模倣之社會意識較利他之社會意識爲更原始的。而社會學家如達德（Tarde）等即以模倣意識爲社會意識之本。而吾人之論人自利之經濟意識如何發展爲自覺之利他之社會意識，亦當先指出此模倣意識乃其媒介。模倣意識之所以能爲自利之經濟意識發展爲仁者之利他之社會意識之媒介者，卽在模倣意識與仁者利他之意識，同根於人我之無差別觀。模倣意識發動時，人恆在一未有人我差別之心境中。此種未有人我差別之心境與仁者之涵蓋人我之心境之不同，只是一先自覺與自覺而超自覺之不同。然其皆包含「使人我有所共通」之動機則相同。人只須暫不陷溺於其現實欲望中，人卽有受他人動作之感應而模倣之之性向。故模倣所根據之心境，亦爲一種現實欲望之超拔。緣是，故原始人在遇困難而不能不暫節欲望時，或節制其欲以創造工具，爲未來儲蓄時，皆可以自然的開啓一模倣意識。人遇困難之所以呼同類或隨從他人而逃走，最初亦可說並非根於求救之動機，而是根於其個人活動之遇困難而阻抑，卽自忘喪其原有活動方式，而自然模倣他人之活動方式。人之共同創造工具，亦不只緣於人有適相共同之需要，而可兼緣於人造工具之念發動時，卽其對其一己當前之現實欲望有所超拔，而易於有相模倣之動作之時。人之共同儲蓄而有社會財富之蓄積，亦不僅由人皆各欲爲其未來打算，而亦兼由人在儲蓄時，卽有一自一己當前之現實欲望之超拔，遂易於模倣他人之儲蓄而更增其儲蓄之興趣。今之社會學家咸謂在原始社會中之財物與生產工具等，皆爲一社會中人所公有，生產工具與財物，皆集體勞動與儲蓄之產物。然須知其所以如此之故，實由工具創造之意識及儲蓄之意識與人之相模倣而合作之意識乃生於一根。

吾人上謂人之社會意識自始卽與創製生產工具之意識同根，乃重在指出創製生產工具之意識，非純粹之自私自利之意識。然社會學家謂生產工具乃集體勞動之產物者，恆不免過於抹殺個人對生產工具之創製性。工具之發明恆原於少數人或一個人之特殊之智慧。愈複雜之工具，愈是如此。在原始較簡單之工具之發明，固可由若干人智慧之同能見及而同能創製之。然此若干人，對此工具造成以後使用此工具之人而言，仍爲少數人。故人類之社會意識雖與人類原始之創製工具之意識同根，而此社會意識之彰著，則主要在使用工具之時。蓋工具之使用，較工具之創製爲易。使用工具之價值，恒爲多人所認識。故人相模倣之社會意識，最易表現於使用工具之際。而人之創製一工具，乃以達其某一目的。故其意識之重心，初唯在某一目的物之取得與保存，而不在工具之保存。故私有工具之念較私有其他可直接消費之財物之念爲後起。於是工具之公共使用，或已造成之工具之共有，在原始人意識中乃極爲自然者。因而由共同之使用工具，而陶養人相模倣之社會意識，亦爲最自然者。

當人未有工具之先，人各憑其手足以行爲動作，可謂以手足爲工具。而手足爲各個體人之特殊意志所支配，此純爲私有者。當人創製使用工具之際，因工具爲客觀而共同之對象，則人開始集合其特殊意志，而表現一普遍公共之意志。在人相模倣而動作之際，個人之手足，一方可言爲個人之意志所支配，一方亦可言爲他人之意志或普遍公共之意志所支配。而手足之私有性，則亦於此中超拔。故人在共同之勞動中恆朦朧的直覺到萬衆之一心，各個人之合爲一體，其自身之手足，如卽公衆之手足。此朦朧之直覺卽普遍公共意志被自覺之始。今之社會學家尤其是馬克斯派之社會學者，皆極重視工具之創製與運用，對人類之社會組織之成立之關係。吾人之見亦同。然吾人之解釋之着重點，則唯在工具之客觀性對普遍意志之形成，及個人自其特殊意志超拔之關係，而不注目在工具之物質的效用性，對於個人特殊意志所分別給予之滿足。如吾人之注目點，在工具之物質的效用性，對於個人特殊意志所分別給予之滿足；則工具之客觀性，當無任何眞正之社會價値道德價値。吾人大可謂人之共同創製工具使用工具，不過本於各個人利害之適相同，各須賴他人之助以自利，於是乃組織成社會。若然，則吾人說明社會演進之注目點，亦將在人原始之自利心，如何逐漸由私其可享用財產，發展爲工具之爭取，及人類之社會如何依工具之爭取，而分化爲利害不同之階級，與階級鬬爭之日益尖銳化等。此卽馬克斯派學者之所爲。然吾人之注目點，旣自始在工具之客觀性對普遍意志之形成及個人自其特殊意志超拔之關係，則吾人將以工具之共同製造與共同使用，唯是個人之自超拔其特殊意志，以形成普遍意志而使超自利之精神得以實現之外緣。而吾人說明社會演進之注目點，亦將在人之超自利心，如何逐漸發展爲更高社會意識道德意識。至於人之由私其可享用之財物發展爲工具之爭取，以至發展爲利害不同之階級之鬬爭，則固由工具之物質的效用性，本可促進人之自利心之發展。然吾人仍當在人之自利心之發展中，兼認取人之超自利精神之並行而順展，以實現其自身之處，方能當於事理之眞。

三　私有財產之成立之根據在他人之公心與超自利的生產動機

所謂在人之自利心之發展中，認取超自利精神之並行而順展者，卽謂人在欲增積其私有財產之意識中，同時卽恆有一己私之劃除之意識與之相伴。卽以「人由私有一般可消費之財物至欲私有工具之意識」之發展而言，人初實不知私工具，其私工具而佔有之之目的，在獲得更多由工具所生產之財物，則其欲私有工具，自當是一欲增積其私有財物之意識之結果。然吾人亦須知，私有工具之目的雖在獲得更多可享受之財物，而人之由私有直接可享受之財物，轉而爲求私有不可直接享受之工具，以至寧犧牲直接可享受之財物，以換取不可直接享受之工具，則仍表示人對於現實之財物欲望之一種超拔。吾人前已言儲蓄財物與創製工具而使用之，爲一種精神自現實欲望之超拔。儲蓄財物與創製工具而使用之，其目的在備未來之我之享受。而欲私有工具，則其目的在備未來之我之能繼續運用之，以不斷生產財物。故在私有工具之意識中，其所爲之計的未來之我，在理想境或想像境中，卽亦非一役於未來之現實欲望之未來之我，而其本身卽是一有創造精神能自未來之現實欲望超拔以生產財物之我。吾人亦可謂：「在私有工具之意識中，人非只爲未來之我計，而是爲未來之我如何爲其自身之未來之我」計。故在欲私有工具之意識中，人之精神對於現實之欲望有更高之超拔。而欲私有工具之意識之不斷的發展，如由私一工具而私一工具之工具，或由私有一工具，而私有另一工具，便一方是人私有意識增强之結果，一方亦爲人自純現實欲望解放之結果。人之由現實欲望解放，依吾人以前所論，卽爲一超自利之精神。而此潛在之超自利之精神，卽爲一直與人之不斷求工具而私有之之自利心並行而順展。吾人如眞識得，在人之私有工具之心中卽有潛在之超自利之精神與之並行順展，便知此超自利之精神之必須求進一步之具體顯現。吾將以私有財產之承認與對保存財富創造財富本身之興趣之出現，與求人在生產事業上合作，爲人之超自利精神之進一步的具體顯現。

人之欲私有其財產（概括直接可享用消費之物與生產工具等）出於人之私心。然人之互相顧及他人之私心，承認人各有其私有財產，則出於人之公心與恕道。如人無此公心與恕道，人將只順其自私心之發展，以侵奪他人之財產，則將無所謂私有財產之互相承認。此爲最明顯之事。如霍布士之流，溯人類社會中所以有私有財產之互相承認之始原，恒歸于人之互恐他人之侵犯。然只恐他人之侵犯，只可增强自保之事，而不能引出對他人財產之承認。或謂我承認他人之財產，乃所以引出人對我財產之承認，我方能達其自保財產之目的。則此中設定我對他人有施，則他人對我有報。卽仍是設定他人爲有公心有恕道者。如他人純爲自利之動物，則我之承認他人之財產，並不能直接引出他人之承認我之財產，因他人之承認我之財產，對其自身爲無利者。故如人根本無超自利之公心與恕道，則私有財產之互相承認之自然法，斷然無由成立，而所謂共賦權於君主以執行此自然法，亦決不可能。故人之欲由儲蓄與生產以增積其私有財產，亦依於相信他人能繼續有此公心恕道，以繼續承認其所增積之私有財產。此人所繼續有之公心與恕道，乃繼續支持財產之私有者。唯由此公心恕道之支持，私有財產終乃成爲社會制度，而有法律以保障之。

人之所以有互承認財產之公心，通常謂爲人之道德意識之始。然此與人之欲私有財產之意識又另有其同根之處，而使前者可直接由後者中轉出者。蓋人之欲私有財產乃爲其未來之我計。然人之所以爲未來之我計，一方由於人對其自己生命之執着，一方卽由於其對現實之我之需要，先有一自覺。由其自覺現實之我有如何之需要，必須何種現實之物以滿足之方好，遂賦與何種現實之物之存在以一種價値（利之價値）。由此而卽以繼續的有更多的有何種現實之物爲一種好，爲有價値者。於是不復只以物之消費爲好，而以物之保存爲好，再進而以物之生產出爲好，能生產物之工具爲好，以至工具之工具爲好。此種價値賦與之意識之擴大，卽吾人欲不斷增積財產而爲未來之我計之根據。而此價値賦與之意識之逐漸擴大，則依於吾人對自己之欲望與其如何滿足之歷程，逐漸有一進一步之自覺。此歷程之自覺，擴大至何範圍，則吾人認爲有價値之物擴大至何範圍。吾人所望其能繼續爲我所保存使用支配之物，亦擴大至何範圍，卽我所望成爲我之財產者亦擴大至何範圍。然當吾人對吾人之欲望與其需滿足及其如何滿足之歷程，有一自覺時，吾人卽可普遍化之，而知他人之有同欲，其需滿足與如何滿足之歷程可與我同。由此卽不僅知自己之欲保存增積其財產，且知他人亦欲保存增積其財產。而在此知中，卽已承認他人之保存增積其財產與自己保存增積其財產，同樣爲好。故人承認他人財產之公心與恕道所以可能之根據，與人之欲保存增積其私有財產之意識所以可能之根據，亦有共同之處。前者可直接由後者中轉出，轉出而爲之主，則保護財產之法律之所由成也。

人之儲積可直接享用之財物，乃爲未來之我用。人之製造工具使用工具，乃爲生產財物，以備未來之我用。人之保存工具乃爲未來之我生產財物，以備未來之我爲其未來之我用。皆可謂未能全超出自利之實用動機。然人復有不爲未來之用，而創製工具保存工具，與儲積財物之動機。此可由人之有超出未來之我所需要之量之儲積與工具之製造保存之事中發見之。此種現象，人恒只以爲營利，爲子孫或他人計，以解釋之。然實則不能盡由此解釋。吾人須知人大可有爲製造工具使用工具而製造工具使用工具，爲保存儲積而保存儲積之興趣。此種興趣之原始，一在吾人前所言之製造工具使用工具與保存儲積等，皆有賴於一現實欲望之暫節。吾人如深觀人類之精神生活，便知自現實欲望之超拔本身，卽爲人之一祈嚮。故精神之寧靜淡泊，爲人之一最高之樂。由此吾人便當知製造工具保存工具與儲積時之一種欲望之暫節本身，亦爲人之一種樂，一種興趣之所寄。通常情形下，此時欲望之暫節，固與謀未來之享受之念相雜。在吾人此時表面之自覺中，吾人自以爲純是因有未來可得享受之樂，吾人乃暫不覺節欲之苦。然實則未來之享受之樂，爲未現實者。自其未現實而言，則爲無平衡當前之苦之作用者。存未來樂之想念，而視之如在現在，固爲一種樂，而可平衡當前節欲之苦者。然未來樂之想念之所以可能，正根於吾人能暫忘或超越當前節欲之苦。因如當前節欲之苦不能被暫忘，而相續無間，則未來樂之想念，亦無間隙以生。而在此暫忘當前節欲之苦中，即必有一種原始節欲之樂之存在。如無此原始之樂，則此暫忘本身亦即成爲苦而不可忍，亦不可能者。如此暫忘爲不可能，則未來之樂之想念亦不可能。而此能暫忘其苦之節欲之樂，即爲一種原始的精神之寧靜淡泊之樂。唯因人之此原始的節欲之樂，恒程度甚輕而極隱微難見，故疑若不存在。而原始的節欲之樂，恒不足以勝欲不足之苦，故有待於未來樂之想念，而視之如現在，以平衡當前欲不足之苦。此即一般之情形。然在精神力較强之人，則此種節欲之樂，可逐漸爲其所明白自覺。當其能自覺之時，則節欲本身成一種樂。由此而少所享用，少所消費，惜物或節儉本身可成一種樂。唯此中仍有二種：一種爲能直接覺惜物節儉節欲所致之精神寧靜淡泊之樂者；一種爲兼須間接注念於財物之由此得保存儲積，與不斷由創製而增積，以與當前自己消費之少享用之少相照映相印證，乃能覺惜物節欲之樂者。前者可絕去一切財物之儲積保存之念，而後者則即於其注念於財物之保存儲積製造之事中，以獲得其惜物節儉之樂。吾人上謂人對於財物之保存儲積製造之本身可發生一種與趣。而此與趣之根據之一，卽後一種情形中之節欲之樂也。

然人對於財物之保存儲積製造本身所生之興趣，不盡由於節欲之樂。亦或由於目的之客觀化所生之樂。此在人之製造生產工具或使用生產工具之際，最可見之。人之製造一生產工具，必有一理想目的爲型範，前所已論。使用生產工具，亦有所欲達之理想目的。故製造與使用工具，皆有一理想目的之實現。吾人須知，一理想目的實現，本身爲一樂。理想目的實現之樂在於主觀心中之理想目的之客觀化。理想之客觀化由積極之勞作。爲理想而勞作以改變現實，卽爲一種既使現實自我戰勝其惰性，復使現實對象變其形式，以合乎吾心所賦與之形式，而致一種精神之自由，內外之貫通之道。人爲理想而勞作本身，卽有一種趣味。故人可自由置定一理想爲型範，以改變自然物。此卽人類之游戲的製造之始，人類之於游戲的製造本身，有一種趣味，此卽一種純粹之創造趣味。此趣味在本質上乃同於藝術創造之趣味者。然在人製造生產工具之時，其主要之目的恒初在於求滿足某種實際之需要。故人恒以人之創製生產工具之趣味或所致之樂，純由工具能助吾人達某實際目的。工具造成之樂，純由實際目的接近之樂之豫想，轉移而來。工具之價值純由實際目的之價值所賦與。然實則工具之製造自有其本身之價值。工具造成之樂，亦不純由實際目的接近之樂之豫想所轉移。唯因在通常之情形中，實際之需要居製造工具之動機之主導地位，故工具製造本身所含之興趣，遂隱沒而不彰。然當人之實際需要滿足至相當程度，或工具已足人實際需要之用以後，則純粹之爲製造而製造之興趣卽顯出。此種興趣之顯而易見者，爲游戲之製造。然須知此種游戲之精神，亦可具於正常之有連續性之勞動與製造工具之事之中。此卽爲一種自動性之勞動與自動性之不斷製造工具之興趣，由此人卽可將勞動與製造工具作一事業看。此所謂事業之意識，實不只是一滿足需要之意識，而是一樂於繼續勞動製造之意識，故人勞動製造工具之事業意識出現，人卽全顯發其原始之創造的興趣，知理想客觀化之本身爲一種精神之樂。至於在人保存工具儲積財物之興趣中，實亦潛藏此理想客觀化之興趣。蓋工具既爲人之理想之客觀化，而財物亦多爲人以工具製造者。故人之保存工具儲積財物之意識中，卽同時有欣賞其理想之客觀化之興味在。然因其更隱沒而難見，人遂以人之保存工具與儲積財物純爲未來之我之實際享用。而實則人有爲製造工具而製造工具，亦有爲保存儲積而保存儲積，二者皆同有根於樂見理想之客觀化之興趣者也。

吾人如眞了解人之有對勞動保存儲積本身之興趣，本於人可在節欲與使理想客觀化及見理想之客觀化中感受一種樂。便知人之從事於財富之增積之念中，不只是一單純之自利之念。因節欲與使理想客觀化，本身出於一純精神之要求。二者本身皆不以未來之我之享受爲目的。故二者所自生之精神，皆爲一超自利之精神。唯此種超自利精神，與人之爲未來享受之念，恒相混雜，故人卽不覺此超自利精神之存在。吾人今眞識得人有此種超自利精神之存在，於人之求財物之增積之念中，便知人之求其財富之增積之念，與求人共同從事於財富之增積，非不相容，且常爲自然相連者。蓋人對於勞動儲積本身既有一種興趣，則本於人之模倣意識，人可由相模倣而增强其活動之興趣。則人亦樂於見他人之共同爲勞動儲積之事。故在人有多餘生產工具或多餘財物之時，人有樂於與他人共同使用而勞動，共同保管收藏而儲積之興趣。反之，如人在有多餘生產工具，而無人共同使用，或有多餘財物，而無人共同作保管收藏之事，人可自覺其勞動等之無味。在某種情形下，且可有一精神上之空虛荒漠之感。蓋人爲能自覺之動物，當人有所自覺時，即依理性而普遍化其所自覺，而望其所自覺者爲普遍化者。人在使用工具之時，人一方可自覺其在使用工具，一方亦可自覺工具之在被使用。故人一方望人之同使用工具，一方亦望同工具之同被使用。故當有人在前時，人卽望人同使用工具。而當只有工具在前，而見其不被使用，則望有人以使用之。如有多工具無人一一加以使用，則吾人亦將覺一一工具之待人使用。待人而無人，則吾將有一空虛之感。譬如在戰亂之餘，吾人至一城市，見房屋之無人住，井竈什物之無人用，吾人卽不自覺生一空虛荒漠凄凉之感。此種感觸，卽通常爲自私自利之人亦有之。然此種感觸本身，實出自人之感工具應普遍被人用之公心，乃所謂自私自利之人之本身所有超自利精神之表現。吾人如對人之此種超自利精神之存在於人人有一信心，便知一工業家或農業家在事業失敗之時，見其工廠或田園中之機器農具或製造物，無人使用與保管而生之悲感。亦如由見戰亂後之城市所生之悲感，同出於一公心。由是吾人卽可轉以反照出一工業家農業家之有多餘之工具與財物者，求人共同使用與保管，亦有出於同一之公心者。此卽爲一種眞誠的求人在經濟上合作之意識。此種眞誠求人合作之意識，吾將以爲一切人所多少共具者。此種求人在經濟上合作之意識之全然顯露，卽可形成一社會主義之經濟之理想。然卽在任何承認私有財產之經濟制度下，人如有經濟上之合作之事，吾將以爲其中均有多少此種眞誠求人合作之意識或超自利之公心，潛運於其中。不過因其與人之爲自己未來打算之念相雜，而後者恒淺露於意識之表，似居主導地位，較易被覺察。故此潛運之公心，被掩沒而疑若不存。而實則此潛運之公心，乃人類之有經濟上之任何眞正合作以增加財富之基礎之所在也。

四　財物交換中之道德理性及貨幣使用之精神根據

人類之社會經濟之生活，一爲生產方面一爲交換分配及消費方面。生產方面所根據之精神活動道德要求之基礎，吾上已論。今當論人類社會經濟生活之交換方面，亦有其所根據之精神活動道德要求之基礎。

人類在社會經濟生活中之所以從事交換，其動機爲欲滿足個人自私之欲望，較從事生產之出於個人之自利，似尤爲顯著。蓋如人無必需滿足之欲望，必不願舍其所有之物，以交換他人之物。人在交換之際，最易萌以賤換貴而獲利之心。商人專以交換爲事，而自利之心亦似最著。然實則在人之從事交換之中，亦更可見人之超自利之精神之更高之發展，人之道德要求進一步之實現。

人類社會之所以有經濟上之交換，如純自人之自利心解釋其歷史的起源，吾人似可謂初乃原於人各欲得他人之物而享受之，遂生互相爭奪之事，而因人對其多餘之物欲望較弱，對必需之物欲望較强，故用力爭取對方所有而爲我必需之物，而寧捨我所較不必需之多餘之物，此多餘之物，則爲他人所爭得。於是交換之事遂成。然此種互以强力爭奪之交換，決不足以形成眞正之經濟上之交換意識，亦不能爲經濟上交換制度成立之根據。蓋交換財物之意識，後於私有財物之意識。吾人必先承認他人與我對其財物各有所有權，乃有所謂交換。而承認他人與我對其財物各有其所有權，乃出於人之超自利的公心。此吾人前所已論。而互以强力爭奪之交換行爲，則根本不能誕育此公心。誠然原始人可初由强力互相爭奪，遂認識他人對其所有財物，有一佔據而私有之意識。然人之積極的或正面的承認他人之所佔據而私有者之屬於他人或他人之對其財物有其所有權，仍不能不本於人之暫超其自己私欲，而肯定人與我之各有其對所私有財物之所有權之公心。唯有此公心，吾人乃不得不從事正當之交換。所謂正當之交換者，即必須得對方之同意之交換。亦即普通所謂交換也。在得同意之交換中，一方包含互承認財物所有權之公心，一方包含對財物之所有權之可轉移之意識，再一方復包含此所有權轉移之後，人我皆得其所欲而各有相當之更大滿足之意識。在此所有權可轉移之意識中，包含人與其所有財物之關係非固定不變之關係之意識。如吾人純自欲望出發，以論人之所以願轉移對一財物之所有權於人，乃純為獲得另一物之使用消費，自足其另一欲。然吾人如發自人之精神活動出發以觀，由人之財物所有權之轉移，可使其與所有財物之關係成非固定；則見由此所有權之轉移，可培養出人之自佔有財物之舊欲望中解放之精神，自原所有財物之享受之念中超拔之意識。此種解放與超拔，初固由另一欲望之較强烈而引出。然吾人如承認人本有自欲望解放與超拔之精神要求，則在人之新欲與起，而從事交換之時，人如注念於其初用以足欲之所有財物，成為非其所佔有可享受，而轉移與他人，人卽可培養出自舊欲與原有之財物解放超拔之意識。故人愈將其所有財物與他人交換，人亦可愈減少其對財物之頑固的佔有心。吾將以此解釋，何以商人易覺財物在其手中為更空幻不實者，何以商人反易富於一種宗教情緒，相信一超越現實財物自身之神佛之存在。唯因此種相信，通常與其自利心及追求財物之念相夾雜，故其所信神佛，亦不免恒為能與以福報者，而為財神或帶財神性之神佛。然就其所信者畢竟非現實財物本身一點言，則其精神仍表現一種自現實財物中之超拔或解放。而此種超拔與解放之精神，實卽由財物在交換中之空幻不實化所培養出。吾人於是可知，人在任何一財物之交換中，吾人皆有些微之財物之空幻不實之感觸。而同時吾人對於財物之頑固的佔有心，皆有些微之減損。唯因吾人之交換之明顯目的，常在現實之我或未來之我之享受與得利，則此些微之減損，亦無效於精神之提高，且隱而不易見耳。

交換之意識中，除包含人所有財物可轉移之意識外，復包含人所有財物轉移之後，人我皆得其所欲而各有相當之更大滿足之意識。人皆知人在與他人作財物之交換時，如彼此無相當之欲望滿足，則交換之事不可能。在此中，吾人對於他人之欲予以相當滿足，固主要是爲求自己欲望之滿足。然當吾人知他人之不得其所欲吾亦不能得其欲時，則吾知吾欲望之滿足，爲建基或有待於他人之得其欲者。吾眞知吾欲之滿足與他人欲之滿足相待而有，則吾將於人我之欲，更能作平等觀。此種平等觀固未必卽能引出一同情互助之意識，然至少可漸引出一求人我各得其欲之公平意識。

復次，人與人間之財物之交換之事，不必能在同時完成。此中恒有期約之存在。而期約之基礎，則純是人與人間之信義。如人而無信，則期約不可能。期約本於吾人之自信吾未來之我能踐今日之我之言，亦由吾人之信他人之未來之我能踐其今日之我之言。吾人之自信吾未來之我能踐吾今日之我之言，實由今日之我對未來之我加以一種規定，一種責任。此種對未來之我加以一規定一責任，與從自利心出發之替未來之我打算求未來之我之足其現實欲望，乃適相對照者。替未來之我打算，乃我之自求足其現實之欲之伸展。而加未來之我以一規定責任，則是我之現實之道德意志之伸展。故吾人之期必未來之我踐我今日之言，乃直接對我替未來之我打算之自利心，與以一限制，而未來之我爲守前日之信約，亦須遏抑其時之現實欲望之滿足。故人一培養出守信義之道德，人爲未來打算之自利心，卽全部須受吾人之道德意志之規範。而財物之交換之不能一時完成者，必須以信義之道德爲基礎。則財物之交換，亦卽爲依賴兼引發培養人之信義之道德者矣。

人類最初之交換，當是直接以其所有易其所無之實物交換。此時當無眞正之商業與貨幣之存在。人皆知在以實物直接交換之時，人之經濟行爲中所犯之罪惡，遠較有商業與貨幣以後爲少。然人亦當知商業與貨幣之出現，乃原於人之精神活動之一躍進。商業之爲一事業，乃一間接的代人之直接交換之事業。商人之作用爲轉運與採備，以供人不時之購買。而貨幣之用，則爲規定實物之價格，爲實物交易之媒介。在商人之意識中，一切財物均在流通過程中，每一財物均爲可換取其他財物者，每一財物均有其所等值之其他之財物，而可代之以其他之財物。故商人一方爲最着念財物者，一方亦爲對任何財物本身，不能有沾戀者。商人固欲買賤賣貴以得利，而增多其所有財物。然在絕對之商業意識中，凡其所增多者皆欲賣出者。在一繼續不斷買賣過程中，一絕對之商人，大可覺其空無所有。其所有者，唯是帳簿上貨物數目之增減觀念。故商業意識，實一種將各種實物「數目觀念化」之意識。而商業之意識，亦實爲促進人之數目意識者。而貨幣實爲商業意識之所發明，亦爲促進商業意識者。人類最初貨幣，亦爲有一定使用消費價値之物，如金銀穀帛之類。人不以作直接消費之用，而以之純粹作交換之用，遂成爲貨幣。以本可消費之用之物，不以之作消費用，而以之作交換用，卽商人對財物之意識卽商業意識。人雖非商人，而以可消費之物純作交換用，其意識卽商業意識。故貨幣縱非必待有商人而後有，然必待人有商業意識而後有。貨幣亦可稱爲商業意識之客觀化之產物。在商業意識中，任何物皆可作交換用，而任何物非皆貨幣者，唯因其不必可與其他任何人任何物相交換。而金銀等則因其具堅固輕便諸性質，遂可與任何人之任何物相交換，而得成共認之貨幣。商業意識之發展至極，必要求任何物與任何人任何物之可相交換，而一物不能直接與任何物相交換，則只能通過一特定物以間接與任何物相交換。而此特定物則必須任何人皆願以任何物與之交換者，或由交換得，即可再以之交換得所欲之任何物者。由是此特定物乃成普遍之間接交換之媒介物，被認爲貨幣。故貨幣乃商業意識之客觀象徵，而可稱爲商業意識之客觀化之產物。人於貨幣，知其可與任何人之任何物相交換，故人之貨幣意識中包含貨幣對任何人有價值之承認。而任何人之皆承認貨幣爲有價值，實貨幣對我爲有價值之根據，亦即貨幣對我繼續有價值之保證。由是而我若不承認貨幣對他人有價值，或不承認他人對於貨幣有欲，則貨幣對我亦無價值，我對貨幣之欲望，亦不能成立。故我個人貨幣意識，乃依於客觀的社會的貨幣意識以成立。而在如是成立之我個人之貨幣意識中， 我雖知貨幣之可爲與任何人任何物相交換之媒介， 然我並不能直接在貨幣中，知其所能向之一一特定個體人所可能交換之特定個體物。所謂任何人任何物之意識，並非某特定之一一人某特定之一一物之意識，而是一抽象普遍的任一人任一物之意識。在此意識中任一人任一物之特殊相狀皆被超化。故人之欲貨幣愛貨幣，既非只愛貨幣之爲物本身，亦非愛所能指定之貨幣之交換物，而實是愛貨幣之抽象的交換能力。故人一朝失去貨幣有抽象的交換能力之意識，失去抽象普遍任一人任一物之意識，則愛貨幣亦成爲不可能。而人之愛貨幣者，如不能直接自貨幣物之特殊相狀超拔，兼絕去貨幣可向特定個體人交換特定個體物之一一想念，卽不能成爲眞愛貨幣者。故知人對於貨幣有繼續無饜之追求，實依於人對於貨幣作普遍之交換之用念念不忘，且其精神能不沾滯於貨幣物或可享用之財物之相狀之故。由是知人對於貨幣之能作繼續無饜之追求，實亦待某一種精神力量，此種精神力量之根據，則在其有抽象普遍之貨幣意識。故商人對貨幣作無厭之追求，雖出自增積個人財富之動機，其最初之喜愛貨幣，亦由其喜愛貨幣所能購置之具體物，然對於貨幣本身之有興趣而無饜的追求，則待於其有一種超個人超個體物之抽象普遍意識。故商人雖一方爲斤斤計較貨幣之數目者，然其對貨幣數目之斤斤計較，並非必須使其成爲一唯利是視之個人主義者。蓋其對貨幣之無饜追求，卽依一超個人之抽象普遍意識，故由對貨幣之無饜追求，亦可轉出超個人之抽象普遍興趣，如政治興趣，審美興趣，理智活動，慈善行爲之興趣等。吾人恆見一商人在成巨富之後，卽欲爲社會作公益事業或治學術等，吾人在通常情形下，恆以爲此只所以保其財產或附庸風雅以沽名，否則以此爲其個人之他種活動興趣或良心不能壓抑之故。此固皆可以說明上列事實。然亦須知追求貨幣意識之本身，卽依於一超個人之抽象普遍意識乃得成就，故本可與諸超個人之意識相緣引，此意識無盡發展之後，依於精神之辯證原理，則他種興趣之隱伏者自不免逐漸顯發出也。

復次，人類最初之貨幣皆爲金銀等本身有價值之物，唯因普遍用之以交換，而成貨幣。然近代之貨幣，則主要爲表示信用之紙幣與票據。吾人於紙幣與票據之能代替本身有價值之貨幣，更見人之精神活動道德意識實人類經濟生活之基礎。紙幣與票據所以有交換價值，初固因其可兌現，即有具本身價值之貨幣實物爲準備金或抵償物。故當人不以紙幣票據作支付之用時，吾人卽可以之換取實物。而人之相信紙幣與票據，又由於對發出紙幣票據之工廠商號銀行或國家政府之相信，且相信其最後之必可兌現換取實物，有國家政府法律社會輿論等以保障之。是其交換價值仍間接由實物本身有價值之貨幣而取得。然吾人須知紙幣與票據本身終非實物。謂其所以能代替實物，由於人之相信其最後可兌現，卽此「人之相信」，爲紙幣票據有交換價值之眞正根據，眞正能存在之理由。人之相信票據與紙幣終可兌現，卽相信他人與社會或國家政府法律能使之兌現。其可兌現乃在未來，而我之無實物，是現實。現實上明無所可兌現者。而持有票據與紙幣者，恒自以爲此所可兌現者，卽如爲我所有。此終是以觀念中之有，代實際之有。人能以觀念中之有代實際之有，以致寧犧牲現實之有，換取觀念中之有，此中卽表現一種人之精神活動。吾人之寧犧牲現實之有，由於吾人相信吾可以票據與紙幣爲媒介，交換他人未來之實物，而他人不得不付與。然吾人之相信他人不得不付與，則由於吾人相信他人之道德、他人之畏懼法律及輿論、與政府之能執行法律，及輿論有制裁力等。人之畏懼法律與輿論，固不盡出於人之道德意識，如人恒被迫而服從法律不敢違輿論。然法律之制定與執行，根於道德之原理。輿論乃表現人之道德批評。二者皆根據人類之道德意識而有。謂吾人唯在相信法律輿論之有力時，乃能相信票據與紙幣，卽同於謂吾人須對人類之道德意識有一信心，乃能相信票據與紙幣。此中所相信人類之道德意識，乃政府中人司法之人及社會中之人所合成之總體之道德意識，非一特殊人之道德意識，亦非普遍之人之道德意識，唯是一總體之社會中人或政府中人之道德意識。故此種信心，不同於與某一特殊人有期約時之信心，亦不同於對任一不同之人普遍的相信其有良心等。此總體之概念既不同於某一特殊，亦不同於普遍。特殊性相是指一個體之性相，普遍性相是謂諸個體之同具之某一性相。總體性相是謂一總體中諸個體分別觀之，雖不必一一皆普遍具某一性相，然諸個體之不同性相，互相影響，互相限制，互相貫通以後，唯某一性相得在此總體中被維持促進被承認而存在　。此性相卽稱爲總體之性相。自知識論立場觀之，總體之概念較個體與普遍之概念爲後起。而總體觀念之形成，亦可較一般普遍或個體之觀念之形成爲後起。故對人類社會或政府中人之總體之道德意識有一觀念，而對之有一信心，較只對個體之人或普遍之人性有一信心，乃表示一較高之精神活動，亦表示吾人之更高之道德意識。而此種信心，乃吾人相信票據紙幣之基礎，故吾人於票據及紙幣之成爲交換之貨幣，近代經濟之發展爲信用爲本之經濟，當認識其中之有一更高之精神活動道德意識之根據。

五　財富分配中之道德理性

人類之經濟行爲始於財富之生產，而中經財富之交換，而歸於財富之分配與消費，人間財富之分配，有由分別的各得自然物之先佔權之自然分配，此乃先於經濟之生產行爲者。後於經濟之生產行爲者，有經自然交換之自然分配，有人類之有意識的分配。經自然交換之自然分配，其分配乃一結果，其本身非一行爲。人類之眞正分配行爲必有分配之意識先導，即皆爲有意識之分配。而凡有意識之分配，對於所分配之各個體之需要，必先皆多少有顧及之意。故有意識之分配行爲之開始點，必爲一超越特殊個體而籠罩諸個體之公心。此使分配行爲開始點成可能之公心，固不必能貫徹至具體之分配行爲中。然以其本性是公的，故必逐漸求其貫徹。大公而求貫徹遂顯爲實求分配之平等之公平意識。此公平意識自始即含於有意識之分配中。故任何有意識之分配，皆自始即爲一道德意識。此乃與有意識之生產交換，恒以求未來之私利之動機較爲顯明之前導，道德意識初恒潛隱而後乃顯出，根本不同者。

對財富作有意識有計劃之分配，乃經濟之行政措施。此亦屬於政治之範圍內。通常經濟學所研究經濟上之分配現象，乃研究生產要素之具有人之如何分其利益。如有土地者，如何分得地租，有勞力者，如何分得工資，有資本者，如何分得利息。然吾人須知吾人之注意此各種分配現象，即由吾人先欲求分配之合理，或預備作一正當之分配。如吾人根本不求分配之合理或作正當之分配，則對自然之經濟分配現象，吾人可根本不加以注意或研究。吾人之注意到分配現象，吾人即已肯定生產要素具有者之有其經濟上之權利，或已承認人之應相當的得其所欲得之財物，此便是一超越的公心，且即必將轉變爲求公平合理正當之分配之心者。故人對經濟上之任何分配現象之注意與研究，皆恒以一道德意識爲其基礎。

在私有財產制度下之公平分配，恒依人直接對於生產諸要素所貢獻者之多少，而定其所分配得者之多少。擁有土地與資本者，遂有不勞而獲地租利息之情形。在馬克斯派之學者以其勞動價值說，說明生產成品之價值，均實際由人之勞力而來；以資本爲過去他人之勞動之積蓄，土地亦由過去人之勞動以成熟地。故資本家與地主依契約而取得地租與利息，乃剝削勞動者之剩餘價值。由此而人或以人類之私有財產制度下之地租利息，純由人之自私心而有。有地租利息之經濟社會，即唯是人之自私心所支持之社會。然人類之私有財產制度，非純由人之自私心而建立，乃吾人前所已論。蓋凡一制度，皆依於人之共同之承認。而承認人之各有其私產本身，則爲人之一公心。則地租利息之契約之所由生，其根據至少有一部分，亦在人之公平報償之意識。無論吾人謂利息之所由生，由於借方所借得資本之能產生更多之價值，或由貸方之忍欲與犧牲，或由人對於現實之物與將來之物之估價之不同，吾人皆須依據一公平報償之意識爲付給利息之心理基礎。無論吾人謂地租之產生由於土地之被利用而收穫漸減，或由各種土地之生產力與使用價值之差別，或由於利用土地者之獲利後，對土地所有者之直接的感恩，皆同須依一公平報償之意識，爲付給地租之心理基礎。此公平報償之意識表現之形態：一爲將由對方之土地資本而得之利益分一部與對方以爲報答，一爲對對方之損失或犧牲加以補償，此二種公平報償之意識在人付給利息地租時之存在，即證明此公平報償意識，爲直接支持利息地租之契約存在之基礎。

然人主張私有財產制度，依於人自私心而存在者，常忽過人依契約而付給利息地租時之公平報償之意識，乃自資本土地所以被人私有之原因，及私有財產制度下財富分配之結果上用心；而以私有財產制度下之經濟，自始至終皆依於剝削，與人之自私心以存在，不能合乎人之公心所要求。蓋人之得其土地與資本，或由先佔，或由强佔，或由詐取，或由祖先父母之遺留，或由他人贈與，此皆全非由勞力所得。又在私有財產制度下，人無生產工具不能生產，只得賤賣勞力，而生活愈困苦。反之，享有生產工具者，則可賤買勞力，而資本蓄積愈多，又貨物之市場價格，亦以一時一地買者之需要之迫切而增加，賣者因此而有過多之利得，亦致資本之蓄積之增加。又資本家或利用科學上之某發明以獲厚利。地主之土地則以交通發達等原因而忽然增價。凡此等等由個人之幸運，機遇之巧合，或居奇壟斷詐取强佔，以使人致富者，其人保富持盈之心理根據，恒唯是其人之自私心。而其致富之後，將土地與資本借與他人，仍將索取利息與地租，更純是自私心之伸展。而維護地租利息之存在者，主要卽此類人。則利息地租存在之根據，不得言在人之公平報償之意識或公心矣。

然上列之說，吾人在一方儘可全部承認，仍無礙於吾人之言私有財產制度，本身依人之公心而建立之說。蓋地主資本家之擁護此制度，雖可出於私心，然此制度本身，並非依地主資本家之私心而建立。吾人須知，上述之强佔詐取而來之財產，本非私有財產制度之所許。蓋其本身卽違背私有財產制度之精神。私有財產制度之精神，爲「承認人之私」之公心；緣此公心而制之法律，卽不能容忍强佔詐取。至於人之由强佔詐取而來之利益或不被追究者，則由法律裁制之力之有所不及，不能應用至多年以前造成之已成事實。非法律之以此事實爲正當。至於法律之或反而保障之，則由其若干年前强佔詐取之物，已被人承認爲其所私有。法律依公意而建立，則須順人之承認而承認人之所承認。是法律之保障之，仍未嘗不依於人之道德理性也。此理易明，不須多說。至人之承受遺產與接受他人之贈與，在受之者固爲不勞而獲，然施者則出於善意或愛。在受之者亦可感其善意而受之。故保存父母之遺產與他人之贈與者，大可出於不忍辜負父母之愛與他人恩惠之動機。而法律之保護所受之財物，亦卽可根據於尊重施者之自由意志，與受者之此種道德意識也。至於人之純以偶然之機遇而先發見一物（如土地）而佔有之，或以人口之增加而勞力價格低落，與因科學之新發明而生產成本減低，或適遇貨物之求多供少而利市三倍，以交通之發達等原因而寸土寸金，此時人所獲之利，固爲其人意外之獲得，非以其自身之條件而獲得，當無爲其人所應獨享之理由。故在今之租稅政策上，亦有過份利得稅、土地增值稅之徵收。然吾人如追探社會上之所以容許其獨享，亦由人之自然承認的諸普遍律則如：「任何人皆可以先佔而享有某物」，「任何人在市場中皆可以供求之情形而自由訂立買賣之契約，勞工之契約」。「任何人之土地以交通發達等原因而增之值，可爲個人所有」。在此公認之律則下，得利過多者，固是某個體人，某個體人誠是依其自私心而得其利，然此律則之本身固仍依人之公心而建立。而其人所得利之被人承認爲其所有，亦依於他人之自遵從其初所承認之律則之公心。至於資本家之由資本累積而能大規模生產，而成本降低，而獨佔市場，而獲無盡之利，此乃原於分工之細密，科學發明之不斷運用，工商管理方法之增進，工業之合營，工廠地域之適宜，運輸交通之便利等，足以使成本降低之人類智慧之各種運用，各種客觀條件之存在，亦非由資本家之自私心可得如此之結果。至於由少數資本家之獨佔市場，而使其他競爭者不復再有公平競爭之機會，使中產階級之日益淪爲無產階級，使社會大多數人與少數人間之社會經濟地位日益懸殊，仍當只是私有財產制度資本主義經濟制度結果上之流弊如是，並非資本家開始之目的即在造成此種之不公平。尤不可謂私有財產制度資本主義經濟制度所自生，最初之自由競爭之精神之根據，只在人之自私心而不在人之公心之謂也。

六 社會主義之經濟理想所依之公平意識與私有財產制度所依之公平意識之伸展與貫徹

私有財產制度之成立，須依於人之公心已如上所述。然在此制度下之自由競爭，與人之各求擴充其私有財產之結果與流弊，爲產生種種人間不公平之現象，吾人亦終不得而否認。由是而人發現一矛盾，即依公平意識而成立之私有財產制度，與此制度下之自由競爭，反成爲違悖吾人之公平意識者。然自吾人觀之，則此矛盾本非矛盾，實唯由上來之「肯定私有財產、自由競爭、自由定約之公平意識」中之公平原則，只爲一「平等的肯定；人之各求其所求，而任其各得其所得，即順而承認其所得」之原則；亦即只爲一「肯定公平的從事生產營利」之原則；而未能發展爲更廣大的「兼依人自身之條件以公平分配所實得」之公平原則之故。由人之「公平的生產營利」之原則，發展爲「兼依人自身之條件，以公平分配所實得」之原則，實爲同一之公平意識，由「只顧念人之生產營利之活動」，貫徹推廣伸展至「對人之自身之條件與人之所實得之顧念」之結果。人之一切生產營利之活動，人皆依理性而知其原於人之本身。故由對人之生產營利活動之顧念，必進至對人之本身之顧念。而人之公平意識，必順人之所顧念者之進展，由只肯定人之當公平從事生產營利之原則，至肯定人當依其本身條件，以公平分配其所實得之原則，並求此原則之實現。人無公平意識則已，人有公平意識而不泯沒，則必當求推廣伸展其自身，成爲求依人自身之條件以公平分配，人所實得之意識。故爲鼓勵個人之企業精神，只肯定公平的從事生產營利之重要之公平意識，至社會生產發達而各個人之所得懸殊，特爲人所覺察時；則自然轉化出，求依人之自身條件以公平分配所得之公平意識。此即私有財產制度下，資本主義之經濟制度下，所以發展出社會主義經濟制度之理想，而社會主義經濟制度之理想在原則上優於絕對放任的資本主義經濟制度之理由亦唯自此而後可說。（至於人之謂社會主義經濟制度之生產方式爲計劃的，故可免除經濟恐慌，使生產力不致受桎梏於生產關係而盡量發展，以增加社會之財富，爲其優於資本主義經濟制度之論，自亦可說。然此說並無必然性。駁之者甚多，今不必論。）

吾人上來之說與馬克斯之學說，根本相異者，在吾人以爲任何經濟制度之根據，皆在人類之公平意識。私有財產制度之成爲制度，亦不在人之自私心。故由資本主義之經濟制度至社會主義之經濟理想之產生，依於人之公平意識中之一貫的公平原則之逐漸欲求實現。而公平意識，亦即表現人類之道德理性之一種道德意識。吾人以爲唯對人類之道德理性與由之而生之道德意識，有一了解與信心，乃能了解，且相信由私有經濟制度之發展所生之結果上之流弊之改進，爲理所當然。而此種改進，可無待於私有之經濟制度下人之文化道德意識之本身之任何革命，而恒待於私有經濟制度下人之文化道德意識之本身，及私有經濟制度本有之道德理性之基礎之重新認取。此認取，即所以增强吾人求進一步之公平原則之實現貫徹之努力者。如依馬氏之說，人類過去之經濟生活之歷史，唯是一階級鬬爭之歷史。私有經濟制度之成立，唯是人之各求其私利，自爭其生存之產物。資本家之過份得利，只原於資本家之剝削勞動者之剩餘價値之無限欲望——故馬氏預測勞動階級之必然淪入不堪之困苦境遇——。此說全然否認私有經濟制度之成立，亦根於表現人之道德理性之公平意識，卽對於人類眞德理性，無眞實之了解與信心。故在馬氏之經濟哲學中，社會主義之經濟制度之來臨，亦唯是爲一鬬爭結果之一必然之事實。依其說社會主義經濟制度，須依公平原則而建立。然此公平原則在過去人類歷史文化中爲無根，則此公平原則不能憑已有事實而建立。未來社會主義經濟社會，雖必實現公平原則，　然彼等亦並不以此爲吾人道德意識必求公平原則之實現貫徹之結果，則其實現，亦當無任何道德價值之可言。而吾人居於現在，亦無任何道德上當然之理由，謂吾人當求此未來社會之來臨。則其所謂其必實現，唯是據事實之演變以推知。而凡據事實之演變以推知者，自邏輯上言之，皆只有概然而無必然。故循馬氏之說，吾人之精神乃在一前無所承，內無所根之狀態中，而唯盲信以後將有某種必然繼起之社會，則人信馬氏學說之唯一結果，便只是覺現實之若必如何如何依一注定命運而變。此乃使人之精神全被動的依順於此注定命運，以促進此變之速臨，由是而有迎接注定未來之革命。然此革命之精神，前無所承，內無所根，故必不免歸於對人類已有之歷史文化之價值及人之道德理性之重要，加以忽略否認，並招致種種惡果也。

依吾人之說，則人類之私有經濟制度之須改進，乃「依於道德理性而公平的從事生產營利之公平意識」，須求進一步推廣伸展爲「依人自身條件，以求分配人所實得之公平意識」。故社會主義經濟理想，爲在原則上較私有之經濟制度爲高者。吾人復相信：依人類之道德理性而生之理想，爲必當求不斷的實現其自身者。故更合乎道德理性之經濟制度，乃必實現者。然人類道德理性之開展，乃人類之文化生活與道德修養之所同表現與所共陶冶。故更合道德理性之經濟制度之來臨，必兼以人類其他之文化生活與道德修養之進步爲必須之條件。因而爲實現一經濟制度之改進而否認道德理性之開展之重要，否認其他之人類文化生活與道德修養之價值，乃絕對不可容許，而亦使經濟制度之改進成不可能者。而馬氏之徒以經濟制度之改進爲人類文化道德進步之條件，而經濟制度改進所以可能之根據，則只根據於「人爲求生存而鬬爭所生之實際事實，某種必然演變之趨向」，而不根據於「依人類之道德理性而生之理想，必當求不斷的實現其自身」之理念，此爲吾人之見與馬氏一根本相異之處。

又吾人之所以求依人自身條件，以公平分配人之所得，其根據既在吾人之道德理性；此道德理性於此之表現，卽當爲一「具超越性涵蓋性，對吾人精神所能籠罩之範圍中，一切人之自身之條件，作平等的考慮與同情，而實現一依公平原則之分配」之意識。故依人自身條件，以公平分配所得，可是直接依人所貢獻之勞動多少資本多少而分配；可是專依勞動多少而分配；可是依人之憑藉運用其分配之所得，以從事再生產時，所增生產量之多少而分配；可是依人之需要多少而分配；亦可是依各人人格價值之高低，或對一般社會文化之貢獻之大小而分配。依人自身之條件以公平分配原則，乃一普遍原則。此普遍原則可與任何特殊原則結合而表現。在資本主義之經濟制度下，以生產之要素中有土地資本，故掌握土地資本者，亦有其應得之分配。至於主勞動價值說之馬克斯，則以一切價值皆原於勞動，故謂一切土地資本均應為勞動階級所有。地主與資本家之土地、資本，皆由剝削勞動價值而來，故今應歸還諸勞動者。而人之所應分配得者，理宜以所貢獻勞動量之多少為標準。在其理想之共產主義社會達到之時，則人不復有任何私產。一切生產工具，皆屬於社會。各個人只各盡所能，各取所需，以為社會工作。而各取所需即使人分得之財物量與需要相當，表現公平原則於需要與分配之相當之中。其以社會主義經濟制度之分配，較資本主義經濟制度之分配為進步之根據當在此。然吾人於其勞動價值說不能承認，則其所理想之經濟制度是否即為更進步之經濟制度，即無根據。然勞動價值說之是否能成立，乃一待考究之問題。此中大可有不同觀點所產生之紛爭。依吾人上文所述，則吾人雖以地主資本家之不勞而獲與工農之勞多獲少為不平，然與勞動價值之說無關。蓋吾人可直接由人之勞動之多少以定分配多少，而不需以勞動價值說為理由。吾人可直謂人之勞動多者消耗亦多，故應多分配以財物，並不須承認勞動價值之說，始可說明不勞而獲與勞而不獲者間之不公平也。吾人之公平原則，亦尚可根本非一「求勞動量之多少與應分配得者之相當」之公平原則。吾人可在現在即直接自人之平等有其需要上着眼，而謂地主資本家與農工之享受懸殊為不公平。吾人亦可純從若干不勞而獲之資本家地主之驕奢淫佚，其人格價值不及辛苦勤勞之農工，而謂其享受懸殊為不公平。吾人亦可直接自資本家地主之消費多為不生產的，而勞動者的消費皆能增加勞動力，以增加財富之生產，而謂其享受懸殊為不平。吾人之謂社會主義經濟理想在原則上較一般資本主義經濟制度為進步之根據，唯以在後者中，公平原則恆只表現於生產營利之自由中。亦卽吾人此時之公平意識，只平等考慮及：一切生產營利者皆平等有其生產營利之權利一點。而在前者中，則吾人之公平意識，乃兼自各人本身之條件着想，以公平考慮及人之分配所得，自覺的求公平原則之表現於人之分配所得。此二者中，前者乃一更富涵蓋性超越性之公平意識，而更能表現吾人道德理性。故前者較後者為高。由是而依吾人之說，則勞動價值說縱不成立，而社會主義經濟制度之精神仍為原則上較一般資本主義經濟制度為高者。因吾人儘可直接由勞動者之辛苦、人之需要、人之人格價值、對社會文化之貢獻及生產能力等之考慮，以為社會主義的公平分配之根據也。

勞動價值說之是否能成立，乃經濟學中價值論之專門問題，吾人今不擬自經濟學觀點作討論與批評。吾人今所只需說明者，唯是指出：從事實上說一切財物之有經濟價值者，皆原於勞動，並不足證明一切財物皆應分配與勞動者。此亦猶如地球上之一切物之熱力，皆出自太陽，並不足證明一切熱力皆應還分配與太陽。又如出山之水，不必還流入此山。而所謂地主資本家之土地資本，皆由剝削勞動者之剩餘價值而來，依馬氏之說亦原非只指現在之勞動者，而是兼指過去之勞動者。故只能謂今之土地資本皆社會之蓄積勞動之產物。然過去及現在之一切勞動者共同之產物，何以應獨屬於現在之勞動者？亦無必然之理由。由是而吾人所謂土地資本應歸勞動者，所有勞動者應共同管理生產工具，應得其所生產者云云，卽只能以「現在之勞動者原有掌握其生產工具，欲得其所生產之欲望」，或「勞動多者需要亦大」，或「勞動者之從事勞動表現一創造服務之精神」，「吾人應使勞動者保持或增加其生產之能力」等爲理由。然吾人之承認其欲望應滿足，承認其人格價值，承認其生產之能力應增加保持，則根據於一更高之道德理性所詔示之原理：卽「人應得其所欲」「人之有所犧牲而表現一人格價值者應得其報償」，「人應增進其生產能力」等。然如吾人眞承認此更高之原理，則不當謂唯勞動者乃配享受據有社會之財物。而一切對財物有眞需要之人，一切表現一人格價值之人，雖未嘗勞動，亦未嘗全無滿足其需要而享受據有社會之財物之權也。

如吾人堅持唯勞動者乃配享受據有財物，則在邏輯上，必推至不能勞動之老弱殘廢皆不當分配財物。至若以勞動時間所貢獻之勞動量計算，以定分配所得，則所用精力多，勞動時間少，而對社會之價值大之學者、詩人、宗教徒、聖賢、政治家，享用較勞工爲多之財物，卽爲不公平之事。然吾人誠順吾人之道德理性之原理，對於不能勞動之老弱殘廢，吾人正當寄與更多之同情，蓋其需要更迫切故。對於勞動雖少，而表現其他人格價值，對社會文化有其他更大之貢献之人，吾人亦有不容自已的對之之敬仰與感激，恆自願的對之有所貢獻。由是而吾人乃覺老弱殘廢及學者聖賢之享有財物，稍多於一般勞動者，亦非不公平；而彼等享有財物太少，反使吾人覺不公平。故吾人以爲：人類經濟生活中之公平原則，固不能只表現於生產營利之自由之中，而須兼表現於平等考慮人之分配所得之中。然吾人之公平的考慮人之分配所得，並不須先只以勞動與否或勞動多少，爲應否享有財物，應分配得多少財物之唯一標準。而可直接以任何人之需要財物爲理由，以謂少數資本家之獨佔社會之生產的財富爲不當，社會之全部財富應屬於全社會之人，當公平的分配人以消費的財富。除對不同之勞動者言，可以勞動之時間，勞動時所貢獻之勞動量之多少爲差別之標準外；對整個社會言，則實應直接以人之需要之强弱，人格價値之高低，對社會文化之其他貢獻之大小，及分配以消費財富以後，其所保持增加之生產能力之多少爲標準；然後方能充量的表現吾人之公平意識，而完成公平原則之各方面之應用。吾人儘可承認人之需要之强弱，人格價値之高低，對社會文化之貢獻之大小，生產能力之多少，甚難加以確定之計量。而絕對的確定的計量，乃不可能者。吾人之認識恆不免錯誤。此遂使吾人依此諸標準，以決定一人應有何種之所得，乃爲與其需要强弱相當，人格價値之高低，生產能力之多少等相當，亦不免錯誤。而此諸標準之應用，又不免相衝突。如依需要，某人所得應較另一人多，依其生產能力，則又應較另一人爲少。此須視吾人所在之特殊情形，宜偏重何標準，成綜合某數標準，以決定如何分配。此恆須經極複雜之考慮。而由此考慮而決定之分配方式，在客觀上仍未必眞能與被分配之一一人所應受者相當而無誤。然吾人終不能不承認人之需要之强弱，人格價値之高低，對社會文化貢獻之多少，生產能力之大小之諸差等之客觀存在。而在吾人求公平分配消費之財富時，吾人不能不求加以正確之認識，以逐漸避免錯誤，以使一一人所分配得之差等與其所應受者之相當爲理想之目標。此理想之實際實現縱不可能，然吾人之抱此理想則爲可能。而吾人誠抱此理想，並求其實現，則吾人之經濟上之分配意識與分配行爲，卽爲吾人之道德理性中之公平原則所主宰。而吾人所理想之社會，亦不須是在實際上使一一人之所得者，與其所應得者絕對相當，而只須是人人皆能同抱此理想之目標而向之趨赴者。蓋誠一旦人人皆能同抱此理想之目標以向之趨赴，卽人人之意識與行爲，皆已爲道德理性中之公平原則所主宰。而欲使人皆能同抱此理想之目標，則待於使人皆能對他人之需要之强弱，人格價値之高低，對社會文化之貢獻之多少，生產能力之大小，有更廣博之同情，深切之體驗與細密之了解。而此又待於人之各方面道德理性之開展，各方面之文化生活之陶養，而仍歸於吾人以前所謂人類文化道德之進步，爲經濟制度之改進之條件之論。

七　絕無私產之經濟社會理想與道德理性對私有財產之肯定

吾人以上言，在財富之分配中，吾人當兼依人之需要之强弱，對社會文化貢獻之大小，人格之價値之高低，生產能力之多少等標準，以規定吾人之分配意識，分配行爲，方爲更合道德理性中之公平原則者。此乃自吾人之分配意識分配行爲之方面言者。然吾人仍可再問一問題，卽純自客觀社會方面說，吾人可否懷抱一理想社會之狀態，其中一切財產皆爲國家社會所有，個人皆絕對無私產，人人只各盡所能以取所需，相忘於人格價值之高下，相忘於對社會文化之貢獻之多少，生產能力之大小等，因而去除一切人與人之彼此計較所得之觀念？或將一切分配之事，皆由國家、政府、或社會之領導者，擔任公共之事務者以爲之，而個人自覺無所容心於其間？西方柏拉圖之理想國及近代西方之無政府主義之理想社會，馬氏之徒所想像之最高階段之共產主義蓋皆類是。世之抱如是之理想者，所根據之理由與吾人之觀點不必同。吾人如依道德理性以討論此問題，吾人亦似有堅強理由謂人類之最高理想社會當如是。蓋依吾人之道德理性言，吾人必須肯定最高之人格爲無私心，而其財產皆爲願貢獻與他人或社會者，因而最高之理想社會即應爲人人皆絕對無私產。不僅生產之財富無須私據，即消費之財富亦隨時取之於公家，而無須私有。而人所享用亦本不須與其人格價值對社會文化貢獻之大小，生產之能力之多少相當。蓋眞正有崇高人格之人，對社會文化有貢獻之人，或有生產能力之人，實際上常爲在道德上不求人之報償，亦不需求過多之物質享受者。則他人或社會之比較計量其人格之高下而定多少之消費財物乃與之相當，爲不必要之事，而比較計量如何乃爲相當之諸困難自亦免除。若然則無私產而各盡所能各取所需之經濟社會，宜爲最合道德理性之最高理想社會矣。

關於上述之經濟社會之理想，吾人必須承認爲人順其道德理性之發展所必然想出者。吾相信任何人在想出或聞知此經濟社會之理想時，初皆必直覺此社會爲最可愛，爲最合道德理性之要求者。故人於想出或聞知此理想的經濟社會之時，而不先生一企慕嚮往之情者，恆爲泯沒其良知而爲其個人之私欲所蔽者。然吾人今必須指出，人依道德理性雖必有且當有此經濟社會之理想，人之有此一理想，亦表現其人之道德人格者。然此理想只能置定於有此理想者之主觀的道德人格之內，而不能眞置定之於其道德人格之外，而成眞正之客觀社會之最高理想。而此可成爲客觀社會之最高理想者，仍當爲一方肯定屬於整個國家社會之公產之存在，一方亦肯定個人之多少有其個人私產之社會，而非個人一無所有之絕對共產之社會。此社會如以一語概之，可名之爲「國家社會之諸個人共有其公產而互承認其他個人之私產，而個人所有私產之運用，則以國家社會文化道德之促進爲目標之經濟社會」。此種經濟社會，吾人可名之爲人文的經濟社會。此兼肯定個人私產之人文的經濟社會之所以爲吾人最高理想，則必須本於純粹之人類之道德理性文化生活上之理由以說。

今人之謂私有財產不能絕對廢除者，恆根據於人對財物之私心之不易絕滅爲言，因而吾人須肯定人之私而承認其私產。此人與人互肯定其私，卽爲一公心。如吾人前之所論。然吾人若徒以人對財物私心不易絕滅爲言，則吾人之理論，包含順應事實之成份，而非出自純粹之道德理性。而主張人應絕對無私以實現之絕對共產主義者，似當更爲能本於純粹之道德理性以立言者。然吾人此下之主張人應有私產，則根本非自人之私心不易絕滅爲言。因吾人雖承認人之私心不易絕滅，吾人仍可懸一絕對無私之心境，爲吾人所嚮往之理想。吾人今主張人應有私產，全非依順於人事實上已有之私心以謂人對財物有私欲，故人應私有財產。吾人與絕對之共產主義者可同樣主張依人之私欲所佔有之財產，在原則上爲人可貢獻之於社會者。然吾人今可將人之私欲與私有財產之觀念分開。吾人可謂，所謂私有之財產卽物之所有權使用權屬諸其個人之謂。而私有財產之是否應存在之問題，卽個人是否可對某一些財物有特殊之所有權使用權之問題。吾人若單提此問題而爲問，則私有財產之一名，並不以其包含私之一字，而使吾人聯想及私欲，而引起吾人出自道德理性之直接憎惡。而絕無私有財產之共產社會，亦不能引起吾人出自道德理性之直接愛好。吾人可謂，人之對於某一些財物有特殊的所有權使用權，是否爲道德上之罪惡，惟視其私有之而用之之目標爲定。人可用其所私有之財物以貪戀酒色爲非作歹，亦可用其私有之財物以養生事親勞軍報國，或從事種種有價值之文化活動。吾人之道德理性並未嘗詔示吾人以私有財產之必爲罪惡。如吾人以爲有任何之物質爲吾人所私有，吾人對之有特殊的所有權使用權卽爲罪惡；則吾人之有一物質的身體，亦宜視爲一罪惡。吾人對吾人之物質的身體，亦不當有特殊之使用權。此在一種宗教意識中，人可如此主張。然在人之經濟意識中無人能如此主張。因主張之則使人之命令其身體動作爲無權，而個人之從事經濟上之生產消費之事，皆不可能，卽陷於思想上之自相矛盾。然吾人如承認吾人對吾人之物質身體有特殊之所有權使用權非罪惡，則吾人不能謂吾人對營養身體供身體消費應用之物質的財物有所有權與使用權必爲一罪惡。至於因吾人對若干財物有一所有權使用權，吾人因可以常注念於此若干財物之爲我所有，而使吾人之心陷於物而物化，並可引起吾人之種種情欲之放肆。然此情欲之放肆之實引起與否，仍視人之道德文化生活上之修養爲定。此乃個人主觀心理上之事。如純自個人之主觀心理上言，則在絕對共產之社會，人一方固可一無私產，社會之財產無一專屬於我者。然在另一方面，人亦可覺社會之財產亦不屬於其他任何人，而爲可皆屬於我者，而使吾人之心更陷於物而物化，在主觀上引起一佔有全社會之財產之貪欲。故吾人之討論人應否對若干財物有所有權使用權，卽應否有私有財產，可與人之私欲之問題全然分開。吾人必須使吾人之道德理性之運用，達更深入之境地，以直斥之爲罪惡。吾人必須使吾人之道德理性之運用，達更深入之境地，以考察人對於若干財物有所有權使用權，是否對人之從事道德生活，文化生活之精神自我之成長開展爲必須。

吾人對此問題之答覆爲必須。其道德理性上之理由，卽吾人之精神自我之道德生活文化生活，必須在對一特殊範圍內之財物之自作主宰的自由使用中成長開展。而空泛之各盡所能各取所需之社會，則爲使此自我之精神散漫，放浪，無邊際，而使道德生活文化生活之逐漸成長開展之進程，成不可能者。吾人堅決反對，一理想之社會只爲人皆盡所能，而人之一切物質欲望皆可任意求得滿足之無盡幸福愜意之社會。因幸福與愜意，並非人生最高之目標。吾人只當以一切人之道德生活文化生活之成長開展，亦卽一切人之人格成就，爲人生最高目標。吾人必須肯定任何人之人格皆爲一特殊之個體，其成就皆有一特殊之歷程。亦如宇宙間任何事物之成就，皆有一特殊之歷程。自然之宇宙爲無數特殊事物之集合體。天地之盛德，卽表現於使此無數特殊之事物之分別成就上。而理想之人類社會，卽爲一社會中之人一一各依其特殊之歷程各成就其獨立之人格之集合體。而吾人之道德理性之最高表現，卽在使一切人之獨立人格皆能分別成就上。然吾人欲使人之人格依一特殊之歷程而成就，則吾人須肯定人之身體之特殊性。人之身體，自物質的眼光與生物的眼光觀之，固唯是一生命之所依以存在之物質，或一自求保持其生存之物質或種種生物本能所依之有機體。然自精神眼光觀之，則此身體亦是實現吾人之精神理想於吾人之行爲，而表現吾人之精神活動於客觀世界及他人之精神之一媒介，亦卽成就吾人之文化生活道德生活之一資具。而身體之特殊性與身體所接觸之物質環境之特殊性，卽爲成就吾人特殊的文化生活道德生活之特殊歷程及成就吾人特殊之人格之一根據。由是而除在一種欲否定身體之宗敎意識下，吾人欲自動的成就吾人之特殊的文化生活道德生活之歷程或吾人之人格，吾人之精神必須能自作主宰以運用其身體。而吾人之能自作主宰以自由的運用其身體，卽吾人之精神自我支配吾人之生物本能之一必當有之表現。而身體之存在，須賴物質之營養與身體之運動及身體對外物之運用。此種以物質營養身體及以身體運用外物之行爲等，如出自吾人之精神自我之主宰，卽爲吾人之精神自我主宰身體與物質之關係之表現。故吾人之精神自我欲顯示其自身之超臨於生物的世界物質的世界之上之蘊藏，卽必然不免先要求其身體，與營養身體及其身體所運用之物質，之有被其個人所主宰可由其自由運用而屬於彼者——此屬於彼亦同時爲他人所肯定之屬於彼——由是人有自精神自我本身發出之一種對於財物之所有權使用權之要求，亦卽私有財產之要求。此種要求並非出自其自私的生物本能，而是出自精神自我之欲向其自身證明爲一超臨於身體與環境中之物質之上，並能主宰身體與物質之存在而更自覺其爲如是之存在之動機。吾人以爲人之最原始的(此最原始非自時間上說，乃自深心的形上的道德理性上說)私有財產之要求，皆可謂不自覺的出自此動機者。如小孩之要求一物之屬於彼，卽恒爲不自覺的出自此動機者。自此而言，則人之最原始的私有財產之動機，卽吾人之求主宰身體與環境中之物質之精神自我之一至善之表現。此不僅非不道德，且爲吾人依道德理性所必須加以肯定而認爲應當者。吾人如順此原始之私有財物之動機以發展，則吾人將不至使吾人之精神自我陷溺於所私有之物，而成對物之私欲，或隨順物質關係之牽連以擴展吾人之私欲，以成貪欲。在一般情形下，吾人之恒不免念自己所有之財物之如何如何，卽陷溺精神自我其中，乃由於吾人之精神自我之不能返而自覺其所以要求私有財產之最原始之動機。而吾人之生物性感覺性之欲望，遂反而主宰吾人之精神，以曳引吾人之精神下降，以逐取貪戀諸可滿足吾人生物性感覺性欲望之財物。由是而吾人之精神乃沉陷於所私有之財物中，以成私欲。反之，若吾人誠能順此最原始的至善之私有財物之動機以發展，則吾人之運用吾人所私有之財物之事，卽皆成所以進一步的表現吾人之精神自我中至善之蘊藏，而實現吾人之道德生活，文化生活中至善之目標，以成就吾人之特殊之人格之事矣。

依吾人之哲學，吾人決不能以享有財物本身，可爲人生之目的，亦決不承認享有財物本身，有任何意義與價值。財物本身乃所以供消費，消費即使財物由存在而不存在。消費而使財物不存在，即財物之表現其意義與價值之處。然如消費財物之目的只在滿足吾人之生物性之求生存之本能欲望，則是以財物之物質之不存在換取身體之物質存在。而身體之物質之單純的存在，亦無意義與價值者。身體中之物質，亦須在道德生活文化生活之發展而消費時，乃表現意義與價值。故消費財物之直接目的，應即爲求人之道德生活文化生活之發展，以使財物用於道德生活文化生活之目標，而被消費掉，而不復爲我之財物。唯吾人之將財物消費於各種學術宗教藝術道德之目的使財物盡其工具效用，而存其目的之實現前，不復成爲我之財物，使我由財物而失財物；吾人乃超出物質之世界與生物之世界，而升入精神之世界。然吾人以消費後之財物之不存在，人之升入精神之世界，爲最後之目的，吾人即必須先有供吾人爲此目的而消費之財物，而吾人之精神自我必須能自作主宰的運用其身體，並有某一些之財物爲其所有，可由其自作主宰以運用；方能自證明其爲超臨於身體所在之生物世界財物所在之物質世界之上之存在，以進而更表現其精神自我之蘊藏，而發展其道德文化之生活，以升入精神之世界。故吾人雖儘可承認科學家之唯眞理是求，而將其一切之金錢用於實驗，宗教家之將其多年之積蓄，貢獻於廟宇，有德之人革命者之將其一切私產，施捨於他人，用之於事業，致其自身皆赤條條一無所有，爲一種最高之人格之成就；然吾人仍不能謂人不當有私產。因彼等之所以能有此種表現，正依於彼等原有私產，雖其量可甚少——。唯其原有私產，而又能爲一至公之文化生活道德生活之目的而消費捨棄其私產，乃有此人格之成就。若其初全無私產，則亦無所謂如此之人格之成就。故吾人不能以吾人之最後之目的爲人之純精神的文化生活道德生活之發展，人格之成就，卽謂人之自始不當有私產，而謂理想之社會爲人人絕無私產之社會也。

大約凡主張在理想社會中人絕無私產者，亦常由念「人之爲道德生活文化生活之發展，以成就其人格者，原可捨棄其私產」而得之一啓示。然凡如是主張者，皆忽略社會中之一切人人格之成就爲最重要之事，及人之人格之成就，須在一始終之歷程中成就之義。彼等不知，人若自始卽絕無私產，則人亦不能表現捨棄私產之道德。人之最可貴者不在其無私產。若無私產卽爲最可貴者，則將以貧困本身卽道德。人之最可貴者在有私產而能爲道德生活文化生活之發展以消費其私產，不惜捨棄其私產。而人之道德的人格，卽在此不斷認識體驗更廣大更高遠之道德文化之目的，不斷爲此目的之實現而努力以消費其私產，捨棄其私產中之歷程中形成。故吾人雖相信最高之人格，必爲能視其個人之私產之有無得失爲無足重輕者；亦相信最高之人格之境界，必爲一超臨涵蓋物質世界生物世界之上之大公無私之精神境界；然吾人不能以爲：若廢除人之一切私產而建立一無私產之社會，人在此社會中皆無私產可私，又能自由消費享受，人卽皆住於一大公無私之精神境界。蓋人在此社會中無私產，而只以自由消費享受爲事，別無人格成就之念，亦卽人皆成一純粹享福之動物而與豬無異。吾人今之從事於人之私產之廢除以建立一無私產之社會者，固可出於吾人之大公無私之心。吾人之有此大公無私之心，而將吾人之私產貢獻於實現此社會理想之革命事業，亦表現吾人之德性。然如吾人之事業之目的，唯在使人皆成純粹享福之動物，而使人成豬，而忽略他人人格之成就之重要，則吾人之對人之德性，非至高之德性。吾人對人之愛，非至深之愛。吾人對人之至深之愛至高之德性，爲使他人與我有同樣之德性之愛。故人眞有大公無私之心者，彼不僅將願貢獻其私產於社會，以成就其人格之文化生活道德生活，然亦將使他人亦有可貢獻於社會以成就其人格之文化道德生活之私產。換言之，則彼將不僅依道德理性而求普遍化其自己最後之不要私產之一心境，以使他人一無私產；且當求普遍化「其自己之由有私產而將私產皆用於文化道德之目標以成就其人格之歷程」本身，以使他人亦有同經此歷程，以成就其人格之可能。然吾人之欲普遍化此歷程本身，吾人卽須先肯定人之先當有其私產爲其特殊之個人所得而可自由主宰運用者，以爲其特殊的道德文化生活之發展，特殊的人格之成就，以達最後之大公無私之精神境界之條件。唯吾人之抱如此之目的，以肯定人之私產，而後吾人對人之愛，方爲最高之愛，吾人之德性，方爲最高之德性；吾人亦方可謂爲有眞正之大公無私之精神。則吾人之爲建立吾人之理想社會，固可犧牲吾個人之一切私產，忘一切個人私產之營謀。然吾人理想社會之內容，則不能爲無私產之社會，而當爲一有私產之社會。理想社會之內容之所重要者，不在私產之有無，且可謂不在人之私產之多少問題上，而在人之如何運用其私產，人之是否爲文化道德之目標以運用其私產。人之是否能逐漸認識體驗更廣大高遠之文化道德之目標，是否皆能眞只以私產之運用，爲純粹之文化道德生活之發展，人格之成就之工具，及是否最後皆趨向於一有私產而又視私產之有無得失，爲無足輕重之精神境界，以完成一由有私至無私之人格成就之歷程。若然，則經濟上之分配問題，實遠不如人之爲何目的而消費之問題之重要。由是而經濟問題，不復只爲經濟本身之問題，而爲人類之經濟活動與人類整個文化生活如何配合，而如何完成其對人類文化生活之工具使命之問題。故吾人之最高之經濟理想爲重消費之目的之人文經濟之理想，此與重生產之資本主義之經濟理想、重分配之社會主義之經濟之理想皆不同。有生產必有分配之事。有分配之事，即必有消費之事。故資本主義之經濟生產中之分配原則之求貫徹，即可發展出社會主義之經濟理想。而吾人將社會主義之經濟理想中之消費目的，確定爲人之文化道德生活之發展，人格之得成就，以表現吾人對他人之最深之敬愛，即發展出吾人之人文經濟之理想。而在此人文經濟之理想中，轉而肯定資本主義之經濟中所肯定之私產，即使人文經濟理想爲前二種經濟之最高綜合。

八　人文經濟社會之理想性與現實性

吾人依人文經濟之理想而成之人類社會組織，如以圖像想像之，可稱爲立體的。而極端社會主義之經濟社會，絕對共產之經濟社會，則可稱爲平面的。而只肯定生產營利之自由之資本主義之經濟社會則爲點線的。在吾人之人文經濟社會中，人類之活動中心在文化道德生活中。當人之活動中心眞在文化道德生活中時，人之努力常爲不求經濟上之報償者。此爲吾人前之所提及。因而個人所分配得之財物之多少，即非人所斤斤計較者。如在今日之一學術團體或宗教團體中，人果以追求眞理或事神爲共同最重要之事，則各團員收入之多少，即無人屑於打聽，而予以計較。故在此理想社會，人之活動中心，在文化道德之生活中時，人所分配得之財物之多少，私產之多少，必非人所斤斤計較者。因而吾人前所提出經濟上之分配，在實際上終難達絕對公平之境之種種困難，在此可以減除。因在受者方面，原可不斤斤計較也。由是而分配之當求公平，唯是施者方面之義務上之事。施者不能以受者之不斤斤計較，而施者即畏採擇標準之困難，而不復力求公平之分配。因如此即違其道德理性之所詔示，而不能成就其人格。而吾人誠能依吾人前所言之各種客觀之標準，以求公平分配，則人之所得絕不致相差太遠。蓋依前所謂人之需要之一標準，及此段中所謂消費爲發展文化道德生活之目的而言，卽見人之私產之多少，自有其不當逾越之限度。少之限度，爲人同有之個人及其家庭之求生存之基本需要須能滿足，並有餘以供學術藝術生活中之消費，表現其對於親友之愛，對賢哲神靈之敬意及作餽贈貢獻之用者。而私產之多之限度，不當致使人陷溺於物質生活之享受，貨利之追求中，而使其精神自我爲物所役，致不能有更高之文化生活道德生活之發展，並妨碍整個社會國家之經濟之發展。在此，吾人亦必須以求社會國家之整體之經濟之發展目標，規範限制個人之所能使用之財物之範圍。此不僅依於吾人之道德理性，人必當尊重他人與社會國家，且依於人人格之成長，不能在一有無限之財物可自由應用中成長。唯人之財物爲有限，爲他人及社會國家所限，人乃能更認識他人及社會國家之存在。唯在有限之財物中，人乃須計劃其使用方法，研求如何選擇權衡其使用之目的，使財物之使用，發生最大之價值。而在此計劃選擇權衡之歷程中，訓練出吾人之辨別價值高下之理性，反省主宰自己之動機與行爲之能力，以形成吾人之有統一性之人格。由是而人之據有其私產或營利之意識，在開始點亦卽須受各種其他客觀性之意識之限制。此客觀意識，一爲對他人之私產之尊重之意識，二爲私產之運用，所以達文化道德生活之目的之意識，三爲人在社會國家中只有有限之私產，並爲整個社會國家之經濟之發展，願隨時自限其私產之意識。在此三種意識之限定下，則個人在據有其私產時，其據有私產之意識卽通過一「超個人的肯定他人之私產，肯定社會國家之經濟之發展，肯定人類文化道德生活之目的」之大公無私之意識而成立。人誠通過此大公無私之意識以各據有其私產，而互承認他人之私產，並承認整個社會國家經濟之發展之重要，過於個人之私產；則人皆知其所據有之私產皆通過他人之承認，且通過我與他人所共組織之社會國家之承認，而屬於我。則其所屬於我，亦非只由我使之屬於我，非只由我之主觀意識使之屬於我，而是由客觀之他人或社會之使之屬於我，或由客觀的他人或社會之意識，使之屬於我。由是而吾人遂知此屬於我者，亦卽在另一方屬於他人與社會者。至此而私產在一意識亦可同時被自覺爲公產。因而人之運用其私產以發展其文化道德之生活者，亦自覺的一方是爲其個人人格之成就，一方亦卽爲促成客觀社會之文化道德之進步者。因而其發展其個人之文化道德之生活，同時卽當照顧並勤求整個社會國家文化道德之進步。夫然而在吾人所謂人文經濟社會中，此諸個人之各種經濟活動之分別發展，皆交會於社會國家之文化道德之進步之目的。以此目的貫通諸個人之精神，而成就諸個人之人格，完成其文化道德生活之發展；卽喻如由諸點而生之各線之交於一面，而使每一點線皆爲面所貫徹以成體。此吾人之所以以立體之圖像，喩吾人之人文經濟社會之組織也。

吾人所理想之人文經濟社會，自一方言之，純爲理想的，依吾人上文之序列言之，似此理想社會之來臨，應在社會主義之經濟社會來臨之後，乃距當前之經濟社會極遙遠者。然吾人上文之序列之如是，純爲邏輯的序列當如是。若純作一理想而觀，則吾人之理想爲社會主義之上之理想，乃無問題。則謂人之抱一社會主義之經濟理想者，在其所謂理想社會實現之時，仍必須再發展爲人文經濟社會，亦爲必然之事，而無問題者。唯吾人復須知，自另一方觀之，則吾人之所理想之經濟社會既爲最理想的，亦爲最現實的。所謂最理想的，乃言其爲最合道德理性之要求，而人類經濟社會，其最後之發展必歸向於此，而不能逾越。所謂爲最現實的，卽人類自古及今之經濟社會，皆在本質上早已爲一未圓滿的完成之人文經濟社會。因而任何經濟社會中之人，皆可直接自覺其社會之本質，而求其經濟社會爲更成人文經濟之社會。　人類根本不可能有非人文經濟社會之社會。人亦不能眞抱如此之社會之理想，此社會乃未嘗存在，亦不能存在。絕對的純粹的共產主義之社會經濟，從未存在。而所謂絕對資本主義之經濟，私人資本絕對控制整個社會國家，或人人只知營其私利之社會，亦從未有者。自有人類之經濟社會以來，人初皆是自覺的爲自己之消費或他人之消費而生產。唯在消費上，生產乃顯發其意義。生產似爲經濟行爲之開始，消費則爲最後。故經濟科學家，恆先論生產。然生產之意義，由其最後之消費而取得。而生產者之動機中，初實先有供自己他人消費之目的，居最先之地位，則消費乃經濟行爲之成始成終之所在。今人以生產再生產，爲經濟行爲之始終，此純是自外看。如吾人以生產與再生產爲經濟行爲之始終，則必然處處覺人類經濟行爲乃與物質發生交涉之事。然如吾人以供消費與實消費爲經濟行爲之始終，則知人之經濟行爲乃徹首徹尾與精神發生交涉之事，而爲人類精神之表現。吾人如自人之消費目的，以觀人類之經濟行爲與人類社會經濟史，則知人之文化意識道德意識，乃直接規定人之消費目的，而間接卽規定人之經濟行爲社會經濟之發展者。以一普通人之個人之生產營利而言，其營利或爲其家庭或爲其朋友，或欲致富而光顯祖宗眩燿鄉里，或欲使其個人之享受更豐美，或欲由財力之充足而游歷，治學，從事政治活動，或還對神所許之願。卽眞正爲營利而營利者，如所謂純粹之經濟人，其營利之意識中，仍必須包含對他人之欲望，他人之消費之各種目的之精神的理解。而不同之社會在不同之時代，以所信宗敎之不同，所崇尙之美之標準之不同，所喜愛研究之眞理之不同，重視之學術之不同，及政治組織之不同；而其社會之財物卽被分配於不同之人，在不同之消費方式下被消費，而其生產方式亦必須爲求適合分配消費之方式而不同，此皆文化史中信而有徵之事。故離開一切文化道德之目的之個人經濟行爲及社會經濟之發展，單純由個人之求生存或營利之動機所決定之個人經濟行爲，社會經濟之發展，乃學者所虛構之概念。謂有私有財產之社會，資本主義之社會，卽以保持私有財產之本身，營利之本身，爲此社會之本質，謂此保持私有財產或營利之動機，卽爲主宰人之一切社會文化活動者，爲歷史發展之秘密關鍵所在，尤爲依於吾人對於人之經濟行爲之消費目的無眞理解而生之錯誤之論。吾人誠能於人經濟行爲之消費目的眞有所理解，則知所謂私有財產之社會，資本主義之社會，亦非眞以保持私有財產或營利爲本質，而仍是以人之文化道德之意識爲本質，此卽吾人在本文前段之所以必須詳細指出人之一切經濟上之生產交換私有財產制度之精神活動道德理性之基礎，而在此段則須指出吾人當從消費目的看個人之經濟行爲社會之經濟發展之故也。

至於所謂信社會主義之經濟理想者，雖表面以廢除私產而以人之各盡所能各取所需爲最後之目標，然彼亦不能眞謂理想社會，唯是一純粹之人人能盡量生產財物，任意消費財物之社會，而眞不問人之消費目的，是否爲文化道德生活之發展人格之成就者。因如此明是一侮辱人類而使人皆動物化之社會理想。而今之努力於社會主義經濟社會之實現者，如試一反省其如是努力之原始動機，亦將見此乃直接由其個人道德意識中，原有平等滿足人之物質需要之要求，乃覺少數人有大量私產而多數人貧困爲不平；或由覺絕對自由之資本主義中之浪費，使人之生產成無意義與價值；或由直接覺資本家之驕奢淫逸，根本無眞正之文化道德之生活，反而藉經濟之力量，以控制文化政治爲罪惡。凡此等等，亦皆未能離文化道德上之目的之觀念，以爲其努力社會主義經濟理想之實現之動機。由此而言，則無論私有財產制度下，人類過去之經濟社會，及人之社會主義之經濟理想，皆爲人之道德文化之意識所支持，皆在本質上不能溢出於人文的經濟社會之理想之外。非人文的經濟社會，乃從未存在，不自人文之動機，以改造經濟社會之行爲，亦從未存在者。

吾人雖以人類之經濟社會，自始在本質上卽爲一人文的經濟社會，自始爲人道德文化之意識所支持，然自覺人類之經濟社會在本質上爲一人文經濟社會，自覺的由推進人類文化道德之目標，以支配改進人類之經濟社會，則在過去唯少數人能之。因而過去之人類經濟社會，恒以一般人之文化道德之意識之理想內容之限制，一般人依道德理性以控制超化個人之生物性感覺性之私欲與營利之私欲之能力之限制；而未能完滿的形成一爲人之道德文化意識所主宰之人文經濟社會。人之私欲常與人之道德文化活動相夾雜，或反而主宰人之道德文化之活動；由是而私有財產制度下之經濟社會，遂有種種吾人所不能不承認之缺點與罪惡，而有待更多之現在人未來人之自覺的加以改進者。然吾人亦絕不能承認過去之人類經濟社會，純爲人求生存之生物性、感覺性之私欲，營利之私欲所支配之說。亦不能承認理想人類經濟社會，爲絕對之共產社會之說。吾人以爲絕對共產社會之理想之形成，雖亦未嘗不依吾人之道德理性之要求，然未能依於吾人欲成就他人之人格爲目標之道德理性。而此社會之內容如只是空泛之各盡所能各取所需，使人人無盡享福，亦非吾人所應抱之最高之社會理想，而是一將人之生活動物化之社會理想。人之所以有此理想，又由於今日之私有財產制度下，資本主義經濟社會人之營私利之動機特爲顯著，故使人之思想生一反動，以爲一切私利皆歸公卽最好之社會。而不知依自來聖哲之訓，凡以利爲第一觀念者，開口便錯。無論是自陷於動物之生活或使人生活動物化，皆爲絕對不可者。故吾人必須在今日承古先聖哲之訓，重自覺的提出人文經濟之理想。而在此理念下一方顯示人類經濟社會及人改造經濟社會之努力之本質，一方卽規定吾人應有之理想。蓋吾人之理想，卽依於吾人之能自覺人類經濟社會之本質而來。吾人自覺之，吾人卽能更充量的求顯發此本質，而堅定吾人之理想，而更以文化道德意識，主宰人之經濟上之消費分配生產之行爲，而統一共產與私產之對立之觀念，個人與社會國家對立之觀念。人文經濟一理念，對於此二種對立之觀念之統一之功效，吾相信吾人之此文已指出，讀者可覆看前文。至於此理念之如何實現於人類經濟史，乃文化史家歷史哲學者所當說出。此理念對當前人類經濟社會，應如何負其實際指導之責任，則待於對人類目前之文化生活道德生活情勢，與當前人類經濟生活之現實，加以檢討。人文經濟之理念，於此只可供給吾人一經濟史觀經濟理想之方向，而不能供給吾人以應用至當前實際之經濟社會，一經濟上之主義或政策。在此理念中，吾人只肯定個人之私產之當存在，而人之據有其私產之意識，又須受各種「尊重他人之私產之意識」、「文化道德生活之目的之意識」、「為社會國家經濟之發展，願自限其私產之意識」之限制。此原則吾人乃依道德理性以證明其為絕對不容否認者。然吾人未嘗規定在不同之時代，不同之國家中，對不同之人應依何種生產分配消費方式，以從事其經濟生活，定其私產與公產之分際，此乃隨各時代各國家之特殊的文化道德生活經濟生活之情勢之不同而不同，不能以先驗的道德理性加以規定，而為人類順經驗發展之道德理性，當隨時地加以建立者。故欲使此理念對於當前人類經濟社會之實際經濟問題之解決，盡其實際指導之責，必須另充實以特殊之內容。否則，吾人對此理念之說明，乃無對當前時代之實用價值者。唯由吾人對此理念之說明，在積極方面，可使人知今之所謂資本主義經濟制度與社會主義之經濟理想應求同歸於人文經濟之理想。在消極方面，則可使人知絕無私產之社會非最高經濟社會之理想，而單純的依人之生物性感覺性私欲，及營利私欲而支持之經濟社會，亦從未存在者。因而可提高吾人對於人類之道德理性之認識，增强吾人對人類道德理性文化生活之力量之信心。

唯由此認識之提高信心之增强，吾人乃不至耽於絕無私產之社會之幻想，並爲此幻想，而對人類之歷史文化，妄加鄙棄，而自覺或不自覺作毀滅人類歷史文化之事業；亦不至離文化生活與道德理性而只就所謂歷史之必然趨向言經濟社會之改造。而此卽吾人對此理念之說明對當前時代之實用價值。

第四章　政治及國家與道德理性

一　權力意志，與肯定人我之存在之超越的我之依賴關係及矛盾關係

吾人上論人類經濟生活之道德意識基礎，而論及經濟上之公平分配問題，及現社會經濟制度之改造問題時，人皆知此彙是一社會政治之問題。然吾人上之所述，終只是以人類經濟生活爲中心，而論其道德意識之基礎。於人類之社會政治之本身，仍未有所說明，本章即將補此缺點。

人類之經濟意識，乃以人之活動貫注於自然物，而加以製造，以生產財物，並交換而分配此財物，復加以消費，而完成財物之使用價值之意識。在人類之經濟意識中，財物之意識，爲顯明而凸出，故人最易以個人之物質需要，說明經濟意識。然吾人上已指出：貫徹於吾人之經濟活動，使吾人能製造生產財物，復交換分配消費之，以完成財物之使用價值者，唯是吾人之精神活動道德意識

。至於人之政治意識，則表面爲人與人之求權力，而相互賦與權力，規定權力，而分配各人之權力之意識。在人之政治意識中，求權力之意識，爲顯明而凸出，故人最易以個人之權力欲，說明政治意識。然吾亦將指出，貫徹於吾人求權力之政治活動者，亦唯是吾人之精神活動，道德意識。

以個人之物質需要，說明人類之經濟活動者，恆歸於自經濟社會中人與人之競爭關係、剝削關係上立論。以個人之權力欲，說明政治活動者，恆自政治社會中政權之爭奪上立論。常言有國家而後有政治，而國家之起源，論者或溯之於一民族對另一民族之武力之征服，由此武力之征服，而造成原始之統治階級，與被統治階級，遂合組以成國家。是國家中統治者之政權，初由爭奪而來。而被統治者如欲取得政權，亦將出於爭奪。故人類社會中，各級人之政權之消長史，亦卽一政權爭奪史。此政權爭奪史，亦卽人類政治史之核心。然依吾人之見，則權力欲之爲人從事政治活動之凸顯動機，亦如求利之爲人從事經濟活動之凸顯動機。然此動機之爲超個人權力欲之精神活動、道德意識所貫注，亦正如個人求利動機之爲超個人求利之精神活動、道德意識所貫注。蓋個人之權力欲，自一方觀之，固是本於一原始盲目之自己執着。一如個人求利之本於一原始盲目之自己執着。人求利所本之原始盲目執着，初爲欲需要他物，以維持此軀體之質之盲目執着。人求權力所本之原始盲目執着，初爲欲壓服他人，以表現此軀體之力之盲目執着。故人之權力欲，首表現於人與人身體之搏鬬，而繼則表現於用身體以外之工具爲武器，以搏鬬，而有武力之爭。人求利之根，原同於禽獸之飢餓。人求權之根，原同於禽獸之憤怒。前者爲有情之根本貪，後者爲有情之根本嗔（而性愛卽有情之根本癡）。然人之所以爲人，畢竟在其能自覺。由人之能自覺，則人之求利、求權，皆勢不能純爲盲目者。人恆是能自覺其求利、求權之活動者。而由此自覺，則高級之精神活動道德意識，遂伴人之求利求權之動機，而與之俱展，且貫注於其中，而逐漸主宰之。今試先以三義，論人之權力欲之不能離超越自我而單獨存在。再進而論人之權力欲滿足，必依待於由超越自我而來之其他高級之精神意識道德意識之發展出，而後可能。吾人前言，人之經濟活動，始於造生產工具。造生產工具時，人必有一理想之目的觀念，以領導吾人造工具之活動，且賴於一自然的欲望與自然的亂動之暫時節制，以理想目的觀念，領導吾人之活動。此實人類任何自覺活動之所同，而在人之原始的自覺的求權力之欲或征服之意志中，亦有之。人欲戰勝征服他人之時，必有一自覺的所欲達到之戰勝征服之目的。而人一有某種目的被自覺，人之活動力，卽更爲此目的所吸注，而以之節制其餘之欲望，使其他一切動作，皆暫歸向於求此目的之達到。此中，卽有一原始之「自我節制」之道德價值之實現。復次，人在戰爭之際，以勝敗不能先定，人卽自知其意志生命，如懸於空中，亦覺他人之意志生命，如懸於空中。人知人我之意志生命，皆懸於空中，而又欲決勝敗，故在戰爭中，人有雙重自我。其一爲相搏鬭而爭勝之現實自我，一爲知現實自我可以失敗、而被毀傷以至不存在之超越自我。如無現實自我，人不致相戰。如無超越自我，則人亦將不能忍受：現實自我可被傷害而不存在之一念。而此一念，卽爲任何戰爭意識所必涵。而人在戰爭中所表現之勇敢，亦卽依於其能忍受此一念而有。故卽在主要依於權力欲之戰爭之意識，亦爲一含內在矛盾之意識。此中，一方爲絕對肯定現實自我之盲目意志生命，以征服他人之現實自我之意志生命之意識；而一方則爲將現實自我之意志生命，拋擲於外，而任其相較量，以定勝負之意識。任何權力意志之爭奪，吾人亦皆可解析之爲此二種意識之結合。自前一種意識以觀，則戰爭與任何權力意志之爭奪，皆爲爲己者、自私者。而自後一種意識以觀，則戰爭與任何權力意志之爭奪，皆有一種「將人我平等觀，並預知我有失敗之可能，忍受此念而不懼」之超越自我，以爲其支持者；而非純可以爲己自私之動機，加以解釋。在戰爭之結果上看，勝者固恆不免對敗者殘暴，戰敗者亦恆不免甘於屈辱與求苟存。然以此中有超越自我之存在，故戰勝者亦可能轉出憐憫戰敗者之情，而戰敗者亦可於自己之意志生命被戰敗，而如被否定時，卽轉出一肯定戰勝者之意志與生命，而對之甘於順從，表一忠誠。此義俟後專論軍事意識時詳之。此卽人類之所以可由戰爭而結合而和融之根據。

復次，人在戰爭中，一方對敵人力求征服，一方卽力求他人之友助，而對能相友助之人，情義彌篤。故所謂一切人對抗一切人（ All against all ），決非多爭鬬之原始社會之狀態。此中，人之力求友助，對能相友助之人情義彌篤，亦非只以利害之結合可解釋。此亦當兼溯源於人之超越自我，在我與敵衝突之際，失所寄托，故必求其在我與非敵人之中，得所寄托。蓋當人戰爭之際，人之超越自我，爲平等觀人我之勝敗者。此平等觀人我之勝敗之超越自我，在本性上爲將人我平等觀者。因而在本性上，爲要求人我之同被肯定爲當存在者。然戰爭之對方，正爲我所欲否定其存在者。故此要求，不能在我與戰爭之對方之間，得寄託、得滿足。由此卽必然改而求在我與其他任何非敵方之人間，得寄託得滿足。此乃爲吾人在戰爭中，對非敵方之其他人，自然的更求相親，而力求相友助，並對能相友助之人情義彌篤之眞正理由、最深動機之所在。至於利害之結合，固亦爲表面動機之一，然非唯一或最深之動機所在也。

復次，人在與人戰爭及爭奪之際，人固欲壓服敵方之生命意志，而對敵方初若一無矜恤。然吾人如再追溯人之所以欲壓服敵方之最初動機，將見其爲不外求敵方及其他人之承認其意志。而所謂權力欲或權力意志之本質，卽使他人承認我之意志之一意志。吾求他人承認我意志，吾卽預知他人有其意志。故權力意志之本源，卽爲吾先有一兼承認人與我之意志存在之超越的我。於是權力意志，不僅在其表現爲爭奪之際，有一超越的我能平等觀此爭奪之勝敗，且自始卽在一超越的我之涵蓋籠罩下發動。而上述之內在矛盾，亦爲與權力意志之發動俱始者。蓋權力意志發動時，旣自始有兼承認人我意志之超越的我，而我又自始有以現實之我之意志，迫使他人承認，强他人意志，順從於我之權力意志。此二者，卽已合以構成權力意志之原始的內在矛盾，而爲權力意志之本質。原人之表現權力意志而相爭奪，初固恒與保護或取得人之土地、財產、女子、族人及其他有價值之事物之動機相雜。然只求取得或保護土地等所得之動機本身，並非卽權力意志。唯吾欲取得，而望他人之讓我取得，或吾欲保護吾之所得，而抵拒他人之侵奪，且求他人之撤銷其侵奪之意志；乃他人竟不讓我取得，竟不撤銷其侵奪之意志；吾人乃感一對抗之意志之存在。吾遂以壓服他人之對抗意志本身，爲一種目的與動機，然後吾乃有權力意志。吾遂在壓服他人之對抗意志以後，在壓服他人之本身上，亦可感一種滿足。此卽權力意志本身之滿足。此種滿足，並不只同於獲得或保有財產等之本身之滿足。故人之權力意志，恆可發展爲一極端形態。卽：任意表現一意志或行動，而欲人之順從之；於他人有任何對我之意志行動能注意、珍重、或順從，我皆感到一種權力欲之滿足；而我之任何意志行動，不被某人珍重順從，我皆可對某人懷恨，以至欲以力以術殺之而後快，或樂見其自毀或見毀於他人。故人之權力意志，實自成一種獨立之意志，而其自性，只爲求人之意志之爲我之意志所壓服。又因其是依於先承認他人有意志，而後欲壓服之，故權力意志恆向最堪與我之意志對敵之人表現。富權力意志之人，恆尋求有堅强意志或亦有權力意志之他人，而與之對敵。對方愈有堅强意志或權力意志，而吾能壓服之，則吾愈感滿足。吾人如深觀上述之現象，便知權力意志雖是一一往伸展之個人意志，然彼自始必須要求有一伸展之場合。此場合，卽其超越的我所承認之對立的意志。而其要求此場合之存在，卽證明：如非根據其超越的我之先承認對立的意志，其本身亦不能成立。權力意志，自始必須根據超越的我所先承認之對立的意志，而彼又自始必須壓服此對立之意志，乃能滿足其自身，卽其內在矛盾之無法解除處。蓋當對立的意志未被壓服之時，彼不能滿足，而當對立意志全被壓服之後，彼將無伸展之所，將無自而再得滿足。故當一人之權力意志，至無往不貫徹，覺無人之意志堪與對立、堪與爭衡時，彼反將覺一大空虛。此卽劉邦於威加海內後，而不禁泣下；亦卽亞力山大於統一波斯，至印度後，望大海茫茫而淚落。故權力意志爲在本性上，不能得究竟之滿足者。權力意志每一步之暢遂，皆待一對立意志之支持，而又欲壓服此對立意志。權力意志之求滿足之興趣，唯在權力爭奪之過程中，亦卽在超越的我之時時能承認一對立之意志，而現實之我之能時時見對立的意志之屈服處。然此種興趣，亦時時與煩惱不安相伴。蓋對立意志之時時屈服，必繼之以對立意志之時時被發現，被尋求、而被置定，直至一切對立意志皆被壓服，而大空虛來臨爲止。故權力意志欲求其自身之安頓，必須折回，而自知其依於他人之對立意志之承認，而自覺的去承認他人之對立意志。然由其自覺的承認他人之對立意志，彼卽可不復以他人之意志爲與我對立，亦可否定其壓服他人意志之意志。彼之個人權力欲，遂可化爲對他人之權力之普遍的承認之道德意識。此種由對權力欲之本性之自覺而折回此權力欲之道，在各人之情形不同。此固多有是直接自其他之道德意識如同情、公平意識等誘發者。然追求權力時本身之煩惱，與得絕對權力後之大空虛，亦可誘發人去折回其權力欲。蓋煩惱卽使人回頭而反觀自照，人一反觀自照，則超越自我顯現，而自覺往承認肯定其他之對立意志，以與之不復對立。而得絕對權力後之大空虛，使人覺權力無所伸展，亦必然折回。由此折回，而超越之我顯現。由是亦可轉而憐恤其所殺害之對敵者，更護念諸降服之對敵者。或分權於初不願分權之人，如對之降服之敵人及所統率之人。故權力意志之眞欲安頓其自身，則必然將化爲或引發出一種道德意志。

二　權力意志之伸展與客觀價值及求榮譽之意識

吾人上言人原始之權力欲，可表現爲一往之征服意志，於自己之任意的意志行動之被人順從本身，感一滿足。故於任何敵對者之來，如吾有力，立即以力敗服之，吾便感一滿足。如吾無力，則於對方之遭自然之禍害，或失敗於他人之前時，感一滿足。此種權力欲本身，似乃放縱恣肆，幸災樂禍，全無理性之指導者。然此種絕對放縱恣肆、全無理性指導之權力欲，又必不能眞正征服任何他人，而貫徹伸展其權力意志。蓋我欲征服任何他人，我必須有征服他人之觀念，而我有征服他人之觀念，則我必須以一行爲之規則，命令他人遵行之。卽我必須自覺一行爲規則，爲欲迫人遵行者。而此規則，初無論出自我之如何自私之一動機——如命令他人時時侍候我——皆必須依理性活動而建立之：爲他人在任何時普遍的遵行之規則。而由我命令他人遵行一規則，我卽必須先自覺此規則，我之命令卽轉而亦須依此規則而發。亦卽使我此後權力意志之發動，亦不能不依此規則。故任意而全無理性，只在他人之順從與敗服本身感滿足之權力欲，乃勢不可久，而必須化爲依規則而命令他人之姿態以出現者。人唯在一依規則而命令他人，他人亦遵行此規則時，他人乃眞被征服，他人乃不只是以其一時之意志，順從我之意志，而是繼續以其全部之意志，隸屬於我之意志，我乃有權力欲之眞貫徹與伸展也。

由權力意志之求貫徹與伸展，必須依規則而迫他人遵行，故戰士之使人一時順從，而敗服他人之權力意志，必轉爲主人憑其威力使用奴隸、迫使奴隸依規則而行爲之權力意志。然主人恒依規則而發令，奴隸恒依規則而受命，則主人自覺其恒爲發令者，奴隸自覺其恒爲受令者。此主奴之位分關係確立，而主奴之權位關係卽成立。然吾爲主人依規則而征服爲奴之他人之意志，一方是使吾之權力欲更得貫徹伸張，一方卽自然移吾之精神，而更注意及被征服者之意志之本身。吾知吾依規則而發令，亦知彼依規則而受令，吾之精神，卽通過此規則之自覺，由居發令之地位，而暫移注於居受令之地位者。故征服者一面無情的自外加規則之命令於被征服者，而一面卽於被征服者之依規則而行動上，發現一與立此規則之我之意志爲同一之意志。同時被征服者之其他意志亦更能被我察及。此中，便可更轉出對被征服者之矜恤、寬容、恕道之道德意識。此道德意識如不凸出而獨立，仍逮屬於權力意識，卽爲一恩賜之意識。在此意識中，一方包含道德意識，一方亦成就權力意識之更大的伸展。因在恩賜之意識中，包含：對方之是否得其所欲，其權在我，我卽更感一對對方之是否得其欲，有一主宰權也。

然人類權力意識之更大之貫徹與伸展，將不僅在自覺能依規則而命令人，對他人之是否得其所欲有主宰權，而在自覺對他人之權，亦有主宰權。蓋人之權力意志，不僅欲直接使人順從，而且欲間接使人順從。所謂間接使人順從，即望某人旣承受我之意志爲其意志後，而使另外之他人順從某人之意志。此另外之他人即間接順從我之意志者。此種權力意志，不僅求我對某人有權，某人之順從我；且求另外之他人之順從某人，求某人對他人之有權，復使某人之權，隸屬於我對某人之權。此乃一更强烈之權力意志，而可致更大之權力欲之滿足者。蓋此中不僅是我能命令人，且涵我所命令之人，亦能命令人。我能命令人之如何命令，便使我所居之權位愈高。然吾欲所命令之人，能命令人，吾同時卽知：他人之能爲一命令者，與我之能爲一命令者，自一方言乃相同。則我之爲命令者之位份，有一普遍化，而我不復爲唯一之命令者。我固望他人爲受我之命令之命令者，然我同時知，他人必須以我之意志爲意志，乃能爲受我之命令之命令者；我卽更察及他人之意志之存在，他人之亦有其權力意志，亦可再察及他人之意志，可不受我之命令，其權力意志亦可孤行，而另有表現方式，不盡與我之命令之表現方式相應合者。由是卽可轉出：對於被我命令者自發之權力意志之一種尊重，而亦可轉出：對被我命令者之未全從我令時之相當範圍內之原諒、寬容、恕道之道德意識。而此道德意識，如未凸出而獨立，仍逮屬於權力意識，卽爲一種恩賜「一部權力與人」之恩賜意識。此種恩賜一部權力與人之意識，本於人之道德意識之伸展，亦並不礙我權力意志之伸展，且亦使我之權力意志，有更大之伸展。因此時吾人覺被命令者之權，乃吾所恩賜。此即包含其是否有權，爲吾所主宰。吾能使其有獨立之權，又能撤消之，則吾之權更大也。

吾人以上對權力意志之發展之分析，如爲正確，則更證明人之權力意志，自始依賴於一超權力意志之超越的我而存在，以肯定一獨立於外之他人之意志。此便更見其自性中含一內在之矛盾，而在其自身之伸展過程中，同時必須引出依於理性而生的，對所征服命令之他人之意志之體察，之道德意識。是見人之追求權力雖爲私心，而亦未嘗能不依於公心而存在。唯吾人以上之分析，只限於對主觀之權力意志。在此主觀之權力意志中，私心爲凸顯，而公心爲隱伏。只有此主觀之權力意志，尚不能建立客觀之權位，更不能形成眞正之社會政治之組織。此即謂如人只有單純之權力意志，只肯定權力一種價值，不能建立客觀權位，形成眞正之社會政治之組織。蓋人之權力意志，爲人所共具，如無其他價值意識之限制與規定，人人之主觀權力意志皆爲無限者，平等的相抗者。人人均欲有權，幷欲有權使人有權，則無一人能最有權。人與人間亦不能有客觀上之權力上之隸屬關係，以各有權位，進而形成社會政治之組織。唯幸人類除其主觀之權力意志之肯定權力價值外，復肯定其他價值，而有客觀上共同肯定之價值，然後客觀之權位人類社會政治之組織以成。而由主觀之權力意志之權力價值之肯定，與對其他客觀價值之肯定之意識結合，則主觀之權力意志，亦必將超化，而漸明顯的統率於人之道德意識之下。人之追求權力之私心，必將逐漸隸屬於實現客觀價值之公心，此即吾人所將進而論者。

所謂人之主觀權力意志，與人之肯定其他客觀價值之意識可結合者，此乃一本於：人之求滿足其主觀之權力意志，而發生之行爲，必須表現某種爲人所公認之價值，然後人眞能順從其意志。（假意之順從除外，以其非眞順從，亦非眞能滿足吾人對他人意志，加以征服之權力欲也。）而又本於：其他人除有其自身之權力意志外，亦恒追求權力價值以外之價值；故於人之行爲能表現其所求之價值者，即對其人之意志，亦願順從，而願其人得滿足其權力意志。此即謂權力意志，雖爲一主觀私有之意志，其發動爲主觀所決定，然其如何滿足——亦即其如何完成——則至爲人之客觀價值意識之所決定。而客觀權位之建立，亦係於人之客觀價值意識。即如吾人上溯至原始社會中主奴之權位關係，所由建立，亦可證成此義。吾人可承認主人之取得統治者地位，初可純由其武力上之優越。然吾人亦可說比武力上之優越，即爲當時人所公認之一種客觀價值。武力上之優越，表現於人之體格之魁梧，體力之强大，手足運動之靈活，善於運用武器，及所製武器之優良等。此皆與其主觀之權力意志本身，非同一物，而爲有優越之武力者之行爲中，所表現之公認的客觀價值。此等等客觀價值，皆不僅具有者之本人，認之爲好，且他人亦將認爲好。蓋人之能具有之，不僅可滿足其人之權力欲，亦可用以格猛獸，禦共同之强敵，使他人得保護，而他人及被保護之人，皆將認爲

：人之能具有之爲好，而對其人之如何施展其武力，願學習彷效也。於此，任何與之競爭者，亦未嘗不以其能具此等之客觀價值爲好。競爭者固可只望彼自己能具之，而不願他人之能具之，並嫉妬他人之能具之。然彼自己尙未具之，而望自己能具之時，則彼必先有能具之之理想，幷有「能具之者爲好」之觀念。而此觀念中，卽隱含「凡能具之者爲好」之觀念。彼之不願他人之具之，而嫉妬他人之具之，亦正由其知他人之能具之爲一種好之故。故當彼與他人較量勝負之後，知此種好，根本無屬於自己之可能，其初欲戰勝他人之權力欲失敗而被壓服以後；彼卽可單純的承認：他人之能具之爲一種好。此卽一眞心的肯定他人之客觀價値，對他人之敬意之一起源。而此敬意，實戰敗者之甘於順從或服從，以至甘拜下風而投降之道德的動機。而吾人前言，由順從可引出忠誠之道德品性，亦實由順從中，本有此對他人之行爲中所表現之客觀價値有一敬意之道德動機之故也。

吾人上言：吾人之欲滿足其權力意志，而得他人順從，必吾人之行爲，表現一客觀公認之價値，乃是一普遍之原則。人所公認之客觀價値有多種，則吾之權力意志，可通過我所表現各種不同之客觀價値之各種行爲，以得人順從。故吾可以表現武力上之優越之行爲，而得人順從。吾可以表現生產能力、積聚財富能力上之優越之行爲，而得人順從。吾亦可以表現智力上之優越，審美力、宗教信仰力、道德力上……之優越之行爲，而得人順從。以至吾由吾之意志行爲，而得較多較好之財貨、衣服、宮殿、美色，均爲可使我自己生一優越感，而對他人若加一種威脅，表現一權力，或足使他人尊重者。此亦以財貨等，爲他人所曾追求，他人曾有「得之者爲好」之普遍觀念，然後當他人自知不能得，而自壓服其欲望時，即可承認我之得之爲一種客觀的好也。（此即帝王之衣服宮殿器物之華美……等都可增其對百姓之威嚴之故。）

吾人如知吾之行爲，必須能表現某一種爲人所公認之客觀價値，然後吾乃得被人順從，而滿足吾之權力欲，則知吾之能否滿足吾之權力欲，其關鍵正在他人之其他客觀價値意識之存在。由是，吾欲滿足吾之權力欲，吾必須先求合於他人之客觀價値意識中之標準。由是，吾之權力意志，即可轉變爲一求榮譽之意識，而先求榮譽以得權。純粹之權力意志，與求榮譽之意志不同。前者只是直接欲他人之順從我之意志行爲，而後者則是欲他人之先承認我意志行爲之客觀價値，而以我之意志行爲爲好。或加一好之判斷，而對我之意志行爲，有賞譽讚美之意。然吾欲他人之對我之意志行爲，加一好之判斷，乃望他人自發的加此判斷，故必須我之意志行爲，符他人之客觀價値意識中，所能認爲好者之標準，表現他人所能承認之客觀價値。否則，吾將不能得他人自動之賞讚，吾亦無資格，以求人之賞讚。由此而在求榮譽之意識中，他人之客觀價値意識之對客觀價値之賞讚，乃規定我之意志行爲之表現方式者。此即吾人在求榮譽之時，恒將違悖他人客觀價値意識標準之意志行爲，力加修正或壓抑，如不能壓抑修正，即加以隱藏掩飾之故。由是而吾人當知，求榮譽之意識，雖表面是求人尊重「我」、承認「我」之價値之意識，然若非我先已尊重承認他人之有客觀之價値意識之標準，而曾自覺求自己之意志行爲之表現價值，堪爲人客觀的賞讚，或自覺其意志行爲之價值，已堪受客觀的賞讚；求榮譽之意識實不可能。故吾人當知：求榮譽之意識，雖是主觀的私的——因其目的仍在人之尊重我承認我之價值，而非求人之尊重一切人，承認一切人所表現之客觀價值。然此主觀而私之榮譽意識中，已包含對於他人之客觀價值意識之尊重承認，與力求堪受他人賞讚之努力。此中，我所求於人承認之我之價值，皆爲我先所承認爲：合他人之客觀價值意識標準，而當受賞讚者。則對較純粹權力意識，只以自己意志行爲强人順從，不先問我之意志行爲是否能有客觀價值者言，求榮譽之意識明爲更客觀而公之意識。

由上所說權力意識與求榮譽意識之不同，故人之求權力者，不必求榮譽，求榮譽者，亦可不必求權力。求權力者，乃一往以自我意志爲中心。求榮譽者，則先必有對他人所賞讚之客觀價值之考慮，亦卽先對他人之意志，有一種承認尊重。求權力者，乃求其權力意志之向外輻射，而貫徹於他人，求榮譽者，則只求他人之賞讚情緒，暫輻輳於自己。然復須知，人之權力意志，又恒爲人之求榮譽意志之底質，而人之求榮譽，亦常所以達求權力之目的。且人必須有榮譽，乃能眞達其求權力之目的。我之求權力，乃望人順從我之目的，是望我之意志行爲方式，能支配他人。而我之得人賞讚，卽我意志行爲方式之支配他人之一種形態。故求榮譽之意志，恒由權力意志，經一道曲折轉變而來，而求權力之意志，可爲求榮譽之意志之底質。至人得榮譽以後，雖其目的，可不再在得權力，然恒自然有權力。蓋他人對我之有賞讚情緒，即他人自動願順從我之始。又人之得權力，而爲人所順從，必其行爲能表現一客觀價值。而凡表現一客觀價值之行爲，皆須通過人之賞讚，以得人順從。不通過賞讚之順從，必非眞心順從，而其順從不可久。則人不得榮譽，亦必不能眞得權力。故人之求權力，而直接目的在得人順從者，必須轉變而成：通過得人賞讚之目的，而求得人之順從者。純求權力之意識，乃必須轉變爲求榮譽以得權力之意識。而人一有求榮譽得人賞讚之目的，則又須反省行爲所表現之價值，是否能得人賞讚，於是其意識之中心，便由自己而暫移注於他人，而趨於更大公更客觀。由是而對他人所賞讚之客觀價值爲何，更能加以考慮，本之以衡量自己之行爲，而求其自己之行爲，能表現此客觀價值。此時，如人能專注念於行爲之表現客觀價值一點，則人又可忘得人賞讚之目的，與得權力之目的，如此則人將可完全自個人之權力欲與個人之榮譽欲超化，此則待於更進一步之精神發展。

求榮譽之意識之所以可有更進一步之發展者，在求榮譽者，乃直接以得人內心之讚賞爲目的，不似權力意志之直接以得他人之順從爲目的。直接以得他人之順從爲目的者，可非求人之眞心順從，而只求他人之外在行爲之順從。而縱他人已眞心順從，求權力者亦須求人之表現其順從心於外在之行爲。故如他人有外在行爲上之不順從，則求權力者恒趨於以外在之强力，脅迫其外在之身體，表現順從之行爲。否則寧加殺害，使違悖之意志，不能有表現，而其不順從之行爲，再不復存在。唯如此加以殺害後，求權力者，仍將不免覺有所憾恨。蓋求權力者之最初目的，在使人順從，如其死亡，則亦無順從之之意志行為。徒以無任何之意志行為，與我相違，終較善於相違之意志行為之存在，故寧殺之耳。殺之而猶有憾恨，則此憾恨表現為鞭屍及殺其親族等。然在求榮譽之意識中，則因其重點唯在人內心之讚賞，故於他人之不讚賞時，將不取強力之脅迫之方式。蓋吾人有一內心之觀念，即知強力脅迫之不能使人心悅誠服。由是而吾人之欲得他人讚賞者，亦罕對不讚賞我之人存殺害之心。而其求人讚賞，將唯重在使自己之意志行為，能表現客觀之價值，以感動人之內心。彼知他人之讚賞與否，非我之欲之求之，即可得，要在我之所以感動者之如何，遂增益其反求諸己之意。而當其對所欲表現於意志行為之客觀價值本身，轉而感一種衷心之愛好時，則他人之是否知我，而對我加以賞讚，我即可不問。由是而我之實現價值，遂全為求諸己之事，而可根本不用之以求個人榮譽。而我之榮譽欲到此亦可漸全然超化矣。

三　客觀價值之等級與權位之等級，及權位與德位、能位、勢位

吾人上來指出：個人之主觀之權力欲，可通過榮譽欲，而超化為純粹之表現客觀價值於意志行為中之努力。當人真有表現客觀價值於意志行為中之努力時，人之私心，則可漸全化為公心。然無

論其個人之私心，是否實已全化爲公心，而能得權位者之所以被人順從，終不在其私心，而在其意志行爲所表現之客觀價值。他人只能由讚賞其意志行爲中所表現之客觀價值，以對之順從，而不能對其私心或個人之權力欲、榮譽欲本身，加以讚賞，而表示順從。蓋他人亦咸有其權力欲榮譽欲，足與之相抗衡而相對峙，則無人願對其權力欲榮譽欲本身，加以讚賞而表示順從。由是而人之是否得權位，與人所得之權位所以有等級之劃分之關鍵，全在人之意志行爲所表現之價值，有高下等級。而他人之願順從意志行爲表現較高價值之個人，亦恒在他人之能暫忘此個人之私心之權力欲榮譽欲，或覺其個人私心不重要之時，或信其未嘗有個人私心之時。由是而能得權位之人，無論其個人私心之是否眞化除，然彼只能在其私心被掩飾，而不爲人所察及，或被人暫忘視爲不重要，或被人視爲無私心處，被人眞順從。由是個人之私心與權力欲榮譽欲，乃吾人討論人之所以得權位之客觀理由時，所不必顧及者。而人之欲得高等級之權位，以有權使低等級人亦有權之主觀動機，亦非吾人討論人之權位有等級之客觀理由時所當顧及。吾人以下論人類社會之所以有各種權位等級之制度與政治之組織，亦將順上來所論之客觀價值之表現，與客觀價值之承認讚賞，與人對他人表現客觀價值之意志行爲之自動的順從，以論之。

吾人前曾言：人之意志行爲所表現客觀價值，可有多種。無論人表現一武力之優越，智力、審美力、道德力、以至其他之優越，均可爲他人所承認讚賞而得他人順從。然人之意志行爲所表現之某種客觀價值之優越程度，有各級之不同，此卽人之權位有各級之不同之一客觀根據。又人意志行爲所表現之各種類之客觀價值，其客觀性亦不必相等。亦卽各種客觀價值之普遍被人承認讚賞，或恒常地而深厚地被人承認讚賞之程度，各有各級之不同。此又卽人之權位有各級之不同之又一客觀根據。此客觀價值蓋約可分爲三類，其第一類之客觀價值，乃人之欲望之對象，而爲人所先自覺的爲自己而追求者，如財貨、美色、以至「權力欲、榮譽欲之滿足」之類。（注意：權力欲榮譽欲與「權力欲榮譽欲之滿足」不同，前者爲純屬個人主觀而恒不被其他個人所認爲好者，而後者則可爲一客觀的人所共慕之好）此可統稱之爲富貴之價值。我之在其他人前表現能獲得此種富貴之價值，固可使曾追求之而未能得之他人，承認讚賞我之能獲得之，而使我在他人前，顯一威風，他人便有易順從我之勢，此如前說。然他人之承認讚賞我，唯依於他人自求富貴之欲望中，曾先有一得之者爲好之一普遍之觀念。他人之承認讚賞我之得之，唯依此普遍的觀念之已先被承認，而一時不容已於承認讚賞我之能獲得之爲好。然復須知：此得之者爲好之普遍觀念，初旣在他人之自求富貴之之欲望中，卽可謂初乃包裹於他人之自求富貴之欲望下者。故除非在他人知其決不能得，而甘心壓服其欲望之時，或我之所得絕對超過他人之所得之時，他人決不願輕於甘拜下風，而對我之富貴眞心承認讚賞。故人在他人前表現此種價值之獲得，通常皆爲引起人之嫉妬者。而我由獲得此類價值，而顯出對他人之威脅之權力本身，亦常爲人所不心服，而同樣易引生嫉妬者。由是而此類價值之被人承認讚賞，亦非能恒久而深厚者。蓋此種客觀價值，乃人所共求。而我之得之，恒阻礙他人之得之，並亦可益引發他人之欲得之者。故除非在他人放棄其欲望之情形下，我之得之，不能眞成爲對他人之客觀的好，而使他人眞承認讚賞，以使我對他人據有威脅之權力，而爲我之權位之眞正根據。

第二類之客觀價值，乃若我之意志行爲表現之，卽恒爲他人所願仿傚者。其所以能爲人所願仿傚，乃以其原可爲我與人所可分別共享，而亦爲人先所曾自覺的或不自覺的追求者。此卽如對眞理之知識，創造美之藝能，及其他之對人對事對物之才幹技巧之客觀價值等。當吾自己之意志行爲，能表現此類客觀價值時，此類客觀價值，可不必已爲人所先自覺的追求。然卽其未爲人所先自覺的追求，當我表現之之時，人亦可本其潛伏的愛眞、愛美、愛知識及藝能、才幹、技巧之性向，而愛好我所宣說之眞理知識，所表現之藝能、才幹、技巧，且進而仿傚之。故此亦可謂爲人所不自覺的追求者。此類之客觀價值之爲我所得，不礙其爲人所得，而爲人我所可分別共享，故不致引起他人之嫉妬。（凡人之嫉妬他人之知識技能等者，皆是嫉妬他人由此而得之名、利、美色等欲望對象。）而我之得此類價值，反足喚醒刺激他人之亦表現其潛伏的求眞求美……等性向，而亦求獲得此種種價值。故此類價值之獲得，恒能得人之普遍的承認讚賞。而人對之之承認讚賞之恒久深厚之度，亦遠超過對富貴之人所得富貴等價值之被承認讚賞之恒久深厚之度。

第三類之客觀價值，乃若我之意志行爲表現之，卽爲人所願仿傚且眞心崇敬者。此卽我之意志行爲本身所表現之道德價值。上述之第一類價值，乃我之意志行爲之所得，然所得者乃外在於我之意志行爲本身，而可由他人之嫉妬而使我喪失者。第二類之客觀價值，乃內在於我之意志行爲之本身，而亦可爲人所分別共享，遂可不引起他人之嫉妬。同時如我不自喪失之，他人不能使我喪失者。然此類之客觀價值如知識、藝能、才幹、技巧，乃始於對外在事物求了解，或加以欣賞處理之意志行爲之所得。故此類價值之所由獲得，非全內在於我之意志行爲。因而若非有同類之外在事物，呈於我與人之前，以使他人先對此類價值，有自覺或不自覺的追求，則我之知識藝能等，對人可不顯一客觀價值。如事物之呈於我與他人前者，發生變化，則我與人共認爲有客觀價值之知識藝能亦恒須變化。故我所已有之知識藝能，仍缺乏普遍的客觀性與恒久的客觀性。又我之每一知識藝能等，皆由我之一分殊的意志行爲之追求所得，即我之人格之一方面之活動之所得，而非我之整個人格之活動，或我之統體的意志行爲之追求之所得，此便使其爲人所承認賞讚之深厚之度，仍不能至最高。然我之意志行爲所表現之道德價值，則全內在於我之意志行爲本身。道德意志行爲，乃我自己了解自己，我自己處理我自己，而以自己之意志規定改造自己之意志；以自己之行爲規定改造自己之行爲。故道德價值乃純內在於自己意志行爲之中，而爲絕對屬於我之意志行爲本身者。同時亦爲我之統體的意志行爲、整個之人格活動之追求之所得。我之道德意志道德行爲，爲我個人之全人格內部之事。此自一方言，似爲最主觀者。然正因我之道德意志道德行爲，爲我個人之人格內部之事，故我之道德意志行爲，能吸注他人之心，以深入我之整個心，而使人有最深厚之客觀價值之體驗，客觀價值之承認與客觀價值之讚賞者。而我之道德意志道德行爲，復爲與他人之意志行爲不生任何之對抗，而與人無爭者。故我之實現其道德價值，絕對不致引起他人之嫉妬。而人之得實現道德價值與否，旣純爲其人格內部之事，故外在事物之變化，不致引起他人對我之眞有客觀價值之道德意志、道德行爲之判斷之變化。凡我之一意志行爲，能表現道德價值，皆爲對任何時任何人之知我之意志行爲之意義與內容者，所能永恒的普遍的認爲有客觀價值者。蓋道德意志道德行爲，雖爲個人全人格內部之事，然個人之自決定其道德意志、道德行爲，必爲自覺的或不自覺的依普遍之理性而決定者。凡依普遍之理性而決定者，卽爲可成爲普遍之律則者。故凡一道德意志或道德行爲之決定中，均可包含一自覺：卽我之如是決定，爲任何時任何人在同一情境下所當如是決定者。而道德意志道德行爲，遂自始卽爲一有絕對普遍性客觀性之行爲，道德意識乃包含他人之意識之一種意識。故最高之道德意識，必爲一方欲成己，一方欲成物，大公而能以他人之意志行爲，爲其所考慮同情之對象者。由是而人欲滿足自己之欲望，則思他人之欲望，自己求眞、求美、有知識藝能，則思傳之於人，自己有道德，亦望人之有道德。故人之道德意識，復可發展爲普遍的向客觀之他人效忠，欲有所貢獻，而向人注念，以使人直接感其普遍性客觀性之一種意識。至他人之所以能普遍客觀的承認讚賞我之道德意志道德行爲之價值，亦卽由於我之道德意志道德行爲，自始卽依普遍的理性而決定，並自始即爲普遍客觀的向人效忠者；而人又皆普遍的有其普遍客觀的理性與道德意識；故皆能了解我之依普遍客觀的理性所決定之意志行爲，而承認讚賞之也。

對於上來所述之三類之客觀價值，我之意志行爲能表現其中任一種，皆可在一情形下，爲他人所承認讚賞，而被人願順從，而爲我之能得權位之客觀根據。然三類之中，第一類被人承認讚賞之深厚普遍恒久之程度最低，第二類較高，第三類最高。第一類第二類，皆非絕對能普遍客觀地被承認讚賞，而第三類則只須他人眞知之，便能毫無例外的被他人所承認讚賞者。故權位之堅固不拔之客觀基礎，唯在有權位者之道德人格。然在此情形下，則有權位者必爲忘其個人之權力欲者。故其權位，唯有客觀意義，而無主觀意義。在主觀上，彼不覺有權力欲，而在他人之順從之，乃直接順從其德，則其權位對他人唯是德位。第二類之客觀價值之被求得，足見人之才能，人有才能之表現，亦可致權位。然人初非必自覺的爲個人自己而求有才能——如人初非必自覺的爲個人自己而愛眞愛美以有知識藝術——此才能之使彼有權，亦非必彼初之意想所及。故人以有才能之表現而有權位後，亦可無權力欲之滋生。則彼之權位，對彼雖不必無主觀的滿足權力欲之意義，然亦可無此主觀意義，而他人之順從，可唯是欣賞其才能，而順從其才能，則其權位，對他人可稱爲一能位。至於第一類之客觀價值，則得之者恒不免主觀之權力欲與之相伴，然其被承認讚賞之關鍵，仍在他人之曾有「得之者爲好」之普遍的觀念，而他人之不能得，又足壓服其求得之欲望，乃勢不得不承認讚賞得之者之能得爲好，而覺得之者若有一威風、一權力。人又覺如依附此威風權力，則自己亦可能多少分得權力，而反之，則其威風權力，可能加害於我，遂不能不承認讚賞之。故此權位雖對得之者有主觀意義，然其得建立於社會，則在客觀之他人之覺其有一種勢，以使其不得不承認讚賞。他人之順從之，乃順從其勢，則此權位對他人，可謂一勢位。

吾人將權位化爲德位、能位、勢位之後，則所謂人之服從權力，實卽人之服從道德、才能與勢力。此中唯有道德之人可普遍的爲人所順從尊重。而社會之人之應有權位高下之不同的理性根據，亦卽在人之道德、才能、勢力之爲人所客觀承認讚賞之程度之不同。社會上之當有眞普遍的爲人所順從尊重之人之權位，卽以社會上原可有眞有道德之人。然社會上只有對於他人之道德、才能，勢力之順從，亦只可使有人有權位爲可能，使在一社會組織中，有人以其道德爲人所順從尊重，而居領導地位，成可能。此尙皆只是使一社會組織之存在之一條件成可能，尙非是使一社會組織之存在本身成可能。欲使社會組織之存在本身成可能，尙有待於其他之條件。此卽吾人所將進而論者。

四　社會公共組織之如何可能，個人之照顧全體之意志要求，與客觀的權位之來源及尊位賦權之意識

所謂只有人對於他人之道德、才能、勢力等之順從，不能卽使一社會組織成爲可能者，因人對

他人之道德、才能、勢力等之順從，可以只是各個人之一時之事，而社會組織乃具一相當時間內之恒常性之公共組織。

此公共組織之存在之根據，如析而言之，可分六義說明。第一、為組織中之個人之同先有一公共之目的，呈於各個人之自覺之中。所謂公共之目的呈於各個人自覺之中又涵二義：一為各自有此目的，二為各知他人之有此目的。第二、此公共之目的對在組織中之我言，我不僅知其能多少規定我當前之行為，規定未來之我之行為，我復知其且多少規定他人未來之我之行為。換言之，即我知此公共目的，乃規定我與他人現在及未來之不同行為，而為其統一原理。第三、因此目的為上述之統一原理，故對組織中之我言，我之為此目的而努力，同時即是為他人之目的而努力，我之行為受我之目的規定，亦即同於受他人之目的規定。由此；而我在為此目的而努力時，即同時多少覺到我與人之對待之意識之化除，及己私之化除。第四、由此人我對待意識之化除、己私之化除，則各人為求公共目的之達到，而各視其才，以盡其力，所發生之行為，雖各不相同，然吾人可覺其意義與價值之相同。由此而上述之統一原理，同時為貫徹於人我行為之差別中，而使此差別中表現一意義上之無差別者。第五、由在一組織中，人可覺他人與我之行為，皆為達一同一目的，遂差別而又無差別；則在一組織中，人之相互模倣之性向，將因人我無差別之自覺之促進而特別發達。且人之模倣他人，將不限於模倣他人之行為方式，將兼及於模倣他人為公共目的而努力之精神，以更自盡其特殊之一才力。由是而人與人之相互模倣，以使人我同一化之性向，乃與人我之各發揮其特殊所長，而分別特殊化之性向不相悖而相融。第六、綜上所言，則在一公共組織中，個人雖各只為一份子，其對公共之目的，只有一有限之特殊貢獻。然每一個人之精神，則可通過對公共目的之自覺，而籠罩於全體組織之各分子，以為全組織之支持者。一組織愈龐大，則個人對一組織，所能貢獻者，其比例愈小。然個人而能了解此組織之公共目的，則其精神之籠罩性愈大。而此組織之賴於個人精神之支持者愈大。

上所述人類社會之公共組織存在之根據，全在人之有為公共目的而孳生之精神意識。此乃概人類之任何公共組織而言，不僅人類之學術團體、慈善團體、政治團體如是，經濟團體軍事團體、以至盜賊之團體亦如是。不僅現在之文明進步之社會如是，原始之野蠻社會奴隸社會亦如是。蓋盜賊之團體，仍有一公共之目的。在盜賊之間，仍彼此互知其公共目的。盜賊之間，仍有分工合作。而原始之奴隸社會之奴隸，在社會中仍須有待奉主人之公共目的，仍互知同為奴隸而分工合作。人在分工合作之際，無論如何自私，皆必多少有人我相忘之一瞬。而此一瞬即己私之忘却，人我對待意識之化除，人我無差別之自覺之湧出，精神之籠罩性之表現。而唯此等等，為組織之最重要之根據之所在。若舍此而言組織之根據於各人之私的目的，則每一私的目的，皆為趨向於使組織解體者，即根本不能成為組織存在之真正根據。

反對吾人之說者，恒注目在人之公共目的之初所自以形成，謂人與人有公共目的，乃由各個人目的之適逢相同。於是謂人之所以有團體之組織，乃由各個人之同欲達其私之目的。如同欲營利，而有商業組織。同欲禦敵保產，而有軍事組織。同欲增益知識，而有學術團體之組織。同欲實現一政見，而有政黨之組織。……故各個人有適逢相同之欲望之私的目的，而又各欲賴他人之助力以相滿足，卽人類社會組織或團體存在之眞正根據。然依吾人之見，則個人從事發起或參加組織團體之最初的個別動機，與組織團體存在之根據實不同。此中個人之最初動機，儘可是各人之欲賴他人力之幫助，以滿足其欲望或私的目的。然人在互識其欲望與私的目的後，則各漸超拔其欲望與私的目的，而有一「兼滿足各人之私」之公的目的之形成。而一組織或一團體成立時，卽人已能互識其私的目的，形成一公的目的之時。組織團體之能繼續存在，必本於其中之分子之互信他人，能同爲此公的目的而努力，而分工合作。在一組織團體中，誠可有人專存利用他人之力，以滿足個人私欲爲事者。然此種個人之所利用者，恒正是他人之爲公的目的而努力之心理或成績。如一個組織團體中，人人皆自覺存利用之心，且知他人皆互存利用之心，則此組織團體，不特隨時有以個人利害衝突而解體之可能，而且根本無組織團體之實義。蓋此時團體中之個人，皆無團體之觀念，而只可謂有似團體之行動。其有似團體之行動，乃對團體外之他人而見。如烏合之衆，在遠處人看來，亦可似一團體，個人如眞有團體之觀念，則個人必須超越自己個人私的目的，而有對他人之私的目的之承認，與公的目的之形成。此公的目的形成之後，則團體中之各個人，皆自覺此目的，復知他人之有此目的，而此目的，即被肯定爲我與他人之行爲之統一原理。人我之對待意識與私的目的，即順此統一原理之呈現於自覺，而逐漸趨向於化除或會通。

人在團體中，必有人我對待之意識、私的目的之化除會通，其客觀的證據，爲一團體中必有公認之成文或不成文之規律與章程，用以普遍的規定團體中分子之行爲或職務者。此規律，無論是否經各分子共同理性之考慮而成，其所由擬定之根據是否全合理，然其所以有規定各分子之效力，終必根據於各分子之自覺的承認之。而各分子之自覺的承認一普遍的規律，即本於一人我平等觀，而忘人我對待，超越私的目的之理性活動。故如人在團體中根本無人我對待意識及私的目的之化除會通，則任何規律之被人所公認，皆不可能。而規律之所以有效，不僅根據於人之皆能共認一普遍的規律之理性活動，且根據於人之知他人亦有承認此普遍規律之理性活動。此即謂，人不僅承認有普遍應用於人我之規律之理性活動，且有普遍化此理性活動之本身於人我，而承認理性活動普遍存在於人人之理性活動。而唯此超人我對待之理性活動之存在於人我之心中，乃團體中之規律規程，所以有效於人我之最後的支持者。由是而團體中之任一規律之曾存在，即皆人在團體中有超越於人我對待意識之客觀的證明。故無論一團體中之規律本身之內容，如何不合理，然尅就其被人普遍的承認一點上說，皆同是原於人之理性活動。而規律本身之內容，所以必須日益趨於合理化，即原於其所賴以被承認或支持此規律之理性活動，必須進一步求實現，而自內構造此規律之自身也。

每一個團體之分子，在其團體意識上，皆爲超人我之分別者。然在其對於團體之公共目的之貢獻上，則人我各不相同。其貢獻愈大，則愈得人讚賞得人順從，而在團體之權位愈高。然因我不只以他人對一公共目的之貢獻而衡量他人之價值，故在一團體中一人，因表現其他之客觀價值，而得多人賞讚者，在團體中之權位亦因而較高。然一團體中之有各級不同之權位，及有較高權位之人，堪居領導地位者，尙非一團體實際有領導人物行政人物之眞正理由。

一團體之所以實際有領導人物行政人物之眞正理由，吾人尙不能只求於一團體中之有表現客觀價値較高，順從者較多之堪爲領導人物行政人物之個人；而當求之於團體之存在本身之需要。吾人以爲團體本身乃爲必然需要領導人物行政人物者。在任何社會團體中，如無領導與行政之組織，乃必然不可能者。蓋一團體必有其公共目的，而須各個人之分工合作以實現之。然此目的之本身，在其本性上爲一超越於團體中分子個人當前之現實工作之上，必需繼續不斷的被人自覺的執持，以之主宰規定各分子個人之行爲職務，乃能逐漸實現者。然一個人在作其特定之現實工作時，此特定現實工作之本性，卽恒要求一個人之集中精力於其中，而使之不能念念自覺的執持此公共目的者。一個人之每一現實工作，皆與其他之環境事物相牽連，亦與作工作者之主觀生理心理相牽連。此環境事物與主觀之生理心理，在本性上，又爲能引發個人之其他目的，而分散其精力，以用於其他目的者。由此而個人之作特定的現實工作者，因不能念念自覺執持一公共目的，遂可轉而根本忘却此公共目的，或發生違悖此公共目的之行爲。故一團體中之有領導人物、行政人物，時時自覺此公共目的，喚醒其中之分子個人對公共目的之注意，使各分子之特殊環境、主觀心理生理、個人目的，與其所作之工作、担任之職務，皆相協調，並計劃如何配合各分子之工作，裁制分子對於公共目的之違悖，乃對於團體爲必然的需要者。而各分子在了解徒集中其精力於個人特定之現實工作，即有忘却此公共目的，違悖此公共目的之可能時，亦將望有人時時自覺此公共目的，而喚醒各分子之注意，謀各分子在團體中之工作，與各分子之主觀目的協調。蓋各分子既原有此超越人我之對待，以認識公共目的之意識，即原有一照顧籠罩團體之一切分子之心境。因此心境本身，亦爲超越人我之對待者，故彼在此心境中，即已肯定：「任何照顧籠罩團體之一切分子之心境，無論屬於我或屬於他人，皆爲有價值。」因而如彼知其不常有此心境，即將望人之常有此心境。而覺人之常有此心境，即同於我之常有此心境。而當有人有此心境時，其人即必欲時時喚醒每一分子對公共目的之自覺，而有爲團體計劃之意志。故一分子之望他人有此心境，即同時是望人能担當喚醒一切分子對公共目的之自覺，爲團體計劃等之責任。此中，有人之能担當此責任，亦同於彼之担當此責任。有人之担當此責任，即同於其自身之意志之客觀的實現。故領導人物行政人物對團體爲必需存在，同時亦爲每一認識團體之公共目的之分子，所必然要求其存在，而對每一分子爲必需者。而其對團體之所以爲必需，正根於其爲每一分子實現其照顧全體之心境及意志所必然要求，而對每一分子爲必需者。由是而一團體之實際上有領導人物行政人物存在之根據，乃全不在領導人物行政人物之自身，而唯在其中一切分子之照顧全體之意志。領導人物行政人物之自身所具備之條件，只爲其得成爲領導人物之理由，尙非團體中實際上有領導人物之理由也。

全團體可分爲各部份，各部份又可自成一全體。故一團體中可有各級之領導人物，以實現團體中分子之意志。此各級之領導人物之所以實際存在，而有高下之地位之分別，卽根據於團體中分子之有各種範圍大小不同之照顧全體之意志。人有各級範圍大小不同之照顧全體之意志，而於照顧大範圍之全體之意志，人皆自覺的承認其乃高於照顧小範圍之全體之意志者；則人將必然肯定期望：有高下不同之各級之領導人物行政人物之存在，而以能實現其照顧大範圍之全體之意志之領導人物之地位，高於實現其照顧小範圍之全體之意志者。此卽團體中之各級不同之領導行政人物，必有高下之位之分別之理由。由此而領導人物行政人物之本身價値有高下各級之不同，亦只可說爲其得居團體中高下各級之領導地位行政地位之理由；而尙非一團體本身所以實際上有高下各級不同之領導地位行政地位之理由。團體中之所以有高下各級之不同之領導地位行政地位之實際理由，亦純在團體中之分子之原有高下各級不同之照顧全體之意志，而有良知能辨其高下。團體中高下各級之領導地位，亦只是依於團體中之分子自身之照顧全體之意志良知所要求而建立，亦由此照顧全體之意志良知之所支持者。

由吾人上來所述，則團體中之有領導行政之人，與領導行政之人之有高下各級之位，皆依於團體中分子本有之照顧全體之意志與良知所要求而建立。故人之尊重一團體之有高位之人，可非是出自尊重其人本身之動機，而唯是尊重其位之本身。此位本身之所以可尊，乃因此位是依吾自己之照顧全體之意志與良知之要求而建立。吾於吾照顧全體之意志，吾必求實現之，故吾不能實現之，即要求希望一能實現之者，而負此實現之責任。在吾要求一能實現之者時，吾可不知能實現之者爲誰，然吾知能實現之者爲可尊貴。吾此時即有一「能實現之者爲可尊貴」之判斷。而吾要求希望有一能實現之者，則吾即同時要求希望吾之判斷之實有所施。吾要求希望此判斷之實有所施，而不知所施者爲誰，而只向一理想之客觀對象而施，即爲一純粹之尊重「位」之意識。此意識可兼湊泊於一實際之對象；倘無實際之對象，此意識亦爲可能。而縱有實際之對象，吾人仍可不注意於此實際之對象之特殊性上，而唯着眼於此實際的對象之同於理想之對象上。則此時對實際之對象之尊重，仍只是對其位之尊重。此種對其位本身之尊重，初乃純粹的對我之照顧全體之意志之尊重，對客觀實現我之「照顧全體之意志之理想者」之尊重。由此動機出發，而對各種高下不同位之人，有各別尊重之不同，即是依於我之對「有照顧大小不同範圍之全體之意志之各級人」之價値判斷之不同，而致之尊重之不同。人之照顧全體之意志爲必然而應當有者。人對照顧不同大小全體之諸意志之高下之價值判斷，亦爲必然有而應當有者，則尊重位或有位之人，而對不同之位不同其尊重，亦爲必然有而應當有者。由團體中分子，對於有位之領導者行政者，必然有且當有尊重，而人遂亦對於有位之領導者行政者之命令指導願遵從。蓋各分子既原有照顧全體之意志，而又信領導者行政者之時常保有此照顧全體之意志，則人爲求其原有之照顧全體之意志之實現，則將自動的願受此能保有其照顧全體之意志者之指導與命令。由此而尊重位之意識，同時即轉爲賦有位者以權之意識。此中賦有位者以權，乃由於吾人之相信有位者之意志之爲確能照顧全體涵蓋全體者，而眞能權衡各種工作事務之輕重緩急之故。故此權之賦與，亦正爲願受指導與命令之一般分子之所自發。一般分子之望一有位而有權者之存在，而甘受其指導命令，初尙非由實際有位有權者之本身價值而引起也。

吾人以上之分析在說明權位之實際存在於一社會組織或團體中，其理由乃在團體中之分子之照顧全體之意志，而不在有權位者之人之本身之客觀價值之表現。吾人須知，吾人前所分析之人之本身有客觀價值之表現者，在社會上易有權位，使人順從，此權位乃別是一種。此一種權位，乃直接由他人之承認讚賞其本身價值而生，因而亦可謂由其自力所致。而團體中之權位，則直接由團體中分子原有照顧全體之意志之要求而建立。對團體中之權位，團體中之分子，必自動要求有人能居之。然其所要求之人，唯是一眞正能時時保有照顧全體之意志之人，故初無擇於任何人。亦可對任何人寄此希望，而望其能居此權位。唯以有本身價值之人，因先得人之承認讚賞，故人卽自然易將此希望寄於其上，而要求其居此權位，使諸分子在團體行動中亦得其領導者。此卽吾人上節所以言人之本身價値乃其所以爲領導者行政者而得團體中權位之理由。然此理由，並非卽其在團體所居之權位本身所自來之理由。吾人今能辨清此層，知團體中之領導者行政者之在團體中所居之權位，並非來自其個人所表現之本身價値，而純爲團體中之分子所賦予，則知個人依其所表現之本身價値，而得團體中之權位之後，其權位之是否能保持，將純視其是否能適合賦與權位者之團體分子之要求，是否能時時照顧全體而權衡各工作事務之輕重緩急，而作妥善之分配於團體中之分子，以達到公共目的之實現爲定。由是而個人之所以能得團體中之權位，雖可純由其個人之勢力才能或任何類之道德而來；然個人所以能維持其團體中之權位，則純在其智慧爲照顧全體之智慧，才幹爲組織分子之才幹，道德爲與效忠於團體之目的之道德時，此智慧才幹道德，乃有維持其權位之價値。如其智慧、才能、道德非此之類，便只能用之以得社會上各別之人之承認讚賞，而亦可藉之以爲獲得另一團體中權位之媒介，然終不能藉之以保持其在此團體中之權位也。

吾人知一團體中領導人物行政人物之權，純由分子所賦與，其能使人眞保持其權位，純在其照顧全體之智慧，組織分子之才幹，效忠於團體之道德等，便知一團體之領導人物行政人物之成爲領導人物行政人物，純在其意志之能反映團體中分子之意志。然此所謂反映分子之意志，非只是了解各分子之現實個別意志，而調整配合其關係，以組織之之謂。而是反映每一分子之原有之照顧全體之意志，使每一分子原有之照顧全體之意志，皆可於領導者行政者照顧全體之意志中，照見其自身之存在之謂。由是而領導行政者爲全體之公共目的之達到，縱偶違其分子一時之一切現實的個別意志，仍可爲反映其分子之眞實意志者。

五　社會團體與國家之存在之理性基礎

吾人上之所述，乃人所組織之團體之一般原理。然人類之團體，或以人自覺所欲達之各種不同性質之公共目的而分類，如社會學家所謂構成社會。如經濟團體之公司、工會……及慈善團體、學術團體、宗教團體、教會、政黨、學校……之類。此種團體，每一種達依某一性質之公共目的。其對一個人而言，只能滿足個人之一種公共活動之要求。而每一團體與另一團體之目的活動不同，則各種團體可不相統率。人類之團體之分類，又可依吾人所居地域所屬之血族所屬民族等不同而分類。如社會學家所謂自然社會，如宗族部落地方團體，民族之類。此種團體，雖兼營各種公共事務，以達人之各種公共目的，然亦只以達某特殊人羣之目的爲限。此人羣恒爲依自然條件，如生理地理之條件之同一鄰近，而結合者。而統率此社會中各種團體之團體，吾人則名之爲國家。故吾人今將進而討論國家是否爲統率社會各團體之團體，國家是否必須存在，其存在之理由爲何之問題。

關於國家之是否爲統率社會各團體之團體之問題，吾人可先自常識共知之事實上求解答。吾人皆知國家之行政機關，對社會之一切團體，均有干涉制裁，或維持保護之作用。無論政府之權限或大或小，然彼必多少對於社會之一切團體之活動，有所干涉制裁，或維持保護之作用。卽此已可證國家爲統率社會各團體之一團體。而自理論上求解答，則吾人如謂國家非統率一切社會團體之團體，首必使國家之一名無所指。蓋國家固爲達人之公共目的而存在，然其所欲達之公共目的或謀達此目的之任務，明非如其他構成的社會團體，有所欲達之某一特殊性質之公共目的，亦不似自然團體以一地方一宗族之特殊人羣之福利爲公共目的。國家所由成立所欲實現之目的任務，似爲不能指定，而亦變動無常者。吾人今如欲試指定國家之特殊的公共目的或任務，恒見所指者不能盡國家之全部目的任務，而將見其只爲國家之一附屬機關，或國家中一社會團體之任務。如吾人謂國家之特殊任務，在以武力衞護民族，則國家只是一軍事機關。如謂國家之特殊任務，在維持社會秩序，保障人民權利，則國家只是一法律機關。如謂國家之特殊任務在發揚學術文化，則國家只是一教育機關。而吾人又不能謂國家之任務卽此諸任務之和，如此則國家只爲各機關之和，別無國家一單名之所指。又以國家中包括各宗族、各地方、各民族，故國家之公共目的，又不似各宗族各地方各民族之團體，只以謀特殊人羣之福利爲目的者。因國家中所包之領土可有增減，而其所包含之宗族、地方、民族之團體，亦可有增減，而非可一一指定者。國家一名之涵義，亦非能只以其所包含之宗族地方民族之團體之列舉，可加以界定者。因而國家一名如要有一意義，要實有所指，便不能只是同一於社會中任何有特殊公共目的任務之團體，或國家中之特殊人羣之團體，亦不只是各社會團體之和，而是指包括各社會團體而統率之總攝之的高一層次之團體之概念。

國家爲統屬社會各團體之高一層次之團體。然此團體之概念，乃不易確切的形成者，此卽構成政治思想史上國家學說之分歧。國家之屬性，人多謂爲有土地，有人民，有主權，而主權之概念卽又爲不易確切的形成者。吾人言國家之統率效能，通常必由國家之行政機關或政府而見。然政府之義又似非卽全同於國家。人對政府可革命，則政府之統率效能，未必卽國家之統率效能。則所謂國家統率社會各團體，又何所指？以國家一名所指之未確定，故馬克思派卽以國家指統治階級對於被統治階級之一種便於經濟剝削之有組織的權力。此權力今之寄託處，在警察機關、法庭、與軍隊、卽在政府。而在經濟上之階級消滅之時，國家亦歸消滅。此皆由於對國家之概念未確定形成，故有此國家之消滅論也。

然依吾人之見，則國家之概念之所以不易確切形成，唯由於吾人之未能通過其所統屬之社會團體之存在之內在的理性基礎上，以了解人之理性自我，而進以了解國家；而只欲直接的向外去把握國家而了解之。吾人如能通過社會團體之存在之內在的理性基礎，以了解人之理性自我，進以了解國家，則知國家與各社會團體之關係，正如人之統一的理性自我與各種理性活動之關係。無國家而只有各種社會團體之人類社會，其不可能，正如人之無內在之統一的理性自我，以統率吾人之各種理性活動之不可能。故吾人如能了解人之內在的統一的理性自我之涵義，其存在何以必須加以肯定，亦即可解國家之涵義，其存在何以必須加以肯定。吾人將說明者是，國家之存在乃吾人之內在之統一的理性自我之求客觀化之表現所必然要求者，此亦即可以說明人民、土地、政府主權之所以爲此國家概念中必然包含之要素。

吾人如反省吾人所有之各種不同之活動，皆能見其各有其特殊性質，而不能相混。吾人如只以分析的眼光，從事反省，則吾人根本不見有所謂統一之自我之存在，自我之一名亦無由立，更無所謂統一的理性自我。然吾人之終不能無我之觀念與我之名者，則以吾人之活動雖分殊而各不相同，然皆可爲我之直覺、反省或自覺之所對，即皆爲我覺照之光輝所覆。此覺照之光輝，遍覆我之一切活動，而我之活動遂統攝於我之覺照之下。由此覺照之爲統一之原則，而吾之每一種活動，皆須受其他種活動之限制，亦可由他種活動而促進。唯有此各種活動之相限制，而相促進，吾乃由某一種某强度之活動，轉移爲另一種或另一强度之活動。而吾人之所謂自我之概念，初即由各種活動之互相限制、促進之關係而成立。蓋由活動之互相限制而相促進，則見每一種活動皆無孤立之意義，每一種活動皆通過其他活動之促進與限制，以成就其自己。此亦即使每一種活動，皆與其他活動互相補足，互相扶持，而成一整體。由是而吾人遂有統率一切活動，而包括一切活動之自我之觀念。吾人之所以於每一活動，皆謂之爲我所發出，則以吾人之每一活動之發出，皆有自覺或半自覺或不自覺之其他活動爲其背景。其他活動或爲促進此活動，而積極規定此活動者。或爲限制此活動，而消極規定此活動者。吾人在發出活動之際，吾人之明白自覺者，固可只是此活動。然吾人對此活動之背景，仍可有半自覺或不自覺之一直覺。由是而吾遂直覺此活動乃依附於一統一之自我，而謂之爲我所發出。然以吾人之活動發出後，吾人明顯之自覺，可唯以此活動爲其所對。故恒只覺此活動之存在。轉而發出另一活動，又只覺其他活動之存在。於是順覺照之一所對以立言，便只見分殊之活動之存在，而不見一統一之自我。於是我之概念無法形成。哲人中如休謨等遂有以我爲不存在者。然須知吾人誠堅持順覺照之一所對以立言之態度，則我誠爲不可能指出，而無法對之形成概念者。吾承認吾人在日常生活中，當吾人之覺照，沉入於一活動之一特殊方式中，以與物接觸，而只用於識物時，吾人此時不僅無我之概念，亦且無物之概念，及吾人之活動之概念。唯當吾人之覺照，暫自物超拔而反觀所見之物相時，乃有物之概念。（此物之概念不必爲一具體物，可只是指一客觀之「有」或對象如感相等。）再反觀吾人之活動時，乃有吾人之活動之概念。然吾人此時之覺照，仍尙未自吾人之此活動本身超拔。故此時只有活動之概念，而無我之概念，唯在吾人由一活動轉移於另一不同性質程度之活動之際，即吾人之覺照暫不沉入於任一活動之中，而驀然抽離其自身，不用以覺照所對，而用以自見，然後知有覺照之存在，知各種活動之互相促進或限制與其上之統一原理，而後能形成我之概念。此即我之概念之所以難形成也。

吾人上言我之概念，唯由人之自覺其覺而成立，而所謂我之本身，亦可謂即此覺。當此覺沉於吾人之活動中，與物接觸，而不知反觀時，根本無任何概念之構成。然吾人一反觀所覺之物相，則可形成物之概念。一反觀吾人之活動，則可形成吾人之活動之概念。再反觀或自覺此覺自身，則可形成我之概念。凡一概念皆為一普遍者。吾人之能形成普遍概念，即見吾人之具普遍性之理性。而凡吾人之認識一普遍者，亦即皆認識一理，皆為一理性之活動。人之反觀自覺其覺之活動，而構成覺之概念我之概念，亦即一依理性之活動。而吾人於有活動行為時，若能有自覺反觀相伴，便能使其目的呈現於自覺反觀之前，而化為合理性之理想，由是而吾人即有自覺合理性之理想先行，為吾人以後之活動行為之領導，吾人之活動行為，即成為理性之活動行為，同時自覺此活動為有理性的我加以主宰者。理性之活動行為，必以自覺合理性之理想先行。合理性之理想必為普遍者。故人凡自覺一有合理性之理想時，必求普遍的實現此理想於我之過去未來，而求與我之過去未來之活動行為融和貫通。亦必求普遍的實現之於他人，而與他人之活動行為融和貫通。如吾人之此活動行為之理想，不能與人我之其他活動行為相融和貫通，吾即知吾人之理想必有未全合理性未真合理性之處，而吾人之理想中，猶雜有非理性或反理性之成份；遂進而求擴大其對合理性之理想之認識，求充量發展吾人之理性，以修正此活動行為之理想，使其中無一非理性反理性成份之夾雜。在此充量發展吾人理性過程中，吾人之理性之活動，遂顯爲自己批判其自己之理想，否定淘汰其中之非自己成份，以肯定其自己，建立其自己，以趨向於使各種理想融和貫通，能絕對的普遍化之理性活動。此時人卽自覺有統一的理性自我之理性活動。在此情形下，則人不僅有所自覺之合理性之理想，以爲其活動之領導，人且能自覺其合理性之理想與其他之合理性之理想之融和貫通，而互相映發，互相成就，求構成一全幅眞實之理境，以爲吾人活動行爲之領導，而完成吾人之統一人格。由是而人不僅自覺有理性的我，在主宰我之活動，且自覺有一涵蓋我之一切理性活動，而自作主宰之統一的理性的我，在主宰我之一切理性活動。如吾人只以求得此統一理性自我之主宰自己之活動行爲本身爲目的，且將此統一的理性自我主宰自己之活動行爲，純屬於自己而對自己言，卽道德活動（其詳見論道德之部）如不將之純對自己而屬於自己，而對各客觀之社會文化目的言，則成爲求統一貫通融合各種客觀的社會文化之活動，以建立一整體的國家之政治活動。

吾人之意是：如吾人知自我之概念之所由立，與理性活動之性質及統一的理性的我之性質；則知吾人之建立一整體的國家之政治活動之所由生與國家概念之所由立。蓋由吾人上述之理性之活動之性質，爲自覺一合理性之理想先行，爲吾人活動行爲之領導，而求普遍化此理想於人與我之過去未來之活動中者，則知有理性活動之人之參加或組織團體，乃爲必然者。而團體之存在之基礎，亦卽在人之此內在之理性活動。蓋團體乃人爲實現公共之目的而組織成者。在團體中人有公共之目的而皆自覺的共求實現之，且互知他人之有此目的，則此目的卽爲人之自覺的有普遍性而合理性之理想。而人爲實現此公共目的而發生之活動，卽皆爲理性之活動之表現。故在一有理性之人，將必然願與人抱相同目的之人，合組織一團體，並相勉相助於求此公共目的之達到，而成就其理性活動之表現，而此一團體亦卽可稱爲人之一種理性活動之客觀化之所成。至人之參加一團體之組織，雖最初可是欲藉團體之力，以滿足其私的欲望，而在其參加團體之組織之後，因知人之有同類之私的目的，遂亦將求識取諸私的目的之共同處，而形成一公共目的，以爲之努力，而成就其理性活動。此如前述。故一團體之以一公共之目的之達到之理想，主宰各分子之活動，領導或制裁各分子之活動，卽可謂此團體之理性的活動，而亦卽所以培養、訓練、成就各分子之理性活動者。而所謂一團體之理性活動，亦卽不外團體之各分子之各依理性而生之理想，相互客觀化普遍化，以使團體各分子之理想，更融和貫通，兼使各分子之求客觀化普遍化其理想之理性活動，更得客觀的表現成就者也。

然一般社會團體之理性活動，雖能客觀的表現成就諸分子個人之一求普遍化客觀化其理想之理性活動，然不能完成整個個人統一的自我之客觀化。此一則因一般社會團體，雖均有一公共目的，然皆只爲一特殊性質之公共目的，如爲促進知識而有學術團體，爲保護健康而有衞生團體，或爲特殊人羣謀福利之公共目的，如爲一宗族、地方謀福利之宗族團體地方團體。而個人依理性而生不同性質之理想，則有多種，個人之理性活動亦有多方面之理性活動，而可在不同之人羣中表現。二則一般社會團體組織成功之後，雖皆可訓練培養人之理性活動，人參與其中，亦必多少爲公共目的公共事業而努力，然後團體乃得維持其存在，此如前所已論。然在上述之構成團體中之人，以其只求一特殊性質之公共目的之達到，則可不顧他人抱其他不同性質之公共目的而組成之團體之利益，而對此其他團體或漠不相關，或與之衝突。在上述之自然團體中，則雖對內爲可兼營不同性質之公共事務，而能兼滿足團體中人之各公共目的要求者，而自其對團體中以外之人而言，則亦可爲只所以滿足此一特殊人羣之共同的私的欲望者。如宗族之團體部落之團體及今之地方團體等，即皆可對以外之人看來，只滿足此宗族此部落之人之私的欲望者。而一人如兼屬於不同之自然團體，如宗族之團體，及地方民族之團體時，其所屬宗族團體之福利，亦可與其所屬地方之團體或民族之團體之福利衝突。人如住二地方之交界處，或由一地移居另一地，則一人所屬之地方團體亦可相衝突。此外，人之構成團體，乃以抽象公共目的爲號召而組成。此抽象之公共目的，乃可溢出於一具體之宗族地方之人羣之限制者。因而由此抽象公共目的而成之團體，亦可與由具體之宗族地方之人羣只爲如是如是人羣謀福利之團體之目的相衝突。由此所述，故知任何一爲達一人之某一公共目的而組織成之一般社會團體，皆不能同時成就人之各方面的貫通的全部理性活動之客觀化，而不能完滿人之理性活動之要求者。故任何一般社會團體自其內部看，雖必多少依於對其中諸個人之目的皆加以照顧而成立，並維持其存在，然其對外之關係對外之活動，則不必皆爲合人之普遍大公之理性。此諸構成團體間，自然團體間，與其互相關係間，皆同可成彼此漠不相關，或以目的之不同而生衝突者。由此二者，吾人遂可言，人類社會中，如只有分別並存之構成團體與自然團體，乃不能成就人之多方面的理性活動之貫通的統一的發展與客觀化者。而人欲完成此目標，則人除一方面不能不有各種不同性質與不同人羣所組織之團體之組織與參加，人亦不能不對於一切團體之對外關係對外活動之不合更普遍之理性之處，加以制裁，對其衝突，求其貫通。於是人類如只有各種爲求達不同性質之公共目的而組織之團體，與兼營各公共事務，而只以滿足特殊人羣之欲望爲目的之各宗族部落地方團體之分散並存於社會，即復使人在理性上感一不滿足；而人必進而要求有一統率之團體，以配合各團體之關係，並規定限制各團體之對外活動，兼禁止專以防礙團體外之活動爲事之團體之存在者。簡言之，即吾人於此必要求一能統率包括各團體之更大之團體之存在。此統率包括一切團體，而能配合規定限制各團體之活動，以多方面的貫通的統一的完滿成就人之各理性活動客觀化之團體，即爲國家。

吾人上謂各社會團體之分散並存，卽使人在理性上感一不滿足，而要求有統率包括之團體，其理由尙須待申述。因表面觀之，人如只依各種理性之活動，以有各種團體之組織，而無統率之之國家，似亦未嘗不可使吾人之各理性活動，分別一一得客觀化。而吾人依理性活動，以自由組織團體自由參加團體，往來進退於各種團體中，則人之理性自我，亦有其自由之表現，而無須一統括各團體之團體之存在。若吾人謂必須有統括之團體，亦只能就上述之第二層理由，卽團體之對外關係對外活動，恒不免不合理，故須有制裁限制之者，以貫通其衝突而立言。然此可謂乃因人類之活動未能眞理性化之故。若人類活動能充理性化之量，則人可自節制一團體對外活動之不合理者，使無防礙團體外之其他之團體之存在，亦無團體間之衝突，而只有各自由組織之團體之並存不悖。則統率各團體之國家，亦成不必需。此理想社會無國家之說所由生，亦國家是否爲必然之永恒存在之問題所由起，吾所須進而更詳盡的說明者。

關於此問題，吾人之答覆首爲，如一社會中只有各種團體而無統括各團體之大團體之概念，則團體之概念只爲指各團體之共相。於此，人之思維團體，如非思維一特殊之團體，卽只能爲思維團體之共相，則總攝各團體而思其關係之事，爲不可能者。吾之能總攝各團體而思其關係，吾必須在一能包涵各團體與其關係之一全體背景中思之。而此全體背景，吾必視之爲一整體，各團體在其中互相發生關係。卽吾必須有一更大之團體之概念，乃能使吾人對各團體與其關係之思維，成可能。蓋吾人上已言一團體爲：客觀化之一種理性活動所形成，而吾人之能理解一團體，形成一團體之概念，卽亦本於吾人之一種理性活動。吾人依吾人不同之理性活動，而形成不同之團體。吾人亦依吾人之不同理性活動，而了解不同之團體，構成不同之團體概念。然吾之不同之理性活動，互相關聯而統括於一統一之理性自我。吾人以有此統一的理性自我之統一的理性活動，以統括各種理性活動，吾人乃能兼自覺此各種理性活動。亦唯以吾人有綜括各種理性活動之統一的理性自我之存在，爲全體之背景，吾人乃能總攝各種理性活動與其關係而自思維之。由是而吾人總攝的思維諸理性活動之客觀化所成之諸團體之關係，亦必須在一可統括各團體之一客觀的大團體之整體中思維之。吾人不安於只有學術團體與衞生團體之並存，只有一宗族團體與另一宗族團體之並存，一地方團體與另一地方團體之並存，而不在一統括之客觀大團體之概念之背景中思維其關係。此客觀的大團體之存在，即相應於吾人之統一的理性自我之統一的理性活動求客觀化之要求者，是卽爲國家。

吾人之統一的理性自我之統一的理性活動，爲吾人能總攝的思維吾人之各種理性活動之全體背景，亦卽吾人能總攝的思維吾人之各種理性活動之最後根據。然吾人之統一的理性自我之表現其統一之理性活動，則表現於使各理性活動自己批判其自己，以求各理性活動之融和貫通中。由吾人之有各種理性活動之融和貫通，而後吾人乃有實現統一的理性自我之統一人格之完成。然因吾人之各種理性活動，客觀化爲抱各種不同公共目的之團體組織、與依於血族或所居地方之共同而生之宗族、部落等團體之組織；故吾人之統一的理性活動，在求實現統一的理性自我之統一人格之完成之活動中，同時有使各種團體之活動，互相融和貫通之要求與活動。吾人前說，吾人之實現統一的理性自我之統一的理性活動，使吾人之多方面之理想，互相融和貫通，而互相支持，互相映發，以構成全幅眞實之理境，以領導我之活動，而完成吾之統一的人格。故吾人之使各種團體之活動互相融和貫通之要求，卽實現此眞全之理境，於客觀社會，使各團體各個人之過去未來之一切活動之理想，皆互相融和貫通，而互相支持互相映發，以領導客觀社會之團體個人之活動之要求。依此要求，由是而須使客觀社會上之團體與個人，於其特殊之目的與特定行爲活動方式之有妨礙於其他團體或其他個人之達其目的者，加以修正或限制，而於其能促進幫助其他團體與個人之達其目的者，則再加以促進或鼓勵。由是方使客觀社會中之諸團體與個人之活動，不僅在事實上互相發生關係而存在，且在理想上，成爲互相融和貫通，相異相成，息息相依之一整體。是時之客觀社會，遂不只是一各個人團體分散並存之平鋪的客觀社會，而如站立起來，成爲具體的國家。而吾人之此種去融和貫通各種團體與個人之活動之統一的理性活動之本身，自客觀社會上言，卽爲建立國家之政治活動。此種政治活動欲融和貫通各團體個人之活動，卽須分別賦與復規定分配各團體個人之若干權限。而人之有政治活動者，亦要求有：去分別賦與、規定、分配各團體個人活動之權限之政權，亦卽主宰領導各團體個人之活動之政權。人各有其政治活動，卽各有其政權之要求。由是而政治活動又再須表現爲人求他人之賦與其政權，而各分配得政權之活動。而政治意識遂爲一求獲得權力，相互賦與權力，規定權力，分配權力之意識。如吾人本章首之所論。因而人易以政治活動之根據在人之權力欲。然實則人之所以求有政權，初原於其欲完成其政治活動。而原始之政治活動之本身，唯是一求融和貫通各團體個人之活動之統一的理性活動。人欲求自己之得政權，以完成其原始之政治活動時，因復回頭注念於自己，故個人之權力欲可混入，而求政權之政治活動，常有罪惡之成份。然原始之政治活動之本性，則純爲注念於客觀社會，而力求其中團體個人之活動之融和貫通，以建立國家爲目的者。而國家之建立，亦卽吾人統一的理性自我之統一的理性活動之客觀化之所要求，乃全不自權力欲出發而純粹至善者也。

由上所言，吾人知國家之建立，乃吾人之統一的理性活動，客觀化其自己所不能不要求之一事。個人由其各種理性活動之求客觀化，而建立各種社會之團體。而由人之統一的理性活動求客觀化，亦卽必求客觀社會中，分散並存之各團體，與其中各個人之活動，相互融和貫通，而建立成具體的國家。吾人可謂各種團體，如爲吾人之各種理性活動，分別向外支伸表現之產物。而國家卽如爲各種理性活動向外支伸表現後，而再相拱向，以融和貫通之產物。吾人之理性活動，必然向外支伸表現，則各種團體之產生爲必然。然吾人之各種理性活動，屬於一統一之理性自我。統一之理性自我，必求表現其統一性於其活動，於是必使分散之理性活動，互相拱向，故國家之產生，亦爲必然。故吾人如只假定一社會中之人，只依其自由理性之活動，以自由參加學術性或經濟性等團體，並往來進退於各地方團體各宗族團體間，而分別與不同宗族部落地方之人，發生婚姻、商務、或宗教信仰等各種關係，而不要求組織各團體成一統一之國家，此乃先驗的不可能者。以之爲可能之學說，乃根本未認清人之統一的理性自我，對於其所參加而發生關係之各種團體之分散並立，而不相融和貫通，未能成一統一體，乃心之所不能安者。此亦即謂人只有自由性之社會活動，而無綜攝性之政治活動，乃具統一的理性自我之人所不可能者。

又人之此求分散的各種團體個人之融和貫通之綜攝性的政治活動，尙非只爲外在於各團體與個人之一居中聯絡商量折衷之活動。此政治活動，在其理念本身，乃必然爲要求透入各團體與個人之行爲活動與其不同目的之內部，而自內構造之，使之融和貫通之活動。故政治活動，在概念上，實不與其他一般社會團體活動個人活動，居同一層級。此乃求一般社會團體、個人之活動之融和貫通，而亦涵蓋昭臨於一般社會團體個人之上，而透入之以加以主宰領導之高一層之活動。政治活動所欲使之融和貫通之社會團體活動個人活動，乃無定限。自此而言，政治之權力，在本質上亦爲要求成爲無定限者，與其他自始依一特殊之公共目的或由特定人羣組織之團體之權力，個人在此種團體中所要求之權，在本質上爲有定限者不同。

誠然政治之權力，實際運用起來，亦似將與各種團體個人之權力相衝突而受其限制。然此種衝突限制，並非如一般團體與個人之間之權力之相衝突限制。此種衝突限制，乃內在於政治活動之本身，而爲人之政治活動本身所自願承受或必當承受者。個人間之權力衝突團體間之權力衝突，可以個人、意志或團體之意志之轉移方向以避免之，而使彼此權力之相限制之感不產生。而政治權力如與其他之社會個人權力相衝突時，則此衝突為不可逃避，為人從事政治活動時，所自願承受或所必當承受。由是，而此衝突與限制之感即成內在於人之政治意識，人之政治活動本身中之衝突限制之感而為其自身之一規定，亦為其自身所當解決之事，而並非自外來之衝突限制。吾人須知，純政治活動之理念，唯是以融和貫通一切團體與個人之活動為事。故嚴格言之，政治活動乃根本不當亦不能與任何個人團體之活動或權力對立而相衝突者。此亦如統一理性活動之不當亦不能眞與任何特殊理性活動相衝突。凡所謂政治活動與社會團體個人之活動或權力相衝突，皆是夾雜於個人之政治活動中之個人之權力意志私欲，政府中之個人所偏袒之團體之特殊意志或權力，與其他個人或團體意志或權力之衝突，而非政治活動本身之與任何個人團體之意志或權力衝突。故凡覺與個人團體之意志或權力相衝突而受限制之政治活動，皆未能純化而全表現政治活動之所以為政治活動之理念者。而此種未能純化之政治活動，亦必須在其內部承受此衝突，而甘受限制，乃能使其自身益臻於純化，以表現其為無定限的涵蓋昭臨於一般社會團體個人之上，而只以求其諸活動或諸權力之融和貫通為事之本性者。政治權力，在理念上，原為肯定一切權力，而綜攝之之權力。政治活動政治意志，乃一統一的理性自我之統一的理性活動之求客觀化，而欲融和貫通一切活動，一切意志之活動與意志，亦即根本上是一客觀的道德活動道德意志。故眞正之政治權力之運用，亦並非外在於其他各種權力之另一種權力之運用，而唯是一種綜攝一切權力皆為其自己之權力之運用。所以謂綜攝一切權力爲其自己之權力之運用，卽求知如何使其他各種權力不相衝突，而以權力調劑權力、平衡權力、使之融和貫通之一種綜攝的理性力與道德力之運用。而政治活動之所以爲涵蓋昭臨於一切社會個人之活動之上而透入之以主宰領導之活動，政治權力之所以要求成爲無定限者，亦正根據於人之理性自我道德意志之涵蓋性主宰性與無限性而來。

由上所述故知，國家建立之根據，不僅如吾人以前所說，團體之對外關係對外活動，恒不免不合理而相衝突，須有制裁限制之而協調其衝突者。此尙只是國家存在之外在的消極根據。只有此消極根據，尙不能使吾人覺有積極的形成一國家之理念，而實現此國家之理念，而建立國家之必要。國家建立之積極根據，乃在人之不能不有涵蓋昭臨於一切社會個人之活動之上之政治活動，與政治權力之運用，乃能客觀化其統一之理性自我之統一的理性活動。由人之積極之政治活動之不容已於表現，人卽自然有消極的對於一切團體之對外活動，加以制裁限制，與積極的建立國家之事。須知人之此種對一切團體加以制裁限制之政治活動之直接目的　，尙並非只爲分別的完成各團體之目的及各團體中個人之目的，而是完成吾人之統一的理性自我之建立統一的國家，以使統一的理性活動客觀化之目的。故縱假定一社會中一切團體與其中之個人之目的，皆能不相妨礙分別完成，吾人仍有一政治活動，卽前說之使一切團體之目的理想，由積極的融和貫通，互相了解，互相同情，互相讚賞，而互相支持互相映發，以使個人之精神更能交光相照之活動。此仍是一實現國家理念、建立國家之實事。而所謂理想社會中人之理性自我，皆有其自由之表現之實義中，必須包含「人人皆能通過如此之政治活動，通過國家之建立，以得其統一的理性自我之活動」之客觀化之謂。若離如此之政治活動，捨棄國家之存在，而求理性自我之自由表現，則成為毀滅吾人之統一的理性自我之客觀化其活動之意志，亦毀滅統一的理性自我之存在者。故縱使今日之一切國家完全破壞毀滅，而人類只須有其統一的理性自我之存在，將仍本於其客觀化之意志，而重新建立國家。此乃一必然之命題。

吾人以上論國家必然存在之根據，為人之有涵蓋一切其他之團體與個人之活動之上之統一的理性自我之政治活動。由此政治活動，即必然有國家之建立。此所謂政治活動，自非只指某一人之政治活動。一人之政治活動不足建立國家。國家必為大羣人，一民族或諸民族（民族則包含諸宗族諸地方之人，而非如上述之一羣人，而是諸羣人合成之一大羣。）之政治活動所共同建立。一大羣人之政治活動共建立一國家之條件，依上所論，嚴格言之，乃為此一大羣中之每一人，皆有涵蓋此大羣中之團體及個人之活動，而求其融和貫通之意志。此即謂此一大羣人之每一人之政治活動，雖自各別之各人之理性自我出發，然又交會於一共同之政治目的，即全大羣中之各團體與個人活動之融和貫通。每一人之政治活動，為其理性自我客觀化之表現。由大羣人之政治活動，乃有國家之建立，即由一大羣人之理性自我之客觀化之共同表現，乃有國家之建立。由是而一人之建立國家之意志，不僅是求其個人之理性自我之客觀化之意志，亦且是求他人之理性自我之客觀化之意志。此卽謂一人之理性自我之客觀化之意志，同時包含使此意志自身亦客觀化於一大羣中之他人之意志中。由是而個人建立國家意志中，不僅包含自己之政治活動之肯定，且包含他人之政治活動之肯定；而所謂一大羣人各別政治活動之交會於一共同之建立國家之政治目的，同時是一大羣人之政治活動之互相肯定。由一大羣人之互相肯定他人之政治活動，每一人之意志皆支持他人之建立國家之意志，而後每一人之建立國家之意志，皆爲他人之建立國家意志所建立，而成絕對的建立國家之意志。而國家之建立之全部根據，當卽在此一切個人之同有絕對的建立國家之意志。

六　政府、人民、主權、土地之理念

吾人如了解國家之爲一大羣人之絕對的建立國家之意志所支持，則知國家必有政府，有人民，有主權，有土地之理由。國家之所以必須有政府，卽因吾人之政治活動，必然依理性而要求他人之有政治活動，而支持他人之政治活動。此之謂求我之政治活動之普遍化。然吾人之政治活動，其本性爲涵蓋昭臨於一切社團個人之特殊活動之上，而求其融和貫通者。故當吾人眞有政治活動時，吾人必須超出吾個人與所在團體之特殊目的，而另懷抱一更大之政治之目的，而求其實現。因而吾人之依理性而求他人亦有此政治目的，並亦有實現此目的之政治活動時；亦將望他人之超出其個人與所在之團體之特殊目的。由是而我與人之政治活動，在本質上，卽爲使我與人皆不自限於其個人之特殊目的，並自其所在之團體之特殊目的超拔，而共傾向於一純政治性之團體之形成者。此團體實際形成而又担任實際政治事務時，卽爲政府。而人旣皆有政治目的，又能支持他人之政治活動，故一人縱無明顯之政治活動，或有政治活動而不願去參加政治性之團體，担任實際政治事務；彼仍將盼望由他人之政治活動，以達其政治目的。由是而彼仍將肯定他人所組成之政治團體，與担任實際的政治事務之政府之存在之價値。由是客觀存在之政治團體，與能担任實際的政治事務之政府之存在，卽爲有政治目的而又能支持他人之政治活動之人，欲實現其政治目的，依理性而必然要求者。

至於人民之所以爲國家之要素，則根據於政治活動原以融和貫通各個人及團體之活動爲事。團體亦爲個人所組成。故吾人政治活動之意識，將必然包含對於個人之存在之肯定。個人之概念，固不同於國家中之人民或公民之概念。人民或公民之概念，有政治意義，而單純之個人之概念，可無政治意義。故只有個人之存在之肯定，並不包含人民或公民之存在之肯定。然在一社會中之個人，如懷抱有政治目的，而能有權表現政治活動，或能有權表示其對他人或政府中人之政治活動之肯定，則個人卽是人民或公民。然在吾人之政治活動之意識中，吾人必然依理性要求此意識所涵蓋之諸個人之亦能懷抱政治目的，而能有權表現政治活動，並能表示其對我之政治活動之肯定。故有政治活動之人，有建立國家之意志之人或政府中人，將必然要求人民或公民之存在。而實際上任何國家之建立政府之組織，亦皆必須人民或公民之肯定他人或政府中人之政治活動而後可能，故公民或人民爲國家之理念本身所必然包含。

至於主權之所以爲國家理念所必然包含，則根據於上述之吾人之政治活動，原爲涵蓋昭臨於一般社會團體個人活動之上，而求透入之以主宰領導之，而使之和融貫通者，及政治之權力爲一肯定一切權力而綜攝之權力之運用，亦卽一綜攝性的道德力智慧力之運用而來。蓋由此二者，卽使人之政治活動皆須最後表現爲一定然性的決斷卽從事建立國家之決斷。而此決斷本身必需貫徹於諸團體或個人之意志，而要求其承認肯定此決斷及此政治活動。故人之政治活動儘可在本質上全不出自個人之權力欲，而只爲建立國家。然彼必要求有某一種能貫徹其從事建立國家之決斷之主權。於是吾人不肯定承認他人之政治活動則已，吾人一肯定他人之政治活動，亦同時必然當肯定他人之有某一種主權。而主權之所以不屬於個人，而屬於全體國家人民，或表面上是屬於個人如君主，而吾人仍可謂之屬於全體國家人民者；則以個人政治活動中所要求之主權，乃依他人之肯定而有主權。而個人之政治活動所要求之主權，亦只能要求他人所能肯定之主權。由是而主權在表面上無論在一人或一部份人，而實際上皆爲一大羣人「肯定他人政治活動」之集體之產物。肯定他人之政治活動，亦是一種政治活動，故可邏言之爲一大羣人之共同之政治活動之產物，而爲一大羣人之共同之政治活動所支持。由是而主權不能只屬於特定任何人。卽表面屬於特定之任何人或一部份人，而實際皆當言屬於全體之國家人民。所謂屬於全體國家人民之主權，卽國家中之人民「爲完成其統一的理性自我之客觀化，而共同努力實現共政治目的，表現其政治活動，並肯定他人之政治活動，以互支持其建立國家之意志，而使國家得其建立」之主權。其所以又可不言此主權只爲人民中一一人分別所具有者，而只言其屬於國家全體者，則以一一個人之政治活動建立國家之意志，旣皆由他人之肯定之支持之，而得存在得實現，則一切所謂個人分別具有之權皆相依而有之權，此權成立於此「相依」，卽可只言此權屬於此相依之人民合以構成之國家全體也。

至於土地之爲國家之要素，淺言之，可謂由於人民必居於土地，乃有所消費之一切物質，人民乃能生存，能生存而後有各種之個人活動團體活動，而後政治活動可能。如深言之，則土地及土地中之一切物，乃不同人之身體之動作，所以能相關聯之媒介，亦人之精神能相交通之媒介。各人之身體與所有之一般財物，乃分散而爲各人所私有者。土地則爲密切相連之大物，乃爲原則上人可共住或共用者。故人之動作之相關聯，精神之相交通，而有共同之團體活動之形成，皆賴於其對於土地與土地之共住或共用。而吾人之思維一團體之活動，亦恒必須通過團體分子共用或共住之土地之觀念，乃能將各別之分子之活動統攝爲一，而呈現之於意識之前。因團體中各分子之身體，爲分別存在者，故吾人之合爲一體而思之，必須賴一密接相連之土地之大物之觀念以凝攝之。故吾人思維一家族或地方民族之團體皆不能離土地之觀念。至吾人在一般依一性質之公共目的而組織團體之概念中，所以不必包含土地之概念者，則以在此種團體之概念，是以團體中分子之所同有某性質之公共目的與依此目的而生共同事務而規定。由是而對於此團體言，各分子爲一變數，而可自由出入者。故吾人思維此種團體時，不需有對於團體分子作長久固著於一定土地之想念。此團體之概念亦不必須包含其分子共住共用一定土地之概念。而在國家之團體概念中，則是以能表現政治活動肯定他人之政治活動，爲人成人民公民之條件。由是而對國家言，各分子相互爲他人之政治活動所涵蓋，相互爲他人之政治意志之貫徹之場所，遂有其一定之政治責任，而爲人不能隨意自由出入者。故各分子對國家之團體言，乃常數而非變數。由是而在一國家之概念中，吾人對其中之分子之人民，必需作一長久固著於一定土地之想念，然後互相分離之人民身體之觀念，乃能在其長久固著之一定土地之想念中被凝攝住，此正有如吾人之思維一家族地方或民族之團體。故國家之概念中必須包含其公民據有一定土地之概念。人民如不與一定土地保持一定關係，不同居一定土地或同想念一定土地，則其相互間彼此融和貫通之精神活動，亦將因無客觀的長久存在的凝攝之媒介，而國家意識亦不能形成。而吾人之登高，望土地之遼濶，或行遠至國土之邊界，或披覽輿圖，即不禁動憂國之思者，正以土地之想念，即全體人民之精神活動之凝攝之客觀媒介與客觀憑藉。而愛國之士之所以覺一寸山河一寸心，亦非視此土地為冥頑不靈只資消費之物質之謂也。

七　國家之起原之諸學說與吾人之說之異同

吾人上來所說國家之建立之精神根據，乃概括古今之國家而言國家存在之必然性，故亦可移用以說明國家之起源。

一、關於國家之起源，或者以為原於一民族對他民族之武力之征服後，進至一種階級統治關係，如馬克斯之說。或者以為由於自然狀態之下之人，因相恐怖而互相訂契約，乃將自己之權利讓與君主甘受其支配，如霍布士之說。此二種學說，乃最與吾人之說不同者。然吾人皆不必首加以反對。對於前一說，吾意吾人儘可承認原始之國家之形成與拓展，由於民族間之鬥爭，而由武力之征服，以進至形成一階級統治關係。然仍不悖吾人之說國家為理性自我之客觀化之說。蓋統治階級之施行其統治權，仍須對於被統治之各種人如奴隸等之活動，加以配置組織，使之能融和貫通。此中統治者之統治之事，仍多少包含其理性自我經多方考慮後所成之一統攝性綜合性之決斷之貫徹。而彼亦仍須要求被統治者對其政治活動之肯定。誠然，其理性自我多方考慮之最後目的，恒不免是如何藉威力以配置組織被統治者之活動，以足其私欲。然被統治者由統治者威力之壓服其個人之意志，而肯定其統治者之政治活動時，即可引出對一超越其個人自我之另一意志之承認。此種承認雖出自脅迫，然仍不失爲一能超越個人自我之道德意識之表現。而統治者運用其威力，以配合組織不同之被統治者之活動，並對其所統治之人之衝突，加以裁斷時，亦不能不多少兼持理性之原則、公平之原則，而對被統治者，仍不能一無矜憫。此如吾人以前之所論。此即仍爲一道德意識之表現。則其理性自我之多方考慮，便仍是受道德意識之支配，而其決斷之求貫徹，仍是兼依於其理性自我之求客觀化，亦是其道德意志之求客觀化。而統治之所以爲統治，要不在統治者之懷抱主觀之目的，而在其決斷之求貫徹之事實上。此決斷之求貫徹，既必多少根據於其理性自我之統攝性的多方考慮，與道德意識之表現，則即純以謀統治者私欲之達到之政治活動，所以爲政治活動之本質，仍只在其爲理性自我道德意志之求客觀化一點，而不在其他。而不以達統治者之私欲之政治活動，所以優於專以達統治者私欲之目的之政治活動，將不在其改變其政治活動之本質，而只在此中統治者之心靈，更能自覺其政治活動之本質，由是而更能自覺的使其政治活動，成爲其理性自我道德意志之客觀化。而民主政治之所以優於有統治階級之政治，則在民主政治使人人皆可成統治者，則人人皆能由政治活動，以使其理性自我、道德意志客觀化。由是而人類政治之進化，遂爲一貫的理性自我道德意志之求客觀化之目的之逐步實現，在此義上，亦無所謂政治之本質上之改變之可言。故吾人對於原始國家之形成，乃本於階級之統治關係，或原始之政治乃統治者以其私欲之滿足爲目的之政治，二點儘可承認，而仍無悖於吾人之根本觀念。

二、至於上所提到之霍布士等之謂原始之政治與原始之國家，始於人與人之相衝突而相恐怖，乃相約而交其權於君主之說，吾人亦只須否認其原始人皆絕對自私之心理學說，不需全否認其所說之事實之存在。原始人對於統治者之政治權力之所以承認，吾人可謂本有原於人與人在相衝突中而相恐怖者。然人與人相衝突而相恐怖，所以卽要求有統治者存在以裁斷一切之故，則正由於人之有能自自私之心超拔之超越自我所發出之政治意識。蓋人之政治意識固通常以配合組織其他各團體個人間之活動，而於其衝突，加以裁斷，使之協調而融和貫通爲事。然人之欲彼自身或自身所在之團體之活動與他人或其他團體之活動在衝突時，得一裁斷，有一配合組織，亦一種政治意識。此種政治意識之所以可能，正原於人能超越其自己而將自己客觀化，以與人幷列，爲我之具涵蓋性的政治意識所欲加以配合組織之對象。而我旣能超越我自己以客觀化我自己，則我亦可使我自己成爲他人之具涵蓋性的政治意識所加以配合組織之對象。此卽同於謂我可自願使我自己，成爲被人裁斷之被治者。我之可以使我成爲被人裁斷之被治者，卽根於前所謂我能肯定他人政治活動之向我而施。然此種能將自己客觀化而以與人並列，以成爲被裁斷之被治者之政治意識，在原始人之心中，以其對於自己欲望之堅執，初可全爲隱而不顯。唯在其與他人相衝突而相恐怖時，以其自己之存在爲他人之存在所威脅，乃遂抑弱其對自己欲望之堅執，由此遂能自超越其自己，而首湧出將自己與他人並列，而望其衝突得一協調之政治意識。然因彼自身之自己正在與他人衝突而相對峙之中，亦在他人之恐怖威脅之下，故其此政治意識又不能卽在其自身表現爲公平的涵蓋人我之政治活動，於是轉而希望其他人之有能實現其同類之政治意識之政治活動。由是而遂要求：有他人之能發出一公平的涵蓋人我之政治活動，以裁斷協調其自己與他人之衝突，使彼此皆免由於衝突而生之失敗死亡之恐怖。人於是遂願見此公平的涵蓋人我之政治活動，表現於我自己以外之統治者身上，而任此統治者之有權，以裁斷一切。故霍布士之以原始人之相衝突恐怖，說明政治與國家之起原，吾人亦不須全否認其所說之事實之存在。吾人只須否認其所說之事實爲全部之事實。而此事實之存在，所以能爲政治國家之起原之理由，仍根據於吾人所說，人之涵蓋人我的政治意識之存在。唯因人之不能由其自己表現，卽改而要求他人表現之耳。而人之要求他人之表現之，卽吾人前所說之「肯定他人之政治活動」之一種政治活動也。

三、此外尙有與吾人之國家論似最相違之學說，卽以國家之存在唯因人民或政府中人之覺國家存在對之有利。此說以人民之所以欲順從政府之命令而愛國家，唯因政府可保障人民之生命財產，促進人民之幸福；而政府中人之所以樂於從政，亦以其可由統治以得財富地位與其他利益。此說以國家之存在，乃存在於其工具價值上。人之願使國家存在，亦由人人皆欲賴國家以保護其利益，滿足其欲望。由是而國家亦當以爲全體人民謀利益爲目的。故不能爲全體人民謀利益之國家本身，卽罪惡，便無存在之理由。此卽休謨、邊沁、穆勒之說。此種說法重在解釋國家之所以能繼續存在，而不重在解釋國家之起源。且以個人自覺之求利之動機爲根本，故與其餘諸說不同。

此種學說自與吾人之說不同。蓋依吾人之見，由個人求利之動機，根本不能引出一超個人之社會或國家之概念，亦不能引發人之去組織一團體或國家之理想。如只順個人求利之動機，以衡量國家之價値，則其所在之國家與其政府縱甚完善，任何個人仍可以個人之私欲未滿足，而要求脫離政府與國家之支配，而主廢棄國家。依吾人之說，國家之所以存在，本不在其具能使個人得利之工具價値，而在其爲人之統一的理性活動之客觀化之表現。國家存在之直接目的，卽在完成此理性活動之客觀化之要求。國家之所以應爲人民謀利，乃在於吾人之此理性活動之客觀化之要求中，卽包含對於人民一切活動之肯定，與加以促進成就之意識。而通常所謂爲人民謀利益，亦謀公利之謂。公利之謀得實乃促進完成人民之一切活動之結果。而謀公利之意識，亦根本卽是一道德意識，一普遍化自己求利心之理性活動。得公利，卽使此理性活動之滿足其客觀化之要求。故吾人之學說，自與此說不同。唯此說之指出人覺國家存在對之有利，然後願順從政府之命令而愛國家，雖不足說明國家所由建立之眞實根據，然亦未嘗非道出一般人對於國家之主觀心理。此主觀心理亦未嘗不可視爲一般人之所以愛國家而支持已成之國家之一種根據。故人之聞此說者，亦恒直覺其似甚合理。然吾人須知，個人之覺國家對之有利，遂願支持國家，其最初之動機與最後之目的，雖可爲自利，然此自利心之能引出對於超自己個人以上之國家之肯定者，乃由其發展之途程中，即包含其自身之否定，而有超自利心之顯現之一階段之故。蓋人欲足其自利心，而知非賴他人或國家之助不可，正因彼曾由經驗而知，一往之憑自力以自利，必感自力之不足，且恒將與他人及其他團體衝突，遂不能達其自利心之故。此一往自利心自知其不足，與受打擊或失敗，而被遏抑折回，乃其所以能肯定對立之他人及其他團體之存在，而求助於國家之主持公道保護其權利者。此即謂人之求國家之助，仍必須根於一超越自利心本身之「對他人其他團體或國家之存在之直接肯定」。由是而人覺國家於自己有利而願支持國家者，並非自始即純視之爲滿足自利心之工具。其視之爲工具之際，同時有超自利心本身的對國家之存在之直接肯定寓於其中。由是而所謂純由自利心所引出之對國家之肯定，與純由理性活動之客觀化要求所引出之對國家之肯定，可相緣引。而純由人之自利心所支持之國家，實際上亦並非眞純由人之自利心所支持。吾人觀人因國家對之有利，遂覺願支持國家者，却未必皆因覺國家對之有害，即立欲傾覆國家。此正以其除視國家爲得個人之利之工具之外，仍有對於國家直接加以肯定之動機，以壓抑其傾覆國家之念故也。

四、吾人之以個人之理性活動之要求，說明國家所由建立，表面又似有與洛克、盧梭之以自然理性，說明國家所由建立相近處，然實則仍有不同。洛克、盧梭等，皆假定一原始之自然狀態中各個人之獨立自由，而各依其自然理性以判斷，又本契約而讓渡其自然權利與治者或政府，委託之以負管理人民之公共事務之責。故治者或政府之權力，皆由人民所賦與。治者或政府，如不能履行初訂契約時之責任，則人民可收回其權力。其中盧梭又特提出公共意志之一名，謂由社會中一切人民之共同集會，共同立法，共同選舉賢能成政府，以處理公共事務，即人民之公共意志之表現。個人之意志，須受公共意志之支配，至此而個人之權即爲政府所有。至政府如不能履行人民集會所委託之責，而濫用權力，則人民可由集會再另行立法，另選賢能，以重組織政府。此即人民自己收回天賦人權之表現。此種學說，評之者已多。今之社會學家多指出其所假定之自然狀態下各個人之獨立自由，能各依理性判斷，乃不合事實者。此說全以個人之同意，爲其承認政府國家之理由，則個人當亦可隨時以其不同意，而脫離政府與國家。又古代人所訂之契約，非今人之所訂，則今人無一定承認其未生以前，已存在之國家政府之理由。然依吾人之見，則契約說之根本假定，在其視權利如同一物，初爲個人所有，而不願放棄者。故既賦與委託與他人，便須取得報償，遂以自然權利之犧牲，換得另一公民權利。乃有政府之組織，與對政府之承認。自此而言，此種理論，仍是一種變相之以個人權利之保存，爲國家之目的，國家得存在之根據，與吾人前所批評之學說，仍爲一類，而可以同樣之理由評之。盧梭雖肯定公共意志，表示一對超個人意志者之肯定。然彼仍謂，個人對本一時之公共意志所組織之政府，仍當存監督之態度。唯由此乃有個人可再收回天賦人權之論。於是其所謂依個人之理性，而組織政府，監督政府，在根本上仍爲依個人自求權利之計較與盤算，而組織政府，監督政府，不過在個人之計較與盤算之外，兼自覺的肯定一「人與人間之信約關係之不能破壞」、「平等的信義關係之當保存」之道德原則，以說明政府中人與一般人民間之責任關係而已。然依信約之一般義，信約必有時效，且人當可隨時要求解約。又對方無信，我卽可無信。故信義無絕對之約束力，只以信義之道德意識，建立國家，則使國家之存在無必然性，而在原則上爲隨時可以解體者。然吾人之論個人之理性活動，則自始不假定個人原在自然狀態中孤立生活，亦不假定權利初爲個人所有之物，而賦與政府者。更不假定個人權利之保存，爲人從事政治活動之目的。吾人謂，個人之理性活動，爲要求客觀化者，由此而有諸社會團體與國家。一般社會團體，爲社會中人之各種理性活動之分別客觀化之產物，而國家爲人之統一之理性活動客觀化之產物。故人未在國家中生活時，仍可在社會團體中生活，而非卽孤立之個人。此亦較合於社會學家所說之原始社會之事實者。

吾人承認社會心理學家所謂，人自始卽爲有模倣、同情傾向之社會動物。吾人亦可承認人原始之共同行動，卽由相模倣相同情而生。然吾人在論社會經濟意識一章，已謂模倣同情之原於人之一種超現實自我超個人之意識。而我之自覺的要求人模倣同情我，由共同行動，以結成一團體之活動，以共達某目的，則我必先自覺有某目的觀念。而其求人之模倣同情我之活動，以共達某目的，卽同時是求人亦有此目的觀念，使此目的觀念，與其相連之活動，客觀普遍的兼存在於他人。此卽一種理性的活動之求客觀化。此要求，即為一種自覺的超現實自我超個人之要求。故人之所以組織社會團體，初並不須依於欲由社會團體之存在，以使其自己個人得利益之目的；亦不須先有將自己之權利讓與他人或公共意志之自覺。其直接目的，可只在實現其求人模倣同情其活動之性向。而此性向，即另無所為之一種理性活動求客觀化之性向。人組織團體之直接利益，只在此去組織之活動之達其目的上。而人之組織涵蓋一切團體之國家，其根本之動機與利益所在，亦復只在客觀化其統一的理性活動之本身上。吾人誠能深切認清此點，則知人之欲組織國家，必為國家之形成建立而努力，初可全不覺此努力之為犧牲了自己之自然權利，亦初可無求國家政府與以另一公民權利為之報償之意。在人之眞正之國家之概念中，必包括其自己個人之權利在內，而為其一分子。此即個人之權利之概念，已融於國家全體人民之權利之概念中。國家乃不能視同個人外之另一個人，而可與對等的締結信約建立信義關係者。吾人不成立國家之概念而執持之則已，如成立而且執持之，則吾人必須超化吾個人之私有其一定權利之觀念，而將吾為個人求權利之意志，與他人為個人求權利之意志，平等觀之。而由吾與他人之理性共謀其融和貫通之道。盧梭所謂個人捨棄其私人之權利於公共意志，為國家成立之始，在此義上亦可說。然在此則契約之說，亦不能再有意義。而個人既當本其超個人之理性要求，以建立組織國家而肯定國家，亦不當再由國家中退出以歸於原始之個人（至多只能變更其國籍），以與其欲組織國家之理性的意志相矛盾。依於人之理性活動必求客觀化之性向，理性自我當求客觀化之原則，吾人以爲國家對有理性之人，乃爲原則上必然當存在，而有必然性者。盧梭錯誤之關鍵，在以國家爲政府與人民之結合體，而以政府及個人意志集合成之公共意志所組成，而個人又可收回其天賦人權以推翻政府而若再歸於原始之自然狀態，其說遂不能建立國家存在之必然性。然政府中之個人可推翻，實際政府可推翻，而國家不可推翻。國家必有政府之理，亦不可推翻。國家之不可推翻，由於人之理性自我之必要求客觀化，國家必有政府之理不可推翻，由政府乃依於人民之「肯定要求他人之政治活動」之政治活動所建立，政府乃國家之必然要素，此如前論。而實際政府與政府中人之所以可推翻，革命之所以爲正當，並不須根據於天賦人權隨時可收回之論。此乃根據於吾人之理性自我之客觀化所要求組織之政府，必須爲能實現其自身之目的，即求國家中一切個人團體之活動融和貫通之目的者。國家理念中所包含之政府理念，必當爲以達此目的爲事之政府。如實際之政府不合此理想，則人即可根據於其國家之理念所包含之政府理念，以改進之，以致推翻之，以完成理性自我客觀化之目的。如是之對實際政府之改進與推翻之行爲，同時即爲能再建政府與國家者，亦唯一合理之求改進推翻政府之行爲也。

至於前代人依其理性所建立之國家，何以後代人有承認肯定之義務，對洛克、盧梭之說，乃爲一不能答覆之問題。然在吾人所謂統一的理性活動之客觀化之要求中，則可得其解答。蓋吾人之此理性活動，自始即爲貫注於吾人實際生活者。吾人之實際生活於何種土地、何種人羣，吾人之此理性活動，亦卽向何土地何人羣中表現。此理性活動之充類至盡之發展，固可涵蓋全人類與世界。然其開始之運行顯發之地，則卽在吾人之身體，與環境中之土地人羣之關係之中。吾人之身體，由感官而與環境中之人物接觸，而有感覺知覺，而有意志情感之反應，而有所欲達之目的。此目的之被自覺，而化爲一理想觀念，此理想觀念，引導吾之身體動作，卽爲人之原始的理性活動。此理性活動之求客觀的普遍化，則爲要求人與我同抱一目的，同有達此目的之行爲，而有團體國家之組織。此皆如前所說。故吾之理性活動，乃自始貫注於吾之身體與其所在之土地與人羣者。然吾身體所在之土地人羣中，在吾生之前已有若干團體與國家之組織，已有習俗相傳之一類方式之行爲活動，以由他人之身體表現出，而入於吾之感官者。此他人之行爲活動之意義，卽其所代表之他人之情感、意志、目的、理想、觀念。此爲我所了解，卽有他人之精神與理性活動之客觀化於我之前。我自生後，他人乃不斷客觀化其精神與理性活動於我，以規定我之社會經驗之內容。此乃與吾個人之經驗內容，同爲我之精神之內容，我之理性之考慮之所及。由是而吾生於何地何人羣，吾客觀化吾之理性活動之事，卽須包含對於該人羣中，他人所客觀化於我前之理性活動之肯定。由是而以前之他人所肯定之團體，所肯定之國家，吾卽須先加以肯定，然後方能形成我之特殊目的，特殊理想，進而求客觀化之於我所在之人羣，以改進此人羣所組織之團體與國家。而吾之肯定他人之理性活動之客觀化於我前者之後，乃順習俗以自覺的模倣之，則吾亦可於其中，見吾之理性活動之客觀化。吾人如自契約論出發，則非我所先承認之團體與國家，我對之可無義務，亦無受其約束，先接受其習俗之理由。然吾人自理性活動求客觀化之要求出發，則吾人之理性活動，初無擇於我之身體與環境之爲何種，唯必須以吾之身體與自然環境、社會環境所供給之經驗內容，爲其考慮所及，爲顯展其自身之資具。則其生存之環境中，由他人理性客觀化所成之團體與國家之存在，即無須我之先承認。而我之接受其習俗，不特非對我爲束縛，而正所以獲得吾理性活動運行昭顯之資具，而規定其運行昭顯之始點與路道者。此接受習俗，正爲進一步改進習俗之始。至於吾之可言，對吾所在之人羣所建立之團體與國家，可說有特殊義務，而對其他之人羣所建立之團體與國家，不必有同一之特殊義務者，則是由吾已生存於一特殊之國家，吾之理性活動流行昭顯之始點與道路已規定，以後立言。吾人之理性活動之充類至盡，固可由肯定自己之國家，而肯定他人之國家。以後吾人將論及。然吾之能肯定他人之國家，必先肯定自己之國家。則能普遍的肯定一切國家之理性自我，仍必先要求先有一特殊國家之肯定，而對此特殊國家，先有特殊之義務。由是而吾人之生於一特殊之國家，雖非吾人之理性所自覺的選擇，而若爲偶然之事實。然吾人之必須生於一特殊之國家；又既生於一特殊之國家，即對之有特殊之義務，則爲吾人之自覺的理性所建立之必然眞理。

五、吾人以理性活動之客觀化之要求中，必包含一對於他人或公共意志之肯定，與個人欲望、個人權利、個人意志之超拔，以說明政治活動與建立國家之意識。又以融和貫通各種團體個人之活動，爲吾人建立國家之目的。此又似同於國家有機體說，以國家爲一社會有機體，建立國家卽建立一社會有機體之說。依此說，社會之每一團體或機關，有一特殊之職能，負一特定之社會任務，正如有機體之一組織一器官，對於整個有機體之有特殊之職能，擔負一特殊之任務。而社會各團體或機關，所擔負之社會任務之需要互相配合和諧，並賴於求其配合和諧者之政府之存在，亦如有機體之各組織器官之需要互相配合和諧，賴於有主宰之中樞神經。而國家中之經濟機關、經濟團體，則如有機體之營養器官，國家中之軍事機關、軍事團體，則如有機體之保護器官。國家之交通機關，則如有機體之循環器官。則國家可視如有生物有機體進化至人類後，出現之一高級的社會有機體。此種說法，說明社會之進化，恒連接之於生物之進化，故恒特別重視原始國家之由氏族社會演進而來。而氏族社會，乃以血統結合爲根據之社會，亦卽以生物之種族本能、保護家庭之本能，爲根據之社會。此種說法，表面觀之，亦與吾人之主張國家爲各社會團體及個人之活動之融和貫通之產物，國家爲家庭以上之社會組織之說，相得益彰。然實亦有不同。唯關於國家與有機體之比論，其相似至何種程度，吾人今不討論。純視之爲比論，吾人亦不須反對。眞正之問題，在吾人是否可將生物進化與人類社會之進化，連續而論之，而以國家爲連續於生物進化之進一步之產物。此亦卽謂：吾人是否可以生物之種族本能，爲國家社會所由建立之原始根據。

依吾人之見，人之種族本能，或爲原始氏族社會之存在之一種根據。然種族本能，乃依於一盲日不自覺之生理心理繫帶。此種繫帶，由於同族之人有同原之父母祖先，而分得類似之生理心理質素。故子孫生出以後，雖分散各地，而冥冥中仍若有相互之繫帶關係，加以連結，而隨時可湧現，而顯出一彼此親密之感情，與相關照之種族本能，以求結爲一體。然吾人須知，此種冥冥中之繫帶關係，既根於父母祖先之同原，則愈後代之子孫，其父母祖先亦愈不同原，其繫帶關係亦宜愈疏。故此繫帶關係之存在，一方爲氏族社會存在之一因素，一方亦當爲氏族社會解體之一因素。純從此繫帶關係出發，並不能使人類社會之組織日益擴大，由氏族而國家而世界。此正如蜂蟻等之社會本能，一方爲維持其社會之因素，一方亦爲其由分封而各成一團體，以歸於漠不相關之因素。吾人如知蜂蟻之種族本能，並不能使之逐漸聯繫其組織，而擴大之以成國家，則知人類能組織國家，必依於根本上超乎生物性之種族本能，而與其根本不同性質之某物。依吾人之生物進化觀，生物性之種族本能，在人類乃逐漸減弱者。唯由其減弱，而後人之個體意識增强，乃有個人之自覺。由個人之自覺，乃再湧出超個人之理性活動、精神活動，而有人類文化之創造。人類之理性活動、精神活動，乃自人之生物性之種族本能解放以後，另一高級之突創物，或呈顯物。人類之道德意識、政治意識，根本非自生物之種族本能直接擴大或連續進展而來。如謂其有聯續關係，亦是一種自種族本能解放，自生物學之範疇躍出之一種超越的聯續關係。吾人必需牢記，人類道德意識或政治意識之所自始，乃在個人有其自覺之後。個人之自覺其有自己，即一原始之種族本能之解放，亦即其能違悖種族之意志，而自追求其個人之目的，而自覺的自私之始。故即極重說明生物與人類之進化之連續之斯賓塞，亦言生物之有機體之細胞等分子，與社會中之個人之不同，即在前者之不能離生物有機體之全體而存在，社會中之個人，則可自由移動，而可離一社會而存在。故彼謂生物之細胞等分子爲有機體而存在，社會當爲個人之福利而存在云云。其結論又重落入個人主義之範疇。然實則個人一方固可因有其個人之目的，而自覺的自私，以個人之私的目的之達到爲最重要者；然另一方，亦即同時能再反省其個人之目的，而普遍化之於他人，望他人亦實現此目的，由此即可依理性，以逐漸展現純粹利他之道德意識，與組織團體國家之自覺的社會活動政治活動者。而此等等，皆不須依生物之種族本能來說。如吾人昔之所論，吾人知自覺的社會活動政治活動，皆依於普遍的客觀化吾之目的、理想，於他人之理性，則知吾人所要求於人與人之連結，非直接之連結，而是通過一目的觀念之共同，而間接連結。此間接連結中之他人，對我只爲我之抽象之目的、理想、觀念之一實現者。他人之可爲抽象之目的、理想、觀念之實現者，與我相同。我亦唯依理性，而通過對此抽象之目的、理想、觀念之把握，以把握他人之存在之意義。因而他人對我，非復只爲一由我之感性接觸之自然人。由此而以自然人之聯結爲事之生物性的種族本能之繫帶，在此乃無用者。吾人之舉出一抽象的目的、理想、觀念之實現，以號召他人，同組織一團體或國家之事，明可溢出吾之種族本能所繫帶之人，或與吾有血統關係之人之外。此即自覺的社會活動政治活動，所以能溢出原始氏族社會之外，而與其他氏族之人，同結爲一團體一國家，而人類所組織之團體國家，可以逐漸擴大，融各民族爲一體之故。由是而依吾人之見，卽原始之氏族社會中所有之政治活動、社會活動，亦自始非只根於生物性之種族本能。蓋一氏族社會中之社會政治活動，如族長對於族人間，大宗對於小宗間之衝突之調處，而使其間之一切活動，更能融和貫通，此亦依於一族長之自覺之理性目的之求客觀化。而彼在求其自覺之理性目的客觀化之時，亦非只將族人或各宗，視作一族人或同宗看，而乃兼視作一抽象的目的觀念之實現者看。亦唯如此，而後族長所下之命令與所立之法，乃能普遍而公平的應用，以完成其統治一族之社會政治活動。而氏族社會之蛻變，或擴大爲純依普遍抽象之社會政治理想，以結合各氏族之社會國家，亦正爲氏族社會中，原包含之一種以抽象目的觀念結合人羣之意識，求進一步之表現，所不能免者。

吾人既已打破由國家自氏族社會進展而來，以證國家社會組織之原始根據，爲生物性種族本能之說，吾人卽將生物進化與人類社會之進化之直接連續之環鏈打斷。吾人論人類之社會政治活動，唯可溯源於人類之自覺的目的觀念之求普遍化之理性活動，則於一切國家之組織與有機體之組織之類比之論，吾人皆可置諸不顧。而二者之類比中，無論如何，皆有一絕對不能相切合之一點，卽生物之有機體，非其細胞之自覺的理性爲之支持，而人類之國家，則由人之自覺的理性爲之支持。只此一點，卽足拒絕任何視國家爲一高級的有機體之說有餘矣。

八　國家與超越的理性自我

西方之國家學說，較與吾人之見相近者，爲黑格爾之說，此有三者可說。一、黑格爾之說最與吾人之見相近者，首在共以國家之存在有理性上之必然性，國家爲完成吾人之理性自我道德意志之客觀精神之說。所謂國家爲完成吾人之理性自我道德意志之客觀精神，一涵吾欲完成吾個人之道德意志，吾個人必肯定國家建立國家。二涵吾個人之求建立國家，即求與人共同建立國家，而國家在實際上亦非吾一人所建立，而有賴於我與他人之共同建立。故吾必須肯定客觀存在之他人精神。然他人之從事建立國家，即吾所要求。故客觀之他人之從事於建立國家，亦即所以完成我之道德意志。因而他人之精神可與我之精神，合而稱之爲一客觀精神。而肯定承認我所自生之人羣社會中之客觀精神所建立之國家，亦即我之從事完成我之道德意志之一始點。吾人了解國家爲客觀精神所建立，則又知我個人未存在，或我個人由存在而不存在，非國家之不存在。客觀精神與國家，爲超乎我個人，而包括我個人之存在。然超我個人之客觀精神與國家，又爲吾之道德意志所當肯定。故吾爲超乎我個人且包括我個人之存在之客觀精神與國家而犧牲貢獻吾所有之各種能力，即所以完成吾人之道德意志，而成就吾人之理性自我。由是吾人對於國家之責任，遂爲通過理性而定然的確立。此為吾人與黑氏之思想相同之點一。

二、吾人以理性自我道德意志之求完成，說明國家之所以當建立，吾人同時亦以理性自我道德意志之求完成，說明國家事實上之所以建立。故吾人論國家之起源，雖對主張國家原於武力征服、人間恐怖、個人權利之求保障、契約之訂定諸說，皆不抹殺其價值；然同時隨處指出，唯人之超個人的理性活動道德意志，乃人之一切政治活動之眞正本質所在。吾人儘可在事實上承認個人之政治活動，恆夾雜個人追求權利之私欲，然此非政治活動之所以為政治活動之本質。此私欲之活動，在本質上，即不能普遍的客觀化者。凡能普遍的客觀化活動，雖初出自私欲，然當其普遍的客觀化時，即必須失其私之性質。而人之活動之眞能普遍的客觀化者，必為依於或合於人之理性活動道德意志者。全不能普遍化客觀化之私欲之活動，乃從不能產生任何眞正之政治活動，乃毫無助於國家之建立者。即強暴之君主所以能命令人民以奉其一身，亦由其初欲普遍客觀化其奉其一身之目的，而望人民之同抱此目的。然此目的，並非能眞實普遍化客觀化者，以其與人民自身之目的相違故。而其所以在專制社會似能客觀化者，則在其命令人民，亦不能不依一定之規則以發令，並依公平原則分配人民之工作，與對人民有多少之矜憫意識之流露……等。此外又由於人民對其個人或其祖先曾表現之客觀價值之有一種承認，與人民之對於一客觀之君位，原有忠誠之道德在等。而此等等，皆君主及人民他方面之一種理性活動道德意志之表現。亦唯賴此等等，彼乃能有其統治權。

故自一建立國家之各個人主觀意識言，儘管其中夾雜各色不同之私欲，然任何個人之活動之所以能爲效於國家之建立之處，絕對不在其私欲之本身。至少亦在其私欲所利用，或藉以掩飾其自身的，自己或他人之理性活動道德意志上。而凡發自人之私欲或夾雜人之私欲之行爲活動，則通常皆由互相衝突而歸於相抵相消，或自然超化。由是而自客觀方面而言；一國家之所以建立，一羣人之所以能承認一政府，以自保其主權人民土地，皆此國家之歷代無數人民，以其理性活動道德意志和融貫通，彼此相輝，前後交映，光光互攝，所成之一結晶，而全爲一清淨法等流之結果，其中決無任何個人之汚穢之私欲成份之夾雜。而現實國家之所以存在之本質，皆爲至善而純潔之客觀精神之表現，遂得確立。此國家之本原清淨論，爲吾人與黑氏相同之點二。

三、順吾人第一點國家爲超乎我個人而包括我個人之客觀精神之表現之義，在另一方面說，又可在一意義視國家如爲包括吾之個人之一精神實體或人格。所謂可視國家如爲包括吾個人之一精神實體或人格，可依五義說明。甲、由普遍化我之各特殊理性活動，吾人可了解在國家中之他人與我皆可同有各種特殊之理性活動，而知此各特殊理性活動，非我所獨具獨有，而只繫屬於我之自我中心者，由是一一之特殊理性活動之只存在於我之念，爲我所超越。乙、吾人知各特殊之理性活動之爲人與我所同有，而又肯定此人我同有之各理性活動客觀化，所共組織之各團體之存在，由是而吾人可於社會之每一團體中，覺有此人我所同有之一方面之理性活動之客觀的實現表現於其中。丙、再通過各社會團體之活動，原爲可互相規定，互相融合貫通而屬於一統一國家之觀念，於是分散的客觀實現表現我之各種理性活動之各社會團體之觀念，乃在國家之觀念中融貫而凝一。而我之各方面之理性活動，遂統一的客觀實現表現於國家，由是遂可形成國家爲吾人之統一的理性自我之客觀化所成之觀念。（此上所述，皆不外綜結前所已言。）丁、以他人之理性自我之存在，爲吾之普遍化吾之理性自我時必須肯定，由是而吾必須肯定吾所在國家之衆爲國中之他人之理性自我之客觀化。吾再通過此共同的國家之觀念，以觀吾與他人之自我，則吾與他人之自我之存在，遂皆爲依普遍共同客觀之國家之存在而存在者。戊、當吾知人我有共同之國家觀念而正從事於肯定同國之他人之同一國家觀念時，吾正超越吾之國家觀念，亦超越吾對吾自我之一切直接肯定，而將吾之自我之觀念，消納融解於對他人之同一國家觀念之肯定之中。而吾又知，易地以處，他人於其自我之觀念，亦可消納融解之於他人對我之同一國家觀念之肯定中。則吾遂可知同國之人與我相互肯定對方之同一國家觀念中，共同努力於國家之建立工作之際，人與我皆可自忘其人格自我之分別存在，唯有一共同之普遍國家觀念迥然昭露於人我之心。人我分別之人格自我之實體，此時即如相融解，而形成一普遍之人格自我之實體，以形成一普遍之國家之人格自我之觀念。人視國家如一大人格自我之精神實體及國家有其包括個人意志之大意志之說，遂可在此義上成立。而人之盡忠報國者之所以如覺對一精神實體盡忠，其故在此。此爲吾人與黑格爾之說之同處三。

然吾人之以個人人格之觀念可以融解於國家之觀念，而可視國家爲一人格而有意志，唯依於吾人之能在他人之前，超越吾個人之國家觀念，以肯定他人之國家觀念，而形成一普遍的國家觀念、普遍的自我人格之觀念之意識。而此意識，自另一面言，仍畢竟爲吾個人所有。唯吾人有此意識，而又能忘吾人自己之有此意識。故此意識爲一種能絕對超越其自己之超越意識。此超越意識仍發自吾人之理性自我，而依理性之推擴而成。故此理性自我可名超越的理性自我。而國家之如爲普遍的自我人格而有意志，仍畢竟依此超越之理性自我之超越意識而立。國家仍不能眞離此超越之理性自我之超越意識與其道德意志，而自有自我人格，另有其獨立之存在性與意志。國家之存在，仍畢竟只由人超越的理性自我之超越意識所肯定，而爲自此超越意識出發之理性活動求客觀化之意志或道德意志所支持。而黑格爾之說，雖亦原根於此義，然說來或不能十分使人淸楚。而彼之哲學，因特別注重於說明國家包括個人之義，便恒使人覺其國家，乃離個人之任何自我，而若可另自有意志與存在性，此則畢竟可孳人之誤會而爲不可說者。

唯是吾人雖謂國家不能離個人之超越的理性自我道德意志而自有其存在性與意志，又謂黑氏之言國家包括一切在國家中之個人，若自有其存在性與意志，其立言可孳人之誤會，然吾人仍當同情黑氏之所以言國家若自有意志與存在性之說之所以立，有其不得已處。蓋通常人之言及個人之自我個人之意志，皆罕有指吾人之眞正純粹超越的理性自我，或純粹道德意志，而只爲指一種陷於特定時空為特定經驗內容與私欲所縛之理性自我或道德意志。此種自我與意志，乃不能真肯定國家而支持國家者。於此，則社會團體與國家之行為活動與意志，即可以與之相違，而必表現為有其自身之意志者。黑氏卽蓋依此而立國家自有其存在性與意志之說。緣國家為一歷史之存在，即縱貫於時間之長流中之存在。吾人通常之自我與意志，乃自以為只存在於現實時空者。此種陷於現實時空之自我與意志，卽為特定時空中之經驗內容與私欲所束縛，乃不能眞肯定支持彼為超越我之存在時間之國家者。而國家又確為一超越我之存在時間而縱貫長遠時間之存在。故人如謂此存在為眞實，且為人類之客觀精神之表現，則不能不謂其自有存在性與意志。然吾人如知眞正之純粹超越的理性自我或純粹道德意志之意義，則知任何人任一時眞正之理性自我道德意志，對於其國家之肯定支持，皆為對縱貫時間中存在之國家之肯定支持。由此眞正理性自我道德意志所發之任一行為活動，以至一念之微，亦可肯定支持無盡時間中之國家之存在。因而吾人只須眞注目吾人之眞正的理性自我道德意志之意義之體會，則畢竟無獨立於眞正之理性自我道德意志之外而自有其存在性之國家意志可說。茲再說明此義如下。

所謂吾人之眞正理性自我道德意志能支持縱貫時間中之國家存在者，乃因吾人之眞正理性自我之求客觀化其理性活動，而表現為道德意志，乃自始卽為一超時空，而縱貫一切時空之意志。蓋當吾在一特定時空或環境中表現之一行為活動，如吾人認為由眞合理性之理想觀念作領導，吾必肯定之爲任何有理性之存在，在此環境下，皆當如此行爲活動者。亦卽吾人必肯定之爲普遍永恒的正當，且要求希望普遍永恒的被人判斷爲正當，而爲任何時任何人在同類環境下，所當仿效而普遍的客觀化之者。故吾雖在一特定之時空表現此行爲活動，然橫遍四海縱貫古今之一切人，則皆爲我此普遍客觀化吾之理性的活動之道德意志所直寄其超越的希望與要求者。誠然，我不能知四海古今之一切人一一之爲誰，然吾仍可思此四海古今之人爲一一存在之人，而概括的寄此希望與要求於其上。而四海古今任何人與我相同之合理之行爲活動，卽皆爲吾之理性活動與道德意志之普遍的客觀化之要求與希望之一直接的實現。由是而吾人亦遂可言，在不同時空之不同人所表現之相同的理性活動道德意志，皆爲互相直接實現其普遍的客觀化之希望，而要求相互結爲一體者。而一切人之不合理不道德之行爲，則皆爲一切不同時之一切人之欲其理性活動道德意志普遍客觀化之希望要求，得其貫徹，而欲加以否定而改進者。吾人如深知此理，則知過去之一切聖賢之心，與一切善良人之心，皆卽在現在，而現在人的眞正之理性活動道德意志所發之行爲活動，如能與之相同或一部分相同，皆直接完成其超越的希望要求，而直接實現其心表現其心者。

依上述之理以論國家，則吾人須知，在時間中存在之國家中各代之人，雖不能皆一一覿面相遇，前一代人之理性活動道德意志之表現於其身體之動作者，固唯有同時代人乃能在實際上受其感發，使其在主觀自覺中知其理性活動道德意志已客觀化，而感一現實之滿足；然異代之人之間接復間接的沾溉其流風餘韵，或自動奮乎百世之下，而其行爲活動與之同心同理者，仍可對其超越的要求與希望，與以一超越的滿足。過去無數代之人，本其理性自我道德意志之求客觀化，以建立國家之際，必望此國之長保，望後代之人皆同有此保國之意志活動，卽其有普遍客觀化其建立國家之意志之超越的希望要求之證。此超越的希望要求，直寄於以後一切人，而直貫注至現在。而吾人現在一念之建立同一國家之意志行爲活動，亦卽爲直接實現其超越的希望要求，而與之以一超越的滿足者。吾人今之體此古人之超越的希望要求，而一念欲建立國家，亦無異與古人在共求其理性自我與道德意志互相貫徹之意義下，覿面相遇，結爲一體。由是縱貫時間之流中存在之國家中，一切時代一切人之建立國家之意志行爲，卽爲吾現在之眞正的理性自我道德意志所發之此一念，所結之爲一體，而支持之者。由是吾人遂可言，國家雖爲縱貫時間之流之存在，而超越於沉陷在特定時空之經驗與私欲之我之外，然不能在我之能超越此特定時空之眞正的理性自我道德意志所發之一念之外。我之眞正理性自我道德意志所發之一念，實乃可涵攝此縱貫時間之國家而支持之。此義似深遠而實又極淺近。蓋如謂吾人之理性自我道德意志之一念，不能涵攝此縱貫時間之國家，則試問吾人又如何能有縱貫時間之國家之觀念？吾人又如何能思維一包括一切時代一切人之國家之存在？吾人又如何能發思古之幽情，欲保存歷祖歷宗所曾建立之國家並有傳之萬世之心願與努力？吾人今既明有如此之國家觀念等，則吾不能說吾之一念只發於現在，吾之一念未嘗能涵攝此縱貫時間中之國家而肯定支持之？而吾又明可將吾之當下之一念本身普遍化，而再寄一超越的希望要求於無疆之未來人，望其同有此心願與努力，同有此超越的希望要求之本身。則萬萬世之後之人，同一之心願與努力，同一之超越的希望要求，亦即未嘗不與我相遇於旦暮，而結爲一體。此中之要點，唯在吾人之自吾人之一念之超越性之嚮往本身看，而不自此念之所自發之此時此地看，則一切疑難，皆可銷化。而吾於此之所以必須超越「自此念所自發之此時此地看」，必須自其超越性之嚮往本身看，亦爲吾人求了解此超越的理性自我道德意志之本性時，所理當如是者。夫然，故國家雖爲縱貫時間之客觀精神之表現，然此客觀精神，仍未嘗離吾人之理性自我道德意志所自發之一念之主觀精神另自有其存在，此義蓋爲黑格爾所未眞切認識者。

吾人以上說明，國家爲完成人之理性自我道德意志所當肯定，爲人類理性自我道德意志之客觀化之產物，爲至善之人類精神之表現，亦可視如一包括個人自我人格之普遍人格，而仍爲吾人當下之理性自我道德意志之一念所支持，內在其超越的希望要求之中者。於是吾人亦可說國家包含眞善美與神聖之價值。直接自國家爲道德意志之客觀化，以完成吾人道德意志而言，即至善者。自道德意志皆本於一理性自我之普遍理性活動言，則道德意志之客觀化爲國家，即普遍理性之實現於人羣，而爲至眞者。自國家之包括各種團體個人之不同活動，及在其歷史之發展中，恆歸使此諸活動之發自私欲而相衝突者，皆相抵銷，而歸於和融貫通，而合於不同時代地位之人之理性自我道德意志所共同要求言，則爲一種美之具體實現。自其可視作超越個人之精神實體普遍人格爲個人之理性自我道德意志所肯定爲包括諸個人而縱貫時間以存在者言，則含神聖之性質，爲超越而現實之神聖事物。因國家非只是一謀人民福利之工具，乃吾人可於其中發現眞理美善與神聖之價值者，而國家之存在，即一方所以完成吾人之道德意志，一方亦值得吾人對其理性基礎加以眞實之了解，對其歷史加以審美的欣賞，對其超越的存在加以宗敎性的禮讚者。此等等，同爲人之超越的理性自我之道德意志所肯定。

此上所論，吾人之所言與黑氏所言，表面或有異同，可留待他人之評論。然在精神上則實仍與黑氏所言，並無大差異。

九　國家之目的與政府之理念

唯除上列所論以外，吾人將進而論政府與人民在國家中地位之問題，與國際之問題，及人之純粹文化活動內心之道德意識超於國家意識之上等問題。對此等等問題，則吾人之結論，與黑格爾之言似出入較大。而吾人之政治哲學，遂顯爲與黑氏截然不同之另一系統。然此種差異之根源，吾將不以黑氏對國家之根本認識之全然錯誤，而唯由其未能充類至盡以思維國家之涵義，且於個人之超越的理性自我之涵蓋性，在本源上尙未能認淸之故，遂不免多有毫厘千里之謬。

吾人以上論國家爲人類之理性活動道德意志客觀化之表現，故凡個人之所以眞能爲效於國家之建立者，皆在其公的理性活動道德意志，而不在其私欲。而國家中個人之意志行爲之出自私欲而與他人之意志行爲相違反衝突者，必相抵銷，而歸於求和融貫通，以合於吾人之建立國家之理性活動，道德意志。而此種國家中人之自私欲出發之諸個人意志行爲如何自然的相抵銷，進而通過各個人之自覺的求其意志行爲之和融貫通之意志，以如何形成一政治之理想，如何由人之政治活動加以實現，以對自私欲出發之意志行爲加以否定限制，或使之不能表現；而化之爲理性的道德的意志行爲，而使之皆合於人之自覺一切建立國家者之理性活動道德意志，卽爲一國家之政治史。由是而吾人之國家論，雖以國家爲客觀精神之表現，爲包括個人之團體，以致可視作一超越的精神實體之人格，然國家中之各個人民，自始至終仍爲國家之基礎。此有四理由可述。蓋國家雖超越個人而包括個人，然如「個人」能知其超越個人包括個人，則每個人之意識仍涵蓋國家。此卽前所謂個人之超越意識，支持國家、涵蓋國家之說。此其一。對陷於特定經驗內容與私欲之個人意志言，雖可反照出超越此個人而若獨立存在之國家意志，然此國家意志仍理當再爲個人所自覺，而形成個人之政治理想政治活動，而後個人乃能自覺的去建立國家，繼續實現國家意志，而此同時爲個人之道德意志行爲。此其二。個人之實現其政治理想政治活動，仍須兼以其他各個人之陷於特定經驗內容與自私欲出發之意志行爲之否定限制，超化之爲亦能自覺國家意志之道德意志行爲，完成其道德人格爲最後目標。此其三。此最後目標之完成，所以完成一切建立國家者之政治理想政治活動之道德目標，亦卽所以完成有支持涵蓋國家之超越意識，吾個人的任何當下一念之肯定國家之超越的道德意志。而吾個人任何當下一念之肯定國家之超越的道德意志，尙可不僅只肯定我之國家，且可肯定其他人之國家。我不僅當求我國家中之一切人皆完成其道德人格，且當求一切國家中之一切人之道德人格之完成。則國家之範圍，尙不及吾個人之當下一念之超越的道德意志之廣大。此其四。由此四義，吾人仍歸宗於國家以人民中諸個人爲本之論。然此種以個人爲本之論，決非通常之以個人之陷於特定經驗限制與爲私欲所縛之意志爲本，而是以個人之超越的道德意志爲本。亦卽以人民中諸個人之超越的理性自我爲本。

吾人以人民之個人爲國家之本。人民之概念通常與政府之概念相對。然實則政府爲國家中一部分人民所組織，根本不能與人民之概念相對。政府之一名，吾將界定之爲：依一定之政治制度，以從事治理國家之一國家中之一行政團體。此團體中之份子之可改變或自由出入，與其他團體同。國家可包括一切團體一切人民，而政府不能包括一切團體一切人民。政府之團體之所以似高於其他團體者，在其中之人皆自肯定爲：兼被一時代人民肯定爲能治理國家　，能自覺的以國家中一切人民之行爲活動之融和貫通爲目的者，亦卽被肯定爲自覺的實際担負實現國家意志之責者。此一時代人民之有「肯定某政府當存在」之肯定活動，亦實際上是一實現國家意志之活動。然一政府之被人民肯定爲最能担負實現國家意志之責者，不必其本身卽眞能實現全部國家意志之證。而人民之去肯定一政府爲能担負此責之肯定活動本身，雖爲一種實現國家意志之政治活動，然此並非唯一之實現國家意志之活動。吾人如言有國家意志，當知其非只通過一時代之政府中人之政治活動以實現其自身，而是通過各時代之政府中人與政府外之人民合乎道德意志之政治活動與社會文化活動，以實現其自身。故國家爲不同時代之人民之國家意識所自覺的支持，而一實際政府則可只爲某一時代之特定政治制度下之人民之政治活動所表面的支持。吾人前謂國家之要素，必需包含政府，乃謂人肯定國家必然要求政府之存在。然一實際政府之存在，則不必能眞適合於全體人民要求政府存在之眞正目的。全體人民之眞正國家意識，亦不必卽當支持一實際之政府。而支持一實際之政府者，遂只可爲一時代一羣人民表面的共同肯定。

吾人須知，吾人言政府與國家之分別，必指一實際的政府，而非指政府之理念。如指政府之理念，乃包含於國家之理念中，而不能獨有其存在性者。吾人之單純的要求一政府之存在，亦唯包含於吾人之國家意識中，而不能就其本身單獨加以措思者。國家之理念，直接指示一由諸個人組織而超越一一之個人本身之存在，可謂其存在於其自身，可直接通過其自身以設想之者。因組織之者爲一定之人民，已包括於國家理念中。而政府之理念，則不能直接指一超個人之實在。因組成一國家中之政府之分子，非政府中之人民，而是國家中之人民。政府唯存在於國家中，而自身不能單獨存在。政府之理念，乃非存在於其自身，亦不能只通過其自身以設想之者。就其自身而措思，爲不能實際存在，而不能實有所指者。故如政府之名而實有所指，其所指者，便只能指一一實際存在之政府。而所謂實際存在之政府，卽只能是依一定治理國家之方式以從事政治活動之人所結合之一團體，而被一時代人民肯定之爲正在實際負担治理國家之責，而在政治上加以支持者。而如是之實際政府，則明未必眞能實現人民之國家意識之所要求，亦卽明不必眞能實現國家意志。而眞正之國家意志，卽可只寄托於現有之實際政府外人民之眞正的國家意識中。由是而實際政府之不存在，或一國家中諸政府並存而互相衝突不能統一，皆非國家意志之不存在，亦非國家理念中不含政府之理念，人民之國家意識中不要求政府之存在之謂。而人民之推翻政府，求一統一之政府，正所以實現國家意志，實現國家理念中包含之政府理念，完成人民之國家意識對於政府存在之要求。由是而一國家之政府，儘可在實際上有一時之不存在，實際上之政府亦儘可有多個，而國家意志及人民之國家意識，則無時不存在，亦無時不表現於人民求政府之存在及其統一之要求中，及合乎道德意志之各種社會文化活動及政治之活動中者也。

吾人以上將與國家分別而以實有所指之政府一名，指實際在一時間爲特定之人所肯定之政府。則政府一名，可與人民之名對待，而各實有所指。然人民之名所指者廣，而政府之名所指者狹，則全體人民重於政府之理，決定不移。而吾人之歌頌全體人民所組織之國家，是一事，歌頌現實之政府，又是一事。吾人可歌頌全體人民所組織之國家，而不必歌頌現實之政府。由是而吾人可以根據客觀之國家意志吾人之國家意識，以由遵從政府，而改造政府，或批評政府，以致與政府隔離，再進而革政府之命。然吾人決不可言革國家之命，不可言國家不當有政府，更不可革人民對於政府存在之要求。然人之對實際政府革命之要求，乃不易發生者。其故並非初由於人民之畏革命而遭禍。此乃由人民對政治原始態度，恒是遵從而非對抗。此遵從，亦初是依人民之道德意識者，蓋人民之國家之理念中，原包含一政府之理念。人民建立國家之道德意志本身，原能湧發一政府存在之要求，如吾人前所論。人民此種望政府存在之要求，最初只要求一政府存在。故對於一實際政府，在不知其是否良好時，彼對之卽自然有一肯定而願遵從之態度。而在無政府狀態之下，人民對任何人之能從事組織政府，對之皆有一希望，其故在此。在此處，人民所發出之對實際政府之自然有肯定而願遵從之態度，乃純由視此實際政府爲其建立國家之意志中政府理念之實現者，或例證，而肯定之之。故此肯定亦出自人之純淨的國家意識道德意識，亦自然有而應當有者。此外吾人對於一已成之政府，雖不知其是否良善，然吾知其乃爲過去之他人之所曾肯定。而當吾對於其他政府無所肯定時，吾之肯定他人之所肯定，亦出於一種純淨的國家意識道德意識。此亦自然有而應當有者。然政府之理念與實際政府仍畢竟不同。實際之政府不必眞堪爲人民之政府理念之例證。故人民尙須了解實際政府之何所是，而在人民已知其非良善之政府時，則應加以批評，求改進之。以至可與之隔離，對之革命。然此亦並非與人之原始之自然的遵從政府之態度根本相矛盾。而是卽從原始之遵從態度中直接發展出者。蓋遵從之態度出自吾人之建立國家之道德意志。此意志必須求貫徹實現，故其所湧出要求之第一步，固可只爲一實際政府之存在，而其第二步，卽必然爲一能客觀的實現其建立國家之道德意志之實際政府之存在。由是而當吾人發現政府之政治制度與其中執政人物，不能客觀實現吾人之建立國家之道德意志，吾人卽必批評之，求改進之。如改進之而不能，則吾人必將與之隔離，或在其他之文化敎育之活動中，從事國家建立之工作，冀由社會文化以影響政治，如此皆無效，最後卽可歸於求掀起一革命。

十　現實的制度法律之合理性與進化性

所謂政府，吾人上已界定之爲一羣依一定之政治制度而治理國家之一團體。此所謂政治制度，卽規定政府中人如何自國家中產生，政府依何形式而存在於國家，如何組織其各部，如何負担職責，行使其權力，以與國家中人民之個人團體之行爲活動發生關係，而求實現治理國家之目的之國家根本大法，如今所謂憲法。而一般政治性之法律，則所以支持一政治制度，而直接以限制規定在一政治制度之下之一切個人團體，與政府之各種實際活動之範圍、權限、義務、而加以獎懲之條文，以維持國家與政府組織之存在者。政府中人，卽遵照政治制度，加入政府之各部分，而獲得其政治地位，表現其治理活動者。治理活動隸屬於政府中之個人。個人之政治地位，卽由個人與其政府中人，國家中人，政治上之信賴、隸屬、領導關係所決定。而政府之如何組織，個人之依何條件，而有其政治地位，依何方式以表現其政治活動，行使其職權，以治理國家，則不屬於個人，而由國家中人民所共肯定之政治制度與法律所規定。凡制度法律，皆具一程度之普遍性，卽皆爲國家中人民之公共意志所肯定。由是而絕對不合任何國家人民之意志之政治制度法律，乃不存在者。吾人於此可說，一切現實之政治制度法律爲皆合理者。問題唯在合理有不同之程度。深一程度之合理制度未實現，則現實制度對深一程度之合理制度言，爲不合理。由是而政府中人卽可在制度之下及制度之規定所未及之處，濫用權力，以徇其私。此政府中人之所以得濫用權力以徇其私，產生爲害國家之後果，亦並非只由其個人之意志之所致，而正兼由國家社會中人所共同肯定之制度法律乃如是如是之所致。故個人於此之所以能得徇其私，仍不根於其個人之私，而係根於他人之公。而濫用權力以徇其私，所以爲最大之罪惡，由其是以一私心利用公而害公，以不合理之動機利用一程度之合理之制度，反以歸於大不合理。而人類之政治制度之改變與進化之方向，則不外加深其合理之程度，並以制度防制人之以私心不合理之動機利用初爲合理之制度，而使制度之運用，由制度以得保障，以不悖人之立制度之初意。由是而人類政治制度本身之改變與進化，皆實依於同一之理性的意志之伸展之要求，而所謂改變與進化，不過更完善的實現此意志而已。

國家爲國中一切個人之國家意識所涵蓋，故爲普遍存在於各個人之意識中者。然國家又爲包括一切個人，而有其自身之一歷史的發展者，故又爲縱貫時間而超越特定個人之客觀存在。個人之國家意識，爲至善至淨而無染者。國家在其歷史之發展中所實現者，乃各個人之行爲活動之逐漸融和貫通，而使衝突之意志相抵銷，故亦爲至善至淨而無染者。政府則自其爲理念而言，乃普遍的存在於人民之國家意識中者，亦至善至淨而無染，然却非具體而實在者。自其爲具體實在而言，則爲國家中之一團體，而不必能實現國家之意志，符合於人民之國家意識中所包含之政府理念，亦不必能滿足人民求政府存在之道德意志之要求者。因而不必能普遍的被承認，而有普遍性者。而政治之制度，則規定政府之依何形式而存在於國家，一般政治性法律，限制規定國家中一切個人團體及政府之行動。此亦皆爲抽象者。其中政治制度，乃對於政府之依何形式存在於國家，作統括的規定。一般政治性之法律，則對國家中各個人團體之各種實際活動之方式，作分別的規定。政治制度可只積極要求國家中之團體個人如何活動，而一般之政治性之法律，則兼消極禁止國家中團體個人之違悖政治制度之要求之活動。政治制度法律，自其所以自形成言，乃由國家一特定時代之特定人之所肯定，非自始即普遍爲人人所肯定，故亦無絕對普遍性。然政治制度法律之所由建立，雖無絕對普遍性，然必有相對之普遍性。蓋其所由建立，仍爲一時代建立之之人之公共意志之一表現，故亦依建立之之人之公共意志而有實在性；而建立之後，必要求有絕對之普遍化，以爲人人所承認，又須賴全國人、後代人之公共意志，以維持其實在性。因而就政治制度法律之得建立維持於國家之根據本身，孤立的思維之，仍爲國家意志之表現，亦爲符合人之國家意識道德意志者，而在本原上善淨無染者。唯自一實際政治制度法律之建立與運用時，在諸個人之主觀動機上，與建立後之政治制度法律之爲效於國家中其他個人團體之意志之發展上，爲效於人民之國家意識道德意志之進一步的實現上，則見一政治制度法律常有未盡善之處，因而勢不能實現其絕對普遍化之要求，而不免爲一國中另一羣人或後代人所推翻，而可否定其實在性者。然此中唯一須擔負政治制度法律，未能盡善之責任者，只在立制度法律及用制度法律之政府中之個人，與政府外之個人。而政治制度法律之規範作用，亦初所以向個人而施。由是而政治制度法律之所以須逐漸改善者，即依於國家人民中諸個人之公共的理性意志道德意志，必須逐漸定下更合理性的制度法律，用以制裁各個人之不合理之動機，以實現更合理之政治活動，而進一步實現國家人民諸個人之更公共之意志，及更完善之理性意志道德意志之故也。

十一 君主專制、貴族政制、民主政制之高下之理性基礎

唯政治制度之規範作用，初由諸個人公共的理性意志道德意志之所訂，所以向個人而施。其所以須改善，乃所以求逐漸定下更合理性之制度，以制裁各個人之不合理之動機，以實現國家人民中諸個人公共的理性意志道德意志。故吾人之論何種政治制度較為良善，亦當自訂定之者之動機之是否純粹，與其為效於國家中其他個人團體之意志之規定，與國家全體人民之公共的理性意志道德意志之實現以見。而政治之是否善良，則除政治制度之是否完善外，尚須視人之如何運用此政治制度，其運用之動機是否完善而定 。而所謂改良政治，遂必然包括改良制度與改良政治上之人物之二義。而所謂政治之進化，亦包含政治制度與政治人物之進化二義。

吾人謂政治制度之完善與否，當自訂定之者之動機，與其為效於國家中其他個人團體意志之規定，以實現國家人民之公共的理性意志道德意志而見。首可用以解釋，何以君主專制之政治制度，在原則上不及貴族或一階級統治之政治，貴族一階級統治之政治，又何以在原則上不及全民之民主政治。此各種政治制度之不同，論者或謂由於國家主權所在之不同。國家主權在一人，則為君主專制；在少數人，則為貴族或一階級之政制；在一切人民，則為民主政制。而民主政制之所以為最優

，蓋因在此制度下，一切人民皆有獨立自主之權。人民有獨立自主之權者愈多之制度，則愈完善。吾人之意，則殊與此不同。吾人將不以為人民有權者最多，即民主政制制度最善之理由。而君主專制之所以成為政治制度，亦非君主個人自覺有權之所致。蓋單純之個人之有權之本身，乃不必有政治價值者。則有權之個人增多，亦不必有政治價值之增加。而君主專制之能成為一政治制度，吾人以前已論其由於君主之表現某種客觀價值為人民所承認，且人民原有要求一統治者或君主或政府存在之要求。此對君主之客觀價值之肯定等，並非君主個人自覺有權之所致。君主專制制度中，君主固有權，然其所以有權，乃由人民對君主之有權，願加以承認之故。同樣，貴族政治之成為政治制度亦然。因而任何政治制度之成為政治制度，皆不直接依於權之所在之本身而成立，乃皆依國家人民之公共意志對於權之所在之承認而成立。

依吾人之見，君主專制，貴族政制與民主政制之高下之別，初可不自其中有權者之多少而說，而當依於權力欲之限制而說。在君主專制制度下，君主之權力欲可全不受限制，而其一切行動，可不受法律之制裁。此制度下之法律，唯用以制裁人民。則人民之尊重君主與法律，雖為人民之道德意識之表現，但君主之命令人民尊敬君主，與遵守法律，卻可出於滿足其個人之私欲之動機。而人民之善良的道德意識，對君主而言，遂非用以達其道德之目的，而唯用以滿足君主個人之私欲者。至對人民本身言，則人民之尊敬君主，使之不受法律之制裁，則初亦出於人民之道德意識。此意識中包含人民之自願將其自己之若干權利在君主前放棄。此放棄乃人民之自律的理性活動之表現。其相約而尊敬君主，使不受法律之制裁而超然於上之本身，則形成爲一普遍的規範一切人民之尊君之法律之建立。此法律之建立，仍表現人民之普遍的理性活動之存在與其客觀化。然人民將君主視爲不受法律之規範，則非將君主視作與我同樣之人。如視之爲與我同樣之人，則我望他人受法律之規範，亦將望君主亦受法律之規範，乃能完全實現法律之普遍性。我願在一人前自放棄權利，以表現我之自律的理性活動；亦當使君主亦在人民前可放棄其權利，以表現其自律的理性活動，乃能完全實現我之普遍的理性活動求客觀化之要求。人民不將君主視作一人看，一爲將君主視作神聖看，一爲將君主視作人以下之物看。如人民是將君主作一神聖看，而認之爲超乎法律之外者，人民無咎。故神權政治時，人對君主之尊崇，其精神乃爲可珍貴者。然人已知君主爲一人，而不使之受法律理性之支配，則爲人民之過失，而無異視此人爲人以下之物。此過失之所以產生，恒兼由於對君主之畏懼。蓋君主之產生，初恒由其擁有武力與勢位。人對於有武力勢位者，固可因肯定其客觀價值而尊崇之，如吾人前之所論，此爲公的意識。然亦可純由畏其加害於我而尊崇之，則此純出自自保其生命財產之私欲。而一般人之尊崇君主，任之超然於法律理性之外，恒出自一般人之意識之中此種由私欲所生之畏懼。由是而君主專制制度之支持者，在人民心理方面亦夾雜甚多之私欲。吾人卽由此二義，以論君主專制制度所由建立之動機之多不合理處。

除此制度建立動機之不合理外，自君主專制制度所爲效於國家中個人團體之活動之規範與公共的理性意志道德意志之實現者言，亦見此制度之不合理。蓋君主既超然於法律之規範之外，則彼爲客觀化其權力意志所發之令，可破壞國家之法律，干涉人民之理性活動。君主在其客觀化其權力意志之活動中，固仍不能全不依理，仍將有矜恤人民、與賜恩分權與他人之道德意識之表現，且彼亦可下令建立適用於其自身以外之合理之法律。然順其權力意志之發展，而隨時所發之令，其所破壞之人民之理性活動，與已成之合理法律，亦可遠較彼所表現之理性活動，建立之合理法律爲多。由是而彼之一切表現理性之行爲活動，卽亦化爲彼之權力意志之工具，而終將與人民之客觀理性意志道德意志衝突，亦不能使國家中個人與團體之合理之活動皆被促進，不合理之活動皆被裁制，反可使國家中個人與團體合理之活動被壓抑，不合理之活動得伸展，於是不能眞正實現國家人民之公共的理性意志，道德意志。此卽吾人之譴責君主專制制度之根據。

至於貴族政治制度之所以高於君主專制制度者，依吾人之見，亦不在貴族政治制度中有權之人較多，而在由君主專制政治制度進至貴族政治制度之時，國家中無一人能絕對有權。蓋貴族政制之所以成立，乃由於諸貴族初所表現之客觀價值，皆曾爲人民所承認，人民乃不僅肯定要求一君主之統治者存在，且肯定要求諸統治者之存在之故。由是而諸貴族皆同爲統治者，故其權力欲遂互相限制。每一貴族之行爲活動，皆至少須受貴族階級中成文或不成文之法律所制裁。貴族中人之欲滿足其私欲，亦至少必須合乎貴族階級所同肯定中之公理與法律。唯在貴族政制下，貴族相互之行爲活動間，雖有公理法律以相限制。然貴族對整個之非貴族之平民，或其他社會階級之行爲活動，則無一普遍於全國人民之公理法律以規定之。由是整個貴族，其對平民之行動，遂可不受適用於平民之公理或法律之制裁，或竟而可運用權力，以變更法律，化不合法者爲合法。是即不合理者。至平民對貴族與其權利之尊重，固出於其道德意識。然此道德意識，到此亦即可被貴族階級利用爲滿足私欲之工具。而人民由於對貴族之尊重，而自然放棄其若干權利於貴族階級之前時，所表現之自律的理性活動，亦未能普遍化於貴族，使貴族在平民前亦能自願放棄其權利，而平等的受一普遍之公理法律之規範。是則仍不能完成平民之理性活動普遍的客觀化之要求，與君主專制之制度同。而平民之所以不能要求建立一普遍之法律，以規範貴族與平民，亦恒由於畏懼貴族之武力或其他勢力，恐其加害。此與君主專制制度下人民之畏君主同。此即貴族政制所由建立之動機之未合理之故。

自貴族政制之爲效於國家中個人團體活動之規範，與全體國家人民之公共的理性意志道德意志之實現之關係上言，則貴族之行爲活動，雖亦可爲依於理性而生，而表現種種客觀價值，如自尊、勇武、信義諸品德。然此諸品德恒由其自覺高於平民之上而生。而其高於平民之念，即恒與自保其特權之念相結合。而欲自保其特權之權力欲，亦可轉而憑藉此諸品德爲工具，以產生上述對平民之不合理之行爲，而與全體人民之理性之所要求者衝突。由是而亦不能使全體人民之合理活動得所促進，不合理活動被裁制，而或反使人民之合理活動被壓抑，不合理活動伸展，而全國家人民之公共的理性意志道德意志仍不能眞貫徹實現。

然在民主政制下，則不僅如在貴族政制任何人之權力欲，皆須受同階級人之權力欲所限制，且皆須受一國中其他人之限制。於是任何人之權力欲，皆普遍地互相限制。就常識而論，以爲民主政制之優於貴族政制，在其人人皆有權。然依吾人之見，則首當說民主政制下人人之權力欲，皆互相限制，乃其優於貴族政治之處。唯由人人之權力欲，皆互相限制，人且能肯定他人之權力欲，承認他人之有權，然後人乃得相互依於他人對其權之承認，而各有其權，以建立普遍平等的規範全體人民之法律。故一切人皆有權有普遍平等之法律之民主政制，並非直接由一切人，一一皆分別的有其權本身之所致，而由一切人，一一皆分別的承認其他一切人之權之所致。而民主政制之所以成爲制度，遂依於每人之權力欲在全民之前之有所放棄，而對國家中一切人之權利，及普遍的規範一切人之法律，咸加以尊重而得成立。由是而在民主之政制下，任何人之欲利用他人對其權利之尊重，而以之滿足其私欲者，皆同時自知其爲自己與他人所共承認之法律所不許可，由是而他人對其權利之尊重之道德意識，至少不致直接被利用爲達其私欲之工具。而人之知任何人皆同受一法律之規範，其權力欲皆須在全民之前放棄，遂使人知其自律的理性活動之普遍客觀化之要求可滿足，知法律之普遍的規範性可實現。在民主政制下，人皆可同出自承認他人之權利之動機，以尊重一切人與普遍法律，人亦賴知全民對我之權利與普遍法律有一尊重，而自覺其權利之有保障。故人對任何人之尊重，皆可不復出於畏懼之私欲，此卽民主政制所由成立之動機，所以無君主專制貴族政制所由成立之動機中之不合理處。

至自民主政制之爲效於國家中個人團體行爲之規範，與全體國家人民之理性意志道德意志之實現而言，則在民主政治之社會中，人依於其私欲，以違悖依共同之理性活動所建立普遍之法律之事，固仍可常有。然因此普遍法律之自始爲彼所承認，亦爲他人自始認爲可以規範之者，則人可自知其個人之私欲出發而違法之活動，皆可被法律制裁。而人人皆能自由表達政治意見，或求參加實際政治，爲政府中人，則人人之不違悖普遍法律之合理性的政治活動，在此制度下，乃皆可被促進，而眞正之國家人民之公共的理性意志道德意志，在此制度下，因而亦卽更能實現。

吾人以上論民主政制、貴族政制、君主專制政治之高下，乃自人之權力欲之限制上，與理性活動之普遍的客觀化之程度上着眼。故以吾人之說而論，政府組織中權力之劃分之所以必需，近代立法、行政、司法之政權之各自獨立，所以高於古代三權不分之故，亦唯在權力之劃分，可以限制人之權力欲，而使一切人之政治活動，更能合理性，使吾人之理性活動普遍客觀化之要求更能得滿足，法律之普遍的規範性，由立法、司法機關之獨立，而更易實現於對政府中人之行政活動之實際的規範上。然吾人之書，非一般政治學之書，故關於各形態之政府組織，對於人類權力欲之限制價值，對人類理性活動之普遍客觀化要求之實現價値，不一一分別比較，而加以討論。吾人今將討論之一問題，乃所謂民主政治是否爲必然之最完善之政治之問題。

十二　民主政治之批評

今人多皆以民主政治爲必然之最完善之政治，吾以上亦自制度上說民主政制良於君主專制、貴族政制，並爲之舉出必然之理由。此卽民主政制對於人之權力欲，能與以普遍之限制，使人所立之法律之普遍的規範性，對一切人平等有效，因而可滿足人之理性活動，求普遍的客觀化之要求。然民主政制之良於君主專制、貴族政制，非卽民主政制下之社會政治，必然良於君主專制、貴族政制下之社會政治之證。蓋君主專制、貴族政制之不善，依上文所說，唯在君主之權力欲被承認爲可不受法律之限制，貴族則可由法律上之特權，以滿足其權力欲，而不遵守平民所遵之法律，或憑藉權力以改定法律。然在君主專制貴族政制中，君主貴族之權力欲，不被普遍的法律制度限制之處，仍可被輿論、他人之忠告、或其個人之良心所限制。則在一君主或貴族有極高之道德意識之情形下，彼可自動節制超化其權力欲，亦儘可處處依道德理性而爲政，以求合於國家人民之理性意志道德意志。君主、貴族，亦儘可盡量採納人民之政治意見，以至召集人民集會討論國事，以集思廣益，或甄拔賢者以從政。則此種君主專制、貴族政制下之政治，卽亦未嘗不可無吾人所言之弊害。而君主專制之制度之下，因人民之承認君主之權力之無限，人民皆以其理性活動，自節其權力欲，放棄其若干權利於君主之前。此時暴戾恣睢之君主，固可益增其暴戾恣睢；然對本有道德意識之君主，亦可念其權力之大，念人民對其擁戴之誠，而益增其自尊自信之道德意識，與政治責任感。而在貴族政制之下，貴族當念其權之大於平民，平民對之曾放棄若干權利時，彼等如原爲驕奢淫佚者，固亦可增其驕奢淫佚，如原爲有道德意識者，亦可念其權力之大於平民，而亦增其自尊自信與責任感。故君主專制制度下之賢聖之君，恒有一涵育萬民之氣象，而貴族政治下之貴族，亦恒有一種高貴的担當責任之精神，爲民主政制之下之人民之所缺乏者。且在民主政制之下，如人之肯定民主政制，不由自己之權力欲之限制，以肯定他人之權力，而滿足理性活動之普遍客觀化之要求之動機出發；而專從我之權利可通過他人對我之權利之肯定，而得保障着眼，則人雖非自畏懼之私欲，以肯定一政治制度，而仍是自求權利之私欲，以肯定一政治制度。人專注念於其所得權利之可被保障一點，則亦可更增其爭權利之意識，而政治之事，卽仍可成互爭權利而分配之之事。此政治制度仍是爲人之私欲所利用，而爲人之私欲之工具。而人在覺此制度下之法律，對其私欲有所不便時，如彼復念及法律制裁之嚴刻，而強壓制私欲時，亦可造成一精神之局促猥瑣。否則仍可力求復在法律規定有未及處，曲解法律，製造法律，以暢遂其私欲。則民主政制仍不能使其下之社會政治卽成爲合道德理性要求之最善良之社會政治。由是而民主政制雖爲能使法律之普遍的規範性，對任何人皆有效，而最能滿足人之理性活動普遍客觀化之要求者，然人之擁護此制度，在此制度下之人之不願此制度之毀壞，亦仍可出自人之私欲。因而任何人明顯違悖法律之不合理之行爲，在此制度下雖可被裁制，然以法律規定之不能無所不及，法律可曲解，可製造，而任何人仍可有表面不違悖法律之不合理之行動。故人之理性意志道德意志，在此制度下，雖被可促進，然亦非必然被促進。在此制度下，人之表達其政治意見，不必出自善良之動機，則羣言折衷之結果，亦未必得即爲政之善策。則民主政制下之社會政治，仍未必即最完善之社會政治也。

然吾人雖謂民主政制下之社會政治，不必即爲最完善之社會政治，仍不能不謂民主政制之優於君主專制貴族政制者，此即以君主專制貴族政制之下之君主與貴族之濫用其權力與否，無客觀之保障，其濫用權力之事，可被制度容許承認。而在民主制度之下，人之濫用權力，必不被制度承認。民主制度下人民肯定法律之動機，固可出自私欲，因而可有上所言之弊害。然要無人敢明白違悖法律，以一人或少數人之意見，自由變更法律，如君主專制貴族政制下之情形。則其私欲之滿足，只能在法律之下進行，而不能在法律之上進行。且君主專制貴族政制下之權位之傳承，因無客觀理性之標準，則只有依生理血統之標準，與空間鄰近之標準，至多只能依一個人或少數人之理性之標準。而前二標準，根本爲私的而非公的，後一標準，若無客觀的大多數人之理性之參照，亦恒易爲私而非公。又在君主專制貴族政制之下之君主貴族，雖可以人民之擁戴尊崇，而增其政治責任感。然此政治責任感，實人人之道德意志充量發展所同當有。而在君主專制貴族政制之下，則至少不須鼓勵人人之同有此責任感。由是君主貴族之政制下，雖儘可接納人民之善言以集思廣益，然要出自徵詢之態度，而非能使人人皆自覺的担當國事，自覺國事之即其份內事，亦不能使人民皆可有自動自發的對國事之意見之表達，以共從事合理的政治活動。則民主政制之有普遍之法律，權位之承繼，不採血統生理之標準，並避免空間鄰近之標準，不依個人權力欲而依客觀理性，以選賢能爲政，仍爲在原則上優於君主政制貴族政制者。

吾人既言今之民主政制下之社會政治非必即最善良之社會政治，而又言民主政制爲原則上較優於君主專制貴族政制，則最善良之政治必爲由承認民主政制，而又在制度之外求改進其下之人民之社會政治生活之民主政治。此即爲一種兼以道德文化之陶養改進人民之政治意識之民主政治。此種民主政治，當爲一種與人民之願寄其信託於賢能之政治精神不相悖者。

吾人上論民主政制之優良之點，在其節制人之權力欲，能普遍客觀的實現法律之規範性，使人至少不敢在表面違法，並可使政治權位之承繼，皆依客觀理性而決定，兼可普遍引發人民之政治責任感。而其缺點，則其下之政治社會中人民，仍可出自自利之動機，以肯定法律，由念法律之可保障其已得之權利，而益增其爭權利之心；並由法律意識與私欲之衝突，導至精神之局促猥瑣；且於法律所未及之處，謀曲解法律，製造法律，另求有以遂其私等。然此等等缺點之補救，根本非法律本身之改進，卽可濟事。因立法愈嚴密，人可愈受法律之保障，而其肯定法律之動機，愈可出於自利。法律之保障其已有權利，亦愈可增其權利之欲。此卽愈行法治之國家人民之自私心，仍可愈强之故。而法律無論如何嚴密，然要不能對人之一切行爲，皆加以規定。因法律爲普遍者，而人之行爲爲特殊者。一切普遍之規範，皆不能窮竭人之一切特殊行爲而規範之。此乃依於理之必然。則無論如何嚴密之法，皆有其所未及之處，而可容許人作不同之解釋，遂可容許人之曲解法律，及從事新法律之製定。而新法律之製定之時，則可容許不合理之私欲，參加於法律製定之中。由此而法律之改進，遂注定不能絕對完滿者。而法律愈嚴密時，其欲避免人之曲解與私意之參加於法律之製定，愈有待於正直之客觀理性，對公平之法律之維護支持，愈有待各個人之本超自利之精神，而參加新法律之製定。由此而欲補救民主政制之所不及，遂必然有賴於人民道德意識之提高，而此則教育文化之事。由是而吾人遂可言，人對政治之重視，乃必然須過渡至敎育文化之重視，而教育文化爲政治之基礎，亦毫無疑義者。

十三　理想的民主政治下之政治意識，及與禮治人治德治精神之會通

今人之論民主政制下之法律之價值者，正多是自民主政制下之法律，能保障人之權利上着眼。

然吾人之見，則似與此相反。吾人以自法律之能保障我之權利出發，以肯定法律之價值之動機爲私欲，乃吾人正當加以否定者。然吾人之見，雖與世俗之見相反，而亦正爲世俗之見之基礎。蓋世人之所以言法律之能保障人之權利，便當加以肯定者，其所指者，必非我一人之權利，而爲一切人之權利。而肯定一切人之權利之根據，正在我之能超越只保障我之權利之觀念，能節制我之權利欲，而有普遍肯定一切人之客觀權利之理性活動。故吾人以爲欲改進民主政制下政治意識，首卽須使人皆不自法律可保障我之權利之動機出發，以肯定法律。次則須認識法律之價値，不直接在保障人之權利，而在表現吾人之普遍客觀的理性活動。（此義在本書第九章論法律處再詳之。）欲使人能維護法律肯定法律，當使人先肯定其普遍客觀之理性活動。欲培養人之法律意識，當先培養人之尊重此理性之意識。然人誠能尊重理性，則將不只尊重其肯定已成法律之理性活動，且將尊重理性活動之本身，與理性活動之一切表現於文化敎育者，並尊重將各種理性活動之不同表現，加以貫通融和，所形成之道德人格。而肯定文化敎育與道德人格之重要性，則可使吾人全超拔權利之觀念。而人之只藉法律以保障所得之權利，而便於爭權利之意識，亦自然超化。人之精神意識，由是而升至法律意識之上，同時升至互爭權利而分配之政治意識之上。而吾人之政治意識，亦化爲如何促進文化敎育，尊禮道德人格之意識，而以此意識主宰之政治意識，遂爲誠心之推崇賢能，以主持政治，發揚敎育文化之政治意識。此種政治意識，與今日一般所謂之民主政制下之社會政治意識之不同之點有八：

一、人皆不自法律可保障權利之動機以肯定法律，只視法律爲保障權利之工具；而以法律之建立，乃所以直接表現吾人之客觀理性，然只爲吾人理性表現之一方面。

二、由不以法律之用在保障權利，而更知政治之中心問題，非權力之分配問題。政權之所以須公平分配，並不根據在人之皆要求權力，而在吾人之必須肯定一切人之政治活動，普遍的成就一切人之政治責任感。

三、然人之有政治責任感者之需要政權，乃以之爲手段。即其爭政權，乃實現其大公的政治理想道德責任之手段。故如有他人能代其實現政治理想、道德責任，彼亦可放棄其政治活動之權。彼所唯一需要者，爲彼之放棄作政治活動之權，不由於脅迫而由於自動。

四、人之有大公的政治理想道德責任而欲實現之，以從事政治者，彼一方肯定其當有合此目的之政治活動，同時立即進而要求他人之有此合此目的之政治活動。由此要求，遂直接對於已表現有此合此目的之政治活動之人，對於能作合此目的之政治活動之人，先寄其期望與尊重。由是而彼必願推選他人，以實際担負政治之責任，爲政治上之領導者。由是縱使彼之賢智之程度，不亞他人，當彼發現他人能代其實現大公之政治理想道德責任時，彼必覺此與其自爲無別，而願移其精力於盡其他人生文化之責任。除非在彼能確定他人賢智之程度不及彼，或在被他人期望推選之情形下，彼將絕無爭政權之要求。其不得已而爭政權，亦將非代表其個人之意志，而是代表合乎普遍客觀理性之意志。

五、在人人不重視自己實際政權之獲得與否之政治意識下，則政治之問題全不重在權力之分配上，亦不在使人人皆實際去担負其政治責任上。而在使人依於其政治責任感，所期望所推選之實際担負政治責任者，皆能實際担負政治責任，而實現眞正之國家人民之公共的理性意志道德意志上。此卽謂政治之中心問題，在居政治職位之各等人，是否能擔當各種之政治責任，或各種政治責任，是否皆有人適當的擔負之。誠各等之政治職位，皆有適當之人以居之，而能擔當其政治責任，則政權之公平分配，人人之所以皆當有政權，其價値遂唯在使居政治職位之人，有所忌憚而不敢肆其私欲；並使在居政治職位之人，不克擔當政治責任時，能有人候補上。而民主政制下之政權之公平分配，與保障人民權利與民主政制之法律，在此情形下，亦可稱爲一手段、一工具。然此謂手段工具云者，非對權利之保障，而爲工具手段，乃對保持一切人民之政治責任感而爲工具。

六、在重視政治職位與政治責任之政治意識中，人對於居政治職位能負政治責任之人，將不特對之取監察之態度，亦將不徒視之爲人民之公僕，而將對之有尊敬。因能負政治責任之人本身，必然當爲一意義之道德之人格，爲能實現一國家人民之公共的理性意志道德意志者。則吾依吾對於國家人民之公共的理性意志道德意志之尊敬，卽應尊敬以實現此等意志爲意志之人。同時，吾人對於政治之職位之本身，亦應有一尊重。蓋此職位之所以有高下，即根據於應爲人所擔負之政治責任，有大小之不同。而凡應爲人所擔負之政治責任，皆依人民之公共的理性意志道德意志所望人擔負者。由人民之公共意志所望人擔負之一種責任之一理想，規定一政治上之位。故一政治上之位之存在，顯示一人民之公共意志之一理想之存在。此理想爲當尊重者，故政治上之位爲當尊重者。由政治上之位爲當尊重者，故對一居位之人，當吾不知其不能擔負其權位上規定之責任時，吾由見此居位之人之存在，即已可知爲其公共意志之期望之所繫託者，可實現公共意志之期望者。由吾對公共意志之期望之尊重，亦將對其期望之所繫託者，致其尊重。而當吾知其不能擔負其職位上規定之責任時，吾由對於此位之尊重，對於公共意志之期望之尊重，將使吾求另一眞能滿足公共意志之期望者，以居此位，而擔負其責任。則吾必須以己之力或與他人合力，以使前者離位，而保持此位之尊嚴。由是而吾人之政治意識，處處皆當以對人格之尊敬，對位與居位者之尊敬爲主。而對政治人物之位，所以須加以進退升降，亦依於對位之尊重而來，而非所以表現吾人之權力意志也。

七、在人既不須自己對實際政治負責，而又能尊重負政治責任之人格與在位者之政治意識下，則人皆能眞正之推賢讓能，並待上下以禮。此即中國古所謂禮讓爲國。在人人皆有一禮讓爲國之政治意識下，即執政人物必爲賢能之士，而政治上之最高領袖，必宜爲最能實現公共意志，以人民之道德意志爲意志之人，此即聖賢或勉於爲聖賢者。而執政人物之得居其位，如由人民之推選，此推選之之意識中，必同時包含眞誠之道德性之擁戴。執政人物亦自知其權位，皆自他人之眞誠之道德性的擁戴而來，則不特知其權位，乃他人之所賦與，且將由感受他人之道德性的擁戴，而益增强其道德意識政治責任感。由是而君主專制貴族政制下，聖君賢相之道德情操，在此制度下仍可保存。加以在此制度之下，人以禮讓爲國之結果，得居執政之位者雖必爲賢能、賢聖，然賢能賢聖則不必皆爲居執政之位者，而儘可於教育文化社會道德之事上多負責。則此時之執政者，更不能恃位以臨人，因此位非只彼乃可居，亦爲他人所可居也。故人雖居政治上之高位，其人格之價值，不必即高於其他在教育、文化、社會道德之事上多負責任之人也。

八、由上所論，吾人遂知理想之民主政治，仍包含中國從前之禮治、人治、德治。唯吾人所想望之禮治人治德治，乃超法治而非不及法治。因而必須包含法治，亦必須包含今日之民主政制。中國從前之德治、人治、禮治之社會政治之理想雖有高於西方法治及民主政制下之社會政治之處，然因未透過法治，與今日之民主政制，故其實際又有較今日西方之法治民主政制下之政治社會爲低之處。其關鍵在中國過去所實現之人治德治禮治，仍是依於治者之主觀之道德意志。主觀之道德意志一懈弛，則降落爲治者之權力欲之放恣。故無客觀之公共意志所支持之法律，以限制治者之權力欲，則無使人治、德治、禮治不降落之支持者。西方近代法治民治之精神基礎，乃一切人權利之普遍的承認。此種對一切人之權利，皆加以承認之理性原則之建立，初可謂由於各個人對其自身權利之肯定執持，此乃出於人之私欲。然由各個人對其自身權利之肯定執持，則使人與人之權利互相限制，由是而使人得超越其一人之權利觀念，而承認他人之權利，而有一切人之權利，皆當加以承認之理性原則之建立。自此理性原則，乃由個人之自肯定執持其權利，又與他個人權利互相限制而逼出以言，故其出現以後，所建立之法治與民治，仍未嘗不亦隨時可被個人之權利欲所利用，而造成政治上之危機。然自此理性原則之建立，仍由人之能超越其一人之權利觀念而後可能言，則此理性原則之由各個人之權利之互相限制而逼出，遂爲各個人所不敢否認，而至少須表面的承認者；則使人人皆可順此理性原則之引導，以超越其權利欲，而自覺其理性自我，以進一步的培養、開拓其道德意志，自覺的完成其道德人格。同時人人皆可將今日之法治民治之精神，兼向德治人治禮治之精神推進。而此所建立之德治人治禮治，遂不只依附於治者之主觀之個人道德意志。吾人之意是：必既有客觀之法治與民治之制度之存在，以阻止政府中人之意志之降落，復有客觀之人民順此理性原則之引導，所共培養出道德意志，以支持促進政府中人之道德意志；然後中國過去德治人治禮治之理想，乃能眞正實現。中國過去哲人，唯知直接欲本敎化以使人人皆成聖賢，而實現德治人治禮治之理想。如此敎化之目標達到，治者皆聖君賢相，人民皆聖賢，則以法律限制人之權利，保障一切人之權利之觀念，誠可不必有。而凡言及個人對其權利之肯定執持，皆可判斷之爲罪過。然中國過去哲人，未必能知個人之對其權利之肯定執持，對其個人主觀言雖爲罪過，然對其他人之權利欲言，則有客觀上之加以限制之價值。故自覺的爲限制他人之權利欲，而肯定執持其權利，與人爭權利，亦爲一道德行爲。而自政治之演進上看，由人之各自肯定執持其權利，復由相限制而所逼出之理性原則，即可裁抑人之權利欲之自身。而人在肯定執持其權利時，人對於其現實自我之自覺，在理性原則出現之後，即可轉化爲對普遍的理性自我之自覺。而一般人之自覺其普遍的理性自我，正有賴於其先對其自己權利之肯定執持，而復由受限制，以識取人我之權利應同被肯定之理性原則。因而法治與民主政制，亦即陶養一般人使有普遍的理性自我之自覺者。由是而一般人之對於其權利之肯定執持，而與人爭權利，只須不踰越法律之限制，亦未可厚非。吾人唯當承認之超越的涵蓋之，而後轉化之。然此義則中國過去哲人未必能深知。故中國過去有德治禮治人治之理想，而尙無透過法治民主政制之禮治人治德治的政治社會。此爲吾人所當實現者。

十四　國家意識與超國家意識與道德理性

吾人以上論國家政府之根本原理，而未及國際。故吾人今將討論一問題，即國家是否爲人類社會之最高團體。如其爲最高團體，則吾人對自己國家以外之國家，是否亦對之有責任，吾人之責任感，是否可溢出於國家以外，而及於其他國家。如可及於其他國家，則吾人當求世界諸國家之平等，和平相處，天下一家。而人將循何道以求世界和平以使天下一家，此乃一最困難之問題。吾人之見，與黑格爾氏之見之不同，亦主要於此問題之答覆見之。

依黑氏之說，國家即人類社會之最高團體，且爲一絕對之存在。因而國與國之間之權力之衝突，只能以戰爭解決。在一時代中，只一國家爲世界精神實現之所，而被世界精神裁判爲應領導世界者。不同之國家，只能在不同之時代，各爲世界精神實現之所，而不能平等並立的爲世界精神實現之所。於是國與國間之平等和平相處，可爲一時之事實，然不能成爲追求之對象，亦不能由人之理性自我以保證支持此平等和平相處的狀態之永遠存在。因國家既爲一絕對之存在，則爲求肯定其自身爲一絕對之存在，自必須求支配相對於其自身而存在之其他國家，而表現其國家精神於世界。因而個人最高之責任，亦即在效忠於國家。人之效忠於國家，即可完成其道德自我。而國與國之戰爭，復可使人免於由長久和平時期所導致之精神上之癱瘓。英雄之殉國，亦即表現其對現實自我之超越，而促成國家之完成歷史使命者。此種說法，吾人自不能與之全同意，然吾人絕不能如世俗之輕易菲薄之。在世俗之論，一聞其歸宿於戰爭之肯定，即以之爲黷武，一聞其以國家爲絕對存在，人民可只對其自己之國家負責，則覺其胸量不及能肯定國際及全人類者，對全人類國際負責者之大。實皆視此問題，過於簡單。蓋世俗之愛和平，實大率出於求安逸肯定自然生命之動機。爲求安逸、肯定自然生命、而愛和平者，其言恒實不如能激勵精神以承擔戰爭者，陳義之深。實則戰爭與和平，各有其對於人類精神之價值。人類最高之理想，自爲和平。然此和平，本不能由求安逸、肯定自然生命之動機而求得。人必須超越於只求安逸與自然生命之肯定，乃能有眞正之和平。而人能超越求安逸與自然生命之肯定之觀念，則同時可發現，戰爭亦有其對於人之精神本身之價值。黑氏在此所論，正有其所見。至於世俗之論國際及全人類之觀念，大於國家之觀念，人應對全人類國際負責者，實亦不知國際及全人類之觀念，如何廣大法，人對全人類及國際之責任，如何擔負法。通常人想到全人類，皆自一一之個體人之和上想；想國際，則自一一之國之和上想。人覺全人類比一國之人多，國際之各國比一國多，故以全人類國際之觀念大於一國。此乃純自人之概念、國與國際之概念之所指之大小講。然國家之所以成國家，在其組織。國家之概念，包含其豐富之組織之內涵。國際或人類而無組織，則人類或國際之概念之內涵，可遠貧乏而少於國家之概念。而空洞之國際或人類之概念，所啓示人之意義，所引發之人之責任感，即可遠較國家爲少。同時對缺乏組織之國際與人類，吾人言對之負責任，實常不知如何擔負法。因而空口言對國際人類負責之人，常反爲責任感較少之人。故吾今將對黑氏之說，先予同情，並以吾人之言，說明國家之何以可稱爲絕對存在，何以人可只對國家負責之義。然後再指出其思想之局限，並指出人如何可言對國際及全人類負責，並此責當如何擔負法。然後論國際和平天下一家，依何義乃堪爲追求之對象，且有實現之可能。

國家之所以可稱爲一絕對之存在，首根據於國家爲一能自足者。個人不能自足，因個人必須由家庭而生而養育。然一家庭亦不能自足，因家庭中之父母，乃自不同之家庭來。家庭中之子女，又還須與其他家庭中子女爲婚。故一家庭之存在繼續之概念中，卽包含其他家庭之存在及家庭外之人之存在。家庭本身旣非自足之存在，一家庭本身亦不能使家庭繼續存在於世界。然國家則包括一切家庭。其所包括之一切家庭之子女配合，而使國家中繼續有家庭存在，同時使國家亦繼續存在。故個人與家庭，皆須待外在於其自身之他人他家庭而存在，遂不能自足。而國家則不必待外在於此國家之另一國家之存在，而仍能成爲自足之存在。其次，個人之完成其道德人格，亦只須盡忠於其國家卽已可能。因吾人前已言，在國家中各團體中，吾人之一切理性活動皆可客觀化。在國家意識中，則吾人有使客觀化之一切理性活動融和貫通之要求，而使吾人之整個統一的理性自我，客觀化於肯定國家建立國家之政治意識中。故吾人之效忠於國家，必要時願爲國家而犧牲，卽可完全實現吾人之道德意志，成就吾人之道德人格，而使吾人自現實自我之私欲，完全解放。然吾效忠於國家，而吾眞有一統體的國家意識時，吾卽知國家爲縱貫時間歷史中存在，國家乃一由過去通過現在，以向未來伸展之一客觀精神。而吾念及此客觀精神，爲時間歷史中之存在時，吾之愛國之意識，卽一方由國家之現實，以溯其過去，而對成就國家之現實之歷史之全部，有一種渾然之愛。在另一方，卽瞻望將來，對國家之精神生命之順其傳統，而光榮的拓展，有所期望，並求對此有所貢獻。此吾之愛國之意識之兩面伸張，以支持成就國家之客觀精神之存在與拓展。而國家本身又爲自足者，不似個人與家庭之觀念之不能自足，則吾之主觀精神，便可只隨順國家客觀精神之活動而活動。如一波之在江中，可只隨順江流而流行。國家之客觀精神之發展，爲密密無間，以在時間中流行，而自足者，則吾之主觀精神，不必截流而過，以通於他流。此卽喩由愛吾國之意識，不必通至愛他國之意識。而此種只愛己國之意識，已足完成吾人之道德人格，亦不須進而愛他國。則爲求自己國家之精神生命，在時間中、歷史中、承其傳統而光榮拓展，遂進而欲征服其他國家，使同化於吾國之歷史文化傳統，而戰爭，亦非必不道德。而他國之欲征服我國而與我戰，同非不道德。此蓋卽黑氏所謂國與國間爲在自然狀態下之關係，而無道義關係之說之密意。由此而歷史之正義，唯表現於歷史之事實。卽誰是能勝者，能光榮拓展其國運之國家，卽爲應當存在，凡此皆愛國之意識本身，可不必通至愛他國，所必然涵蘊而無可逃者。

通常人以爲吾人之由愛身而愛家，由愛家而愛國，由愛國而愛天下，乃同一之理性活動之逐漸擴大。吾愛吾身，則當愛他身，吾愛吾家，則當愛他家，吾愛吾國，則當愛他國。於是卽有天下一家之意識。不知此問題不如是之簡單。蓋吾之身家乃不能自足者，吾承認吾之身，卽必然承認他身之存在。吾承認吾之家，卽必然承認他家之存在。然吾承認吾之國，則其他國之存在與否，吾可不須問。則吾之國並不待他國之存在而後存在。而吾之旣承認我身外有身，家外有家，則吾可超越身家之觀念，而對其他人之身家有道德責任。吾可不問國外是否有國，而吾國家又爲歷史之存在，則吾超越當前吾之國家之想念，可只繫念於國家之過去與未來；則吾不須對國外之國有道德責任。此即上所謂由愛其國本身，並不直通於愛他國之故。凡以為由愛其國可直通至愛他國，皆由不知國家之自足性，與國家為時間歷史中之存在，人人能對其國家盡忠，即可謂已盡吾應盡之道德責任，已可完成吾之道德人格之義者也。

吾人以上乃對黑氏之說，予以同情的解釋，以明一般批評其說者之未透入問題深處。然吾人仍將反對黑氏之國家至上之說。吾人承認，由愛己國並不能即直接通至愛他國，亦承認愛國意識之發展，並不必能通至愛他國之意識，唯吾人以為愛己國之所以不能通至愛他國，關鍵在吾之主觀精神之全然承順國家之客觀精神，而與之同流，亦即吾之理性自我，全然沒入國家之歷史之過去未來之肯定中。然吾人須知，吾人之主觀精神、吾人之理性自我，實涵蓋國家之客觀精神國家之歷史，而支持成就之，如吾人前之所論。吾人誠知吾之主觀精神與理性自我之涵蓋性，而深切自覺此涵蓋性之溢出所涵蓋之國家歷史以外，則吾人可有超出國家意識之路道可尋。蓋吾之理性自我，為求絕對的普遍化吾人之一切活動者。順吾之理性自我求絕對普遍化一切活動之趨向，則吾愛吾身，吾不僅可愛他人之身，且可望有他人之愛其身，而尊重他人之自愛其身。吾愛吾家，不僅可愛他人之家，且可望有他人之自愛其家，而尊重他人之自愛其家。因而吾愛吾國，吾雖不能引出愛他人之國，然仍可引出望有他人之愛其國，而尊重他人之自愛其國。反之，吾愛吾身，而除吾以外，別無與我能同樣自愛其身者，吾愛吾家，別無與我同樣能自愛其家者，吾愛吾國，別無與我同樣愛其國者，則吾之愛身愛家之理，不能普遍的實現，吾之愛國之理不能普遍的實現。而依吾之絕對普遍化吾之活動之理性要求，則吾先可不問，吾身吾家以外是否有他身他家之存在，吾仍必然要求另有他身他家之存在，而有人能愛之。吾亦可不問，吾國以外是否有國之存在，吾仍可必然要求另有國之存在，而有人能愛之。此種欲絕對普遍化吾之活動而生之理性要求，乃純由內發。其根據在內而不在外。因而上文所述：個人與家庭之爲不能自足之概念，其本身涵蘊其他身與家庭之存在，而國之概念不涵蘊他國之存在，此二者之差別，在此點上，卽成不相干者。吾人今如知：不問吾之身家國外有無他人之身家與國之存在，吾仍將必然依理性而要求其存在，則當吾發現外實有他人之身家國時，吾卽可肯定他人之自愛其身、自愛其家、自愛其國，而尊重他人之愛其身，愛其家，愛其國。而吾人一肯定尊重他人之愛其國，吾卽可有對他人之國家之肯定尊重，而對之有道德之責任可說。

關於吾人之見可生之一問題，卽人可謂吾人之愛其國，雖必望他人之愛其國，以使吾之愛國之活動可普遍化。然吾欲吾愛國之活動普遍化之要求，似只須望吾同國之人亦與吾同愛此國，卽可滿足。對此問題，吾人之見爲：同國之人與吾同愛此國，固可以滿足吾愛國之活動普遍化之要求。然吾之愛國之活動之絕對普遍化之要求，則無理由自限於望同國之人之同愛此國。因當吾求愛國之活動普遍化時，並非只求愛此國之活動之普遍化。如吾人只求愛此國之活動普遍化，則在有同國之人同愛此國之情形下，吾對國之愛固已普遍化，然此所共愛之國，爲此一特殊之國，仍未普遍化。故吾眞求吾愛國之活動普遍化，必不能限於望人之愛此國。如限於望人之愛此國，卽不能完成吾求愛國之活動絕對普遍化之要求，而仍是由於吾之理性自我之沒入自己一國家之歷史之所致。

吾人誠能深知：吾之理性自我之絕對普遍化其活動之要求，必可引出對他人之愛其國之肯定，而尊重他人之愛其國。遂知由吾人之愛其國，雖不能通至對他國之愛，然由吾之尊重他人之愛其國，則可對他國之人所愛之國，有一種尊重。因而吾對他人之國，亦有不加侵略之道德義務。此道德義務不直接建立於國與國之間，而建立在此國之個人對彼國之個人之各愛其國之相互尊重之間。吾不能直接對他國有道德義務感，然吾可通過吾對他國之人之愛其國之尊重，而間接對其國有道德義務感。而順此道德義務感，則吾可求國際之和平，國際之文化合作，以致組織國際之行政機關，以協調諸國，以至建立一超國家之天下國家，其下包括現存之諸國。由是而效忠於國家，雖已可使吾人之一切活動皆成公的，而完成吾人之道德人格。然只效忠於自己國家，而侵略其他國家，則非吾之道德理性所許，非所以完成吾人之道德人格之事。而求國際之和平……建立天下國家之事，雖非直接效忠於國家之事，而正是所以完成吾爲國之效忠。蓋吾人之爲國效忠，依於吾之道德理性，而此道德理性，同時卽要求吾爲國效忠之活動之普遍化，因而必將期望，他國人之爲國效忠，肯定他國人之爲國效忠者。而由此肯定，則吾當尊重他人之國，而求國際和平以建立天下國家等也。由是而愛國與愛天下，乃可言出於同一之理性活動之順展矣。

吾人以愛國與愛天下當同時肯定，又以愛國而侵略他國爲非。然人之愛其國者却終常不免侵略他國，此乃原於個人之主觀精神，恒不免沉沒於國家之客觀精神，而受其支配。欲個人超出國家之客觀精神之限制，績發其至高之道德理性，乃至不容易者。由此而歷史上之國家之相侵略，遂無已時。而國與國之戰爭之毀滅性，勝於任何人與人之鬥爭。由是而有人遂主張打破一切國家，方能實現眞正之和平，以顯發人類至高的道德理性，因而破壞人類之國家意識，又似爲當今最必須之事。

然吾人之見與此不同。蓋人類國家之有界限而可相侵略，亦如個人與其他個人各有其身體之界限，而可相衝擊同。吾人不以人之身體各有其界限，而欲打破身體，而乃唯以求避免身體之衝擊，及使二身體之所爲可互相幫助爲事。則吾人亦可承認國家之界限，而唯以求避免戰爭使國與國相助爲事。吾人自任何國家之有界限而觀，固使人覺國家之界限，乃造成人類之隔膜、衝突、與戰爭者。然吾人自任何國家之界限內而觀，則任何一國家，皆其無數時代人民之客觀普遍之道德意志之所凝結而形成，任何國家之自體，皆含至善淸淨諸德，如吾人前之所論。國家之爲歷史的存在，卽爲國民之世代相傳之人民，重重積壘之共同之國家意識所支持，根本非一時代之人所能打破。人之國家意識，乃人之擴大其自我，超越其自我，而涵蓋其他自我，求其和融貫通的生活之涵蓋意識。而國家之界限，卽此涵蓋意識之度量。此涵蓋意識之度量之不能無限，乃依於凡欲有所涵蓋者，皆不能直下無限。無限只能於涵蓋度量之逐漸擴充中見。然逐漸擴充，乃前進而非後退。前進者乃由保存而超越，非由破除而超越。人類意識中須破除而超越者，唯個人之私欲。過此以往，凡由人之超個人之私欲，而由理性活動形成之家庭意識國家意識，皆不能由打破而超越。如打破之，則同時毀滅吾人之理性活動之本身，而還歸於只有個人之私欲，最後仍將重自私欲中顯出理性活動，而再形成家庭意識國家意識。故凡以為國家意識為罪惡，人當打破國家意識，以成就天下意識者，乃根本不知其非一時代之人所能打破，亦不當打破者也。

依吾人之見，人類之以互相隔膜、衝突而戰爭，固似可謂由人類之國家意識所造成，然罪實不在人類之國家意識之本身，而在與國家意識隨轉之人民之其他意識。此我將以為為一國中國民之權力欲或財富欲。蓋吾人之國家意識，恒使吾人以一國中國民之意志為意志。然國民之意志之本身，未必皆為清淨至善，而可為追求物質利益與權力者。由是而國民所集合而表現之公共意志，雖以共同之目的與理想為其結合之理性原則。然此共同之目的理想，可為向外之侵略。其侵略之目的理想達到之後，仍所以分別滿足各人私自之權利欲。而人之國家意識，以國民之公共意志為意志之結果，遂造成人之國家意識與國民之權利欲之隨轉，而人之國家意識，遂成國民之權利欲之保障者促進者。人之國家意識愈強，而其侵略之為禍於人類者愈大。然吾人仍不可以責國家意識本身者，蓋國家意識根本為超個人之權利欲之意識。吾人有國家意識，而誠復能自覺此國家意識之根原於超個人之權利欲，則當求普遍化吾之超權利欲之精神，而使國人亦超其個人之權利欲，不再只一往肯定國家中其他個人之權利欲，而與之隨轉，而當反求所以節制國民之權利欲，而超化其向外侵略之意志之道。故依吾人之見，吾人欲求國與國間之和平問題之癥結所在，唯在如何安排人之權利欲。而國家意識之本身不特無罪，而且正由吾人之自覺此國家意識之根據，即可引吾人往求節制國民之權利欲，而超化其向外侵略意志之道。吾人誠能以文化、教育、道德之力量節制國民之權利欲，而超化其向外侵略之意志，則國家意識所隨轉者，皆清淨至善，而國與國間之和平，自可求得，天下國家之建立亦不特應當，且爲眞可能。蓋如世界諸國，皆能努力於文化教育道德之進步，而復能互欣賞他國之文化教育道德之進步，則文化教育道德較進步諸國家，將逐漸爲其他國家之人民所嚮往歸向之諸中心國家。以人民精神之互相流通，歷史文化之互相了解融會，世界諸國拱向諸中心國家之結果，天下國家之建立亦卽可能。此卽先秦儒家如孟荀等，勸人君行王道以一天下之理想。反之，如吾人根本不能以文化教育道德之力量，節制國民之權利欲，而超化其向外侵略之意志，則國與國之和平，乃根本不能久者。

至於人因念國與國之和平之不能久，於是主張世界由一武力最強之國家統一，以便以後全人類凝爲一國，共享和平，如過去歷史中之小國之併入大國，中國春秋戰國之由秦統一，希臘馬其頓之由羅馬統一；則吾人以爲雖或爲事實上之所不能免，然吾人終無道德上之理由以期望之。蓋開始點之以武力侵略他國，乃吾人之普遍的肯定一切國家之意識所不許可。而武力之侵略征服他國之意識，因其出自各征服者之權利欲，故在他國被征服後，此權利欲如仍求有所發展，則必轉爲壓抑剝削被征服者之權利欲，而造成內部之階級，內部之爭權奪利，因而仍將致一統之國之再分裂或覆亡。如吾人能深觀人類權利欲之本質，卽知此爲必然者。故秦不二世而亡，羅馬終須分裂。今日如有一國家，欲利用其人民之權利欲以統一世界，亦必循同一之途徑以失敗。秦以後之能繼以漢之統一，羅馬之有一時之統一，乃基於秦漢以後儒者、斯多噶哲人、與基督教所培養之人民之文化教育道德意識，而不在秦與羅馬之武力。武力之爲效於國家之統一者，唯在其抵銷武力。至能積極凝合人心擴大和平，範圍人民之意志使和平相處者，唯有人民所自發文化教育道德之意識。自歷史上觀之，人類之武力之相抵銷，固所以使人逐漸消滅對武力本身之崇信，以引發其超權利欲之精神意識者。此爲使人類向上之歷史上之曲線。然此歷史之曲線，唯在事後，可與以肯定爲合理而承認之。然事前，則不能肯定爲合理而希望之。蓋在事前，人當知此曲線，並非於人爲必須者。人既知武力侵略無效於人類和平相處之意識之培養，武力終必自毀，則人無道德理由，以主張由武力侵略，以建立世界國家。吾人唯一所當努力於世界和平或天下國家之建立者，唯是以文化教育道德之力量，節制人之權利欲，超化其侵略意志，而武力之爲用，只用以抵銷他人之武力侵略。而此種以武力抵銷武力，是爲保護自己，亦所以實現歷史之正義，縮短歷史之曲線。由是而言，眞正國際和平以至天下國家之建立，雖非不可能，亦且爲人所當嚮往。然吾人只能希望由整個世界各國文化敎育道德之進步，與抵抗侵略之武力之運用，而自然達到。吾人決不能希望由武力以征服他國，以使天下一家。此之謂由行一不義，殺一不辜而得天下不爲。而此中亦卽無毀滅國家意識之必要。至於人類之不能皆自制其權利欲，仍將不斷本其權利欲，携帶人之國家意識與之隨轉，以發動侵略之戰爭，則爲吾人今日道德意志所無可奈何，而爲仁者之所悲。唯有期之於歷史的正義之實現，使人心於苦難中受敎訓而回頭。吾人之責任，亦唯在相信歷史的正義之必逐漸實現，相信人心之必逐漸回頭，而以吾人今日之道德意志之努力接近之而已。

吾人旣以世界各國之文化敎育道德之進步，各節制超化其人民之權利欲，爲實現世界和平天下一家之道。故人之所嚮往者，儘可在世界和平天下一家，而人之求達此目的用力之點，則主要應在其國家之內部，此之謂欲平天下者先治其國。而吾人如侈談世界天下，以破壞人之國家意識，則有野心之國家，反將利用他國之無國家意識，以建立世界國家爲名，以滿足其侵略意志。而無國家意識之一般國民之權利欲，如尙未超化，又因無國家意識以凝結其精神道德，將更降落而成只自私其身家者。反之，如吾不破壞國家意識，而各用力於求國內文化敎育道德之進步，則國家意識可以外抵制野心國家之侵略，內凝結其國民之精神道德，而文化敎育道德之進步本身，卽所以使人類向世界和平天下一家之道而趨。此之謂萬全之道。

十五　文化教育與世界和平

所謂文化教育道德之進步，乃所以改進個人。吾人所謂文化與教育道德對言時，卽指文學、藝術、哲學、科學、宗教、政治、經濟、法律等。教育者所以傳播文化。努力於創造文化之工作，於創造文化之工作中完成其人格，卽道德。故廣義之文化卽包涵教育道德。依吾人之見，一切文化皆同一理性自我之表現，此卽其所以爲文化。自此而言，一切文化之本原均至善淸淨，皆可培養人之道德而完成其人格，皆應傳遞保存，以教育後人者。一切人類文化上之罪惡，皆原於其被人類之私欲所利用，亦卽原於人之理性自我之未充量表現。文化之進步，卽使理性自我有充量之表現，以去除所謂文化上之罪惡之謂。然文化中可姑先分爲兩種。一種爲純粹文化，卽文學、藝術、科學、哲學、宗教等，一種爲一般日常生活中之社會文化，卽家庭、社會、經濟、法律、政治等。後者乃人類之理性自我直接表現其活動，於人之私欲，如好色、好利、好權欲之中，與之相掙扎、相順展、而有者，故亦恒與人之私欲相糾纏，易爲人類之私欲所利用而染汚者。而前者則爲人之理性自我，獨立於人之私欲外，以表現其活動而有者，故較難爲人之私欲所利用，而恒能保持其淸淨性。而通常言文化，亦遂以前者爲主，而最可以培養人之道德意識者，最須由教育以傳遞保存者，亦爲此類文化。於是吾人遂可知，欲使人類之社會文化推進，而使人之私欲不致利用人之社會文化，唯有發揚純粹文化，增强純粹文化之意識，以培養人之道德意識。此所培養之道德意識，還復表現於經濟、法律、政治、之日常生活社會文化中，以超化與相糾纒之權利欲。文學、藝術、科學、哲學、宗敎所培養之道德，可稱爲人之內心道德。政治、經濟、法律之日常生活中之道德，可稱爲人之社會道德。社會道德卽內心道德之見於外者。然有充於內者，乃有見於外者，故內心道德之培養當爲主。純粹文化之發揚，純粹文化意識之增强，乃使整個社會文化推進之根本動力。由是而吾人欲振興國家政治，至少亦必須同時輔以純粹文化之尊重，內心道德之尊重。振興政治經濟之意識，亦須由尊重純粹文化內心道德一直貫注下來，然後人之國家意識政治意識，乃爲有清淨之本源，而能完成其自身之使命者。

吾人之所以言文學、藝術、科學、哲學、宗敎等純粹文化，爲人之理性自我獨立於人之私欲外之表現者，蓋由創造此類文化之活動皆爲超實際的，超個人之個體性之執着的。人類之私欲如好色好利好權，皆由人之執其個體性出發。然此類由執其個體性出發之私欲，在人類之超實際超個人之個體性之文化活動出現之時，至少必先暫時隱伏。因而此種文化活動乃純粹表現理性自我之普遍性。在此種文化活動之意識中，人暫忘其個人之個體性，亦暫忘其個人所在之家庭與國家，以至現在之世界，人此時卽暫生活於超時空之世界。因而人由此種文化活動之共同而相結合，則可以超越家庭國家之限制而相結合，因而為一種最能培養人之天下一家之道德意識，最可藉以促進國際和平者。然其直接之效用，則惟在表現理性自我之普遍性，以完成其道德人格而已。各內心文化之涵義，於以後諸章論之。

第五章　哲學科學意識與道德理性

一　導論

科學哲學意識以求眞理爲目的，其所追求之價值爲眞理。眞者不必善，因而通常將科學哲學與道德，視爲不同之人文領域，而不以科學哲學之活動本身具道德價值。然依吾人之見，則科學哲學與道德，固可視爲不同之人文領域，然道德理性道德價值，亦實普遍表現於人生之一切文化活動文化意識中。科學哲學之活動之以求眞理爲目的，此只表明，在科學哲學活動中，眞理之追求爲凸顯之目的，亦如經濟活動之以生產財富，分配財富，爲凸顯之目的，政治活動之以分配權責爲凸顯之目的。吾人上既已詳論經濟活動政治活動，所以眞實可能之根據，不離人之道德理性。今卽將論人之求眞理之活動，所以眞實可能之根據，仍不離人之道德理性，因而其中亦卽可表現有道德價值。

由科學哲學之活動以求眞理爲目的，卽可謂此種活動爲純粹之理性之活動，此點吾人初無意否認。此種活動初爲非實踐的，不以見諸實際行爲爲目的的。在吾人從事實踐的理性活動或依理性而生實際行爲時，吾人所求者爲一理或理想之實現於具體之事物。而科學哲學之理性活動，則初唯以把握抽象普遍之眞理爲目的。其把握抽象普遍之眞理，固須憑藉具體事物，爲觀察實驗之具，於具體事物中，抽取普遍抽象之理。其所抽取之理，亦恆將待於以後對具體事物之觀察實驗，爲之證實。然此一切觀察實驗所須之實際行動，唯所以使客觀對象之理多方面顯現其自身，於吾人之前，而非所以實現吾人所認爲當實現之理，以改變對象，使對象爲此理之實現場所。故一般亦以由科學哲學之活動，所發現之事物之理爲客觀的。絕不以吾人在觀察實驗時，或須對對象有移動其地位，及其他改變之之事，遂以此理爲我主觀之心所賦與。而在實踐之理性活動中，吾人依當然之理，以改變事物時，則恆以改變後之事物，所以能實現此當然之理，兼由吾人之力所致。由此種純粹理性活動與實踐理性活動之別，遂使吾人覺從事純粹理性活動之心，根本上爲純靜觀的，於事物無有好惡之意的。此心研究自然，固冷靜而無所好惡；研究社會人生亦然。社會人生之事固有善惡，然對善者與惡者，平等加以靜觀研究，故於善者無所好，於惡者無所惡。靜觀之心，唯一之目的，在得眞理，其價值卽係於其能照見眞理。此心不以爲善去惡爲目的，因而亦不得以善惡觀念評判之，論其是否具備道德價值。只可稱爲超善惡，或非善惡無善惡的。唯在此心與其他善惡念相雜，乃得謂其有道德價值與否，此卽一般之說，以科學哲學之活動與道德活動異類，科學哲學之價值與道德價值異類之根據。

上列之說，在一般義乃可說者。吾平日爲文，亦嘗據之以立論。然本書之目標，則在攝一般義歸根本義，故此種說法非所採取。蓋此種說法乃將純粹理性活動，姑先自整個人生中孤立，而唯面對眞理以說。如吾人將純粹理性活動，自整個人生中孤立，唯面對眞理以說，吾人固可言此種活動，唯以得眞理爲目的，而作此活動之心中，原無善惡等道德觀念。然此活動之心中無善惡道德觀念是一事，而此活動之心本身，是否表現道德價值又是一事。吾人以下將主張作此活動之心，自限而陷溺於其所認識之對象爲不善，能反此而繼續呈現，則爲善。而當此活動之心，自以爲其本身爲自完自足者，不受道德評價時，亦卽其陷溺於其所知之時。由是而以此活動之心爲無善惡超善惡，卽爲一錯誤，亦卽成一罪惡。如吾人眞相信作科學哲學之活動之心，唯以求眞理爲目的，故不受道德評價爲超善惡無善惡者，亦必引至科學哲學之文化，與整個人生之道德生活脫節之罪惡。故吾人必須指出科學哲學之活動，在究竟義上之不能孤立，實與其他之文化活動，乃同根於吾人之道德理性，亦當同受一道德自我之主宰，而可在不同情形下，分別表現道德價值者。

常言科學哲學爲有系統之知識，科學哲學之活動卽追求有系統之知識有系統之眞理之活動。然吾人在未論追求有系統知識有系統之眞理之活動之道德價值之先，當先論一般追求知識追求眞理之活動之道德價值。吾人所謂知識，必由概念構成。卽歷史知識亦然。而在本文，吾人擬於一切由概念連結而成之眞的判斷或命題，皆同稱之爲知識。凡一概念皆爲對一普遍抽象之理之覺識。吾人對普遍抽象之理之覺識，通常爲後於具體特殊之事物之覺識者。吾人覺識具體特殊之事物，初賴吾人之感覺知覺力。而覺識抽象普遍之理者，爲吾人之理解力。感覺知覺乃人與動物之所同，而理解力則蓋人類之所獨。吾人今試就心理起原以問，由感覺知覺之覺識躡進至理解之覺識，如何而實際可能？卽理解力之呈現與感覺知覺，實際上究有何關係？吾人將於此問題之答覆中，見理解力之呈現，依於人之具道德理性之自我，而表現一道德價值，亦卽見人之求知識求眞理之活動，依人之道德自我，而初爲表現一道德價值者。

吾人上論感覺知覺爲人與動物之所同。依常識之論法，感覺知覺乃原於吾人身體與外物之刺激接觸而生。凡吾人身體與一外物之新刺激接觸，必有感覺知覺。吾昔年在道德自我之建立一書中，曾論外物與吾人身體之接觸，卽外物之質力與吾人身體之質力互相消損。由此消損，而吾人遂於物象，有所感覺，故物象乃吾自心所變現。然吾在此可姑舍此一切近乎認識論上之唯心論之說法。吾人可承認，物象爲外物自身所具，吾人之身體與外物相接觸時，吾人之感覺知覺，只發現物象，而非創造之。吾人今之承認物象爲外物自身所自具，並非本於推證，而唯是根於一感覺知覺之心理現象的描述。吾人可謂，在吾人有所感覺知覺時，吾人恆先自然的相信：所感覺知覺之物象屬於外物。此所謂屬於外物，即謂其與能感覺知覺之心，非同一物。吾人之所以覺其與心非同一物，蓋由於見物象之互相牽連，若拴縛此心，與之同往。在此心爲物象之牽連所拴縛時，亦即外物對所謂吾之身體，不斷與以刺激時。吾人此時一方直覺身體之不能自由，同時亦直覺心之不能自由。由此不能自由，遂直覺有外在於心之客觀的力量或物質之存在。並直覺到物象之生由外力使生，亦依附於外物。當吾人之心直覺爲外物之牽連所拴縛時，吾人之心即爲一隨物象之生滅交替而生滅交替之心。在物象生滅交替之際，吾人之心亦可說有繼續不斷之自物象超拔。然此繼續不斷之自物象超拔，同時繼以繼續不斷之重陷落於物象。其每一超拔，亦如皆不由自力，而如由繼起之新陷落，引使之超拔。因而此心純爲隨物向外流轉之心。如動物有心，其心當即此種心。而人類之純粹的感覺知覺心，亦即此種心。然若吾之心爲一往隨物象之牽連而向外流轉者，則吾將只能有具體之物象之認識，而永不能有自具體物象抽取之概念，或對具體物象之理之理解。然吾人之心又有一自然的不往隨物象之牽連而向外流轉之趨向。此即初見於吾人之心於所感覺知覺之物象，恆能有所選擇與專注。由此選擇與專注，即將一特定物象，自周圍之物象提出而凸顯之。由此對於物象之選擇與專注，復以此物象預期方生之物象，而觀方生者之同於其所預期，或觀此物象之同於過去曾經驗之同類物象；於是吾乃自覺此物象即彼物象，是即一原始之判斷。由此原始之判斷而概念以成，而於世界之共相或理有所了解，此即理解。再以概念論謂其他具體物象，或以概念論謂其他概念，而自覺的判斷，或知識以成。本理性以貫通連結諸判斷知識，而知識之系統以成，科學哲學以成。欲詳細說明諸概念、判斷、知識系統之如何構成之形式與歷程，乃知識論之所爲。吾今所欲論者，唯是說吾人之能有此等等，處處皆表現吾人心靈之自己超越之能力。諸原始的概念判斷、知識之成，皆原於吾人心靈之自物理之因果關係超越，生理之因果關係超越，而此中卽兼有自然的本能欲望之超越。至本理性以貫通連結各知識，成各種知識系統與各種科學或哲學，則表現吾人自原始之「概念」「知識」本身之次第超越之歷程。此中自吾人所超越者，觀此能超越之能，卽皆表現一種道德意義之善，而見其依於吾人之能超越之道德理性而有。而自吾人實已能如是如是超越，而觀吾人此時之理解推理之能力之運用，卽皆有一種道德價値或善之實現。此種實際的超越能力之增强，將有待於道德上之修養。而人之理解推理之能力之運用得當，而完成其運用之價値，亦有待於道德生活上人格上之完成。此卽吾本章所擬依序論者。

二　純認識的興趣之存在與理及概念

所謂概念之成，原於吾人心靈自物理之因果關係生理之因果關係中超越，自本能欲望之超越者，乃以吾人之最簡單的經驗概念之成，皆始於吾人對物象之有所專注，而對之作一原始的判斷，謂其同於將生或過去所經驗之同類物象。此種專注，吾人前言乃自其周圍之物象，特提出此物象而凸顯之，而此物象即成爲可概念化之對象。然此凸顯之所以可能，正本於吾人之心能自周圍其餘之物象超拔。此種自周圍之物象超拔，即使吾人之心，對其他物理之刺激自動的停止加以感覺，而使其刺激之因，得不生感覺之果，而暫打斷此中之物理與身心之因果關係者。誠然一對象之所以特爲吾人之所注意，常由此對象之特殊之物理性質，而生之對吾人刺激之强度。然此對象之特殊物理性質之效用，唯所以使吾人之心，更傾注於此對象之注意，而不能使吾人排除對於其他對象之注意。吾之心更傾注於此對象，可謂以此對象之物理性質爲因。吾人之排除對於其他物象之注意，則不以此對象之物理性質爲因。蓋對象之物理性質，皆平等的積極呈現，無論其强度大小如何，吾人對之皆有積極之感受。即由之爲因者，皆只能產生吾人之積極性的輕重不同之注意，而不能產生吾人對其中之任一作消極性的排除。然吾人實恆由消極性的對其他物象之排除，以成就吾人對一對象之注意。此消極性的排除之活動，不原於對象，則只能原於吾人心靈之自身。而此消極性之排除，自吾人方面言，則爲吾人心靈自發之排除，而具積極性者。吾人之所以有此具積極性之排除，論者或溯之於此對象，與吾人之生理心理背景，如吾人之本能欲望與過去經驗等，之特殊關係，而以此爲吾人對此對象，既特加注意，而又排除其他物象之注意之動力。此種說法，吾人不否認其價值。此種說法，以吾人之能打斷當前之外物與吾人身心之物理的因果關係，由於吾人當前之心陷入於其心理生理背景之因果關係之支配決定中。前種因果關係如設爲橫的，而後種因果關係則可稱爲縱的。由縱的因果關係之顯效，橫的因果關係自被衝斷。故吾人之能專注於特殊對象，而排除對其他物象之注意之能力，此不僅吾人有之，卽其他高等動物，有本能欲望與過去經驗之保存者，亦有之。唯吾人以爲此種說法，足以說明吾人之被決定的注意之起原，而不足以說明吾人一切之注意。蓋吾人明有一種自由自動的注意，可將任何對象，特提出而凸顯之，以加以注意。此種對任何對象，能提出而凸顯之，以加以注意之能力，則不得說爲，被吾人之心理生理背景之因果關係所支配決定。吾人如自吾人之自由自動的注意之能出現，以觀吾心理生理背景，與當前之心之因果關係，對於吾人之自動的注意之能出現之價値，便當說其唯在：消極的打破上述之物理的因果關係之決定上。而人由心理生理背景之因果關係所決定之注意，進至自由自動之注意，尙須經過心理生理背景之因果關係之超越，卽自然的本能欲望與過去經驗之決定力量之超越，以使純粹的認識與趣得以出現。由純粹的認識與趣之出現，而自由自動之注意乃可能。

何以說純粹的認識與趣之出現，必待於吾人當前之心與其心理生理背景之過去經驗本能欲望之因果關係之超越？此以吾人之注意，在爲吾人過去經驗、本能欲望所決定時，吾人注意一對象之後，如不歸向於聯想，此對象在過去經驗中呈現時，所相伴之物象或觀念；卽必歸向於視此對象，爲吾人欲望之對象或畏懼之對象，而注意之後，便繼以一應付之行爲。在吾人從事聯想時，此所聯想者爲在主觀的已往經驗中者。故此聯想之興趣，明不同於純粹認識之興趣。在吾人從事一應付的行爲時，則此行爲不外以消費利用此對象爲目的，或以逃避此對象爲目的。無論何者，皆可使吾人歸於失去對此對象本身之注意，亦卽皆與純粹之認識與趣相違者。蓋純粹之認識與趣，乃置定對象爲客觀獨立，而向之投注吾人之認識力。而應付以行爲，則是納對象於吾之行爲系統，將吾人之認識力漸收斂於吾之應付的行爲系統之中。故純粹認識與趣之出現，必在吾人節制吾人之主觀的聯想，並對於應付的行爲，亦暫加以壓抑之際。由此節制與壓抑，而吾人遂暫打斷心理生理背景本能欲望及過去經驗，與吾人當前的心間，之因果關係之鎖鍊，同時使吾人之心自拔於主觀的本能欲望過去經驗之支配之中，而純粹認識客觀對象之興趣乃出現。

關於吾人所以能壓抑吾人對一對象之應付行爲，以使純粹之認識與趣得出現，論者或以爲原於吾人對一對象之可能的應付行爲有多種。吾人心理生理背景中，原有各種潛伏的或可能的應付行爲之方式，皆要求表現，而一時莫知所擇，遂構成一心理生理之緊張，與應付行爲之暫時停止。吾人之心遂轉而求加强對於對象之認識，欲求對象之性質之進一層的確定，而有注意，以便進而確定適合於對象之特殊性之應付行爲。故所謂純粹之認識與趣，緣自動的注意而生起，唯是諸可能的行爲方式，皆要求表現而互相衝突，遂外表暫時停止行爲表現之結果，其最後亦將歸於一應付行爲之決定者。而所謂純粹認識之興趣，遂唯是行爲歷程中之中間一段。通行爲之首尾而言，則一切認識之事，皆是爲行爲之準備，亦所以爲行爲之手段與工具，而根本無所謂純粹認識之興趣。此卽實用主義者如詹姆士、杜威等之說。

然此種說法非吾人之所全同意。吾人固可承認吾人之行爲之所以被壓抑，常由於諸可能的行爲之表現要求相衝突，而暫停止行爲之表現。然吾人以爲，至少在人類，此諸可能的行爲之相衝突而停止行爲之表現，卽諸可能的行爲之自相抵消，而使純粹認識興趣得以出現者。吾人以爲吾人之由行爲之停止，以加强對於對象之認識，雖可幫助以後之應付行爲之決定，然不能說此種對於對象之認識之加强，唯是準備以後之應付行爲之手段或工具。蓋吾人可謂吾之心不用於吾之主觀的應付行爲之安排，卽自然要求用於對象之認識，以得其安頓。在吾人之整一經驗中，對象是一頭，吾人之反應行爲是一頭，吾人之心之認識力，乃兩頭同時關照。在一般情形，用於此頭者多，則用於彼頭者或少，兩頭可互爲低昂。則當吾人之主觀的諸可能的應付行爲，因相衝突而停止之時，吾人之心自然更加强其向客觀對象世界之凝注，由是而溢出初所注意及之對象之表面，而及於其內部，或由一對象之注意，而注意及其他周圍之對象。因而此加强的認識對象之興趣，遂爲無所爲而爲者。吾人不特不必說此所加强的認識對象之興趣，皆所以爲以後行爲之準備，工具或手段，吾人反可言諸可能的行爲之相抵消而相衝突以停止，乃純粹認識興趣出現之前件或手段工具。至於加强對於對象之認識後，於對象之特殊性，更多所了解，遂更有利於以後行爲之決定，則反可視作一自然之結果。此可持之以證吾人之行爲，隨吾人之所認識而變化，而不必持之以證吾人之純粹認識之興趣之自始未嘗存在。

吾人之有純粹認識與趣與否，乃一事實問題。然考察此事實問題，決不能只由認識之先於行爲，復歸宿於行爲以決定。自整個人生而言，知之先固無非行，知亦無不關涉於行爲，無不直接間接有助於行爲之決定。吾人以後復將論一切科學皆可應用，而科學中亦有所謂應用科學，科學知識原亦可助成吾人之道德的實際行爲，則一切認識皆歸宿於行爲，皆行爲首尾之間中間一段事，自可說。然此不足證認識自始爲行爲之手段工具。吾人亦可由行爲之停止，乃加强認識之手段工具，反證行爲爲認識之自然結果，此如上述。吾人欲考察吾人之是否有純粹認識興趣，不能自認識之前後左右看，而唯當自吾人之認識本身看。而自吾人之認識本身看，則吾人明明對於任何感覺對象，皆有任意加以注意之興趣。而吾人之任意加以注意，吾人明可自覺是另無所爲而自動自發者。而此種興趣之出現，必在吾人暫停吾人之實際行爲之時。故順此興趣之延展，吾人必須自覺的壓抑其實際行爲，亦人所共知。故此種興趣明爲一與實際行爲互相消長，而不得直接謂其爲同原之兩種興趣。而人之所以不能承認此種純粹認識與趣之存在，蓋由不知其價值安在。依吾人之見，人所追求之根本價値，卽爲心靈之超拔，以實現心之自性。此心靈之超拔，卽本身具備道德價值，亦包含一切道德價値與其他人生價値者。吾人對任何感覺對象，願任意加以注意之純粹認識與趣，卽心靈表現其超拔力量之一開始。人之成就其道德人格，即賴於其在日常生活中，能多少打破物理因果關係與本能欲望過去經驗之因果關係之鎖鍊。而純粹的對感覺對象任加注意之認識興趣之出現，即此鎖鍊打破，心靈得超拔之一開始。因而其本身即具備道德價值。唯心靈有此超拔，而後其他實踐之道德行爲乃皆可能，其他之道德價值，人生價值乃皆可次第而實現。吾人如知此理，則純粹認識興趣之可以其自身爲目的，而獨立存在之義可明矣。

吾人上所述之純粹認識興趣，所指者主要爲對於感覺對象注意之興趣。此種興趣，在原始人與小孩最爲豐富。小孩之天機智慧以至道德品性，恆初見於其對任何感覺對象，皆有新鮮活潑之注意興趣。而其愈能注意非其行動所能干涉，非其欲望本能之對象，如遙遠之物，天上之日月星，他人之容貌，並愈能自由收放其注意而不滯者，其天機與智慧，及可能養成之道德品性皆愈高。此種對於感覺對象之注意與趣，乃先理解的，亦先概念的。理解與概念之自對感覺對象之注意中生起，其關鍵在吾人上所提到之原始之判斷。此即觀不同時所經驗同類物象之相同時，所作之一此即是彼之判斷。此判斷初或行於無意識之中。由此以構成概念，即對於共相或理之了解或覺識。粗疏的說，此種原始的判斷，乃將一對象內容，如性質與關係，自周圍之對象或對象之其他方面之內容，提出而凸顯之後，復綜攝聯結之於異時經驗中之同類對象之同一內容之結果。由此綜攝聯結而自象顯理，而概念成。亦可謂由理之顯，概念之成，而異時之經驗對象，皆如凝結爲一，皆顯爲一概念所概括之諸具體事例。故對一對象或一對象內容之概念之成，即一對象內容被覺識時，其所相關聯之周圍對象或其他對象內容之暫時的全然脫落。此脫落之所以可能，吾將以為由於此對象或對象內容，在異時經驗中，復關聯於不同之周圍之對象或對象內容。吾人之原始判斷，綜攝聯結不同時對此對象或對象內容之經驗，其初實併前後經驗之二全體而綜攝聯結之。唯以相異之周圍對象，及其他對象內容之經驗，互相抵消之結果；而所留下者，遂唯此對象內容之經驗，以其共同之理顯而凝結為一。而此時之吾人對對象內容或理之經驗，因其所關聯之周圍對象其他對象內容之經驗已全然脫落，遂孤立而失其在感覺經驗系統中之特定地位，而在特定感覺經驗系統中，無所繫屬。吾人之所經驗所覺識者，遂唯是此理或共相，由此即成概念。此理或共相，雖自感覺經驗系統中之對象世界中抽象而出，而其既已抽象而出，以游離於感覺對象之世界之上，自感覺經驗系統中特定地位超越，則可以指感覺對象世界中任何時空中同類之對象。而吾人之有對此理或共相之覺識或概念，亦即為吾人「超越感覺對象世界」之經驗。吾人之持此概念，以轉而概括諸感覺經驗對象世界中之同類對象諸具體事例。吾人之心，即為自覺的以理判斷具體事物，自覺以概念說明具體事物之自作主宰的心。

三　普遍之理與無私之心

吾人之能自感覺對象世界中，抽象出理或共相以構成概念，乃人之精神發展史之一大事。自心理的起源觀之，此理或共相，可說爲吾人之抽象的認識活動所抽出，而概念亦或被視爲吾人根據經驗所製造。而自概念構成以後，觀此理或共相之所指，能溢出在特定時空所經驗對象之外，而及於任何時空中可能經驗之同類對象；則吾人可於任何時空中可能經驗之同類對象中，發現此理或共相之存在。而此理或共相，遂顯爲在時空之上普遍的涵蓋一切時空中同類對象者。因而此理或共相，遂宛若能顯其自身之有一客觀實在性，並顯其自始爲超吾人之主觀經驗的，而吾人之抽象的認識活動如唯是發現之。吾人之概念，亦並非吾人所製造，而唯是吾對客觀實在之理或共相有如是發現之結果。然復須知，吾人在發現理或共相之所指，能及任何時空中之可能經驗之同類對象，此共相或理如在時空之上普遍的涵蓋一切時空中同類對象之時；吾人卽復當同時進一步發現：吾人之能發現認識此理之心，亦爲在時空之上普遍的涵蓋一切時空中同類對象者。蓋吾發現此理之涵蓋性（卽通常所謂普遍性），實卽在「吾對理之發現或認識之心」中發現。吾唯以分析吾對此理之認識中，卽包含對於此理之涵蓋性之肯定，乃可說此理有涵蓋性。而吾對此理涵蓋性之肯定，必與此理之涵蓋性、應用所及之範圍、同大而俱往。否則吾不能肯定此理有如何如何涵蓋性。而我亦不能說，此理有如何如何之涵蓋性。故此理之涵蓋性，雖能超出吾人當初之主觀經驗，然不能超出吾之能發現認識此理之心。此卽謂：吾人如承認此理之涵蓋性，卽須承認吾人對此理之能認識之心，亦有同樣涵蓋性。吾人通常或承認理之涵蓋性，而不承認能認識理之心之涵蓋性者，唯由吾人之將能認識理之心，混同於能感覺之心，而未能反省吾人能認識理之心所以爲心。吾人如反省吾人之能認識理之心之所以爲心，而知其具同樣之涵蓋性，則吾人於此理所可說者，於此心亦可說。於此理可說爲超時空、超主觀經驗，於此心亦可說是超時空、超主觀經驗。於此理吾人可說是有客觀實在性的，非吾所製造的，於此心，亦可說是有客觀實在性的，非吾所製造的。吾人可說，如是之理，是吾人所發現的，吾人亦可說，如是之心，亦是吾人所發現的。此心此理乃同時呈現。吾人如說此心是屬於我，吾之發現此心，卽此心之自己呈現而自覺，則此理亦卽在心之自己呈現而自覺時，自己呈現於此自覺。心屬於我，理亦屬於我。而吾人之自覺的以理判斷具體事物之過程，乃所以顯理本身之涵蓋性，而亦卽所以顯心之涵蓋性。

又此理之不屬於特定之對象，由任何同類對象中，均有此同一之理之表現。故居不同時空，接各別同類對象之個體人，均可識取同一之理，而此理遂非我所能私據。而他人之認識同一之理與我之認識同一之理，遂不相排斥，不相阻礙。而吾之認識此理，亦同時知此理之可表現於其他之同類對象中，亦可爲人所同認識。此可稱爲理自身所具之普遍性。由我知理自身之具普遍性，原可爲他人所認識；則吾認識此理之心，亦將願見其自身之普遍化，使他人亦有認識此理之心，而使此理得普遍呈現於我與他人。由是而吾人能認識理之心，卽兼爲一能普遍的涵蓋他人之心而求成就他人之心之認識者，其本性爲一大公無私之心。

吾人之謂認識理之心爲大公無私之心，乃指對於任何理之認識之心而言。此心不待遠求，任何運用概念之判斷，發現共相或理或使概念呈現之心皆是。對任何當前之對象，說其是什麼或非什麼，皆是一運用概念之判斷。將任一前時對一對象之經驗，綜攝連結於後時對對象之經驗，皆是去發現一共相或理，皆是使一概念呈現。此中皆有一大公無私之心。蓋吾人有任何一概念之呈現，或作任何一判斷時，吾人皆能知此概念判斷所對之對象之理具普遍性，爲我所不能私。當吾與人同見一對象時，吾人恆先自然的相信人對此對象之所知之理，兼同於我對此對象所知之理。此亦由於吾人知此理時，卽同時不自覺的順此對象之理之普遍性之肯定，而肯定其必能普遍呈現於接觸之他人之心之故。而當吾知一理而念他人未必知之時，吾必推原其故，於他人之未嘗眞接觸此對象，或接觸之而未深加考察，或其考察之能力之有一缺憾。吾於此，如另無私欲之夾雜，則吾不特不能謂此理之本性，拒絕其普遍呈現於他人，且吾人必願將我所知之此理告人，而望人之知之，或使他人能接觸之，有考察之能力，以深加考察。凡吾人發現一新眞理時，皆有不容已的發表其所見眞理之發表欲，且相信他人如了解我之所言，必能見吾所見之眞理。此皆由吾人認識一理時，吾人卽同時肯定此理之有普遍的被認識性，且肯定他人之能認識之，吾乃要求實現其此性，而信「此理必能實現其此性，而實普遍的被認識」之故。由是而吾人認識當前任何細微之理之心，皆不僅與此理相接觸而相通相合，亦與一切能認識此理之他人之心，至少求有一相接觸而相通相合。而吾人遂可言，當吾人眞專注於理而無私欲之夾雜時，吾之心與理合，卽與一切知此理之人之心，亦無間隔之可言。而吾人之說我心之異於他心而有間隔，亦唯在我有私欲與他人相對待，或自人我之心各所知之理有不相合者，而後可說。然吾人可自人我之心所知之理之有不合者，以說人我之心之有間隔；仍不礙吾人自人我之所知之理之相合者，以言人我之心之在此相合處之無間隔。人與我所知之理，有所不合，唯由我所知而人或不知，人所知而我或不知。然不知非不能知，不合非不能合。而由理之有普遍的被認識之性，人與我之必求其所認識者之普遍的被他人所認識，於是人我所認識之理，未普遍被認識而不相合者，亦卽在趨於合之進程中。由是而吾人遂可言，人在以言說表示其所見之理而相告中，人在相互以其所見之事物相示中，人在教人如何考察對象以見眞理之敎訓中，人之心皆在與他人之心求通求合，而望不與他人之心互相間隔者，是卽既成就我之認識，亦求成就他人之認識之大公無私之心，卽一道德心。由是而吾人遂可說眞理之世界言說之世界，卽依於道德之世界。

四　經驗知識中之法執及其解脫之歷程

然吾人上所說之理，可只以指感覺對象世界之理，亦可指其他超感覺對象世界之理。而吾人所謂理，可爲系統之理，亦可爲孤立之理。吾人今姑限此段所欲論之理，爲感覺對象世界之理，即經驗科學所研究之事物之理；而求進一層說明，何以此中孤立之理之認識，必須進至系統之理之認識，以構成系統的經驗科學知識。吾人之意，是此中孤立之理之認識，所以能進至系統之理之認識，關鍵自在一理之認識與他理之認識能相聯結。此種理與理之聯結，自事實上言，依於事物間之同異關係，體相關係，種類關係，或因果關係，共變關係，或依事物在時空中之遠近或並在關係，先後或同時關係。其詳非吾人今之所論。然有一事爲確定者，即吾人通過此中之一理以連結於他理，吾人必須自吾人所認識之理超越，而擴展吾人之認識。吾人之認識，不得自己限制於一理之認識之中。如限於一理之認識之中，則吾人根本不能有對他理之認識，亦不能認識諸理之聯結，而構成知識之系統或科學。吾人之能由對於事實之一孤立之理之認識，進至對其他事實之理之認識，亦必待吾人對此孤立之理之認識能超越。然此超越非一往的忘却，而是兼保存對原來之理之認識者。如只是忘却，則又陷入於對孤立之他理之認識。仍無對理與理之連結之認識。此不忘却而兼保存與超越之事，其初之所以可能，吾將以爲此關鍵，在吾人覺識一理時，卽有持理以判斷爲對象事物之趨向。此亦卽以概念判斷對象事物之趨向。在吾人以理或概念判斷對象之先，吾人必肯定一能表現此理，又不僅表現此理之對象之存在。因如此對象唯表現此理，則吾人之以此理判斷之，同於以此理判斷此理，謂此理是此理。如吾人以此理判斷此理，則同於別無所判斷，不成對經驗事物對象之判斷，亦不成經驗知識。吾之判斷，於此欲求有所判斷，則此中所判斷之對象事物，必多多少少有異於此理之成份。而其所以得有異於此理之成份，必在其除表現此理外，兼表現其他之理。故吾人以一理判斷對象時，實卽求發現此理於表現此理復表現他理之對象中，亦卽求在對象中：發見此理與他理之連結。故以理判斷對象之要求，一方包含「保存此理之認識」之要求，而同時卽包含超越此理之認識，而認識他理之要求。而此中初顯於意識者，唯是保存此理之認識之要求。唯吾人有此要求，乃執持此理，以判斷繼起而被認識之經驗事物對象。然其所以得保存於繼起之經驗事物對象之認識之中，則有待於此繼起而被認識之對象，除表現此理外，能兼表現其他之理。亦卽有待於吾人對此對象之他理之有所認識。故其保存之要求之完成，卽待於超越此保存要求本身以求認識他理。因而執持一理之認識以判斷對象，乃所以完成此理之認識之保存，亦卽所以使他理之認識得呈現，使此理與他理之認識相聯結，而形成此二理綜合成之知識者。由此理與他理之認識相聯結，而吾人又欲保存此聯結之認識，乃再以之爲以後判斷之根據，吾人遂依同一之過程，而有更廣大之理之聯結之認識。如此遞展之過程，卽可粗說之爲經驗對象世界之理，逐漸系統的被認識之過程，亦卽吾人之理解心，逐漸被經驗對象世界之對象，所系統的加以刻劃，以形成經驗知識之過程。

在吾人關於存在對象之經驗知識之逐漸聯結而系統化之過程中，吾人之心乃在一方獲得知識，一方卽應用知識以作判斷之過程中。在此過程中，如孤立一知識以觀，其中固包含有普遍性之理，吾人能認識此理之心，其本性亦爲大公無私之普遍心，此如前說。然此中吾人之心，終不免爲此一所知之理所限制。用佛家名辭言之，吾人此時雖可無我執，然仍有法執。此法執，卽將吾人之心限制。自理之普遍性而觀，吾人固可言認識此理之心，當爲大公無私之普遍心，如上所說。然此唯是順此理之外延與所指上，去設想此理與此心。吾人如自此理爲一某類之理而觀，亦卽自此理之內涵之特定意義以觀，則吾人之心之認識此理之特定意義，卽同時爲我心之認識能力，受此理之特定意義之限制。解脫此種限制之唯一最直接的途徑，卽將此理應用以作判斷。蓋當吾人應用之以作判斷時，吾人卽純從此理之外延與所指上設想，而使此理顯其普遍性，同時亦卽使吾人之能認識此理之普遍心呈顯。而在吾人應用此理以作判斷之後，吾人必將認識對象之他理，而構成對此理與他理之聯結之認識，而產生綜合性之新知識，能包括此理與他理之新概念。此便使吾人之認識力自此理之特定意義之限制中超拔，而自一法執中解脫。唯此種解脫，乃依於一新知識新概念之形成。此新知識新概念本身，仍可成一法執。而吾人之如是破法執，實唯是以更大之法執代較小之法執。吾人如欲解脫此更大之法執，唯有求更具綜合性之知識或求知識系統之形成，而在知識系統不斷如是擴大過程中，求法執之解脫。而吾人追求法執之解脫之成果，卽爲知識系統不斷擴大。然以存在之世界乃時空中之世界，時間之前後延展，空間之內外延展，皆無定限，其中所能呈顯之存在對象，亦無定限，而吾人涵蓋一切可經驗的存在對象之一切理之知識系統，遂永不能完成，而吾人之法執，亦永不能眞解脫超拔。則吾人欲求心靈之超拔，卽可反對向外求經驗知識之事。

吾人于此須承認吾人在求知識系統之擴大過程中，吾人實是以法執代法執，且可說是以更大之法執代較小之法執。然吾人如不自知識與法執本身看，而自知識與法執相代之際看，或自此相代之流全體看，則此中凡有知識無不可聯結於其他知識，而屬於一更大之知識系統。卽凡有法執，無不在被代替之過程中，不斷被超越，而更無法執之留滯。蓋當吾人正以知識概念判斷對象而執持此知識概念時，吾人固有法執；卽在吾人本知識概念判斷對象後，於對象之理新有所認識，而成新知識概念時，吾人亦有法執。然在吾人以知識概念判斷對象而自覺錯誤時，或自覺正知經驗事物之眞實而得眞理之際，吾人實卽有法執之超越。蓋吾人以知識判斷對象而感錯誤時，吾人之心卽折回，而捨去所執持之知識概念，此中卽有一法執之超越。當吾人得眞理之際，吾必覺吾心中之理或此理所涵之理與對象之理有所印合。唯有此印合之感乃知眞實，乃有得眞理之感。而當吾人初發現此理與對象之理印合之際，卽吾人初發現此理存於對象中之際。此時，對象中其他之理之自覺，恒尙未形成。縱已形成亦必非吾人之所平等的自覺注目。如已形成而又爲吾人所平等的注目，則吾人不能特感此理與對象之理相印合。故吾人在感此理與對象之理印合時，必一方覺此理已不復限於心中，而存於對象中，因而我心卽已自此理之限制，得一解脫，我心已自原初法執，有一超越；而在另一方，又尙未落於另一「對對象之他理或更廣大之理之自覺」之限制中，卽另一法執中者。此亦卽謂在「知眞實得眞理之直觀」本身，乃一眞超越法執之心之表現。由是而吾人遂可言，在吾人不斷以知識判斷對象，而以求知眞實爲目的時，吾人之不斷求知識系統之擴大，以求知全體之眞實得無盡眞理爲目的，卽吾人之求超越法執之心之表現，亦爲由吾人之超越法執之心所領導者。而吾人眞有追求嚮往無盡之知識之精神，不懈怠，不退却，不自限於已成知識，於此中又不另冒出任何出自想像，或理性活動自身之虛構的概念知識，以預斷客觀眞實；則客觀眞實之全體、無盡之眞理，雖不能盡知，然亦正不須盡知，而吾人之此精神，卽均爲超越法執之心所貫注。吾人之心卽非復爲知識或所知之理所限制之心，而得保持其爲大公無私之普遍心者。於是吾人對一切向外求知識之事，亦不須加以反對。吾人卽可由此以安立，一切求了解時空中可能經驗之實際事物之理之科學之價値。而吾人對一切追溯遠古，預測未來，大至於觀天文，小至於分析電子，所成之知識，以及對一切歷史地理生物人類社會之敍述知識，原理知識，皆可承認其價値，而皆有吾人之大公無私之普遍心，以支持吾人之此各種求知之努力。

五　推理之知識中之互證與知識之形式之法執

然吾人之求知之方向有二，一為求知經驗對象事物，此卽成一般之經驗科學知識。在求知經驗對象事物之際，吾人之心儘可沉入可能經驗之對象世界中，而與之俱展。然對象于此恆被視為與心為二者。此中關鍵，在吾人之求知經驗對象時，吾人知一對象之理後，固可依於此理之普遍性，以顯吾人之普遍心，並求超越一理之認識之法執，以及於他理之認識，以嚮往眞實或眞理之全境，而顯心之超越性。然吾之知對象之理，必自特定之對象始。吾之自特定之對象始，卽為心之活動開始點上之自限。此特定之對象，初為所感覺之對象。在吾人感覺對象時，吾人之心非自限不可。不自限則無感覺。無感覺，則吾之求知對象世界之活動，卽無開始點。而自限於對象之心與心之本身卽為二。對象於此亦遂終可被視為與心為二者。故吾人之心由自限於一對象起，卽覺心與對象非一，並使吾人覺在以後相續之對對象世界之知識追求中，心與對象仍為二。而吾人之如是求知之心，遂為向外求知之心。然吾人除向外求知之心外，尚有一向內求知之心。吾人可名之為求知吾人之知之心。此種求知，所知之對象，初卽本吾人自身之知所形成之知識，而此對象與知此對象之心、遂可謂不二。前種知識為經驗之知識，後種為理性之知識。

吾今所謂理性之知識尙非指知識中之範疇理念，或對理性自身之知識論之知識。唯是指一切推理之知識。一切推理之知識，皆吾人之知吾人之知識之結果。一切推理之可能，吾人將以爲：皆本於在吾人知識範圍內，知吾之知識。此所謂在吾之知識範圍內，知吾之知識，即在吾知識範圍內，自超拔一形式之知識，而引出另一形式之知識。而吾人之從事推理之目的，即在使吾之各形式之知識，成爲能互相引出，而互相證明，彼此成爲透明，以求超越吾人對各形式之知識之法執者。

此所謂推理之知識即演繹之知識。演繹之知識，皆依於吾人思想或理性活動自身運行之理，而由一形式之知識引出另一形式之知識。所自引出之知識爲前提，所引出之知識爲結論。由前提以引出結論，是爲演繹之推理。前提何以能引出結論，其根據在「前提涵蘊結論」之理。而此理即思想運行之理。吾人可問由前提至結論，是否有新的知識之獲得，或只是知識之形式變換，或語句之形式變換。吾人亦可問：前提之知識與結論之知識爲同爲異。如爲同，則前提即結論，似無須推理。如爲異，則前提不能引出結論，似不能推理。關此等問題，吾人不能在此詳答。然吾人可謂前提與結論之非一，乃無可否認。前提與結論之知識形式，明有不同。至於前提與結論相異，而推理仍可能，則可歸於吾人思想活動理性活動中之自身之理由。前提之所以能推出結論，其根據不在前提之知識本身，亦不在結論之知識本身，而在前提與結論之間，有相涵蘊之理。此理亦即推理之思想運行之理。然前提與結論之間，雖有相涵蘊之理、即吾人之推理之思想運行，雖自有其理；然當吾人陷溺於前提之知識形式，而不能超拔時，則爲前提之知識形式，將永只是如此之一知識形式，而不能變換成另一知識形式；則思想不能運行，其自身之理即不能顯發，即前提與結論間之相涵蘊之理，亦不能顯發，便根本無推理之可言。故吾人之思想之自一前提之知識形式超拔，亦推理所以可能之一根據。

人之能自一形式之知識超拔，即依於吾人具此形式之知識之心，能轉而自覺反省其具有如是形式之知識。由此反省，即見此形式之知識，乃是涵蘊另一形式之知識者。而前提與結論之間之涵蘊之理顯現，即吾人思想運行之理顯現。吾人之自知其知識之形式，與涵蘊之理之顯，或思想運行之理之顯，及另一知識之成，可同時。吾人之能超越一形式之知識之具有，而自反省之，即吾人之心之自一形式知識之法執之解脫。此解脫之後，固可歸於另一形式之知識之執取。然在繼續不斷之推理過程中，循環互證之推理過程中，一切知識形式之法執，便皆成可被超越者。

原吾人之自一形式之知識之超越，而自反省此形式之知識，以演繹出別一形式之知識，一方固所以追求新形式之知識，然一方即所以證明新形式之知識，乃由前提以得之結論。此中可自兩面看。一面是前提需要結論，以引申其涵義，一面是結論需要前提以爲其證明。自前提之引申出結論看，吾人得結論，即注念於結論，吾人有前提之法執之超越，而無結論之法執之超越。則凡推理過程停下之處，皆有法執。然自結論之由前提以證明上看，則吾人對結論之了解，乃通過前提而了解。吾知結論乃初涵蘊於前提中，吾知結論之知識根據於前提之知識，則吾對結論之知識，便非只單純的具有之，而同時亦能超越之，而反省其所自來或所根據。吾人在溯結論之根據於前提，視結論爲前提所涵蘊時，吾人亦卽超越結論之法執。依前提結論間之涵蘊關係以推理，吾人固只可由前提之眞，以推結論之眞，不能由結論之眞以推前提之眞。卽吾人似只可由超越前提以至結論，不能由超越結論以至前提。但由前提之證明結論，以觀推理，則結論之眞，乃使吾人更肯定前提之眞者。蓋依涵蘊關係，前提自身眞又涵蘊結論，則吾人如肯定前提之眞，必要求吾人之肯定結論之眞。而肯定結論之眞，於此卽所以完成此要求，完成吾人「對前提之眞及前提涵蘊結論」之肯定者。如結論之眞不能肯定，則前提之眞亦不能肯定。而結論之眞之肯定，亦可倒說爲肯定前提之眞之條件，故結論之眞，卽可說爲使吾人能肯定前提之眞者。唯結論之眞之肯定，不僅爲一特定前提之眞之肯定之條件，且爲涵蘊此結論之一切前提之眞，得被肯定之條件。故由結論不能推出前提。然此無礙于結論之眞，爲任何涵蘊此結論之前提之眞，得被肯定之條件。故由結論之眞之肯定，雖不能推至任一涵蘊此結論之前提之肯定，而超越此結論之法執；然吾人仍可觀此結論之眞之肯定，之轉證成任一涵蘊此結論之前提之肯定，而超越此結論之法執。由是而在一表達眞理之演繹的知識系統中之諸知識，皆爲可依不同之推理方式、推理過程，成爲循環互證者。而在一循環互證之諸眞知識集合成之知識系統中，吾人對於每一知識，均可視爲其他知識所涵蘊，而每一知識，皆可與其他知識集合，以涵蘊其他知識。是卽於每一知識，吾人皆可透過其他知識以了解之，亦復可被透過以了解其他知識者。此時吾人之心遂對於每一知識，皆可有一超越的自知與反省。而吾人對每一知識形式之法執，皆在循環互證之推理過程中可被超越，而一切形式之知識，皆如成透明者矣。

六　知識之經驗內容之超越與邏輯學思維

吾人之演繹推理依於吾人思想運行之理，理性活動中之理。故吾人推理之由一形式之知識，至另一形式之知識，對吾人自身言，則爲自顯思想運行之理，理性活動之理。此理之顯，由於吾人心之超越一特定形式之知識，而於心之如是超越之活動中，卽顯思想理性活動自身由一形式知識過渡至另一形式之知識之理。此理如視爲所對而言之，則爲「一形式之知識涵蘊另一形式知識」之涵蘊之理。實則此涵蘊之理，卽是理性活動思想運行之理。而凡一形式之知識之形式本身，亦依於此理，而內在於理性活動自身。唯因一知識復有其經驗內容，此內容乃自外而來，亦卽心對經驗對象所經驗了解之理。吾人了解此內容或此理之心，恆有將此內容或理，持以判斷外在對象之傾向。而吾人之有經驗內容或包含經驗對象之理之知識，遂亦如向外伸出而顯爲吾人心之所對。而一形式之知識，與「其涵蘊另一形式知識」之涵蘊之理，亦可顯爲心之所對。當一形式之知識，顯爲心之所對時，吾人之心卽亦外向外馳，而有所陷溺，便須超越之，以顯其他知識形式而推理成。此時吾人之心，唯由推理之思想過程，乃能顯此心之超越性，及其不與心所成之理對，而遍思在內或在外之萬理，更無法執之存。然若吾人推理之思想過程一停下，則吾人之心卽停於一特定之知識，而此知識以有經驗內容，復引心外馳，而要求吾人之用之以判斷對象。唯用以判斷對象，而印合於眞實，得眞理，乃得超越法執。然在其判斷對象之後，於對象之理有新知時，又將增一法執。由是而吾人眞欲求法執之避免，又不欲以知識判斷對象；則唯有將各形式之知識之經驗內容剝除，而純就其理性形式而思之。而在吾人純就一知識之理性形式而思之之時，吾人卽可發現：吾人之所以能由一形式之知識，推得另一形式之知識，其關鍵唯在此形式自身之能相涵蘊，此形式之相涵，則內在的表現於吾人理性活動或思想運行自身之中。而此種對於理性活動或思想運行自身所表現之形式，與其如何相涵之反省，卽爲吾人將知識中經驗內容剝除後，而自覺吾人之理性活動本身之活動。在如是之自覺中，一切知識之形式皆不被視爲所對，涵蘊之理亦卽不被視爲所對，而吾人之思之，卽思其存於吾思之內，非復思之爲所執，而不須加以超越。蓋吾人之如是思之，卽是收之入內，成爲非所執之事也。此種自覺其理性活動之思維，卽邏輯學之思維。

吾人上所謂邏輯學之思維，似預定一種邏輯學說，卽邏輯上之理，或推理之形式，思想之形式，乃內在於思想運行理性活動之自身之學說。此似不必爲一切邏輯學家之所承認。吾人固可謂邏輯上推理之形式，思想之形式之根原，外在於心或思想或推理之自身，而別有其根原也。然在本文之內說，則此亦無礙。蓋此邏輯上之理與形式之根原，縱屬外在，在事實上吾人之思此理此形式，仍終須就其透露於吾人之思想運行或理性活動中而思之。當吾人自其透露於吾人之思想運行或理性活動中而思之之際，吾人必不能謂其同時已外在於思想運行或理性活動。因此爲自相矛盾者。而吾人只須暫設其此時內在於思想運行或理性活動之中，吾卽已在事實上，就其存於吾思之內而思之，而使之成非所對或所執之外在物矣。

吾人之經驗科學知識系統，乃以了解實在爲目的，其中之知識皆爲可憑之以判斷實在，而可由經驗證實者。亦卽皆可於覺其與實在的對象事物之理，有一種印合時，使吾人超出經驗知識之法執者。然一般經驗科學知識系統中之知識，雖皆爲可由經驗證實，然不必皆由直接經驗之觀察抽象而來，儘可多由根據已往經驗知識，以作推理而來。而經驗知識之可以互證者，皆可根據推理原則，以互相演繹而出。而諸經驗知識，如不能一一互證，經驗科學之知識系統，卽不能有絕對之圓滿而穩定。故一切經驗科學知識之系統，皆求向一可互證之演繹系統而趨。一切經驗科學之知識系統之構成，必多少包含演繹推理之成分。唯此推理，初必爲依於直接經驗之觀察抽象而成之知識，以作前提。且其推出之結論，必在原則上可由以後之經驗證實，而於證實之際，使吾人得超此知識之法執者。若吾人自經驗之觀察所得之知識出發，加以推理，以變換知識之形式，而不再求經驗證實，則吾人推理之目的，遂唯在表現吾人之理性活動，只爲變換知識之形式之事。此卽只爲一理性之游戲。其趣味與價值，亦只在表現吾人之理性活動，顯發邏輯之理，而不足稱爲經驗科學之研究。

七　形數之普遍性與法執之解脫

科學中除經驗科學與邏輯外，尙有純理科學，如數學幾何學，及歷史與應用科學。吾人以爲科學至少應有此五種，然後乃能完全表現吾人欲了解世界之眞理之科學精神，以使吾人之心達其自對象世界超越之要求。經驗科學所研究者，爲各特殊對象之普遍之理。而邏輯所研究者，乃思想自身之理，或如何由一形式之知識，推出另一形式之知識之理。而數學幾何所研究者，則表現爲一切經驗對象之普遍的形式之形與數之理。形與數，乃一切經驗對象皆表現之形式，而非知識自身之形式。全稱、特稱、否定、肯定，爲知識之形式，大小方圓，一二三四，則非知識自身之形式，而可只說爲經驗的知識對象之形式。此形式之先驗根據如何，吾人今不論。然要必爲吾人了解經驗對象時，而宛若附於經驗對象之形式。因而亦可稱爲共相。關於形數之理，亦爲關於有形數之經驗對象之理。然形數之爲經驗對象之共相或理，非只爲某一特定類之經驗對象之共相或理，且爲一切類之經驗對象之共相或理。吾人如不論數之如何產生，則羅素之言數爲類之類，吾人亦不須否認。而形亦如數。故圓之爲一切圓類之物共同之相，正如三爲一切含三項事例之物類之共相。此種共相之認識，初亦須假手於經驗，故教小孩以認識圓與三，必呈各類之圓物，各類三項物於其前。而此種共相之所以得被認識，則由於吾人之能超越任何特定類之對象或物之特殊性特殊理。此超越之可能，自心理起原上說，初仍當由諸經驗之特定類之物，其特殊性特殊理之相銷。然當吾人既認識之之時，吾人已自特定類之經驗物之觀念超越，則此數與形，便顯爲可普遍表現於任何特定類之經驗物之共相。而關於某形某數之公理定理，乃直接依屬於某形與某數之本身，而表現於某形數與其他形數之關係間。某形某數爲可普遍表現之共相，則凡能表現某形某數之其他對象，亦表現關于某形某數之公理定理。而吾人之數學幾何學之直接以形數之研究爲目的，即爲研究一切可能表現某形某數之任何類對象所表現之理，而吾人之心遂爲不陷溺於任何類之特定對象之心。此即與經驗科學之用心不同。經驗科學之用心，必先陷溺於一類特定對象。吾人之經驗一特定對象，必通過感覺。而感覺之能力，乃隨特定對象之性質，而與之宛轉與之俱流。既與俱流而得其理，復抽象而出之，遂成對特定對象之共相或理之了解。此共相或理，則只對同類之特定對象有效，對之爲眞。而數理科學之用心，則首須自向一特定對象之共相或理求知之念超拔。吾人之能認識形與數，或須先以感覺經驗對象之形數，作例證，如上所論。然此感覺對象之形數，非徒視爲某特定類之對象的形數之例證，而視爲任何能表現此形數的一切類之對象的形數之例證。由是而吾人之認識形數，雖亦須通過對特定對象之感覺，然吾人之感覺能力，匪特不與此特定對象之性質宛轉俱流，且須立刻視此形數，如游離於任何類之特定對象之外。而在吾人此念中，吾人之心卽爲不陷溺於任何類特定對象之心。吾人研究形與數之理，則能見此理爲對任何表現同一形數之對象皆有效，復對之爲眞者。而吾人研究形與數之理之心，卽爲不陷溺任何特定類對象，而普遍的涵蓋一切類對象之心。

形與數雖一方顯爲一切類之經驗對象之共相，而初亦須假手於感覺經驗以認識。然因其不屬任何特定類之經驗對象，故吾人既認識之，便知其爲任何類之經驗對象所能表現。而吾人復能自動的設想，諸經驗事物未表現之形數與形數之關係，而知其皆有爲可能的經驗對象所表現之可能；由是而吾人遂知形數之被認識，雖假手於感覺經驗對象以作例證，然其能普遍表現之根據，旣不在任何特定類之感覺經驗對象，則其被安立爲能普遍表現之根據，便只在吾人之心。而形數與形數間之諸關係或諸理，如何能被吾人之心安立爲有普遍性，亦唯有求之於吾人之心之有普遍性的理性活動。吾人由此卽須研究幾何學數學之理性基礎。由此研究，至少吾人可發現幾何學數學之推理，皆吾人關於形與數之關係之形式知識之互相轉變之推理。此互相轉變之推理歷程，全部是表現吾人之理性活動之理，而有普遍性。形與數之觀念本身，則一方爲吾人之理性活動所安立爲表現其活動之根據，而一方卽爲對象世界一切類表現此形數之對象之共相，而爲聯繫各類之特殊之理，於吾人之理性活動之理者。由是而幾何學數學，遂爲邏輯與經驗科學之媒介。吾人之心，如欲求自「向一類感覺經驗經驗對象陷溺，以求知其理之經驗科學精神」解脫，而向內收回其外馳之認識力，則須經由數學幾何學之研究，以抵於邏輯研究，而認識其理性活動之理。吾人之心如欲表現其理性活動，向外貫徹於經驗對象之中，亦須經由數學幾何學之研究，以底於經驗科學之研究。至於只求吾人之理性活動之表現，徒從事將吾人之經驗知識之形式，依推理規則，加以變換，不另求經驗對象加以證實；或將關於形與數知識之形式，加以變換，而不視之爲經驗科學之根據者，則實爲吾人一種理性之游戲。此理性之游戲，乃吾人之心一方欲表現吾人之理性活動，一方又不願另陷入經驗對象之產物。故亦本於心之超越要求。唯根據經驗知識之理性游戲，終不能超越原來所得經驗知識之播弄，便仍不免在游戲之停止時，陷於經驗知識之法執。根據形與數之知識之理性游戲，不能超越形與數之播弄，亦將不免陷於形與數知識之法執。此法執之解除，唯有賴於此心之向外貫徹或向內收攝之任一途，能至乎其極。此卽謂吾人欲向內以求超越經驗對象之陷溺，則不能止於經驗知識形數知識之播弄，以表現理性活動；且須超越經驗對象與形數之觀念，以認識此能播弄此經驗知識形數知識，而從事推理之理性活動之理。由此卽透入邏輯。而吾人欲向外以表現理性活動，則須兼透過形數知識以了解經驗對象。由前者以自覺吾人之理性，而卷外馳之理性活動以退藏於密，而有法執之解脫。由後者以展現放開吾人之理性活動，而將其所知之理與外界事物之理相印證，而有一法執之解脫。

八　理解歷史事物之心之超越性

吾人上述之經驗科學，乃以了解客觀對象之理爲目的。客觀對象之理爲抽象普遍的，客觀對象本身，則爲具體特殊的。客觀對象之理，爲永恆而無時間性，客觀對象則在發展變化之中，而有時間性者。由此而吾人之對客觀對象之理之了解，雖可無定限的深入，然凡爲吾人所了解者，皆於此被抽離，以成關於客觀某類對象某類內容之知識。如只此抽離成的，關於某類對象內容之知識爲知識，則吾實無關於任何一客觀對象之個體之知識。故科學中除以了解一類事物抽象之理爲目的之物理學生理學心理學之外，尚有專以了解特定個體、或視如一個體之一類事物、或一類事物之各個體之特殊性之科學，如地球學天文學地理學生物學礦物學人類學之類。吾人欲求對於任何客觀個體之知識，卽必須於此客觀個體所具體的關聯之事物，與其自身之變化發展之歷史，有所了解。而專以研究一個體對象之歷史爲目的者，爲歷史學。故天文學地質學人類學中皆有關於天體地球之歷史之一部。唯愈表現連續之變化發展之存在，吾人對其歷史之了解乃愈感重要。故生物之歷史之重要，過於地理之歷史。而人類之歷史之重要，所以過於生物之歷史，則在人類之彙爲而能自覺其連續之變化發展之存在。而通常之歷史學則限於研究人類之歷史。

歷史研究爲研究個體事物之變化發展。一人物、一事件、一民族、均可視爲一個體而研究之。此種研究爲以個體爲對象，然所用以詮釋之概念知識，又皆普遍之概念知識。凡一個體皆包含各方面之性質與關係，每一性質與關係，皆爲原則上可普遍化者。卽皆可爲一普遍概念普遍知識之內容者。而研究個體人物事件之歷史學，遂爲應用各普遍概念，各種經驗知識，參伍錯綜聚合交會，以詮釋一對象之學。在此詮釋之際，吾人所用各普遍概念普遍知識，皆由相互交會，而相互規定，以說明此個體。同時以歷史對象乃在時間中發展變化者，於是吾人之每一概念知識，皆只能應用於此個體發展變化之一時間一方面，而不能逾越。此卽爲吾人之概念知識，定著於個體事物之一時間之一方面。由此而在吾人歷史判斷之中，吾人對於普遍的概念知識之普遍的應用性，遂被吾人自覺的加以局限。然吾人之心局限而集中於一個體之變化發展之一時間一方面之詮釋，同時是對於此普遍的概念所能應用，其他個體之觀念之自覺的超越。而普遍概念之應用性之局限，於此個體之一時間一方面，又由此個體之此時間之他方面，及他時間之他方面，另有普遍概念知識可爲之詮釋。由是而吾人於一普遍概念知識，局限其應用範圍，正根據於吾人對於其他普遍概念知識之應用性之肯定。而吾人之用各種不同之普遍概念知識，以詮釋個體之變化發展之歷史，遂最能表現吾人之心對於諸有普遍性之概念知識之超越的涵蓋者。總而言之，吾人以一有普遍性概念知識之應用，局限於一個體，雖表面似爲此心爲歷史上之個體事物所限制，然實則此種限制，乃依於吾人對於其他個體觀念之自覺的超越，與對其他普遍性概念知識之其他應用性之肯定，亦依於吾人對於諸可應用的有普遍性之概念知識，皆有一超越的涵蓋。由是而歷史之研究，非先於普遍概念知識之追求之科學研究，而是後於普遍概念知識之追求之科學之研究。歷史所嚮往之個體變化發展之認識，與經驗科學所嚮往普遍原理之認識相較，需一更高之綜合的智慧。而此綜合智慧之源泉，即對於不同經驗科學的普遍概念知識之超越的涵蓋。

復次，當吾人從事研究一事或人物之變化發展之歷史時，無論此事或人物變化發展是否屬於過去，吾人研究之時，均可視如當前之對象。然當吾人研究之後，於一事或一物之變化發展，有正確之知識之後，吾人必同時知，吾人所研究此事或人物之變化發展之階段已過去。此即謂：凡對一個體事物之變化發展，有一歷史的概念知識，皆對於已成過去事實之概念知識。由是而歷史知識與一般經驗科學之知識，遂有一根本之不同。即經驗科學之知識，皆原則上可由未來經驗重複的證實者。而歷史上之事實，皆爲已成過去，而永不再現者。吾人關於歷史之知識，皆永不能再由未來經驗重加以證實者。吾人固可望歷史上之遺物、文字紀載、或歷史事實之影響在未來發現，以證明吾人對於歷史事實之判斷爲不誤。然此所證明者，仍是我對於過去歷史事實之判斷，而非過去歷史事實之再現於未來。因而吾人對於歷史事實之判斷與知識，遂爲不同一般經驗知識可重複的證實者。因吾人之經驗知識，可由未來經驗重複的證實，則使吾人想望其證實於未來現實，遂不易破除吾人對之之法執，與吾人對現實世界之陷溺。而歷史知識所對之歷史事實，永不能再現，乃吾人所確知爲已過去，乃非現實存在，亦不能再成現實存在者。故當吾反省吾對歷史事實之了解力，乃向一非現實之歷史事實而施，吾卽有一念超越現實之精神之呈現。歷史事實，人唯通過觀念而知其存在，則了解歷史，卽了解一唯通過觀念乃知其存在之物，亦卽了解一在本性上卽爲觀念所間接，在認知上不通過觀念，絕對不能認知之物。此時吾人之認知，遂爲含超現實之意義者，而研究歷史，可以使人發思古之幽情，而尙友千古，以下通百世者以此。

九　應用科學知識之心靈之涵蓋性

應用科學與歷史學，具有同而異之性質。應用科學之稱爲應用科學，以其所研究者，在如何應用理論科學知識，以改變現實事物，而達吾人特定目的，造成一理想之事物。然現實事物皆爲特殊之個體事物，吾人欲改變現實事物之一方面，以造成合於理想之事物，不能只了解此現實事物一方面之如何，與此理想事物之爲如何。因事物之一方面，有其關聯之其他方面，及其他事物。人欲改變其此方面，卽恆須改變其關聯之其他方面，其所關聯之其他事物，而有待於對其他方面與其他事物之了解。此中卽包含對於事物在時間中如何演變成之歷史了解。旣了解事物之各方面與所關聯之他事物爲如何：復了解吾人之當如何能如何，再了解我們可如何改變之，然後乃有應用知識及應用科學之知識。應用科學與歷史科學，皆非只由具體個體事物抽象出普遍概念知識之科學，而是綜合運用諸普遍概念知識，以接觸把握事物的具體個體性之科學。歷史與應用科學之不同，在歷史之研究，乃以了解已成之具體的個體事物之變化發展爲目的，而應用科學之研究，則兼求了解如何使未來之具體個體事物之變化發展，能合於吾人之理想爲目的。換言之，歷史學之目的，只是了解事物之歷史，應用科學之目的，則是了解吾人如何能造一合於吾人理想事物之歷史。而在造事物之歷史之中，同時造成吾人自身之行動之歷史。故應用科學，乃指導吾人如何行動之科學，亦即使純粹科學，與吾人之行動聯繫之科學，以使事物與吾人過去之歷史與吾人今後之歷史聯繫之科學。然應用科學之研究，雖能指導吾人之行動，然其本身非是行動。吾人固可以實驗等行動，幫助了解吾人之當如何行動，以形成應用科學之知識。然此實驗行動之直接目的，仍在得指導以後行動之知識，而非行動。故應用科學之研究，仍須先有超越現實行動，唯以得眞理爲目的之精神，與其他純粹科學或歷史學同。其有需於實驗行動，亦如純粹科學研究之有需於實驗行動，皆爲隸屬於求眞理之目的者。其與純粹科學歷史學之不同，唯在其不僅處處須自覺的求接觸把握事物之具體的個體性，且考慮及吾人之當如何能如何之問題。歷史學雖求接觸把握事物之具體的個體性，然未必能考慮及吾人之當如何能如何之問題。由是而應用科學之研究，有需於吾人之更高的綜合智慧，更高的超越的涵蓋力。

在純粹之經驗科學，吾人之普遍知識使吾人知各種普遍之自然社會之定律。一定律恆表現為凡如此者則如彼之必然性。（概然性乃自必然性之程度上說，非反必然性之概念。恒常相連乃必然性之另一表示，此中問題今不能詳。）故純粹科學之研究，恆使吾人加强必然之意識。而歷史之研究所研究者，皆已成事實。此已成之事實，不可更改。故歷史之研究，可使吾人加强宇宙有不可更改之事實之意識。必然之意識與不可更改之事實之意識結合，再無其他意識，則可形成一決定論之世界觀。然吾人有理想，理想皆為未實現而可實現，皆為欲改變現實者。吾人通過理想以看現實，則過去者雖已成而不可變，而未來之現實則非已成而非已決定。吾人之理想至少可引起或改變吾人之身體動作，以及於身體相關聯之外物。則通過理想以觀，吾人至少有相當範圍之自由。（此段之自由，乃實現意志於外之自由，非道德上之自由義，亦非政治上之人權之自由義。）而科學上之必然律謂「凡如此則如彼」，此必然性唯表現在如此與如彼之關係間。科學可告人以凡有如此之事實，必有如彼之事實，然不能告人必有如此之事實。科學告人凡如此則如彼，凡有A則有B。同時亦告人以無A則可無B，或有C則無B。故吾如不望有B，而吾人能本理想引起或改變吾人身體之動作，以使A無或使C有，則可無B。吾人身體之動作之力或至微，然吾欲使A無，吾只須使A之諸直接間接條件之任一個無，卽可使A無。而欲使C有，則只須於足致C有之直接間接諸條件之外，加若干條件，即足致C之有。故吾人力之微，不礙其功之多。而吾人對於客觀事物之必然關係了解愈多，對一事物所以有之直接間接諸條件，了解愈多，則吾人愈能由改變其一條件，或使其一條件不存在，而使此事物改變或不存在；或增加一條件，而使吾人之意想中另一事物存在。由是而吾人可根據自然社會之必然律之知識，以表現吾人之自由，以造成吾人之理想之自然社會。吾人對自然社會之改變，可爲一點一滴之增加。然增加之一點一滴，即爲進一步之改變之根據。如是積累，而人之理想遂日益實現，人之自由，遂日益表現而無窮。而應用科學之示吾人以如何改變自然社會，以合於吾人之理想，即基於對「吾人理想之存在」的肯定，與「吾人理想之可日益實現，自由可日益表現」之肯定。由是而應用科學之意識，遂根據於人對其「有理想」「能自由」有所自覺之意識。而研究應用科學之精神，亦根據於人之有理想能自由之自覺，且可間接促進人之「理想」「自由」之自覺者。由此而應用科學之研究，遂直接與人之一切追求超越的理想與自由之精神相通，與吾人之理性自我之理性活動相通。唯其本身，仍以了解如何對於一定之範圍內之具體的個體加以改變之眞理爲目的，故仍爲科學之精神，非哲學非邏輯之精神，亦非他種文化活動之精神。

十　科學意識之道德價值及邏輯意識哲學意識

吾人以上論科學之精神，純爲求了解眞理之精神。人由求了解眞理，而有普遍之概念知識，而有判斷推理，而有知識之積壘，而有知識系統之形成，以表現吾人之理性活動。吾人於此種種求了解眞理之活動中，處處指出有吾人之大公無私之心，與此心之求超越求涵蓋之要求，爲其根據。故吾人之求知識概念之積壘與系統化，即依於吾人求對知識概念之法執之破除。歷史科學可培養吾人之超現實之意識，應用科學可使依必然律而發生之事實，成爲吾人之自由與理想之表現。而二者皆根據於純粹科學，而更能表現吾人心靈之綜合的智慧，與超越的涵蓋力者。由是而吾人可了解吾人之崇尚科學眞理之精神，何以亦能提高人之精神意識道德意識之故。

原人類之有私的活動，皆爲欲佔有具體對象，使之屬於我爲目的之活動。如追求貨財之欲，男女之欲，權力名譽之欲，皆爲欲把握具體對象使屬於我之活動。追求貨財之欲男女之欲，爲求佔有自然物或異性之自然生命。權力名譽之欲爲求控制佔有他人之精神。人類在此諸種之欲望求滿足過程中，原亦皆有人類之理性活動與之俱展。人類在此諸種欲望之求滿足過程中，皆有概念知識之運用，皆有判斷推理之思維，亦有自然表現之道德意識。由此種種之理性活動之凸顯，而化爲對欲望之規範與主宰，則形成家庭與社會經濟政治法律等文化，此等等文化活動遂皆表現一道德價値。此如吾人前數章所論。然吾人復須知，此種與人之欲望俱展之理性活動，其是否能凸顯而規範主宰欲望，或徒爲吾人之欲望所利用，自人之實際家庭生活社會經濟政治生活中觀之，乃不定者。如理性活動能主宰欲望爲道，欲望之利用理性爲魔。則在人類實際生活中，此道與魔，乃永糾纏不清，勝敗無常者。吾人固可言人類之理性活動或道德力之表現，必須見於家庭社會經濟政治之生活，亦如吾人上章末所論。然理性活動之表現力或道德力自身之培養，則恆須暫孤立於與欲望之糾纏對峙之外。而此種理性活動表現力或道德力自身之培養，則宜首於科學之研究中求之。蓋在科學之研究中，人只以求眞理爲目的，只以表現純粹之理性活動爲事。因而吾人必須暫停止實際之行爲。此實際之行爲之停止，使吾人之心傾注於眞理之自身，即可暫斷絕一切欲望之衝動。吾人知眞理非具體之事物，乃不可佔有，吾之佔有欲，在面對眞理之時，即自然伏下。吾知眞理之有普遍性，而可爲他心所知，吾即自然肯定他心之存在，望他心之知之。而吾之大公無私的能涵蓋他心之心即顯出。原吾人之傾注於眞理之心，初爲：自客觀實在的諸個體物中，抽出普遍的知識概念，而復知此普遍的知識概念，能指示客觀之實在中一切同類之個體物者。然當吾人念此普遍的知識概念，能指客觀實在，指一切同類之個體物時，當前之特定個體物，即亦只成爲吾人所知之理之一表現者，而可暫不復成爲欲望之對象。而吾人之欲望衝動，即暫時斷絕。而當吾人之欲望復蘇時，吾知此對象之理，亦爲他人所知，知他人之亦有知此理之心之存在，且望他人有知此理之心存在：吾即知他人亦可對表現此理之對象，生一欲望，由是而吾即可肯定他人之欲望。而吾欲滿足吾之欲望之實際活動，遂亦可化爲普遍滿足他人之欲之道德的實際活動。故此傾注於眞理之心，乃超化吾人之出自私欲之實際活動，以形成道德的實際活動之一關鍵。因而傾注於眞理之心之培養，初雖賴於暫停止吾人之實際活動，將吾人一切道德的非道德的實際活動，皆一切放下；然終則仍可歸於道德的實際活動之促進。而吾人傾注於眞理之心之培養，科學精神之培養之動機，雖初似爲非道德的超道德的，實正所以培養人之道德力。由是而吾人可言人如欲眞培養人之道德力，亦當先培養人之傾注於眞理之心，培養人之科學精神，而重視科學之研究。

吾人之暫停止實際活動，以從事科學眞理之研究，固可培養吾人理性活動之表現力與道德力，而間接促進吾人之道德的實際的活動。然科學眞理之研究本身，並不足根絕吾人之私欲。由是而在科學家停止其科學研究之活動時，或在科學家之科學研究之明顯意識之後，仍可有私欲之表現或存在。而此私欲，遂可利用此科學研究之本身，而人可以科學研究爲達其個人名利權力等欲望目的之用。吾上言，根據純理科學有應用科學。而吾人之研究應用科學，固亦出於求知如何根據理論科學知識，以得應用科學之知識，而初非實際之應用「應用科學」之事。然吾人有此「應用科學知識」之後，吾人將自然求有實際的應用此「應用科學」之事。而吾人之研究應用科學之目的，則可爲私的。即吾最初之目的爲公的，亦可將之應用於私的目的。由此而科學眞理之研究本身，遂亦非能必然歸於道德的實際行爲者。由此科學眞理之研究，可歸於道德的實際行爲，亦可歸於不道德的實際行爲。於是論者又持之以證科學眞理之研究，原無所謂善惡或超善惡之論。然吾人之見解，則以爲科學眞理之研究，不能根絕人之私欲，人之私欲之可轉而利用科學之研究本身，固是事實。然此所證者，乃不外說只有科學眞理之研究，尙不足完成一人之道德人格，完成人之理性自我之理性活動之表現。而非科學研究本身之非善。吾人之善行，可被私欲利用以歸於惡者，不僅科學眞理之研究爲然。在其他善行亦然。吾人爲其他善行，如不能繼續以其本身爲目的，而夾雜個人名利之欲於其中，則原初之善行，亦可被吾人自己視作私欲之工具。然此不足以證原初善行之非善。則科學眞理之研究，可被吾人私欲利用，亦不足證其本身之非善。科學家誠能念念只以科學眞理之研究爲目的，其可無私欲，亦如念念以其他善行爲目的者，可無私欲同。由是而科學眞理研究本身，原爲能培養人之道德力，而原爲善者之一義，遂仍不可破。

吾人以爲科學眞理研究之活動本身原爲善。唯科學眞理研究之爲善，必在科學眞理研究之活動進行中表現。如此活動停止，則縱吾人尙無自覺的名利私欲之產生，而只須吾人對於所知之眞理，對吾人所得之概念知識，以至知識系統，有一執着或陷溺，即可使眞理漸成主觀之心中之眞理，知識卽漸化爲成見，而吾人之心遂成封閉之心。而一切眞理知識概念，遂一方似爲心之安頓，一方面卽成心之桎梏。心旣被桎梏而成封閉之心，遂復成爲吾人之私欲得憑藉之以出現者。其詳當於本文之末節，再申論之。

關於吾人之心所以會陷溺執着於所知之眞理與知識中，而生成見之故，其詳亦在本文末節，再加討論。而一般科學家，自覺的努力求解放此種心之陷溺執着或成見之道，則要在其恆能自覺一客觀而無限之眞實世界或眞理世界之存在，如吾人以前之所論。蓋當人相信有一客觀而無限之眞實世界眞理世界之存在時；人於其所得之知識眞理，卽將自其指示客觀事物的意義，與其他客觀眞理相聯結貫通之意義上着想，以顯其客觀性普遍性。同時亦使此心，自主觀之封閉性轉出，以貫通於客觀事物與他心；而不斷開拓其對於其他眞理之認識，使此心於任何眞理知識，皆不陷溺執着；以不斷的維持其求眞理之興趣，而使科學家之心，永不致喪失其心靈之超越性涵蓋性，以完成其科學家之人格，使之死而無憾者。至科學家之如何能具有此精神，仍有待種種道德生活上之修養。此亦將論之於本文之末節。吾人今所欲論者爲，縱使科學家皆能具備此精神，然如人類文化中只有科學之一種，或一科學家只承認科學爲有價值，此只承認其所研究之科學爲有價值，或只以得客觀實在之眞理爲目的，遂覺以爲眞有離心之客觀實在與眞理之存在，則此科學家之心靈，仍又有所陷溺執着。此卽對於科學或對科學意識本身之執着陷溺。如科學家不能打破此執着陷溺，則科學家之科學活動，仍不能處處表現其眞正的心靈之自性。而科學家如欲打破此中陷溺，則恆須多少通過一哲學意識邏輯學意識而後可能。

吾人以上論邏輯之意識，可自覺吾人之理性活動，至少在暫時能將知識中之經驗內容剝除，於一知識之形式與邏輯之理，皆不視爲外在於思想之所對，使不成爲吾人之所執着。而一特定科學之意識，所以爲一特定之科學之意識，正賴其有特定之經驗內容，爲了解客觀實在之眞理之根據。

吾人由此以有各類之知識，成吾人之所對所執。而於邏輯之理，吾人乃覺其爲運行於各形式之知識之間者，故當科學意識爲邏輯之意識所代時，特定科學之意識卽被超越。同時「客觀實在之眞理與心相對」之觀念，亦自暫時泯除。然邏輯之意識，只爲能代替科學之意識，使吾人得超越科學之意識，而非能涵蓋科學之意識者。卽非能旣超越科學意識，又肯定之保存之之意識。蓋邏輯之意識，使吾人專致思於吾人之思之理之本身，而暫剝除其一切經驗內容，此一方使吾人得暫超越科學之意識，一方亦卽使吾人暫泯失科學之意識。由暫泯失科學之意識，又可使吾人之心，只沉陷於邏輯意識；吾人欲避免執着沉陷於邏輯之意識，又欲避免執着沉陷於科學之意識，則唯有通過一哲學之意識。

哲學意識爲人之知的活動方面之高一層次的超越涵蓋意識。哲學意識包含思之理之肯定，包含對於一切經驗內容中，所顯示客觀存在之理之肯定，亦包含人類規定其行爲目的之一切當然之理之肯定，與一切歷史文化之理之肯定。因而是一人求知的活動中最富超越性涵蓋性之意識。

十一　與一般科學意識關聯之哲學意識——科學的宇宙觀意識及知識論意識

關於哲學之性質，吾人可有不同之規定。粗略言之，其一種是以哲學與科學同爲一知識系統，但爲更廣大而包括一切科學之一知識系統，或綜合知識系統。一種是以哲學爲一種反省批判的態度。此要在反省吾人科學知識之所由構成之方法、設定、公理、基本概念、原理，了解每一科學或一切科學知識之限度，使之不至溢出其範圍而妄用者。再一種爲以哲學乃所以供給吾人以了解宇宙人生，觀察歷史文化具體事物之智慧，進以指示吾人之行爲活動之方向者。此三者，自第一義言，哲學爲一種求知識之活動。自第二義言，哲學爲知吾人之知識之活動。自第三義言，哲學爲由知識以達於超知識之智慧活動。此三義皆可說，將於下文之各段，分別論之。

吾人可言哲學爲一知識系統，蓋古今之大哲之著作，多自稱爲一知識之系統。吾人亦可言哲學爲較科學更廣大，而包括一切科學知識之系統。蓋世間確有運用各種科學上之知識概念，並企圖綜合一切科學知識之哲學家。緣於哲學意識之能涵蓋科學意識，則其欲實際實現其涵蓋性，亦自有求綜合一切科學知識，以成一無所不包之知識系統之要求。然吾人眞欲造成一無所不包之知識系統，又實際上爲不可能。因眞正之無所不包之知識系統，須將一切科學知識全部重複而覆述之，以納於此系統之內。此因無人能知已有之一切科學上之知識，故不可能。即有人能知已有之一切科學上之知識，而科學之進步可無止境，人不能知未來可能有之科學知識，則無所不包之知識系統仍爲不可能。吾人之所以說科學之進步，可無止境者，乃根於吾人前所論：科學必求了解經驗對象。吾人於科學上所已知之抽象普遍之理，必再以之判斷經驗對象，再求證實。而有已知之理之證實，即有新經驗對象之呈現。而新經驗對象之所以爲新，則必依於其有一意義上之新理之呈現。而求知此新理，卽有科學新知識之增加。故科學知識之進步遂可無止境。誠然，如一朝吾人於科學上之抽象普遍之理，不再以之判斷經驗對象而求證實，或宇宙更無新經驗對象之呈現，則吾人亦或可能將已有一切所知之普遍之理，綜合於一哲學知識系統而思之。然當經驗對象不再呈現，或吾人於科學上之普遍之理，不再本之以判斷對象而求證實時，則科學上普遍之理，便成無客觀所指，無眞理之意義，封閉於主觀之心內者。此時吾人之心亦成封閉之心，而科學之研究，將不復存在。故各種科學之研究存在，而哲學又以綜合科學之知識爲事；則其綜合之事，乃必隨科學之進步而無止境，亦永不能完成其目的者。此種綜合，乃以科學之進步在前爲導，而哲學之意識在後追蹤而至。然不同之科學意識，各有其不同之經驗對象，隨不同之經驗對象而轉，則吾人追蹤之之哲學意識，亦當隨不同之經驗對象而分化，而與之俱轉。然此時之哲學意識，卽只有兩種命運：一爲科學意識之所至，哲學意識亦至之，如此則哲學意識，分散於諸分流之科學意識中，與之同流，卽無獨立之哲學意識；一爲哲學意識隨科學意識之分流而分化，而仍求不失其自身，以求諸科學知識之融會以成一系統。如此則哲學意識遂不能隨科學意識之所至而亦至之，而將有一時之落後，以作融合一科學知識於其他科學知識之事。而哲學意識一有落後，不能全趕上科學。於是一切綜合科學知識之哲學系統，終不能將一切科學上進步包括在內，乃必然之事，而無所不包之哲學知識系統，自此點言，遂爲人永不能實際實現者。

然無所不包之哲學知識系統，雖不能實現，然吾人之嚮往一無所不包之哲學知識系統，則未始不可。吾人以無所不包之哲學知識系統之理念，涵蓋一切科學之知識系統之理念，以表現吾人涵蓋一切科學之哲學意識，而在實際上逐漸求此理念之實現，則吾人當下之所能。然當吾以無所不包之哲學知識系統之理念，涵蓋一切科學理念，以表現吾人之哲學意識時；此哲學知識系統之理念，遂純爲一理想中之理念，亦一形式的理念，而無眞能完全充實之之實際內容者。而對本此理念所生之哲學意識，吾人遂不能只由其實際內容，其所已包含之科學知識經驗知識，以對之作一積極的了解，而只能消極的了解之：爲「求破除吾人所已有之科學知識經驗知識之限制，以求無限擴充其所包含之科學知識經驗知識之實際內容之意識。」此亦卽一純粹之具超越性涵蓋性之意識，表現於知的活動方面者。而此表現知的活動之超越性涵蓋性之意識，其本身雖無限，然欲求實際表現，却只能在限制中運行。此卽謂吾人所實際作之哲學工作，只能是就已有之諸科學知識，而逐漸加以融會貫通之工作。由此融會貫通，吾人可根據分別研究客觀存在各方面之諸科學，所建立之一般律則，而構成一科學的宇宙觀之哲學。而哲學遂爲在諸科學知識本身上，所建立之一知識系統，而此一知識系統，爲可隨科學之進展，而無定限的擴大；然亦隨科學之變化而變化，無自身之獨立的穩定性，亦不能自己保證其爲必眞，或得眞理之全者。

除上述之求綜合科學理論，以建立宇宙觀之哲學外，哲學之問題如有異於專門科學者，便當爲哲學之活動運行於諸科學之間或反省科學所由成，所生之問題。此如：如何使諸科學知識表面衝突處不相衝突，是否可將一科學之原理概念應用至其他科學，一科學知識系統如何建立，各科學知識系統之語言如何統一等問題。由此而遂使吾人對於形成科學知識系統之方法，思維歷程，及基本概念、設定、公理等，與表達此等等之語言，有一反省與批判之工夫。由此反省與批判之工夫，而吾人可知一科學知識系統之如何建立，可將科學知識之衝突處，加以重新安排或修正，而使之不衝突；或對各科學之原理概念等，重規定其所能應用之範圍，以至進求科學語言之統一。然此種哲學活動，恆表現功成而身退之形態。其結果便唯是使各科學之研究；更能各安其位，而並行不悖，相輔相成以進行。由是而此反省與批判之哲學活動，固有貢獻於科學之自身之進步；人亦或可由是而發現一新科學方法，發現舊科學所未研究對象之存在，而進以主張一新科學之建立。然哲學活動於此將不能建立一位於諸科學之間或之上之知識系統，而使人得積極的關於客觀對象之知識。此中如有哲學知識可得，亦只限於了解各科學方法之如是如是，各科學之基本概念、設定、公理如是如是之知識。而哲學家之了解此等等，所異於科學家之了解此等等者，蓋在一般科學家恆是不自覺的應用一種科學方法、概念、設定以研究對象，而哲學家則能反省而提出之，而通過「他種科學方法等與此科學方法等之同異之自覺」，關聯於「吾人整個的理性活動，認識活動語言活動」，以了解之。同時其了解之，亦非特了解其是如此如此，而恆是通過不如此如此而如彼如彼之設想與辯論，由知如彼如彼之不可能，以說明其如此如此。此即哲學對科學之反省批判之工夫所在。由此而成之哲學著作，所表達者，恆只爲哲學家用此反省批判之工夫之歷程。由是而此中吾人所能得之哲學知識，遂唯是於科學家之所不自覺的肯定或認定者，加以深切自覺而表達之所成。簡言之，亦卽唯是知吾人之科學知識如何構成之知識。而哲學中之知識論，卽爲對一般知識之如何構成，或所以成其爲知識之根據，及與吾人理性活動認識活動，以及語言活動之關係，作一整個之研究者。而某一種科學知識如何構成之研究，某一種科學之方法、設定概念等之研究，卽一般知識論之特殊化，而爲知識論之分支。

此種對於科學知識之反省批判，或知識論之研究，所得之哲學知識，與所成之哲學著作，自爲異於科學知識科學著作之本身者。而此種知識，亦不同於綜合科學知識而成之科學之宇宙觀，若無獨立之穩定性，不能自保證其必眞者。蓋此種知識非以了解客觀實在爲目的，而唯以了解吾人之知識爲目的。吾人之一般經驗科學知識之眞，須對客觀實在負責；綜合科學知識而成之宇宙觀，亦須對客觀實在負責。而吾對吾之知識之了解，則只須對吾之知識負責。科學知識對所指之客觀實在而眞，科學的宇宙觀，亦待其所根據之科學之眞而眞，故其自身不能有獨立之穩定性，亦不能自保證其必眞。而吾對吾之科學知識之了解，是否眞，則不待科學知識之對其所指之實在之眞而眞。科學知識之對客觀實在之不眞，亦無礙於吾對吾之科學知識之如何構成，有眞了解或眞知。由是而知識論有其自身穩定性。只須吾能眞知吾之知識，吾卽能保證一種知識論之知識必眞，而不待其他之知識之眞，以保證此知識論中之知識之眞。吾對吾之知識如何構成，固可有所未眞知。此卽由於吾之反省批判之功有所未至，吾之自覺之未深切。此過失在吾人之反省批判之能力，吾之自覺之深切程度。吾之反省批判之能力，吾之自覺之深切程度，可由吾人之心之超越性涵蓋性之實現及理性活動之表現而增加。此每一度之增加，皆可有一必眞而可自己保證其眞之知識論之知識之獲得。而此求知知識之如何構成之知識論意識，對於吾人知識之實際如何構成之歷程之關係，遂有一「眞正之超越之、了解之，而保存之之關係。」

十二　形上學意識

哲學中除一般宇宙論及知識論外，主要爲形而上學與道德哲學歷史文化哲學。形而上學爲：對宇宙之究竟實在求了解之學。形上學之意識所以異於一般常識科學之意識者，在不以常識科學所知之實在爲滿足，恒以常識科學所知之實在爲表面之實在，或名之爲現象，另肯定有究竟之實在，或名之爲本體。故形而上學之要求，實原於對於一般常識科學之知識之完滿性之懷疑。此懷疑卽一求超越吾人常識科學之知識之精神之表現。故形而上學之意識，與知識論之意識亦不同。知識論之意識，乃反溯常識科學等一般知識之如何構成之意識。而形而上學之意識，則始於懷疑吾之一般知識之完滿性，而暫超越吾人求一般知識之活動，暫不將吾人之心用於一般知識如何構成之反省；乃欲透過吾人之一般知識所知之實在，前往以求知究竟之實在之意識。吾人之一般知識，皆層累而進，在逐步擴張之歷程中。而一切知識皆相對於呈現之實在之知識。求一般知識之趣味，亦卽寄於如此之層累而進，逐步擴張之歷程中。而吾人之形而上學之要求，則若求一步躍過此呈現之實在，而直與究竟實在之接觸，以求一絕對的關於究竟實在本身之知識，可以爲一切相對知識之基礎者。形而上學之意識，乃一種與吾人之一般知識脫節之一種哲學意識。故形而上學必自一般知識之完滿性之懷疑始。原吾人之所以能對一般知識之完滿性懷疑，亦由吾人對於知識之反省來。唯此種吾人對知識之反省，非反省知識所由構成 ，而是反省一般知識對於客觀實在全體之眞理價值。當吾反省一般知識對於客觀實在全體之眞理價值，而覺一般知識之眞，皆只分別相對一類事物而眞，或只對一類事物一方面而眞，非對一切類事物之本身，或對客觀實在之全體本身而眞時；吾人卽對於一般知識之眞理價值，湧出一不滿足之感。而當吾人於被稱爲同對一對象眞，而相差異之諸知識，思其何以既同眞於一對象，而又相差異，遂欲由對象之同一性，以泯除此皆被稱爲眞之諸知識之差異性，使之同一化，而又不能時；則亦將覺此諸知識之衝突矛盾，而疑其皆誤。而吾人對一般知識之眞理價値，遂或覺根本加以否定。然無論吾人對於一般知識之眞理價値，只覺其不完滿，或覺根本加以否定，均可導吾人至若干形上學之思維，而使吾人要求有對究竟實在全體爲眞之究竟的知識。

關於實在全體之本身之究竟的知識，爲形上學之知識。故一般形上學討論實在之爲心爲物，實在本體之數目爲一爲多，與實在之變化爲必然自由，實在之有無主宰之神，本體是否存在，及一切普遍之存在範疇之限效等問題。凡此等等問題，均由吾人欲對實在之全體之本身，求一超越一般科學常識知識之究竟知識而生。吾人之思維此種種問題，固亦根據吾人之一般經驗與一般知識。然吾人必須將此一般知識經驗中，所具之內容範疇等，作一超吾人經驗知識範圍之使用，乃能有助於形上學問題之解答。吾人皆知此一般經驗知識之內容範疇，乃相對於「呈現於我之實在」，即「內在於我之經驗之特定時空中之現象」而爲眞者。然吾將吾人之經驗知識之內容範疇，作一超吾人經驗知識範圍之使用；則使之對「超此經驗知識範圍之外之究竟實在全體」之本身，爲絕對之眞；吾人即對此內容範疇作一超越的使用，而使之具一超越於我之一般經驗知識之意義。是見形上學成立之根據，純在吾人之求超越一般經驗知識範圍之超越的精神。至於由如是將吾人經驗知識之內容範疇，作超越使用而產生之形上學，是否將陷於矛盾，而不能完滿，吾人可不加以討論。然吾人可言陷於矛盾與不能完滿之形上學意識，仍較單純反省知識之知識論意識爲高，且爲反省知識之知識論意識，所必然發展出之意識。反省我之知識而肯定我之知識之超越精神，進一步之發展，必然爲將我之知識之內容與範疇，游離於我之能知之心之外，而將之推出去，以作超越的使用。由此超越的使用，吾人卽有一形態之形上學知識。

至於此上所說形上學知識，可有種種而相矛盾，且永不能完滿，而造成諸形上學之衝突而相毀；則由於吾人之經驗知識內容範疇，原具互相限制而有待於互相補足之性質之故。故當吾人執定一特定之經驗知識之內容範疇，將其作超越使用，而使之絕對化，以造成之形上學知識；自將皆不能免於與其他形上學之知識，相矛盾衝突，而呈相毀之形勢。然吾人見及將經驗知識內容範疇作超越之使用，所產生形上學知識之相矛盾與不完滿；同時可使吾人知此諸經驗知識之內容範疇，只可作內在之使用，而知此類形上學之不可能，如康德之說。此又可稱為「將我之經驗知識之內容範疇，游離於我心之外之超越的使用」之再超越。然此所再超越者，非超越的使用諸經驗內容範疇之超越的精神，而唯是此超越精神，所夾帶以規定客觀實在全體，之經驗知識之內容範疇之概念。故當吾人知經驗知識之內容範疇，只可作內在的使用時，吾人之超越的精神，必不肯重陷入於經驗知識內容範疇之限制之內，而重自陷於經驗知識之追求中。蓋吾人在形上學意識中，旣已有溢出主觀經驗知識範圍外的，客觀實在全體之理念：則吾人之超越的精神，已超出吾人之經驗知識之範圍之外，而昭臨涵蓋於客觀實在全體之上。故由感上述之形上學之知識之衝突矛盾，而將經驗知識之內容範疇之使用，還歸於經驗知識範圍內之後，吾人之超越精神固當暫捨其用諸經驗知識內容範疇，以規定客觀實在全體之事，而非必卽縮回而自限於經驗知識之追求之中。而此超越精神，捨其用諸經驗知識之內容範疇之概念，以規定客觀實在全體之事；正表現其全完成其求超越經驗知識之事，而直接顯發其昭臨涵蓋客觀實在全體與主觀的經驗知識之上之能。此超越精神涵蓋此二者，遂謂主觀經驗知識之現象世界，卽客觀實在，則爲現象主義之形上學意識。此超越精神自覺此現象世界卽主觀經驗知識之內容，而不能離開此有主觀經驗知識之心而外在，則爲主觀唯心論之形上學意識。

此上二種形上學意識，皆「兼涵蓋客觀實在與主觀之經驗知識」之心，自超越其外在的客觀實在之觀念，而姑自限於主觀之經驗知識之內容之結果。而進一層之形上學意識，則爲自覺此能涵蓋客觀實在與主觀經驗知識之心，旣超越客觀實在，亦超越主觀經驗知識；遂轉而以此主觀經驗知識所對之現象世界，卽客觀實在之顯示；並將我之主觀的經驗知識系統，視作一全體，如化爲客觀所對，以構成「經驗知識之系統」之理念，並依理性，以知他人之經驗知識系統之存在。此亦卽如將我之心本身，加以客觀化，以構成心之理念，由此以知他人之心存在。由是而我與不同之他人之經驗知識系統，我與不同他人之心，皆可視如「經驗知識系統」之理念，「心之理念」之不同例證，皆爲吾之能形成此理念，依此理念以思之理性活動所不能不肯定者。吾由吾之理性活動，卽不能不肯定我與他人之心，或我與他人經驗知識系統之平等存在，而皆爲客觀，吾之理性活動，遂亦有普遍客觀之意義。而吾人之形上學意識，於此遂漸進至客觀唯心論之意識。吾順吾理性活動以肯定他人之心，自制吾行爲活動中，不顧他人心之私心，以求吾行爲活動方式，皆爲可合理性，而可普遍化於人我，爲人我皆可普遍遵行者，而吾對人有義。進而順吾對於他人之心中之要求之肯定，以對人同情而有仁。則客觀唯心論之意識，同時包含道德義務之意識。吾能透過此道德義務之意識，以觀我心與他心之關係，而知他心與我心之息息相關，遂可直覺他心與我心卽爲一心，或一天心，由是而可視一切人不同經驗知識所對之現象世界，所顯示之客觀實在，皆一心或一天心之表現。卽爲絕對的唯心論之形上學意識。

吾人以上論各種形上學之意識不必賅備，亦尚非表明吾人之歸宗於絕對唯心論之形上學。吾人尚可由絕對唯心論，轉進一層，至超越實在論，及此超越實在論與唯心論之融合。此皆非今所及論。吾人之主旨唯在說明形上學之意識，非爲以主觀之心與客觀實在對待，而以主觀之心認識相對之客觀實在，以求經驗知識之逐漸擴大之科學意識；亦非返溯知識所由構成之知識論意識；而是對吾人之一般相對的知識之眞理價值，感到不滿足或發生懷疑，而欲超越一般相對知識之追求，以嚮往究竟實在之超越精神之表現。故形上學之目的實不重在得知識，而重在得智慧。得知識者重在有所知，以把握實在。得智慧者重在破除能知之執障，使心之虛靈明覺顯現，而使實在之理得直接顯現。此不僅唯心論之形上學爲然，一切形上學皆然。形上學之意識之初現，固亦常以求對於究竟實在之絕對知識爲目的。然此種求對於究竟實在之絕對知識之要求之意義，吾人自始不當自其要求之積極方面看，而當自其消極方面看。卽當自其求超越吾人一般之相對知識上看。而形上學之思維之價值，吾人亦當自其消極方面看。如對於相對知識之懷疑，卽恆爲形上學思維之始。此種懷疑之價值，卽純在表現吾人對於相對知識求超越之精神。在此種懷疑中，吾人之思想所思想者，唯諸相對知識之有所眞而有所不眞，與諸相對知識之衝突矛盾。於此吾人之思想此諸知識之思想過程，卽爲旋思旋掃，以落於一知識上之無所思之空靈心境者。至於吾人提舉經驗知識中，較普遍之內容範疇，作上述之超越的使用，以求對於客觀實在全體本身之絕對知識，固可使吾人在一時有積極形上學之知識。然能與吾人此種知識之形上學系統之價值，仍主要在其對於其他形上學之知識系統之消極破斥上。單就其所正面建立之形上學知識言，皆可爲無大意味者。如吾人將吾人所經驗之事物之形狀運動及物質性等內容或範疇，作超越的使用，謂宇宙之究竟實在爲具形狀運動之原子或物質，以形成唯物論之知識。此知識本身卽無大意味。唯物論哲學如有價值，其價值亦要在指出關於物質現象以外之現象之知識，皆可以物理知識說明，以證明物質現象以外之現象，非究竟眞實，或指出唯心論形上學之不可能，以證其反對面之唯物論爲能成立。又如吾人將吾人經驗知識中多之範疇，變化之範疇，作超越的使用，謂宇宙之究竟實在爲多數，或爲一變化之流。吾人之此積極的形上學知識，亦爲無大意味者。而多元論變化哲學如有價值，其價值亦重在其遮撥一元論不變論方面。且凡此種種以吾人之經驗知識內容範疇作超越使用，所建立之積極性的形上學知識，由康德黑格爾之辯證論以觀之，皆無不與其所破斥之反對思想，同可轉而成爲被破斥者。故吾人上謂諸超越的形上學知識，必相矛盾衝突而成相毀之勢。由是而此種形上學之思維，雖始於求積極之知識，然任一形上學積極知識之求得，皆倚賴於其他形上學積極知識之破除與超越。而任一形上學之積極知識求得之後，亦將終歸於被破斥。於是此種形上學之思維之結局，卽爲此種形上學之一切積極知識之相毀，而終皆被吾人所超越，而顯出此類形上學之不可能。唯留吾人之一超越而涵蓋之形上意識。而此種形上學之思維之價値，遂唯所以訓練出吾人之此超越而涵蓋之形上意識，亦卽一虛靈明覺，而無所不覆之心。

至於由此形上意識轉進而生之現象主義之形上意識與主觀唯心論之意識，乃表示吾人對獨立而外在之客觀實在之觀念之超越。現象主義主觀唯心論之哲學思維之價値，亦在其破斥獨立而外在之客觀實在上。至於客觀唯心論絕對唯心論之產生，乃依於吾人對絕對心與絕對理之自覺。自覺此心此理時，吾人乃有對形上實在之眞正接觸。吾人在接觸此實在之後，雖可有心與理之二名，心與理存在之積極知識；且可進而觀此心此理之普遍的表現於：吾人一切知識行爲之過程，及知識行爲所對之現象世界客觀實在中。吾人反觀此心此理之如何表現，亦可構成種種形上學知識系統。以至透過此形上學意識，以一切知識皆形上學意識所貫注，爲形上學之註脚，亦未嘗不可。然當吾人眞接觸此絕對的心與理之形上實在以後，吾人同時卽知此形上實在超乎知識。吾人之知之，卽同時知其超於吾人之知。吾人之知之，非如科學常識中之求知，乃向前把握對象，亦不如知識論之向後反溯，以探求人知識如何構成之歷程。吾人之知之，乃向上而超越一般之知識以體會之。蓋此心爲一超越而涵蓋之心，此理即其能超越涵蓋之性。其性或理，即在此心之能有所超越有所涵蓋之活動上顯。吾之自覺之知，必順其活動以入乎其中，以體會其超越性涵蓋性。而此性則不僅在吾之當前此活動中表現。此超越性涵蓋性本身，亦爲超越的涵蓋的。而吾人之知之，即知其爲超越的涵蓋的之超越性涵蓋性。故關於此心此理之一切表現，吾人雖皆可加以反觀，以構成種種形上學知識系統，然成立此種種形上學知識系統之意識中，皆須包含此心此理超吾人之形上學知識系統之自覺。因而吾人在接觸此心此理之形上實在後，順吾人之知此心此理之超一切知識之自覺，而欲求繼續其體會此心此理之事，吾人將有對於一切形上學知識之本身之超越。而使一切形上學之知識皆成爲過渡至此心此理之體會之橋梁。吾人於此眞能由之以達此心此理之體會，則此爲橋梁之知識，亦必至少在暫時被超越。如不能由之以達此心此理之體會，則此形上學之知識，皆不能盡其橋梁之用，而須被破除。此時吾人一切形上學之言說，便皆只所以披露此形上之實在，以開示他人，因而皆是對機施設，答人疑問，而就事指點者。由是而吾人之形上學言說，亦不必一類。各種表面不同之形上學知識系統，只須其導人能歸向於同一之此心此理之體會，皆可一一依方便而被肯定被安立。然因此一切形上學之言說，皆只爲開示他人與指點他人，以體會此形上實在之橋梁，而皆須被超越，故人之施設此種言說，亦可同於未嘗施設，而爲說無所說。所安立之形上學知識系統，亦可同於未嘗安立。而形上學家實無一法與人。此卽爲求超越一般知識之形上學精神，於求積極之絕對知識之獲得中，超越此種知識，以體會眞正之形上實在；而復運用此知識以表現其所體會，而引人亦由知識而超知識之之事，而此形上學精神之全部實現過程，唯是吾人之「能知執障之層層去除，以使心之虛靈明覺顯現，實在亦因而顯現」之智慧之開拓。故吾人以形上學思維目的，在訓練智慧，形上學之目的在求對於究竟實在之絕對知識，而歸於體會形上實在之智慧。

十三　道德哲學之意識

至於道德哲學之目的，則在求了解吾人於實在世界之責任義務，了解吾人對實在世界應有何種人生理想人生目的，及吾人應如何行爲，以求實現之。吾人之理想目的，皆至少在求對於當前之現象的實在事物有所改造，而吾人之行爲，亦必對當前之現象的實在事物　，有所改造。故求了解吾人應有之人生理想目的，與如何由行爲以實現之，亦卽求了解現象的實在事物之當依何原則，加以改造。此非同於形上學意識只求了解現象的實在事物　，所依之究竟實在之如何。形上學意識，乃始於對現象的實在事物暫不求改造之時，唯吾對於現象之實在，暫不求改造，吾乃視爲客觀所對，而追求其所依之究竟實在。而道德問題則始於吾人對人應有之理想目的與應如何行爲，有所考慮。當正從事此考慮之時，吾人固亦須對於現象之實在暫不求改造。然吾人從事考慮之動機與目的，皆依於行爲之要求。而道德哲學之思維人所應有的理想目的與應如何實現之道，即一般的道德考慮之延長與推擴。其動機與目的亦依於行爲之要求。道德哲學之意識，其本身固非即道德行爲，而仍是一種知的方面之哲學意識。然因此哲學意識之依於行爲要求，因而有於現象的實在事物加以改造之意想。此與形上學意識本身無將現象的實在事物加以改造之意想者不同。故人在形上學可歸於一種視此宇宙爲定命者必然者，非人力所可改造，因而人之意志亦非自由之理論。但在道德哲學上，則吾人必視此宇宙之未來，多少爲人力所可改造，人之意志有一範圍內之自由。形上學中對於實在之認識，亦常須由人之道德義務之意識以透入，如道德的唯心論之所持。而吾人能知吾人之形上的心與理之實在性，即能知吾人對於宇宙之現象的實在事物，當抱何種理想目的。故道德哲學上當然之原理之建立，亦常根據於人對於形上實在之知識。然吾人之由道德義務之意識，以透入形上實在，吾人之意識之所向，仍在形上實在之肯定。而由形上實在，以知吾人當有何種理想目的，吾人意識所向，則在宇宙現象的實在事物之改造。吾人根據任何形上實在之知識，以建立當然之原理，吾人皆須承認此當然原理之實現，對於形上實在有所增益，至少對宇宙現象的實在事物，有所改造。故形上學與道德哲學，可依於同一之根本原理，而此二種意識仍根本不同。形上學是天道論，道德哲學是人道論。人道與天道可一可二。如爲二，卽人道固所以補天道之不足，人道行，天道固有所增益。卽爲一，人道於天道，亦可說有增益。如說人道爲踐此心此理之道，此心此理卽天心天理，卽形上之實在，卽天道，人之踐人道卽顯天道。此便是天道人道爲一之說。此中自天道以觀此人之踐此心此理，固卽天道之自己實現。然自人之盡此道時以觀，則人至少必對於現象的實在求有所改造，使現象的實在中無此心此理表現之處，有此心此理之表現。則天道之顯，乃通過人道而顯於現象的實在。尅就現象的實在之顯此心此理言，仍當言此是人之功，而人道終不同於天道，人道於天道仍有增益。而吾人之形上學之思維重在知天道，卽重在超越現象的實在之知識，以由末返本。道德哲學之思維重在立人道，卽重在改造現象的實在之表現，以由本而成末。由末返本，可超越對現象的實在之知識。由本以成末，則還須肯定現象的實在之知識，知現象的實在之是如此如此。而吾人於此順形上實在之此心此理之所示爲當然者以改造之，則知現象實在之尚未合於此心此理之所示爲當然者，亦將可歸於合，不能不歸於合，而其本性亦卽求歸於合。於是吾人乃益知人道之實現，卽天道之實現。且知不合於此心此理之現象實在之存在之被肯定，卽所以被否定而不存在。然此否定乃以行爲否定之，而非以知之活動否定之。而吾人之以行爲否定之，正有待於知之活動之先加以肯定。由是而吾人遂可不僅任順吾人之知之活動之向現象實在流注，以了解現象實在；且須自覺的促進吾人知之活動以求了解現象實在。唯如此，吾人乃能知現象實在中何者不合於此心此理，當以行爲否定之，使之消除者；何者合於此心此理，而當以行爲加以肯定，使之更增益者。由是而在形上學之意識中，由知識以超知識之「逆以反之」活動，本身亦復被超越，而轉成由超知識至知識之「順以出之」之活動。而哲學遂決非歸於只求超越科學知識，同時復眞爲成就科學知識矣。

吾人之道德哲學之思維，必須求規定吾人之行爲當有之目的理想，與如何實現之方，以求行爲之道德化，因而於現象實在，求有所改造與增益。吾人行爲之目的理想，皆涉及爲現象實在之個體人或個體事物者。故吾人之規定吾人應有之目的理想與實現之道，亦須照顧現實之個體人或事物。此中，因所接觸之現實的個體人或事物之有各種不同，吾人遂有各種不同的道德原理之建立。吾人縱已把握及一最高之道德原理，亦須隨不同之情境，而分化出諸多附從之道德原理。由是而最高之道德原理縱爲一，而分化出之道德原理仍必爲多。吾人之道德意識，必求吾人對於每一情境之行爲均合理，以使吾人之每一行爲皆可爲法則，亦即皆爲實現一道德原理者。而道德原理之多，遂可言與吾人之道德行爲之多相同。自此而言，吾人之道德哲學之思維，遂似須由極普遍之原理至極特殊之原理，乃能盡其致。然此中極特殊之原理，皆可以立爲法則，則亦皆普遍之原理。然吾人欲求對道德哲學思維盡其致，於一切特殊之道德行爲之原理，皆預提出，以爲吾人之行爲之規範，此乃不可能者。由是而欲使吾人之一切行爲皆一一道德化，亦似爲不可能者。然此問題實可以不產生。

其所以不產生之故，在道德上之原理皆當然之理，亦即皆吾人在一情境之感受下，吾人自心所顯示，而發自吾人當下之良知，以規定吾人之行爲者。此爲自內出，而非自外入，亦即爲吾先天所具有者。吾人有理由說，吾人之良知乃先天的具有此一切之道德原理或有一自然分化出諸各附從道德原理之最高道德原理，能以所接觸之現實的個體事物之不同，而通過當下之良知以當機而呈現，以規範吾人之行爲者。由是而預提出一切道德原理以爲吾人照之以行者，乃不必需之事。

在此吾人又必當了悟道德哲學上之思維道德原理，此思維之態度根本爲內向的、反溯的。此種思維，唯是就吾人良知中所已呈現之當然之理，分析之類別之，以明其與現實存在之理之關係，或其相互關係。此種思維如眞順良知初所呈現之當然之理，以極其意義之所指，必求歸宿於行爲。蓋當然之理之初呈現於吾人之心，即呈現爲一命令，一要求實現，而過渡至行爲者。然倘如一切當然之理呈現時，皆曾過渡至行爲，而未嘗間斷，則道德哲學之思維又爲不必須，亦無間隙以生，而成不可能者。唯吾人有當然之理呈現，而或未依之而行，知行間曾有間斷，吾人乃有重求知當然之理之道德哲學的思維，以重認取此道德上之當然之理，以再撤消此中之「間斷」，而使此理直貫徹於以後之行爲。由是而吾人之思此當然之理，亦必思及其最初之「要求實現，要求過渡至行爲」之意義，而重順其意義之所指，以實現之於行爲，而歸宿於行爲。而對行爲之實際實現言，則道德哲學之思維之價值，便唯是成就某一當然之理之重被自覺，以加深吾人對此當然之理之了解，或使吾人同時喚起諸當然之理，知其互相貫通映發，而在現在之心中，顯出一更高當然之理，感一更强之道德命令，以使所知者皆能貫徹於行者。

如上所述，道德哲學之意識之說明爲不謬，則道德哲學上之思維，必經過體會之工夫，此與上述之以心與理爲形上實在之形上學之思維同。所謂道德哲學之思維必經過體會工夫者，即吾人之思維一道德上之當然之理，即須由思其初呈現爲一命令，有要求實現以過渡至行爲之意義，而再實呈現之爲一命令。而欲使其實呈現爲一命令，吾人即須以吾人之過去與現在生活，與之相遇，尤要在以吾與此命令相違之行爲與之相遇，亦即將吾人之過失，舉而呈於此命令之前。蓋必如此，而後此命令乃有所命令，而實呈現爲一命令也。此種以吾人之生活過失與道德命令相遇，即爲吾人生命之體，會合於道德命令，故曰體會。然此種體會之結果，即爲道德命令之要求貫徹。此貫徹一方表現於吾人自己過失之承認，而在承認之心之內部，使過失趨於銷毁而被改變，一方表現爲以後遷善行爲之遵命令而產生，而合以表現爲自己之實際生活及對外面世界之實際行爲之再造。此便與以心與理爲形上實在之形上學意識，止於體會者不同。如皆名之爲體會，則以心與理爲形上實在之形上學意識，可體會此心此理之至善與虛通無礙等；而歸宿於行爲之道德哲學意識，則必須包含對「實際生活中之罪惡與過失等，爲道德生活之阻礙者，及至善者對此罪惡過失之轉化作用，掃除功能，及具體實現之過程」之體會。由道德哲學思維必須歸於體會與行爲，故道德哲學上之知識，亦可說爲一引導人體會道德上當然之理，而依之以行爲之工具。若此知識不能引導人入於體會行爲，仍須視爲戲論而破除之。此與以心與理爲形上實在之形上學之知識同。而道德哲學中言說之最善者，遂亦爲惟所以啓發人之良知，指示人對於道德命令之認識，對於過失之覺悟者，因而亦須是對機施設者，隨人隨事而宛轉加以指點之教訓。此卽東西最高之道德哲學著作，如論語、新約、阿含等皆爲無系統之言說之故。道德實踐必須涉及衆多之實事，而對一定之實事，皆有一定之當然之理應實現。在道德實踐之過程中，對此一定之當然之理之言說，必須有積極性之固執，乃能眞實的完成吾人之實踐之行爲。故道德哲學使人破除「不能引導人入於體會行爲之言說」之後，必須使人繼有對能引導人入於體會行爲之言說之積極之固執。形上學之言說之目的，唯在使人體會形上實在，而不必過渡至行爲，可不包括對行爲之體會，遂可表現爲以知識破知識，以言說破言說，使人於知識與知識言說與言說相銷之際，回頭驀見形上實在而體會之。則對於言說之積極性之固執，爲不必需者。此卽道德哲學之意識與形上學之意識，對言說之態度不相同者。形上學之思維，必待於吾人之能知之執障之破除，以使心之虛靈明覺顯，以了解實在；道德哲學之思維亦然。蓋道德上之當然之理之顯現，恆在吾人無私欲與意見時。而心之虛靈明覺之顯現，遂爲道德上之當然之理顯現之條件。然形上之智慧，可限於對於整一之形上的心與理之觀照，而道德之智慧，則必須包含對於不同之實際情境，不同的當然之理之分別呈現與辨別。此卽道德之智慧與形上實在之智慧之不同者。

十四　文化哲學與歷史哲學意識

道德哲學之研究，原於吾人求規定吾人應有之理想目的，並知如何實現之，以啓發吾人道德之良知，助人之完成其道德行爲。而文化哲學歷史哲學之研究，則重在反省吾人之各種文化生活中，所已實現之各種人生文化之理想、目的，並衡量各種文化之合不合於當然之人生文化理想，亦即合不合人之道德上之標準。吾人有各種人生文化之理想目的，而有實現之之各種文化活動與文化現實，以爲吾人之各種理想目的之具體表現。以吾人之理想目的有應當不應當之別，有善不善程度之別，而文化現實亦有表現高下不同之價值及正價值或負價值之別。吾人可言一切文化現實，最初皆多少依於一道德意識而有，如吾人本書之所陳。然吾人仍可承認人類文化之現實表現有不能充量實現人之道德意識，即不合人之當然的道德標準當然的人生文化理想之處。而吾人遂當求吾人之行爲，與吾人所從事之文化活動所創造之文化，合乎當然的道德標準文化理想。然文化非個人之產物，而爲社會之產物，吾人之文化活動，必與他人之文化活動相關。此原於吾人之理想目的之有普遍性，可普遍的被人所認識，爲人所共謀實現者。文化遂稱爲客觀精神之表現。對文化之省察，即一種對客觀精神之表現之省察。由是而論吾人所從事之文化活動所創造之文化，是否合乎道德標準文化理想，卽論客觀精神表現之是否合乎道德標準文化理想。而吾人求吾人之文化活動所創造之文化合乎道德標準文化理想，遂一方爲求實現個人之道德目的文化理想之事，同時亦爲求實現客觀精神或社會之道德目的文化理想之事。社會或客觀精神之概念，包含個人。文化哲學之思索，遂可視爲對「社會或客觀精神所表現之文化現實與道德目的文化理想」之思索。緣是而研究個人之道德哲學之意識，過渡至研究社會文化之哲學意識。文化有延續性歷史性，文化哲學乃橫的研究各種文化之現實形態，與可能的理想形態者。歷史哲學則縱的研究文化之演變，在各時期之文化之各種現實形態之相繼相續，與其中所已實現之文化理想，及將實現之文化理想，應實現之文化理想者。文化哲學歷史哲學之意識，卽求自覺客觀精神之如何表現如何發展之意識。此種文化哲學歷史哲學之意識，卽爲較研究普遍應用於各個人之道德原理，以分析啓發人之道德良知之道德哲學，涉及一更豐富更具體之精神實在之意識。

文化哲學歷史哲學與一般文化科學、歷史科學之不同，在一般文化科學如藝術學政治學經濟學，恆自一種實際文化現象之分析開始，對該種文化現象所依據之諸理想的意義，恆只是設定其存在，而缺乏自覺的批判之事，亦恆未能自覺的認識該種文化之理想與他種文化之理想及整個人生之道德之關係。如吾人欲求對一種文化之理想，加以自覺的批判，並求自覺認識其與他種文化之理想或整個人生之道德之關係，則入於文化哲學範圍。至於歷史科學與歷史哲學之不同，則在歷史科學恆只順時間先後的秩序，以了解歷史事實爲目的，其對於歷史事實中所實現之文化理想，亦可只叙述之，而未能超越時間的先後秩序之觀念，以觀一時代之歷史事實中所實現之文化理想，對於整個民族國家之歷史，對於全部人類歷史宇宙歷史之價值與意義；或未能先構成一整個民族國家全部人類文化之理想之圖景，以觀一時代歷史事實中所實現理想，在此圖景中之地位。反之，吾人若能如是，即入於歷史哲學之範圍。所謂整個國家民族或全部人類文化之理想，亦即在各時代之歷史中，各個人團體之各種文化活動中，分別展現出之文化理想之總體。吾人亦唯可由其逐漸分別之展現中，會通而認識之。故文化科學歷史科學與文化哲學歷史哲學之不同，便唯是觀點之不同，其研究對象實無不同。其目的在促進人之文化活動，以形成人類未來之歷史亦無不同。由是而人類形成歷史之文化活動之範圍，即文化哲學歷史哲學之範圍。人類形成歷史之文化活動新新不已，即必須有歷史文化之哲學的反省之新新不已，與之俱往而並行。此正如人之一般的行爲生活新新不已，即必須有道德的反省之新新不已與之並行。道德哲學家必以促進人之道德的反省，啓發各個人之良知，完成各個人之道德行爲爲己任；歷史文化之哲學家，必以促進一時代人之文化的反省，喚醒一時代人對於文化之覺悟，開示人以時代之精神使命爲己任。偉大之道德哲學家，必有隨人隨事而宛轉之道德教訓。偉大之文化歷史哲學家，必有隨時代之變化而異之文化批評。道德哲學能啓發人之良知，則道德哲學之價值，成爲開導人之道德行爲者。文化歷史哲學喚起人對於文化之覺悟，開示人以此時代之精神使命，則文化歷史哲學成領導社會之文化風氣，輔助人類創造其歷史者。由是而道德哲學與文化歷史哲學之意識，發展至極，同爲使人由爲求知而求知之態度，轉入以知導行之態度者。科學家之求知，可不必過渡至行爲。卽應用科學家亦不必實際應用科學。蓋彼可先劃定其所欲研究而求知之範圍，亦可先自定只以求於此範圍有所知爲目的。哲學中之知識論形上學之研究，亦可以知其知識之所由構成，或知形上實在爲目的，而不過渡至行爲。而道德哲學意識、文化歷史哲學意識，因其必與人之實際道德活動文化活動之歷史發展，並行而俱往。其所欲求知者，卽人之所在實際上已行者與在實際上當行者之全體。遂不能如歷史科學家，只以研究過去一段之歷史爲自足，而必承受現階段之歷史問題文化問題，自己與他人之道德之問題，爲其問題。由是而必須與現實接觸，發現現實中之所宜有，當有，而求其有。其發表思想，亦所以引導他人之行爲，而思想遂必求過渡至行爲。故由爲求知而求知之態度，轉入以知導行之態度，或由知過渡至行爲，在科學家非必然當然之事，而在眞正之道德哲學家及文化歷史哲學家，則爲必然當然之事。哲學之意識發展至極，必成道德哲學文化歷史哲學之意識。此卽眞正之哲學家必負担一時代之道德使命、文化使命之故。

十五　求眞理心之道德性與其退墮

吾人以上論各種科學哲學之意識，處處均有吾人求超越涵蓋之心靈爲其根據。唯以此心之求超越涵蓋之活動，有各種不同之性質種類之表現，遂有各種不同之科學哲學。吾人以此求超越涵蓋之心靈，根本上卽爲一大公無私之道德的心靈。而在道德哲學文化哲學之意識中，吾人之道德的心靈，卽能充量了解其爲如是之心靈者。吾人之根本義，可自一甚簡單處透入。卽科學哲學，皆爲了解宇宙人生之眞理者。凡眞理皆爲普遍者，亦卽爲一切人之心所能同認識者。故吾求知眞理之心，卽求知一普遍於一切人之心之物事。當吾知求眞理時，吾可知吾所求者，爲一貫通我與人之心之物事。而我之求知眞理之心，卽包含對人與我之心之同時的承認與肯定。此承認與肯定，卽表現我之求知眞理之心爲超越我個人之心，而能涵蓋人我之心之一普遍心。由此普遍心之表現而求實現，故我知眞理以後，卽有自然而然將所知眞理告人之要求。此卽爲具體的道德性之要求。而我之求眞理之心，復必要求我之私欲或本能衝動之節制壓抑，兼必不肯自限於已有之知識成見之執着中，以免致心靈之陷溺。吾人卽以此等等，說求眞理之心，原是一道德的心靈。

然吾人雖謂求眞理之心，自始爲一道德的心靈，然人可不自覺其爲一道德的心靈。如一般科學家卽以爲求知經驗世界或數理世界之眞理，乃爲眞理而求眞理，是超道德之事。卽哲學家亦多持此意見。其理由不外謂求眞理之心本身爲純粹靜觀的，不以實踐或行爲爲目的的。然此說實與吾人讚美科學家哲學家之虛心與眞誠坦白，不私其所知之眞理，樂於告人等，爲科學家哲學家之道德品性之說相矛盾。蓋此虛心之品性，卽由純粹求眞理之興趣所引出。而眞誠坦白等，卽本於相信眞理爲普遍，而本不可私據，不當私據，所引生之德性。然吾人又可說科學家哲學家之虛心，或眞誠坦白與否，非必然者。蓋科學家哲學家皆可固執其成見，以成法執，或將其所知眞理，秘不示人，或示人而唯以求自己之名利。由是而吾人遂似又可說科學家哲學家之求眞理之意識，可引出道德品性，亦可不引出道德品性，因而其本身似又是中性的，非道德的，或超道德的矣。

吾人對此問題之答案爲：科學家哲學家固執其成見以成法執，則彼已失其求眞理之興趣。即在其固執成見之時，彼即已失其科學家哲學家之態度，而不復是科學家哲學家。而當其將所知之眞理秘不示人時，或其示人唯所以達其一己名利目的時，彼即已忘却或尚未知此眞理之普遍性與不可私性。如彼順其普遍性與不可私性以措思，則彼即將自去其秘不示人之私心。而當彼念眞理本爲具普遍性，能貫通於人我之心者，而依之以產生一涵蓋人我之心之意識時；彼之以眞理示人，必只爲使此本具普遍性可普遍被知者，成爲實際上普遍被人我同知者，而另無其他之目的，便決不致落入只求得個人名利之目的。因彼此時之心，已順眞理之普遍性，成平等涵蓋人我之普遍心也。由是而吾人遂可言，將所知之眞理秘不示人，而示人亦唯以達其私之目的者，乃根本未自覺其所知之眞理之性質，未自覺其能知此眞理之心即原爲涵蓋人我之心，而未將此涵蓋人我之心呈現而保持之故。由是而吾人可言，眞正有求眞理之興趣，並自覺其所求眞理之心之所以爲求眞理之心者，其心靈必然爲道德的。而不能如此，乃固執其成見，欲私據私用所知之眞理者，則爲不道德的。此中乃無中立的超道德的求眞理之心存在之餘地。而凡以爲吾人求眞理之心爲超道德者，卽不了解此心之所以爲心者，此種思想本身卽兼爲不眞實的。此種思想，又可助長吾人之私據吾人所知之眞理之趨向，卽爲不道德的。而此種思想之原始，則爲吾人對於所知眞理之自限，以形成固執之成見。此種對於所知眞理之自限，與成見之固執，乃知的活動範圍之原始罪惡。關於此種原始罪惡之形態，與其所自生，吾人將加以分析與說明，然後指出其如何避免，而使人能自覺其求眞理之心，本爲一道德的心靈，而自求保持其爲一道德的心靈，由此卽可指明任何科學家哲學家，皆必不能無待其他之道德生活與文化生活之陶養。

原吾人之求知眞理，根本爲求知一定對象之眞理，吾必須劃定對象之範圍，乃能進而求此範圍之對象之眞理。吾人似可言一對象範圍之劃定，卽吾人之心靈活動自限之開始，亦卽自限於所知眞理或固執一類眞理，以成成見之開始。然吾人可不如此說。若如此說，則一切求知眞理活動之開始點，卽爲罪惡。吾人以爲對象範圍之劃定，雖是一原始之自限。然此自限，乃由範圍外之其他對象之超拔而來（見第三節），亦卽緣於吾人對範圍外之其他對象的刺激擾亂，能不斷的超拔；而視若無睹之定力而來。而此定力，亦卽導引吾人之心，繼續專注於範圍中之對象；求由表至裏，層層深入的認識，而不斷改進吾人對之之觀念，以求了解對象之眞理者。在此種「承認對象之實理，初恆超越於吾人之觀念，吾人之觀念，不必卽對象之眞理」之研究意識下，吾人之心實未嘗自限；亦未嘗有成見之固執者。

然吾人在上述之研究意識下，吾人雖可時時保持其「觀念不必卽對象之實理」之意識；然由吾人之每一段之研究之結果，而使吾人之觀念得對象之證實，吾人卽一度有「吾人之觀念卽對象之眞理」之意識。由此而吾人遂有眞理爲我所得，我之某觀念自身卽包含眞理之意識。當吾人自覺吾人觀念自身卽包含眞理時，吾人卽覺此觀念爲如可獨立，而自己完足者。吾人之心之明覺，卽如自凝結於此觀念中，成一自限。由是而吾人所具有之各種由觀念而成之知識，卽成爲吾人之心之明覺凝結自限而成之各種形態。吾人知識之爲心之明覺之凝結自限而成，在吾人追求眞理之研究進程中，吾人恆不自覺。蓋在此追求眞理之研究進程中，吾人乃一方求新知識，一方亦不斷以舊知識運用至新對象，而觀其是否亦對對象爲眞；吾人卽不復以吾之知識，爲獨立而自己完足者。吾人此時卽超越此知識之限制。然吾人追求眞理之研究進程，必有中斷之時。在此中斷之時，吾人卽可發現吾人已有之知識，恆爲限制吾人之心之活動者。卽如吾人在日常生活中，恆有種種自然之推理與自然之聯想。此種種推理與聯想，皆有所根據於吾人已往之觀念知識。然吾人之自然推理聯想，可爲無目的者，不自覺的出現者，亦卽不被當下之心所主宰者。吾人如追尋此無目的的自然推理與聯想所自生，唯有謂其原於吾人已成之觀念知識之連結成一機括，故一觸卽發。而吾人當下之心，對之不能主宰，卽使吾人當下之心之感受限制，而當下之心成被限制之心，卽反證吾人最初積存此諸觀念知識之心，亦爲一被限制之心。

唯以吾人之積存觀念知識之心，可自始卽爲一被限制之心，吾人卽指此爲吾人有固執之成見之原。然吾人之能積存觀念知識，初本於吾人之有能超越感覺限制的心。（見第二節）當吾人所積存之知識，皆被吾人自覺自主的運用至對象，以觀其是否對對象爲眞時，吾人又可打破吾人所積存之知識對心之限制。（見本文第四節）故此積存知識之心，雖爲一被限制的心，然其本身尙非眞正之罪惡之始。眞正之罪惡之始，乃始於積存知識後，未能自覺自主的運用之，以打破超越其限制，乃自甘於被限制，而以眞理卽只在吾人所積存知識中；遂以積存之知識，武斷對象。此乃爲眞正之自陷於已成之知識。此時之知識，卽成成見。

吾人須知吾人唯在已自陷於已成之知識，使知識成見化時，吾人乃謂：吾人之求知，只以得眞理爲目的，吾人求知之心不涵道德之價值。蓋當吾人不自陷於已成之知識時，吾人必在正將知識運用以判斷對象之時。當吾人覺有客觀之對象在前，而將知識運用以判斷之之時；吾人必以吾人知識之是否對此對象爲眞理，待對象之決定。對象爲客觀的，超越吾人已成之觀念知識的。而吾人所正求之眞理，當亦爲超越吾人之已成之觀念知識本身，而爲客觀的。然當吾人以眞理爲客觀的時，吾人必不以此眞理唯我能知。此時吾若自覺吾可求知之，卽同時知他人之可求知之。而吾若肯定吾當求知之，亦卽同時肯定人當求知之。而順此對於人我之當求知之之肯定下去，則在吾既知之之後，即必有望人知，使人知之活動。此如前說。故眞理之客觀性之肯定，與當使眞理普遍被人知之道德的要求，乃不可分者。而吾人求知客觀眞理之要求中，即原包含使所知眞理普遍被人知之要求。純爲求知眞理而求知眞理之要求，於是即爲不能獨立存在者。其本性即爲須發展出：使所知眞理普遍被人知之道德要求者，而亦包含使眞理普遍被人知之道德性者。而此道德性之所以可不發展出，或若可不呈現而未嘗存在，實原於吾人在自以爲已知客觀對象之眞理之後，即以眞理在吾人之觀念知識中，而失去眞理客觀性之肯定。然當吾人失去眞理之客觀性之肯定時，即吾人忘掉觀念知識之所對之客觀對象之存在之時。而當吾人忘掉知識觀念所對對象之存在時，即吾人不復以知識觀念判斷對象時。亦即吾人求知之活動停止，而只反省吾人已往求知之結果，吾人已成之知識；而自陷於其中之時。唯吾人之自陷於吾人之知識，而又自以爲眞理在吾之知識中，乃謂吾人之求知，最初即只以得眞理爲目的。而不知在吾最初求知眞理時，吾人尙有眞理之客觀性之肯定。而此肯定中，即包含使所知眞理普遍被知之道德要求，亦見求知眞理之意識，自始爲一道德的意識者。而自陷於已成知識之意識，遂根本不同於最初之求知眞理之意識。而吾人如通過自陷於已成知識之意識，以觀最初之求知眞理之意識，乃根本不能得求知眞理之意識之道德性者。蓋自陷於已成之知識之意識本身，爲求知眞理之意識之退墮，其本身原爲不道德的。通過不道德之意識以觀道德之意識，則道德的意識之道德性隱沒，而人遂以求眞理之意識爲非道德的矣。

吾人上謂人最初之求眞理之意識，爲包含使眞理普遍被知之道德性者。唯就自陷於已成知識之心態，以觀吾人最初之求眞理之意識，乃謂其爲不含道德性。以吾人常不免自陷於個人所得之已成知識，故吾人恆有求眞理唯所以得個人之知識之思想。由此思想之形成，遂益使吾人以後之求眞理意識中之道德性，不得發展。自陷於個人之已成知識，爲求眞理之意識之退墮，爲一罪惡。此思想亦卽順其退墮之勢而產生者，而亦爲一罪惡。吾人欲挽回吾人求眞理心之退墮，則須打破此思想，以求順吾人求眞理心之發展而用思。如此則吾人當自覺求眞理之心之道德性，而當有如本文所示之思想。而此思想之形成，卽使吾人眞理意識中之道德性，更得發展而免於退墮者。

十六　自陷於已成知識之心態與虛心求眞理之心態之涵義

關於自陷於已成知識之心態，與虛心求眞理之心態之不同，主要卽吾上所言「以眞理在吾個人主觀之知識中」，與「以眞理爲客觀的公的，兼亦在對象中，在他人心中」之不同。順自陷於已成知識心態以發展，則其求眞理，亦意在再得一知識而自陷其中。其欲使個人之主觀心中知識之內容更擴大，乃意在佔有更多之眞理。反之，則順虛心求眞理之心態發展，則其既得眞理知識以後，仍視此眞理知識爲客觀的、公的，非我所能佔有。故順自陷於已成知識之心態發展，人恆覺其發現眞理乃純由我使眞理呈現，獲得知識純由於我之努力。而順虛心求眞理之心態發展，則人恆只望眞理之呈現於我，而覺我之得眞理有知識，如只爲客觀之對象使我有，賴天之靈使我有，他人之啓發使我有，聖神之佑助使我有。依前者之心態，人在未得眞理之先，爲一種向眞理馳求之念，既得之後，則爲一種矜持之念。此矜持，卽造成心靈之封閉與窒息者。依後者之心態，人在未得眞理之先，爲一種向眞理之祈望之情，既得之後，則爲一種舒展之感。此舒展之感，卽形成心靈之開朗與洞達。由封閉與窒息，則與客觀之實在及他人心隔絕。由開朗與洞達，則吾心日感到與客觀之實在及他人心之相通。然封閉與窒息之心態不可久，必仍求與人心相通。故自陷於已成知識者，仍將說出其所得之眞理，而望人知之。然其說出所得之眞理，不重在使人亦得此眞理，享受此眞理；而重在使人知其得有此眞理，知其曾賴其自力發現眞理，使眞理呈現。於是彼說出此眞理，以使人知之，必兼使人知此眞理由彼說出，使人亦將其知眞理之原因，溯原於他之說出，而歸功於他之說出，最後卽歸功他之求眞理之努力。此卽成爲一學問上之好名之心。此好名之心，不重在使人了解眞理，而重在使人了解：此眞理曾由特殊之我而說出。因而我之說出眞理以求名之心，其求與人心相通，唯是以普遍眞理吸住人之注意，如作爲一過橋，而引人之注意，集中於特殊之我之個體。吾之目的，若唯在使人之注意集中於我之個體，以達到一人我心之相通。則當吾之語言未說出時，吾亦未嘗不可違悖我所信之眞理，以說出一隨順人意以娛人之語言以求名。而當吾語言已說出，其中縱不包含眞理，吾亦將加以强辯與文飾，以使吾之語言得被人注意承認而得名。由是而人之好名之結果，恆歸於追求眞理與趣之喪失。由我之求名，乃着念在我之個體，故其他一切發自個體之私欲，亦可隨求名之心而孳生。反之，在眞正之虛心求眞理之心態下，因我自始念念在客觀的公的眞理，故即得眞理，亦不以眞理爲我所佔有，而唯覺我心之賴接觸眞理，而與客觀實在，及其他人心相通。吾人此時之心，原是開朗而洞達的，而非封閉窒息的，則亦不須求他人之注意稱譽我之個體，以得一人我心之相通。而其說出所得之眞理之事，遂爲運用人與我共同的公的之語言，以表公的眞理之事。而吾人在運用人與我共同的、公的語言時，即包含對於他人之心之肯定與尊重。吾人之言說，不外將人之所曾說所能了解之語言，加以安排與組織，以表達吾所見之眞理而不能復有所爲。則吾可自覺吾之言說，唯是通過對他人之心之肯定與尊重以說。此之謂以仁心說。而吾所說之眞理，吾又自覺其爲客觀的公的，於是吾之說，即爲以公的表現公的；以使原是公的具普遍性的眞理，實現其爲公的普遍的之本性，普遍爲人所知，爲人所公有。吾人於此既不以語言爲私有，亦不以眞理爲私有，而唯以使眞理普遍被知爲目的。此時吾之意念，順普遍眞理以輻射於他人個體而涵蓋之，眞理遂爲拓展吾人之道德自我之憑藉。而吾亦必須忠於眞理，而不當違背眞理，以欺世盜名。若吾之語言不包含眞理，吾即須依眞理而改正吾之語言。而人若賴我之語言而得眞理，吾亦將不求彼之歸功於我之語言，與我之求眞理之努力。由吾人如此心態之不着念於吾之個體，而一切超越個體之道德品性，卽皆可由之而滋生。此卽自陷於已成知識之心態，與虛心求眞理之心態之不同。

吾人以上論自陷於已成知識與虛心求眞理之心態之不同，要在使吾人自反吾人對於知識眞理之態度，而於其中辨別何者爲道德的，何者爲不道德的。吾人眞能如此自反，則將發現吾人對眞理知識態度，恆或爲道德的或爲不道德的，而吾人之道德修養之工夫中，遂須包含對於不道德的對知識眞理之態度之改正。因而無一科學家哲學家，在其求知識眞理之過程中，可自超於道德的修養之外。而此種道德的修養，除待於對不道德的對知識眞理之態度意念加以覺察，而自行制止之外，尙有待於其他之道德文化生活上之陶養。

吾人之所以說不道德的對知識眞理之態度之改正，尙有待於其他文化上生活上之陶養者，其根據在：吾人之自陷於已成知識，固足致引起個人生活上其他私欲之生起，如上之所論，而吾人生活上之事，亦可反而影響於吾人之自陷於已成知識之傾向之形成。此可分爲三者以論：

（一）吾人上言，吾人之自陷於已成知識，恆引起好名之傾向，而使人注意於自己之個體，以引起個體之其他私欲。然吾人復可言，吾人之好名及其他私欲，亦可使吾人失去虛心求眞理之態度，而使吾人對眞理知識取佔有之態度，使吾人易陷於已成知識之執着。由是而吾人平日無節制超化好名心及其他私欲之道德生活上文化生活上之修養，吾人卽欲自拔於已成知識之陷溺，以虛心求知，亦不可能。

（二）吾人之求知真理雖爲一種精神活動，然此種精神活動全賴吾人自然之身體之生命力之耗費而後可能。眞理必思維而後見。思維之對象爲理。凡理皆爲普遍者，超吾人之個體之身體者。故吾人若欲說明，當吾人思維理時，吾人之思維與吾人之特殊之身體腦髓之關係，吾將以爲純是一種消極的使身體腦髓耗費其質力，減弱其自然生命力之關係。當吾人思一理時，吾人必思之爲超於我之個人及身體者。故此思所關聯之腦髓身體活動，自然生命之活動，初必爲一自己耗費減弱而自毀之活動。關於此心身關係之問題，吾擬在他處將詳論。即不論吾對此問題之意見，然用思想之耗竭身體之自然生命力，要爲一人共知之事實。由是而人在健康少壯之時，或以自然生命力之充沛，而以用思爲樂。然在衰弱或老邁之時，則以用思爲苦。人在以用思爲苦之時，而仍用思，致毀及身體之健康時，依於自然的生物本能之欲執持此身體之健康之常態，即自然有一閉絕思路之要求，如此時吾人仍用思不已，吾人之自然的生物之本能，無身體健康之常態爲其所執持，即透入意識中，轉而執持意識中之意念與名言及所知之眞理知識。由是而使吾人之心陷入於所知之眞理知識之執着中。因而吾人之求知，不能不兼求對於吾人之身體之自然生命有一安頓。此或爲以物質及其他生活營養身體自然生命，或爲使吾人逐漸超化吾人執持身體之常態之生物本能。然此皆非吾人注意及吾人之求知求眞理活動以外之生活與文化之陶養不可。此種陶養，亦必須爲合乎道德的，大公的。如其中包含私欲，則此私欲仍將使吾人陷於知識之執着中。

（三）吾人之求知雖爲求知普遍之理，然普遍之理必在特殊之實在中顯示。吾人在求知之時，重在識普遍之理，且必自覺的將普遍之理自特殊之實在事物抽離。故吾人之求知理之活動，即將吾人生活中所接觸之特殊實在事物之實在性特殊性忘却超越，或以普遍之理間隔吾人與特殊實在之關係之活動。自此而言，則吾人大可言，求知求眞理根本爲自特殊實在中抽離出理，以成知識，而隔絕實在，作繭自縛之活動。而吾人之求知求眞理之活動，宜爲在本性上即爲趨於求得知識或知識系統，以自陷其中者。然吾人之所以不如此說者，則根據於吾人之認識普遍之理，吾人之心即自吾之特殊個體與事物之特殊性超拔。而吾人得知識以後，吾人復能本之以作判斷，以再貫通於特殊實在，以打破已成知識之限制。由是而吾人之知識，遂初爲以普遍之理間隔吾人與特殊實在之關係，以分裂吾人之世界者，而最後又歸於使吾人之透過普遍之理以透入特殊實在，以使吾人再貫通於特殊實在者。而人知各特殊實在之爲諸理所貫通而相交映，各特殊實在即含更充實之意義，亦使吾人之生活含更充實之意義。知識對吾人之爲功爲罪，其關鍵唯在吾人之是否能以知識作判斷，以通於新實在，以求新知，而打破舊知之限制。然吾人之能以知識作判斷，又唯在新實在呈現之時。若無新實在之呈現，吾人知識無藉以開拓其自身之資，則已成知識仍將成吾人之桎梏。而新實在之呈現，則賴吾人之生活，而不賴吾人之已成知識。吾人之感覺知覺可使外界之物質的實在得呈現，生活也；吾人之情感意志可使內在精神實在得呈現，亦生活也。吾人生活之內容，必須更廣於知識之內容，而後不斷呈現於吾人之實在，乃可爲解脫知識限制之場所。由是而吾人欲使已成之知識，不致爲吾人自限自陷之所，以長保吾人之虛心求眞理之心態，以超越已成知識之限制，遂必有賴於知識以外之生活，以呈現實在。而此生活又必須爲道德的。吾人卽以此三義，說明吾人對知識眞理之不道德之態度之改正，必須求諸知識眞理以外之合乎道德之文化上生活上之陶養，同時亦說明吾人之求眞理求知識之態度爲必然的不能自足，以獨立的成爲道德的者。

第六章　藝術文學意識與求眞意識

一　導言：求美之起原之四種不相應之學說

常言科學哲學求眞，藝術文學求美。眞美之價值，人恆以之與道德上的善之價值相對。因而求眞求美，皆同易被視爲無道德價值與道德無關者。純粹之科學家哲學家，恆謂其目的只在認識眞理，乃爲眞理而求眞理。純粹之藝術文學家，恆謂其目的只在欣賞美表現美，爲求美而求美。然吾人上章論科學哲學意識與道德理性，即不承認求眞與道德之無關，而謂求眞本身即依於一道德心靈而可能，故表現道德價值。人之求眞活動亦須待人之道德意識爲之基礎，及其他文化活動爲之扶持，乃能使其本身之繼續成可能。今吾人自亦不承認求美與道德之無關，而將論求美本身亦依於一道德心靈而可能，故亦表現道德價值。而求美之活動亦復待人之道德意識爲之基礎，其他之文化活動之爲之扶持，乃能繼續表現道德價值，而使求美之活動之繼續成可能。

吾人之不承認文學藝術之求美與道德無關，非謂文學藝術上所求之美，皆須直接以促進人之道德意識行爲作目的。若然，則文學須皆爲勸善懲惡之文學，藝術亦須皆爲勸善懲惡之藝術，使一切美皆爲直接示人以一道德命令者。此不特不必須，抑且不可能。表現美者之不能皆直接示人以一道德命令，乃一事實問題。如建築彫刻音樂之美，明不能直接示人以道德命令。文學中之小說詩歌戲劇之處處自覺以勸善懲惡爲目的者，恆不免失其文學上之美，亦一人所共體驗之事實。故美與善之價值，在吾人意識中之不同，乃不可否認。而文學藝術之直接目的在求美，與道德修養之直接目的在求善之差別，吾人無法在此加以泯除。吾人既肯定文學藝術之存在，即須肯定一「直接目的在求美」之活動，而不當使此直接目的在求美之活動，皆化爲求善之手段，而使求美之活動不能盡其致，使純粹之文學藝術之文化領域不復存在。因而吾人之不承認求美與道德無關者，乃惟是自求美之活動所依之心靈或意識本身上看。吾人之主張，是儘管吾人自覺目的是爲求美而求美；而此求美所依之心靈之本身，仍爲一道德的心靈，因而皆可表現一種道德價值。然爲避繁文，在本文只重在說明求美意識與求眞意識之相依爲用。因吾人上章既已說明求眞意識依於道德心靈表現道德價值，則吾人今只須說明求眞意識與求美意識之相依爲用，即足證求美意識之亦必依於一道德心靈而表現道德價值。而此二意識欲充量發展，皆待於道德修養，自亦相同，亦不須更論，而可由讀者自求之也。

關於人之所以有求美活動或文學藝術之起原之學說甚多，因而對求美者之心靈，文學家藝術家之心靈，所表現之價值，說法亦不必同。其中最不相應而與本文之說亦最相違之說有四：（一）為以人之有求美之文學藝術之活動，原於人生理之精力之過剩，遂欲發洩其精力而表現為游戲與藝術，以耗費其精力，而保生理之平衡。此為斯賓塞之說。此說勢必歸於只以文學藝術之活動，唯有恢復生理平衡之價值。即創作文學藝術之心靈，皆以恢復生理平衡為目的，而只有助此目的實現之價值。（二）為以人之求美原於欲得美物以自裝飾。裝飾之興趣，初原於欲引誘異性，原始之詩歌亦為情歌。於是以一切文學藝術，皆性的要求之表現。文學藝術上之欣賞、表現、創作，皆以滿足吾人潛伏之性欲為目的。而只有使目的在假想中實現之價值，此為弗洛特式之說。（三）為以原始之藝術為戲劇詩歌舞蹈，此皆主要與吾人之生產活動經濟生活有關，此乃所以團結集合人民，從事社會性之生產活動經濟生活者。故文學藝術之價值，亦要在鼓舞、團結、集合、有經濟上之共同利害之人，從事共同之生產，或為共同利害而鬥爭。而創作文學藝術作品者之心靈，皆當以直接間接扶助社會性之經濟生產活動為目的，並只有助此目的實現之價值，此為馬克思式之說（四）為以文學藝術皆吾人充實而有力之生命之表現，亦即吾人之權力欲之表現。美不僅可以光耀自己，亦可以征服震盪他人之心靈，以顯示吾人之權力意志。故創作文學藝術之心靈，為一以發揮表現權力意志為目的之心靈，而其價值亦在助吾人之生命之權力意志之發揮，此爲尼采式之說。此四種學說，皆純以實用之觀點，解釋人之求美，與文學藝術之起原及價値，乃吾人最所不取者。由此諸說以觀人之求美與從事文學藝術之心靈，不僅無內在之道德價值，且人之求美，亦非眞以客觀之美爲目的，而純是爲主觀要求之滿足。因而人之求美之活動，亦成全無獨立性者。凡爲此諸說者，皆全未將人之求美而從事文學藝術之心靈之本身，如其所如而觀之，故其所說皆與此心靈不相應。

吾人誠將吾人求美或創作文學藝術時之心靈，如其所如而觀之，吾人皆可發現，此所欣賞或所表現之美的境相，皆至少被吾人暫視爲一客觀之對象者。凡吾人說何者爲美時，此美之賓辭，吾人必是以之判斷一客觀之美的對象者。當吾認一山水爲美時，吾乃以美指客觀之山水，而非指吾人之主觀之心理生理活動，謂吾人之主觀之心理生理活動爲美。吾人固亦可反省吾人之心理活動生理活動，而於其中發現一美。然被吾人反省之心理生理活動，在吾人反省之之時亦客觀化。當吾人謂吾如此之一心理生理活動爲美時，亦非指吾人「反省此心理生理活動」之心理，與此反省所依之生理之爲美。吾人認淸此點，固不必歸於：美的對象之美與吾人主觀之心身無關係之論。然由吾人欣賞美或表現美時之必以「美」爲用以判斷一客觀之境相之辭，便知在吾人欣賞美或表現美時，吾人必至少暫時有一主觀之心身之活動之忘却或超越。而當吾人對於主觀心身活動有一忘却或超越，凝神於美之欣賞與表現時，吾人乃忘却我之其他一切實用目的，而唯以欣賞美表現美爲目的者。吾人此時之心靈境界，即爲超主觀而超實用的。則一切以主觀目的實用目的解釋此心靈境界之根據，皆必然不能眞切合而爲不相應。故稍爲正宗之美學家，皆無一能承認上列諸說。而眞正之文學藝術家，對其自身之心靈境界較易有自覺，更不能承認上列諸說。而美之欣賞表現爲「超利害」「無關心」「超實用」之事，亦幾爲正宗之美學家文藝批評家所共認。上列諸說，至多只能說明人求美或創作文學藝術時之夾雜的目的，附帶的效果，吾人亦無細加批評之必要。

二　求美與求真何以同具道德價值及二種意識之不同

吾人之說求美之意識，爲包含主觀心身活動之忘却，實用之目的之超越，即謂求美之意識，與求眞之意識在一義上爲一類。吾人前由眞理之爲客觀而不可私有，可普遍認識，以說明求眞理之心，依於一大公無私之道德的心靈。吾人亦同樣可由美之被視爲客觀，而說求美之心，依於一大公無私之道德心靈。吾人之得眞理而有知識，即不能已於告人，望人知；與吾人之於所欣賞所表現出之美境，之不能已於望人亦欣賞之表現之同。事物眞理之在天地，不容我私有而獨知，與事物之美之在天地，不容我私有而獨欣賞獨表現同。由是而求眞理與求美之可以使人自制其私欲，而培養其道德之價值亦同，而皆依於一道德的心靈亦同。

由求美之意識與求眞之意識之同包含一主觀心身活動之超越，實用目的之超越，故人或以美之內容卽是眞理，文學藝術之目的皆在表達眞理。然此中又有二種說法，一以文學藝術及美的境相之表達眞理，乃眞理尚未進至被自覺之階段之事。故文學藝術之表達美的境相，乃較科學哲學之能自覺理而表達之爲低之事。求眞意識乃原則上較求美意識爲高者。此爲柏拉圖、黑格爾之說。一爲以文學藝術之表達美的境相，乃吾人已超越對於抽象眞理之自覺之階段，而進至直接以具體境相表達眞理，使抽象眞理具體化爲有血有肉之眞理之事。故文學藝術之活動乃較科學哲學之活動爲高者。求美意識亦原則上較求眞意識爲高者，此爲席勒之說。由此種高下之討論，將可導致吾人對於其所依之道德心靈之高下，所表現道德價值之高下之決定，故甚爲重要。然於此問題欲得一究竟之答案，則甚爲不易。吾人如欲答復此問題，必須先將求眞之意識與求美之意識作一外表之比較。此可順吾人上所言之眞與美之判斷，皆指向一客觀之對象，皆有客觀性一點，依次說來。

一、吾人謂所知眞理有客觀性，乃謂吾人所知之理或吾人之觀念之內容之理，卽客觀實在之理。然吾之知「吾所知理或吾人之觀念內容卽客觀實在之理」；必先賴於以吾人之觀念判斷實在。吾以吾之觀念判斷實在，卽以吾之觀念內容湊泊實在，以冀發現觀念內容與實在內容之同一。當吾人發現此同一時，乃謂吾人得眞理。故吾人之得眞理之意識，必先包含一判斷。如無判斷，吾人對於實在可有直覺直觀，吾人之心中亦可有一觀念，其內容適與一實在內容相同。然吾人在未將原先直覺直觀所得之實在內容抽離出而形成一觀念，復以此觀念判斷實在而發現二者內容之同一時，吾人不可言對實在之眞理有所知，對實在有知識。得眞理得知識乃判斷活動之果。判斷必先於得知識得眞理。此爲判斷對於得眞理之時間上的在先性。如吾人根本未嘗作判斷，則吾人心中雖思一理，然此理從未嘗用以判斷，亦無所謂眞。或實在雖有一理，然吾人於此理無任何之觀念，亦無所謂眞。此二種理，如謂之眞理，亦只是一潛伏的眞理，可能的判斷中之眞理，或絕對心中之眞理。而非吾人所知之現實的眞理。故吾人之謂某理爲眞，此眞之賓辭乃後於吾人判斷之活動者。

然在欣賞或表現美之時，吾人對一美的境相，判斷之爲美時之情形，則與上所說者不同。在吾人判斷一境相爲美時，此境相之爲客觀的，固與吾人思一理時之以此理爲客觀的同。吾人之謂一境相爲美之判斷形式，亦若與言一理爲眞同。然吾人必將吾人所思之理，用以判斷一超於吾人當前之思之活動之客觀實在，而發現客觀實在之具某理，吾人乃能謂此理爲眞。但吾人之謂一境相爲美，則不須將此境相內容，用以判斷另一超乎此境相外之客觀實在。且吾人正須忘却此境相外之其他客觀實在，乃能凝神於此境相，而發現其美。當吾人發現其美時，乃吾人對之有欣賞體玩之時。而正欣賞體玩之時，乃吾人無判斷活動之時。故吾人之謂一境相爲美之判斷，乃後於境相美之發現。唯吾人於發現一境相美之後，將此美抽離而出，再用以判斷此境相，乃有此景相爲美之判斷。故眞之判斷對於得眞理得知識，有時間上之先在性，而美之判斷則爲在時間上後於欣賞美之事者。

吾人上謂判斷爲先於得眞理者。唯吾人先有判斷，乃可謂所知之理或某理爲眞理，故判斷乃眞理之現實呈現之必需條件。而關於美之判斷，乃後於發現美者，則證明判斷非美之現實呈現之必需條件。當吾人知某理爲眞之時，吾人可重作一判斷，謂此理爲眞之命題本身爲眞。而當吾人對境相加以美之賓詞，謂此境相爲美之後，吾人不能謂「此境相爲美」之命題爲美。吾人至多只能謂「此境相爲美」之命題爲眞。而當吾人對於一美的境相，作「此境相是美」之判斷之時，即吾人暫不復欣賞其美，而將其美之價值性抽離，用以判斷吾人初所直覺直觀之渾然一體之美的境相之時。由此吾人即可證明謂一境相爲美之判斷，不直接屬於美之價值範疇以內。由是吾人遂可言美之欣賞，美之發現爲超判斷活動者。判斷活動之繼起，遂爲恆可破壞美之欣賞發現之事者。

二、得眞理必先有判斷，而每一判斷必先有用以判斷之觀念，與所判斷之客觀對象客觀實在之對待。吾人判斷之目的，固在發現吾人觀念之內容觀念中之理，與客觀實在之內容客觀實在中之理之同一，而直覺一種觀念與實在之冥合無間。然吾人於前章（科學哲學與道德理性章）已論方當吾人發現實在中之理，同一於吾人所思之理時，吾人必同時發現實在內容之理，不限於吾人所思之理，而有異於「吾人所思之理」之理直接呈現。由是而吾人一方直覺觀念與實在中之理之同一而有一冥合無間之處，一方即直覺吾人所思之理與實在之內容之理之相異，而亦有其不能冥合無間之處。由此而實在之內容與思想內容之對待，吾人之觀念與實在之對待，遂爲一判斷之開始處與完成處，皆無法破除者，亦卽主觀之對待物我之對待，在此判斷活動中爲無法破除者。

然在吾人正欣賞美之時，吾人必須暫捨棄超越此判斷之活動。吾人對於美的境相固可有一覺識，亦可言吾人對之之覺識，爲吾人對之之觀念。然吾人如不將此觀念用以判斷另一客觀實在，吾人之心只安住於此境相之內，別無客觀實在之意想，則觀念之名，亦卽可不立。而只須言吾人於此，有對此境相之覺識。吾人此時固可言，吾人之覺識，與吾人之覺識所背負之其他心身活動，皆非此境相本身，此境相只爲覺識之所對。此中便仍有另一意義之主觀與客觀之分別。然當吾人之心正覺識一美的境相時，吾人之此覺識實卽彌綸布濩於此境相中：吾人並不覺有「此主觀之覺識及其所背負之心身活動」與「此客觀境相」之分別。而此分別，乃吾人暫離此境相之欣賞，而作一反省的分析時之所發現。此乃以吾人作此反省的分析時，吾人同時撤回吾人之彌綸布濩於美的境相中之覺識，與此覺識所背負之心身活動，故吾人有此「分別」之發現。實則在美的境相之欣賞中，吾人之主觀之心身活動，亦皆順吾人對此境相之欣賞之覺識，而只向此境相凝注以彌綸布濩其中，而融入此境相。此中原無與境相爲對待之覺識及主觀心身活動之存在也。由此而尅就美的境相之欣賞而言，觀念與實在之對待，主觀客觀之對待，物我之對待，遂爲不存在者。

三、在吾人求眞理過程中，吾人一方覺觀念內容與實在內容之同一，而自覺得眞理，一方又覺實在內容與觀念內容之異，而覺觀念與實在之對待，而自覺有未得之眞理。由是而吾人求眞理之要求，遂逼使吾人逐漸擴大其觀念內容，使與實在內容有更多之一致之處，以求泯除觀念與實在之差異與對待。然此逐漸擴大其觀念內容以求眞之活動，乃一無最後之底止之過程。其所以無最後之底止，不僅由於不斷呈現於時空之實在之無窮之複雜性，此尙是對象上理由。重要者乃屬於吾人之知識之本性上之理由。此理由有三。一爲吾人對實在之觀念，自始爲後於實在之呈現，後於對呈現實在之直觀而抽離所直觀之實在中一部之理以成者。故吾人之觀念之內容，在其始源上卽注定少於實在之內容。此使吾人一切擴大吾人之觀念內容之擴大活動，皆爲落後着之追趕。而每一擴大活動之歇腳處，又皆顯出一實在之超越於觀念之外，實在與觀念之對待。而欲超越此對待之求眞理之活動，遂爲永不能停息，而亦永不能完成其目的之一無最後底止之過程。（二）縱吾人能將實在之內容，一一依次序盡知之。吾人依次序而知之實在，仍不能一時呈現。蓋所謂依次序而知之事，卽由超越第一知以進至第二知之事。然當吾人超越第一知進至第二知時，第一知所直接接觸之實在，卽不復爲我所直接接觸，而喪失其直接性。然其直接性雖喪失，其存在性仍爲吾人所肯定。由是而在第二知中，吾人仍將覺有超於第二知所知之實在，與第二知之知相對待。（三）假定吾人對於實在能如上帝之盡知，使之全幅呈現，而實在之內容，全同一於吾人當下之觀念之內容，則吾人之觀念與實在之對待，固可銷除。然此時既無所謂觀念與實在之對待，亦無所謂「所知觀念之對實在爲眞」，而觀念卽是眞理，卽是實在，此時唯有所謂實在爲吾人所直觀，將無所謂求眞理之事。此義西哲勃拉得來發揮之甚好。依此三理由：故在有眞理可求之意識，有實在可知之意識下，吾人之逐漸擴大其觀念內容之求眞活動，乃注定爲一永不能止息之過程。在此過程中，吾人雖一方有觀念與實在之對待之泯除，然一方亦將永不免觀念與實在之新對待之滋生。此求眞活動之目的，旣在此對待之絕對的泯除，而依第三理由，則達此絕對的泯除，此求眞之活動又不復存在而別無眞理之可求。由是而證明吾人之求眞活動，乃在本性上不能自己完足者。而吾人在求眞過程中之任一階段，在此義上將永不能有一絕對滿足之感。唯當吾人在求眞活動之過程之繼續中，吾人因覺任何階段之不滿足皆可超越，遂可不覺不滿足。然凡在吾人之求眞活動停息處，此不滿足之感仍可現出，而吾人遂可有一超越一切求眞活動本身之要求。

然在美的境相之欣賞中，則吾人至少可以有一剎那間之絕對的滿足。此乃由於在美的境相之欣賞中，吾人之心旣彌綸布濩而凝注安住於對象中，無復觀念實在之對待，主觀客觀之對待；吾人此時之心，卽根本絕去此境相以外之實在之想念，而暫無與此外之實在接觸，或加以認識之要求，亦不復有如在吾人之求眞活動中時，覺有眞理未被知之不滿足之感矣。

四、吾人求眞理時，眞理必被視爲普遍於一切時空而與特定時空無關者。故能覺理之意識，可自覺爲超時空關係之意識。然求眞理之心，必在特定時空之經驗事物中，施行比較抽象之活動，乃能得眞理。而在得眞理後，將所知眞理加以推廣應用，以作判斷，而冀誘導出新眞理之認識，亦必須重注目其他特定時空中之經驗事物。由此而吾人之自覺此求眞理之意識爲超時空關係之意識者，便唯在其順理而思維之際。而在此際之先或後，皆須往覺識在時空關係中之事物，遂只自覺在時空關係所籠照之世界中活動。然當吾人欣賞一境相之美時，卽須首將此境相自其周圍之物孤立，境相在時空之中，與其他事物之關係。故此意識，在開始一點，卽可自覺爲超時空關係之意識者。而在某種美之欣賞過程中，如歌劇之美之欣賞，雖或須經歷不同時空，然在吾人之欣賞意識中，必將不同時空中之境相，融成一全體之境相而直觀之，乃能知其全體之美。故在此種美之欣賞過程中，吾人仍可自覺此心爲一超時空關係如接觸一永恆而不在特定時空之物事，因而使吾人仍自覺此心之不在有時空關係之世界中活動。

五、吾人關於眞理之知識可以互相結合涵蘊而構成一知識系統，此知識系統仍爲眞。然各種美的境相不能互相涵蘊，亦不必能相結合，而仍爲美。各美的境相恆各爲唯一的，獨立的。美的境相中之成份，是不能任意加添的。故各種美的境相，不是必能結合成一美的系統而仍爲美的。如王維之畫不能與李思訓之畫合爲一畫而美。而一美的境相中，一部份本身，亦儘可全無美的價值。如一半調音樂之不必美。由是而美的境相中之各部，唯有在一定之配合，而成有機的全體時，乃顯示美之價值。一美的景像中之部份之爲美，乃透過全體而爲美。而一眞理之知識系統中之各基本命題之知識，則可分別對其所指之實在而爲眞。而一知識系統或知識全體之對實在爲眞，乃有待於其各部份之分別為眞，而透過其各部份之為眞而眞者。

六、吾人之求眞理為求知一對象之普遍之理。當吾人知普遍之理而以之判斷個體實在時，吾人雖可直覺此理即個體實在之理，而對個體實在有一直接接觸。然當吾人只思一普遍之理時，則吾人之心即不與任何個體之實在直接接觸；且於任何直接接觸而表現此理之個體實在，皆求跨過之，而順此理之所指，以求通於其他之可能表現此理之個體實在。故吾人依此理而思維個體實在時，吾人之心乃與個體實在，旋接旋離者。吾人所思之諸理，與諸個體實在之關係，如諸切線與諸圓之關係。諸切線分別圍於一圓之旁，喻所思諸理之各指個體實在之一方面。又任一切線皆能切一圓而跨過之，次第延長以為他圓之切線。然在其延長之際，則無圓可切。此以喻吾人依理之思維，乃與具體實在旋接旋離者。由是而吾人純粹依理而思維實在，一方是將吾人分散於各實在之心靈之光，使之互相貫通，一方亦即將可凝注於一實在之心靈之光，使之四面分散者。由是而個體實在可說是經吾人對其理之思維而意義更形豐富，然亦經吾人之思維而意味淡薄。意義豐富乃由於吾人對之原先之覺識為諸理之思維所跨過所間接；意味淡薄，亦由吾人對之之覺識為諸理之思維之所跨過所間接。

然在吾人欣賞一美的境相時，則美的境相必為一個體實在，而吾人之凝神於一美的境相，即直接接觸此境相之個體性。吾人之凝神一美的境相，必同時包含對此境相以外之實在事物之想念之超越，而使此境相自其他實在事物游離而孤立絕緣，同時卽使吾人不求順此境相中所涵之諸理之所指，以跨過此境相，而求通於他事物。因無他事物可通故。由此，而吾人對此境相所涵之理，縱抽象地加以提出後，因其意義之所指，不能溢出此所欣賞之境相之外，則可只以之判斷此境相，而使融入此境相之直觀中，而超化其爲判斷之本性。由此而在欣賞過程中之判斷思維，乃恆保持其與個體實在之境相之接觸，而在此境相之直觀中運行，，將只有使此境相之意義豐富之效，而無使此境相之意味淡薄之失。此種判斷思維只可喻如圓內之諸弦，唯所以使圓之內容更充實豐富，而不可喻之如旁切諸圓之切線。而在此種判斷思維之過程中，雖亦有暫將吾人凝注於此境相之心光加以拆散之事，然拆散而不外馳，則復歸於凝注，且將加深其凝注。此卽美的欣賞意識所主宰之判斷思維，與單純之求眞意識所主宰之判斷思維之不同也。

七、在吾人求眞理之過程中，吾人一方須求理解對象之性質，一方須理解對象之形式關係，如時空因果等。關於對象形式關係之理解，亦關於對象眞理之理解。然吾人之理解活動本身有其形式。如對於對象眞理之理解，之表爲肯定或否定，全稱或特稱，卽純爲吾人理解對象之眞理之形式。而思一關於對象之眞理爲被涵蘊者或涵蘊者，而依一定之涵蘊關係，以理解其他眞理時，此涵蘊關係亦爲理解對象之眞理之形式。此卽通常所謂邏輯之形式。此種形式至少初爲置定於吾人之思想中，而非置定於對象中，亦非爲構造對象之成份者。由是而在人之求知眞理之意識中，緣上述之主觀客觀之對待意識而生者，尚有主觀之思想之形式與客觀之對象之形式之對待。然在欣賞美之意識中，則無此種種形式之對待。美之境相固有其形式，然此形式即構造美的境相自身者。吾人欣賞美的境相時，吾人之心亦別無形式，而即以境相之形式爲吾心之形式。吾人之思想理解自身之形式，在此自然隱沒而不彰。蓋此對象雖有理可思，然吾人思其理而不求通於其他之對象，亦無其他對象之其他理與之相較，則無混淆其他對象之其他理於此對象而生之錯誤思維。吾人之思維判斷，遂當只有肯定而無否定。且吾人用以肯定用以思維判斷之理，在所欣賞之境相前，既必融入此境相之直觀中，吾人對美的對象之理之肯定的思維判斷，亦必隨之而沉入對象之直觀中。因而縱吾人先有一肯定之活動，亦復可自超越此肯定之活動。又因此中只有獨立之個體之美之欣賞，無普遍之理貫通諸個體實在之意識，美的個體境相本身之美，亦不涵蘊其他個體境相之爲美及其所包含之一部份之爲美，故全稱特稱涵蘊之思維方式皆可無以顯發。由是在美的欣賞中，吾人在求眞意識中之思想形式與對象形式之對待遂亦超拔。

八、凡眞理皆爲抽象的思維之所對。故眞理必然爲超感覺想像的。即關於感覺想像對象之眞理，亦爲超感覺想像的。然美的境相則雖能啓示超感覺想像之意義，然其本身必爲可感覺想像的。故表示吾人所思之理或所得之概念知識者，唯是語言符號；而表現吾人所認爲美的境相之直觀者，則恆爲聲音形色等可感覺之對象。吾人用語言文字表現吾人所思之理或所得之概念知識，此語言文字固亦有形色聲音。然此形色聲音其本身唯是一符號，用以指示概念知識或所思之理之意義者。而吾人之了解其所指示之意義，則賴吾人之超越此符號。此中符號之價值純爲工具的。而用某一符號表示某一意義乃任定的。故不同民族可任定不同之符號，以表示同一之意義。且吾人之認識語言文字之形色聲音以了解其意義，至多亦只重視到語言文字之形式的結構，而不重認識其形色聲音之具體感覺性本身。故各字之寫法讀法雖有不同，然因形式的結構大體相同，吾人仍知其爲一字，而以之表示一定之概念知識。由是而吾人之以感覺性之語言文字，表示抽象之概念知識，吾人亦只是以抽象之語言文字之形式的結構表示抽象之概念知識。而抽象之語言文字之形式結構本身之認識，即一抽象之共相或理之認識。由是而在吾人求眞理之歷程中，無論在吾人對眞理之思維中，與對所思之眞理之文字表達中，吾人皆在抽象之共相或理之世界中活動。而在吾人之用聲音形色以表現此美的境相成圖畫音樂時，吾人所欲表現之美的境相，即寓於聲音形色之中，而非以聲音形色指示另一在其外之美的境相。而吾人之欣賞圖畫音樂，亦即欣賞其具體的個性體的結構，而非特欣賞其與其他同類之圖畫音樂之相同形式的結構。吾人即用語言文字以表示一美的境相，亦必須用直接指示具體的可感覺想像之對象之語言文字。至少不能純用只指抽象概念知識之語言文字。且吾人用語言文字以表現美之境相，吾人復恆用語言文字之音樂性圖畫性，盡量求語言文字之聲調，節奏、韻律、字體之形狀，句子之長短，行列之安排等文字之寫出之方式，與吾人所描述美的景像之內容相應，使美的境相之內容得盡量被暗示聯想，而被表現於爲符號之語言文字。故表達吾人之所思之理或概念知識之語言文字，吾人因純視之爲符號，故吾人必自覺之純爲外在於眞理之思維之自身者。而表現吾人心目中之美的境相之語言文字，則可復被吾人視爲內在於美的境相之直觀或與之不離者。（如克羅采之所說）故文章之美不僅在其表現之有意義之內容，且在其文字排列之形式。然因此形式與內容相應，爲內容之直觀所貫注，以爲其表現，故非復一抽象之形式，而爲內容之形式。而吾人之欣賞文章形式之美，亦恆透過其有意義之內容之直觀以欣賞其形式之美。由是而吾人在一切藝術文字之美的境相之表現欣賞歷程中，吾人皆至少在一意義之具體之感相世界中活動。

九、吾人之求眞理之活動，與表達眞理之語言文字，皆非以抒情表現情感爲目的。吾人固可求知關於吾人之情感活動之眞理，如求知情感之原因結果，將情感加以分類，此皆爲關於情感之眞理。然關於情感之眞理，非情感本身。吾人皆知求知眞理之態度與體驗情感表現情感之態度不同。而在求知眞理之態度主宰吾人之心理時，吾人之情感卽隱伏，故科學哲學之研究，通常稱爲冷靜的不帶愛惡，不涉情感之工作。吾人必須先自吾人之情感中超拔，乃能研究情感。而當吾人之情感發動時，則恆迫使吾人之心趨於行爲動作，而使研究之工作停頓，求知眞理之態度隱伏。故情感與理智通常稱爲互爲消長而相違之二種心理活動。吾人如溯此二種活動之所以相違，理智活動（理智活動卽求知眞理之理性活動之止於得對理之智或知識爲目的之名）態度之所以使吾人之自然情感隱伏，乃由於吾人之自然情感恆依於吾人對對象之意欲而生。此意欲與情感爲緊接於一引起意欲情感之具體對象」，對對象向外施發者。而理智活動則爲向內反省的。理智活動認識具體對象之理，將此理自具體對象抽象而出，同時吾人之心卽順所抽出之理而自具體對象本身抽離，失其與對象之緊接關係。於此吾人自然向外施發之情感卽失其着處。同時吾人以理智之態度分析吾人之情感，吾人之心亦自具體之情感抽離，此卽理智活動與自然情感相違之故。

理智活動與情感之相違，唯自純粹的理智活動本身正顯發之時而言。然純粹理智活動有停息之時，且吾人之理智活動可非純粹之理智活動，而爲情感意志本能欲望所潛驅暗使之理智活動。吾人若自整個人生以觀，則人之只作純粹之理智活動，或使理智活動永不停息，皆不可能者。吾人若通過整個人生之以觀理智活動之與情感之關係，吾人將指出二點，一爲理智活動爲自內開拓人生之情感者，一爲理智活動對情感本身爲不能加以誕育安頓者。

所謂理智活動之開拓人生之情感，一卽自理智活動所覺察之理之可爲情感運行通路上言。凡事物之理或爲一事物之性質，或爲事物間之因果共變之關係，或爲時空中事物之接近聯續共存之關係。性質與關係皆爲一共相，一普遍者。故吾人對一特定個體之具體事物之自然情感，可由通過一理之覺察，以一理爲通路而運行，以轉移及於一切同類事物及與之有因果關係共變關係接近聯續關係之事物。吾人可由愛一物而愛與之同類之一切物，愛物而愛可易物之金錢，愛屋而及與屋接近之烏……。由是而凡一理之覺察皆爲開拓吾人自然情感之流行通路，而順理之通路而運行之情感，即可稱爲由理智所開拓出。

只順理之通路以自然開拓人對現實事物之情感，其效猶小。然吾由理智活動而知事物之理後，吾人復可推知許多未直接接觸之遙遠的、未來的、形上的事物之存在。此諸事物固未被直接接觸，而對吾現實之心可謂爲一理想性的存在。然因其被吾人信爲必然存在，則亦有引發吾人情感之效用。由是而吾人復有一種對非現實的理想性之存在之情感。如對古人及理想世界形上實在之情感等。此種情感吾人亦可謂其由對諸現實事物之情轉移重組構造而來。然因此種情感所及之對象乃吾人自覺爲理想者，爲客觀者，則吾人對之之情感，亦一種超現實超主觀之情。吾人之理智活動，對吾人之情感之最大之開拓之效實在於此。

吾人之理智活動，固可使吾人推知一理想性的事物之存在之異乎吾人當下之接觸之現實存在，而復引起吾人之一情感，以代替或平衡吾人之當下之自然情感；然理智活動仍不能眞誕育吾人之自然情感，亦不能安頓之。如吾人知一可悲之境之必將轉變爲可樂之境，而忘現在之可悲等，似見理智活動之能改易而安頓吾人之情感。然此事所以可能，唯因吾人過去對此可樂之境原有一情感，或對構成此可樂之境之各部份原有一情感。故吾人之意構此可樂之境，而對此可樂之境之情遂以重現過去之情而形成。此中理智活動之效，唯在示吾人以此可樂之境之意構，此可樂之境可能存在；不在誕育吾人之此情感，以安頓原來之情感。由是而吾人之理智活動雖可有自內轉易構造情感或引發情感以開拓情感之功，然其本身終爲無力者。蓋其對吾人所自發之自然情感，無辦法以誕育之或安頓之也。

然吾人之欣賞美表現美之藝術性活動，則可對吾人自然情感有一誕育之安頓之辦法。然此非謂藝術性活動，自始即以表現自然情感爲目的之說。吾人主張藝術性之活動，乃始於欣賞而非表現。理由後詳。而在藝術性欣賞之始，吾人之必須超拔吾人之自然情感，與須超拔理智活動同。當吾人注目於一對象之境相之美時，吾人原始之自然的喜怒哀樂之情，皆須被超拔。蓋吾人注目於一對象之境相之美時，此對象即成被觀照之境相，而不復爲刺激吾人意欲，與吾人意欲有緊接關係之對象。吾人自然之喜怒哀樂皆緣意欲而生。故當一對象成觀照之境相時，吾人之自然之喜怒哀樂亦即化除。此種化除，不由吾人以抽象之理，間接我與對象之關係，或冷靜的分析吾人之情感之理；而唯由於凝神於境相之本身，而在直觀上將境相自其周圍之物（連吾人自身在內）超拔。由此超拔，而吾人於境相遂失去其一切因果關係之思維，工具價值之思維。而吾人之意欲與自然情感，即失其所自生或所根據之意識，而自然化除，非復如理智活動之只求知對象之理與情感之理，以間接吾人與對象之關係者，只將吾人之情感暫推開而已。

藝術性的欣賞境相之直觀，一方使吾人自自然情感中超拔，一方亦可誕育一種情感。蓋情感根本原於物我之直接接觸，而構成一統一體。而凡有物我之直接接觸所構成之統一體之處，皆有一情感。（懷特海及勃拉得來所謂 Feeling ）然吾人之自然情感生於吾人對物之意欲。故物乃被視爲滿足吾人之意欲者。而此種情感之發生，恆以所接觸之物，能否滿足吾人之意欲而定。故此種情感乃以我之意識爲主導者。在藝術性之欣賞之中，因吾人已自吾人之意欲超拔，而凝神於一境相。則吾人之情感爲一種以境相之意識爲主導之移情或同情。故此種情感，恆爲無私者。如吾人欣賞春光明媚而生喜悅之情，欣賞午夜之星空而生肅穆之情，皆無私者。唯謂此種情感，爲一種移情同情之意義，非必謂此種情感原爲主觀的，自主觀以移入客觀或投射入客觀之意，如利浦斯之說。蓋由美的對象之欣賞所引起之情，可爲昔所全未經驗者。且吾人恆覺其直接由對象喚起，而非由根據過去經驗中情感之喚起，而重加組織以形成者。吾人所謂移情或同情之意義，唯是謂此種情，乃吾人之凝神於美的境相而移入其中，同化於境相之結構形態而滋生。亦即非在現實的美的境相呈現而凝神其中之情形下不能滋生者。此不同於根據過去經驗，而以理智活動意構一理想性的對象，而對之滋生之情。後種之情，乃喚起或重組過去之情而成，乃非創發性者，非新誕育者。而對現實的美的境相之情，則爲創發性者新誕育者。此種創發性新誕育之情所以生，恆由此種境相之現實呈現，乃實際的表示吾人之現實世界有一改變，因而改變吾人對現實世界之情。由是而吾人遂可言在藝術性之美的欣賞之中，眞有所謂情感之新生或誕育。此與理智之活動只有對情感之轉移重組構造而開拓之效用，乃不同者。

復次，藝術性之活動，又可安頓吾人自然之情感。此卽由吾人表現吾人之情感於藝術品中，能自欣賞之而說。吾人之情感乃在吾人之實際存在的意識中者。所謂將吾人情感表現於藝術品中，卽求在實際客觀存在界能創造一與吾人實際存在之情感構造相應之客觀存在事物，如音樂圖畫戲劇之類，使吾人能凝神於其中，而將吾人之情感客觀化。由此客觀化，而吾人之私情，卽化爲公情。而吾人之了解吾人之私情，乃通過一公情而了解，同時吾人遂可發現私情失其私性，而存在於公情中，而在公情中得其安頓，化除其原有之不安成份。

吾人上來論求眞理之意識與求美之文學藝術意識外表之不同。吾人一方說明人之求眞理必與判斷活動俱，故有主觀與客觀或物我之對待。又人之求眞理之活動，永無完全之滿足，亦恆不能眞超越時空關係之意識，不能眞把握個體實在。由是求眞意識中遂永遠有思想形式與對象形式之對待，同時與感覺之世界不免隔離，對吾人之情感生活乃不能眞有誕育安頓之功。然在另一方則吾人說明人在表現美欣賞美之際，則有判斷活動之止息，有主客物我對待之泯除。人亦遂可有一時之完全的滿足，及超越時空關係之意識；且能發現一其各部互相依賴而美之境，爲一有機全體之個體的實在。由此求美意識遂可使吾人之思想判斷皆沉入此個體實在之欣賞的把握中，同時與感覺之世界息息相通，無復思想形式存在與形式之對待，乃對吾人之情感生活能有眞正之誕育安頓之功。而此中差別之最要者，卽在美的對象之欣賞中無主觀客觀之對待，與美的對象皆表現個體性，及美的對象之欣賞，賴於感覺性之直觀。反之，求眞理之意識則須有主客之對待，而一般眞理只是普遍性，無個體性，人於眞理只有超感覺性之直觀。其餘之差別，皆可自此三點引出。讀者思之自知。

三 求眞意識與求美意識之貫通

吾人上所言，求眞理意識與欣賞美之意識之差別，尙是自二者之表面狀態而言。然吾人若自求眞理意識之理想與求眞理意識所以可能之根據而言，則將發現其與求美意識之相通。此將由三義以明之。一、吾人求眞理之超越理想，正在達到一泯除主觀客觀之對待之絕對眞理，絕對眞理卽一具個體性之絕對實在。而此絕對實在正爲須兼爲表現於感覺之直觀中者。故絕對眞理卽絕對美。二、吾人在求眞理之歷程中，卽可發現眞理之潛在之美，而眞理之表現於文字，亦恒有文學化之要求。三、美的對象及美的文學藝術作品之美，由於其形式構造。此形式構造乃表現生命之理精神之理，亦卽絕對眞理者。由此而吾人遂可言欣賞美之活動，文學藝術之活動，卽所以實現吾人求眞理活動之本質者。今再分別論之。

（一）上所謂吾人求眞理之理想在達到一泯除主觀客觀之對待之絕對眞理，此眞理卽具個體性之絕對實在，須兼爲表現於感覺之直觀中者云云；與吾人上所謂在求眞理之活動中，有主觀客觀之對待，觀念與實在之對待，吾人之次第的擴大觀念內容以包括實在，乃一無底止之過程，而永不能完成，以使吾人得完全滿足之言，似相矛盾。然實則此矛盾，純爲表面者。蓋吾人之言求眞理活動無完全之滿足，乃自實際之求眞理活動而說。而吾人今所說，乃謂吾人之求眞理之超越理想超越目的，在得一泯除主客之絕對眞理絕對實在，而滿足其中。吾人今可不問，吾人之求眞理之活動是否能達此理想目的，然其中必包含此理想目的，爲吾人以前所承認者。蓋吾人以前之說吾人之求眞理活動在實際上爲一無底止之過程，亦正因其內部包含一「絕對泯除主觀客觀之對待，使實在之內容全成爲觀念之內容，使眞理皆不與其外之實在相對，實在皆成內在於吾人之觀念，而得絕對眞理絕對實在」之超越理想。如吾人根本無此理想，則亦無所謂求眞理活動之不滿足，而吾人之求眞理之活動，大可滿足於其每一當下所得之眞理之中。

謂吾人求眞理之活動中，包含得一絕對眞理絕對實在之超越理想，即謂吾人有絕對眞理絕對實在之理念。吾人所謂絕對眞理必爲無所不包之眞理系統，或唯一眞理。因其中無一眞理被遺漏，則亦無一實在能在此眞理系統或唯一眞理之外。一實在如離其所具之理，則等於零。故吾人如已得絕對眞理，即不能作外有任何實在之想。在此點人或謂眞理之系統無論如何完備，只能包含實在之理，而不能包含實在之實在性。故絕對實在本身，終在絕對眞理以外，而不能言得實在之全部眞理，即得全部之實在。然此說由於忽略吾人所謂眞理之意義所致。吾人所謂眞理唯在觀念之內容之理與實在之內容之理之合一處說。吾人固可說理本身無實在性，徒知實在之理非把握其實在性。然只知實在之理，非即知實在之理之眞。唯在知吾之「實在」的心中之理，即與心爲對之「實在」之理，乃爲知此理之眞。而能知吾心之實在及與心爲對之實在之實在性之知，必爲把握實在者。若吾人不承認此知爲把握實在者，則吾人將永不能知吾人所知理之眞。而當吾人知吾人心之實在之內容之理及與心爲對之實在內容之理之合一，即爲同時知一「心與實在（即與心爲對之實在）之合一」者。由是而吾人得眞理時，即得一「心與實在之合一」。唯在一般情形下，因有未得之眞理，故仍有心與實在之對待。而人如得絕對眞理，因無未得之眞理，即得一絕對實在，而無復任何眞理與實在之對待。謂得絕對眞理，而可不得絕對實在，乃由不知所謂得眞理之意義之所致。復次，爲吾人求眞理之活動之超越理想之絕對眞理系統，同時必爲具個體性者。此所謂具個體性涵數義：一、圓滿自足義，二、此絕對眞理之所包含之各眞理皆必然地相依賴而成一有機的全體義，三、此絕對眞理系統中所包含之各眞理，皆爲貫於特殊中之普遍者，即皆爲具體共相義。此三義皆絕對眞理系統之理念所必含。蓋絕對眞理系統既如上言爲無所不包，則自圓滿自足——義不須煩釋。二謂無所不包復圓滿自足之絕對眞理系統，所包含之各眞理，必然地相依賴成一有機的全體，乃能維持其爲一無所不包圓滿自足之眞理系統之理念。蓋如各眞理非必然的相依賴，則各眞理可相互獨立。如可相互獨立，則可在此系統之內，亦可不在此系統之內。而此系統之爲無所不包，與爲圓滿自足之理念，亦隨時可以拆散，而此理念亦根本不能維持其自身，成單一而有總持性之理念，以囊括一切眞理。故欲使此理念成單一有總持性，而維持其自身之理念，則必須其所包括之一切眞理，爲必然地互相依賴各各不能獨立，而構成一有機的全體者。至於三謂此絕對眞理系統所包含之各眞理，皆必爲貫於特殊中之普遍，皆爲實在且具體之共相云云，則以吾人當前所接觸之任何實在之眞理，皆爲貫於特殊中之普遍者——至少爲貫於我之心之實在、及客觀對象之實在之二特殊者之中之普遍者。而凡一普遍者皆在一義上爲一具體的共相。而絕對眞理卽全部實在之眞理之系統，則絕對眞理中所涵之任何眞理，自皆爲貫於特殊之具體的共相。

至於絕對眞理之爲表現於感覺的直觀中者，亦卽自絕對眞理卽絕對實在之義而說。蓋絕對實在雖內容至豐富，然感覺對象亦爲絕對實在所包含之一部，爲絕對實在之一方面之表現，亦卽絕對眞理之一方面之表現。而吾人之以感覺的直觀接觸感覺的對象，在此義上，亦卽同時接觸絕對眞理。

吾人如知絕對眞理卽絕對實在之義，又知絕對眞理之理念可使吾人泯除主觀客觀之對待，與絕對眞理中之一切眞理皆互相依賴成一有機之全體，且包含無數貫於特殊之具體的共相，兼爲感覺的直觀所接觸之義；則吾人可謂，絕對眞理之理念卽包含絕對美之理念。蓋吾人所謂美之境相之所以美，卽在其能使吾人泯除主觀客觀之對待，而吾人亦必泯除主客之對待，乃能欣賞美。而美的境相，即爲其各部互相依賴成一有機的全體，復爲感覺的直觀所把握之個體。則絕對眞理絕對實在之理念本身，即包含美之理念。然絕對眞理絕對美之理念，乃吾人求眞活動所欲實現而永不能實現者。故此理念對求眞理之活動言，爲一超越虛懸之理念，故名超越理想。然對吾人求美之活動言，則能相對的實現者。蓋欣賞美確能使吾人泯除主觀客觀對待之意識，而以感覺的直觀與「其部份互相依賴之有機全體」相遇。於此有機的全體，吾人將言其爲包含眞理，表現求眞理之活動，與絕對眞理之本性者。由是而吾人遂可言求眞活動之所不能實現之理想，求美活動能相對地實現之。而求美活動遂爲一求眞活動之延長，或求眞活動自身所要求之一種藉以完成其自身之活動。

（二）關於上所謂求美之意識爲完成求眞之活動，主要尙須由吾人對於眞理中之美與美中所包含之眞理之認識以論之。關於眞理之含美，吾人可先自吾人之體驗而說。如吾人對於數學上之眞理之思維與邏輯上之眞理之思維，及形上學上之思維，即恆覺有一美的意識相伴。此外在吾人觀自然界之各種眞理之照映處，亦恆有一美的意識相伴。吾人如分析此種美的意識之所以產生，吾人皆可發現：吾人此時對於眞理之美感，皆由直觀諸眞理之互相照映證明而生，亦即由覺諸眞理成一有機的全體而生。而吾人求眞理，實有求諸所得之眞理皆爲能互相證明之趨向。吾人關於自然界之眞理之獲得，因須吾人之心分散於時空中之事物以觀察、實驗、思維，而時時有關於特殊時空之事物之新眞理之發現，故最難成爲一相證明之系統，因而其美感成份最少。而關於數學幾何學形上學之眞理，其中除若干基本觀念基本命題為自由設定，或直接自經驗抽象出，為不能證明者外，其餘本吾人之理性運用所推演出之眞理，即為可證明者，而所引生之美感較多。而如吾人知邏輯上之基本觀念，皆出自吾人之理性，而所取之形上學，又為以理性為出發點歸宿點之形上學，則此種眞理系統中之眞理，皆為可以理性自身證明者，而其美感價值最大。而吾人之求眞理活動之發展，恆有歸於理性主義之邏輯形上學之趨向，亦即表現吾人之求眞理之活動恆嚮往於美的意識之誕生者。

然吾人之求眞理活動中所發現之相證明之諸眞理間之美，並不能完全實現吾人之嚮往美的意識。蓋在一般求眞理活動中眞理之互相證明上，固可發現一美。然對於單獨之眞理命題，吾人則難覺其表現美之價值。蓋單獨之眞理命題，吾人終覺其為較抽象者。吾人可言在一互相證明之系統中之眞理命題，因其各為通過其他眞理而眞；故亦通過其自身與其他眞理綜合而成之眞理而眞。因而此眞理為含一種具體性者。蓋所謂具體之眞理，即貫於特殊之普遍。而能通過其自身與其他眞理綜合而成之眞理而眞之眞理，則為貫於特殊中之普遍，而有吾人所言之具體性。唯由此具體性，而後吾人可發現眞理之美。單獨之眞理命題，則如全失其具體性，純為一普遍而抽象者。自其本身言自無任何之美的成分。而互相證明之眞理系統，又由單獨而抽象之眞理命題構成，亦即由原不美之眞理命題構成。此即為吾人之求美意識，不能滿足於發現眞理之美之處。由是而吾人遂恆有將抽象眞理命題具體化之趨向。此即尋覓能象徵或表現吾人之抽象眞理之事實，而加以指出，以之為譬喻，而使人能直觀的把握此抽象眞理之趨向。而吾人將如是之事實指出，使吾人能透過對於事實之直觀的把握，以直觀的把握此眞理，亦恆歸於使吾人生一美感。此卽證明吾人之求美意識，確爲潛伏於吾人之求眞意識中，而爲完成吾人之求眞意識者。

（三）至於吾人之謂美中之包含眞理，則吾人不可單自美的境相文藝作品之顯示一實際具體事物之眞相，因而亦有事物之眞理表示於其中以言。蓋美的境相可非實際的具體事物。文藝所描寫之境相亦可非實際的具體事物。吾人可承認凡各部份有有機的關聯之實際的具體事物，皆有一種美。此美卽由此事物之所由構成之理之互相依賴而生。故自然存在之花草人物，皆有一種美。然美之對象之美，可純由其形相之配合。而凡有形相之適當配合者，皆可有一種美。如圖案畫，建築及書法音樂詩歌之音節之美，卽均由形相之適當配合，而無所類於實際之具體事物，亦不顯示實際的具體事物之理者。則吾人謂一切美皆包含眞理一語，須另作更具概括性之解釋。

所謂一切美包含眞理之最廣泛而具概括性之解釋，當爲一切美的境相之形式，皆爲普遍貫於特殊中之形式，卽皆爲具體的形式。吾人須知所謂理，唯是普遍者。而所謂具體卽普遍者之貫於特殊。尅就普遍者之貫於特殊而言，則普遍者卽含具體性。故美的境相之形式，卽普遍者貫於特殊之形式，亦卽具體性之形式。而所謂美的境相亦卽如何如何之一具體性形式之本身。此形式本身卽爲具體性者，具體性卽在於其形式本身。非謂美的境相另有其質料，唯謂此形式爲美。此中形式之義，乃貫注於其質料，亦可謂構造其質料。除此在形式中之質料外之質料，根本非美的意識之所對，亦不屬於美的境相之中者。如一書法之美卽在其形式，此形式卽包括墨色之質料，而貫注於此墨色之質料中。至於所謂墨與紙之物質分子，則爲科學意識所構造之對象，非美的境相範圍內之物事。唯因美的形式與質料之不可分，其形式本身，卽已表現普遍之貫於特殊，而爲具體者，吾人於美的意識本身之所以爲充實而自足者，乃得其解。

關於美的形式爲普遍者貫於特殊中之具體的形式，此可由美學上常言之美爲複雜中之統一，相反者中之一致，或差異者和諧以證之。言統一一致和諧；皆指示一普遍者之存在。言複雜中之統一，相反者之一致，差異者之和諧，則明示普遍者之貫於特殊中。此外所謂圖畫建築彫刻中之對稱比例，音樂跳舞之節拍，詩歌中之韻律，皆表現一普遍之理則潛運於其中。而圖畫之運色有濃淡、浮沉、明暗，音樂詩歌之聲之有高低、抑揚、長短，跳舞之有急徐、升降、縱橫，建築彫刻之有曲直、高下、方圓，則爲各種普遍者所貫注之相反者，由其相成以烘托出表現出普遍者之特殊。至於在有意義之文學詩歌戲劇，則或爲表情，或爲表意，表吾人之行爲動作。然凡吾人之情意之活動，皆爲有一目的貫注，而此目的卽爲各種差異起伏，以致變化萬端之情意行爲動作中之普遍者。至於狀自然物之文學藝術則亦爲狀個體性之物者。而個體性之物亦皆爲有普遍者貫於特殊中者。至自然物中有生命之物如花草鳥獸，或宛若有生命之物，如雲烟山川，所以特爲藝術上之欣賞表現之對象；則由有生命之物，其生機之發露，即見其潛在之合目的性；其中普遍者之爲主於特殊，貫乎特殊，不僅在空間中顯，且在時間中顯，而顯之彌著，而更近乎人之情意活動之故也。

人欣賞表現美的境相時，時覺有普遍者之貫於特殊中而含眞理之成份，與吾人求眞理活動中之覺普遍者之貫於特殊中之二種意識，亦有不同。此不同在：求眞理之活動中，吾人對於普遍者先求有一明顯之自覺，而後以之判斷特殊，貫入特殊，因而吾人遂可分別地有普遍者與特殊者之意識，與普遍者貫於特殊者之集合意識。然在欣賞表現美之意識中，吾人對普遍者則恆無明顯之自覺，對特殊者亦然。吾人唯直觀普遍者在特殊中之一整全之境相，而欣賞之或表現之。唯於此直觀中乃能欣賞美表現美。故美的對象中，雖有普遍者，然吾人恆難自覺之。如自覺之而提出之，則是吾人求眞之判斷或理智活動之表露，而不免破壞美的境相之美者。唯自覺之而有判斷之後，而復融入之於美的直觀中，而超化吾人之判斷，則亦可加深美的直觀之程度。此即文藝批評之所以能爲效於文學欣賞。然此中之文藝批評，唯所以輔助直觀，決不能代替直觀。此即由於普遍者必須在特殊中與特殊同時呈現，乃有所謂美。而普遍者之在特殊中與特殊同時呈現，則吾人必須超越單純的普遍者之自覺，泯除普遍者與特殊者之差別，如吾人上之所言。然吾人眞超越單純的普遍者之自覺，泯除普遍者與特殊者之差別，吾人即須超越理之概念。蓋通常所謂理，皆爲可自覺之普遍者也。而美的對象之最美者，亦須爲使人無法將其所表現之理提出而概念化者；此則賴於使美的境相中之特殊之成份之複雜性差異性，增强至一適當之程度，使吾人對於其差異性複雜性之直觀，足以節制吾人之對此普遍者之單獨思維之出現，而保持吾人對於普遍者之直觀。由此特殊者之此種效用，即見：特殊者之所以對「美的對象中之普遍者之直觀」爲必須。而美的對象之爲一有機的全體之義明。美的境相之整個的直觀，必待特殊者與普遍者之交融之義亦明。而文藝創造中之所以於表示一理之處，重暗示，烘托，重譬喻，象徵，亦即所以使吾人止於由暗示烘托譬喻象徵之言，以直觀某理，而免於吾人對某理之自覺的思維與概念化者。而在文學藝術批評中，所以用理以外之名辭以狀美的對象美的境界，美的創作，如論其韻致，情味、風趣、氣象、風格，而文藝批評本身之文字，亦恆有文學化之傾向，重以具體之事物，象徵譬喻文藝之美；亦即本於吾人之不欲以單純表理之概念以論文藝之美。此亦證明文學藝術之顯理，乃顯理於理之自覺理之概念之上。然此非證明文學藝術中之未嘗顯理。而所謂風格、氣象、風趣、情味、韻致，實皆是直觀「理貫於特殊中」而超理之自覺之際，用以表示理之貫於特殊中之直觀景像或姿態之名辭。唯吾人今非專論美學，不須詳加分析耳。

（四）吾人如知美的對象之所以美，由於普遍之理貫於特殊成一整全之景像，而同時呈現於直觀，則知美的欣賞表現之活動本身，乃表現求眞理之活動之本質者。此求眞理之活動之本質，在求眞理活動過程中，吾人恆不自覺，而實爲求眞理活動所以可能之根據者。求眞理之活動之本質，即爲求有一對於普遍之理之表現於特殊中之直觀。

吾人之求眞理之活動，始於吾人之反省思維。吾人反省之原始對象，可爲感覺知覺之所對，亦可爲吾人自發之情感意志，以至吾人之思維及各種心理活動。然吾人以爲一切反省之所對，雖爲構成實在之成份之理，然只就此理之爲反省所對言，皆不能謂之爲眞。而只將此理自覺之而視爲此自覺之所對，或連此理與吾人之自覺以構成一觀念，此觀念本身亦不得爲眞。唯吾人以觀念指吾人反省之所對，判斷吾人反省之所對，發現觀念之內容，即反省所對之內容時，乃有所謂眞理之獲得。此爲吾人上文所已說。由是而言，則眞理之獲得，至少賴二重之直觀，其一爲在反省以前，對於反省所對之呈現之直觀。一爲由反省構成觀念，復發現觀念之內容與所對之實在內容之合一之直觀。眞理之爲眞，唯在後一重之直觀呈現之際說。而在後一重直觀呈現之際，亦即吾人之觀念與自覺心，融入實在，與之冥合之際。此時吾人之心，乃無觀念與實在之分別，亦無「觀念之相」之離言而自證之心。吾人若承認實在之內容恆多於觀念之內容，則吾人以觀念判斷實在，即以一普遍抽象者融貫入較特殊而具體者。吾人之離言自證之心之所證者，實即一普遍貫入特殊之全體。而此時心之經驗，即是一美的經驗。而求眞意識之即在求美意識中，或根於求美意識，吾人皆可直接自此處說。

然吾人之問題尚不如是簡單，因吾人求眞時之心境，又足以使吾人忽視直觀之重要，唯覺觀念之思維之重要。此即緣於吾人由反省直觀所呈現而造成之觀念，恆非直接即還以判斷最初直觀之所呈現者。由觀念內容之理之普遍性，吾人恆將一觀念超越其初所自生或依附之實在以作判斷。此即觀念之理想性。此種判斷之直觀上之證實，或為不可能，或有待於他時。此卽為使吾人忽視直觀之重要，而只對一觀念之執持，或對純粹的思維特感重要之始。而觀念與觀念之依聯想而聯結，更使吾人構成一宛若獨立之觀念世界。吾人復有關於吾人之觀念內容之各種同異關係之眞理，及根據吾人所已知為眞或設定為眞之觀念命題，作各種推理，所得之新眞理。吾人又可反省吾人之推理所依之規律，而有邏輯命題。再以此邏輯命題為推理之根據，更可推出各種邏輯上之眞理。吾人遂以眞理可純由思維而發現，直與吾人之直觀無關。

對此上之問題吾人可簡單答覆，卽吾人所謂實在之概念，本不限於感覺之所對，卽不限於未經自覺的反省前，主觀心理活動之所呈現；而直觀之意義亦不限於對感覺之所對，與未經反省之主觀心理所呈現者之直觀。吾人由反省而有觀念，觀念有理想性。而由觀念與觀念之依聯想而聯結，而有觀念內容之同異等關係之呈現。此種觀念之理想性與觀念間同異等關係本身，亦有其實在性。而吾人之謂觀念實有此理想性，觀念間實有此同異關係，仍是一判斷。而此判斷之為眞，仍待吾人之直觀。至於由已知為眞或設定為眞之觀念命題所推出之新眞理，皆為同語之反復。凡同語反復之諸觀念命題之所以得稱為眞，皆是被涵蘊者對涵蘊者而為眞。被涵蘊者由涵蘊者引出。當其未引出時，涵蘊者中可說潛伏有被涵蘊者。然當其未引出時，吾人不得言被涵蘊者對之為眞。卽在其引出後，吾人如不自覺「涵蘊者中原潛伏此被涵蘊者」之統一體，而再直觀此引出之被涵蘊者，同於原潛伏於此統一體中之被涵蘊者，吾人亦不得言此被涵蘊者對之爲眞。由是而所謂被涵蘊者對涵蘊者爲眞之意義，唯在吾人直觀所引出者，同一於一統一體中之潛伏者中，被覺爲眞，而具爲眞之意義。此直觀中仍可說潛具一判斷。此直觀本身爲一觀普遍者(引出者)之貫於內容較豐富之普遍者（統一體）。內容較豐富之普遍者，對原所觀之較抽象之普遍者，即一特殊者。而直觀此二者之統一，即呈現一更高統一體。吾人順此路數以言邏輯上之眞理，亦可言其皆待同一之直觀以印證之。於是吾人可言在一切求眞理之活動中，吾人之目的在得眞理，亦即在求得對眞理之直觀。吾人思維推理之活動，固可除自經驗對象抽象出一部以製造觀念外，復能自動的比較觀念，以掓發觀念，或自由設定觀念，以推理，並由推理活動自身湧現出邏輯上之新觀念；然其所製造掓發湧現之觀念之成爲眞而稱爲眞理，仍待於直觀。由是而吾人思維之目的，如確在得眞理，吾人對於思維中之觀念，能時時求把握其眞理性；則吾人思維之過程，即成導引直觀之過程，歸宿於直觀，而爲直觀所涵蓋之過程。知吾人思維之過程爲直觀之過程所涵蓋，復透過此涵蓋思維之直觀過程，以觀吾人思維中之諸觀念；則一切觀念皆爲在本性上即歸宿於貫特殊與普遍，而融攝於「特殊與普遍之統一體」之審美的直觀中者。而吾人之求眞理之活動即在求美意識中，亦根據於求美意識而有，遂可更無所疑。

唯吾人之求眞理之活動雖求歸宿於審美的直觀，然吾人在求眞理之思維過程中，吾人恆不自覺此中審美的直觀之重要。在吾人求眞理之思維過程中，唯覺在思維中依次湧現之普遍的觀念之重要。吾人求眞理之思維，一日不停息，吾人卽一日覺普遍觀念之不斷呈現於意識中，爲最重要之事。而直觀之事，一若只爲一所經過者或嚮往者，非現實者。而吾人之反省吾人所經過之直觀，亦恆覺其一若未嘗存在。吾人試分析此中之直觀之不易被自覺之故，吾人可發現：此乃由於在求眞理之歷程中，吾人所思維之普遍者爲只以一方向融入特殊，而不能在多方向融入特殊者。蓋如普遍者只以一方向融入，則當其融入之先，普遍與特殊爲相對待；而在其融入之後，則以吾人之思維力，亦入於初直觀之所對之特殊者中，卽可復將特殊者之一部與普遍者結合，再製造一普遍者而出現。此卽吾人之所以在求眞理活動，唯自覺普遍觀念之不斷出現，而對普遍之融入特殊之直觀本身，遂若無所覺之故。唯此直觀既爲求眞理心之本質，吾人之自覺心，自必求自覺之而呈現之。而自覺之之道則唯有使普遍者之融入特殊，非以一方向融入，而以多方向融入，使一方向中所向之特殊者，不致吞沒此普遍者。而吾人之思維亦不致陷入於任一特殊者之直觀中，連原先普遍者，以製造另一普遍者而出現。由此乃得保持普遍者與諸特殊相融貫之直觀。唯如此之直觀乃可被自覺之直觀。而如此之直觀，唯在吾人能同時「觀照普遍者對於不同之特殊者而皆眞」時有之。此在思維境界固非不可能。如吾人之以一更高之普遍之原理說明不同之特殊事例，特殊原理時，吾人此時之綜合的智慧，卽來自如此之直觀。而吾人於覺諸多觀念命題，能互相證明其眞時，吾人對於此諸觀念命題眞理性之直觀，亦包含直觀普遍者之對於諸較特殊者之皆眞，而爲此類之直觀。然在思維境界中之特殊事例特殊原理，或較特殊者，自其可思可說處言，仍皆爲已概念化之普遍者，因而此上之直觀，尚非純粹之如此之直觀。人類之純粹之如此之直觀，唯是人對感覺境相之審美的直觀。蓋唯感覺境相之審美的直觀中，乃有思維之停止，與普遍者之從多方向貫入特殊，而成一有機的全體也。故求眞理活動中之直觀，被自覺而欲充量呈現之之要求，所嚮往者，卽對於感覺境相之審美的直觀。而對於感覺境相之審美的直觀，亦卽實現「求眞理活動中之直觀」之「欲充量呈現之要求」者，而表現吾人求眞理活動之所以爲求眞理活動之本質；使吾人之求眞理活動能當下得一歸宿者。

唯吾人在此點似尚可有一疑點，以論吾人之審美的活動並不能表現求眞理之活動之本質。卽吾人前言吾人之求眞理之活動，乃嚮往絕對眞理者。吾人似當言吾人之求眞理之活動，乃嚮往絕對眞理之直觀，而以絕對眞理之直觀爲本質。而絕對眞理之直觀有無窮豐富之內容，乃不能由只具有限內容之感覺對象之審美的直觀以表現者，則吾人謂感覺對象之審美的直觀，能表現求眞理活動中所根據之直觀，並無是處。

關於此問題吾人須知絕對眞理之二義，其一義爲吾人不斷求增益知識時之超越的目的理想。自此義言絕對眞理永爲超越者，亦不能實現於吾人之日常生活者，因而對之之直觀亦非吾人之日常生活中所有。而吾人之求眞理之活動，如以此種直觀爲本質，則此種直觀亦爲永不能由感覺對象之審美的直觀以表現者。然絕對眞理另有一義，則爲內在於吾人任何得眞理之意識中者。蓋吾人之求絕對眞理，雖可顯爲一不斷擴大觀念系統，以囊括實在而求與實在冥合，以無盡增益知識之歷程。然吾人之所以不能已於觀念系統之擴大，唯以有不斷之觀念之出現。而單純的觀念之出現，並非吾人求眞理意識所要求。觀念出現而有所冥合，得其歸宿與安頓，乃吾人求眞理意識所要求。而觀念之得所冥合有所歸宿與安頓，吾人此時所體驗者乃一觀念之融入實在而自超拔。唯此觀念之融入實在而自超拔，乃觀念之眞理性之所繫。吾人於是可說，一切觀念，雖千差萬別，然自其眞理性同繫於其融入實在而自超拔言，則一切觀念之眞理性是一，而一切觀念之分殊性亦爲同待超越而非實在者。而一切求眞理之意識，自其本質言亦唯是一而無不同。因而吾人在求眞理過程中雖有不斷之觀念之產生，宛成一系列，然若此不斷之觀念皆一一融入實在，或可相凝結而融入實在，以表現眞理性；則吾人對此一系列之觀念之眞理性，一一加以直觀之一一求眞意識之系列，亦實唯是同一之求眞意識。由是而言，則得絕對眞理之意識，與得任何眞理之意識，在本質上實無不同。得絕對眞理之意識，不過所有觀念皆有所冥合，得其歸宿安頓之意識。而尅就吾人求眞理之活動，之得眞理之際而觀——亦爲所有觀念皆有所冥合而得其歸宿安頓，則吾人當前之得眞理之際之意識，亦即在本質上同於得絕對眞理之意識。

吾人若知吾人當前得眞理之意識在本質上卽得絕對眞理之意識，一切得眞理之意識，皆爲直觀普遍者之在特殊中，而本質上無不同。則一切對普遍在特殊中之審美的直觀，皆爲表現吾人得眞理活動之本質者。審美的對象之內容之不同，在此亦無關重要。此種對象之所以美，在普遍者之貫於特殊，而吾人之直觀其美，卽直觀其普遍者之貫於特殊。吾人唯在直觀普遍之貫於特殊上，領略其美。故對其美之領略，亦直接表現吾人求眞理活動之本質，而使吾人得自覺的客觀化吾人求眞理活動之本質者。

四　求美之意識活動對於求真之意識活動之補足性

吾人既知求美之活動，卽表現吾人求眞理活動之本質者，則知求美之活動乃補足人之求眞活動者，而求眞活動本身欲完成其自身，卽有轉化爲求美之活動之傾向。而求美活動中所表現之道德價値，可補足求眞活動所表現之道德價値之處，亦可自此而論。

（一）吾人上文（科學哲學意識與道德理性）依眞理之爲普遍的客觀的，以言虛心求眞理之心爲大公無私之心；而得眞理以後，卽坦白率眞的以之告人，則爲大公無私之心之實現。然求眞理之活動，恆使吾人對所知眞理，生一種執着與矜持之意，由此卽可產生種種自私之心。溯此種執着與矜持之原，雖由於吾人精神之陷溺於已成之普遍觀念之中，然亦由於普遍觀念之內容本身之固定性，可任受吾人精神之陷溺於其中。吾人如深察普遍觀念之所以能形成之故，吾將謂乃由吾人之能自特殊事物中抽象出一普遍內容，或發現能貫通諸特殊事物之普遍內容。此乃表現吾人之心之自對特殊事物之原始的直觀之解放，而爲吾人之向上精神之流露。吾人於形成普遍觀念以後，順此觀念內容之意義之所指，而知其爲超一切特殊者，有理想性者，此知亦爲吾人之向上精神之流露。然吾人於形成一普遍觀念，此觀念內容復呈現其固定性後；則可造成如吾人前所論之求眞活動中之法執而致心靈之陷溺，亦即求眞意識中之原始罪惡。此中吾人之認識觀念內容，初非罪惡。認識以後復放開而應用之，亦非即罪惡。唯在認識之後，此觀念內容表現其固定性後，而吾人復陷溺其中，乃有罪惡。原觀念內容之所以表現固定性，此固定性最初原是依其普遍性而生。觀念內容之普遍性，所以化爲固定性，乃始於吾人之心於認識此觀念內容以後，本可向前照耀之心光，回向觀念內容之一收斂。由此收斂，吾人之認此觀念內容之是其自身，仍不外對此內容之普遍性之直觀。然而此收斂之結果，乃或歸於認識此內容，爲只在吾人去認識活動之內，由是而吾人向前開闢之心光，遂通過其內容繞折而回，以返至其所自始之無明（見前章）。此時觀念內容之普遍性，遂化爲固定性。而此固定性復轉而爲吾人心光開闢之阻礙與桎梏，以造成法執，使吾人心靈陷溺其中。此即爲吾人求眞活動中心靈之陷溺，或原始罪惡誕生之過程。故普遍之觀念本身雖非罪惡之原，然因其內容之普遍性，可化爲固定性，而爲吾人之求眞活動中之心靈之陷溺之原始罪惡，所依以生者；故普遍觀念本身之超拔，即可扭轉求眞活動中之心靈之陷溺而降落之罪惡。而將普遍觀念之內容之理，融入特殊之審美的直觀活動，卽爲使吾人自普遍觀念超拔者。此卽美的境相之欣賞表現之活動，對於求眞活動中之罪惡之原，所以有根絕之之道德價值之處。

（二）復次，求眞活動所對眞理，固爲普遍客觀者，吾人求眞理之心，固亦爲一大公無私之心。然眞理之爲客觀，唯對理性活動思維活動而爲客觀，不必能對人感覺知覺之活動而爲客觀。美的境相則初唯對人感覺知覺而爲客觀。對理性活動思維活動而爲客觀者，可謂在自然之身體外。然其所以在身體外，唯因其根本非物質性者。而對感覺知覺而爲客觀之美的境相，則其在自然之身體外，幷非因其根本非物質性的，而乃因其表現於自然身體物質外之另一堆物質。吾人之注目於純粹非物質性之領域，固可使吾人超出身體之執。然此種超身體之執，唯是忘身體之存在，而非面對身體之執而打破之。而在美的境相之欣賞表現中，因其須透過感官而被認識，故其開始點，幷不須使吾人忘身體之重要。然因美的境相之本身，表現於身體之物質外之另一堆物質，則當吾人凝神於美的境相之欣賞表現時，吾人亦可暫忘身體之執。然此忘身體之執，乃是兼由於吾人以另一堆物質之存在之體驗，抵消吾人對於身體之物質之體驗；以感覺活動之傾注於對象之境相，抵消吾人對於感覺活動所自發之感官身體之注意，故欣賞美表現美之活動，乃面對身體之物質之執而破之。

（三）又眞理固爲普遍客觀，爲人我所共了解者。然人我之了解之，非必在同時，恆有先後之別。卽同時，而吾人亦可不知之。由是在求眞理之時，吾可覺我所了解，人尙未及了解；人所了解，我尙未了解，而由此卽足導致一人我之距離感。此距離感本身，卽可爲吾人自私心出現之憑藉。如驕矜與嫉妒皆可憑之生。吾人固可將我所了解者告人，或由他人之言語，以了解他人之所了解；以使人我同了解一理，而去除此距離感。然若一眞理先爲一方所不了解，則一方言語發出時，與另一方之了解仍有先後時間之別。卽實際上爲同時，然發言者如初不知之，亦不免先存對方有不了解之可能之見。因而此距離感，在發言之際，仍不能去除。由是而在求眞理活動中，人我固可同了解一眞理，然除非同在一空間之人與我，異口同聲地在一時說出一眞理情形下，吾人不能在一時體驗人我已同了解一眞理，而體驗一眞理已普遍的被了解。而人與我在一空間異口同聲地，同時說出一眞理之情形，乃至少者。然因美的境相本身爲有形相之客觀存在，可在一特定時空中爲諸多人所欣賞，則吾人可在一時間內體驗一美的境相已普遍的被欣賞，與被享有。當吾人能體驗一價值已普遍被欣賞享有時，吾人卽體驗到一價值已實現其客觀普遍性於人與我之心；而吾人自己之心亦卽擴大，成涵蓋人我之大公無私心，而實現吾人之能涵蓋人我之超越的我者。故吾人之體驗一眞理之同時被人了解，與一美的境相之同時被人欣賞，皆可培養吾人之道德意識。唯以眞理無形象，各人之同了解一眞理，須各人將精神向自己收歛以用心，不似在美的欣賞中，各人之精神之通過感官而發出，有具形象之境相，堪爲交會之所，以證明其普遍被欣賞享有。故人之藝術性的共同欣賞美之事，對於人之道德修養之輔助價值，高於學術性的共同聽講研究等，對於人道德修養之輔助價值。此卽音樂戲劇對於凝結人民之意志，聯絡人民之情感，啓發人之合羣生活大公無私之心之價值，恆最高，而在社會敎育上特被重視之故。

（四）吾人求眞理之活動，原可反而求了解吾人之主觀心理活動與生命活動之理。當吾人求了解吾人主觀之心理與生命活動時，其理即被客觀化，同時吾即暫超出個人自己之主觀的情感，意欲，本能之限制。因而吾人一切私情私欲，亦可被忘却被推開，使吾人得不受其束縛。然吾人求眞理活動，可以使吾人主觀心理生命活動之理被客觀化，使吾人之私情私欲暫被忘却推開；却不必能將吾人之主觀心理生命活動本身客觀化，使吾人之私情私欲化爲公情公欲。蓋吾人之心理情欲爲具體的，非只是一抽象的理，只知其理而客觀化其理，猶未足也。然在文學藝術之活動中，則吾人可回頭對吾人之私欲私情作同情的體驗，以具體之語言聲色，表現吾人之具體之情感意欲。而吾人之私情私欲，在被吾人同情的體驗時，吾人之私情私欲本身，即客觀化於此同情的體驗之中，而爲其所潤澤、陶冶、融化，而可漸化爲公情公欲。故當吾人欣賞一自然界所有，或自己與他人創作之能表現吾人之情欲之美的境相時，吾人可覺吾人之情欲之已得安頓，而存在於客觀之美的境相之中。吾人自己於此時，乃若居於他人之地位，以同情的體驗此私情私欲。吾人主觀之私情私欲，遂化爲同於公情公欲者。吾人求眞理而思維時，一觀念之眞理價值，在此觀念能指其所指。在思維中，此觀念所指，與觀念本身有距離，而爲超越者。因而思維所求者雖爲實現眞理之價值，然價值觀念之本身之重要性，在思維過程中，却恆爲不被深切自覺者。由是而吾人求眞理而用思維時，恆自以爲吾人之思維只在求了解存在之眞理而非實現一價値；乃將存在與價値相對，以致將求眞之事與實現價値之事相對，而忘眞理卽價値之一種。哲學家中遂有以人持純求眞理之態度時當保持價値的中立者。同時吾人順求眞理之態度，以觀一切事物，均可信其有眞理可求。因而一切事物在求眞理之態度下，可平等的認爲値得研究不須加以選擇者。人以此而可取萬法平等觀一切眞理平等觀。因而研究罪惡卑下之事物之科學之眞理價値，與研究神聖高貴之事物之科學之眞理價値，可無差別。然吾人於美的境相中欣賞表現美時，則因此美乃被吾人直觀爲內在於此境相者。由是而美之爲價値，遂易被吾人所自覺，而求美者恆自覺是爲求實現一種價値。而順吾人之求美的態度，以直觀事物，亦不必於一切物皆可發現有美。因而對於事物之美有所選擇，對一切於事物之美恆作差等觀。文學藝術之所表現，固亦可爲醜惡之事物。然其表現醜惡之事物，必因常言之醜惡中有另一種美，或意在藉醜惡之事物，以烘托出眞正美之事物。故在求美之態度本身，自始至終恆包含自覺之價値觀念，而於事物之美的價値之高下，自始有所辨別與選擇者。故求美之態度之發展，遂可使吾人著重各種事物價値高下之辨別。由此而培養吾人之愛好有價値者之道德意識。而求眞之態度之發展，則不必能有同等之效用。以人在求眞態度下，人恆易忘眞理之爲一價値，而恆不自覺價値觀念之重要也。

吾人之私情私欲，必由取得我以外之物，而得滿足。而吾人滿足私情私欲之活動本身，與賴以取得外物之工具，及外物本身三者，皆同爲滿足吾人之私情私欲之手段。由此而在私情私欲主宰之人生態度下，吾人一切活動之價值皆不在其自身，而一切外物之價值，亦不在其自身。除吾人之私的目的本身之滿足，被吾人直覺有本身價值外，其他一切皆只有工具價值，或手段價值。順此態度，而吾人之觀一切物，亦將着重發現其工具價值手段價值。一切物之工具價值手段價值，卽一切物之可作爲吾人意想之目的與結果之達到之原因的價值。原因結果之關係，爲求眞意識所欲知。然吾人關於事物原因結果關係知識之開拓，同時爲開拓吾人所追求運用之手段工具之範圍，且能加强吾人私欲私情者。吾人求知事物之原因結果關係之本身，固可是出於一純粹求眞理之興趣。然吾人之初有因果觀念，實由吾人在本能生活自然生活中，先直感外物之能爲吾個人情欲之達到或阻礙之原因，及吾情欲所引起之身體動作復能爲外物之變化之因而來。吾人之因果觀念之原始呈現處，乃吾人對於吾人之情欲，動作，外物三者間因果關係之直覺。此卽謂吾人之因果意識，初乃包含於手段目的之意識中。唯當吾人求客觀眞理之興趣出現時，將吾人對於外物之觀念，皆以之判斷客觀實在，而凝注精神於客觀實在，吾人此時乃有一自主觀情欲之解放超拔；同時吾人之因果意識乃自目的手段之意識中解放，而顯爲純粹之求客觀呈現事物之因果之純知活動。而求客觀呈現事物因果之純知活動出現後，此活動本身之繼續，復可壓抑吾人原始之手段目的之意識，而使吾人超出本能生活自然生活中之私情私欲。唯在此中，吾人求客觀因果之活動本身，必須繼續。如不繼續，則吾人所得關於因果之知識，即有為在求知活動停止時，所興起之本能欲望活動所運用，以達其私的目的之工具之趨勢。而一人若於因果關係眞理之獲得，無純客觀的興趣，又無其他價值理想或道德者，其所以望科學家多發現事物之因果關係，與之以更多因果知識之目標，恆在使其便於運用此知識，以達其私的目的或私欲。由是而吾人如欲自吾人私欲超拔，恆必須先有一自只求知因果關係之意識超拔，而產生另一種向客觀界凝注之意識。唯由此意識，吾人乃能發現一超私欲目的之純道德的目的，進而以吾人之因果知識作達道德的目的之用。而文學藝術上對於美的境相之欣賞表現，正為此另一種向客觀界凝注之意識，而足直接抵銷吾人因果關係之意識，使吾人自其中超拔者。蓋凡一美的境相，皆為一具體性個體，宛若與其外之物絕緣而孤立者。此吾人上段已言。故吾人精神凝注於整個之美的境相，即可使吾人運用因果知識以達一切私的目的之意識停息。　在美的境相之欣賞表現中，吾人之道德目的固亦不存在。然由欣賞表現所訓練出之凝注客觀美的境相之精神，能使吾人自私欲超拔，即已表現道德價值。而吾人精神凝注於客觀美的境相，以客觀化吾人之情感欲望，而自己同情的體驗之，如上之所論，即可培養出吾人對其他生命人物之同情。由此而對於美的境相之欣賞表現，即成為轉出吾人之仁心與道德目的之媒介。而在仁心與道德目的轉出後，則吾人之再有因果知識之運用，即成為純實現因果知識之客觀普遍的價值之事，吾人之因果意識本身遂在一更高之客觀的道德意識下，被包容被涵蓋而安頓；則無論吾人之求眞活動，是否能繼續，因果知識是否不斷增加，因果知識皆無被運用以達私的目的促進私的目的之弊矣。

五　求眞之意識活動對於求美之意識活動之補足性

然吾人以上之言，唯證求美之意識活動，可補足吾人求眞之意識活動，並不足證求美之意識活動，可包含或代替求眞之意識活動。蓋求美活動本身亦有其缺憾，而待求眞意識活動之補足。吾人上所述求美意識似優於求眞意識處，如換一眼光觀之，亦爲求美意識不及求眞意識之處。今試論之如下：

（一）吾人上言求美意識優於求眞意識之一處，在求美意識之寄托於有形相之感覺性境相。此感覺性境相，可爲人所共同欣賞，因而使人得超越其普遍觀念之執着與身體之執着；且使人常可在一特定時空，體驗美之客觀價值之同時實現於人我之心，而使吾人之心，成涵蓋人我之心。然復須知，吾人所欣賞之美的有形相之感覺境相，其中雖可包含普遍者，然其自身，仍爲一特殊的個體。由是而各美的境相，即各爲一特殊之個體而不相通者。此所謂不相通，乃謂各種美之分別各屬於一特殊之個體的美的境相，彼此間可無任何邏輯上之涵蘊關係，或互相證明之關係。由是而自一美的境相之欣賞表現，過渡至另一的境相之欣賞表現，必須經一精神上之間隔，或一整個心態之更易，由舊的欣賞表現心態之整個的超拔，再整個的沉入一新的欣賞表現心態。故凡一美的境相，皆要求吾人心之整個的凝注，與暫安住滿足其中，此即使一美的境相，宛成爲一絕對者。此種美的境相之堪受吾心之整個的凝注，而暫安住滿足其中，而宛成爲絕對者；乃由美的境相之能表現吾人之求眞理活動之本質，此如第三節所說，而見美的境相之特殊價值。然因各美的境相之不相通，而吾人又能由反省而知各美的境相之不相通，則復可造成吾人之一精神上之不滿足。蓋吾人能反省之心，乃自知其統一者。唯以心爲統一者，乃能反省各不同美的境相之不相通。然表現統一性之心，必不安於其所認識反省的對象之不相通，不表現統一原則；此即吾人所以求發現普遍的概念，以貫通特殊事物之起源。今各美的對象，既各爲一特殊之個體而不相通，則吾人即必將要求發現貫通之之概念。而在求美之意識下，又不容許吾人作普遍的概念之思維之事。由是而吾人欲滿足吾人之「求統一原則於所對之中」之要求，便只有由美的境相之欣賞表現，轉而爲美的境相之批評，以發現普遍的美學概念而應用之。否則卽須將美的境相之個體的絕對性打破，而使之不復爲美的境相，而化爲純感覺之所對，而研究其事實上所以存在之原理。再不然，則須以其他存在對象之統一原則、普遍概念之追求，以補足吾人純粹的求美意識之缺憾。由是而求美意識本身遂亦爲要求轉出求眞意識，而賴求眞意識以補足之者。

上文言吾人對於各美的境相之不相通，有一反省，卽有一不滿足之感。吾人今試問各種美的境相之不相通，何以可被吾人反省出。吾人今試假定：吾人在欣賞表現一美的境相時，卽全神凝注其中，而欣賞表現之之後，卽頓爾忘去，不留痕跡，或吾人精神永久凝注於一美的對象；則一美的境相雖與其他美的境相不相通，然吾人亦必不覺其不相通。因而亦無求一統一原則、普遍概念，以貫通之之要求。而求美之意識本身亦卽可無賴求眞意識加以補足之必要。然以美的境相本身，初爲感覺的對象之故，吾人遂不能將吾人之精神永久凝注於其中，亦不能對之不留痕跡，而對之不免有所記憶。蓋感覺對象爲有限者，精神爲無限者。無限之精神不能自限於感覺對象中，故凝注於一感覺對象既久，則必求超越之，以凝注於其他感覺對象。而又因吾人精神初凝注於感覺對象，恆自然有一精神之原始陷溺，故在其超越之後，仍不能不留痕跡，而不免有一記憶。於是吾人可反省出各美的對象之不相通。此不相通遂可引起吾人之一不滿足。由是而吾人遂可言美的境相之初爲特殊的感覺的對象本身，卽是使美的意識不能完足者。而能使吾人超拔此感覺對象之特殊性，解決此特殊性所引起之問題者，則唯有吾人之求統一原則求普遍概念之求眞意識也。

（二）吾人前言，因美的境相之爲感覺性而寄托於客觀之物質，故可使吾人念其所寄托之物質，而超越吾人之身體之物質之執云云，此亦唯是自一方面言。蓋吾人對美的境相之美，固可對之取純客觀之欣賞態度。然美的境相之感覺性，亦可引起吾人之本能欲望。蓋人對感覺性對象之本能欲望，包括一佔有執取對象，使屬於我之態度。此種態度在吾人純粹求眞求美之意識中，本皆爲待超扱者，否則求眞求美之意識同爲不可能。由求眞意識而對象物皆成表現理者。物化爲理，遂無物堪爲被佔有執取者。由求美意識，而融普遍之理於特殊境相，理本身遂亦成不能被佔有執取者。然因在求美意識下，吾人旣凝神於感覺性之特殊境相，此境相可有：「與引起吾人之本能欲望之感覺性對象」之相似之點，於是有暗示引起吾人之本能欲望之作用。而當吾人之本能欲望引起後，吾人所要求之美的境相，便亦需爲能一方面使吾人之本能欲望滿足者。由此而有俗惡之藝術文學。且凡爲感覺所對之境相之特殊性本身，亦皆爲可使吾人陷溺而加以執取佔有者。故人沉酣美的境相之欣賞表現之後，常不免轉出佔有執取美的境相之欲望。而美的境相之美本身，又只可直觀而不可執取，而吾人所執取者遂唯是美的境相所寄托之物質。於是吾人遂由欣賞表現美之興趣，轉爲私人之搜藏美的物品之興趣，幷或藉搜藏之多以自炫之興趣。由此而好美之意識轉爲一罪惡之意識。而此罪惡之免除，亦有賴於吾人之復引起求眞之意識，以解脫之補足之。

（三）前言藝術中之美的境相之初爲有形相的感覺對象，故吾人可在一特定時空中同欣賞之。而在共同欣賞中，吾人可體驗美的價值之普遍的實現，而使吾人當下之心涵蓋人我之心云云，此固爲美的境相之重要的道德價值之所在。然亦正因美的境相之爲有感覺之形相，則美的觀念美的意識，非藉感覺上之形相，不能傳達。人未聚於一特定時空，以欣賞某美的境相，卽不能共體驗一價值之普遍的實現。而眞理則以其爲無形相之故，表達眞理者又可純用抽象之語言文字，以使在不同時空中之人，皆可有同一眞理之認識；於是吾人凡見有人所用之語言文字之意義相同處，吾人卽知有同一之眞理呈現於不同之人心。因而在求眞理之活動中，人雖不易體驗一眞理之在一特定時空中之普遍的實現於人我之心；然在另一方，則吾人可不與人直接交往，而只須通過所見之往古與遠方傳來文字語言之了解，而卽能體驗一眞理之普遍實現於人心。則藝術的求美意識與學術的求眞意識之對於貫通人我之心之道德價值，又成得失互見者矣。

（四）至於文學藝術能表現吾人之私情私欲，使之得其安頓，而化爲公情公欲之效，固爲一文藝學術之特殊價值所在。然因文學藝術皆以特殊表現普遍，故賴文學藝術以超化情欲之效，唯在吾人正接觸文學藝術作品之時。因而吾人在讀一小說詩歌觀一戲劇時，雖可使吾人一時頓成無私的富於同情之人，然當此作品之對象逝去，吾人之同情亦卽與之俱逝。因而欲使吾人常有公情公欲而節制私情私欲，遂不能不賴於出自道德理性之道德目的道德觀念之制裁後者，而支持前者。而出自道德理性上之目的觀念之爲普遍者，雖不同於一般眞理之爲普遍者，然要爲眞理之一種；而其認取，亦必有賴於吾人之抽象之思維，與形成概念之能力。故吾人若根本缺乏或未訓練出對有關道德之眞理之思維，與形成概念之能力，則吾人亦不能執持道德上之眞理，確定道德目的道德觀念，以之爲制裁私情私欲之標準與導引公情公欲之規範。由此而吾人欲保持藝術文學所培養出之同情心，卽有待於求眞理意識之補足。

至於求美之意識之易使吾人自覺價值之觀念，辨別對象之價值之等差，亦自是求美意識之優點。然吾人須知由求美意識而生之對美之高下之辨別，或其他客觀價值高下之辨別，皆爲直覺的突發的。直覺的突發的價值辨別，可以極正確，然亦可極錯誤。蓋人類所求之價值，可有二類：一爲目的價值客觀價值，一爲工具價值主觀價值。眞善美之價值爲目的價值客觀價值，蓋其本身卽可爲吾人所當體驗當求實現之目的，且具客觀性也。而能滿足吾人之欲望之物之價值，則爲工具價值主觀價值，此不必皆爲人所當體驗當求者。其當體驗當求與否，唯視此欲望所隸屬之目的本身而定。因而此種價值，乃不必有客觀性而可只有主觀性者。然此二種價值之認識，最初皆賴一直覺的突發的直接肯定。因而此二種價值意識常相混淆夾襍，遂使吾人以主觀價值爲客觀價值，以客觀價值爲主觀價值，以非眞者爲眞，非美者爲美，非善者爲善。如吾人以能對我有利之言爲眞理，能足我欲之物爲美善，或以眞美善只爲滿足吾人之欲望者是也。由是而吾人欲體驗追求客觀價值或本身價值，必須先了解其與主觀價值工具價值之分別。而此種分別之了解，則須賴吾人之心先成爲一「能反省吾人之一切突發的直覺的價值之辨別」之客觀的心。而此種心之訓練出，則賴吾人之在一時能超價值之辨別之事，而對於一切存在之物作平等觀 。於是吾人求眞理之心乃成爲一對於一切存在之物加以平等觀，而若超價值之辨別之事，守價值的中立，不自覺其自身爲追求一種價值者；正所以輔助吾人對於客觀價值之自身之高下，能有正確之辨別能力者。而人之輕信其突發的直覺的價值之辨別，正須賴一似於一切價值守中立求眞理之活動，以打破其輕信；然後吾人之求美意識所引出之價值之辨別，乃可免於錯誤。

至於吾人上段文最後所言，求美之意識，可以使吾人超出因果關係之意識，則本不足證求美之意識之優於求眞意識，而只證求美意識爲補足求眞意識者。吾人上所謂，由因果探索所得知識，恆爲吾人之私的目的所利用，而賴求美之意識則能使吾人利用因果知識以達私的目的之意識停息，此義誠是。然由美的意識所轉出之道德目的，仍待理性觀念爲之支持，如上所論。則美的意識欲完成其超越利用因果知識之事，以轉出道德目的之任務，仍有待於求眞意識。此義易知，不須詳論。

由上所論，吾人遂知求美意識與求眞意識，皆爲不能自足，而必相待以補足其自身之缺陷者。故人由求眞意識必須轉出求美之意識，而人由求美之意識，亦須轉出求眞之意識。因而自求眞意識上看求美意識，可說求美之意識中之抽象普遍者之未自覺，而不免陷於特殊具體者，是爲較低之意識。自求美意識上看求眞意識，又可說求眞意識中之普遍者，未融入特殊具體者，而不免使人執着普遍抽象者，是爲較低之意識。實則此二種意識，根本爲相涵而相待，實無高下優劣之別，唯被待者對待之者言，則可稱爲較高較優之意識耳。

六　求真理之科學哲學意識之一種高下層次觀

至於各種藝術文學各種美的意識本身之高下層次，則亦爲一不易論之問題。然吾人既承認美與眞之相待，普遍者與特殊具體者之相待，則可定一原則，以衡其高下。卽愈美之眞理，愈具體之眞理，在眞理領域中應爲最高者，而愈包含普遍之眞理之美，在美的領域中應爲最高者。吾人以此原則，可以言吾人以前所論之各種眞理各種學問之意識之高下，亦可藉以說明各種類藝術文學之意識之高下。

在各種知識中，吾人可謂經驗科學，歷史科學應用科學之知識之眞理價值屬於較低之層次，幾何數學之知識較高，而邏輯、哲學知識最高。而各種在文學藝術中，則其美的價值之高下，在原則上可定之如下：

一、內容有意義而重在表述其意義之文學，其純美的價值較低，此卽散文、小說、戲劇。

二、內容無意義，而重在表現一純形式之美之藝術，其純美的價值較高，此卽建築、彫刻、圖畫、書法、舞蹈、音樂。

三、內容有意義而意義融於其形式中者最高，此卽爲詩歌頌讚箴銘等。此再分別說明如下：

吾人之定各種眞理知識之高低之原則，爲愈涵具體之眞理爲愈高者。依此原則，吾人定各種知識高下，似當依其內容所包含者之豐富程度爲標準。則吾人幷不能謂一幾何學系統之知識，低於邏輯上之一眞的命題，而高於人類之全部歷史之系統的叙述。然吾人之所以仍可定各類眞理知識之高下如上述者，則吾人須知吾人今之應用此原則，乃純應用於吾人求各類眞理之原始意識或原始意向，而非應用之於所得之各類眞理知識之成果也。

吾人之所以謂吾人之求經驗眞理之原始意識原始意向爲最低者，乃以吾人求經驗眞理之際，吾人只要求吾人之觀念，得經驗實在之證實。故吾人只須應用一普遍觀念，以之判斷一特殊事物，吾人卽有一經驗眞理之獲得。因而吾人之各種普遍觀念雖全不相聯絡，而只分別的有眞理價值，吾人求經驗眞理之意識本身，亦可無不滿足之感。而吾人求經驗眞理之系統化，則爲求經驗眞理之意識之繼續或充量發展之結果。如舍此不論，則吾人可謂求經驗眞理之意識爲最低，而經驗科學在原則上亦最低。

歷史科學之所以較經驗科學高者，則在最原始之歷史知識亦須把握事物之發展。而事物之發展，必表現變異性與恆常性。吾人說明歷史之變異，亦須用普遍之概念原理，如吾人上章所論。然吾人今可謂，對事物發展過程言，唯其恆常處之恆常性，爲其普遍性，而其變異處則爲恆常處之經歷不同之特殊者而有，以分別表現特殊性者。由是而歷史之知識，至少須理解普遍者之貫於二個以上不同之特殊者。由是而在歷史知識中普遍者恆顯爲貫於特殊，統一特殊者。唯在歷史之知識之意識中，吾人之說明一特殊，仍是以一普遍之概念說之，故爲知識而非文學。而因歷史知識原於知普遍者在特殊中之發展，故歷史知識至少必成一系列而絕不能安於零碎孤立，而與原始經驗知識之可安於孤立零碎者不同，故較之爲高。應用科學知識之較歷史科學高者，則以最原始之應用知識，皆爲了解一如何動作於物，使物與物發生相互作用而變化，以達吾人之目的者。故其最低者，亦爲指示吾人以「造作一物之變化」之歷史，以達吾人之目的。此目的觀念本身爲一普遍觀念。吾人復有各種方法以達此目的，即有關連一普遍目的之各種方法知識。由是而有各種方法之知識，通過一普遍目的觀念，而聯結成之統一知識系統。對目的而言，各方法各爲一特殊者。一方法中指示吾人之以如何動作加於物，使物與物相互作用。而吾人動作之加於物，使物與物相互作用之結果，即足致此普遍目的觀念之實現。此普遍目的之實現，乃由於吾人之動作與物等，互相貫注其作用，而各自超越其自身原先之特殊性，以成爲此普遍目的之實現者。由是而吾人知一普遍目的如何爲諸特殊之方法所實現，即一知普遍者如何通過諸特殊而存在之知識。在此知識之意識中，一普遍者與特殊者遂可被直觀爲相融不二者，而此即爲吾人美的意識藝術意識與應用技術意識之共同原始。唯以在吾人應用之技術之活動中，吾人之普遍目的與諸特殊之方法，初乃以相對之姿態而出現。當應用特殊方法時，普遍者之目的尚爲理想的。當普遍者之目的成現實的時，特殊方法之運用即停止，而成爲理想的。故應用技術之活動雖是實現普遍者於特殊之方法，然尚不能使普遍者之實現特殊，同時被直觀爲現實，因而尚不能眞呈發爲一美的意識或藝術意識。吾人遂只能理想地概念地思維吾人之目的觀念與吾人動作及物間之相互關係，而分別的陳述之，所得者遂唯是普遍的應用知識。然吾人眞能思想出一應用知識之命題之意義，如吾人上之所爲；則此知識却直接是告吾人以普遍者與特殊者相融貫之知識。此知識之意義，全部爲吾人所思出，卽包含一普遍者與特殊者相融貫之直觀；遂可知其包含一未顯出之美的意識藝術意識。然吾人之應用知識之意識中，其求知識之系統化而表現統一，有一根本之缺憾。卽在應用知識之系統中，諸特殊方法之知識，可來自不同之泉源，各有對之爲眞之領域。亦卽各有所通貫之更特殊之事實，而對之爲眞。諸特殊方法之知識，可應用以達一普遍之目的而連綴成系統，表現一統一。此可喩如諸線之交會於一點。然此諸線仍爲彼此分離。此卽以喩諸特殊方法知識本身之間，並未能有不可分離之關係，以成一全幅相關之系統，表現眞正之有機的統一。因而應用知識雖告吾人一特殊方法之能實現一普遍者，可使吾人直觀一普遍者與特殊方法之相融不二；然此只爲使吾人直觀一普遍者可如是如是實現之一事實；而未能使吾人直覺得此諸特殊方法何以能實現此普遍者之理由。由是而普遍者與特殊者仍是互相外在。應用知識之爲眞理，唯由觀諸經驗事實上之可如是如是聚合以發生某結果而來，則爲無必然性。而此中普遍目的與特殊之統一，亦爲在意識上隨時可分離，而不能滿足吾人求具體的眞理之要求者。

然在幾何學之中，吾人即能獲得表現普遍與特殊之必然關係之眞正有機的統一之知識系統。蓋原始之幾何學知識，爲關於可直觀之圖形之知識。然其爲關於圖形之知識，乃關於圖形如何依律則而構成，如何被律則規定，以與他圖形相關連之知識。如圓爲依一點爲中心一定之長爲半徑之規則而構成，三角形三角之和等於二直角等。由是而幾何學之知識之意識中，一方有對圖形之直觀，一方有對圖形所由構成之律則與相關聯之律則之自覺。自多個圖形之可表現一普遍共同之律則，每一圖形之各爲一特殊者言，則吾人之直觀一圖形，而自覺律則之寓其中，即爲直觀普遍者之在於特殊。然一圖形本身可表現多種之律則，可由不同之律則，加以構成與規定。圖形自身在幾何學上乃一理想性之對象，亦即爲一普遍者，吾人對之可有一普遍之概念。而構成規定此圖形之各種律則之知識，遂復可視爲關於此圖形之各種特殊知識，同交會於此普遍之圖形之概念，而形成一系統者。各種關於圖形之律則，爲能規定幷助吾人構成圖形而實現圖形者，有如在應用知識中，各種特殊方法之爲實現一目的觀念者。則圖形之概念在幾何學上之地位，相當於普遍目的觀念在應用知識系統之地位。然在應用知識系統中，各特殊的達目的之方法之知識，可分別根據於諸經驗以建立，其與目的之必然關係，可不被肯定。而在幾何學系統中，則除原始之公理或設定，不能證明外，其餘關於一圖形之律則之知識，皆爲必須被證明者。而所謂證明之意義，即通過關於此圖形之構成規定之律則，以與其他相關聯之律則連結貫通，以得此所欲證明之律則之謂。由是而被證明之律則之爲眞，皆通過其他律則之連結貫通而爲眞。于是幾何學中關於一普遍圖形之諸特殊律則，卽皆爲被證明爲眞者。由是而各特殊律則之間，與其對此普遍觀念之間，皆有一理論上之必然的關係，而形成有機的統一。諸特殊律則之共構成規定一普遍之圖形，卽使此普遍之圖形之觀念眞正被諸特殊律則所貫通，使此圖形之觀念成具體之觀念，而吾人關於此圖形之所得之眞理，亦成具體之眞理者。

純粹數學之知識與幾何學知識，大體相同。數之爲依律則構成，幷依律則以規定其與其他數之相關聯，與圖形同。多個之數可表現共同之律則，而律則爲普遍者，數于此卽爲特殊者。吾人直觀律則貫於諸數間，卽爲直觀普遍者之在特殊。然數自身又爲理想的對象，爲普遍者，吾人對之卽可有一普遍概念。而構成規定一數之諸律則之諸知識，復可視爲關於一數之各種特殊知識。數學中知識，除公理與設定外，皆爲可證明者，與幾何知識同。數學知識與幾何學知識之相異之點，卽在幾何學中各種圖形之不同，在圖形意識中，必須分別加以置定。每一圖形爲一整體。而一對象吾人以一圖形規定之，則不能兼以他圖形規定之。若非通過數之觀念，吾人亦不能謂某圖形爲若干他圖形所合成。然於各種數之不同，則吾人不須一一分別加以置定，而可在一系列中依序加以置定。後來之數可只依律則，而對原來之數，施以一串一新作爲，卽可一一被置定，而顯爲不同之數。如對零施以一「加一」之作爲，卽成爲一。對一施以加一之作爲，卽成爲二。再對二施以加一之作爲，卽成三。對一施以分爲二之作爲卽成$\frac{1}{2}$。再對$\frac{1}{2}$施以分爲二之作爲卽成$\frac{1}{4}$等。由是而依各種作爲方式，即可化一數爲其他數。而一對象吾人以一數規定之，亦可以他數規定之。如吾人於一物可以各種單位計量之，爲十寸或爲一尺，爲十分之一丈。亦可依各種次序數之，爲第一，或第二第三；或謂其數爲加一即成二之數，加二即可成三之數等。由是而謂一數爲各種關於此一數諸特殊知識之普遍者，即同時直接涵蘊其他與此數等值之諸數，亦爲各種關於此一數之特殊知識之普遍者。如關於2之特殊知識皆爲關於3—1之特殊知識。2與3—1即同爲此諸特殊知識中之普遍者。而一幾何上圖形之爲各種關於此一圖形之各種特殊知識之普遍者，則不同時直接涵蘊：有其他圖形之爲原圖形之各種特殊知識之普遍者。如三角形爲關於三角形諸特殊知識中之普遍者，不直接涵蘊矩形爲三角形之特殊知識中之普遍者。吾人如不能將三角形與矩形之面積長短先以數量定之，而使其差別成數量之差別，則不能以一定之數學公式說明三角形與矩形之關係，吾人亦不能以一定律則將三角形與矩形之關係表出。（此律則爲矩形之面積爲二直角三角形之和）而使應用於三角形之律則間接應用至矩形。由是而幾何學中之圖形雖爲普遍概念，然因各圖形各有其相狀與律則，各圖形概念自身，各爲一特殊，吾人不能直接以一普遍律則加以說明。遂仍不能滿足吾人以普遍貫通特殊，得更高之具體的眞理之要求。而數學中之各種數雖對數之概念自身言，各爲一特殊，然人于每一數皆可直接依其構成之律則而知此律則之可應用於其所等值之數，便使吾人對此一數之知識成普遍的有效於其一切等值之數者。此即更能滿足吾人以普遍貫通特殊，得更高之具體眞理之要求。

關於邏輯之知識乃關於吾人思想活動之形式間之涵蘊關係推演關係之知識，亦卽對一種形式之思想活動所形成之判斷命題，所能涵蘊推演出之他種形式之判斷命題之知識。幾何學之對象爲圖形之形式關係，數學之對象爲數之形式關係，邏輯學之對象爲命題之形式關係。關於「一形式之命題之本身，及其與他一形式命題結合，所能涵蘊之諸命題」之知識，卽對於此形式之命題之各種特殊知識。而此一形式命題之貫於此諸特殊知識，卽亦爲一種普遍者之貫於特殊。邏輯中除其基本命題外，關於一形式之命題之諸特殊知識，爲可以證明者，卽類似幾何學數學關於一圖形一數之諸特殊知識，爲可證明者。邏輯學之知識與數學幾何學之知識在此全同。然各幾何學之圖形，在直覺上被置定爲各不相同，故關一圖形之知識不能移用至他圖形。數學之數，則雖在直覺上被置定爲各不相同，然因數與數間可有等值關係，則關於一數之知識，可移用至他等值之數。由此而見數學知識間，有更大之互相證明與貫通之事。然一數與一數間之等值關係，不能由直觀二有等值關係之差別之數之本身而得，必待吾人對此二數之所由構成加以反省，對此二數任一個施以綜合或分解等而後見。（如吾人必分解四爲二與二乃知四等於二加二。必綜合二與二，乃知二加二等於四）此中之等値關係乃潛伏於差別之直觀之中者（如4與2+2在直觀中初非同一，而爲差別。）數固可說純是由吾人思維自身所構造，然吾人構造成之後，必視爲思想之一對象而思之。而分別構造出之各數，各作爲一所思之對象而觀，卽可依其差別性，被擺出置定爲表面上不相依之對象。然在邏輯學之知識中，各思維之形式，原爲內在於吾人思維之自身者。吾人之思之，亦只能作爲內在於吾人之思維之形式而思之。各思維形式雖表面不同，而皆統屬於吾人之自我，而在吾人之思維歷程中顯示。其相互之等值關係，亦在思維歷程中顯示。故諸思維形式表面雖顯差別性，而吾人自始不能依其分別性，以擺出置定之爲分別並在之對象。由是而吾人之思各不同之思維形式所形成之邏輯命題之等值關係，便非思其等值關係之潛伏於其差異性之直觀之下；而是思此等值關係之如何使吾人將表面分別之邏輯命題貫通爲一，使吾人能順此等值關係之指示，由一端之命題形式過渡至他端，進而超越兩端命題形式之分別性之直觀，以思維或直觀其純粹之眞理價值之同一。如吾人直觀或思維P眞與「P妄」妄等值關係時，吾人之直觀或思維，卽通過P眞與「P妄」妄，而超越二者之表面分別性之直觀，以思維或直觀其純粹眞理價值之同一。故在數學中，吾人由對於各種數之等值之思維，以發現各種數之知識之貫通，因其尙不能泯除各種數之在直觀中之分別性，則其貫通，仍爲被此分別性所間接者。而在邏輯中，則由吾人對「爲各種思維形式之表現」之邏輯命題之等值思維，而發現各種邏輯命題之貫通時，則因吾人之思維其等值關係，同時超越其表面之分別性之直觀，而只思維或直觀其眞理價值之等值而同一，而各種邏輯命題之貫通，遂成爲純粹之直接貫通。

復次，邏輯上之命題只表現思維之形式，故邏輯上之眞理可一一爲吾人思維活動自身所證實，而吾人可自足其證實之事。不似數學上之數之可顯爲客觀之對象，而數學上之眞理人亦或要求應用於實在對象以求對象之證實，一若不能自足其證實之事者。又吾人之思維活動屬於一統一的自我，故表現思維形式之邏輯命題，亦成一統一的全體。而數之一一被構造出，即被擺出置定成如外在於統一自我之系列，以至成一無底止之系列。故表示數之構成與關係之諸數學眞理，遂不能成統一的全體。凡此等等，皆使吾人覺邏輯上之眞理系統，更爲一獨立而有機的個體，而任一眞的邏輯命題之連結於邏輯系統之其他命題，以成種種之新命題，皆如爲其自身之分別特殊化其所關聯，而使之成爲貫於特殊之普遍眞理，亦即吾人所謂具體的眞理者。而通過邏輯系統中之邏輯命題之等値關係，以觀邏輯命題之爲普遍者，通過對邏輯系統本身之思維，以自己證實此系統本身之爲一統一之全體，再觀諸邏輯命題之爲普遍眞於此系統中者；則邏輯眞理之較數學眞理更爲具體之普遍眞理之說，遂可成立。（或以邏輯所說者爲純抽象之形式，只有正與錯無所謂眞與妄，故無所謂眞理，但在本文系統中則不能如此說。）

至於哲學上之知識之所以爲最高，則正在哲學上之眞理爲最具體者。哲學上之宇宙論爲綜合吾人之對於時空中存在之經驗知識，以論宇宙之一般結構，與經驗科學相通者。人生哲學價値哲學歷史文化哲學，爲求置定人生文化之價値理想，如何實現於時空中之一切存在，而與應用科學歷史科學直接相通者。知識論爲反溯知識所由構成之過程及所包含之成份，此一方連繫於邏輯，一方通過其所反省之知識，而間接通於知識所接觸之時空中之存在者。而形上學則爲求了解時空中存在之最後的根據或究竟之實在者。故哲學與邏輯幾何學數學之不同之點，即在邏輯數學幾何學之意識，皆為自時空中之存在游離之意識。其所得關於圖形、數或邏輯命題之知識，固可應用於時空中之存在對象，然此知識之直接對象，既唯是此諸超時空或普遍於一切時空之圖形、數、邏輯命題，故得此種知識之意識，可不必過渡至將其應用之意識。哲學則必須論及時空中之存在，因而對於圖形、數、邏輯命題應用於時空中存在之後，所表現之眞理價值，必加討論。由此討論，則使哲學之意識成更廣大之意識，使數學、邏輯中之概念原理顯示新意義，接受新規定。此新規定，對此概念原理，為一特殊之規定，即使此概念原理，貫入一新特殊，而使其包含之眞理成為更具體之眞理。而哲學與其他科學之不同者，則在其並不求順時空中存在之呈現，以求擴大對於一一之特定時空之經驗知識歷史知識之內容；亦不討論用特定之數學幾何學之知識，說明特定時空中存在時之眞理價值；而只反省其已有之最富普遍性的關於時空中存在之知識之更普遍的意義，其於「宇宙全體之普遍結構之研究，知識構成之一般原理之說明，究竟實在、人生之根本價值、理想之規定等」，有何眞理價值。因而哲學之意識，雖觸及時空中之對象，然不同於經驗科學意識之不斷自陷於時空中特殊對象；而其嚮往普遍於一切時空之眞理之意識，又與數學邏輯之意識同。由是吾人可說哲學意識為求得涵蓋時空之普遍眞理之意識。而其所以得此涵蓋時空之普遍眞理之道，則為繼續不斷之反省關於時空中之存在最普遍之知識之意義，加以融貫，而超拔吾人之法執，歸約吾人之知識，由宇宙論知識論，以歸宿於形上學人生價值理想之智慧，如吾人前章之所論。而此種融貫知識，超拔吾人之法執，以歸約知識之歷程，又卽爲自時空之存在之意識中解放之歷程。故哲學之意識與時空中存在之關係，自始卽非游離其外之關係，而是一種加以超越的涵蓋之之關係。由此卽見哲學之意識，爲最具體的意識，而此意識所嚮往之眞理，必爲最具體的眞理。故吾人不特要求吾人對於哲學上眞理之知識，皆爲可與其他哲學上之眞理之知識互相證明，而構成一哲學系統，使其各方面之一般概念原理，皆爲能相依爲命之概念原理；吾人且要求哲學上一般概念原理，皆如爲說明一較高以至最高理念之謂詞，而爲此理念之內容之各方面，以形成一本身包含一知識系統之理念；使此理念成爲以單獨唯一之理念，以說明視作單獨唯一之對象之宇宙人生者。吾人思維哲學上之高級理念，固可用次第增益其謂詞之辦法。此謂詞之次第增加，固可說爲吾人所知之此理念原有意義之次第特殊化。然吾人不能由此以說此理念本身之只爲一抽象之普遍概念。蓋其原有意義之次第特殊化，既只是次第之增益其謂詞；則此特殊化之過程，同時爲此理念顯示其爲具多方面意義、多方面內容之具體的眞理之過程。故對於哲學上高級理念之知識或智慧，吾人必須視之爲包含：「此理念之各方面意義內容之知識系統」者。而任何孤立的哲學性之命題或知識，若不視之爲說明一高級哲學理念之全體內容之一方面，而通過此全體內容，以了解其意義，則將失去其哲學上之眞理價值，而只有科學上或邏輯分析上之眞理價值。而人既通過高級理念之全體內容，以了解一哲學性命題或知識，則高級之哲學理念之具體眞理性，亦卽爲此哲學性之命題或知識之所分享。由此而哲學意識所嚮往之眞理，一方面必然爲整一之眞理系統，爲唯一之高級理念之眞理，一方面卽必然爲一有具體的眞理性之眞理。

七　求美之藝術文學與求真理之科學哲學意識之一種類比

吾人以上論各種科學哲學知識之高低，如在一義上可如此說，吾人將依類比，以論藝術文學之高低。

吾人以散文與經驗科學相類比，而爲最低。吾人類比之根據，在散文中之美文，或爲抒主觀之情，或爲寫客觀之景物，乃分散的描寫一特殊具體之主觀心理或經驗對象之事。而經驗科學則始於分別的求知主觀心理或經驗對象之抽象普遍之理，故二者可相類比。而分散的描寫具體特殊之主觀心理經驗對象之散文，所以爲最低，則以原始之散文可只爲敘述之句子所組成。此諸句子，可全無一判斷，而只述諸感覺對象與主觀感情等在一特定時空之聚合，而其所以聚合及聚合所表現之理，可全爲潛伏的。

吾人以小說與歷史相類比而較高，蓋二者皆不只敘述一對象，而爲敘述一連續故事之演變發展。二者之不同，通常言在歷史爲實際時空中之實事；小說之所述，則爲假定時空中虛構事。或自其歷史上有連續關係之其他事截斷後之一段實際時空中之實事——此實事既自前後之連續關係截斷，亦同於假定時空中之虛構之事。實則此種不同，卽個體化之故事，與不能眞個體化之故事之不同。小說中之故事，能自成首尾而個體化，故可與前後之時空脫節，亦須虛構之成爲與實際之時空脫節者，乃能托顯其個體性。而歷史上之故事，則不能全個體化者。歷史上之事件，固爲一件一件者。然歷史上之事件，皆與前後之無盡時空中之事連續者。由此連續，使每一件事之性相，皆通於其前後之事件，而吾人之叙述歷史上之任何事件之性相，皆須視此性相爲普遍者而思維之。歷史上之事件雖皆爲具體者，然若吾人不能將一自具首尾之個體事件，自前後之時空關係暫時截斷，而只一往的思其前後相連續之事件，則此事件既爲前後事件之過渡，吾人對其性相之思維，亦必過渡至前後事件之性相之思維，而每一性相之具體性，遂不能凸顯。故吾人認識歷史之事件之個體性，必將歷史上略自具首尾之事件與其前後之事截斷，而孤立的認識之，由是而歷史可有小說之意味。唯其本身畢竟非小說者，則以此孤立之個體事件，吾人仍知其屬於歷史之長流；通過長流以觀此事件之性相，此事件之個體性，仍不能凸顯也。由是文藝小說欲描寫一個體性之事件，遂不能不多出於虛構。卽本屬歷史上之事件，亦視之如非歷史上之事件，而同於虛構者，然後可成文藝小說之內容。蓋惟虛構之事件，乃無前後之連續事件，能前無來處，後無去處，方能眞自具首尾，而表現個體性也。

至於小說之所以較散文高者，則以小說中之故事，一方表現個體性，如散文之描述個體事物。而小說中之故事，必有演變發展。有演變發展則有一貫之意義與目的，爲故事中之各階段之普遍者，由是而小說可直接顯示一眞理。

吾人以戲劇與應用科學相類比，則根據於戲劇與應用科學，皆爲關於人之可以分成段落之有目的的行動者。應用科學與戲劇之不同，在應用科學唯抽象的指出人之達到某一類人生目的之一抽象的行動方法，而戲劇則爲寫出或演出人爲達到某一類人生目的之具體的行動態度。小說爲連續成之一串之故事發展，故一部小說成一個體。戲劇則分爲各幕，以表現連續成一串之故事發展之各階段。故一戲劇是一個體，而其中每一幕戲劇，亦成明顯之附從個體。每一幕劇表現一普遍意義，爲一普遍者所貫注，整個戲劇亦表現一普遍意義，爲一通全劇之普遍意義所貫注，故戲劇中有兩重之普遍者，而包含之眞理意義更豐。此則與應用科學中，論達一類人生目的之行動方法皆可分成段落，且每一段落有一明顯之附從目的，可相類比。

吾人以建築、彫刻、圖畫書法與幾何學相類比，則以二者皆爲關於形相的。二者之不同在幾何學只指出各種形相關係之律則。而建築等，則依律則而具體構造出形相。幾何學指出某一律則爲各種形相共同之律則。而建築等則具體構造出對稱、反復，多中見一，異中見同，曲中見直，變中見常之形相，以具體表現各種律則，而供吾人之直觀。而直觀一、同、常、直，之在多、異、變、曲中之顯示，即足阻止吾人之單提抽象普遍律則而思之之幾何學的思維，並使吾人發現建築等之美。大約一建築等中之多、異、變、曲之成份，增加至足以阻止此種幾何學思維出現之程度，進而使吾人之思維無可施，此建築等即成藝術品。故在建築等之依律則而理想出與構造出之形相，不能是只表現呆定之幾何律則之形相，而必須有參差之趣。至吾人之所以說建築等藝術品較散文小說戲劇，在原則上爲高者，則以後者所表現之理，皆自始爲散見在具體之時空之實事中者。而建築等藝術品之理，則先在吾人之心中。吾人乃先有一理想，而據之以構造實物，以成建築等藝術品。于是建築等藝術品遂直接爲理想之貫徹之產物。而吾人之恣直觀，以接觸其所由生之理想，即直接接觸一普遍者之眞理。此眞理，以初爲人之理想，即初爲只實現於人心之前者，亦即爲更能凸顯於人心中之眞理。至於建築彫刻圖畫書法中，建築所以爲最低者，則以建築爲吾人以理想構造實物之始。吾人之理想，於此最易爲實物之物質性所阻礙。故吾人之理想，於此亦最須呆定化，以支持吾人之構造活動。由是而在吾人建築活動中，吾人之建築圖案，亦恆直接根據幾何之理而形成，其中多異變曲之成份恆不足以阻止幾何學之思維，便難滋養藝術性之直觀。而在彫刻中，則實物之物質性之阻礙較少，吾人可較自由的增加多異變曲之成份，則理法外之韻致神味出。在圖畫書法中，則物質性之阻礙更少，更可由吾人之自由表現吾人之理想，而韻致神味更顯。而此理想之形成，亦可更求合美學上之原理，使吾人更能在直觀中接觸較豐富之形式眞理。

吾人以舞蹈音樂與數學相類比，則以二者皆爲依一動的秩序而構成。舞蹈與建築等之不同，在建築等中所構成之形相皆爲靜的，而舞蹈則如由身體之形相之動而生之動的形相。故由舞蹈可得形相意識之解放，而於形相之依序次而變化中，直觀前後形相之統一貫通配合，及周運於參差變異之中，便使吾人超形相之執着。故舞蹈雖依於形相而有，而舞蹈之美則不只在形相之本身，而要在一特定形相之自己超化，所成之各種動態歷程中。每一動態爲一舞蹈之單位。此每一單位與其他單位之屈伸升降之動態的對應關係，及數量的比例關係，乃舞蹈之美之所係。此形相自己超化而成之動態間，其更能表現數之比例關係，正有如解析幾何中之將一形相之量，以數計之，使諸形相間更顯出其數之比例關係。

音樂高於舞蹈者，則在舞蹈中尙有形相，而音樂則全然超形。舞蹈乃形相之動態化。而有形相之物之動之一結果，則爲發一超形之聲。聲乃物之形相由振動而自相更迭之結果，亦卽形相與形相相銷歷程中之產物。而音樂中所選擇以相配合組成樂調之聲音，其所自生之形之振動，卽自始爲有數之比例者。而音樂所表現者，遂唯是自成數之比例之基本樂音，自相配合所依之數學律則而已。而音樂中聲音之輕重，疾徐，高低，抑揚，有聲與無聲，互爲正反而去留無跡，亦卽有純邏輯之秩序運於其間。而人在音樂中所直觀之眞理之意義遂爲更高者。

至詩歌頌讚哀祭箴銘之文，所以在藝術文學中爲更高，則由其不僅具音樂性，可謂之於音樂，亦含藏具體之意義。吾人之以詩歌頌讚箴銘等與哲學相類比者，卽根據於詩歌頌讚箴銘等之具音樂性，而又含藏具體之意義，以通於散文小說戲劇。此有如哲學中之通數理與邏輯之理於經驗科學歷史科學應用科學之理。而詩歌頌讚箴銘之所含藏之具體意義，必歸向於對宇宙人生文化全體之透視，卽與哲學之形上學人生哲學文化哲學通。而二者之不同，亦不外詩歌頌讚箴銘等之表現宇宙人生文化之具體意義，自始爲求訴之於直觀，並以可感覺之事物爲象徵，而哲學則初爲求訴之於理性，而以抽象之概念爲說明。此二者之別，卽或滿足求美之意識或滿足求眞之意識而已。

第七章　人類宗教意識之本性及其諸形態

一　自現實自然生命求解脫與宗教意識

吾人在論求眞意識與求美意識之文二章，已指出二種意識皆爲不完足而相待者。由其相待，則吾人可以二種意識互相補足。然此種補足，唯是一以一偏救治另一偏，利隨而害亦隨。吾人如只來回於此二種意識之中，仍不能安頓吾人之精神生命，而使吾人在道德上立於無過之地，亦不能使吾人滿足求眞求美意識中所涵之求絕對眞絕對美之要求。故吾人必須繼而論一更高之意識，卽宗教意識。

吾人之求眞與求美之意識不同。然有一同點，卽皆爲精神傾注於客觀之眞美，而耗廢吾人之自然生命力者。吾人之求眞求美，固可一往追求。然吾人之求眞求美之意識，如只爲隸屬於吾人之自然生命者，則此種追求，爲必然有懈怠者。如欲減少此趨於懈怠之墮性，暫時之補救法唯是物質的及生理的享受之增高。由此吾人可以了解，純粹之學者與文學家藝術家，何以在精神生活上恆不易再昇高一級之故。學者之於貨財，文人藝術家之於男女之愛欲，均易有一種貪欲之滋生。至少亦必求達到一相當滿足之程度。此中實大有故在。蓋學者文人藝術家之傾注於客觀之眞美之追求，此追求仍隸屬於其自然生命，則仍將受自然生命之律則之支配。吾人之自然生命之能存在於自然宇宙，惟賴其保持一定之生命力，保持其所耗費者與能恢復者間之平衡。如生命力耗費過多，則有求恢復此平衡之彈性歷程，而求物質的生理的享受之欲望之產生，此爲自然生命之律則。學者文人藝術家之精神，如未自其自然生命解放或解脫，則亦不能自外於此律則之支配。然純粹之學者文人藝術家傾注於客觀之眞美以用其心，如燭光之四照，彼乃在不自覺的肯定自然生命之意識下，作種種耗費生命力之事；故其精神根本上恒爲未嘗自自然生命解脫者。其一往追求，死而無悔之求眞美之精神，可使其自然生命力耗費淨盡而不再得一恢復機會，然彼仍非根絕其自然生命之欲望，而自自然生命得解脫者。而吾人如欲見人類之自自然生命解脫之努力，求根絕其自然生命之欲望之精神，人類更高一級之精神生活，則只能求之於人之宗教精神或宗教生活宗教意識中。

宗教意識之爲一自現實自然生命求解放或解脫之意識，可自一般宗教生活中必包括一種向超現實之自然生命之神，俯首降心見之。當吾人之自然生命向神俯首降心之時，必多少包含一自我之忘却意識。由此自我忘却，而有將自己之財物貢獻於神，以至在神前捨身，將自己生命作犧牲以貢獻於神之意識。吾人在宗教生活中至少有一種行爲上之禁戒。此種禁戒可以不同之形式表現。然無論任何形式之禁戒，皆包含一生理欲望物質欲望之壓抑。而吾人之遵守此禁戒，在宗教生活中，恒自以爲是遵神之命令。此卽自然生命在神前俯首降心之始，爲吾人之自自然生命之欲望之生活求解脫之最初表現。由吾人之自壓抑自然生命欲望而在神前俯首降心，求與神相通；卽通常所謂對神之崇拜皈依之意識。由崇拜皈依，吾人之自然生命被神聖之生命所貫注，而自然生命神聖化，成爲神聖生活之表現，吾人遂有宗教上之再生。此宗教上之再生，同時使吾人接觸一絕對眞理與絕對美。唯此絕對眞理絕對美，乃非復只爲客觀的，與我之自然生命相對待者，而同時爲卽在吾人神聖化之生命人格之中，故神亦可稱爲有生命有人格之絕對眞絕對美。

吾人以上對一般宗教意識之簡單的敍述，乃作爲一導言。唯吾人如欲證成上來之說，並指出宗教意識之爲一獨特之意識，與宗教意識之各形態，必須先對於將宗教意識歸併入其他意識之學說，加以批評。

二　將宗教意識併入他種意識之諸學說及其批評

將宗教意識歸併入他種意識之學說，有多種之形態。其中最淺薄者，爲以宗教意識卽吾人之求自然生存之欲望之一種變形。如佛爾巴哈之論自然宗教之理論雖頗複雜，其根本觀念仍不出此點。爲此說者，常將吾人原始之宗教意識，溯其原於對自然物之恐怖與欲求，如對雷電風雨禽獸草木之恐怖與欲求。此蓋有見於吾人之原始宗教崇拜之對象，恆爲自然物，所謂庶物崇拜與圖騰崇拜是也。依此說，吾人乃因恐怖而戰慄匍匐於神前，因欲求而對神膜拜崇敬依賴，並貢獻財物，以冀得其幫助，而足吾人之生存欲望。而人之一遇危難則呼天求神，恒足證明此說。

此說之所以爲最淺薄，由於其不特全然不能說明高級之宗教意識對超自然物之神之崇拜，與去除一切恐怖心欲求心之獻身於神前之精神。且即對最低之宗教意識，亦實不能解釋。蓋吾人之在神前戰慄，與求神之幫助滿足吾人之欲望，皆吾人已肯定神存在後之事。而單純由吾人之生存欲望，如何可使吾人誕育一神存在之肯定，即爲此說者所未嚴肅考慮者。吾人之生存欲望，只使吾人對自然物有恐怖與欲求，然此恐怖與欲求之本身，並不能必然的誕育一神存在之肯定。由有此恐怖與欲求，亦不能直接推出神存在之結論。故此說所說明者至多唯是：吾人在已有一神之信仰後，人所有對神之恐怖欲求之態度，依於吾人之生存欲以有，而不能說明神之信仰本身之由生存欲望而有。

第二種學說爲以吾人之宗教意識，乃原於吾人之生殖意識。如佛洛特等之說。依此說，吾人原始宗教意識所崇拜之對象，爲生殖器，爲生殖之神。而吾人之崇拜生殖器與生殖之神，則由於吾人對于母體之愛慕，生命內部之無盡之生殖願望。此生殖願望，受阻抑於現實世界與現社會，遂轉化而爲對生殖之崇拜，對祖先之崇拜，及生萬物之上帝之崇拜。故一切宗教上所崇拜之神之屬性與祀神之儀式，亦皆恆與生殖之事相關。此說之發展至今，又有以人之慕天堂之安靜，由人之懷念其在母體子宮時之景象，亦似頗有意趣。而吾人觀愛情上失敗者，喪偶者，無子者，之特易相信宗教，與在宗教語言中之恆以與神結婚，喻人云皈依神，永久之蜜月喻天堂之幸福，亦似一足證宗教要求爲生殖願望性愛要求之變形。

與此種學說相近而不同之又一種學說，爲以宗教意識爲人之權力意識之一種變形。此即尼采之說。依此說，人之權力意志原爲求無盡伸展者，人亦應求無盡伸展其權力意志。然人之權力意志恆爲他人更強之權力意志或社會之意志所壓服而不克伸展，人又常不能自激厲其意志以成眞正之强者，遂轉而幻現一超現實世界之神的意志於前，並信此神的意志爲扶助彼愛惜彼保護彼者。故神之信仰，爲弱者之意志被屈抑而又不知自求激勵以成强者之一種發明，用以自慰其所受之屈抑者。佛洛特之晚期學說論宗教起原，亦以爲原于兒童初由父母保護，後遂有望一更大權力之神爲父以保護之。

此二種說法皆以爲吾人之神之信仰，原於吾人之壓抑之生命欲求之一變形。吾人之生命欲求，原爲求伸展者。其壓抑即其被截斷而折回。折回而又欲伸展，而在現實世界中，伸展之路既截斷，則向假想的超現實的另一世界伸展，而在假想之另一世界幻想一滿足之境，視爲一眞實。如吾人之作夢，即恆所以滿足吾人在現實世界不能滿足之生命欲求，而幻想一滿足之境，並視之如一眞實者。吾人可於夜間作夢，亦可作白日的夢。吾人可無意識的作夢，亦可有意識的造成一夢境。而宗教中神的信仰，即可視爲一有意識的造成之白日的夢。故以此二說，解釋宗教意識中神的信仰之所以產生，皆有近理之處。吾人之有無盡的生殖願望，或求長依恃父母，或還歸于母懷之願望，而此諸願望不能全實現於現實世界，則吾人自可假想在超現實之世界有能幫助吾人生殖，能誕育無盡生命，爲吾人所依恃托命之神存在，而視之如眞實。在現實世界中，吾亦不能使吾成有無盡權力之存在，且恒受他人之權力之壓迫，吾人自可假想在超現實之世界，有一與我親密，能與我以幫助及保護而具無盡權力之神存在，且視之如眞實。吾人於此即可構成一萬能之神之信仰。而吾人觀人之在現實世界多滿足其子孫之欲與權力欲者，宗教意識恆較弱，又是一事實。此即二種說法所具之近理處，而易使人信之故。

吾人關於此二說之批評，將不集中於此說之否認神之客觀眞實性之討論，而惟集中於論信神之意識，非有關生殖之意識或求權力意識之變形。吾人論信神之意識非此類意識之變形，將不自宗教形式論。吾人可只指出有關生殖之意識與求權力意識本身，不能產生宗教意識中之崇拜意識與皈依意識，及神之具無限性變化性之意識二點。吾人須知吾人之有關生殖之意識及權力意識，根本爲吾個人主觀欲望。此個人主觀欲望所求者，唯是個人主觀欲望之滿足。則其受阻抑而求伸展於假想之世界中，固可幻想一客觀化之滿足欲望之境相，如夢境。然在夢境中，吾人對於一使吾人被壓抑欲望滿足之境相，及境相中之人物，決無崇拜皈依之意識，此人皆可自反省而知。又吾人現實的有關生殖欲與權力欲固亦可言其是無限的。然言其是無限的，乃言其能無定限的，次第不斷興起，而非言其所欲者爲無限之物。吾人可謂現實之欲望乃次第不斷興起者。然每一興起之現實欲望，實皆爲欲一特定有限之物，如求與特定之個體結合而生殖特定之個體，或戰勝特定之個體等。故如無特定個體之想念，則不成現實的有關生殖之欲與權力欲。如神之信仰只由有關生殖之欲權力欲之未得滿足，致欲望抑壓變形而出；則吾人所信之神，只能爲有特定形相，表現特定個體性之神。然在高級宗教中之神，則皆爲遍在、無限、完滿，無特定個體性者。此種無特定個體性之神如何由對於特定個體之欲望受阻抑變化而生，依理性實無法得解。而即在低級宗教中之神，雖有特定之個體性；然其能力亦必多少不可限量，因而亦可說多少爲不受限制而無「限」者，變化無常而不可測度者。故吾人之思維其神性，亦偏於自其不可測度變化無常，能力之不受限制處上措思。吾人信仰神，則吾人自神之無限性變化性上措思。吾人欲望現實事物，則自現實事物之特定性上措思。此即足見此二種意識爲根本不同。故言神之信仰唯是被阻抑之現實欲望之變形，實無是處。

第四種學說爲以宗教意識爲求眞意識之一種變形。此即謂吾人之信仰有神，乃由於欲滿足吾人之求眞心。依此說以論宗教之歷史的起源，可謂原始人之信萬物有神，由於先對自然物之存在變化運動等，感到驚奇，對其原因無知，如斯賓塞即持此說。以人對自然感驚奇，再又本吾人之經驗，知吾人之身體，有吾之精神使之運動，並支持其存在，遂謂萬物之變化運動，亦有精靈存在于其中，而其存在亦有精靈支持之。又或見吾人所用之用具，乃吾人所創造，遂推論自然物之存在，亦必有創造之者。故吾人之信有神，乃起源於吾人之欲解釋一切現象原因之求眞意識，而神之觀念，乃賴類推之推理活動以建立者，西哲持此說者至多。孔德之宗教、形上學、科學三時期之人類歷史發展觀，亦依於相信宗教形上學，初皆爲以了解現象爲目的者。在哲學中，自純粹理性推論神之存在者，恒謂神之存在之觀念，爲滿足吾人之理性活動所必需者，如自「第一因」或「神之觀念包涵其存在」諸觀念，推論神之存在，卽爲視神之存在之觀念，爲滿足吾人之理性活動所必需者。吾人由此亦卽可進而謂神之存在之觀念，乃吾人之理性活動自身所建立之幻影或虛擬，以滿足其自身者。吾人於是可說宗教意識，卽自吾人求眞理之心或理性活動轉化出，另無所謂獨立之宗教意識。

關於此說，吾人之批評爲：神之觀念爲滿足吾人之理性活動所必需，可用以解釋現象之發生，可由吾人之類推以建立等，只證明吾人之理性活動，要求神存在之觀念之肯定，然並不能證明神存在之觀念，爲理性活動所造之幻影或虛擬，而神之存在無客觀眞實性；亦不能證明神存在之信仰，與緣此信仰而生之宗教意識，唯是一般理性活動之變形。蓋一般宗教意識之核心，吾人前已言，在吾人對神之崇拜皈依之意識。而崇拜皈依之意識，並不能由吾人之理性活動之肯定神存在上引出。

換言之，卽不能從單純之對神存在之思維上引出。吾人對神存在之思維，只能置定一客觀的神之存在，以成爲吾人之思維活動相對之對象或歸宿之點。然此思維本身，並不直接誕育吾人對神之崇拜皈依之態度。此態度有待於吾人之自降服其生命於神之前，而求與神相感通。故此時之神，亦必爲有生命，以至可喻爲有血肉之人格。吾人與之感通，非徒賴吾人思想，且賴吾人之情感、意志、整個之生命。此種意識顯然不能只爲吾人單純之求眞心或一般理性活動之變形。

第五種學說以宗教意識爲對萬物之移情活動之變形。依此說，人之以自然物爲有神靈主宰其中，不由於吾人之推理活動，乃原於吾人將吾人之情感直接移入對象之自然物中。蓋自然物之感相，可直接引起吾人之生理活動及情感活動，而吾人又可覺吾人之情感與自然物之感相爲不可分。由吾人之情感貫注於自然物中，吾人之生命遂亦可客觀化而移入自然物中，而自然物卽成爲有生命有情感之物，而宛若有神靈主宰。依此說以解釋多神論及自然神，乃最爲方便之說。而依此說以解釋宇宙有一神爲之主宰亦不難。因吾人於觀萬物之流行變化之際，可覺萬物之互相貫通，而爲一體。則吾人可有一種與整個天物萬物脈脈通情之移情經驗，而使吾人覺整個天地萬物之內部，有一有情之大生命或神在其中鼓動潛藏。此種說法乃以吾人之審美活動或藝術性之活動說明宗教意識。吾人觀若干詩人對萬物之同情，恆可引至一泛神論之宗教觀，而藝術活動恆與宗教活動密切相關，宗教信仰之建立，無不賴詩歌建築音樂之陶冶爲先導；卽知宗教意識中之信萬物有神，卽藝術意識中移情萬物之意識之充量發展而成。

吾人承認宗教意識與藝術性之移情萬物之意識，乃甚相近者，其相近程度過於宗教意識與求眞之意識。然以宗教意識爲藝術意識之變形之說，仍非吾人之所取。詩人之藝術意識極端發展，固可至一種泛神論之意識，而若接觸一神之存在，且對此無所不在之神，生一讚嘆歌頌之情緒。然詩人所承認之神，仍非眞正宗教意識中之神。詩人之泛神思想與對神之歌頌讚嘆，終與眞正宗教意識中之泛神論與對神之歌頌讚嘆不同。而吾人之了解宗教中泛神論，亦須先通過超越的有神論而了解。蓋宗教意識之核心，終爲吾人前所謂崇拜皈依之意識。此所崇拜皈依之神必先視爲超越者、高高在上者。泛神論中遍在當前萬物之神，乃超越的神之下降形態。泛神論恒只堪爲有眞正之宗教意識者，用以接引一般人之方便學說。吾人如欲具備眞正宗教意識，泛神論思想正爲必須加以超越者。至於詩人心中之泛神論思想，則爲詩人之最高思想。而詩人之泛神論思想，與宗教中泛神論，仍有一根本之不同。即詩人心目中之泛神論，重在於「萬物」中見神，萬物是表，神是裏。而宗教家心目中之泛神論，重在於萬物中見「神」，使神成爲表；而萬物爲神所含覆，而成裏。故詩人對神之讚嘆歌頌，必連及於對萬物本身之讚嘆歌頌，而宗教家對神之讚嘆歌頌，則只重對神本身讚嘆歌頌，而恆伴有萬物之微小不足道之情緒。故宗教家對神之讚嘆歌頌，可自然過渡至對神之崇拜皈依，而詩人對神之讚嘆歌頌，則永若在神之外，與之立於對等之地位，而加以讚嘆歌頌。由是而只順詩人之藝術意識之發展，並不能即成爲宗教意識。而詩人之欲由藝術意識發展出宗教意識，恒必須一度自覺的徹底超化其藝術意識。此即謂必須先將其心目中萬千之色相先加洗淨，專心信一神，而此神則必然爲一超越現實之萬物之超越的神，而非遍在之泛神。故一般之詩人不在經一度生活上之大失望之境，乃極不易信宗教者。蓋不經生活上之大失望，不能將連繫於其生活上之萬物之色相加以淘汰，而低首降心於神之前也。至於詩歌音樂建築等之有引導人信仰宗教之效用，只爲一特殊型之詩歌音樂建築。此種特殊型之音樂建築詩歌等，雖亦具色相，然復特具一種使吾人超拔其他世俗之色相之想念之效用，故可引吾人信仰無色相之神。吾人於宗教性之藝術，皆必須由其消極之使吾人超拔世間色相之效用上了解。故宗教性之藝術，根本乃隸屬於宗教意識，而爲保存或呈現宗教意識之工具。此工具之所以必須，唯因吾人之恆沾戀於世俗之色相，故不能不以色相破色相。並非宗教意識本身，必有賴於藝術意識乃能存在。由是而見宗教意識爲藝術意識之變形之說，自爲不能成立之說。

第六種之學說爲以宗教意識爲吾人之社會意識之變形，如德國佛爾巴哈論超自然宗教、法國涂爾幹論一般宗教之說。依此說人關於神之意識，皆反映人之社會意識，或人對社會之道德意識者。由人之社會意識使人肯定一客觀社會存在，並對社會有依賴等感情。個人有其個人之精神，而社會之風俗、習慣、文化，與法律、道德規律，則表現社會一集體精神。社會包括個人，爲個人所依賴以存在，亦先於個人之生，後於個人之死而存在。而社會之風俗習慣文化與法律道德規律，對於個人精神之活動有型範强迫之作用。社會爲個人所依賴以存在，故社會於個人可稱爲一實體。而個人於接受社會之集體精神之型範强迫之際，亦可覺社會之爲一精神實體。將此精神實體自現實社會孤離，而肯定其存在，卽成一神之信仰。而吾人對社會之依賴等感情，卽化爲對神之崇拜皈依之情緒。社會之風俗、習慣、文化，與法律、道德規律之最爲維持社會之存在所必須者，皆被視爲原本神命令所制定之律法。由是吾人之不願復不敢違悖此種社會之風俗習慣文化與道德規律之社會情緒，卽化爲不敢違悖神之命令及畏怖神之懲罰之宗教情緒，而吾人之社會之禁戒，亦化爲各種宗教上之禁戒。

此種將宗教意識歸併入社會意識之學說之長處，在能對人對神之崇拜皈依之宗教情緒，力求有一說明。然此種學說至多能說明一氏族或一民族一國家所崇拜之圖騰社稷之神，民族之神之信仰之所以產生；而無法說明高級宗教中之遍在宇宙、主宰全宇宙之神之信仰之所以產生，更不利於說明：一種違反該民族社會之風俗習慣，欲破除一民族社會之狹隘的民族意識社會意識之宗教，如耶穌教之所以產生。至於如佛教之崇拜一遍虛空界之佛，並欲使人破除「一切專求維持社會生存之風俗習慣文化及一般道德規律之執着」，而歸向於自人之生存欲望得大解脫之境界，更非此說之所能說明。社會固爲包括個人者，而由其對個人精神之型範强迫之作用之客觀存在，吾人亦可視之爲一精神實體；並於接受其强迫型範之作用時，生接觸一精神實體之感。然吾人之接觸此精神實體，乃自始即在現實之社會事象中接觸之，吾人如何能將此精神實體之信仰，自現實社會之事象中孤離，而化爲一超現實社會之精神實體或神之信仰，又由社會對個人之强迫，個人對社會之依賴，如何轉出對神之崇拜皈依；此如不與其他觀念相集合，皆甚難有一滿意之解釋。故此說亦非吾人之所取。

吾人總結以上對於將宗教意識歸併入其他意識之諸說之批評，不外下列數點。

一，一般宗教意識中必先有神之客觀存在之肯定。此客觀存在之神之肯定，不能由吾人之主觀欲望加以說明。吾人之求生存之意識、有關生殖之意識、求權力之意識之本身，皆不能誕育出眞正有神之宗教意識。

二，由吾人之求眞心與理性活動，固可使吾人有客觀之神之概念，並可以論證證明神之存在；由吾人移情萬物之審美意識、亦可使吾人於萬物之流行變化互相貫通中，直覺一宇宙生命之在內部鼓盪而接觸神之存在。然二者皆不包含宗教上之崇拜皈依之意識，而崇拜皈依之意識，正爲宗教意識之核心。

三，由吾人之社會意識可使吾人覺有一包括個人主觀精神之客觀的集體精神之存在，然不能使吾人有超越於現實之民族社會之上之神之信仰，亦不能使吾人有遍在宇宙之神之信仰。

吾人以上已說明宗教意識，非任一種人類其他之精神意識之化身。然吾人似尙可主張宗敎意識爲上述之各種意識集合之產物。如吾人可謂由吾人之求眞心與理性活動使吾人推出神之存在；由吾人之移情萬物之審美活動，使吾人覺有遍在之神；由吾人之社會意識使吾人視神爲客觀之精神；而吾人之欲望之被阻抑，使吾人覺在神前渺小，遂祈求神之助吾人足其欲，而低首降心於神前。則宗敎意識之特性，似皆可得其解，而宗敎意識便仍非一獨特之意識。此外如斯普朗格 Spranger 之人生之形式一書，論宗敎意識頗承霍夫丁 Hoffding 之以價値之保存說宗教之論。其說固與吾人剛才所說不同。然依其說，宗敎意識亦不外吾人之求實現其他人生價値之各種精神活動之一種整合，循其說最後亦不能承認一獨特之宗敎意識。

然依吾人之見，則以各種精神意識之集合，說明宗敎意識，仍不能說明宗敎意識之本質。吾人必須堅持宗敎意識爲一獨特之意識。

吾人之所以不以上述之各種意識之集合說明宗敎意識，由於上述之各種意識之集合，雖似可對宗敎意識之各方面均有所說明，然對宗敎意識之核心，爲對神之崇拜皈依之意識，仍無所說明。且將此各種意識平等的加以集合，而不以其中之一爲主，乃不能免於相矛盾衝突者。蓋如自前三種欲望之意識，以說明宗敎意識，則宗敎意識之核心，在求神之相助。如自後三種超欲望之意識，以說明宗教意識，則宗敎意識之核心，在肯定一超欲望之神。而吾人之能肯定一超欲望之神，即本於吾人之超欲望之意識。故將後三種超欲望意識，與前三種欲望意識集合，則二類意識相矛盾衝突，而不能有統一的宗教意識之產生。復次，由吾人上述之諸種意識中之第一、二、三與第六種所能孕育出之神之觀念，只能爲一滿足人對特殊事物之欲望，或屬於一特殊之民族社會之神。而第四、五兩種意識，則可孕育出一遍在之神之信念。能孕育出遍在之神之信念，與不能孕育出遍在之神之信念之意識，如相集合，又有一矛盾衝突，而使統一之宗教意識不可能。吾人亦不能以上述之各意識中之任一爲主，以之爲宗教意識所自直接轉出，而以其他意識爲依附之而有者。因任一爲主之不能說明宗教意識所自生，已如前論。至於如斯普朗格之說宗教意識，原於吾人欲實現各種價值並加以整合之要求，亦不諦當。因吾人欲實現各種價值之要求，只可使吾人不斷實現價值，或多方面的實現價值，幷破除吾人對於一種價值之執着，使吾人力求吾人人格之多方面的完滿，和諧，且統一的發展，而幷不必然使吾人相信一已實現一切價值之超越的神之存在，而對之崇拜皈依。且吾人欲實現各種價值之要求，乃更迭而起，其本身雖出自吾人之統一的自我，然自其爲一一更迭而起之要求上措思，乃只能構成一集合之概念者，此集合之概念即無矛盾，亦非一統一體之概念。則此一切要求所欲實現之價值之客觀化，亦只能有一集合之價值概念，如謂神能實現一切價值，則神亦成集合之概念，幷不能成一具統一性之神。神如不具統一性，則吾人之崇拜皈依之精神，無所集中。而統一之宗教意識，根本不可能。

三 解脫意識與苦罪意識及超越自我

大率自來欲自人類之他種精神意識解說宗教意識，皆由不先自宗教意識之核心──求自自然生命解脫而皈依於神之意識上着眼，而先居於宗教意識外，以問吾人何以知有神，神之信仰何以發生，神何以被信爲有如何如何之屬性，並自吾人何以對神有所祈求，諸問題上着眼。人恆以爲必先有神，而後有自自己生命解脫以皈依神之意識，故吾人當先問人何以知有神。由是而遂溯吾人之信神之原因於吾人之他種意識，而以吾人之信神，乃所以滿足吾人之他種意識，並以此信神之意識爲他種意識之產物或化身。又人恆見，人之信仰神大皆不免有所求之心理，而人在欲望上不得滿足者，最易信神。於是以人之皈依神，乃爲求神助以滿足其欲望者，或滿足其實現其他一切人生價値之要求者。而依吾人之見，則吾人如欲眞了解宗教意識，則自始至終皆當不忘宗教意識之核心：自自然生命解脫而皈依於神之意識。關於如何知有神，神之信仰何以發生，並非吾人所當先單獨討論之問題，亦不須求解答於宗教意識之核心以外，而即可於宗教意識核心中求解答者。而吾人對神之所以有求，視神爲滿足欲望者，滿足吾人實現其他一切人生價値要求者，皆爲繼宗教意識而起之第二念以下之意識，爲依附宗教意識，或烘托陪襯宗教意識者，而非宗教意識本身所必涵。唯循吾人之說，吾人方可發現宗教之眞正性質，說明由低級宗教至高級宗教之發展，何以可能。幷分別各種宗教之高低。

吾人之所以說關於神之存在，非吾人所嘗先單獨提出討論之問題，而卽在宗敎意識之核心卽可得其解答者，蓋吾人可說在宗敎意識之自自然生命解脫以皈依神之意識中，吾人幷非必先肯定神之存在，而後再欲自自己生命解脫以皈依之。而先肯定神之存在，則無論此神爲由思維所建立，或移情萬物之審美的直覺所接觸，此肯定本身，皆不能直接引出吾人之自自然生命解脫而皈依之情緒。此所肯定之神由思維所建立者，其本義只同於事物本體或宇宙本體。由審美之直覺可建立者，其本義只同於事物之生命或宇宙生命。此本體或生命之爲神，只顯爲思維直覺之客觀所對，而不同於宗敎意識中之神，爲崇拜皈依之客觀所對。依吾人之見，至少在宗敎之創始者或自動要求信仰宗敎者之意識中，自自然生命解脫之意識，與肯定神存在之意識，乃可同時產生者。而在此二種意識中，實以自自然生命解脫之意識爲主。吾人可謂在一情形下，有自自然生命解脫之意識，則必然有神存在之信仰。而此所信仰之神，有主觀的眞實性，卽有客觀的眞實性，其眞實性爲不待證而被直接接觸者，而如此之神卽爲被吾人崇拜皈依之神。

吾人之自自然生命解脫之意識，乃人所必不能免之一意識。蓋吾人以前論各種人之精神意識，皆見吾人之有求超越吾人現實自我之意識，貫於其中。唯吾人前所論：人之各種精神意識中之求超越吾人現實自我之意義，恆爲非自覺者。吾人唯自覺吾人在求達某一自覺之目的。如在求眞意識中，吾人自覺吾人在求得眞理，在求美意識中，吾人在求得美等。然吾人之各種精神意識中，既有不自覺之求超越現實自我之意義，則吾人自可自覺此意義，而自覺的單純的求超越現實自我。此卽爲一單純的求自現實自我自然生命欲望解脫之意志。此種意志爲人所共有之意志，可自人皆可對於自然生活感一厭倦，覺人生空虛與無意義，及人皆可自殺證之。誠然人之所以感生活之厭倦，覺人生之空虛與無意義以至自殺，吾人可謂由其自然生命欲望被阻抑。然人之精神如眞爲沉陷於自然生命之欲望，而與之不可分者，則欲望之阻抑，唯足增欲望之强度，使吾人更宛轉以求伸，並不能使吾人有一念生放棄欲望之想，而對於吾人之自然生活感一厭倦。更不至使吾人對吾之整個人生覺空虛，而對之下一無意義之判斷。至於自殺，則尤爲不可能。故吾人可由人之皆不免於一念間，對自然生活發生厭倦，覺人生之空虛無意義，並可自殺，卽證明人之有自其自然生命求解脫之意志。唯在一般情形，人之求自然生命解脫之意志，亦至微弱。于一念厭倦之後，恒又復沉陷於欲望之追求之中，故吾人若覺其未嘗存在。卽自殺者之欲解脫其有欲望之自然生命，亦非眞能面對其有欲望之自然生命而求解脫者。此種自殺者或以爲只去掉此欲望所執持之身體，卽爲征服欲望之事。然眞求自有欲望之自然生命解脫者，決不只以去掉欲望執持之身體之自殺爲事，而必先面對此有欲望之自然生命，而順其欲望之發現，以一一超化之征服之。故人之偶爾出現之自自然生命解脫之意志與自殺之意志，皆不能轉出宗教意識。唯在吾一方欲自自然生命解脫並征服其欲望之意志，强烈至一不能自已之程度：一方又覺其似不能實現其自身於自然生命之中，若爲另一不能自已之生生不窮，無法一一加以征服之自然生命之欲望所抗阻；此二者互相矛盾而使人產生一掙扎以求上達之意識時，則最後卽可有神之信仰之逼出，並有對之崇拜皈依之宗教意識之誕生。今試細論之。

吾人上所述之掙扎之意識，卽感苦痛感罪惡，於苦罪二者不能自拔之意識。原吾人之所以感苦痛，恆由自然生命欲望之不滿足，而吾人之所以感罪惡，卽恆由自然生命之欲望之不能自克。如吾人感欲望不滿足之苦時，而只溯其原因於外物之未得，或吾人不求自克其自然生命之欲望，則吾人只只有繼續追求外物之努力，而將只有自然生活而無宗敎生活。然吾人之苦痛之另一原因，實爲吾之之有欲。故吾人可反溯苦痛之原因於吾人之自身，而轉化向外追求以去苦之意識，成爲欲停息吾人欲望之意識。由此而引發出自吾人之自然生命欲望解脫並以不能自克其欲望爲罪之道德意識。然在一般情形下，人順自然生命之流行，而在有方法可追求外物，以去除吾人之苦痛，或道德意識不强之際，吾人絕不追溯苦痛之原於吾人之自身之欲望，亦不願去吾人之欲。故求自生命欲望解脫之意識，恒非于追求外物以去苦之路斷絕，或道德意識至强之際，不能呈現。然卽在其呈現之時，人亦恒不能一舉而斷絕繼續展現之欲望。而繼續展現之欲望，亦不能斷絕自欲望解脫之意志。於是吾人發現吾人之欲望有一積極的力量。而求自欲望解脫之意識，亦有一積極的力量。如吾人承認欲望原自吾人之自我，亦須承認求自欲望解脫之意志，原自吾人之自我。故當此二種意志均不容已的不斷展現，而表其積極力量之際，吾人必感自我內部之衝突。此衝突對於能觀此衝突之自覺言，則爲一自我之分裂。故在吾人求自欲望解脫之際，遂自覺有兩重自我之出現，一爲陷於欲望之自我，一爲超越欲望求自欲望解脫之自我。

唯吾人只覺有一欲望之自我與超越欲望之自我之衝突，並非卽宗教意識，尙可只爲一道德意識。在道德意識中，吾人雖感有二自我之衝突，然吾人同時感二自我乃在一自我之內部衝突。當此種衝突吾人自覺能解決協調之，或吾人覺吾人之超越欲望之自我，能有力以貫徹其意志時；則包括此二自我之統一的自我之自覺，可一直維持。吾人並將以苦痛爲有罪過之我所當受，苦痛乃使吾人更能超越其欲望自我，磨練吾人人格，呈現吾人之超越自我者。此時吾人生活卽住於道德之境界。然在一種情形，吾人之欲望及超越欲望之二種意志可皆極强烈，此時吾人因覺無法解決協調其衝突，亦無法貫徹超越欲望之意志，則吾人之統一的自我之自覺可不能形成。或形成以後，再發現此自我之求統一二自我的努力，並無實效。及吾人對此統一的努力自身感絕對的絕望，而失其信念之後，則吾人又可進而根本喪失吾人有統一的自我之自覺。當吾人統一自我之自覺，不能形成；或形成以後再失去統一之自我之自覺時，吾人之意識卽非復一般之道德意識。吾人此時之欲望的我與超越欲望的我，遂呈現爲絕對相排斥相外在之物，而吾人之意識在此時卽不能同時以二我皆是我。吾人如以欲望的我爲我，則覺超欲望之我爲另一精神實體而爲神。吾人如一時頓超拔其欲望，以超欲望之我爲我，則覺欲望的我爲非我之魔。當欲望的我先呈現以視超欲望的我之出現，則覺有神吸引吾人上升，而自覺其初爲神之子。當超欲望的我呈現，以視欲望的我之出現，則覺有魔引誘吾人下墜，而自覺其初爲魔之友。唯吾人日常生活中之我乃欲望的我，吾人乃以欲望的我爲立脚點，而求解脫其欲望以實現超越的我。故超越的精神實體之神，乃吾人之所仰望而先被客觀化視爲非我者。而吾人此時如誠篤信有神，眞仰望神而求與神合一，以神化吾人之自我之志；人於此恒自覺必須先將其欲望的我全部否定超化，願在神前捨身，而自視其欲望的我爲卑微不足道，爲渺小不堪，以至等於零。此種逐漸覺欲望的我等於零之意識，同時卽念念凝注於客觀之神，歸向於客觀之神，而對神有眞正崇拜皈依之意識。而此崇拜皈依之意識，必爲帶情感性意志性的。此則由於欲望之我之活動，原爲帶情感性意志性的，則直接針對欲望之我而否定之之意識，亦必爲帶情感性意志性的。——在此對神之崇拜皈依意識中，同時客觀化吾人以苦痛磨練自己之道德意識，而視神爲眞能助吾人之去罪者。苦痛皆爲神所賜，以助吾人之去罪者。唯在此崇拜皈依之意識，所體會得之神之意志，能戰勝吾人之欲望之我時，並使我於所受之苦痛不視爲苦痛時，吾人方可覺神爲吾人之眞我，或吾人爲神之子。而當吾人之欲望的我全然被克服超化而另感一道福，或一「超越自我眞呈現」之樂時，吾人方覺吾人存在於神之國度之內部，以至成爲神之化身。唯于此時「神爲眞我，超越的我爲眞我，欲望的我爲非我之意識」方完全顯出。此卽宗教上唯容許先知或聖者說神與其自我合一，而不許一般人說神與其自我合一之故。而「自認爲有原始罪惡，自認其靈魂爲惡魔所居，爲無明所纏縛，覺神聖爲高高在上之客觀的超越者之意識」，乃最先出現之宗教意識，亦由此可得其解。

吾人之論宗教意識，乃自自然生命欲望求解脫之意志，超越自我之呈現，以說明超越的神之觀念之產生。此必不免招致一疑難。即人可謂依吾人所說之神之觀念，乃第二義的觀念或派生的(Derivative)觀念。吾人所謂自自然生命欲望解脫之意志，唯是一個人主觀的意志。則由此意志所引生出之神，亦爲個人主觀的心中之神。此種神因是個人的，則不能是無限的、公共的；因是主觀的，則不能有客觀眞實性。依基督教、回教、婆羅門教正宗神學之所言，則吾人必須以神爲第一義，當謂我由神而來，我由神所創造，而以創造者恩救被創造者，使之歸向創造者之意識，說明宗教意識之所以產生。必如此，然後神之爲無限者、公共者、有客觀眞實性者之觀念，方可在第一步卽被確定而不容疑。今以吾人之說與之相較，顯爲一外道或異端之學說。吾人對此疑難，必須加以答覆：

吾人承認吾人之學說對東西之正宗神學言，似爲一外道或異端。因吾人不先自神存在之觀念出發，而自宗教意識中之求自自然生命解脫之意志出發，以說明宗教意識中包含神存在之觀念。依吾人之見，正宗神學中所謂神創造我等，皆是宗教意識發展至一階段之一種宗教思想，或一種宗教意識之形態。吾人將解釋人之所以有神創造我之思想，乃由吾人之對神崇拜皈依之意識發展至極，可使我覺我等於零或無有，又可使我覺神之生命能超化我之生命。我於是可反溯「我之生命之所以能超化」之根據於神。「我之生命之能超化」乃神所創造，即「如是被超化之生命」之全體，爲神所創造；則我之生命之自身——即尚未被超化之我原來之自然生命，以致滋養吾人之自然生命之整個世界，亦神所創造。故依吾人之見以視一般正宗神學所說者，唯是宗教意識發展至一階段中之思想，而非必吾人解說宗教意識時所當先說者。

依吾人之見，以論正宗神學之所以必須先自神存在之觀念出發，乃因正宗神學之觀點爲純宗教的。如純宗教的說，則爲啓人之信，爲教化上之方，吾人亦承認當先說神存在。因唯先說神存在，方能使吾人先注意於神，以便求超越其欲望自我也。然吾人之觀點，則非純宗教的，而兼爲哲學的。本書之系統，乃以各種文化意識之說明爲主要目的，而非以推行宗教上之教化爲目的。則吾人自無須自神存在之觀念出發，儘可自宗教意識中最初出現，並爲一切宗教意識之根原之「自自然生命解脫之意志」出發也。

唯吾人雖自宗教意識中最初出現之吾人自自然生命解脫之意志出發，次第及於神之存在之意識之說明。然此中並不包含：此所信之神爲個人的主觀的，而非無限的非客觀眞實存在之意義。蓋吾人上所謂可客觀化而視之如神之超越的我，即爲一無限而客觀眞實之存在。謂吾人上述之超越的我爲無限的客觀眞實的存在，表面有一困難。蓋其所欲超化者唯吾個人之欲望的我。故吾人易覺此超越的我之意志，亦爲個人的，有限的，主觀的，而無客觀眞實性者。然吾人須知，我個人之欲望雖爲我個人的，然我個人之欲望，所對之境物，則非我個人的。吾人之從事超越我個人之欲望，最初固可想念種種境物之存在，且或須賴種種境物之存在之想念，以助吾人超越其欲望。（見後段論原始宗教中之自然神之信仰之所以生處）然吾人誠欲徹底超越吾個人之欲望，則同時須超越吾個人一切可能之欲望所對之一切境物，與成就此一切境物之全宇宙。故吾人之超越個人欲望之意志，充類至盡，卽成一種超越全宇宙之意志，而此種意志卽爲一無限的意志。而能生此意志之超越的我，卽爲一無限的我。而當吾人將此超越的我眞客觀化而視之如神時，吾人卽可自覺接觸一無限之存在。而此無限的存在，雖卽爲吾個人超越的我之客觀化非我化，而爲吾人所可接觸，體現，然吾人不能說其爲只屬之吾個人現有之意識之內的。蓋當吾人眞接觸體現此無限的存在時，吾卽暫時無個人之一切欲望，而自吾人之特殊的自然生命之特殊性解脫。而當吾人無個人之欲望，自個人之特殊性解脫時，吾人卽不能再以只屬於個人之任何性質，對此無限者，加以規定，以使之成爲個人的。同時吾人在此可自知，如將此無限者屬於吾個人，乃出自吾個人求佔有之私欲。此無限者既顯爲命令吾人超越吾個人之一切佔有之私欲者，吾人亦知吾必須超越吾個人求佔有之私欲，乃能接觸體現此無限者；則吾人將自覺此無限者爲必然地不能只屬之於吾個人者。由是而此無限者在吾人之思維中，卽必須顯爲具備：超越于私屬於吾個人之意義者。故吾人謂在宗教意識中，個人自覺接觸體現一無限之神時，卽同時自覺此神爲一超個人之存在。而當吾人念及吾個人能接觸體現此無限者時，吾人卽將依理性而知其他個人亦能體現接觸此無限者，知此無限者之爲各個人所能公共的普遍的體現接觸之存在。蓋個人私有的與超個人之客觀公共的，乃互相排斥而彼此窮盡之概念。凡屬非個人的主觀私有者，卽爲原則上之超個人之客觀公共者。故凡吾人置定之爲非個人主觀私有者，吾人卽同時當置定之爲超個人之客觀公共者。而吾人平日對任何事物或理，吾人只須發現其爲不能只屬個人之私有者，吾人亦恆卽置定之爲公共客觀的。不可因吾人之置定之活動，可說出自吾個人，遂謂吾所置定者卽爲主觀個人所私有。因若爲如此，則宇宙間一切被置定之客觀之理或客觀存在事物，皆成個人主觀私有者，而根本無所謂超個人之客觀公共存在者。故關於宗教意識中所發現之無限者，是否爲超個人之客觀公共者，唯當視其是否可只被置定於有宗教意識之個人之內而定。而吾人上既說明其不能只被置定於有宗教意識之個人之內，有宗教意識之個人之置定之，乃必然的兼置定之於其個人之外；則吾人更不能由此「置定」爲有宗教意識之個人之「置定」，而謂此無限者爲屬於其個人，而非超個人之客觀公共者。唯當順對此無限者之「置定」爲「置定之於其個人之外」，而承認其爲超個人之客觀公共者。由是而吾人之宗教上之所以以神爲無限者，爲普遍存於人之心，爲拯救一切人以至整個世界者之教義，卽可皆加以了解而加以了解而認許。

四　宗教信仰對象之客觀眞實性

然吾人於此尙可于上文所說提出一問題。卽吾人所謂在宗教意識中所發現之神，雖被置定爲無限者，客觀公共者，然此神終爲只在宗教意識中所發現，而非他種意識中所發現。人可有宗教意識，亦可無宗教意識。則如此之神唯對宗教意識者爲眞實，非對無宗教意識者爲眞實；而此神遂爲只對一切有宗教意識者之客觀公共之存在，非對一切有宗教意識與無宗教意識之人之客觀公共之存在。換言之，卽此神仍非眞正之客觀公共者，具眞正之客觀公共之眞實性者，吾人遂可說如此置定之神，爲諸有宗教意識之人之一共同的幻影。而吾人之將神之存在唯建基於宗教意識，仍無異將神之眞正的存在置於可疑之列，吾人亦可由之疑神之眞正的存在。

關於上述之問題，吾人之答覆可分爲數點：一，吾人之謂存在爲客觀公共者與否，唯當依其是否在理上只可置定於一個人之內，或在理上可置定於個人之外爲一切人所接觸，以爲判定，而不須先問其在事實上是否實際爲一切人所公共接觸。如必須俟一存在之事實上爲一切人意識所接觸，然後可稱爲客觀公共之存在，則吾人所認爲客觀公共之自然物，亦無一實際上爲一切人所皆曾接觸者。二，吾人各種意識所接觸之存在各不相同，對此種意識爲眞實者，原不必對他種意識爲眞實。故吾人不能只由一存在之對一意識爲不存在而非眞實，以論定該存在之非眞實。吾人不能由顏色對聽覺爲不存在，盲者之不覺顏色爲存在，而謂顏色不存在而非眞實。吾人亦不能由神對一般非宗教意識爲不存在，無宗教意識者不覺神之存在，而謂神不存在。三，凡吾人意識所接觸之事物或境相，對吾人最初接觸之意識爲有實作用，即直覺地被吾人認爲有客觀眞實性者，亦理當被吾人認爲有客觀眞實性者。吾人之所以以某一境相爲非眞實而虛幻，唯由先判斷一意識所接觸之境相，於另一意識所接觸之境相領域中，而吾人對另一領域繼起之經驗，又不能證實其存於此另一領域中；反覺此境相之性質結構，與吾人在此另一領域以後或已往之對同類事物境相之性質結構之經驗相矛盾。四，至於吾人之直斥一意識經驗與其境相之全體爲無獨立客觀之實在性，而爲主觀虛幻者，則由於吾人覺此意識經驗與其境相，爲由過去之諸意識經驗與其境相，經分解而自加組合以構成之複合物。如吾人不僅以夢境與幻想境本身爲虛幻，且以吾人之作夢與幻想之本身爲主觀虛幻之事，即由吾人之反溯此作夢與幻想與其境相，皆不外過去諸經驗與其境相之再現或複合物而來。由此而吾人對於一切意識經驗，只須吾人覺其可純視作過去意識經驗之複合物或另一種表現方式者，皆可被視爲非眞實而爲主觀虛幻者。

然吾人以上列標準，衡量吾人之宗教經驗宗教意識及其境相，則皆不能使吾人有權以判定其爲主觀虛幻。蓋眞正宗教經驗中所覺之無限者之神，並非組合過去經驗之產物。組合有限之經驗，根本不能成對無限者之神之經驗。而神之經驗之初出現，卽現爲要求吾人自自然生命之欲望超拔者。亦卽現爲要求吾人自先前之日常經驗中超拔者。則人初有之對神之經驗，非其過去經驗之產物可知。而吾人以前論宗教意識之爲一獨特意識，說明此意識非其他之意識之化身，亦卽所以說明對神之經驗意識，非其他經驗意識之複合物或另一表現方式。對神之經驗之被視爲一超越一切一般經驗之獨特經驗，則亦無與任何一般經驗俱相矛盾之情形。至於神之非無實作用，則可由吾人信神時「與神之信仰不能分亦與神本身不能分之吾人之自自然生命解脫之意志」，非無實作用以證之。而唯一可使吾人覺神之存在爲主觀虛幻者，吾人將以爲只在吾人判斷神存在於吾人感覺理解所對之領域，爲科學經驗意識之對象時。此時吾人因又覺神之不能爲此種對象，不在一般感覺理解所對之領域中，及由一般感覺理解領域中之繼起經驗，不能證實神之存在。神之被視爲此領域中之物，其性質與已往或以後對此領域中之物之一般性質相矛盾，於是吾人卽可覺神之爲主觀虛幻之物。然吾人無理由謂，唯在一般人一般感覺理解中之對象，方爲唯一之眞實。吾人已言不存於此一經驗領域中者，可存於另一經驗領域，而在其他領域或其他經驗領域中之呈露其實作用處，顯其自具之客觀眞實性。由此，吾人一切據以斷一事物爲主觀虛幻之標準，皆不能持以論神爲主觀虛幻。由是而吾人一切對神存在之懷疑，皆無安立處，而神之存在遂可爲經驗神存在及信仰神存在之宗教意識本身所保證而證明。

吾人既以神之在宗教意識中之呈現，不礙神之超個人的客觀眞實性，則由神之存在，神之使吾人自自然生命欲望超拔之力量之反省，而知「神爲創造吾人之得救後之生命」，與「得救之生命所自之自然生命者」，「生養吾之自然生命之自然世界者」；皆爲宗教意識所啓示之有客觀性之眞理。然關於此一切由宗教意識所啓示之神，畢竟與理性思維中之神之觀念及審美直覺之神，爲一爲二，及神之存在與其他存在之關係、神學之眞理之鑑定標準、神學之眞理與其他哲學科學之意識所啓示之眞理關係如何，如何評判其高下，如何會通，則只能在專門之形上學中討論之，非今之所及。

五　宗教中之欲望的動機與超欲望的動機

吾人以上所論之宗教意識乃一般之宗教意識。此中所信之神乃被自覺爲無限者，先被視爲在我之上而非我者，吾人乃自覺的對之崇拜皈依，以求自個人之自然生命欲望解脫者。如一般基督徒之宗教意識，即大體如是。然吾人如通觀人類之宗教史，則見吾人之宗教意識，有更低於此者，亦有更高於此者。更低於此者，爲吾人所信之神爲有限之自然神，吾人信神只覺出於欲望之動機等。更高於此者，則爲信一無限者之神外，兼信我即神或通過對先知先覺之崇拜，以崇拜神……之宗教意識等者。吾人將進而論低於此而似與上所論相違之宗教意識，如何可能。然後對各種由低至高之宗教意識，加以論列，補前文所未備。

一般人之信神，恆有希求而夾雜欲望之動機。而一般人所信之神又多爲一有限神。如由自然物之神化所成之自然神，人之神化所成之民族神等。而人之信自然神者，尤常對神有所希求而夾雜一欲望之動機。此種宗教意識表面觀之，似不能以吾人上列之說以說明其起原。蓋依吾人上之所論，吾人之信神乃原於吾人之超越欲望之意志。而此超越欲望之意志，又純以破除吾人之欲望爲事。故所信之神乃無一般事物之規定性質之無限者，或具一切可能事物之積極性質之全之無限者。則對神有欲望及對有限神如自然神、人神、民族神之信仰，皆應爲不可能。故吾人必須說明：吾人上之論「人之能信神，本於吾人之超越欲望之意志，吾人所信之神卽吾人之超越欲望之意志所自生之超越的我之非我化或客觀化」，乃唯自吾人之「神存在之信仰本身」所以成立之根據說。然吾人仍承認，吾人由超越欲望之意志，以轉出神之信仰後，吾人之欲望的意志，可立卽無間隙的繼之而出現。出現後，如吾人超越欲望之意志不克全將其戰勝時，則此欲望的意志卽貫注於對神之信仰之中，而對神表示一欲望與希求。而吾人之超越欲望之意志恆難將吾人之欲望的意志全然戰勝，則吾人自恆不免有所欲望希求於神，而視之爲滿足吾人之欲望希求者。然此種對神之欲望希求，乃依附於吾人之最初所以能信神之心理之另一心理，乃人最初所以能信神之心理之一當下之降落。故愈發達至高級境界之宗教意識，必對神之欲望希求愈少。而恆爲吾人欲望所褻瀆之神，或被視爲專滿足吾人欲望神之神，亦終將逐漸失其神性，而被人降低其神位。至於吾人之所以有諸有限神如自然神人神民族神之信仰，乃由吾人之諸自然意識人格意識民族社會集體之意識之依附、烘托、陪襯於純粹之宗教意識，以使吾人之神之觀念，受吾人對於自然物人格民族社會之集體之諸特殊觀念之規定。由此規定方使本應呈現爲無限神者現爲有限神。此種規定限制之所以可能，由於吾人之超越的我之客觀化爲神，恒通過客觀之自然物、人格，或民族社會之集體之意識之肯定以客觀化。於此吾人對客觀之自然物、人格、民族社會之集體之意識本身，卽爲輔助成就吾人之超越的我之呈現與客觀化者。吾人前曾論吾人超越欲望之意識或超越的我之呈現　，與其客觀化爲神之事之所以可能，乃由於吾人道德意識之至强或欲望受阻抑，而欲望又不能根絕，超越的我與欲望的我遂相衝突分裂，而互相排斥。然吾人並未言，吾人之超越欲望之意志或超越的我之呈現，自始爲吾人所自覺者。因而其與欲望的我之衝突分裂，吾人亦不能謂其乃宗教意識中最早卽自覺的呈現者。然若非吾人自覺地經如此之衝突分裂，則吾人不能自覺地有無限神之信仰。吾人以前之說，並不礙吾人承認：吾人超越欲望之意志、超越的我，最初可不自覺或超自覺的呈現於「客觀之自然物或人格或民族社會之集體，使吾人之欲望受阻抑，而道德意識增强之際」。而在此情形下，則吾人對客觀之自然物、人格或民族社會集體之意識，成爲輔助成就吾人超越的我之呈現與客觀化爲神者。，而此中所客觀化成之神卽爲關於自然物人格民族社會之集體之特殊觀念所規定限制者。而此中吾人所崇拜皈依之神，遂初卽只呈現爲種種有限神。吾人如論究宗教之歷史的起原，吾人必須承認人最初相信之神，爲自然神、英雄神、祖先神、民族神。吾人最初之宗教性之皈依崇拜之意識，乃對此類神而發。此類神之信仰之所以產生，一般之學說恒歸之於對自然之恐怖希求驚奇，對英雄祖先由尊敬而崇拜，對民族社會之集體之感情；或感自然、英雄、祖先、「民族社會之集體與其風俗習慣文化法律」等，能對吾人施强迫之强大力量或具威勢與偉大性而來。吾人對此諸說，雖不能就其原義而取之，此已如前文所論。然今亦可變其原義，隸屬於吾人之主旨而取之。依吾人之說，吾人對自然物有一恐怖，或對之有無盡之希求而不能立刻得滿足時，或吾人念人之自然生命終不免一死，人之生死爲自然之命數或定律所限制，而死則一切皆歸烏有時，或對自然感驚奇，覺其有威勢偉大性時，吾人誠易於由此以相信一自然神。但此並非因吾人之恐怖失望驚奇等之本身可誕育一神之信仰，而是吾人在感恐怖失望驚奇等時，吾人之欲望活動卽受一阻抑，而對自然若茫然無所施其技。此中卽不自覺的或超自覺的有一吾人之欲望之解脫或超越，亦卽有不自覺的或超自覺的超欲望之意志、超越的我之呈現。唯此超越的我之呈現，乃通過經驗之自然界，對吾人欲望之阻抑力量而呈現，於是自然界之物之阻抑力量，卽成超越的我之超欲望之意志所肯定，並通過之而表現者；而自然物與吾人之欲望之衝突對較，亦成超越的我與欲望的我之對較之表現；並爲構成超越的我與欲望的我之互相外在性者。而此衝突對較之不能自化除，吾人之求統一之努力，無所施其技或失敗，卽成爲輔助成就超越的我之非我化客觀化以成神者。然因此種之超越的我，乃通過自然物對吾人之欲望之阻抑力量而表現；因而其客觀化後所成之神，遂被自然物之性質所規定，而成具某一特定之自然性質之有限神。至於諸人神如英雄祖先之神民族之神之所以產生，則恆由吾人之覺英雄祖先之人格或一民族社會集體所表現之威勢之大，或吾人對英雄祖先人格之尊崇，對民族之感情，使吾人道德意識增強，足致吾人之超越欲望之意志超越的我呈現。在此中，超越的我之呈現，乃通過吾人對英雄祖先之人格或民族之諸觀念而呈現，於是當吾人之超越的我由非我化客觀化以成神時，此神卽爲人格或民族之性質所規定而成人神民族神。然此種爲吾人對自然對人對民族之觀念所規定之有限神，皆尙爲不能眞正客觀化吾人之超越的我之無限性者。故宗教意識之發展，遂對自然神、人神，恆有逐漸增益其性質——此性質或爲其他自然之性質，或爲人類逐漸發展出之精神活動文化活動之性質——卽使神之性質日益加大，而趨於無限之趨向，直至人能自覺其超越欲望的意志之超越的我，適異於欲望的我，而欲自欲望的我全然解脫時，人遂得眞客觀化其超越的我，而自覺一無限神之存在。此卽吾人前文所論之一般的宗教意識。至於更高於前文所論之宗教意識，亦有可說者。以下卽將對由低至高之各宗教意識，加以一總持之討論。

六　宗教意識之十形態

一、最低之宗教意識乃信仰一自然神，而向之祈求助我滿足欲望之宗教意識。此卽原始人之庶物崇拜圖騰崇拜。此種神之被信仰，吾人承認其最初多由於吾人欲望之阻抑於自然物之前。故一切對自然物之恐怖驚奇及覺自然之有威力與偉大性，非人力所能把握控制之感等，凡能使吾人之欲望自我受一阻抑者，皆同爲助成吾人之自然神之信仰者，如吾人上之所論。單純就吾人所以能形成一自然神信仰之超越意志言，此意志所表現之價值，幷不必較信仰一超自然神之超越意志爲低。因一切超越意志皆爲同質的，只須同其强度，卽價值相同。故人對神之信仰，只須眞同其虔誠，則在信仰意志方面說，其價值卽可相同。唯吾人對於自然神之信仰中，吾人之神爲帶自然物之感覺性及具自然物之種種作用的。因而吾人追求感覺性之外物之欲望恆易黏附於其上，而向之表示一希求。以致在此種神之信仰方建立之時，吾人對之之希求卽無間隙的繼之而起。如由恐怖欲望而相信之自然神如火山之神，卽吾人方覺神存在，吾人便立刻求其勿加害於我，賜福於我者（此恆卽包括以神亦爲有欲望之存在之意識，故人恆以人物奉獻作犧牲，以交換神之賜福而勿加害於人。）故吾人之所以說自然神之宗教信仰爲最低，乃自其對象易於引起吾人對之之欲望說。而眞正之最低之宗教信仰，乃是信仰一自然神，而同時對之表示欲望者。惟吾人須知，卽只有此最低之宗教之信仰之意識，皆可較無神之信仰，而又只知一往追求外物以滿足欲望之意識爲高。蓋其神之信仰之存在，卽表示其超越欲望之自我之有一客觀化。自然神無論如何兇殘，亦多少表現較人爲高之德性，較人爲不易陷於一般物欲者。而當人其向神祈求禱告助其足欲時，彼卽將滿足彼欲望之責，付託於神，而暫時卽自自己之營求煩惱中超拔，自自己之欲望解脫，以顯其超越欲望之自我也。

二、較高之宗教意識爲信仰有限之人神民族神或超自然神之無限神——無限神或爲無限之人格神或無限之超人格神——而同時對之表示欲望者。吾人能信仰一人格神、民族神，或超自然之無限神，卽表示吾人之能直接接觸神之精神，超拔神之特殊感覺性之想念，或開始否認有特殊感覺性之神爲眞正之神，卽開始否認自然神之爲眞神。吾人之否認自然神，一由吾人之對之祈求而失望，或不信其威力，而不信其爲神。二或由吾人之控制自然物之能力之增加。覺自然物在吾人控制能力主宰之下，非超越於吾人之上之神，因而不信具此自然物之性質之神。三由吾人理智之發達，而對自然物之本性與因果關係增加認識。因吾人之對自然物之每一認識，皆爲對自然物加一規定。吾人愈規定之，吾人卽愈凌駕之。吾人愈凌駕之，彼卽愈失其神性。四由吾人對自然物增加藝術性欣賞與趣。吾人之欣賞之，卽以吾人生命情趣同化之，圍繞之。吾人愈以吾人生命情趣同化之圍繞之，彼卽愈失其外在性超越性。五由吾人前所謂之自然神之日益增加人類精神活動文化活動之性質，及其他自然物之性質，而趨於無限，失其原有之性質，而同化於人神或超自然神。然吾人最後雖失去一切自然神之信仰，而信仰一有限之人神一超自然神時，但吾人未能根絕吾人之欲望，吾人仍隨時可對此有限之人神超自然神有所希求。在吾人對之有所希求時，吾人卽未能脫離欲望之世界，而將再貫注神以感覺性，望神在感覺世界表現一種切合吾人欲望之奇蹟，則吾人之宗教意識仍甚低。

三、求神滿足吾人來生之願望之宗教意識。吾人通常對神之希求，均爲求其助吾人滿足今生之欲望，求神與吾人以今生之福祿壽等。今生之福祿壽，乃與吾人生活經歷與所接觸之感覺世界密切相關，而在一現實世界之系統中者。然吾人對神之所希求，可全非今生之福祿壽，而爲來世之福祿壽，此卽吾人之求神滿足吾人對來世之願望。吾人之求神滿足吾人之來世之願望，雖亦爲一種欲望。然吾人知此欲望之滿足，在來生之另一理想境之世界。來生之福祿壽等，乃與今生之現實生命歷程脫節之另一理想之生命歷程中之物。因而吾人願望來生之福祿壽之利益，卽包含一自今生之現實生命歷程與現實之感覺世界超拔之意識，因而此種意識，乃原則上較求神滿足吾人之現實欲望爲高者。

四、求神主持世間正義之宗教意識。上列之宗教意識，皆爲夾雜個人之欲求者。然人之信神，恆由覺其在世間受委屈欺凌，而欲神代爲報仇，或自己曾爲善，而希神之賞。此雖亦爲一欲求，然其中復包含一正義之觀念。至於人之念其他善人之受惡人之委屈欺凌，吾人又不能爲之伸冤時，吾人之望神對惡人施一懲罰，對善人降福；以及在自己犯罪時，願神施以我應受之懲罰，則爲一純粹之願神主持正義之宗教意識。此種意識中潛伏地包含一「由罰而使苦痛隨罪惡之後以否定罪惡；福樂隨善行以促進善行」之超越的要求。然此超越的要求，恆非被自覺者。在有此宗教意識者之自覺中，恆仍以世間之幸福或欲望之滿足，爲本身有價值，而計較其分配，與人之善惡是否相應。故尙未能達超越世間幸福欲望滿足之計較，絕對求自欲解望脫之精神境界。

五、求靈魂之不朽以完成其人格，及以苦行求自己靈魂之解脫之宗教意識。所謂求靈魂之不朽以完成其人格之意識，乃由道德意志强之人，恆欲絕去其人格中任何之過惡，以達於至善之人格。而此至善之人格，恆為吾人今生不能達到者。故順此必欲達至善之志，人卽必求其精神生命之存在於死後，使死後仍有自强不息之道德努力。此卽康德之所以言求不朽為道德生活之一必然的設定——卽信仰之意。至於以苦行求自己靈魂之解脫之意識，卽所以指為西洋犬儒學派、斯多噶學派中之一部，及印度外道中之苦行者之意識。此種意識之主要點，在消極的超越欲望的自我，而非自覺的積極求完成其道德的人格。然實則仍是一種求道德人格之完成。此二種意識，同可不求現世的幸福與來生的幸福，而唯以超欲望之超越的我之體現為目的。而此超越的我之體現，乃體現之於死後或現實世間之上。故現實世間對此意識乃無物。而體現超越自我之心靈，亦同於純粹精神或神靈。因而吾人在由道德努力或苦行以克制其欲望，以求自己成為如是之神靈時，吾人亦可對於理想境中之自己可成之神靈，有一種崇拜皈依之意識。故此意識，雖可無客觀之神之信仰，仍可說為一宗教意識，卽一種對於「理想境中之自己可化成之神靈」所生之崇拜皈依之意識。至於在此種意識中，人之所以可無客觀的超越的神之信仰之故，可謂由其超越的我之未被客觀化。然其所以未被客觀化，乃由其超越意志恆一直貫注於欲望之中以作克制欲望之事或表現為道德努力，而未嘗被欲望的我所外在化以成非我之神之故。

自此而言，則此種意識較信神而有欲之意識爲高。

六、信神以克欲之宗敎意識。上述之不信客觀之神而能努力成德並克欲之宗教意識，雖較信神而有欲之宗教意識爲高。然一般言之，又恒較既信神而又藉信神以助其努力成德克欲之宗敎意識爲低。蓋在一般情形下，不信神而努力克欲，以求其其自己完成人格或成爲純粹精神或神靈者，其自覺之目的，恒限於其個人之人格之完成，個人自欲望解脫，而個人成神靈。彼不信神之存在，即不信一客觀之公共精神實體之存在。其不信客觀公共精神之存在，而以個人之成德或解脫與否，惟賴自力而不賴他力；即將自己之個人與他人之個人截然分別，因而不自覺的形成一自我自身之牆壁。由是而彼之努力本身，即包含一彼所未能解脫且使之增長之我執之存在。於是而彼之不信神之意識，可較信神者之意識爲低。誠然，信神者之所信之神，乃由其超越的我與欲望的我之相排斥，以外在化客觀化而成。此外在化客觀化此超越的我之意識，或表現自己努力之間斷。自此而言，信神之意識又較一直貫注其超越意志於努力克欲之事之意識爲低。然信神者之既外在客觀化其超越的我以成神，而又能立卽皈依崇拜之，藉此誠心之皈依崇拜，以求與合一，而破除其一切私欲與自我之牆壁，則表示努力克欲之復續，神與我之趨於合一，神與我乃二而不二，不二之二。而吾人既信神之存在以後，復恒能視其所受之福及自己之努力克欲所成之德，皆神所賜，而對神生一感恩心。在此感恩心中，復表現一對自己之所受之福德，皆不加以佔有之精神，由是而可啓發吾人將所受之福德，轉賜與他人，並爲人祈福德之意識。故自整個而言，吾人當謂能信神而又能努力克欲者之宗教意識，較不信神而惟恃己力以克欲者爲高。

七、不信神亦不執我之宗教意識。以對客觀之神之皈依崇拜，破除吾人之我執之宗教意識，雖較不信神而有我執之意識爲高，然在一般情形下，復較不信我外之神，亦絕對不執我之一種宗教意識，如佛教之宗教意識爲低。蓋信客觀之神之宗教意識所由生，吾人前言其原於吾人之感苦罪之不能自拔，欲望的我與超欲望的我之衝突不能解決。唯由此衝突之不能解決，乃有超越的我之外在化客觀化，而有我與客觀神之對待，及我對神之皈依崇拜；而於此崇拜皈依中進行克欲之事，使欲望的我漸被超化。此卽信客觀之神之價値所在。然吾人復須知，當吾人意識之所向，在超越的我之客觀化之神，而不能同時自視如神，不能自同一於吾人之超越的我，並自覺的面對欲望之我執而破之；則在神與我之不二之二之意識中，仍有一對欲望的我之不自覺的執持。而佛教徒之自覺的先面對我執而先求破之盡淨，遂爲一更高之宗敎意識。佛教徒之自覺的先面對我執，而初發心，卽求破之淨盡，以證知欲望的我之虛幻，卽表示其精神之開始立脚點，卽超於欲望的我之上，而其初發心，卽爲一自同一於其超越的我者。其自同一於超越的我，卽自同一於神，故無客觀之神之信仰。而於此，有一客觀神之觀念者，反表示人之失去與超越的我之同一。故當佛敎徒從事破除我執，以證知欲望的我之虛幻時，客觀之神之觀念，亦不當被肯定，而亦在被破除之列。由是而吾人可了解，在佛教之教義中，破除神我之執與人我之執，何以皆為必需者。

關於佛教中破除我執之方法，主要為觀緣生觀空。由觀緣生觀空，而知欲望的我之欲望與其境相，所依以成之一切法，皆依他起而無自性。此種方法，乃一種盡量運用吾人智慧之方法。在通常宗教，皆重信仰，而佛教則特重智慧。佛教之智慧之最深義，為一種超一般意識之智慧。然求得此最深義之智慧，仍賴意識境界中之智慧力量，（或可謂理智力量）之盡量運用。運用理智，以使理智服役於宗教之動機，乃佛教之特色。吾人通常之理智運用，皆以求於境相實有所把握為目的。而佛家之教人運用理智，則重在教人知境相之無實，而以知境相之無實，為知境相之實相。由此而有由理智至超理智，由意識中之智慧至超意識之智慧之道路，使理智完成其對宗教動機之服役。此種運用理智，以證知欲望的我所對境相之無實，使欲望的我失其所依，而自歸銷毀，則出自超欲望的我。因理智的我吾人先已言其本性即一超越欲望的我。在理智的我中，無苦罪之感，故運用理智以證知欲望的我之虛幻而超苦罪，即立足於超越的我超苦罪之我，以超苦罪欲望。此亦即表示佛教之宗教意識，於一開始點即同一於超越的我之宗教意識也。

八、担負人類或衆生苦罪，保存一切價值，實現一切價值，於超越世界或永恆世界之宗教意識。佛教中有大小乘之別。常言大乘之所以高於小乘者，在小乘無我執而有法執，大乘則兼無法執。

小乘之法執，即執其解脫之境界，而安住於中，由此故無度衆生之悲願。而大乘則反是。故吾人可謂小乘即只知自其欲望的我解脫以證我執之空；然不能如大乘之超此所證之空，以空其所證之空以入有，承擔衆生之我執所生之苦罪，而求空衆生之我執，解脫拔除衆生苦罪者。然空衆生之我執，使衆生解脫拔除苦罪，爲一無盡之事業，則我將無解脫境界可住。此即無住涅槃之說。此種大乘教之精神，乃佛教中最高者。蓋在此宗教精神中，我不僅超越我執，且超越對「超越我執所達之境」之我執。我不僅求自欲望之我解脫，且自解脫之觀念解脫，我之我執乃眞正絕對的被破除，我所求之解脫乃絕對的解脫也。而由吾人我執之絕對解脫，吾人即有一普遍的價值意識，而欲保存實現對自己與他人以至一切衆生之眞有價值之一切事物，於其所信之神心，或天國中或佛心、極樂世界中之宏願。

在信奉上帝之宗教中，如人之目的只在賴客觀之神以使自已之靈魂得救，其精神尙不及佛教中能直接破我執之小乘教。然如基督教徒之信奉上帝者，眞能信此上帝爲願擔負人類之苦罪，一人不入天國，上帝之心終不安；而人信上帝亦須求同一於救人類苦難之上帝；則可與佛教之大乘教同爲極高者。

九、通過對先知先覺之崇拜以擔負人類衆生之苦罪之宗教意識。在大乘教與基督教中，又可分二種宗教精神，其一爲直接以歸向無住涅槃，或同一於救人類苦難之上帝之宗教精神。另一爲通過對於已證得無住涅槃之佛菩薩之皈依崇拜，以歸向於無住涅槃；或通過對於原同一於上帝之耶穌之皈依崇拜，以同一於上帝之精神。二者相較，則後二者之宗教精神尤高。蓋吾人由上段既已肯定能擔負其他我之苦罪，求解脫他我之苦罪，爲最高之宗教精神。則當吾人能通過一實有如此之精神之人格之崇拜皈依，以自體現此宗敎精神時，吾人卽一方感此宗敎精神之普遍存在於我及先知先覺，及其他一切同崇拜皈依此先知先覺者之心，而呈現爲一普遍的人類宗教精神。而在另一面卽感此普遍的宗教精神，爲一先知先覺之宗教精神所體現所統攝，而凝結爲一宗教精神之實體；而此實體又卽內在於吾人之宗敎精神之中。由是而吾人之宗敎精神，遂感最大量之充實。此卽佛教中之所以於法寶之外有佛寶與僧寶，基督教之所以必於崇拜上帝之外，兼崇拜耶穌而形成教會之故。而佛教中之信卽心卽佛之禪宗，與基督教之神秘主義者之主直接見上帝，而不重對釋迦耶穌之崇拜皈依之宗教精神，終不及能通過對釋迦耶穌之崇拜皈依，對僧寶教會加以肯定者之宗教精神之高，卽在於此。

佛教基督教之崇拜皈依釋迦耶穌，肯定僧寶教會，表示人類最高之宗教意識，必包含「對求化同於神之人格之崇拜皈依」之意識，「而最高之神爲必須擔負世界之苦罪以入地獄之神佛菩薩，或必化身爲耶穌之上帝 —— 亦卽重成爲衆生或人而忘其爲神之神」之意識。在如此之宗敎意識中，吾人由「對已往之先知先覺同一於上帝之耶穌 —— 或已成佛菩薩之人格之崇拜皈依」，而增强吾人求自同一於上帝自成佛菩薩之志願。當吾人單純的一直以求自己之成佛菩薩或同一於上帝爲目標時，吸引吾人上升之實在，唯是吾人之超越的我。而當吾人通過對先知先覺之崇拜皈依，以求自成佛菩薩自同一於上帝時，吾人乃念及彼先知先覺等，初亦爲與我相同之有欲望之人，而彼竟能奮勉逐漸上升以成佛菩薩，而同一於上帝；則彼之上升歷程本身，即成感動吾人以吸引吾人上升者。蓋當吾能皈依崇拜此先知先覺時，吾人不特感吾人之欲望的我，爲吾人超越的我所超化；吾人且感吾人欲望的我之同一於先知先覺之當初之欲望的我。而吾人皈依崇拜先知先覺之能超化其欲望的我，吾人崇拜皈依之活動本身，即爲將吾人欲望的我付託之於先知先覺上升歷程，使吾人之求上升之歷程同一於先知先覺上升歷程，而被其所涵覆，以接引吾人之上升者。由是而吾人之求上升之志願，遂得一客觀之保證而可不斷增强。

十、包含對聖賢豪傑個人祖先民族祖先（即民族神）之崇拜皈依之宗教意識。在一般之宗教意識中恆只信一惟一之神，或唯一之先知先覺，如耶穌釋迦摩哈默德等。此種宗教意識中，恆以吾人不當更有視聖賢豪傑祖先如神，而崇拜頂禮之之宗教意識。然吾人則以爲眞正最高無上之宗教意識，乃當包含視聖賢豪傑祖先等如神之宗教意識者。蓋順吾人前之所言，吾人既言最高之宗教意識中所信之神或基督佛菩薩，爲必然以擔負人類之苦罪爲己任者，此即同於謂神或基督佛菩薩皆爲能自忘其爲神，自超拔其同一於神或超越的我之境界，而下同於衆生或人，以爲衆生去苦罪者。若然，則人類中之聖賢豪傑能實際作去人類苦罪之事者，即可正爲忘其爲神之神，化身而成人者。其成人乃所以擔負衆生之苦罪，則彼正可只以去人類之苦罪爲事，因而亦兼忘使其自己復成神之目標，遂不復有神之信仰不復求同一於神。而神之自忘其爲神以化身爲人，亦必化身出此種忘神之信仰之人，而唯以去人間之苦罪爲事，乃眞見神之偉大。若然，則順吾人宗教意識之發展，吾人不僅當崇拜皈依「信有神求自己同一於神之宗教人格」；且當崇拜皈依不求同一於神而只以去世間之苦罪爲事之道德人格。吾人如眞信神之偉大，即當信此道德人格即神之化身，吾人亦當以崇拜皈依神之態度，崇拜皈依之也。故吾人謂宗教意識發展之極致，必包含一視聖賢豪傑等道德人格如神之宗教意識，以至包含視祖先如神之宗教意識。祖先對吾人自己言，必爲一道德人格。蓋祖先在其本性上莫不愛其子孫，願分擔子孫之苦罪。則在子孫心目中，其父母祖先皆耶穌佛菩薩也。而在此視聖賢豪傑祖先如神而崇拜皈依之意識中；因念彼等之精神乃一直顧念人間，無求同一於神之心，吾人固可無超越之神之觀念之肯定。然吾人之無超越之神之觀念之肯定，不妨礙吾人之在實際上以事超越之神之態度，皈依崇拜超越之神之態度，對聖賢豪傑祖先，而視之若同於超越之神，並在其前自自己之欲望的我超越，自自己之我執解脫。由是而吾人即發展出一純粹人格之宗教。在此種人格之宗教意識中，其初無超越之神之觀念之肯定，乃由體念聖賢豪傑祖先之精神之嚮往，原不求同一於神，而只以去人間之苦罪爲事之故，而不必原於覺對聖賢豪傑祖先之崇拜皈依與對神之信仰之相礙。吾人可謂一人因崇拜皈依聖賢豪傑祖先，遂自覺的否認有超越之神，可成宗教上之罪過。然不自覺的否認有神，對神存而不論，而在實際上只有聖賢豪傑祖先之崇拜皈依，無對神之崇拜皈依，則非一人之宗教上之罪過，亦非其人缺乏宗教精神之證。反之如一人只有對神之崇拜皈依，而無對聖賢豪傑祖先之崇拜皈依，竟對其價值加以否定，則爲人之宗教意識尚未充量發展之證，而爲宗教上之罪過。由此故吾人以爲最高無上之宗教意識，應爲一方有對超越之神之皈依崇拜，一方有對聖賢豪傑祖先之崇拜皈依者。只有其一而未自覺否認另一，皆不成罪過，而同爲宗教精神未充量發展之證。只有其一而自覺否認另一，皆爲宗教上之罪過。由此而言則基督教回教徒之反對崇拜人神，與中國後代儒者之絕對反對天地之神者，皆同未能充量發展其宗教意識，浸至犯宗教上之罪過者。而中國先秦儒者之一方崇拜聖賢祖先之人神，而一方亦信天地之神——至少未自覺的反對祭天地各神，乃眞正具備最高之宗教意識者。

七　宗教與他種文化活動之關係

宗教意識之核心爲自欲望的我解脫，爲皈依崇拜神之意識。其所求之價值爲人之超越欲望的我而神化，或接觸超越之神，接觸一視之如神之聖賢豪傑祖先之精神而神化。由是而人有一宗教信仰後，可覺其生活之價值，含一絕對意義超越意義或通於宇宙全體之意義，此與科學哲學所求價值爲眞，文學藝術所求之價值爲美，道德所求之價值爲善，皆不同。因而宗教意識之極端發展，恆可歸于其他文化意識價值意識之否定，或與其他文化意識價值意識相衝突，及各宗教之自相衝突。然在另一方面宗教意識亦能助成其他文化意識價值意識，今試先畧論其與眞善美之價值意識之衝突如下。

宗教意識與求眞意識之衝突，在宗教意識中恒包含一不合理者之肯定。宗教中恒有神話，神話必與經驗科學歷史科學之理性相違。宗教中恆有獨斷之教義與不可解之弔詭Paradox，與哲學理性相違。——吾人據理性以論宗教之神話，恒設法找出宗教神話之歷史事實之根據，或抉發神話之象徵意義，並爲其獨斷教義建立根據，分析其弔詭，使可理解。然實則對宗教作理性之解釋，乃宗教意識外之另一事，而可冲淡或破壞吾人之宗教意識者。克就宗教意識而言，宗教中之非理性成分，皆爲不可少，亦不能由解釋以化除者。蓋在宗教意識中，吾人求超越其欲望的我，亦卽同時求超越欲望的我所肯定之現實世界。故在宗教意識中，必包含一日常經驗之現實世界之虛幻感，對日常經驗的現實世界之眞實之否定意識。宗教中神話之內容，恒與經驗現實世界相矛盾。故當吾人信神話時，卽加强所經驗現實世界之虛幻感，而引出吾人對經驗現實世界之眞實性之否定。而當吾人對經驗現實世界有虛幻感之時，吾人卽趨於相信神話。常人恆以爲吾人在宗教意識中，所以相信神話，只原於吾人之望神話內容之眞實化，以滿足吾人之願欲，而不知吾人所以望神話內容之眞實化，除滿足吾人願欲外，尙有此深一層之動機。唯人之信神話有此深一層之動機，而此動機藏於宗教意識之本身，神話方爲人之宗教意識之必然的產物，爲欲培養人之宗教意識，亦不當加以全廢除者。此卽宗教意識與日常經驗，及應用於日常經驗中之理性之矛盾，所以不易避免之故。至於宗教中之所以有獨斷之教義與不可解之弔詭Paradox，則所以使吾人一般理性活動停息於一觀念或觀念之矛盾中，以歸於自毀。而吾人欲識得宗教中獨斷之教義與弔詭之價值，亦不當只在此教義此弔詭之內容上措思，而當兼自其停息吾人之一般理性活動措思。蓋其停息吾人之一般理性活動，卽可使吾人原自苦罪中求自拔之情志出發之宗教意識，易於引現也。

宗教意識與求美意識之衝突，由于在宗教意識中，人須超越日常經驗之現實世界，亦卽須超越日常經驗之形色世界，而美則爲不能離形色世界者。中世紀僧人之見瑞士山水之美，至不敢仰視，乃宗教意識主宰之心靈所必有之事。誠然宗教與藝術亦恒有相依爲用之情形。如宗教儀式及廟宇中，恒包含音樂圖畫頌讚與建築等藝術成份。然吾人復須知，一切宗教中之音樂圖畫頌讚建築等之價値，皆只在其引現喚醒吾人之宗教精神一面。當吾人之宗教精神喚醒以後，其本身卽成必須超越者。而其所以能喚醒吾人之宗教精神，則由宗教中之音樂圖畫建築等，雖是形色世界之對象，然此形色之華麗偉大莊嚴等，可使吾人忘形色世界中其他之形色，使自己欲望屈服，而其所含之宗教意義，則足引現吾人之純粹宗教意識。宗教藝術中所表現之美，恒壯美多於優美。壯美恒爲啓示一無限之內容於有限之形色，乃一方足使吾人之欲望屈服，一方使吾人趨向於形色觀念之超越者。故宗教中之藝術之形色，在其宗敎意義被人了解後，乃注定將被超越者。藝術對於宗敎之價值，亦將永爲附從的，或工具的。人若能直接信仰宗敎，藝術卽爲非必需者。人若沉溺藝術而忘宗敎信仰，則藝術亦爲當廢除者。此卽吾人前論詩人藝術家，必須徹底轉化其意識形態，乃能有眞正宗敎意識之理由。托爾斯泰晚年所以厭惡文學藝術之故亦在此。由此而言，極端發展之宗敎意識，遂不能免于與藝術求美之意識之衝突矣。

至宗敎意識與道德意識衝突，則在宗敎意識恒原於感自己之無力解脫其苦罪，故皈依崇拜神以求神之助我解脫苦罪。然當吾人感自己無力解脫其苦罪，而皈依崇拜神時，吾人恒有一對自己之意志自由之否定。因而在宗敎意識中，人恒易趨向於宿命論之相信。在中世紀基督敎中，尤多否定意志自由，以人之得救與否，純賴上帝賜恩之思想。此種意志自由之否定，對宗敎意識之所以爲必需者，乃因吾人否定自己之意志自由以後，吾人同時亦否定吾之欲望的我滿足其欲望之自由。故當吾人由宿命論思想之開示，而知吾之一飮一啄莫非前定之時，吾人奔逐嗜欲之念，卽趨於止息。而當吾人知吾人之得救與否，繫於上帝之賜恩時，則吾人對得救本身亦無欲望。則吾人之否定意志自由，正所以使超欲望之我易於呈現，亦卽所以使神更易降臨於我者。至於在其他種之宗敎意識，如苦行者及佛敎徒之宗敎意識中，雖不必包含意志自由之否定；然亦不必包含意志自由之肯定。蓋在宗敎意識中，吾人乃念念迫切於自欲望的我解脫。而吾人之念念迫切於求解脫，亦卽念念覺被束縛而不自由者。由是而吾人求解脫之努力，雖爲以自由爲目標，吾人從事解脫之活動中，亦表現一意志自由；然因吾人之念念在求自欲望的我解脫，念念覺有束縛在前；則吾人可不自覺我已有眞正之意志自由，而成立一意志必能自由之信念。然在自覺之道德生活中，則吾人乃自覺的以自己主宰自己支配自己。惟因自覺自信自己之能主宰支配自己，乃能自覺的求生活之道德化。故意志自由之肯定爲必需者。如在經驗的我中不能肯定有此意志自由，亦須在超越的我中肯定有此意志之自由。而充宗教意識之極，則不須自覺肯定此意志自由亦可否定意志自由。由是而宗教意識之極端發展，又可以有意志自由之信念之道德意識，爲罪惡之意識，爲魔鬼所欺騙之意識。由是而宗教意識復與道德意識相衝突。

復次，極端發展之宗教意識，雖可鄙棄其他之道德文化活動，然在實際上宗教活動又不能孤行，而必須聯繫於學術藝術及其他文化活動。如一宗教之形成，必須人有若干關于此宗教眞理之哲學的了解，宗教頌讚宗教音樂之藝術的陶冶，宗教戒律之道德的實踐，而一宗教之組織亦皆有其財政及一般行政等。唯因宗教意識之目標爲超越者，故其聯繫於種種文化活動，皆唯是以此種種文化活動及其所凝結成之教條儀式法制等，爲達宗教目標之工具。而此教條儀式等爲信徒所習信習行之後，則恆機械化。然嚮往于超越目標之宗教意識，又最難回頭對此等等，重加批判抉擇。于是對凡與其宗教之習慣傳統不合之其他形態之文化活動等，皆易視之爲毫無價值。因而憑藉不同文化背景，而以不同形態之文化活動爲工具之宗教與宗教之間，恆有極强烈之互相排斥性。不同宗教之寬容爲最難之事。宗教上之寬容，初恆賴于對不同宗教之教義儀式禁戒及藝術文學之虛心的了解。而此虛心的了解之興趣，在吾人已有固定之宗教信仰時，初又恆須由了解不同形態文化活動等本身，所表現之道德價值以引起。因而吾人若不能自覺的肯定人之文化活動本身皆具備道德價值，而只視之爲達宗教目標之工具，則人勢將不免以不同宗教所聯繫之文化活動，乃不能引導吾人達正信而毫無價値者。由是而浸至視其他宗教徒之宗教意識文化意識，皆爲被魔鬼所主宰之意識，其人亦皆爲魔鬼而應加以殺戮者，由此可促成宗教上之戰爭。在此戰爭中，人因皆自覺是爲其所信之神等而與魔鬼戰，則其慘烈殘暴可甚于其他戰爭，此卽宗教之不寬容，既使一切宗教相衝突，而使任何對立宗教，皆不能必然保其自身之存在，而在存在與不存在間戰慄，亦使各宗教所聯繫之各民族文化在宗教戰爭中戰慄于存在與不存在之間者。此事之本身，則代表宗教本身與人類文化本身最大之衝突。

然宗教意識之極端發展，雖與求美求眞求善之學術藝術道德意識衝突，且可導致宗教之戰爭，然宗教意識復正爲完成吾人之求眞求美之意識，而其本身亦表現一道德價值，而依於道德意識者。此卽宗教意識中所信之神或神化之人，恆被稱至眞至善至美之故。

宗教意識之所以爲完成求眞求美之意識之理由，卽依於吾人本章之首所說：求眞求美之意識尚未能面對吾人自然生命之欲望而求根絕之，使自我自其中解脫。吾人之求眞求美之活動皆限於意識界，而不能及於下意識界。故在求眞求美之活動中所表現超越精神，恒只爲超越意識中之執之超越精神，而非超越下意識中之執或不自覺之自然生命欲望中之執之超越精神。而宗教活動之精神，則爲求超越下意識中之執或不自覺之自然生命欲望中之執之超越精神。由此而宗教精神遂爲能補足求眞求美之活動中所表現超越精神，更充量的實現此中所未能表現之超越精神者。

吾人誠欲超越吾人下意識中之執，不自覺的自然生命欲望中之執；則對吾人不自覺的自然生命欲望所肯定之形色世界中之身與物之形色，亦恆必求加以超越。因而恒不重視一切順感覺經驗以運用吾人之理性之求眞活動，亦不重視表現吾人一般情意於形色世界之文學藝術之審美活動。且最後必求吾人全超越求眞求美之活動，以成就吾人之純粹的宗教活動。而此純粹的宗教活動之經求眞求美活動之超越而完成，亦即求眞求美之活動中，所潛伏未表現之超越精神之表現，經其已表現者之超越而完成。此亦即吾人之求眞求美之活動中超越精神自身之完成。吾人遂可言，宗教活動即補足求眞求美之活動，而其與求眞求美之活動之衝突，正所以顯三種活動之互相補足，而成爲同一人之超越精神之分別的表現者。

至於吾人之謂宗教意識表現道德價值，並依於吾人之道德意識者，則根據于宗教意識之原出自吾人之感苦罪之不能自拔。無論吾人是由感苦而立刻自覺有罪，或以感有罪而生苦，或一方感苦一方感有罪，只須吾人有一自覺或不自覺之自罪意識，吾人即有一道德意識。而只須吾人有自罪之意識解脫處，吾人卽有一求去罪之善機之表現。而在吾人之人格中，有一道德價値之實現。當吾人由感吾人之自力不能去吾人之苦罪，卽往信一神而崇拜皈依之，固自覺爲宗教意識，而非自覺爲道德意識。然吾人之能承認吾人之無力，在神前表現一絕對之謙卑而忘我，仍表現一不自覺之道德品性，仍是不自覺之道德意識之表現。而吾人信神之後，在吾人之自覺的求維持吾人之信念，保持吾人之謙卑之活動中，仍有一自覺的或不自覺的自己支配自己，主宰自己之道德努力或道德意識。由是而吾人遂可言吾人之宗教意識，在本性上卽依於吾人之道德意識而表現道德價値者。

尤有進者，卽吾人尙可自一方面說宗教意識所依之道德意識，爲一種最深之道德意識。蓋宗教意識原自求自然生命之欲望全然解脫，此卽要求一超自然生命之精神生命的再生。在宗教意識中，吾人因欲自自然生命解脫，故恆自判斷其自然生命通體是罪惡。佛家所謂無始以來無明之縛，基督教所謂原始罪惡是也。此種對自己罪惡之深厚之認識，乃由吾人對自己所下之道德判斷，不僅及於意識中表層之我，而深入下意識之底層之結果。吾人之能作如是之判斷，乃依於吾人之道德意識。而此判斷之活動，卽爲一求超越罪惡，而表現極高之道德價値之自覺的道德活動。而吾人經此自己之罪惡之認識，而對神痛自懺悔，求其恩赦，或俟其恩赦，則爲一表現更高之道德價値之不自覺的道德活動。而此二種不自覺的道德活動，若不在自覺信仰完滿之神之宗教意識形成後，而與吾人之現實自我相對較時，乃不易有者。由是而吾人遂可言，吾人之宗教活動，一方依於吾人之此種道德意識，而同時亦即為成就吾人此種道德意識者。

第八章　道德意識通釋

一　前言

道德爲實踐之事，而非理智之事。道德之哲學的反省，無直接之效用於道德之促進。然依淺薄或錯誤或未盡理之道德哲學以指導行爲，則妨礙道德之實踐。由是而道德之哲學的反省亦不可少。西方之道德哲學之系統，由亞里士多德、斯賓諾薩、康德、菲希特及少數之功利主義者直覺主義者，與現代之自超越價值論觀點論道德之哈特曼N. Hartman.,及自文化論道德之斯普朗格E. Spranger，愚皆頗致推崇。然此諸家之系統中，亦皆有種種問題，及未能盡理之處。唯中國之孟子，乃在此學，最能言之無憾。而宋明儒者之朱子王船山之論德目，陽明之論良知，皆能於孟子各有獨至之發揮。如引申其條緒，私心以爲西哲在此學中問題，皆可得其解，此須待於道德哲學之專著。本文目的則只在說明道德意識之通性，及其與其他文化意識之一般的關係。爲標示宗主之故，所論之德目，似皆限於中國儒家——尤其是孟子——所舉之一部。然在解釋方面，則多取朱子陽明義，而用西哲之思維方式與概念，加以一安排組織，從事討論。此安排組織之事，乃中國過去儒者所不屑爲，而視爲不必需者，且此安排組織之形式，亦本爲無一定者。愚在此文中所施之安排組織之形式，亦非以爲是唯一可能者，且未能極其嚴密。然由本文之安排組織之形式與討論，卽已可使吾人能依一定之思路，以導引出對於道德意識之逐漸深入而通貫之反省。一方使吾人不致以此諸道德之名爲常見，而輕率地自以爲了解；一方亦可使吾人於若干西洋道德哲學問題，獲一解決途徑。故在今日，安排之事爲必需。本文因避繁文，對於與西洋道德哲學問題相關之處，多未明示，但隨文暗示。如關於文化與道德之關係問題，功利主義理性主義直覺主義之道德標準之問題，道德價值爲自覺或超自覺、內在或超越之問題，道德價値實現於情上或理性之活動之問題，個人道德與人與人間之道德、對集體社會與對宇宙之道德是否可貫通之問題，及罪惡之起源等問題，在本文皆暗示一用思之方向，而表面若不相干。是則賴於好學深思之士心知其意者也。

二　道德活動與文化活動之概念

道德活動自一方面言，爲人類之一種文化活動。然自另一面言，則爲內在於其他之一切文化活動，而又超越於其他一切文化活動，涵蓋其他一切文化活動，以成就其他一切文化活動者。故人又或不視道德活動爲文化活動之一種。吾今調和此兩種說法，將主張道德活動爲一種與其他文化活動相對之特殊文化活動。故吾人將首先以道德活動與其他文化活動對較，以說明道德活動之特殊性。

關於道德活動與其他文化活動，最明顯之不同，卽方才所言，道德活動爲內在於一切文化活動者。吾人以前論一切文化活動中，皆表現一道德價值，卽謂一切文化活動均潛在有，及內在有一種道德活動。（在另一意義，吾人固可謂每一種文化活動，皆潛伏有內在有其他種之文化活動，然此必通過其所共潛伏之道德活動，乃能說。）唯各種文化活動雖皆潛伏有內在有道德活動，然此潛伏內在之道德活動，乃不自覺的或超自覺的。道德活動皆實現一善。然以人之各種文化活動中之道德活動，恆爲不自覺的；故人在自覺的從事文化活動時，恆不自覺在實現善，而只自覺在實現善以外之價值。如人在經濟活動中，自覺在增加人之財富。人在政治活動中，自覺在分配人之權責。在科學哲學的活動中，自覺在求得眞理。在文學藝術之活動中，自覺在求得美。宗敎活動中，自覺在求神化等。唯在吾人有自覺的道德活動時，吾人乃自覺以實現善之價值爲目的。因而吾人可謂，自覺的其他文化活動，只不自覺的實現道德價值，而自覺道德活動，乃自覺的實現道德價值者。

其他文化活動之所以只爲不自覺的實現道德價值，由其所欲自覺實現者，爲善以外之其他價值，如眞美等。眞美等，自一義言，亦可謂善之一種。然吾人現尙不能卽如此說。吾人將說明道德價値——卽善之價値——與眞美等其他價値有一根本之不同。卽善之價値唯存於吾人之人格內部。其他之文化價値，則存於吾人之人格與被置定爲吾人格以外之事物之關係中。所謂道德上善之價値，唯存於吾人之人格內部者，卽道德上之善，皆表現於自己對自己之支配，改造或主宰上。自覺的道德上之善，表現於自覺的以自己支配、改造、主宰自己之志行中。不自覺的道德上之善，表現於不自覺的自己支配改造主宰自己之實事中。故道德上之善，皆存於人格之內部。言人有道德上之善，亦專指人之人格內部有此善而言。然言吾人有某種文化活動，某種文化活動中實現某一特殊之價値，則不能於開始點卽專指其人格之內部有此價値而言。吾人必須就吾人從事文化活動時，吾人之人格與置定人格以外之事物之關係，乃能指出此價値之所在。如吾人必須就吾人之人格如何運用財物，與財物之關係如何，乃能言吾運用財物之經濟活動，是否實現利或效用之價値。吾人必須就吾人之人格與人如何發生互相配合統率之關係，乃能言吾之政治活動，是否實現權責之正當分配之價値。吾人必須就吾之人格如何以思想了解客觀對象，吾之思想中之觀念與客觀對象之關係如何，乃能言吾之科學哲學之活動，是否實現眞理之價値。吾必須就吾之人格如何表現寄託其情感或意象於形色世界，其間之關係如何，乃能言吾之文學藝術之活動是否實現美之價値。吾必須就吾之人格如何克服苦罪之我，皈依崇拜一神，或追求一尙不內在於我之「自欲望解脫之境界」，或我與神之關係如何，苦罪之我與此境界關係如何，（在此中以苦罪之我，爲我欲克服者，爲束縛我者；神與解脫境界，爲我所求者。故可交替的被視爲客觀的事物。）乃能言吾之宗教活動，是否實現神化之價值。故吾人謂一切文化活動中，均包含不自覺之道德活動，實現一道德上之善。然吾人之謂此文化活動中包含有道德活動，有道德上之善實現；亦是尅就此文化活動之形成，出自吾之人格，吾之人格之有此文化活動，必由吾人自己對自己有所支配主宰而言。若不論此文化活動之形成出自我對自己有所支配主宰一面，則吾人唯有自此文化活動中，我之人格與我人格以外之事物之關係上着眼，乃能知此文化活動之所以成某一特殊的文化活動，而知其所能實現之特殊文化價值。此即證明道德價值與文化價值二名，各有所指，而自覺的實現道德上之善之道德活動，與自覺的實現文化價值、文化活動，二種意識形態之不同，亦可由此而透入。

因文化價值實現於「我之人格與人格外之客觀事物之關係中」，故在我之自覺的文化活動中，我必先自覺我之人格與我人格外之客觀事物之互相對待。我之文化活動則爲求聯繫之，而實現一文化理想於客觀對象，於理想之實現上，顯出此文化活動之本身價值，或有所影響之效用價值者。故在文化活動之意識中，吾人必有客觀對象與文化理想之昭臨於前。此客觀對象，初被視爲實際客觀存在的；文化理想則初爲尚未存在的。然吾人之文化活動，必須改變我與客觀對象之關係，改變我與客觀對象之本身；使吾之文化理想實現於我之文化活動，亦即實現於我與客觀對象之新關係中，或「新關係中之我與客觀對象中。」文化理想實現，即成就一種客觀之「文化表現」，或「文化物」，如財富、知識、美術品等。而個人之文化活動亦恆目的在求得一客觀之文化表現，使個人之文化活動通過此表現爲人所共見，而社會化。故通常言文化皆指社會文化。而文化活動之本質，吾人亦可言其爲表現的。然在道德活動之意識中，則我所支配改造主宰者，卽我之自己。此中無吾人之自我與客觀對象之截然對待。誠然，在我支配主宰我自己時，可說被支配主宰之我，爲能支配主宰之我之客觀對象。然在道德意識中，不似在宗教意識中初有意識分裂之情形。（見上章論宗教意識）。在道德意識中，吾人覺被支配主宰之我，雖有過失罪過；然此有過失罪惡之我，與能改過去罪之我，仍屬於一統一之自我。不似在宗教之意識中，覺罪惡之我，如爲魔鬼所誘，盲目之無明所縛之另一我。故在宗教意識中，罪惡之我，可成一與主觀相對待之客觀之對象。而在道德意識中，則有過失罪惡之我，不眞成一與主觀相對待之客觀對象，而只爲統一的自我之一方面。又在道德意識中，吾人固亦時有一道德理想，欲其實現於我之行爲生活。然此理想乃我自心所建立，乃我自己對自己之所命。此理想在道德意識中，就其爲昭臨於吾人之現實自我之前，並有普遍性言，固亦當稱爲一客觀之理想。然此客觀理想，乃我心之所建立，乃我自己對我之所命。我之如是建立理想以自命，宛若求此理想之自上至下而貫徹於現實自我之中。故吾人復可自覺此理想爲內在吾人之整個道德自我者。而其他文化活動中之理想，則爲求實現於我與我以外之事物之關係中，如欲貫徹於我以外者。故吾人恆不能於有一文化理想時，同時卽自覺此理想之在我之內。蓋此理想之所貫徹者，有在我以外者，卽此理想之作用，有在我以外者。執用以觀體，乃自然之心習。故吾人有一文化理想時，恆覺此理想亦若在我以外，若我之文化活動，乃實現一外在之客觀理想之一工具。在吾人有一道德理想而求其實現時，乃是求其實現於我之行爲生活中。故當吾人有道德理想之際，同時卽有一對我行爲生活中過失或善行之覺察。道德生活之核心，恆爲一以道德理想對證我現實之行爲生活而生反省，由反省而遷善改過。由此，自可有生活行爲之改變的「表現」。然在道德生活中，此種改變的「表現」，只爲道德生活之自然之結果，而非道德生活中眞正用力之所在。道德生活中眞正用力之所在，唯在時時保此道德理想之昭靈而不昧，自作不斷之反省，「才動卽覺」，使此心常得遷善而改過。而不須先着重自覺的求獲得一某種生活行爲之改變之「表現」，尤不須求此「表現」之爲人所知。若吾人在道德生活中，吾人之遷善改過，皆着重在求獲一某種生活行爲之改變之表現；則吾人之興趣，若非出於審美的，卽爲一種道德生活上之越位之思，或一種求名心。故道德生活之本質，吾人以爲乃反省的，而與其他文化生活之本質爲表現的相對。（在最高之人格理念中，文化與道德合一，反省與表現合一，而一切皆爲天機天性之流露。但在此文，吾人尙不須說此義）。表現只是自發的創造，反省則是批判的重造。自發的創造，常本於天賦之精神力量，故從事文化活動者可恃天才。政治經濟科學哲學文學藝術之活動，均有天才之成分，宗敎之信仰之原於啓示或靈感者，亦若從天而降。道德活動則全賴自己引發的精神力量。道德活動中無所謂天才或靈感，只有個人之修養上之工夫。天縱之聖只爲敬仰之名詞，或表示聖之德侔於天，非天生不待人力之謂也。

各種文化活動，均有其相對之客觀事物。吾人之實現文化理想，須實現於此客觀事物，而此客觀事物又被視爲外在吾人之人格者。故吾人從事一文化活動時，吾人恆有一離自我之中心而向外傾注之心向。此向外傾注之心向，使專注於一種之文化活動之表現成可能。然亦使吾人之心或不自覺的限制於一種文化活動之表現，而不復肯定（或竟至否定）其他之文化活動之價值。同時此向外傾注之心向，恆使吾人順客觀事物之連綿遷流，以施其注意力，而擴展「其所欲實現文化理想於其中之客觀事物」之認識之範圍。此種擴展，雖使一種文化活動之充實發展成可能，然亦同時或使吾人不自覺的局限吾人之精神活動，於一種文化活動中，更不易肯定（或竟至否定）其他文化活動之價值。而此種對於其他文化活動之價值之忽視或否定，對個人而言，則將不免造成個人文化生活之偏枯的發展，使個人之他種文化活動，不能亦獲得其應有之地位。對社會而言，則不免造成從事不同的文化活動之個人，互相輕視鄙棄他人所從事之文化活動之價值。而當一種文化活動爲一時代之潮流所趨時，常使整個社會皆忽視其他文化活動之價值，而整個社會之文化生活皆不免偏枯。人之文化生活之偏枯，同時即人之人格之發展之缺陷，人格發展之過失。自覺此過失而改正之者，即吾人之道德意識。道德意識覺一種文化活動之過度發展之不當，一往向外傾注之心向之不當，而改正之；即收斂向外傾注之心向，而還歸於自我之中心，抑制一種過度發展之文化活動，而開啓另一平衡之之其他文化活動；而文化價值之意識，遂由之而擴大，使個人及社會之各種文化活動之和諧發展之價值，爲吾人所認識。由是而言，則道德意識遂成對各種文化活動之向內的協調意識，向外的開拓意識。

復次，吾人之從事一文化活動時，其所以有離自我中心而向外傾注之心向，乃由吾人之有一自發的文化理想欲求實現。然吾人所欲實現文化理想於其中之客觀事物，則爲意識所直接接受之與件。吾人接受此與件或認識此與件時，吾人之心恆爲被動的。不僅吾人之認識外界之經驗事物而視之爲客觀的時，吾人之心，初可謂爲被動的；即認識吾人之內部經驗，如在宗教意識中之認識一我欲自其束縛中解脫之欲望自我，而視爲一客觀的與我對待之物時；吾人之認識此欲望自我，吾人之心初仍可謂被動的。由是而言，則文化活動中，吾人之心有一自發的文化理想之求實現，可謂由於吾人之心之先被動的接受一客觀事物之刺激，而後激發出或引起者。而在吾人既由一種文化活動而形成一外傾心向之後，此心向本身復可使吾人易於接受客觀事物之刺激，而使吾人之心常爲一被動的心。故吾人之文化活動，一方有過度發展，而造成偏枯之文化生活之勢。而另一方面，又有以外境不斷更易，吾人心力已多用於被動的接受之故；而不能持續吾人之文化活動至相當之程度，以實現吾人之文化理想之趨向。後者即外境紛擾於吾人之念慮，使吾人不能專志於文化活動之現象。此二種文化活動之過失，可謂前者爲過，後者爲不及。大率當吾人實現一文化理想之生命力量强之時，常病在過；而當吾人實現一文化理想之生命力量弱之時，常病在不及。此生命力量之强弱，或由於吾人習慣所培養之特種興趣之强弱，或由吾人從事該種文化活動時，爲其背景之文化活動是否深厚衆多而結成體系，或由吾人之天生之氣質之剛强或柔弱；然此皆不關一文化理想應如何實現，實現至某一相當之程度方爲合格之問題。凡一文化活動之理想皆有一結構而成一整體，即最微末之文化活動如寫一字，作一知覺之判斷亦然。故每一文化活動乃一有始有終有生有成之一整全歷程。適如其分而完成之爲合格；已完成之而沾戀此文化活動，只求再有同類之文化活動而盲目的拒絕其他文化活動之開啓，是爲過；爲不相干之外境所擾，不適如其分以完成之，爲不及。而過與不及又可與人之私欲相緣引，以使人根本喪失文化生活而陷於各種之罪過（見後文）。私欲固須由道德意志以克服之。而當過時，亦須有道德意識，以抑制吾人之過。當不及時，須有道德意識以激發吾人之生命力量，而持續吾人文化活動。吾人所從事之文化活動，愈爲需長時期以完成者，則愈有待於吾人道德意識以持續吾人之文化活動。由是，道德意識遂爲防備私欲之興起、外境之刺激擾亂，以支持吾人之文化活動，使之得長久存在，之在外的保護意識與在內的延續意識。合前所謂向內的協調（或和諧）意識及向外的開拓意識而言，則協調與開拓，乃使文化生活可大者；保護與延續，乃使文化生活可久者。而道德意識之貢獻於文化生活者，即在使文化生活可大可久，而道德意識即爲成就久大之文化意識者。凡文化意識皆須有相當之久，相當之大。文化活動之自然之久大之程度，皆由自然之生命力量之支持，及不自覺之道德活動所支持。而自然之久大恆不足恃，常以吾人之有所過有所不及，而不能久不能大。知所未久未大，而自覺的建立久大，則純爲自覺的道德意識中之事。

三　道德自我之概念

吾人上論道德意識爲協調、開拓、保護、延續人之文化意識者，尙是以文化意識爲主，道德意識爲輔助成就之者之說法。吾人今當進一層發揮道德意識，一方爲成就文化意識者，同時亦即超越的涵蓋一切文化意識者之義。蓋順吾人上之所言，吾人已知道德意識爲各種文化意識之協調（或和諧）與延續之樞紐或關鍵。而其所以能爲此樞紐關鍵者，則因吾人之道德意識能覺察文化意識之「過」或「不及」之過失。然吾人須知當吾人覺察一文化意識之過失時，吾人卽對此文化活動之始終之全體，與其他文化活動應有之關係，與客觀事物之刺激應有之關係，有一整個之覺察。於是吾人卽知，道德意識原是超越的涵蓋於「吾人之各文化活動」，與「接受客觀事物之刺激」之「自然意識」之上之一意識。一切文化活動皆由我之自我發出，而輻輳於我之自我之內。而我之道德意識則爲支配主宰自我，使吾人之自然自我化爲常有文化之活動之自我；復使此自我之各文化活動得協調的發展，延續的完成；而建立吾人之道德自我者。由是而言，則吾人之道德意識，幷非只所以成就吾人之文化活動，而實又爲可藉文化活動之協調延續，以發展完成其自身，達到建立道德自我之目的者。當人知此理，而自覺的懷抱一建立道德自我之目的，自覺的求道德意識之發展完成，以從事文化活動時；則其他一切文化活動，皆自覺爲其道德意識所涵蓋，而成爲其道德自我之自己建立歷程中之各方面之表現；而道德意識之爲一特殊的最高的文化意識之理，亦被吾人所自覺。

至於吾人之必須自覺的求道德意識之發展完成，自覺的建立道德自我之理由，則由不自覺的建立道德自我，以從事各種文化活動時，吾人此中所實現之善，乃未能由眞被自覺被辨別見證，而得其安頓與繼續之保證者，亦即尙非至善者。緣道德意識所以爲道德意識，在其能自覺的知善與不善。吾人上固只言道德意識能知吾人之文化活動之過失。然實則其一方知過失之爲不善，同時即知無過失或改過者之爲善。故道德意識之涵蓋文化意識，即一「辨別見證文化意識中之善不善」之意識，之昭臨於上。而道德意識之協調延續文化意識，即一善善惡不善之意識之實現其自身，亦即善之實現其自身，以求充善之量於意識中之事。若吾人而無道德意識，則吾人之文化活動中雖潛伏道德活動而表現善，然此所表現之善可隨吾之文化活動而俱逝；則此所表現之善，至多爲對他人的善，而得流傳於社會；不能復對自己爲善，而保存於自己。然吾人有自覺的道德意識之見證，則此潛伏之善爲我所自覺，遂得眞對我爲善，而被保存。保存之，即延續之重複之，以充大此善之量。故吾人之自覺的道德意識多一分，則善之量充一分，大一分。唯吾人一般之自覺的道德意識，雖亦能爲我之文化活動之善不善作見証；然此一般之自覺的道德意識，能自覺文化活動之善不善；而未能自覺其自身爲一「獨立的超越涵蓋其他文化活動之意識，而自覺的發展完成其自身者」；則其作見證之量，不能自覺求充大，亦未能自覺其爲見証者。惟當吾人自覺求發展完成道德意識之自身，自覺的求建立吾人之道德自我時；吾人乃能自覺的求充大道德意識所見証之量；而於吾人一切文化活動之善不善，皆求能辨別之；以善其善而惡其不善，使善善惡不善之意識得擴大的實現；同時自覺其爲見証者，爲善善者，亦卽自覺其爲善之保存者，充善之量者。在彼之如是自覺中，卽有自善（動詞）其爲「善善者」，自善其爲「善之保存者」，自善其爲「充善之量者」之活動。則此中不僅有善之保存，且有「善之保存」之保存；不僅有「善之充量之事」，且有「善之充量之活動」之保存。而吾人有「充善之量之活動」之保存，則無不能充之善量。吾人念念保存「此充善之量之活動」，則凡善皆被保存，凡不善皆被覺察，而被改正。則道德意識之發展無絲毫之間斷，其中無不善之存。而吾人之道德自我之建立卽成爲一絕對之歷程，而達至誠無息純亦不已之至善境地。而於此道德自我之建立歷程中，一切善皆得其最後之安頓與繼續之保証。此卽吾人之所以言道德意識爲最高之文化意識之最深義。吾人以下所將論者，則爲叙述吾人之善不善之觀念，道德自我之觀念之如何被自覺，自覺的道德意識如何發展完成其所表現之善德，與否定其所應否定之不善，以再歸於道德與文化關係之說明。

人類開始表現之精神活動與文化活動，或爲經濟的，或爲家庭的，或爲政治的、學術的、知識的，或爲審美的、宗教的。此各種文化活動固均潛伏有一道德活動，吾人可由反省而知之，然要非當事者最初即自覺者。唯因吾人最初之文化活動，即潛伏有一道德活動，而人類一切自然之活動，皆多少含文化意義，而爲可孕育文化活動者，因而可說皆形上地潛伏有一善。故吾人在有一任何活動時，吾人皆潛伏有一自以其所從事之文化活動爲善之判斷。此判斷純爲不自覺，而爲一原始之潛伏的自善其善之活動。吾人之所以知人有此潛伏的自善其善之判斷，唯由人對其所發出之活動，恆任持不捨，而於順成其活動之客觀事物，即謂之爲善，阻礙其活動之客觀事物，即斥之爲不善爲惡，以反證之。人類最初之所謂善不善之謂辭，實乃同於利不利之謂辭，皆爲加於順或違其活動之客觀事物者。此即證人之不自覺的以其活動爲善之標準，恆不自覺的自判斷其活動爲善。人之自覺的判斷善不善，則先爲對順或違其活動之客觀事物，而非對自己。而此時吾人之自善其活動之潛伏的判斷，復引吾人判斷「已判斷爲不善之事物」之應去除，判斷「已判斷爲善之事物」之應保存，而促進吾人之道德活動。

溯吾人之所以能自覺以不善之謂辭加於吾人之自身之起原，實當始自吾人之覺客觀外物之不能爲吾人之力量所克服之際。蓋當吾人覺客觀外物非吾人所能克服時，吾人之心光即內照，而知吾人之活動之方式，即爲吾人不能達活動之目的之一原因。由是吾人遂自覺吾人之活動方式之本身之不善。由此而人或則覺應自吾人之活動方式解脫。此解脫之意識充類至盡，可即發展爲覺人之生命自身爲罪苦之所結之各種宗教意識，視善純爲屬於超越之神境者。此如吾人前章所論。或則只發展爲不斷改變自己之活動方式之不善，以求善的活動方式，而成以自己支配自己主宰自己之道德意識。

吾人最初之自覺的善不善之觀念，乃所以判斷吾人之活動之方式者。而吾人初所覺之活動之方式，即達一目的之手段之方式。故吾人初所謂善不善之觀念，乃所以判斷吾人達一目的之手段。此手段亦即包含目的於其中之整個活動之一部，而非吾人整個活動之全體或本身。而吾人之能對吾人一活動之全體或本身，作善不善之道德判斷，必待吾人之超越一活動而統攝諸活動之自我之呈現。此自我之得呈現，與此種對活動本身之善不善之判斷之得呈現，其歷程如下。

吾人承認，當吾人從事一活動時，吾人之自我恆即沒入於此活動中，此中可無統攝各活動之自我之呈現，亦無對活動本身之善不善判斷。吾人此時實只如前說，不自覺的以其所從事之活動爲善。故當吾人見有阻礙吾人之活動之客觀事物，即判斷爲不善。而於順成之者，則判之爲善。然在此吾人可指出，阻礙吾人之活動者之客觀事物，可即爲他人之活動，或發於自己不容已之另一活動，由是而吾人可判斷此另一種活動爲不善。但他人之活動，或我自己之另一活動之發生，又可爲暗示、引發、促進或順成我正從事之活動者。由是而吾人遂可判斷此活動爲善。而在再一方面，我由反省而知我自己正從事之活動，又可被正從事另一活動之他人，或以前或以後從事另一活動之我，所判斷爲善或不善；由是吾人遂覺我自己所正從事之活動本身，皆有其善不善之性質，而爲我應加以反省，而對之作判斷者。由此反省，而沒入我正從事之活動中之我，遂脫穎而出，顯爲一超臨於我所正從事之任何活動之上，而對之作善不善之判斷者。而此我之作善不善之判斷之根據，即在通觀我所正從事之活動，是否能暗示引發促進順成我之將來與他人之更多更豐富之其他活動，被從事另一活動之將來之自我或他人所判動爲善。而當吾人知尊重各將來之自我與各他人之判斷時，則將來之自我與他人之自我即涵蓋於當下之我之自我之內。我此時之自我即爲一能判斷假想中之將來之自我，與假想中之他人之判斷之是否善或不善者。此涵蓋通觀將來之自我與他人之判斷之自我，即爲一至高無上之權衡一切善不善，而作道德判斷之一獨立不倚之自我。此自我之初呈現，即呈現爲一超越當下之自我之活動，而涵蓋通觀「此時之自我之活動，與他時之自我及他人自我之活動之關係」之自我。此自我之判斷其當下之活動之爲善，由知其能順成促進引發他時之自我他人自我之活動。此自我之判斷其當下活動之爲不善，由知其能阻礙、閉塞、毀壞他時自我他人自我之活動。故此時吾人之活動所表現之善不善，唯在此時吾人活動與其他之活動之關係間。亦即唯透過吾人之活動結果之考察，乃能對吾人之活動，加以善不善之謂詞。故吾人此時之求吾人當下活動之善，仍自覺是爲一「當下自己活動外之他時自我或他人自我之活動」之促進引發；而非直接爲道德自我之建立。然在「判斷自己之活動善不善」之自我呈現之後，吾人可對作此判斷之自我本身，有一反省與自覺。由此反省與自覺，吾人即知此「能超越當下自我之活動，而涵蓋通觀他時之自我他人之自我者」，爲「具備善於其自身之自我。」當此自我判斷「能促進其他活動之活動」爲善時，同時卽肯定此活動，而成就此「能促進其他活動」之活動。當此自我判斷「阻礙其他活動之活動」爲不善時，同時卽求去除此「能阻礙其他活動」之活動。由是而「判斷善不善之知的自我，同時爲一善善惡不善之行的自我」，遂被自覺。此自我旣能善善惡不善，則爲一絕對善，而具備善於其自身之自我。此卽爲一道德自我。而當此道德自我被自覺之後，則吾人同時可自覺此道德自我之成就促進「當下自我活動外之他時自我，或他人自我之活動」，并非只爲一自身以外之目的，而實卽爲求其自身之善之實現以自己建立其自己之事。吾人于此卽了解：吾人之以「能促進其他活動之活動」或「成就『活動之促進』之活動」爲善，乃因其能表現此道德自我之至善本性之義，及吾人之自覺的道德活動，應爲一自覺的求涵蓋通觀他時之自我，他人之自我，而爲包涵「超越此活動自身之意義於其自身之中」之活動。

吾人上所言：能判斷吾人之活動之善不善而善善惡不善之自我，卽吾人道德理性自我，亦吾人之良知。吾人之活動之善者卽合理者，不善者卽不合理者。蓋所謂合理之活動，卽自覺爲能普遍建立之活動，而所謂自覺爲能普遍建立之活動，卽自覺能爲不同時之吾之自我與他人之自我所同肯定之活動。故凡吾人自覺之當下活動之可得爲不同時之我，他人與我同加肯定者；同時卽是自覺以成就不同時之自我，及他人之自我之其他活動爲目的者；或自覺能成就不同時之自我，他人自我之其他活動，而與之不相礙者；故凡自覺合理之活動，皆自覺爲能成就其他之活動者。而自覺能成就其他活動者，亦皆爲合理。誠然，當吾人之活動所成就之活動本身爲不合理者，或爲不能成就其他之活動，而爲妨礙其他之活動者時；吾人之活動亦非合理。蓋吾人眞自覺求吾人之活動能有所成；亦必求所成之活動之亦有所成。吾人眞自覺求吾之活動爲合理而出自理性自我；亦必求所成就之活動，亦合理而出自一理性自我。故吾人求吾人之活動之成爲能普遍建立者，即一方求其能爲不同時之自我他人之自我所肯定承認；一方求吾人之活動能爲不同時之理性自我，他人之理性自我所可普遍建立於其自身——即普遍建立於一切人類之理性自我自身者。由是，而吾人運用道德理性以判斷吾人之活動之是否合理，吾人所當考究者，即吾人活動是否可爲我之理性自我及他人之理性自我所同肯定承認，並普遍建立於一切人類之理性自我之上一點。

然吾如何知吾之活動之必爲一切人之理性自我所肯定而可普遍建立者，仍可由吾之理性自我以知之。蓋吾之活動之爲合理者，必爲有所成就者。只須吾知吾之活動非不合理者，吾又知吾所欲成就之活動，其本身亦非不合理者，吾未嘗以吾之活動成就他時之我與他人之我之不合理之私欲，吾之活動即爲道德動機上之絕對之合理者；同時即爲一切人之理性自我所當認爲合理而能普遍建立者。蓋吾人之活動既不出自吾人之不合理之私欲，而又非以成就他時之我或他人之不合理之私欲爲目的，卽爲不悖於他時之我之理性的我與他人之理性的我；而他時之我他人之我，見我今有此不出自私欲之活動，亦可自超拔其私欲，而引發出一理性的活動者；於是我今之活動，卽爲成就他時之我與他人之理性的活動，而爲他時之我與他人之理性自我所必然肯定者，因而亦爲必被其認爲合理者。吾人之活動，于此卽成爲能普遍建立者。然我之活動是否以成就他時之我或他人之我之私欲爲目的，我當能自知之。卽我當能自知我之活動是否爲求普遍的合人類之理性。故當我自知我之活動之目的能超越我自身而求有所成就，其所欲成就者又非他時之我他人之我違悖理性之私欲時，我卽能自知其活動之純善而無不善。我之此自知，卽定我之活動之善不善之至足的權衡。此之謂一人之良知，卽天下之公理。故吾人之考慮吾人之活動之善不善，可自此活動是否能促進成就其他之活動上考慮，可自此活動是否能在普遍的人類之理性自我上建立上考慮，亦可自此活動是否能眞得我之良知之印證，是否能慊足於我之良知上考慮。三者之義，原是一貫。自哲學上言之，第一卽功利主義之觀點。第二卽理性主義之觀點。第三卽直覺主義良知主義之觀點。然吾人則會通之爲一，而分三層次說。

今我當由各種道德意識以論各種善德或道德品性之種類，而此中任一種之善德道德品性，皆可以此三標準衡之，而知其爲善。讀者可一一取以自驗之。

四　基本善德通釋

甲　吾人之判斷吾人活動之善不善，而善善去不善之道德理性自我，或良知之呈現，初只表現爲對吾人之活動之慊足或不安之情。人或由此慊足之情，即更順其活動，或由此不安之情，即阻抑其活動；則此時有善不善之觀念，而無善不善之種類之觀念。唯當吾人對「吾人所慊足之活動或不安之活動」之性質類別，有進一步之覺察時，吾人乃有各種類之活動之觀念，及各種類之善不善之觀念。如人自覺察其經濟活動，則知伴於經濟活動之勤儉等之爲善。人自覺察其政治活動，則知伴於政治活動之貫徹政見之爲善。人自覺察其求眞理活動，則知伴於求眞理活動之虛心好學之爲善。人自覺察其求美之活動，則知愛美之爲善。人自覺察其宗教活動，則知虔誠之爲善等。大約人最初所覺察之善之活動，乃能成就促進其自身，使其自身繼續與發展之活動。如勤儉之經濟活動，即爲能使未來之經濟活動繼續發展成可能者。貫徹政見，即爲使未來之政治活動之繼續發展成可能者。虛心好學，即使未來之求眞理活動之繼續發展成可能者。愛美虔誠，即使未來之求美活動宗教活動之繼續發展成可能者。此即謂凡吾人在從事一文化活動時，吾人能超越當下之自我，直覺或意想有未來之自我，並延展當下文化活動，以充實之之時，吾人所從事之當下活動之動機中，即表現一善德或道德品性。此種善可統名之曰自强不息，自己奮發，自勉于向上，自力充沛有餘，生機洋溢之善。與之相反之不善，則爲懈惰偷散。此卽吾人從事一文化活動時，亟求其自身之結束，而全無延展當下之活動以充實未來自我之意。

其次人所覺察之善之活動，乃一方能求其自身之繼續發展，一方能不固執黏滯於其自身之活動。此卽謂人雖從事于一種活動，而其心實未嘗陷溺於此種活動。其不陷溺之表現，或在其從事一種活動外，復能兼照顧其他種之活動，對可能有之其他種活動，有一預先的涵容，預留其地位；或爲在其從事一種活動時，仍能在理性中了解其他活動之價值。最重要者，則爲如遇環境要求改變其活動，而人亦自認爲當改變之時，卽能洒然擺脫，自己節制放下一切所原從事之活動，以另從事提起一新活動，而情無吝留，表現一斬截之斷制。

人所覺察之第三種善之活動，乃一方求其自身之發展，一方能自覺的求促進引發，輔助完成更多之未來其他活動之發展者。換言之，卽當吾人從事當前之活動時，吾人不僅有此活動呈於吾人之自覺中，且有此活動對於未來其他活動之促進引發之價值，呈於吾人之自覺，爲此活動之理想的意義所指向。吾人對於吾人當前活動之理想的意義所指向，所引發促進之其他活動之價值之認識愈深，則吾人遂愈能在當前之活動中，兼爲未來之其他活動作準備而愈能敬事。此時吾人對將來之其他活動之內容之預想，亦愈成爲規定吾當前之活動者，由是而吾人有遠見或預謀。吾人亦愈須對將來之活動加以尊重，以約束吾當下之活動，由是而吾人有謹愼。敬事、遠見、預謀、謹愼，皆爲一善德。

吾人所自覺察之第四種善之活動，乃常保持一清明之理性以反省自己之活動，于每一種活動，均求其能普遍的爲過去現在未來之我所承認，而屬於吾人之貫通統一的人格者。於是凡不爲未來之其他活動設想，缺遠見預謀謹愼之活動；凡陷溺黏滯於一活動，而不能在必要時表現斬截之斷制，使其他活動之繼起成可能之活動；凡懈怠而不求繼續之活動，皆爲使不同時之自我之活動相阻滯隔絕，而妨礙不同時之自我之統一貫通性，將被斥爲不合理性，爲吾人所視爲非而當改者。凡能爲未來之活動設想，能不陷溺黏滯之活動，自強奮發之活動，則皆爲貫通其意義於不同時之自我，其價值可爲不同時自我所普遍的承認，而自知爲合理性，自視爲是者。吾人能常有一清明之理性，以反省自己活動之是非，即常有遷善改過之幾。能保持清明之理性，與時作反省之本身，亦爲一善。而此心之虛靈，淨潔，平靜通達，時有自知之明，即吾人之清明之理性之時時在躬。

吾人以上所論四德之第一德，爲自己之求成就自己，即自己對自己之仁。第二德爲自己裁制自己，爲另一自己留地位，即自己對自己之義。第三德爲自己對將來自己之活動之尊重，即自己對自己之禮。第四德爲自己之保淸明理性，以判斷自己，即自己對自己之智。吾人以上所言之四德，乃即在不關涉於他人之個人活動中，所可表現。吾人之見，不同於一般之以道德只在人與人間表現或只在社會上表現之說。吾人主張人在安頓其自己之生活，自己之活動上，即有道德。然吾人仍承認人之道德，主要者爲表現於人與人間者。表現人與人間之道德，乃以安頓人與人間之關係爲事，而在原則上，較只表現於自己之生活自己之活動之道德，只以安頓自己之活動爲事者爲高。蓋後者可只表現吾之道德自我之涵蓋吾之各種活動，而前者則表現吾之道德自我之涵蓋人與我之各種活動。

乙　吾人表現於人與人間之道德，其類甚多，而其重要者亦爲仁義禮智四德。然吾人將先論人之四德中，最初表現與當表現者爲何，亦即人之根本之德性如何。如在康德，以人與人間之根本道德爲敬，敬者乃對於他人人格之獨立性之一承認。此承認乃依於人我人格之平等，人與我皆有其理性自我之自覺。吾知吾有理性自我，復依此理性自我觀念之普遍化——普遍化此理性自我觀念，亦即出於吾之理性——遂當肯定他人之有理性自我。由對他人之理性自我之肯定，吾即對他人獨立之人格有敬。柏拉圖則以正義爲人與人間之根本道德，正義者，人我之責任職務權利等之公平分配。吾能公平分配人與我之權利責任職務，即吾有正義之德。然我今將不取此二說，而以人與人間之基本道德爲仁愛。蓋康柏二氏所言之敬與義，皆自覺人我各爲獨立之個體，獨立之人格後而有之道德，然人與人間最原始之道德，乃人我之各爲一獨立個體人格之觀念，尙未自覺顯出時之道德。原始之仁愛，正爲人我各爲獨立個體人格之觀念未自覺顯出時，而首先顯出之德性。故人之根本德性爲仁愛。原始之仁愛非佛家之慈悲，亦非基督敎之愛人如己。慈悲乃以上憐下。愛人如己之愛，雖是仁愛，但尚非最初之仁愛之表現。人之最初之仁愛表現，唯中國儒家認識最眞。中國儒家言仁愛，恆只言仁不用愛字，其義甚深。依儒家義，人最初對人之仁，可不表現爲有所事之積極之愛，而只表現爲渾然與人無間隔之溫純樸厚，或惻隱不忍之心情。孔子兩言「巧言令色鮮矣仁」，言「木訥近仁」，言「仁者樂山」，「仁者靜」，其義涵攝甚多。其中一義，卽仁最初乃表現爲渾然與人無間隔之溫純樸厚。巧言令色，是在人前表現自我，炫耀自我，此是從人之原始的求人稱譽求支配人之好名好權之本能而來。在此本能中，已直覺有他人之自我或精神之存在。然此時之直覺他人自我或精神，乃直覺之爲：「以我之活動加以主宰制伏，使之附屬於我之自我精神者」。吾今將謂人對人之原始罪惡，實卽此欲以我之活動主宰制伏他人之自我或精神，使之附屬於我之自我或精神。此卽對他人之自我精神之一種佔有欲。故人原始之罪惡，卽一種在他人前表現自我，炫耀自我之原始的好名好權之本能。此點吾人必須深於內省乃知之。而超拔此本能之道，卽在對他人之自我或精神之活動，有一種眞正之承認。吾人對他人之自我或精神之活動之承認，最初只是在他人前或當他人表現其活動時，吾人能忘我的與之相遇，此卽渾然與人無間隔樸厚之溫純心情。吾人須知：當吾人渾然與人無間隔，在人前表現如此心情時；吾人固可先無自覺的人我分立之觀念，亦可無我之道德自我涵蓋他人自我之自覺。然此時我之忘我的與他人之活動相遇，正是我之道德自我涵蓋他人自我之最初表現，此卽人根本道德之仁之最初表現。在此忘我的與人相遇之仁之最初表現中，我之自我與他人自我之渾然無閒之感，乃是昭然明白的，卽亦可說是吾人所自覺的。此感卽涵蓋人我之道德自我之直接呈現。此中之自己對自己之支配主宰，卽表現於「此道德自我之宛然同一於人之自我，而以之渾化自己自我之中」。因此道德自我直接呈現於以人之自我渾化自己之自我之中，故此時尙無分別此人之自我、我之自我，與涵蓋其上之道德自我之槪念與名詞成立。自此而言，此中無我之道德自我涵蓋人之自我之自覺。故吾人最好謂此仁之最初表現，爲自覺而超自覺的，或簡名之爲超自覺的。此種超自覺的人之仁之最初表現，一方爲一渾然與人無間隔之溫純樸厚之心情，同時亦可爲一對人之惻隱不忍之心。蓋在一渾然與人無間隔之溫純樸厚之心情中，有對他人之活動之一忘我的承認或默契；順此承認或默契，吾卽對他人之生命活動之受阻抑而未得暢遂，覺有一不安或不忍之情。孟子所謂乍見孺子將入於井，皆有怵惕惻隱之心是也。此種對人之不忍之心之仁之表現，幷非由吾人先自覺的推知孺子入井將受苦，故吾當救之，而自下一對之發不忍之情之命令。此種仁之表現，乃依於吾人之一忘我而渾然與人之活動無間之心情中，原有一對人之活動之承認。凡人之活動皆爲一有所向而欲暢遂其自身之生命活動。故當此吾之「承認」，貫徹於他人之生命活動，卽成爲：望他人生命活動暢遂之自覺而超自覺的願望；於其暢遂感一快慰，而於其阻抑未得暢遂，感一不忍。此種不忍之心情，乃直接自「渾然與人之活動無間隔之心情」發出，亦卽渾然與人活動無間隔之心情之另一面。中國儒者謂仁爲一成就他人之活動之德，正是從仁之最初表現，卽爲一與人之活動相遇之渾然無間隔之心情，自覺而超自覺地願望其暢遂，不忍其阻抑上說。（此義由程明道明白指出，西哲未見有此義。）

吾人上已論仁爲吾人之根本道德，及仁之最初表現于對人，爲渾然與人無間隔之超自覺的願望他人活動之暢遂，而不忍其阻抑之心情。故在仁之最初表現中，尙無自覺的人我之差別之觀念。因而所謂愛人如己，推己及人之恕，凡有人己之差別之觀念之自覺者，皆非仁之最初表現。所謂愛人如己推己及人之恕，有人己之差別觀念者，固亦爲仁之表現。然此種仁之表現，乃後於肯定人己之差別而起，亦即兼依於「與肯定人己之差別相伴者之德」而起之仁之表現。此種與「肯定人己差別相伴」之德，即禮義與智。義之原始表現，尙非求人我之權利職務責任公平配置，以各盡其職責之意識，而是孟子所謂羞惡之心，不受他人爾汝侮辱之心，或孟子所謂無欲害人，不爲穿窬之心。此義之原始表現，乃一種自覺而超自覺的承認人我之別，人我之分際分位之意識。人之承認人我之別，人我之分際分位，即表現於人無事時皆有之毋欲害人毋欲穿窬之一種自然的自制。此種自制，乃原於吾人之原始的渾然與人無間隔之仁心。吾人因先有此仁心以涵蓋人我，而吾人之私欲又可能顯發而只知有我，不知有人，故吾人有此一原始之自然的自制，以制我之私，以實現吾人之原始之仁。而此中之肯定他人與我之差別，承認人我之分際分位，乃以「對他人之肯定承認」，抵消「只承認自己」之私欲。此中之承認人我之差別分際分位，正依於一涵蓋人我及以仁爲本之超越的道德自我之呈現。此道德自我乃以承認人我之差別分際分位，抵消私欲，幷代替「順私欲而只知有己不知有人，而排斥人於我之外，所造成之另一種之差別」者。唯因此原始之義之意識，依於一涵蓋人我，以仁爲本之超越的道德自我之呈現，故在吾人有義之意識之表現，而承認人我之差別與分際分位時，吾人卽同時有一自尊之感。此自尊之感乃由吾人直覺「由吾人之自制，所托現之超越自我」並非欲望自我，非物質，而復自印證敬持其「非欲望自我性、非物質性」所生。由此自尊之感，吾人遂不願受人之侮辱、受人之爾汝，不肯食嗟來之食。此種自尊之感，乃與吾人之承認人我之差別與分際分位之一念俱生。卽在吾人最平常之生活，吾人只須一見我以外之他人，而直覺彼亦是一人，直覺彼之非我而與我差別，吾人此時卽有一人我之分際分位之肯定，同時有一自尊之感。故當中之任一人，忽對我施爾汝，或與我以嗟來之食，吾人立卽有羞惡之心。此種羞惡之心，乃與吾人之承認人我之分際分位、不穿窬不害人之心，同根幷長，同皆爲吾人之義之意識之最原始的表現。

吾人之原始道德意識爲仁。依原始之仁之表現，而有原始之義之表現。依原始之義之表現，而有原始之禮之表現。原始之禮之表現，非自覺的對他人之人格之尊敬，而只是孟子所謂辭讓。原始之辭讓，或爲讓一種他人之稱譽，或爲讓一種可滿足欲望之其他事物。原始之辭讓，幷非先設想他人有其欲，他人亦望人稱譽，我當讓此物與他人，或讓美譽與他人。此乃自覺的知他人與我有同樣之欲之後而生起之辭讓意識。原始之辭讓，乃一種在接觸他人自我或精神時之一種自他人所賜或人與我可共享之足欲之物超拔，而「以我之自我或精神，托載他人之精神或自我自身」之一種意識。蓋人在與他人相遇時之原始道德意識，初爲渾然的與人無間隔之仁，次爲自制其私欲，兼涵蓋人我而承認人我之差別分際分位之義的意識。在義之意識中，吾人之道德自我，一方平等的涵蓋人我，一方直覺其道德自我之超欲望性超物質性。故此道德自我之順展其自身，即不僅不願受人之侮辱以得欲望之滿足，抑且根本有不願自陷於欲望自我，而有求自他人所賜或人我所共享之足欲之物超拔之意向。吾人之辭讓，即此意向之表現。此種辭讓即禮之端，故人皆不願在大庭廣衆前，行其滿足飲食男女之欲之事，而以此爲非禮。唯吾人此時之有此超拔之意向，乃由於吾人接觸他人之精神或自我。故當吾人自他人所賜或人我可共享之物超拔，而表現辭讓之心時，吾人同時即轉出更求接觸他人精神或自我之態度。此態度乃一自下至上，以承認托載他人之精神活動或自我活動，求接觸其純粹自我或精神之態度。此態度即一對他人之敬意，對他人之尊重之原始。又吾人此時因不自視吾之自我爲一欲望自我，直覺吾人之自我爲一道德自我；故當吾依自然之理性而普遍化吾人之自我時，吾所肯定之他人自我，亦爲一道德自我。吾人之敬意或尊重人之意，所欲接觸之他人自我或精神，遂亦爲他人之道德自我。故辭讓之意識，不同於羞惡之義的意識之只爲一承認人我之分際，不受他人之侮辱以足欲，而自尊其道德自我之意識；乃是一根本不願自陷於欲望自我，求自當前他人所賜或人我所共享之物超拔，而還以敬意，尊重人之道德自我之意識。

此爲禮之端之辭讓，原自吾人在人前不願自陷於欲望自我，而自足欲之物超拔以敬人，故表現吾人敬意之禮儀，多含一收歛欲望自我之活動之性質。人對人之敬，恆由點首、垂目、低眉、拱手、跪拜之禮儀加以表現之故，卽由此種種禮儀，皆由吾人之不把此身體當作欲望之工具用，吾人之欲收歛身體之動作，以收歛吾人之欲望自我之活動而來也。

吾人原始之禮之表現爲辭讓，吾人原始之對他人之智爲對他人之是非。智之義有理智上之智，此乃以求客觀之眞理爲目的。有道德上之智，此乃以知人之行爲活動之善不善爲事。道德上之智，有知己之智，有知人之智。吾人以前所謂常保清明之理性以反省自己之活動之是非，乃尅就自覺的知己之智說。然智之原始表現，幷非「持一自覺之原理，判斷我與人之行爲，而謂其爲是爲非。」之是非。而唯是以自己之超越的道德自我所含藏之原理爲背景，與自我及他人之行爲相照映；而直覺其合或不合此自我所含藏之原理之是非。此種是非之心，最初恆只表現爲一好或惡之情。吾人對自己之此種是非，常深藏微隱而不易見，吾人前亦未能論及。王陽明所謂良知之是非，卽此種是非。吾人對他人之是非，常爲此種是非，則人易知。故吾人論對人之智之德，恆卽指出此種是非之爲對人之智之德原始表現。唯此種對人之是非，因初常表現爲一好惡之情，遂不免與出自私欲之好惡相濫。故必須吾人之自我爲自私欲超拔之自我，吾人乃能言吾人對他人之是非好惡，爲吾人之對他人之道德。自私欲超拔之自我，卽常能自人我所共享之足欲之物超拔，而常能表現辭讓之心之自我。故吾人以原始之道德上之是非之心，乃依原始之辭讓之心而起。是非之心所進於辭讓之心者，在此中人不僅有自尊其道德自我，尊人之道德自我之意識；且有對於「違于人與我之道德自我之實際行為」之否定，及「順于人與我之道德自我之實際行為」之肯定。故由是非之心，乃見吾人之道德自我為對於吾人之行為，恆欲施主宰之用，恆欲實現其自身，以成就其自身者。故是非之心為求貞定於善之心，亦即完成惻隱羞惡辭讓之心者。

吾人以上所言之表現於我與人間之仁義禮智，乃限於最原始之仁義禮智。此最原始之仁義禮智之表現，乃先於自覺的求合理之理性活動而自然合理者，其表現皆為表現於情者。所謂為表現於情者，即謂其為感物而動者。此種情與自私欲出發之情之差別，在此種情乃依于一自私欲超拔而涵蓋人我之道德自我之直接呈現而生。由此直接呈現，吾人可言吾人有一對道德自我之直覺。然此直接呈現為自覺而兼超自覺的，故此時尚無一般所謂道德自我之自覺。當此種情發出時，人亦恆不自覺在實現道德自我，而唯超自覺的表現道德自我之超越私欲性。故仁在此時只表現為渾然與人無間隔及不忍之心情，義在此只表現為承認人我之分際以自制其私欲，而不顧受辱以足欲，禮在此只表現為在人前之辭讓足欲之物，智在此只表現為一好惡。吾人于此謂一常人渾然與人無間隔之樸厚心情，皆由有仁心為根據；一常人之不顧食嗟來之食，皆由有義心為根據，一常人自然之辭讓，皆由不顧在人前自陷於欲望自我，而自足欲之物超拔，此皆為缺乏反省之人所不知之理。即哲學家亦多未知之者。此外凡不出自吾人之私欲而自然發出之道德上之是非好惡，亦常表現一自明性與不容已性，而初常不知其理由，爲一時之哲學家之道德學說所不能加以解釋，亦不知其何以出自吾人之道德自我，唯有後起之道德學說，乃漸能加以解釋，而知其如何出自吾人之道德自我者。吾人由此卽可知，吾人之道德自我之德性之原始表現，乃先自覺之求合理之理性活動，而超自覺的作自然合理之表現者。

丙　然吾人上述之超自覺的自然合理之仁義禮智之表現，只爲仁義禮智之德之最初表現，孟子所謂仁義禮智之端是也。仁義禮智之進一步之表現，則必賴一自覺求合理之活動或自覺理性之運用。由自覺求合理或自覺理性之運用，吾人乃能推擴仁義禮智之最初表現，成進一步之表現。

吾人以上言仁最初表現于對人，唯是一與人之活動相遇，而渾然與之無間隔，欲見其活動之暢遂而不忍其阻抑之一種超自覺的欲成就他人之活動。在此仁之最初表現中，吾人尙無自覺的推己及人愛人如己，自覺的成就他人之意識。人之推己及人愛人如己，初常爲一「使人之足人之所欲，如己之得足其所欲」之愛。而此種愛，必待吾人知人之有某欲，幷自覺自己之有某欲時曾求滿足之；於是方依理性，而平等置定他人之欲之當求滿足；幷普遍化吾之求足某欲之活動，乃有求足他人之某欲之愛。故此種愛之意識之出現，包含「人我之分別之先置定」，包含「對他人之外表行爲活動依於深藏於人心背後之欲之認識」，包含「吾人之依理性而肯定他人之欲當求滿足」，幷包含「吾人普遍化自己之求足欲之活動」；而後吾人之自覺的「視人如己地，求足他人之欲」之愛，及求足他人之欲之事，乃可能。而在吾人「視人如己地，求足他人之欲」之意識上，吾人乃可自覺吾人有涵蓋人我之仁心。故此種仁心之表現，乃透過自覺求合理之理性活動而有，因而亦自覺是在實現仁心的，或求仁的。此乃仁心經一曲折，經一間接之者，而有之高一層表現，乃與仁心原始表現不同者。至於吾人既已自覺自己在求仁，自覺自己有能超拔欲望之我，以實現吾人道德自我，復知他人亦有其道德自我，亦能超拔其欲望之我以實現其道德自我而求仁時；吾人復可依一理性之運用，而普遍化吾人此求仁之活動；而望他人亦求仁，輔助他人求仁。不僅求我之愛人，亦求人之能愛人，不僅求我有仁德，亦求人有仁德。以至凡我所有之德，皆望人有之，則我之仁心，經一更高理性之運用，而有更進一層之表現。通常所謂強恕以求仁，於己所不欲，不施於人，以免拂人之欲；於己所欲，皆施於人，以順人之欲，同屬於仁心進一層之表現。至「成己，成物」之恕，「己欲立而立人，己欲達而達人」之恕，望「人人成仁人，人人成聖賢，天下歸仁」之志願，則爲更進一層之最高之仁心之表現。

丁　吾人之義德之原始表現，唯是一承認人我之分別分際分位，以自制其私欲之「毋欲害人」「毋欲穿窬」與「不受人之辱以足欲」之意識。在此義之最初表現中，尙無求人我之權利、職務責任之公平配置之意識。人我之分別分際分位之意識，可只須觀人我身體之不同卽有。然「人與我各有不同之權利之意識」之發生于我，必需我先置定人我之各有其欲望，幷依理性而推知人之求滿足其欲望，如我之求滿足其欲望；由此方知人之需有其所主宰運用以足欲之資具——此即所謂人之權利，亦如我之需有我所主宰運用以足欲之資具——此即所謂我之權利。唯在吾人依理性，而對於人我之權利之必要性，加以平等置定之後，吾人乃有求人與我之權利得其公平分配之義之意識。考察人我不同之權利，乃所以足人我之欲。依人我之分別之意識，而吾人即能分別不同之欲；幷分別的考察應合於此不同之欲之不同權利。故權利之公平配置，非權利之相同的配置，乃權利之順人我之欲之異，而與之俱異之適當配置。公平配置權利之義之意識，與愛人如己之仁之意識，二者不同之處，在愛人如己之仁之意識中，只有對他人之欲望之同情；而無「他人能自求足欲，幷須有供其自己主宰運用以足欲之物」之肯定。在愛人如己之仁之意識中，吾人只普遍化吾人自足其欲以足他人之欲，而只求人之得同於己。而在公平配置權利之義之意識中，則有「人能自求足欲，人須有供其自己主宰運用之物」之肯定，幷識取由人我之欲之不同，而肯定「人有不同於我之自足其欲之方式之必要」，肯定「異於我之權利的人之權利，對他人之必要」。因而仁唯是一合同之道德意識，而義則是一成異之道德意識。然順人之欲之異，而使人各得其相異之權利，正所以實現吾人望人皆得足其欲之仁。故此義仍依於仁。

至於人我之職務或責任之公平配置，則不僅賴于吾人對於「人我不同之欲，人我所求之不同之權利」之認識；且賴于吾人對「人我之才能之分別」之認識；「人我表現其才能所須之資具——亦卽權利」之認識；（唯此權利非只被視爲人主觀上所欲望者，而是客觀的被視爲人表現才能所不可少者。）「人我之在社會關係中之地位之分別」之認識，幷肯定「人皆能分別用其才能，在其地位，自求實現其道德自我而有道德責任感，以担負應合於不同才能、權利、地位之職務責任」。在此種求人我之職務責任之公平配置之義的意識中，權利之配置遂非只以分別足人之不同之欲爲目的，而兼是使人由其特殊職務責任之担負，以各得實現其道德自我爲目的，故爲最高之義，亦卽最高之成異之道德。依此最高之義或最高之成異之道德，遂可言人在不同之位分，不同之情境，當有不同之道德之表現。如爲子則當孝，爲父則當慈，爲友則當信等。此義所依之仁，乃吾人之望「人人皆得在其不同之位分上，有不同而咸當之道德表現，以使其實現道德自我而成其德」之仁，而爲最高之仁。

常言所謂忠，皆表現於對特殊之事或一特殊類之事。此特殊之事或特殊類之事，常爲關涉於特殊個人或有特殊職位責任之個人者。由此而有對其他個人之忠，與對自己個人之職務責任之忠。凡言忠，必有所向之某對象。此某對象必爲一特殊者。故必順所忠者之特殊者之特殊性而成就之，方爲盡忠。故忠卽所以成義者。忠於個人者，或是只爲滿足其所忠者之特殊之欲，如奴之忠於主。然亦有爲完成其人格者，如吾人之忠於朋友。忠於特殊職位之他人，則常包含望此居特殊職位之他人，能盡其責任而完成其人格，如賢臣之忠於其君。至於吾人之忠於吾人自身之職務責任，則恆依於「人在社會各有其特殊之責任職務之肯定」。此肯定中，即包含一望人人皆自盡其特殊之責任職務之意願。此意願亦最高之義之意識。吾忠於吾之職務責任，吾亦可自覺是在實踐此最高之義之意識之所昭示。此時，則吾人所以盡之責任職務之事雖極卑微；然吾人之盡其責任職務之事之忠，如眞是緣此最高之義之意識而起，亦即所以實現吾人最高之義之意識者，其價値仍至高。反之，若吾人之盡其職務責任之忠，非緣一「人各有其特殊之責任之肯定」之義之意識而起，則吾人之忠，只是前所言之求自己之活動之繼續，勤勉於所事之個人道德，而非眞正之忠。眞正之忠與義恆相連，如恕與仁之恆相連，故曰仁恕曰忠義。

戊　吾人之禮之原始表現，爲在人前自能足人我之欲之物超拔之辭讓之心與敬人之心。然此種原始之敬人之心，乃尙未包含人有足資吾敬之實事之意識，亦未包含「人有其生活或活動之特殊範圍，吾不應干犯之，吾應敬重其在其特殊範圍之活動或生活」之意識者。此種原始之敬人之心，始自對他人之爲另一自我另一精神之存在之接觸。吾人旣接觸他人之爲另一自我另一精神之存在，吾人之原始之直覺「吾之自我本爲一道德自我或包含一道德自我」，所生之自尊自敬之心，即依自然理性而普遍化爲直覺「他人之自我亦本爲一道德自我或包含一道德自我」而生尊人敬人之心。此種敬，乃在吾人遇一人時，肯定其爲一人，縱對其人之內容一無所知，或只念其爲另一人　爲另一自我，全不念其所以爲人之內容，即可有者。此種敬乃我之純粹自我對於其他人之純粹自我之一種態度。吾人之敬意可對純粹自我而發，又可自吾對鬼神之敬以取證。如當吾人念太空中所有之靈魂或精神時，吾人此時縱對此靈魂精神之內容一無所知，吾人亦可對之有敬。故知吾人之原始之對人之敬，乃只須知其爲一人，全不念其內容即可有，而爲直接以他人之純粹自我本身爲對象者。由此種敬，吾人乃有對一初識之人之見面禮。由此種敬，吾人乃在見一不相識之死人之骨骼時，而一念及此爲一人之骨骼，即對此人有一肅然起敬之感。然此種原始之敬原始之禮之表現，必須發展爲進一步之敬或禮。此進一步之敬或禮，即不僅是一對他人之純粹自我之禮敬，而是依理性而平等置定人我之各有其活動範圍之後，對他人自我之生活或活動之範圍之敬。他人之生活或活動之範圍，亦即他人之自我所主宰運用以表現活動形成生活之各種資具——如身體財物自然物——之範圍，亦即可謂爲他人所能運用之權利之範圍。故此進一步之禮與敬，即爲對於他人之運用其權利，以安排其生活或活動之禮與敬。此即一般人之禮儀之規定之所本。然此種禮與敬之表現，仍非最高之禮敬之表現。最高之禮敬之表現，應爲對於他人之道德之禮敬。在此種禮敬中，吾人不僅對他人之如何安排其生活與活動有一敬；且對他人如何自動的表現其道德行爲，如何自動的担負其社會上之職務責任，如何形成其道德人格之道德意志，有一禮與敬。由此種禮與敬，吾人乃眞能對他人形成其道德人格，運用其道德意志之自由，加以尊重；吾人對於不同於我之道德行爲之行爲，乃不致輕判斷爲不道德之行爲，而亦先有敬意以虛懷探其所自發之道德意志。而我亦不致輕以我所担負之社會職務責任，責備他人，以爲人不能如我之担負社會上之職務或責任，卽不能完成其道德人格，蓋人可担負其他不同之職務或責任也。由此最高之敬，吾人對他人之生活或活動行爲，乃有眞正之禮儀，而可逐漸陶養一人世莊嚴之感。

己　吾人之原始之智之表現，爲對自己或他人意志行爲之合或不合於吾人道德自我中所含藏之原理之直覺的好惡是非——對他人之意志行爲合於吾之道德自我之原理者，是之好之，不合者，非之惡之，卽吾人對他人之道德。然在此原始之對他人行爲之是非好惡中，吾人唯以吾人之超越的道德自我之原理爲背景，與自己及他人之行爲相照映，而未能自覺其原理，自覺吾人所依以作是非好惡之理由；由是吾人直覺之好惡是非，卽可能與私欲相濫。縱不與私欲相濫，吾人亦不知其確非出乎私欲。故吾人之智德之進一步之表現，卽爲對吾人之是非好惡，不一往自執爲是，而求「自覺其眞合理」之好惡是非。吾對吾之是非好惡之不執爲是，首卽表現爲對相反或不同於我之他人之是非好惡之容忍，依理性而平等置定人我之各有其是非好惡之權。此時吾人恆自念，吾之是非好惡或不過是出自主觀個人私欲的，　亦如人之是非好惡或不過出自他人之主觀個人私欲的。唯通過此與我相反之人之是非好惡之容忍，而又不安於「相對於各人之主觀之是非之相反」，吾乃進而求一超主觀而可共通或普遍建立於人我之是非好惡，卽自覺的依理而生之好惡是非，亦卽自覺依于道德自我所含藏之原理之好惡是非。而在此種自覺依理而生之好惡是非中，吾人眞知此中之理之爲理，爲可普遍建立於人我者；吾即可確知其必不出自私欲。蓋凡出自私欲之是非好惡皆相衝突，皆我可施於人而不願人之施於己者，皆不能建立其自身爲一普遍於人我之原理者也。由是吾人之是非好惡，只須眞自覺爲依於理而生者，即爲得其確非出自私欲之保證者，而自知其是非好惡本身之眞爲是者。而此自知其「是非好惡本身」爲是之念，即足以增強延續吾人之是非好惡，並在將來同一情形下，再表現同一是非好惡。故對吾人之是非好惡不自執爲是；而觀他人反乎我之是非好惡，進以求自覺合理之是非，即爲智德之更高表現。

吾人自覺依於理而發之對人之是非好惡，可自覺以否定不合於我道德理性之行爲，肯定合於我道德理性之行爲爲目的。此時我只有貫徹我之道德理性，以暢遂其是非好惡之活動，完成我之智德之事，而不問他人之是非好惡是否得其正，他人是否能完成其智德。然我亦可進而自覺的懷抱使他人之好惡是非亦得其正，以使他人完成其智德之目的。當我自覺懷有使人之好惡是非得其正，使人完成其智德之目的時，則我依自覺之理由而作之是非好惡，吾必使人知之，而望人對同一意志行爲，亦作同一是非好惡。而當我望人對同一意志行爲，作同一是非好惡時，我必先肯定他人亦能如我之依自覺的理性，以作是非好惡。然如他人亦能如我之依私欲而作是非好惡；則我望他人與我作同一之是非好惡時，我之目的當自覺是依於我對他人之仁，以使他人之自覺的理性得呈現，以作是非好惡；而使人自知其依私欲之是非好惡之非，而完成人之智德。然我望他人對同一之意志行爲與我作同一之是非好惡，不礙我之容許他人對不同之行爲意志，另作一種是非好惡，並對我所未知其存在之行爲意志，作我所未嘗作之是非好惡。我既承認人有其理性，我依義自應肯定人有對不同之意志行爲，作不同之是非好惡之權或責任，因而吾人對他人所作之是非好惡，只須不知其出自人之私欲，吾均應信其或原於人理性，而依禮加以尊敬。由是吾人之最高之智德，應不只爲依自覺理性而作是非好惡，以否定不合於我之理性者，肯定合於我之理性者爲目的；而應爲包涵「能知他人之是非好惡，是否出自人之理性」；並「對人出自理性之是非好惡本身，爲其人本身而是之好之；對人出自私欲之是非好惡，爲其人本身而非之惡之；幷知如何使人之是非好惡得其正之道」，及「肯定我所未作而他人所作之是非好惡，可能合於義，而依禮以敬意求了解其所依之理由；而知其何以爲完成人之智之德所必需，亦爲其人本身而好之是之」之各項者。此方爲緣對人之最高仁義禮而表現之對人最高之智，知人知言之智。

庚　在中國過去先哲言四德之外，或加信爲五常。在人與人間所表現之信之一般義，唯是謂吾人對人有言時，吾人應踐其言。然信之其他義，則爲相信人之能踐其言，相信某人之人格本身（卽信人之具有能貫徹其行爲之人格），及自信等。此諸信之義，皆表面不同。吾人今將貫通而說明之，幷說明信卽爲通四德之德，亦遍在於四德中之德。

吾人今將謂信之最原始之表現，乃在自信。自信者即自己信自己之能知即能行，即自信自己之行能合於其智之所及之理，此即自信自己對自己之所認爲是，能眞是之，而成就這個是；自己對自己所認爲非者，能眞非之，去除這個非。故自信實即自信其現在自我所望於未來自我者，能爲未來自我所實現。吾人之現在自我，能對未來自我有所望，提出一今所認爲是或認爲非者，而望未來之我成就之或去除之，此即一現在自我之自己超越其自身，表現一貫通於未來自我之要求或命令。而未來自我之知我今之曾有此要求命令，而承受之以實踐之，又爲未來自我之一自己超越，而反貫通於現在自我之活動。至吾在現在即相信：未來自我能實現吾現在自我之理想。則爲現在自我之肯定：「未來自我之必能反貫通於現在自我」，以使「現在自我貫通至未來自我之要求命令」得實現；而平衡和諧完滿「現在自我與未來自我互求貫通之活動」，成就「現在自我與未來自我之統一」。故自信之意識，即一超越的直覺：現在自我與未來自我之同一。或直覺自我可不以時間之變化而變化，可永保其恆常性超時間性之意識。因而對最原始之自信，吾人可只在吾人之前後自我之活動之貫通處識取。凡吾人之直覺「作不同活動之前後自我爲一自我」處，皆有一自信之表現，幷不必在自覺有現在自我對未來自我之要求處，始乃有自信之表現。然人只須自覺在從事繼續之活動，人即能直覺其前後自我之同一。故人只須有一成就自己之奮發努力處，只須心不陷於一活動，而對未來之活動有遠見預謀處，有清明之理性之運用處，能對人表現仁義禮智處；及一切能自作主宰以生起，轉易，準備，反省自己之活動處，吾人皆多多少少直覺前後自我活動之貫通，前後自我之同一，即皆有一原始之自信表現。而無自信表現處，則在吾人不能自作主宰，以生起、轉易、準備，反省自己之活動；而懈怠其應繼續之活動，陷溺於當前之活動，及對未來之活動無遠見預謀，失其清明之理性，而此心昏昧處。故自信乃可表現於一切道德意識中者。唯人有自信處，乃由前後自我之貫通，見有統一之自我；而自我乃是其自身，以成眞實之自我，此眞實之自我乃有德，幷可言其德爲眞實之德。故自信之德本身，亦爲貫通於一切德之德，可稱爲一切德之所以爲實德之德。

吾人以上論原始之自信，乃在一切直覺自我之貫通處即有者。故原始之人與人之相信，亦即在一切直覺人與我之精神或活動貫通處即有者。人與人相與之間，一言一笑，一唱一和，凡覺相孚應而不相阻礙之處，彼此坦白眞率的相遇之處；吾人即直覺他人與我之精神或活動之幷存而相貫通，有一「人我之自我之統一」之直接呈現，此中即有一人與人間之信德之表現。唯此上二種個人之自信及人與人間之相信，通常皆不被自覺而不稱爲自信或對人之相信。其稱爲自信者，乃先有自覺之理想而自信其能實踐者。其稱爲對人之相信者，至少亦爲由他人之言或行，啓示吾人對他人一觀念，幷以此觀念預測其行爲，成一斷其行爲之必有之信念者。唯吾人對他人有一觀念，並斷其必有某行爲之信念，可只爲理智上之判斷，並不必爲相信人之德。吾將謂吾人對他人之相信之德，乃首表現於對他人所言之不逆詐及不億不信。如聞他人之言，即先信其爲其心之表現，不先信其非其心之表現。原人所以有言，乃欲表現其心之意於人。故吾人對情愈親之人，愈欲與之言，吾人之意之動與言之發之關係，亦愈爲直接。而對情愈親之人，吾人之聽其言，亦愈能直接恩其意，而不疑其言之僞。因而人之自我愈能與他人之自我相感通而涵蓋他人之自我者，其聞人言而卽信其意之勢愈速，而愈不易輕於逆詐億不信。故人對人之信德之首先表現，卽爲願信人之言，而不輕生疑。

唯更高之信德之表現，則爲自覺依於對人之仁義禮智之心之信德。此乃由吾人自覺的對自己之自信，推擴而來。如吾人於自己有自信時，吾卽可念，吾當普遍化我對我之此自信，而望人亦知我之此自信；而對人樂言其所自信，亦樂見人之「信我之自信」。此卽一依於仁心之向人言其所自信，以結信之德。當吾既對人有言，而人信我以後；則吾之去實行我之所自信，卽不僅乃所以證實吾之所自信，亦所以證實他人之所信於己者。吾之去實行，卽不僅爲對自己之一責任，亦爲對他人之一責任。故吾人常因念我言既出，對他人有一責任，乃勉力行之。此時吾人之行，遂自覺是爲不辜負他人對我之信而來。此種爲不辜負他人對我之信而勉力之行，卽爲依於義心之信德，亦爲一更高之德。又吾知吾以言向人表示之時，有望人信之心，吾以言表示我之能行，乃吾自信能行者；則吾人聞他人之言時，亦知他人有望我信之心。此時吾人自覺爲符人所望而信他人之言，亦出於我仁心之推恕。又吾人見他人亟望我信，遂在自己尚微有信不過處，亦感於意氣，爲不負人之望，而或自覺的姑加信托；此亦爲一種依義而起之信。（哈特曼倫理學第二冊，論此種信極好。）由吾人信「

他人之自信其能知能行」，信他人之自言其能行；於是對他人如何行爲一無監督之意，而尊重其任何行爲之方式，則此信同時是依禮敬而起者。至於吾人之對「自己之自信能行，自言能行者，」與「他人之自信能行，自言能行者」之「自信程度」之覺察，對「自信能行與眞能行之距離」之覺察，對「言與自信之程度之是否相應，及相應之程度」之覺察，對「言與眞能行之距離」之覺察；而知「過度之自信」「言與心不相應之言」之不當有，而非之惡之；知「眞能行之自信」「與心相應之言」、之當有，而是之好之，由是而知信其所當信，不信其所不當信，並以不信所不當信，以成就眞信，則爲依於智之信。

辛　吾人以上所言之仁義禮智信五德，唯止於對自己與對我以外之個人。吾人之道德意識，尙有對人與我集合成之集體，如家庭、社團、國家、人類之全體、萬物與宇宙之全體者。此中亦可各有仁義禮智信五德之表現。唯集體之觀念，與個人之觀念不同。吾人對集體之道德行爲，在實際上看，皆爲一一特殊行爲。而此一一特殊行爲，皆爲只能直接對集體中接於我之一部人物而發者，故所謂對集體之道德意識，尅實言之，初只爲表現於吾人之相應於集體之理念之情味氣度胸量等中者。而所謂對集體之道德義務感及道德行爲，亦皆爲依此情味氣度胸量等以生者。溯吾人所以有集體之理念，所以能認識集體，全賴吾人將集體中之各個人之個體性泯除而渾融之。此泯除渾融之所以可能，乃由吾人之統一自我能又認識各個體精神內容之互相貫通而統一，如吾人在本書第四部之所論，由是而吾人有家庭、國家或人類全體之統一與集體之理念。原吾人對各個體之一一之道德活動，初原是與各個體之一一認識不可分者。故當吾人認識各個體之精神內容之互相貫通而統一之時，吾人對各個體之道德活動，亦相貫通，而失其特殊性相，而初只成一渾淪的對集體之道德情味，籠罩此集體之道德氣度，涵蓋此集體之道德胸量。吾人注念此集體之理念所引發增强者，初亦只此情味氣度胸量。而對集體之道德義務感與道德行爲即依之以生。故吾人念家國人類時之慈祥愷悌之情味是仁，念家國人類時之豁達正大之局度是義，念家國人類時之肅穆莊重之氣象是禮，念家國人類時之通達無礙之識量是智，念家國人類時之光明磊落之胸襟是信。此乃對家國人類，人人皆可表現之德行。然此種德行雖皆可表現於人之對集體之特殊道德行爲，然同不能在一一特定行爲本身上實指，而只可意會之於吾人之家國人類之感念中者也。

壬　復次，吾人對於宇宙萬物，皆可有仁義智禮信之德表現。蓋由上所論，吾人對家國人類之仁義禮智，原不必念其本身之爲一獨立之人格，並念其另有一獨立之心；而只須吾人對之之態度表現一渾淪之道德情味等，吾人已可對之有仁義禮智之德。吾人由此即知人之有無仁義禮智信之德，可純從吾人自心之態度上看，而不須從對象爲有吾人之心或無吾人之心者上看。於是吾人可進而言，吾人對任何無情物，皆可有仁義禮智之德表現。吾人之仁之最原始表現，吾人前說只是一去成就吾人活動，成就他人活動之自强不息或渾然無間之感。若吾人再推進一層，即可說仁之本身只是此心之生幾之周流不息。於是吾人只須常以一周流不息之生幾，與物相接，則吾人對之已有仁。準此，吾人於義，亦可不必說之爲節制自己之活動，以涵容其他之活動，或使人之權利責任得正當分配之德；而可只說之爲吾人心之周流不息之生幾，不滯於一面，而能自收歛於此，以發揚於彼之德。吾人與物相接，而能兼顧其數面，則吾對之已有義。復次，吾人之一念意想一未來或外在事物之將臨，而凝聚精神以待之，吾人對之已有恭敬奉承之禮敬之德。吾人觀一物之是其所是，而貞定吾人精神以向之，無私欲之萌，理性恆清明在躬，吾人對之即已有智之德。而此時吾人復自知其不失理性之清明，自信自覺此理性清明之能自持，並自覺前後自我之貫通，則吾人對之已有信之德。由是吾人之於任何物，卽皆可對之有仁義禮智信之德表現。如吾人能使此心之生幾，恒周流不息，無所滯礙，精神凝聚，或清明貫通；不思一特定之物，而將物之一切觀念內容，自相貫通融化，統一於一集體之宇宙之理念之下；而只思此宇宙，如對神明；則吾人此時雖不自覺在實踐道德，亦不覺有仁義禮智信之德呈露，實則吾人此時已表現一對宇宙本身之道德；而將我之仁義禮智信之德，在宇宙之前全幅呈露矣。由此義吾人方可眞了解宋明理學。

五　不善之類型

吾人以上所論之道德品目皆爲善德之目，而未論及不善之德目。吾人道德意識之發展，必一方知何者爲善，一方知何者爲不善，故吾人必當進而論不善。

道德上之不善：有能善而未善，有氣質上之限制之不能善，有能善而過於此，致他處之不及者，有私欲之蔽，有自欺之罪，有以善爲手段之僞善，有否認一切善而肆無忌憚以惡爲善之大惡。此皆有層次之不同，今分論之。

甲　吾人常有能爲之善，因未與適當環境相感，遂不表現。如人之本能仁愛，因未嘗見他人之苦難，則其仁之善不表現。此在他人可以之爲不善，其本人以後亦可嘆息其初之未表現其善而致憾。故爲一對他之不善。唯此種未善，由感之之環境負責，人不自任咎，常言所謂不知者不爲過是也。

乙　其次一種爲吾人所能爲之善之受氣質限制。人受氣質限制，而於所感可引發吾人之善行時，乃漠然遇之，或遇之應之而善念不强。此或由吾人之私欲之蔽，亦常由吾人之氣質之限制。前者在下文別論。吾人之有由氣質之限制，而致善行之限制，首可由觀人之生而富某種文化活動之才，缺其他文化活動之才以證之。吾人之較缺某種文化活動，即必然較缺此種文化活動相伴之道德活動。次可由觀人之生而仁義禮智信之稟性不同（如或仁厚或剛直）以證之。氣質之限制，即氣質之有所昏蔽。人非天生之聖，其氣質皆有昏蔽處。所謂氣質之昏蔽，乃對於善德之表現之一限制原則。吾人在道德形上學上，固可承認人之一切善德互相涵攝而成一整體，其顯現亦互相引生，依一根而展出。然各種之德之表現，自不相同。吾人由一時之我可表現一種之德，而其他之德則不表現而暫隱，即見有一「成就其隱」之「氣質之蔽」爲一限制其表現之原則。未表現之德可暫隱，即可長隱，非再有繼起之修養之工夫，不能使之顯。則人之初生而受氣質之蔽者，其性之德，雖未始不全；然其表現其德之能力，仍可有一與生俱生之限制，乃非經後天之修養不能增益者。此亦猶如一根之樹，被泥土所蔽，則其顯露可先露幹，可先露根，可先露末，而萬有不齊。故吾人以上雖言仁義禮智信諸德，出於一源，然人之顯現其德者，仍可或偏於仁或偏於義，或偏於禮，或偏於智。人之修養之工夫或由仁而求義，由義而求禮，由禮而求智；或由智而返禮，由禮而返義，由義而返仁。不能進求者，質勝文；不能返本者，文滅質。然修養之工夫或備或不備，則專就天生而言，吾人不得不承認人之自然表現之德之氣質限制，人各不同。此種限制之多少，與爲何種類之限制，乃由人之遺傳決定或前生之業力決定。人之意志不任過。唯吾人之意志在此雖不任過，然此過仍在吾人之生命之本身，爲我之氣質之過。此種氣質昏蔽所致之不善，可謂屬於我生命自身之不善。不似前一項以外緣之不具，而我之未表現其善之不善，不必由我負責者。

丙　第三種之不善乃所謂過。過者由吾人最初自覺求實現某一善而有某活動，繼而吾人求善之清明之心復喪失而生。蓋當吾人之心之清明喪失時，吾人之心即不能涵蓋主宰於吾人活動之上，使吾人之活動運而無所滯住。吾人有一念之頓失清明，則前念之餘勢，積滯於後念，而迫脅後念以前進，以求肆其活動，由是而吾人之活動遂常往而不返，成任氣之活動，不能止於恰到好處之處，遂成爲過。成爲過，卽違其他之善，在他處爲不及。並於其所自覺欲實現之善，亦越過而失之，不能眞實現之。如吾人之求仁而愛人之活動之過爲姑息，求義而自制制人之過爲嚴冷，求禮而尊人之過爲自輕，求智而對人之評斷之過爲刻深。姑息則違義等而亦違仁，嚴冷則違仁等而亦違義，自輕則違智等亦違禮，刻深則違仁等亦違智。過之生由吾人之失其心之清明，不能涵蓋主宰吾人之活動，而陷於一往而不返之活動中。吾人之失其心之清明，而有所蔽陷，初卽緣於吾人之心之一向外傾注，順客觀外物之連綿遷流，以施其注意力，及吾人之心之成爲被動的接受外境之心。當吾人之心有蔽陷時，吾人此時之心之當任過，初唯在其所依生命力量之運用，窮竭於所接之物前，而不能自提起而超拔。纔卽合客觀之物與吾人對之之活動方式，以留下一機括，成一念之餘勢之積滯，——卽一習氣。而吾人之心卽被此機括餘勢習氣迫脅以前進，成任氣之活動而生過。過生而爲心自身之過，遂可引起私欲。

丁　過之所以能引出私欲，由於吾人陷於過時，吾人之心蔽陷於一活動之方式，而任其氣之馳。吾人此時卽有一我執，對於其他活動及他人之活動有一排斥之勢。人之私欲，初依於自然之本能之欲——如求貨色名權之欲——而起。然此諸欲如被限制，可並非私欲。其所以成私欲，唯由其趨於無限之發展，且排斥自己之其他文化活動與他人之同類欲望之滿足。故私欲之生，亦只由心之蔽陷於一欲中而生我執。由是而一切蔽陷之心或有我執之心，卽可與吾人之無限之好名、好勝、好色、好貨之私欲相緣引。及私欲起而人心之淸明益蔽，遂使吾人之道德活動根本間斷。此所造成之不善，遂不只爲過，而是一本身不善或惡之意識。如吾以貪睡眠私欲作，而懈怠吾人之應有之努力。覺某種活動能得名利，遂自陷其中而不求新生命活動之開拓。圖安於目前之逸樂而忘遠謀，亦不願依理以思其逸樂之是非。此時吾人之活動之出於天理者，爲人欲之活動所間隔，並而奪其位爲己有。由是而有順私欲而違仁義禮智之惡。刻薄而不仁，悖亂而不義，卑鄙傲慢而無禮，愚昧顚倒而無智，及一切放肆恣縱粗暴之惡，皆由此以生。此卽爲第四類之私欲之蔽之不善。

戊 由私欲之起，爲出自天理之活動之間隔後，吾人出自天理之活動亦可再續其自身。此時吾人或持天理以責私欲，則私欲或失勢而自去。然私欲之熾盛者，則當其見責於天理時，卽以另一理由自辯護其不違此責之之理，或思一相反之理由，以打擊責之之天理。由是而吾人遂有自欺。當自欺之時，吾人之憑理性以思種種理由，皆以之爲工具，以達私欲之目的。吾人此時將理爲欲用，使理失其主宰性而服役於欲。於此，吾人更深之反省，可知在吾人此時之自覺之意志中，有一理性自我與欲望自我之顚倒。則吾人有一更大之不善。此種不善，因其全在吾人之自覺之意志之自身中，故爲吾人之自覺之意志應負全部之責任者。然吾人在自欺之時，吾人仍有理性自我。吾人之理性自我，尙有地位。吾人之良知之命令，對於我之主宰作用雖失，吾人仍未敢全忽視之，故須造作理由以自恕。更進一步之不善，則爲我之良知對我全然失却作用。我不相信天理或善，而自滅絕之，而只肯定私欲。此中又分二種：一種是我雖實已不相信善，然尙好人說我爲善之名。吾人好人說我爲善之名，表示吾人自己雖實已不好善，而吾潛伏之知善之爲善之良知尙在，故不敢斥他人好善心之非，不甘受他人斥爲惡之名，而望得他人認爲善之名。此中卽有一對他人之好善心之肯定。由是而世間遂有好名之僞善者。好名之僞善者尙非最劣之僞善。最劣之僞善，乃其僞善不依於好人說我善之名，其目的唯在使人由誤以我爲善，遂貢獻種種滿足我之私欲之物於我。吾人此時之僞善，乃純以善爲工具，利用人之好善之心以欺人。則吾人此時於人之好善心之本身，卽不復眞加以肯定，唯視之爲使我之私欲得滿足之工具，吾人此時卽陷於極大之惡。

己　吾人之只以我之私欲之滿足爲善而欺人者，常將吾人私欲之滿足，建築於他人之苦痛上。然此中亦有二種。一爲雖建築我之私欲之滿足於他人之苦痛上，而只以我之私欲之滿足本身爲樂者。此中之惡尙較輕。另一種爲將我之私欲之滿足，建築於他人之苦痛，並以觀他人之苦痛，以反襯出自己之私欲之滿足之樂爲樂，而幸災樂禍以得樂者，則其惡更大。而幸災樂禍中之最惡者，卽爲有意造成他人之苦痛，以對人殘忍爲樂，肯定其生命於「他人生命之被否定之自覺」之上者。如羅馬衰亡時，人之以見人獸之相殺爲樂，卽皆陷於此罪惡者。

庚　然殘忍之爲罪惡尙不如陰險之爲罪惡之大。殘忍之爲罪惡尙是表面者，而陰險之罪惡，則深透入人之靈魂之內部。陰險者設一機括以陷害人，而於他人之被陷害時，感一幸災樂禍之滿足，與殘忍者同。然殘忍者恆只用人人所共見之體力武力，以使人受苦，故其罪惡爲依於其自然生命力之運用，而率眞地表現的。至于陰險，則有意使其罪惡在隱蔽之下進行，如在一僞善或僞的非不善之面目下進行。而此僞善之目的，又不止於使自己得利益，而是以陷害人本身爲目的，於人之被陷害時，感幸災樂禍之滿足。由是而陰險遂兼僞善與殘忍之罪惡。此種罪惡乃計劃的施行者，因而亦依於一種理性的運用。此理性的運用，化爲一熟諳人情世故之理智之運用，以設置機括，使他人在一預定安排之下，如非人之物體一般，被加以播弄，至被陷害爲止。陰險者之設置機括，乃利用他人之私欲與自然欲望，或利用他人之良心，導引人於禍害之境地。因而在陰險之意識中，人對他人之人格無一毫之敬意。其欺人之意識中，亦無視人爲獨立存在之意識，由是而不僅自覺的否定他人之生命，且自覺的否定他人之人格。陰險之意識中之理智之運用，本身成爲達到陷害人之目的之工具。而吾人之理性自我遂不特汩沒，且通體爲罪惡所主宰，魔鬼之所居矣。（唯世間有一時之殘忍者陰險者而無永恆之殘忍者陰險者。且人殘忍陰險時，但一念反觀，仍可見一內心之不安之在，此不安卽證良知或理性的我之終不可眞汩沒耳。）

六　去不善以成善之德

吾人以有此種種不善與吾之善德相反，故吾人欲完成吾人之善德，即有對於不善者之恥。此恥本身亦爲一德。恥與自覺的善善惡不善之智與信，同爲去不善以成就善者。唯自覺之智信之善善惡不善，乃依自覺之善欲貫徹於不善之中而生之德。恥之意識則恆爲當吾人自覺之意志爲不善所充塞，吾人之深藏之道德自我，自內湧動，欲從根推翻改變吾人自覺之意志中之不善之一種意識。此種意識，乃依于吾人之超自覺之良知，原始之是非好惡，即智之原始表現而起。故恥之意識之出現，乃突然而起，非吾人自覺求合理之理性命令之起而起。（康德於此等處即不知）。恥未起之先，人自覺之意識乃不善之意志所居。恥既起之後，人乃自覺其自身有一善之意志。故人之深陷於過惡者，唯有經一自超自覺之良知而來之好惡是非，或恥不善之意識，乃能眞復於善。而西方所謂懺悔，則爲由人恥其不能自拔於過惡，遂自承其罪惡；並以承認罪惡之承認，與承認後之深自罪責，求得一超拔於罪惡之外之幾，而通接於吾人之超越的深藏之道德自我者。此時人在罪惡中所望見之超越的道德自我，即爲一超越之天光，超越之上帝。而由恥以嚮往道德自我之全部呈現，即中國古人所謂志，西方基督教所謂信望。

吾之恥自己之不善而用力於不善之去除，是謂勇。志在無一毫不善之存，是謂勇猛堅定之志。由斯而有眞正誠固之德。誠即「良知之知是知非，而是是非非之行」之求自信。故曰誠信。信貫於一切德之中，誠亦貫於一切德之中。唯誠之爲義尙有進於信者。則在誠含無妄義。必妄盡而後可言誠。妄盡者，不善之盡。妄盡，必賴良知之知有妄，並對一切妄皆一一有去之之心，而有一絕對之恥不善，求對一切不善求加以否定去除之志；幷以勇求貫徹此志，乃可言誠。故誠爲絕對之信。信爲實，誠爲求去一切不實，否定一切不實之實。故誠爲絕對之實，而爲聖德，或學聖者之德，而眞成就一切德之德，故誠爲一切德之本。

誠之爲德，爲一絕對之恥不善，是是非非而去不善，以成善之德。故修養之工夫卽在思誠。思誠之工夫，卽致良知之工夫。唯人之不善之屬於吾人上所言之最後三類「安於不善」之不善之階段者，則其良知暫全隱，彼將根本不知思誠之工夫爲何義。對此種安於不善者，因其表現一切善行，皆只視之爲手段，而出於以之欺詐他人之動機，或專將其私欲之滿足，建基於他人之苦痛之上；常須先加以法律之裁制，名譽之懲罰，然後可望彼自動有良知之呈現。否則須一外在之偉大之宗教感化，人格感化，方可引動其內心之覺悟。然亦難立刻教以作思誠致良知之工夫。

又專作僞善以求名之人，彼之爲善皆是爲名，而非爲己，亦不知自己之思誠致良知之工夫爲何義。唯好名而爲善之人，彼之知他人之以善爲善，而不敢違之，幷求順之，則尙肯定一他人良知之對其自己之鑒察，使他人可以敎之。此爲中國昔所謂名敎之一義。人之敎人卽人之自以其精神感化人。人肯定他人之有良知而承認名敎，則被肯定於外之他人之良知，還歸於其自身，而可使自己之良知復蘇。唯一不受他人之敎，而只知好名之人，亦不能自動有思誠致良知之工夫。

復次，人之從事於文化活動，而只以實現一文化價值如眞善美等，爲自覺之目的時，其德性只隨其文化活動而表現；並常任其氣之過，或容私欲夾雜其中，與之同行，而無暇或未嘗自作反省者；亦不知思誠致良知之工夫之涵義。必待人從事於文化活動，而感其所從事之文化活動，與他時之自己或他人之自己或外境發生衝突時，人乃感其文化活動之有不善。此時，其覺其文化活動之有不善，初尙只是覺對其他時之我他人之我爲不善，如吾人在本文之篇首之所論。又必至彼覺其文化活動，對他時之我他人之我之爲不善，欲自加以改變時，而後自覺爲其自己之道德自我之建立，以求道德上之善。再必在自覺其求道德上善之活動爲私欲所阻抑間斷，彼乃自覺有道德上之不善。再由覺私欲之能藉理由以自恕，而有自欺之惡時，彼乃眞感一自我內部之道德問題。而思誠致良知之工夫，亦唯在此內部之道德問題出現，自覺有自欺之事之際，乃眞可用。故思誠致良知之工夫，全在毋自欺上見。自欺時有理性自我，而此自我之理性活動，爲欲望自我所主宰而易位。毋自欺則爲理性自我自欲望自我中之擺脫而超拔，表現一不甘受欲望自我之主宰，以求復位而主宰欲望自我之實功。自欺與毋自欺，即理性自我與欲望自我交替表現其主宰作用之關鍵與樞紐。前此而未眞知自欺者爲庸人，及從事一特殊文化創造，未嘗用力於自己改造之道德活動者。順自欺而安於不善者爲小人；知有自欺而用思誠致良知之工夫者，則入於自覺的由爲善去惡，以建立其道德自我之聖賢之道。

吾人由毋自欺使理性自我復位而知自去其私欲。人由欲去私欲而自知其私欲，緣於「吾人之過」，及「吾人之任氣之活動之偏執」而起，因而反省及吾人自覺爲實現一客觀價值之文化活動中，常夾雜有私欲與過，與之同行。進而知吾人之文化活動之過而不善者，非只對他時之我他人之我之文化活動爲不善，其本身即有道德上之不善之存。由此而有對自己之文化活動中所夾雜之不善，隨處加以反省，而隨處作遷善改過之工夫。由此遷善改過之工夫，用至最深處，便知一切過之原，皆由於吾人之清明之心未能常涵蓋於活動之上而來；於是乃知使心常清明，常惺惺，不失中和，即絕過惡之原之道。由是而吾人乃眞有自心對自心之清明之保任，致虛以生靈之道德。（此義亦唯宋明儒者眞知之。）由吾人一方自保其心之清明，一方隨處遷善改過，便知自己之過之常爲某一類，自己之善之常爲某一類，而知自己氣質之偏蔽。于此吾人遂不僅欲求念念之皆善，且欲使自己之善不僅爲某一類之善，而求具與之相異之另一類之善，以得善之全。幷知唯具與之相異之另一類之善，乃能去某一類之過，由是而有變化氣質之理想，求善之全之自覺。又因此清明虛靈之心，爲一無方所而無所不涵蓋之心，此心之呈現，可使吾人知自己所行之善，唯在一定之境之來感時乃有；並知吾身所未感之境無限，吾能表現之善行不限於吾所已表現者，吾尙有無盡之未表現之善行。于是吾知吾當常拓其胸量，往感吾所未感之境，以表現此未表現之善行，以去除吾人前所謂「未表現其能表現之善」之不善；（此義王船山詳之。）此時吾人乃眞有求盡善行之量之善，而有最高之至誠無息之德。唯吾人有此最高之至誠無息之德時，吾人之思誠之工夫乃至乎其極，一切不善皆在吾所否定超化之下而一無所憾，斯爲眞正之聖德。

人之恥自己不善之人格而欲去自己之不善者，其恥至最深處，恆有望「以前種種譬如昨日死」之意識，竟欲根本絕棄自己過去之生命，以致自殺者。由人之恥自己之不善之人格，可產生此種絕棄自己之心；故人對他人之人格之卑汚鄙賤者，亦可恥與之相處，而欲絕棄之。人之作一羞恥之事，而自殺者，可原于自己之欲絕棄自己，亦可原於念人之將恥與我處，將絕棄我，乃更增其絕棄自己之意。故人之作羞恥事而自殺，恆由覺無面目見人。此種因自己恥自己之人格或因覺無面目見人而自殺，常言乃出自好名心。實則此種好名心，常非私欲之好名心，而是由於尊重「自己與他人之恥不善之道德自我」之動機，而本身爲一甚高之道德意識。唯當吾人已有恥自己之人格而羞見人之念時；吾人應知此念之存，即我有再造其人格之可能，我亦可不自殺。則自殺非絕對之道德。唯當吾人自己對以後能否再造一人格無把握，自覺爲「遂他人之恥我之念」而自殺，則爲應當者。因而當吾人被逼而爲一我所恥爲之事時，吾人爲避免將來之道德自我他人之道德自我之以之爲恥，則吾人之寧死不爲吾所恥之事，乃自覺的道德生活中之一德目。至吾人對他人人格之卑汚鄙賤，吾人雖恥與相處，尙不致即欲殺之者，且殺之非道德者，則以彼在不知恥時，彼之被殺不能有助於其道德自我之實現；而彼在知恥時，覺彼應自殺，彼自能自殺。唯彼之自動之自殺，乃有助其道德自我之實現。故吾人雖言當吾人自恥時可自殺，吾人對所恥之自己，我可殺之；然不能依理性而普遍化爲「吾對所恥之他人，我亦可殺之」之理；只可普遍化爲「他人對其自己所恥之自己，亦可自殺之」之理。當吾人見他人作事而不自知恥時，吾對之之道德，只可爲使其知恥。吾使人知恥而自動自殺，亦可出自吾對人之道德之動機。唯吾人當知，吾之能感化人使人知恥一事，卽證明吾能再造他人之人格。則吾人對其人最高之道德，應爲教化之成一再造之人格，而不當望其由知恥自殺。至於對於無恥而我又不能教化之人，吾人對彼之德，惟是羞與相處。

此種恥與不善之人相處之道德意識，乃吾人由恥自己不善之人格之普遍化必然產生者。由此種意識之發展，可成一「放流」大不善之人，使「不與同中國」之政治意識。法律上之所以有監獄以幽囚不善之人，其一精神之根據，卽在人之有此恥見不善人之意識。而此種意識之最高發展，仍當爲上述之使人自知恥，而再造其人格。而當吾人覺社會之不善之人太多，舉世滔滔吾無力以化之之時，則只能發展爲隱逸避世，欲居九夷，潔身自好，恬淡高卓之淸操。

人之隱逸避世潔身自好之行爲，可出自全身遠害或責任感之懈怠之動機。然恥與不善人近而隱逸避世潔身自好者，則非出自此動機。而恥與不善人近，實爲心誠求善之人處世不可少之德。人在恥與不善人近而自潔者，其心可甚恬淡高卓、而若無所爲。然其恬淡之心，乃托於一對不善人格之恥，亦卽一對不善人格之否定意志之上。而人之自立於世，必多少表現一恥與不善之人近之自潔精神，乃能凸顯出其道德人格之高卓性於他人之前。人不能與任何人皆可爲伍，不能於任何社會之行動皆參與而無所不爲；卽恆由人於他人之活動有所恥，而表現有自潔精神而來。人之自潔精神表面是依於消極的隔離不善人格之意志，而由此意志所成就之自己人格之更深之自覺，所凸顯出之一高卓性，則爲積極的，而樹社會之風範者。吾人能知自潔精神乃誠之一表現，卽知伯夷之淸何以亦爲聖德之一表現。

人之表現自潔精神，乃依於人之恥世人之不善，欲化之而又不能化之，故只能恥與之近，以自全其德。然世人之不善，有一時不能化之之勢，而無絕對不能化之理。故聖之淸只能爲聖德之一時之表現。而只求爲聖之淸，卽不免先臆定世之不可化，而對世人缺敬意。而眞有恥世人之不善之人格之心，必務求化世，並先認定世之可化，先信人之好善誰不如我，而求有以化之，以致忘世之不可化之勢，或先知其不可而爲之。此則須先有担負世人之罪過，而以去之之責爲己任之精神。此則爲聖之任德。

至於不以世之有必不可化之勢，然亦未敢如任者之信世之必可賴己力以化，亦不以世必不可化，則一方知世人之不善而有恥之之意，曰「爾爲爾我爲我」，不使其不善浼我；一方亦與世相處，而隨緣勸善，則爲柳下惠之聖之和。只求爲聖之淸者，先臆定世之不可化而不能任，則缺對世人之禮與仁，而只有自尊之義。忘世之不可化之勢，而一往知不可而爲，仁以爲己任以化世者，或急功而忘己，失其自尊而忘義，樂於担負責任而缺辭讓之禮。和者不以世爲必可以己力化，亦不如任者之自信，而具謙德；且不以世必不可化，而不存輕賤世人之心，而對人有敬，則最有辭讓之禮者。然當世必不可化之勢已成，而溷跡人間，則缺自尊之義；當世必可化之機已顯，而猶謙讓未遑，不敢以天下爲己任，則缺義與仁。故人必兼備清任和三者，而後其處世之道，乃仁義禮俱全。而聖德所兼備者，則在知其時世之爲何種之時，當清則清，當任則任，當和則和。而知時世之爲何，則賴吾人之知人知世之智，有智而或清或任或和，則全具三德而聖之時者也。人依自知之智，而有自己之遷善改過以成德之事；人有知世之智，而有見其德於世之清任和之德。清則不媚世苟容而卓爾自立，任則不棄世自逸而剛健不拔，和則不驕世傲物而寬裕有容。清任和者，君子自成而成物之志之見於立身行道之德也。

人之恥世人之不善而自潔，或以化世自任者，固皆求自拔於流俗，卽與世和而心知爾爲爾我爲我者，形雖不自外於世，而心亦自拔於流俗。故自拔於流俗者，學聖之本也。然人一方耻流俗之不善而求有以自拔，一方卽欲與善人交。一鄉不得，求之於國。一國不得，求之天下。天下不得，上而求之千古，下而百世。由是而吾人有求師友，懷古人思來者之志。唯流俗之愈無道，吾人之求師友懷古人思來者之志，乃愈迫切，而師友之相遇與懷古思來之情，乃益見爲一片精誠相感。精誠相感者，不以時空之間隔，而己之誠與人之誠相通也。而當人與人以同一之拔乎流俗之志，精誠相感時，則成就一「通過流俗之不善流俗之不誠之間隔」之否定，之絕對的精誠相感。以此絕對之精誠相感，結天下古今之賢聖之志而爲一，守先待後，明明德於天下，以易俗移風，常悲世道人心之不善未善，而自強之功不息。斯至誠無息之德，表現於聖賢之心願者也。

七　道德活動之自足性及與其他文化活動之相依性

吾人以上所言之德並不能概括盡人之一切之德。由吾人上之所論，吾人已可知：凡吾人之自我有一自己超越以貫通於他時之自己處，凡自我之有進一層之自己創造自己充實處，凡自我之增益其所涵容之度量處，凡自我之合理活動之間斷而復續處，凡對自己私欲或過惡有恥而加以改變處，凡對他人或當世之不善或無道，加以感化或反抗處，吾人皆有一善德之表現。因而吾人賴以自己超越，自己充實之活動無盡，吾人之善德亦無盡。而吾人每一之善行善念，皆以所關聯之情境而有其特殊性，則其善皆可爲一特定之善。而一切特定之善，只須不與其他特定之善相違，即皆爲能普遍化而合理者。因而吾人可言吾人之道德自我，實具無盡合理之善德，而永不能一一舉全者。然吾人雖謂吾人所能表現之德爲無盡，吾人復須知吾人之自覺的道德生活，乃處處有一絕對之滿足，處處可求諸己而外無所待，內無所慊者。此與吾人之欲望生活，其他種種文化生活皆不同。欲望生活不能外無所待，因欲望自我根本爲向外要求外境，以得滿足者。人之文化生活不能無所憾，因文化活動乃自覺欲實現一客觀價值之活動。此客觀價值賴一理想之現實化而實現。故在吾人求眞理，求創造一藝術品，求改造政治，或生產一貨物而未得時；吾人皆覺眞美利等價值之實現，待一吾人以外之某物。卽吾人信一神而有一宗教上之渴望時，亦常覺神之降臨與否，非我所能主宰，吾只有靜待之。故一切文化活動之進行中，皆常不免直覺自己之有待於外，以實現客觀價值，若未能實現客觀價值，卽內有所憾。而在吾人眞正自覺的道德生活中，則可外不覺有所待，而內不覺有所憾。蓋道德之價值，乃實現於吾人格之內部，而非實現於吾人之人格與外物之關係。吾人之自覺的求實現道德價值之自覺的道德生活，乃外無目的，而唯以自己之改造爲目的者。故自始全爲求諸己，而非求諸外之事。吾人在未有自覺道德生活之先，吾人有自然生活，有文化生活，此自然生活文化生活，可自然的表現道德價值。然此道德價值乃對他的，而非對己的，卽非自覺的。在其爲不自覺時，吾人無從施以促進之功，而其不足之處，有過與私欲夾雜處，吾人亦無從施以改變之功。吾人之自覺的道德生活，唯始於吾人已對吾人生活有反省時，對其善不善有自覺時。吾人之能自己置定道德理想，而自覺的命令自己行一善時，必吾人已知某善之爲善，某不善之爲不善時。故在自覺的道德生活開始時，卽道德理想已建立時。則道德理想之建立，可不取資於「求自覺的道德生活意識」之外可知。在吾人已知善之爲善，不善之爲不善，而自覺的求實現善時，吾人卽已有一好善惡不善之行。吾人有此行，卽此理想已有一種實現。吾人之有實現此理想之能力，卽有一當下之證明。因而吾人不須求實現道德理想之能力於求自覺的道德生活之自己之外，是亦可知。而所謂求自覺的道德生活之眞實義，實不外使吾人已有之好善惡不善之行相續下去，已表現之實現善之能力，再繼續有所表現之謂。而吾人眞知吾人之能行善能實現善，則不能再疑吾人之不能行善不能實現善。而吾人之既知且信吾人之能行善實現善，則此知此信，又增吾人行善實現之能力。故吾人不自覺的求實現善則已，吾人只須自覺求實現善而自覺其求之存在，自信其能求，卽證明其能實現其求而不疑。是知實現道德理想，求自覺的道德生活之事，唯是自求，亦是自求而必能自得，更無所待於外者。誠然吾人之道德理想，常包含一自心以外之目的，而吾人欲成就某一事，亦卽包含一文化理想。此事之成就，此理想之實現，固必待吾心以外之條件。如吾人之道德理想爲使天下人皆得衣食安居，卽包含一自心以外之目的，一經濟性之文化理想。吾人之達此目的而成就此事，實現此文化理想，明待吾心以外之條件。則此道德理想之實現，似亦待吾人以外之條件。然覈實而談，則道德理想而包含一文化理想者，其文化理想可不實現，而道德理想仍可實現。蓋吾人之道德理想，所要求於己者，惟是己之如何如何行爲。吾人只須盡吾之力以行，則此道德理想已實現。其所包含之文化理想之未實現，無礙於道德理想之實現。無論吾人之是否成功，吾人皆可成仁。則不得言道德理想之實現，有待於自力以外之條件矣。

道德理想不僅不自外來，其實現不僅不賴吾人自身以外之力量，道德理想且可於文化理想之未實現時實現。故在其他文化活動之價值未實現之處，仍有道德價值之實現。由是不論吾人之認識是否得眞理，吾人之實現道德理想而生之行爲表現是否美，吾人之道德理想之實現對人之政治經濟之生活之影響之何若，吾人之道德理想之實現，是否包含宗教意義，此皆可與道德理想之能否實現無關。吾人於事物之認識可錯誤，如我於事物認爲如此者，可實不如此，然此無關於我之對於認爲如此之事物如何反應之意志行爲之道德性。卽吾人所認識者全屬虛幻之境，吾人對此境，仍可有道德性之意志行爲。如吾人對幻覺或夢中之境，仍可有道德心理，或一道德性之意志或心境。而吾人之意志行爲之不美，吾人之意志行爲之對社會政治經濟之影響之不佳，不合某宗教信仰，同可不礙此意志行爲之出自道德性之動機。而道德價值之實現，儘可建基於其他文化活動之價值之未嘗實有所實現上。而吾人之文化活動之在實際上未嘗一實現其價值，吾人仍可實現道德價值；因而道德價值之實現其自身，遂顯爲一絕對之獨立自足之事。

自覺的道德生活固爲無所待於外而獨立自足之生活，然吾人亦不能謂人只須道德活動而排斥其他之文化活動。因吾人之自覺的道德理想中，卽常包含文化理想。而促進文化活動，使之繼續，並協調之使不相衝突，以求吾人之文化活動可久可大，卽吾人之道德責任，而爲道德生活中之一內容。而在吾人未有自覺的道德活動時，必先有潛伏於文化活動中之道德活動。在自覺的實現道德價值之先，吾人必已有在文化活動中自然的實現道德價值之事。若吾人先無在文化活動中之自然的實現道德價值之道德活動；則自覺道德價值，以形成自覺的道德理想，表現為自覺的道德活動之事根本不可能，故吾人不能將文化活動排斥於道德之外。

至於上所謂無論吾人之是否實現文化價值，吾人之道德活動之是否伴隨真美等之實現，吾人皆能實現道德價值云云，亦不意涵吾人不求文化活動之促進之義。若根據吾人之更深之反省，吾人復可謂不伴隨文化價值之實現之道德活動，雖對於發此道德活動之個人為無憾；然對他人及社會道德之促進則有憾。吾人之最高之個人道德意識，必包含促進他人及社會之道德之意識。因而為求他人及社會道德之促進，吾人不能不求文化價值之實現，自覺的在其道德活動中，包含文化價值之實現之理想，而不能排斥文化活動於道德活動之外。因而真正最高之道德活動，應自覺的為社會之道德之促進，而從事文化活動，以實現文化價值；而仍覺其無論實際得實現其所欲實現之文化價值與否，皆能感一內在之獨立自足之道德活動。

何以不伴隨文化生活之實現之道德活動，對自己為無憾，而對他人或社會之道德之促進為有憾？此乃由于真美等文化價值，皆為使吾人之道德活動與他人之道德活動得更易互相了解感通，而互相促進增强所必需者。

吾人前謂無論吾人對一事物之認識是否真，吾人皆可對所認為如此之人物，表現道德性之意志行爲，理誠如是。然如吾人之認識錯誤，則吾人之認識，卽與他時之我或他人之我，對同一人物之認識，不相融貫。由是而吾此時對此人物表現如此之意志行爲，吾雖自覺爲應當，然在他人不知我對之有如此意志行爲，依於吾認識之如此者；則不能知吾之意志行爲所表現之道德價值。唯在吾人於事物之認識得其眞時，吾所認爲如此者，乃人人所可普遍認爲如此者；人乃可本于其自知「彼對此事物之某種意志行爲爲合道德」，而推知我之意志行爲爲合道德。反之，當一人之認識爲眞，他人皆錯時，則各人儘可由所認識者之不一致，而互以對方之道德行爲爲不道德；由此而交相貶斥，不能互相觀摩其善，以各更充實其善之體驗。在此情形下，各人對對方之貶斥，固自覺出自惡惡恥不善之心；而各人此時因各自覺其道德行爲之善，而對對方之貶斥，加以反抗，亦可出於自伸其善之心而表現一善。然此貶斥中之惡惡之善，與反抗貶斥中之自申其善之善，亦可互不相知，以互充實其善之體驗。又人在受貶斥之際，人之能反而自覺其行爲之善者，其反抗貶斥固可出于自申其善之道德動機，然人亦可因覺他人之貶斥，傷害其好名好勝之心，因而更激發好名好勝之私，加以反抗；則其反抗，非出自自申其善之道德意識，而出自自申其私欲之心。由是，此種人與人交相貶斥，卽成削弱人之道德之自信，引發人之私欲之媒。此卽各人對事物之認識互不一致，致其道德意志行爲不相知之弊害。吾人欲避免此弊害，唯有肯定能普遍被人承認之事物眞理之認識之重要，幷力求了解他人之心理之眞相，以知他人初乃認事物爲如何，方有何種之意志行爲。唯經此事物眞理之認識，他人心理眞相之認識，吾人乃能免于與人互相誤解，互相貶斥之弊害。夫然而後人之道德意志行爲，方能收互相觀摩促進，以充實彼此之道德體驗道德生活之效，此卽眞理價值之實現，理智上之智通於道德上之智，幫助於道德之促進者。

實現眞理之價值者，爲吾人理智性的思想智慧。吾人通常所謂聰明、穎悟，觀察之切實周至，觀念之明白清晰，思理之細密條達，見解之深刻透闢，識量之通達廣大，高明深遠，皆爲偏就人之思想智慧而言之人格之德。其詳非今所及論者。

至於吾人之道德行爲之美之幫助人與人道德意志之相了解，其效尤大於共同眞理之認識。蓋美之體驗，乃使人移情入對象，直覺與之合一者。當吾之道德意志表現於行爲中而合美之原理時，則人體驗吾之行爲之美，人卽移情於我之行爲，而易直接體驗我之道德意志。因而社會上人之道德意志之表現於行爲，愈能兼合美之原則，人與人之藉互體驗其道德之意志，以充實其道德生活之效愈大。反之，人之道德意志不能表現於行爲而合美之原則，以致表現醜時，則人與人間易漠然相處，以致相厭惡。

實現美之價值者，爲吾人之欣賞表現力。吾人對感覺世界直觀之親切鮮明，想像之活潑豐富，才情之煥發韶秀，意境之奧妙空靈，韻致之清新雋逸，神思之運行不滯，皆表現美的價值。此外，凡本乎人之豐采、儀表、態度、情味、風趣、氣象，以言某也文秀，某也偉異，某也高貴雍容，某也瀟灑自然，某也慷慨豪爽，某也疏朗飄逸；及凡論人之德性之表現于外者，如仁之顯寬裕溫柔，義之顯爲發強剛毅，禮之顯爲齊莊中正，智之顯爲淸明在躬，信之顯爲光風霽月；皆有美的意義存焉。唯其詳則非今所及論。

至於政治上之權責之公平分配之實現，政治組織之完善，與經濟上財富生產之增加，財富之公平分配，恆本於人之以義制事。其所輔助於社會道德之增進者，則在政治經濟上之公平之實現本身，原爲人與人之精神平等之象徵。在人覺人與人精神平等時，則人願互相了解，而彼此人格之道德價值亦易互相認識。而政治組織之完善，卽人之活動之常相配合之客觀證明。人之活動之常相配合，亦爲使人之活動之道德意義，易爲彼此所認識者。至於經濟上財富之增加，除使人皆得裕其生外，乘可使人之相互之善意，更易得藉財物以表現而相知者。此世亂民窮之際，雖人之德性無殊，而彼此之善意，不能藉財物以相表達，行爲活動不易有客觀之配合，則人特覺世無善人，少善行以相觀感，而不自覺的更趨於涼薄之故也。

人之從事政治經濟上之活動，人之如何分配權責於人，如何生產財富，增加事物之效用價值；賴吾人對物對人之支配安排之精力、才幹、魄力、氣概、度量。所謂耐勞刻苦之精神，周愼詳密之計劃，條理秩然，敏捷精明之應事才，幹練沉著，從容不迫之態度，開闢創造不畏艱難之毅力，知人善任，豁達大度之氣概度量，通常皆是連人在政治經濟之事業中，所見之才具等，以言人之德。

其詳亦非今所及論。

至於宗教活動之輔助社會道德之增進者，則在宗教意識根本即爲自欲望自我之執，求徹底解脫之意識。吾人求自欲望自我之執全解脫之意識，使吾人嚮往崇敬一超越不可知之神而通乎禮，同時亦使吾人忘我而易於攝受崇敬他人之精神，而易對人有禮。故神在此即成一客觀的人之精神互相交會而相攝受相崇敬之媒介或象徵，使人之精神更易相攝受相崇敬，由此而人亦更願了解彼此之道德生活，以互充實其道德生活者。

實現宗教上之價值者，爲吾人之超拔世間擺脫凡情之心。如所謂淡泊寧靜之志，堅苦卓異之行，忍辱持戒之操，虔敬誠篤之信，玄遠淵默之智，莊嚴肅穆之容，空濶無邊之胸襟，悲天憫人之懷抱，大皆指兼具宗教的性情之人格之德性。其詳亦非今所及論者。

由上所言，吾人即知道德之活動，雖不待其他文化活動之有無，其他文化價值之實現與否，而能自足的存在；然無其他文化活動，則人與人之道德活動，缺客觀的統一聯繫交會之諸媒介或象徵，而不能相知以互充實其道德生活，亦不能有具各種文化氣質之人格之德性之形成。此即文化活動之對社會道德之促進所以爲必需。而吾人之道德活動之相知而互充實，即人之道德意識之互相涵攝，以使人類道德精神凝一，而顯爲一客觀之道德精神之統一體，並形成具各種文化氣質之人格者。吾人欲求促進社會道德，實現客觀之道德精神之統一體，爲社會形成具各種文化氣質之人格，則不能不使人有不同之文化生活，謀創造未來文化，及保存過去文化。吾人欲體驗社會中他人之道德，了解客觀的道德精神之統一體之存在，了解不同之人格，亦唯有通過人類所有之公共之文化活動，共同欲實現之文化理想文化價值及客觀之文化表現，以體驗了解之。故吾人謂最高之道德活動，應包含爲促進社會道德而從事實現文化理想文化價值之文化活動。此所成就者，卽中國儒者所謂善良之禮俗。而吾人最高之生活卽爲文化的道德生活，或道德的文化生活。此卽涵泳優游饜飫于善良禮俗中之生活。唯于此吾人復須知吾人之是否能實際實現文化理想文化價值，乃吾人不能期必之事。卽使實際上不能實現文化理想文化價值處，吾人亦可實現道德理想道德價值，形成吾人之文化的道德人格，而心無所憾，不覺有所不足。斯可謂不失自覺的道德活動之至足性者矣。

第九章　體育軍事法律教育之文化意識

一　導言

吾人以上所論之人類各種文化活動，皆可只有內在之目的，不須有外在之目的。此所謂可只有內在之目的者，即謂吾人從事上述之文化活動之任一種時，吾人皆可只求實現該文化活動所欲實現之價値，以求該文化活動之完成，而不須兼以實現其他文化活動之價値，以輔助其他文化活動之完成爲目的。如吾人在學術活動中，可只以求眞爲目的，而不須兼以得經濟利益爲目的。藝術活動中可只以求美爲目的，而不須兼以作政治宣傳爲目的。政治經濟活動中，只以求權利之正當分配爲目的，而不須奉行神之意旨等。然在吾人之體育（包括醫術）軍事法律敎育諸文化活動中，則吾人恆是抱有一外在的文化目的。吾人之從事體育軍事法律教育之文化活動，恆自覺是爲吾個人或社會之其他各種文化活動之目的之達到。其中體育之鍊養身體，乃爲使精力增加，而促進人之各種文化活動。軍事之保衛一羣體一國家之存在，乃爲保衛人之各種文化活動。法律維持社會之秩序，乃爲維持人之各種文化活動。教育以文化陶冶個人，乃為延續人之各種文化活動。故如非為促進、保衞、維持、延續人類之文化，則體育軍事法律教育，皆不得成為文化。而若無此四種文化，則其他種之人類文化，亦無以自己支持其自身之存在，以形成一人類之文化世界。故此四種文化，在上列之諸種文化外，自成一組。對此四種文化活動之意識，如加以分析，則其所欲實現之價值，若皆不外其他文化活動之價値，而其本身之價值，遂宛若成純形式的、工具的，而非本質的、目的的。而實則其本身之本質的目的的價值，即在其形式的工具的價值之中，而一一各為一獨特之文化意識，亦一一各有其所實現之獨特的道德價值，今依次論之。

二　體育意識與其五層級

吾人今以體育一名概括一切關於身體之操鍊，不僅西方之所謂運動競技在其內，中國之所謂拳術及其他道家之修養身體之法，及印度之瑜伽中之修養身體之方法，亦在其內。體育之為文化之一種，恆為人所忽略。而論體育者，亦恆以體育之起原為人之動物性的保存身體增加精力之本能。若體育而果只原自人之動物性的保存身體增加精力之本能，體育誠不能列為一種文化。然實則人之從事體育之活動，蓋罕有只為求保存身體增加精力者。人于此恆自覺是為保存身體增加精力，以從事其他政治學術經濟之事業活動。即專門之體育家，亦非只有保存其身體增加其精力之動機，便能成體育家。體育家之操練其身體，必先有一種使其身體達何種健壯之標準之理念。此理念即非動物所能有，而亦非人之動物性所能誕育，而在體育家從事操練其身體時，必規定種種身體動作之方式，而先意識的把握之，以之規定身體之動作。此種意識的把握與以之規定動作之意志，亦非動物所能有，而不能謂之只出自人之動物性本能。吾人須知，當人懷抱一強壯之標準，並以一定之動作方式，從事體育之操練時，吾人正首須節制吾人身體之亂動，及貪安逸，由休息以積蓄精力之自然本能。此中即有一動物性本能之超越。而吾人之懸一強壯之標準，爲吾人身體所欲達之目的，而以達此標準爲理念，即含一貶斥或捨離吾人身體之現實狀態，而求超越此身體現實狀態之意識。而此二種超越之要求中，均含一種道德價值，而顯體育之活動爲一種超動物本能之精神活動文化活動。吾人如深察體育家之意識，吾人恆發現體育家之不斷提高其理想之身體之標準，且恆變化其操練之方式，而以之規定身體動作，幷或以對其身體之動作能隨意加以支配，爲最高之理念；即知體育家之深心之要求，仍爲成爲一處處以理念支配其活動，以表現能自己超越之道德理性之人格。

體育之操練之意識，一方與經濟意識相接近，一方與藝術意識相接近。經濟意識爲求物質之利。基本的求物質之利之方，爲通過爲工具之物之質力之消費，以生產出更多之物。體育意識爲求自己身體之強健。身體質力之量之增強，亦可謂爲一種求物質之利。惟其方法則爲通過現在之身體之運動，而消費現在身體之質力，以使將來之身體有更多之質力。藝術意識爲客觀化吾人之理念，表現之於有色聲之物質。而作體育之操練時，吾人之以動作方式之理念，規定吾人身體之動作，使之表現整齊秩序之動靜形式，亦卽客觀化動作方式之理念，于身體之物質之運動。舞蹈爲藝術，故體育亦通于舞蹈。

唯體育之活動，畢竟與經濟活動藝術活動不同，而有其獨特之地位者，卽在經濟活動藝術活動中，吾人所欲得之物質之利或所欲創造之藝術品，皆在吾人之身外。卽其所成就者爲客觀之物。而在體育之活動中，則吾人所欲成就者，乃爲吾人自己之生命之表現之身體之未來狀態。作爲藝術之舞蹈與作爲體育之運動之不同，卽在吾人舞蹈時，吾人乃意在使吾人身體表現跳舞之美，吾人乃以「如是舞之身體之現實存在」爲最後之目的。且視「如是舞之身體」爲一客觀物。而在體育之運動中，則吾人不以依如是方式運動之身體之現實存在爲目的，而以由此運動所達之合某強健標準之未來身體之狀態爲目的。因體育之活動所欲成就者，直接在爲吾人之生命表現之身體之未來狀態，故使抱其他文化理想，從事其他文化活動者，恆鄙視體育之文化活動之地位。然自另一方面言，則體育之活動正是一貫注于吾人之自然生命之核心之一種精神活動文化活動。蓋體育之活動之至少須以保持健康增強身體爲目的，卽以保持或增強身體之生命力之未來爲目的，而爲一種生命之自己建設之活動。吾人之自然生命原是不斷耗費其力量，復自然求補充，以自己建設者。然此種自然的自己建設，只爲動物性或生物性的，而藉體育以自己建設其生命，則爲依一健康或强壯之標準之理念，以自覺之動作方式操練身體，以自己建設其生命，而爲自覺性的表現精神價值道德價值的。人如只有其他之文化活動而無體育之活動，則其文化活動亦是自覺性的，表現精神價值的道德價值的。然其爲客觀文化目的之達到，所耗費之自然生命力量之補充，如只循自然之方式，而未受自覺的理念之領導，則彼仍未能眞主宰其自然生命，超化其自然生命，以成爲精神生命。誠然，人之從事體育之操練，以自己建設其生命者，若未能用其身體之力，以從事其他之文化活動，固亦不能稱爲眞超化其自然生命以成精神生命者。然尅就其操練之意識本身而論，因其是以「爲自覺的理念所領導的生命力量之補充歷程」，代替純自然的生命力量之補充歷程，其所表現之精神價值道德價值，仍未必較其他文化活動所表現者爲低。由是而純粹之體育家在文化上之地位，不必較其他文化工作者之地位爲低，亦可確定。

吾人如了解體育之意識，乃一以自覺的方式規定身體之動作，而自己建設生命之意識，則知體育意識之發展，可有下列諸歷程。

一、體育意識之最低者，即爲上述之只自覺的求健康之保持。此即自覺吾人之自然生命之自然的補充歷程，而加以自覺的肯定之始。吾人之自覺的肯定此歷程，即同時望此歷程之延續其常態至未來。是即爲求健康之保持。此中有一未來的此歷程之存在——即健康——之預想。由此預想，即見吾人之自覺心對純粹現實生命狀態之超越性，與吾人之有自覺的建立生命之意識。

二、體育意識之較高者，卽上述之吾人求未來身體精力之强壯。吾人之求健康，只爲求未來身體之狀態之保存其常態。此中吾人對於未來之身體狀態之理念之內容，只爲重複吾人之原有之常態之身體壯態之內容，而無所增益。而在吾人求未來身體精力之更强壯時，吾人關於吾未來身體精力之內容之預想，卽有增益於吾人原有之常態之身體狀態者。故此種求身體之强壯之意識，乃一種更高一層之自覺的建立生命之意識。

三、體育意識之更高者，爲求長壽之意識。求長壽之意識與求强壯意識之不同，在求强壯之意識中之求身體强壯，卽求身體之力量之增大。身體之力量增大，見於身體之轉動外物，忍耐寒暑，勝任繁劇方面，亦卽見於身體之物質與其他之物質之交感中。而求延壽之意識，則爲求生命自身之延續其歷程，至於長久而不斷。吾人須知身體之物質，與外界物質之交感，恆爲一自然現象。吾人之求身體之强壯，不外求吾人之身體更堪任多物之交感。則求强壯之理想中，自覺的建設生命之意識，乃隨順自然的身物交感之勢而呈現之意識，尙未能超越此，而成爲更純粹之自己建設生命之意識。人在求延壽之意識中，則不以身體之强壯而利於身物之交感之本身爲足貴，而以此生命歷程自身之延續，爲其理想之內容，於是成爲更純粹之自覺的自己建立生命之意識。

四、通常言體育之意識，不外求健康强壯延壽三者。其中以延壽之意識爲最高，而今一般之體育可能達到的目的，亦罕出此三者之外者。然覈實而談，則通俗之延壽，實非最高之體育意識。眞正最高之體育意識，乃中國之神仙家，印度關於身體之瑜伽行中之體育意識。此種體育意識，乃體育意識之充類至盡所必然發生，而其具體的實現，亦非原則上不可能者。此即由延壽而發展爲返老還童以逆轉自然生命之方向，由於身體强壯而發展爲使身體成爲一不可毀，復可自由變形之物——如所謂神仙——之體育意識，蓋吾人延壽理想之爲一自覺建設生命之意識，乃自覺的順生命之伸展而求其伸展之相續。亦即求一種狀態之生命之恆存。求一種狀態之生命之恆存，即求生命狀態之重複。吾人能有求生命之狀態之重複之理想，即可有求吾人生命之自幼至老之歷程之本身重複之理想。由是而人可有重還至幼，以重複度生命之理想。又可有長保不老之境長住幼年或壯年之理想。原吾人之求身體之强壯，即求身體力量之更充實，與求身體之畧變昔日之形狀。而推此求充實力量求自變其形狀之理想至於極，即成求身體化爲不可毀，而能自由變形之物之理想。故神仙家與印度修瑜伽行者之求歸於嬰兒，化其身體成仙成神而游於太虛，爲金剛不壞，而變化無方之物，乃體育意識發展至最高之形態者。而此種理想之能具體實現至何程度，固尙難言。然亦非原則上之不可能，應爲可逐步達到者。蓋吾人只須承認吾人之身體可經體育之意識之領導，而使之改變其自然狀態自然壽命，則由此意識的領導而發生之改變之效用，原則上應爲可逐漸擴張，而不能先驗的指出其限度之應在何處者。吾人今之生命歷程固爲不可逆轉，不能停於不老之階段，而吾人之身體，亦似有不能改變之定形。然此實與吾人之意識可思維願望一能逆轉或能不老之生命歷程，吾人之意識可思維願望吾人之身體成任何形狀一點相矛盾。吾人若承認凡矛盾皆應化除且當能化除，兼信一切物體乃依於一本體而存在，或爲同一物質之不同形態之表現，而可相轉變，則人之身體之返老還童或不老而變形，亦應爲可能者。

五、吾人以上所論者限於純粹之體育意識。而一般之體育意識皆包含其他之文化意識。如於運動中表現一種美，即含藝術意識。藉運動以訓練公平之競爭之習慣，即含政治道德之意識。藉運動以練習靈敏與機智，以培養人之思考眞理之能力，即含學術意識。此即見體育之意識，原與其他文化意識相通。人之訓練其身體以增强體力，原所以供文化活動精神活動之用。故通常之體育意識，皆不能免於包括其他文化意識。即學神仙之長生不死之意識中，亦包含覺如是之生存，可欣賞更多天地之美之藝術意識，幷藉如此之生存以作更多之利人之事之道德意識，及知宇宙之眞理之求眞意識等。而此包含其他文化意識之體育意識，乃較一切抽象純粹之體育意識皆高。而最高者則爲以體育訓練所增加之强壯壽命等，皆全用于其他之文化活動精神活動之目的之意識。此則體育意識之超乎體育意識之本身，亦即體育意識之完成其本性也。

三　軍事意識與其五層級

軍事之爲文化之一部門，亦常爲論文化者所忽畧。由軍事而生之戰爭，常爲毁滅文化者。而中國人文武相對之觀念，更使人忽畧軍事爲文化之一部門。然依文化之意義，則凡人在自然之上有所創造增加者，皆屬于文化。則軍事自應爲文化之一種。軍事活動之結果，固常是毁滅文化。然人從事軍事活動之最初目的，仍在保護國土，保護國土中之人民之經濟上之財富，政治上之制度，或其他學術文化等。是軍事之以保衞文化爲目的，與體育之以增强人之身體，使從事更多之文化活動，正依于同類之文化意識。而軍事之活動亦常以體育之活動爲基礎。軍事之操練，即一種體育之事。因而軍事活動之意識，亦與以獲得物質以供身體用之經濟意識，及使身體之行動表現整齊秩序之美之藝術意識相接近。唯在體育之意識中，吾人即除去其促進人之其他文化活動之目的，而只就純粹之體育活動而論，亦表現人之一種精神活動，而特具一種道德價值。然在人之軍事意識中，吾人若除去其保衞人之文化之目的，則所剩餘者似只爲一種黷武征服殺害之動物本能。故軍事意識必須受政治文化之意識之支配。而純粹軍事意識，乃似不表現獨特之道德價值，因而不能成一獨特之文化意識者。

然依吾人之見，則此種以純粹軍事意識本身只爲一黷武求權力求征服殺害之動物本能者，亦復為一錯誤。吾人以為即除去人之軍事意識中之保衛文化之目的而言，純粹軍事意識或戰爭意識，亦非純出自人之動物本能，而恆為人之權力欲與超越自我之意識混合之產物。此意吾人已於論政治一章中論之。如吾人舍去人之權力欲而不論，吾人可謂有一種純粹之軍事意識，此可稱之為純粹之戰爭意識。此乃一獨特之精神活動，表現獨特之道德價值者。人何以有純粹之戰爭意識？追原究本此實由人能自覺的由毀棄生命以獲得生命而來。凡以人與人之戰爭皆同於動物之為爭取食物配偶而搏鬥者，或滿足權力慾者，皆為自戰場外觀戰爭者之見。吾人如深透入戰場中之戰士之意識，則知戰士之搏鬥，可全不同於動物。真正之戰士在沉酣於戰爭中時，可只有一種如吾人在論政治中時所謂將現實自我之意志生命拋擲於戰場，任我敵相較量，以定其勝負之意識。在戰場中之戰士，彼乃隨時知其生命有喪失之可能。彼乃欲通過此喪失之可能以獲生命。故真正之戰士之戰，非徒與敵人戰，乃與生命喪失之可能戰。然彼一方與生命喪失可能戰，一方亦須預備承受此生命喪失之可能而不懼。此皆吾人前所已論。故在戰士之意識中當彼盡量用其身體之力戰爭工具之力，以從事戰爭時，彼之一切表現，雖似皆為物質的生理的，然自另一方言之，彼之精神又為最超物質的超生理的。蓋彼雖盡量用其身體之力戰爭工具之力，以從事戰爭，彼仍知其戰爭非必勝利而可失敗，此即同於知此物質力生理力之運用，為可無效者。故在戰事之意識中，必包含一切現實之物質與身體之力，皆非必然存在，皆可成虛幻，而非真實存在之意識。此即一超現實之形上意識。在此意識强烈至最高程度時，戰士之心中卽直接體現一形上之實在，而有一宗敎意識。故戰士最易有一宗教信仰。世之論者，恆謂戰士之有宗教信仰，唯有由於其自感生命之飄忽，故不得不求佑助之者，因而幻想一神。此實爲顚倒之論。實則在戰士眞感其生命之飄忽，覺其生命非必然存在，非眞實存在，預備承担其生命喪失之可能時，彼卽已超出其現實之生命體現一形上實在而接觸神。至其求神之佑助，則爲第二念之欲通過喪失之可能，以重獲生命之心與起以後，對所接觸之神表示希望之事。此中義諦，必須細心領取。吾人若能眞知在戰士之意識中，有此超物質生理之現實之意識，則一方可知軍人之所以特能忘我而服從命令遵守紀律道德之故；一方可知戰爭之結果之殘酷，幷非卽戰士之精神之殘酷。戰士在戰場之殺敵，似不愛他人之生命而淪於不仁。然在戰士之精神中，彼旣已能承担生命之喪失而不懼，自超越其生命之執着，彼直接普遍化此意識於敵人，亦自然視之爲能超越生命之執着者。則其殺敵，在戰士之意識中，便非卽不仁。戰士之在戰場，各本其欲通過生命喪失之可能，以重獲得生命之意志，而以力（包智力體力武器力等）相角逐，又恆先知我與敵之勝敗存亡，非我或敵一面所能決定，唯視力之客觀較量乃獲決定。此卽可化爲一「將我與敵之存亡勝敗之命運，交付與宇宙或神」之一種更高級之形上意識。此意識涵蓋我與敵二方之生命精神，故又爲一種平等觀我與敵二方生命精神之意識。又由吾人之能平等觀我與敵二方之生命精神，故戰士在戰爭之中，雖其身體若誓不兩立，仍可對敵方之精神有一尊敬。故小說中恆有不懼死亡之二勇士之相鬥，其彼此之相鬥之結果成就彼此精神之互相接觸了解與尊重之事。又在戰爭勝敗決定之後，在勝者一方，因覺生命乃通過死亡而得，遂有重建生命之樂。在此重建生命之樂中，彼乃自覺其生命由死亡中取回，即自覺其生命之自無而有，自覺其生命之重自形上實在或神中降下，亦即重現一上帝創造生命之歷程。由此而可獲得一宗教生活之體驗。此宗教生活中即有一種道德價值之體驗。而在另一方，又仍可對死傷之敵人之精神，致一種純粹之尊敬與悲悼。此尊敬與悲悼中，又表示一道德價值。在敗者之一方，如其生命尚存，亦可依其最初願交付其命運與宇宙或神之宇宙意識，而承担此失敗，視勝者之勝利，爲宇宙意志或神之意志之顯示；而順其已交付命運與宇宙與神之初心，以對客觀上之勝利者崇拜，而表現爲心悅誠服之投降。此投降中仍表現一道德價值。此種種由勝利而轉出之對敗者之尊敬與悲悼，與由失敗而轉出之對勝利者之崇拜與投降，恆合而爲凝結勝利者與失敗者以成一體之二種道德意識。然此種道德意識，一般勝利者敗者，或有之而不強，或有之而不自覺，故恆爲另一種私的非道德意識所掩。如勝利者之驕矜而對敗者凌辱，失敗者之自餒而屈辱以苟存，即皆爲一種出自私的權力欲或生存本能之非道德意識。由此種種非道德意識之掩蔽，人遂以爲人在戰爭中根本無公的客觀的道德意識，並以爲勝者之尊敬敗者悲悼敗者，皆爲虛僞，敗者之投降，皆爲求生存之不得已。此皆不能眞了解戰爭中之人類精神活動之道德價值者也。

唯吾上所言之勝利者或失敗者之尊敬與崇拜悲悼之道德意識，恆爲勝利者之驕矜對敗者之凌辱與失敗者之屈辱苟存之非道德意識所掩，亦有其必然之理。蓋勝利者而對敗者有眞正之尊敬悲悼，唯最偉大之戰士能之。敗者在投降中，表現一眞正心悅崇拜之意識，亦爲極少有之情形。而勝利者之不免驕矜而對敗者加以凌辱，及失敗者之投降恆出自屈辱以苟存之動機，則爲一般情形。原人之一切由超越物質生理之現實而生之形上意識，固皆爲一種人我平等觀之客觀意識，而可直接轉出吾人上述之道德意識者。然吾人復須知：人在戰場中所有之超越物質生理之現實之意識，不同於由一般之文化道德修養而生之超越物質生理之現實意識。後者中包含自動自覺的人格改造之努力，故恆能繼續其自身，以顯爲人我平等觀之客觀意識道德意識。前者則恆由戰場環境所逼迫影響而成，因而在戰事完結後，恆不復能繼續。人在戰場中，戰場本身卽能不斷啓示人以其生命之可不存在之形上意識，而同作戰者之互相暗示、模倣、激勵、鼓舞，又足增强其忘身之形上意識。由此種外在環境所逼迫影響而成之形上意識成份，固可一時壓抑人之生物本能與自私之心，而使人人皆立刻宛成能殺身成仁捨生取義之聖賢，其行爲皆可以驚天地泣鬼神。然實則此中所壓抑之人之生物本能與自私之心，以環境逼迫而暫隱伏者，仍當以環境之改變而重現。而其重現時，復可增加其强度，以補償以前之受壓抑。而人之從事戰爭之最初之動機，原爲滿足人之生物本能自私之心者，其重現時之强度又更大。此卽人在戰爭完結之後，勝者不免高舉其自我而驕矜，以至對敵人凌辱虐待，無所不爲；而敗者則恆只求保身，屈辱投降，以至對勝者諂媚逢迎，無所不爲之故。而眞能順[illegible]場中之形上意識，而展現如吾人上所述之道德意識者，反若成爲例外之情形，其被掩蔽而被忽視固宜。由是而吾人上述之由戰爭而生之道德意識，必須適如其分以了解之。吾人通觀不同之人以不同之動機，而從事戰爭或軍事之活動，必須認識其所表現之道德價值之不同等級，而不能一概論之。

一、最低之從事戰爭或軍事之活動之意識，爲以滿足自己之生物本能自私之心爲目的之侵略的戰爭意識，如爲掠奪他人或他國之財物婦女或統治權之戰爭之意識，或野心家之戰爭意識，大皆此一類。如人出自此意識以從事戰爭，即一種最低之戰爭意識。因其在開始點，即違背人之人我平等觀之客觀道德意識。而此種戰爭之結果，亦必歸于勝則凌辱虐待敵人，敗則或憂鬱以死，或則暫自甘屈辱，以求苟存。至於人既得苟存之後，而貪欲未能自制，乃以諂媚逢迎，爲欺騙勝者之具，以求足其私欲，便成一種更卑賤而狡詐之投降者。

二、較高一級之戰爭意識，爲求滿足自己之生物本能自私之心之自衞的戰爭，如保衞自己之土地婦女或統治權之戰爭之意識。自來被侵略者之戰爭意識皆此一類。此種戰爭意識，如不與一保衞客觀的人間應有之正義之意識相俱，亦爲一種甚低之戰爭意識。唯此種戰爭意識，至少非如上述之一種戰爭意識之明顯的違背人之正義之意識，而爲可以在客觀上有維護人間應有之正義效果者。即此意識，至少仍不自覺的爲客觀的正義原則所主宰，故較上述之戰爭意識爲高。由此種戰爭意識所產生之戰爭，因其目的止於自保，故其勝而凌辱敵人，可止於報復，不至過於殘酷，敗而投降，可止於自全，亦不至成卑鄙狡詐之徒。

三、更高一級之戰爭意識，爲樂於戰爭之純粹戰爭之意識。吾人上言人之通過死亡之可能以獲生命，爲純粹之戰爭意識。吾人須知，此意識乃表現人之所以爲人之一特性之意識。唯人能自覺其自然之生命，幷能超越其自然之生命，知其生命可不存在而有死亡之可能，乃能求通過死亡之可能以獲得生命。故人之樂於戰爭本身，卽表現人之所以爲人之特性者。常人固不能皆樂於戰爭，置其生命於易死亡之戰場，以求獲得生命。然人皆有冒險賭博之趣味，卽此天性之一表現。小孩之欲經危橋，探險家之入蠻荒，與人之擲骰打牌，皆由人先自覺有墜於危橋之下，困於蠻荒之中，輸去供享用之財物之可能；並欲通過諸喪失自然生命，自然生命所賴以生存之工具之可能，以重獲得之。在冒險與賭博之意識中，人似念念不忘其所欲獲得之物。然人皆知人從事冒險賭博之事，非純以之爲求得所獲得之物之一方法。而係由於人覺此活動本身之有一種樂趣。而此樂趣之存在，同時卽證明人原有樂於通過生命及生命所需工具之喪失之可能，以重獲得之之天性。而此天性之更徹底之表現，卽爲人之樂於戰爭之興趣。人之樂於戰爭之興趣正爲此天性之最顯著之表現者。蓋樂於戰爭者正沈酣於戰爭時，可全忘其初從事戰爭之其他目的，而唯以通過死之可能以求生之戰爭本身爲目的，而不似賭博冒險者之常不免念念不忘其所欲獲得之目的物也。

四、人之樂於戰爭之意識，吾人稱之爲純粹之戰爭意識。此種純粹之戰爭意識之低者，乃求勝利與求勝利後之生存之念各佔一半。然此求勝利之生存之念，可減弱至於零，因而只有一求勝利與爲勝利而不懼死亡之意識。此卽爲更高之純粹的戰爭意識。在此種更高之戰爭意識中，人可視其自己之生命與他人之生命若無物，由此而有吾人以前所謂將自己與敵人之存亡交付與命運或宇宙之意識。在此種意識下之戰士，以其不畏死亡，故在從事戰爭時可先超出敵我勝敗之計較之外。無論敵弱於我或强於我，我均無所畏葸。在上一種不免夾雜生物本能自私之心之戰爭者，恆不免先比較敵我之力之强弱而後戰。若先知敵之力之一定强於我，則不敢從事於爭鬥或戰爭。孟子養氣章所謂「量敵而後進，慮勝而後會」者是也。而有此更高之純粹戰爭意識之戰士，如中國古所謂張飛李逵之類，及眞正所謂英雄者，則其心中根本超越自然之求生之本能與自私之心，而視人我之生命若無物。于是縱明知敵人之强於我，其超越的精神氣概仍可凌居其上。故其戰雖求勝，而於結果之勝與敗生與死，可平等加以承担，其精神卽透入形上境界，而有眞正之勇德。

人之有眞正之勇德，可由於平日之德性文化修養，亦常由於戰場環境所逼成，如上文所述。在戰場環境之下，人皆可有如此之勇德，卽人皆可有如此之純粹之戰爭意識。唯此種由環境逼成之勇德爲外鑠，人有之恆不能久。人恒在戰事完結之後，則生物本能自私之心復蘇，還不免吾人上所謂對敵凌辱或爲求苟全之投降等。眞有此勇德者，應爲不在戰場環境之中亦有如此之勇德者。此卽如孟子所謂勇士不忘喪其元之勇士。勇士之常不忘喪其元，卽常以死於戰場爲光榮，常視其自然生命若無物，而住於超越自然生命之形上境界者之謂。眞平日即有此勇德之人，因其平日已超生物本能自私之心，則在戰爭結果爲勝時，固不對敵凌辱殘暴，即爲敗時，亦不致爲求苟全而投降；勝固可對敵尊敬哀悼，敗而若有投降之事，亦純出自崇拜佩服之意識矣。

五、人眞能常住於超越自然生命之形上境界者，則彼可臨戰而不畏戰，即不臨戰時亦不求戰，而樂從事其他之文化道德之活動，因其他文化道德之活動亦同依于一形上根原也。彼由其平日之文化道德修養，遂能常體現一人我平等觀之道德意識，因而常有使人我皆平等得其生，我國與他國人皆平等發展其文化道德之和平願望。其戰爭亦必自覺的包含：實現客觀人間正義之目的，而以戰爭爲護持人類道德文化之發展之工具。彼無論在戰時與不戰時，其意識皆常爲同一于大公忘我之形上境界，而通攝其他文化道德之活動者，因而其在戰場之殉難，可從容如平日，亦即所以實現平生之志。此即中國所謂儒將之風度。儒將由勇士之勇而達於聖賢之勇之階段，由純粹之戰爭意識而至於最高之含攝其他道德文化意識之戰爭意識。而此最高之戰爭意識，即眞能實現吾人通常所謂軍事保護文化道德之理想者。人之從事軍事者，皆多少含保護文化道德之動機，即多少含此最高之戰爭意識也。

四　法律之意識與其五層級

軍事與體育之活動雖實際上多爲羣體的共同活動，然亦可純爲達個人目的之活動。人之體育可純爲以個人身體之强壯爲目的之個人活動，人之原始的軍事戰爭之活動，亦可爲只以個人之勝利爲目的，如個人之決鬥。然法律與教育之文化活動，則自開始一點，即須是以社會文化之維持爲目的者，因而亦自始須賴一超個人之道德意識以爲之支持者。

人恆以法律之作用，爲保護人之權利者，由是而人或以法律唯是使人皆得滿足其權利欲之工具，亦依于人之皆有其權力欲財產欲而存在，幷以法律只爲輔助政治經濟而有者。實則吾人嘗言法律之作用，爲實現人之守法立法之理性以保護人之文化活動者。此義可由吾人試究法律意識之起源以證之。人類最初之法律意識幷非立法之意識，而爲守法之意識。自覺的討論法律當如何立，乃後世之事。然在人未能自覺的討論法律當如何立之時，人類社會即已有習慣風俗爲人所公認之法律，此即法律之存在先于個人之意識之說。而法律意識之開始，即爲對於先於個人存在之法律之承認。而此自覺的承認，則爲人之法律理性之開始顯現。然此自覺的承認之所以可能，則非依于吾人欲滿足吾人之權利欲之動機所可解釋者。

吾人之所以言吾人最初之承認社會已有之法律之意識，非依吾人滿足權利欲之動機所可解釋者，蓋以吾人最初承認社會已有之法律時，吾人此時唯有順習慣風俗中之社會之標準而承認之之意識。吾人須知此種能順他人或社會的標準而加以承認之意識，即吾人之道德的理性表現之始。吾人昔言自覺的道德活動爲自覺的支配自己。然吾人今尙可補充一言，謂人之自覺的支配自己所採之標準，初幷非自己所立之標準，而爲他人或社會之標準。此標準初只爲規定吾人之實際之行爲之何者可爲何者不可爲者。吾人之依此標準而行爲，亦初非因自覺的知此標準之意義與正當性，而唯是因此標準已爲他人或社會所置定，吾卽順而承認之，以之支配自己之行爲。然吾人之此種取外在之標準以自律，乃自吾人內在之自我發出。吾人之願受此外在之標準之支配，卽見吾人之超越自我之肯定他人尊敬他人之道德理性及要求以理主宰行爲之道德的理性。此卽人之能承認社會已有之法律之意識之原始。而社會已有之法律，卽人類之諸集體的文化活動之形式或規律，使人類社會能維持其存在，而爲人類之集體的文化活動能繼續之根據。故吾人之承認之之法律意識，遂自始爲含維持保護社會文化之道德意義之一種文化意識。

吾人之言法律意識始於吾人之道德理性，似與人之言法律意識始於社會對個人之强迫之說相反。依此說，人之所以能接受社會之標準以爲法律，乃由於社會對違悖其法律之個人之行爲，恆先施以一種懲罰。唯個人受一種懲罰，乃知違背社會法律之不可，而不能不遵從之。吾人觀原始社會中人對違悖社會法律之個人，所施懲罰之嚴刻，及今日社會之法律如無政治之權力以執行懲罰，則轉瞬將被破壞，便知人之法律意識之支持者，乃社會法律對個人之强迫，而個人之法律意識實原自畏社會法律之懲罰，而自保其生命財產之生物本能。吾人對此說之眞理價値，不擬加以否認。蓋社會法律之維持，確須賴對違法者之懲罰。以法律否定「否定法律」者，乃社會法律必須包含之成份，而使法律異於教育之訓練，道德上之感化者。而人之畏罰，確爲一般人之接受社會法律以自制之一重要動機。然吾人以爲尅就人之畏罰而言，則此只爲加强個人之法律意識者，而非法律意識之原始。蓋吾人須知社會法律之包含對違悖法律之個人之懲罰，初乃依於社會其他個人對此個人之裁判。而此裁判乃依於社會中之其他個人之「有如何如何之法律爲當遵從」之法律意識，兼有司此法律之司法意識，方對此個人之違悖法律施以懲罰。故所謂社會法律之强迫個人順從法律，實爲社會之其他個人之司法意識對此個人之强迫。所謂個人畏社會之法而遵從法律，實直接爲畏社會諸個人之司法意識。則人之畏罰而順法之意識，乃後於他人之司法意識而存在者。而他人之司法意識，則後於其自身之承認法之當遵守之意識而存在者。吾人必須先承認自己當遵守法律，乃能普遍化此意識，謂他人當遵守，因而有求實現此法律於社會之司法意識。而人之認取一法律謂爲自己當遵守，幷普遍化之爲他人之當遵守以成司法意識，卽只能出自人之以理自制之理性活動，而不能出於人之生物本能。而畏他人之本其司法意識對我之違悖法律加以懲罰而守法，雖含有出自生物本能之動機，然其中亦有對於他人之司法意識之存在之肯定，而此肯定又必依於吾人自己之會有法律意識，方能推知。是亦依吾人之理性，而非依生物本能。此吾人之所以言畏罰而守法之意識，只爲加强人原有之法律意識，而爲後起者，法律意識之原始不能由生物本能解釋之說也。

吾人既反對以法律意識始於個人之畏罪之生物本能之說，吾人必須堅持人原始之法律意識，乃出自人之要求以理主宰行為，與肯定他人，尊敬他人之道德的理性，而以社會之標準自律之說。吾人之此說，可以說明原始的道德與法律之同原，可以說明原始社會中何以有以風俗習慣為社會道德法律之標準之一階段之故，兼可以說明在今日之社會吾人仍有據風俗習慣以為法律裁判之根據之故。吾人須知吾人之以風俗習慣為社會道德法律之標準時，吾人可幷不知風俗習慣之本身所以能成立之理由，而風俗習慣之本身所以成立之理由恆可為非理性的，而自然形成的，因而可無必然如此之理由者。亦可為：經吾人自覺的理性的加以考察後，即發現其不合理者。然當吾人據風俗習慣以為裁判時，吾人則直覺合風俗習慣之「合」，便為合理，風俗習慣本身之「不合」，即為不合理，而施以正不正之裁制。吾人今試問吾人何以能以此合或不合本身為合理不合理？吾人如於此問題深思，便知吾人實以能採取社會之標準以自制之本身，即表現一道德價值，而反之則不表現道德價值。依吾人今日之見解，吾人誠不能謂人之違悖風俗習慣即不表現道德價值，因其違悖，可由於發現風俗習慣之不合理，而有其他自覺的更合理之理由。然吾人仍須承認當吾人無自覺的違悖風俗習慣標準之理由時，吾人即當承認之；而承認之以之自制，即為表現道德價值者。蓋此中表現一自我之超越，及以理主宰行為，而尊敬他人之意識也。

吾人上由道德與法律之同原，以言法律意識自始表現道德價值，非謂自覺的道德意識即同于自覺的法律意識。蓋吾人上言人之以風俗習慣之標準自律時，吾人可引出不同之二自覺目的。其一爲求此客觀外在之標準之實現於自己之行爲，使此客觀之標準成主宰自己行爲之主觀內在之當然之理，幷由自己行爲之合此當然之理，以完成自己之人格，此卽自覺的道德意識。其一爲求自己之行爲合此客觀外在之標準，以使個人外表之行爲與他人之行爲相應合，而使此標準顯爲支配人我之行爲之既當然又實然之理，而成就一理制的有秩序的客觀的社會集體生活，不見有違悖之之任何個人之行爲之存在，此卽自覺的法律意識。故自覺的道德意識與自覺的法律意識，乃自原始之法律兼道德之意識分化而出。卽分化爲：自己收斂而以理自制爲主導之道德意識，向社會開拓而使社會集體生活成爲理制的而顯理法爲主導之法律意識。在道德意識中吾人覺吾人內心違理之罪過爲重要者，在法律意識中則覺吾人自己及其他個人之違法之罪行爲重要者。在道德意識中吾人所着重者，在吾人自己之動機。在法律意識中，吾人所着重者在行爲之結果。在道德意識中，吾人若不知一必然之理由，吾人卽無如何行爲之理由，對於吾人所獨知爲非之念，雖爲社會所不知而不以爲非，然吾既以爲非，卽必求去之，乃免於內心之愧怍。然在法律意識中，對於行爲之結果之足以妨礙當前之社會集體生活之顯理者，卽其所顯之理只依風俗習慣所成，本身幷無必然之理由，或吾人幷不知其必然之理由，只須吾人另無其他道德上之理由以謂之爲非，吾人卽可以此約定俗成本身爲理由，而謂吾人之如何行爲爲是，並以違悖之之行爲爲非，當受法律之制裁。吾人固可謂吾人之某種法律意識本身爲吾人所當有，因而究極言之，亦統於吾人之道德意識。然當吾人正有法律意識之時，吾人可自覺唯以使社會生活顯理爲目的，而忘此意識之是否當有之問題。便見自覺的法律意識之不同於自覺的道德意識。吾人亦必須承認，吾人有不考慮已成之法律本身是否應當之法律意識，吾人乃能解釋人之一往順法律意識之發展，不免與人之更高之道德意識衝突之故。而人之道德意識之常轉而批評人之法律意識，開拓人之法律意識，以使達於更高之階段，固證法律意識之終統於道德意識，亦證自覺的法律意識與自覺的道德意識，原可爲不同方向之意識也。

吾人之言法律意識爲成就客觀的顯理法之社會集體生活之意識，即將政治意識與法律意識之不同處標出。政治意識固爲成就吾人之社會集體生活者，吾人前亦言政治意識原自吾人之客觀理性之活動。然在政治意識中，吾人運用客觀理性之活動，吾人乃自覺的以客觀社會國家之集體生活之成就爲目標。而在法律意識中，吾人之運用客觀理性之活動，吾人乃自覺以客觀社會之集體生活之事之顯理法爲目標。在吾人之政治意識中，吾人所考慮者爲如何將諸具體的個人與團體之諸社會關係，加以安排支配，使合於公共之事務之目的之達到，使諸個人團體之目的與整個社會國家之公共目的相配合，進而即在社會國家之公共目的中實現其自身。在法律意識中，吾人所考慮者，則爲對諸具體的個人或團體之一一各別之行爲加以限制規定，使各個人團體之行爲所表現成就之秩序條理，皆隸屬於一整個社會國家之法紀，進而使各個人或團體皆成社會國家之理法之負荷者，顯示者。故政治之意識恆周流於諸個人團體間之具體特殊關係之考察，是圓而神的。法律之意識恆凝定於個人團體間之抽象普遍原則之執持，乃方以智的。政治是要積極的促進人之有所爲以成事之意識，法律的意識則是消極的限制人之有所爲以體現理法之意識。政治之欲人成事，即「客觀理性」在事中行。法律之欲人事體現理法，即客觀理性之在「事」上顯。政治常有爲，而法律期于人皆守法而不犯法，則歸於無爲。故政治之運用求圓通而柔，有爲而剛。法律之制定，求方正而剛，期於無爲而柔。政治之意識與法律意識既相通，而方向亦不同。政治之意識期於成事而有順個體之情勢之變而屢遷之權術。權術變而屢遷，則不定成法，而或違法。違法之事普遍化，而社會國家之集體生活不能顯理。故此時依人之道德理性之要求，必須使法律意識透入政治意識而規定政治之活動，限制政治上之權術之運用。法律之意識期於顯理而有一定不移之裁判，裁判固定而不可移易，則使政治之活動過受桎梏，而不能成就社會國家之事。故此時依道德理性之要求，政治意識亦須透入法律意識以修正法律。而道德理性之所以能爲至高無上之權衡，以使政治意識法律意識相輔爲用者，正以政治法律之意識，皆原爲表現道德價值之二種分別求成就客觀社會集體生活之理事之意識也。

吾人知法律意識之原始爲依風俗習慣標準以自制，又知自覺的法律意識，與自覺的道德意識政治意識不同，其本質乃一成就社會集體生活之理法以顯客觀理性之意識；則知法律意識不僅包含吾人通常道德意識中之所謂仁義禮智等之當然之理，亦包含各種人類之自然生活實際生活而形成之存在之理。吾人所謂依習慣風俗而形成之社會標準之本身，卽常只有一如是存在之理，而不必合當然之理者。此種由風俗習慣而形成之社會標準，吾人前已言可爲吾人未嘗先知其本身所以形成之理者，因而可爲吾人進一步之道德理性之批評所認爲不合理而欲加以改變者。譬如在原始社會，以蛇爲圖騰之部落，有以捉蛇爲違法，及其他各種宗教之禁忌。人在君權至上之社會，君主對人民之女子或有初夜權者。男子絕對尊於女子之社會，又有各種不平等之婚姻法等。此皆由人之自然生活實際生活習慣風俗自然形成之社會之標準，有其所以存在之理，而非其本身有必當如此之理。故皆爲吾人進一步道德理性之批評，所可逐漸發現其不合理而加以改變取消者。此外又有習慣風俗所成之社會標準，雖可不由進一步之道德批評，發現其不合理，而加以改變取消，然亦無必須如此之理由者。如在各社會中所用之度量衡恆各不相同。某種社會之以斤爲計量單位，不同於另一社會之以磅爲計量之單位，遂以依斤計量而定之契約爲合法，以磅計者爲不合法。此非謂依斤爲計量單位之本身爲合道德理性，否則爲不合道德理性。然吾人若問依某一單位計量之理由，亦只能言其出自人之生理上心理上之方便，或原是偶然有人如此規定，人遂模倣採用，約定俗成，吾人遂以此爲合法。吾人此處無必不可以另一單位計量之道德理由，然亦無必須改變之道德理由。則進一步之道德理性之反省，亦可不加改變取消。吾人如以此觀點，觀人類社會之法律，則見法律意識自形式上言雖皆表現一道德價值——因以社會標準自制卽表現一道德價值。然自內容上言，則儘可有經吾人之進一步之道德理性之批判而發現為不合理之法律，或無必當為此之理由，亦不須改變之法律。由此而吾人遂可知人之法律意識所欲成就之社會集體生活中之當然實然之理法，常較自覺之道德意識所肯定之當然之理之內容，為詳密廣大且切實之故。同時亦知人之原始之法律意識，何以恆賴進一步之道德理性之批評，使之發展，以趨於更合理化更合道德理性之理由，及法律意識何以有各種高低之層級，可表現不同深度之道德價值之理由。

一、最低之法律意識即為：吾人所順從之法律由風俗習慣傳來，而此法律所以建立，初乃由於人受武力之脅迫，為欲滿足其求生本能而避死亡，遂形成某種被脅迫被命令之活動方式以後，再自覺：吾人若違此活動方式將被懲罰，或不得生存；遂覺此活動方式為不得不遵守之法律之意識。當此活動方式，以多人皆受脅迫命令而承受之之後，並由習慣而視為理的當然之法律時，吾人之服從而以之自律之動機，固不能不謂亦表現一服從法律之德性，一以理自制之道德價值者。然因吾人之整個意識，對其本原上之不公平有一道德的盲目，因而在實際上是承認一不公平。若吾人承認此不公平，復由於吾人之畏罰，則吾人之整個意識可為不表現一道德價值之最低的法律意識，亦可不謂之法律意識。

二、較高之法律意識，亦即真正之法律意識之開始，為不自畏罰之動機出發而以社會習慣風俗中之標準自律之意識。此中自律守法之意識與律人司法之意識恆為不可分。蓋在法律意識中自律之目的，唯在成就社會集體生活。欲成就集體生活則須兼律人。唯此中由自律至律人，不同於通常所謂推己及人之恕之道德意識，而是直接由成就社會集體生活之理法之意識，以展現爲一方以理法自律，一方以理法律人之意識。此義必須領取。此中自律律人之意識，乃順理法之觀念而分化於人己兩方。故在法律之意識中，理法爲超越人已之對待者，由是而吾人有將維持此理法之司法權、執法權賦與超越於一般社會之人之神或君主，或另一司法或解釋法律而作裁判之人之傾向。此即社會之有法官及獨立司法機關之最原始的意識根據。

三、在以社會風俗習慣之標準自律律人之法律意識中，吾人之法律意識爲純形式的。依此意識，對於任何內容之法律，吾人之順從之，皆表現一道德價值。因而爲可承認任何法律之一純形式的法律意識，並可在實際上容許不合理之法律之法律意識。然由吾人之自發的意欲理想與風俗習慣之衝突，或不同民族相遇時之風俗習慣之衝突，乃使吾人不得不轉而注意反省一法律內容之是否合理，以去確定一當遵從之行爲之標準。由是有風俗習慣中之法律之批評。此批評之動機出自個人之道德理性，而其目的與歸宿，則或在已有法律之理由之認識而重加確定，或依新自覺之理由以推倒已成法律而重建法律，此即爲自覺的立法之意識。此自覺的立法之意識，乃一不僅求形式之合理，且求內容之合理之法律意識，乃表現吾人更高道德理性之法律意識，而含更高之道德價值者。

由吾人之自覺的立法意識之出現，而以理性考究一一風俗習慣中之法律之理由，即使吾人一方發現由自然生活實際生活而形成之法律之不合理性者，而自其束縛中解放，一方亦使吾人對於不確知其理由或其本身無必然性之法律存疑。由是而吾人初之立法意識所能肯定之法律，恆只限於在道德理性上爲自明者，或直接自自明之道德原理所能推演出者。凡風俗習慣中一切依特殊時間空間特殊生活習慣而定之法律，如黏附於房屋衣服器物之制度，黏附於特殊文化形態如宗教形態婚姻形態……等之法律皆可被剔除，而唯留爲自覺理性所認可之法律。因而人可使人所承認之法律全與人之道德律所要求者一致。然非人之自覺理性所認可之習慣風俗之法律，吾人雖對之存疑，吾人在不能確知其不合理，吾人仍有順從之之義務，而可以之爲裁判標準。因吾人之如是順從之之本身，即爲一以理自律維持集體生活之秩序之道德意識也，此如前所已論。

四、人有自覺的立法之意識時，人可只以其道德理性爲批評法律，建立法律之準則。然人自覺依其道德理性以批評或欲建立之法律，可與他人之自覺依其道德理性之批評或欲建立之法律相衝突。此衝突一方由於道德理性本身有不同之方面，人之運用其道德理性亦有不同之深度。一方由人自習慣風俗之觀念之解放，亦有不同之程度。再一方由人恆有以自覺之道德理性，維護其不自覺承受之成見，並希望社會之法律，足以維護其個人之利益之不自覺之動機。由各自覺的能批評法律欲建立法律之人，其意見可相衝突，遂使人皆不敢自信其爲唯一之立法者，而必須兼信他人或爲較好之立法者，因而人乃不只肯定自己爲一立法者，同時肯定他人亦爲一立法者。由是而有人與人之議法。由此議法，使政治由君主之專制，而貴族政治，而民主政治。由此人人皆爲立法者之肯定，而任何所立之法，皆不能侵犯人之爲立法者之權。此即公民最重要之自由權。而人與人所共議定之法，遂常爲更能表現人之客觀理性，而更具抽象的普遍性之法。故此人人皆爲立法者之肯定，及使人之爲立法者之自由權常得保持，即爲更高之法律意識。由此而國家有保護立法者之自由權使立法權永屬於人人之民主憲法。

法律之意識根本爲成就社會集體生活之理法或條理秩序之意識。吾人欲肯定人人皆爲立法者而使人達其立法議法之目的，唯在建立此集體生活之條理秩序。故保護人人有爲立法者之自由權之目的，即在使人更能盡量運用其道德理性，以爲社會集體生活立法，而不能止於只爲保護各個人之自由權利之本身。而欲使人之立法議法，皆是爲社會集體生活之條理秩序之建立，則人必須能自覺的求去其偏見與私欲。此則有賴於人之道德修養與智慧。由是而眞欲完成吾人之立法議法之意識，必須包含道德修養。以是，人人雖有平等之立法權，然人復有尊重有更高道德智慧之人，並使先有更多之立法權之義務，而可將其立法權交付與有道德智慧之聖賢政治家專家所組成之專門立法機關。而吾人之所以有時以特定之人之命令即是法，即法中之有令一種，亦正依於吾人相信發令者對某一問題某一類事之處理，有特殊之道德與智慧，故其令即成法也。常言令與法之不同，唯在法較普遍，而令則隨特殊情境而定，然自令爲一切在同樣情形之下之被令者，所依之以自律自令者言，則令即是法。

五、法律之意識爲一自律律人之意識，自律律人之目的皆在建立社會集體生活之條理秩序。然人之社會集體生活，皆原有其自然之條理秩序，此由人所處之自然環境與其生物本能，原爲表現存在之理者。人自覺之文化活動，亦無不多少表現人之理性活動。故在個人或團體之活動與社會集體生活不相妨之情形下，每一人或團體皆有自定其活動方式之權。所謂權者，即隨其所處之具體特殊之情形，由權衡而抉擇一定之行爲方式以成就一特殊之條理秩序之謂。故權之概念，在此即隸屬於條理秩序之概念。一切社會文化活動所表現之條理秩序之全幅內容，即吾人之法律意識所欲建立之有秩序條理之社會集體生活之全幅內容。由是而吾人建立任何機械之法律，以普遍的規定人之社會文化生活之內容，而妨礙到人類社會文化生活之自然發展中所不斷展現之條理秩序時，皆爲法律意識之自相矛盾。假定人人皆能自使其個人之活動與社會之集體生活不相礙，而相融會，則法律之目的即已達到而無存在之必要。今日之法律之效用，亦只在限制個人或團體之活動之範圍，使不妨礙社會集體文化生活。由是而法律本身所顯之理，遂亦只須爲：「規定如何如何之行爲即爲不合理，而當限制去除」之理，即只須爲：「只有消極意義而用以顯托人類集體文化生活本身之理」之理。由是而法律在文化中之地位可說只是其他文化之工具，法律之意識本身唯是消極的維持文化，托顯人類之集體文化生活之意識。

吾人誠知法律爲托顯人類之集體文化生活之意識，法律之用，唯在限制吾人之行爲，使不爲如是之托顯之阻礙，吾人又知人類之集體文化生活，乃在日新不已之創造過程中；則法律欲盡其工具之用，必須隨時代與各種特殊情形而改變，或加以新的規定，以應合於人類集體文化生活之發展。人類集體文化生活之發展中，恆不斷有足爲其阻礙之個人或團體之行爲形態，法律即不斷追踪，而定爲消極的規範，以防制之。然無論如何，法律意識所立之理法，終落在文化生活本身所顯之條理之後。法律之抽象性普遍性，終不能貼切的托顯具體的人類文化生活之全境。由是而最高之法律意識必須轉變爲禮之意識，以補足其自身之缺憾，以成爲眞正之求托顯具體的人類文化生活之意識。

禮之意識之所以能補法律之意識之缺憾者，在禮之意識不只爲一個人的道德意識，同時亦爲一超個人之客觀意識。其爲客觀意識，既不同於政治之有所爲，亦不同於法律之只肯定抽象普遍之理。禮之意識原自對他人之尊敬。此敬即爲以他人之文化活動中之條理以自制，而使自己之行爲意識，順合於他人文化活動中之條理而分享之，以托顯一客觀之理，亦即托顯他人之文化活動者。然禮之敬，不僅可以一特定他人爲對象，亦可以一家庭與團體國家爲對象。吾人在各種集體生活中，皆有其當如何如何之禮。吾人必須了解，在集體生活中，雖無對一特殊人之敬，而吾人之肅穆莊重之個心情，即對吾人所見所感之一切其他人之精神活動文化活動，加以一凝聚攝受，而分享其條理，亦托顯其條理者。故在人類集體生活中之禮之意識，乃一「既普遍客觀而又積極的隨具體特殊場合而融入其中，以托顯人集體生活之理」之意識，不似法律意識之雖普遍客觀，而仍爲消極的抽象的落於特殊情境之後以定規範、以托顯人類集體生活之條理之意識。由是而法之意識欲補足其自身之缺憾，即須順其欲托顯人類文化生活條理之本性，以成爲禮之意識。在禮之意識中，人用以自律律人之條理，皆可以爲法，亦可謂即法。然禮中之法，無强人以必從之理，而人有當從之義，便與法律中之法不同。法律中之法，人如違之，則被認爲將破壞人之集體生活，故必須懲罰違法者，禮中之法，人如違之，未必破壞人類之集體生活，然有法而無禮，則不能完成法律意識中所包含之托顯人類之集體生活之條理之意識。吾人只須獎勵能盡禮者。懲罰乃以刑教，獎勵則以名教。以刑教，乃由否定否定者以見肯定；以名教，則只爲一往之絕對之肯定。此禮之意識與法之意識之不同。然法之意識即要求化出爲禮之意識。故吾人可謂最高之法律意識乃包含禮之法律意識。禮之意識者，法律意識貼切於人類集體文化生活而融入其中，以自超越其自身之即法律意識即文化意識之意識也。

五　教育之意識與其五層級

教育之目的在成就他人人格之進步以延續文化。教育之活動自始即依於人之道德理性而有，此最易爲人所承認者。唯人或謂教育之始源，爲家庭之教育，而家庭中父母之教其子女，乃原自人之愛子女之生物本能，故人之教其子女，亦無殊母鷄之教其雛之就食。而子女之受教，最初恆須與以獎勵與懲罰，而獎勵與懲罰之所以有效，乃由子女有出自生物本能之畏懼與欲求。然由此以謂教育之根原在人之生物本能，不特不能解釋吾人用以教育子女之諸文化內容之根原，亦更不能解釋吾人何以有對家庭以外人加以教育之意識，及與兒童之本能的畏懼與欲求無關之其他誘導方法，何以有效之故。反之，教育之依於求延續文化，以成就被教育者之文化意識與道德理性之說乃人所可共許者。

教育意識與一般道德意識之不同，在一般道德意識，乃以支配自己改造自己，以成就自己之人格之進步，文化生活之陶養爲目的。而教育意識則爲依于吾人成就自己之道德理性，以成就他人文化生活之陶養，人格之進步，而延續人類文化於他人或後代人之意識。在吾人成就自己之道德理性中，吾人卽要求自己能視人如己，而對人仁。吾對人仁，亦必求吾所受之文化陶養，吾所有之人格之進步，普遍化於他人，使他人成就其文化生活與人格，如自己之成就其文化生活與人格然。是敎育意識卽包含於人成就自己之道德意識中，乃直接順人之成就自己之道德意識而發之成就他人之意識也。吾人可謂順吾人成就自己之道德意識，而發爲成就他人之意識，並立卽一往以成就他人之文化生活之陶養，人格之進步爲事，遂只有一如是成就他人之客觀意識，更不復自反省自覺此意識中所表現之道德價值，卽爲純粹之教育意識。在純粹之敎育意識中，教育者愈忘其教育之行爲中所表現之道德價值，則他人愈覺其人格之可貴。而其教育之行爲所表現之道德價值，亦可全不爲其自己之所反省自覺，而爲其所忘。故純粹之教育意識，可謂爲「對自己人格之道德價值之自覺」之犧牲，以成就「他人之文化生活與人格」之意識。以教育者非自覺以成就自己人格爲事，復可忘自己人格之道德價值之自覺，故異於一般之道德意識，而可謂之爲道德意識以外之另一客觀意識。

教育意識之爲一客觀意識而以成就他人之文化生活與人格爲目的，與政治意識之爲一客觀意識而以成就自己與他人之公共生活上之事務爲目的，及法律意識之爲一客觀意識而以成就自己與他公共生活之秩序條理爲目的者，皆不同。公共生活爲依不同個人之公共目的而有，公共生活之秩序依于不同個人之遂公共或個人目的之共同行爲方式而有。故政治意識法律意識中所肯定之其他人，皆爲一般的個人。吾人所注目者唯是一般個人與團體間之關係之配置，個人之行爲方式與與團體之行爲方式之應合與否。吾人所欲成就者，亦只是如此如此之配置與應合。而教育意識中吾人所欲成就者則非一般的個人，而爲一一具體的個人之人格之完成，及文化生活之陶養。法律意識所肯定之秩序條理爲一般的，即一切人在同樣情形之下平等當遵守的，則個人在法律下乃以一普遍的人之資格而出現。政治意識所欲完成之公共事務，一一皆賴個人與團體之關係之一特殊的配置，而個人在政治中即以一特殊的人之資格而出現。而教育意識所欲成就者爲他人具體的人格與文化生活，而個人在教育意識中，遂以一整全之個體而出現。教育之意識之爲最高的向客觀之他人凝注之客觀意識，亦即在於此。而吾人言最高之政治意識之必須以輔助人之人格完成爲目的，最高之法律意識爲對人之禮，亦即依於最高之客觀意識必須向他人之個體之人格輻輳，而包含教育意識中對他人人格之敬愛意識之故。

自教育意識之目的言，吾人可謂教育乃以成就個人之整全的個體人格之具體的文化生活或人格之進步爲目的。至於吾人就教育之爲一文化部門之功能言，則爲延續人類之文化生活於未來，與法律之爲保護現在人人類文化生活者，相輔爲用。法律之保護人類之文化生活，在使人遵守由習慣風俗及過去之立法所建立之一定的秩序。而教育之求延續人類文化生活於未來，則須順被教育之現在人之個性與身心發展之情形，而與以分別不同之文化陶養，人格感化。法律之示人以形式之規範，可只須人被動的承認。教育之教人以具體之文化內容，則須人之自動的承受。法律之內容由風俗習慣來者，本身可爲依自然生活實際生活之方便而建立。法律意識之爲理性的，可唯在守法立法而以法律自律之形式。然教育之目的與教育之內容則皆爲經理性抉擇加以確定，而認爲有價值者。至教育之方法則爲順被教育者之個性與趣與身心發展之實際情形，而方便採取者。教育之須方便採取各種方法，由於教育意識中不僅包含教育者自身之文化意識，且包含被教育者之諸自然生理心理及習慣生活之了解。唯彼有此生理心理及習慣生活，乃有如此方便採取之方法。是即教育者之須以其自己文化意識求適應於被教育之自然生理心理等意識。則教育意識即「教育者之自超其文化意識，以透入人之自然意識，而轉化引升其自然意識，以符合其文化意識中所望於被教育者之理想」之意識。此即一貫通文化意識與自然意識之一文化意識也。至於各種教育意識之高下，亦可分作五層級論之。

一、最低之教育意識即夾雜自己之生物本能而主要爲滿足自己之本能之目的之教育意識。凡面教育他人，一面包含炫耀自己之知識，達到對人之精神控制之目的之教育意識，或培養人材以達自己營利之目的，個人之政治活動之目的之意識，及純出自對子孫之私愛而教育子孫之意識，皆此類之意識。此種夾雜自己之私心以從事教育者，自客觀上言之，仍有延續文化之作用，亦非對社會無益。然此私心，只能就社會已有之學術文化與個人之已有之知識道德，加以選擇的運用。以此選擇之標準爲個人之私心，而被選擇之內容即可爲個人私心中之目的所局限，因而非能眞應合於延續文化之要求，而在一方不免爲阻礙人之全部延續文化之要求者。

二、較高之教育意識爲無私的求延續文化於被教育者之意識。此中之動機唯是欲普遍化吾人所已有之知識技能德行等於後來之人，使吾人所體驗而認爲有價值之文化內容，爲吾人與未來人之共同之精神內容，而客觀化普遍化此文化內容。此乃依於吾人之將未來人與吾人自己平等觀，并將吾人所認爲有價值之文化內容視爲一普遍者之道德理性。

三、上述之依於道德理性而求吾人所體驗之文化內容普遍於他人而教育他人之意識，可包含視被敎育者爲純粹之接受者之意識，亦可包含視被敎育者爲自動之人格之意識。如只視受敎者爲被動之接受者，則吾人此時雖依理性而肯定受教者與吾人爲同樣之人，然尙未眞依理性而眞肯定受教者爲與吾能同樣自動的運用理性之人格。故更高之敎育意識，卽爲肯定受教者爲能自動的運用理性以接受文化之人格。吾人通常所謂注入式之教育或宣傳式之教育，以至某種直接傳道於人之教育意識，皆不免爲視受教者爲一純粹之被動的接受者。而敎育哲學中持教育爲生活之準備說者，皆先設定一固定之生活形態爲目標，而與受教者以足以應付此生活形態之知識技能。此中教育者之意識，爲抱一固定之生活形態爲理想，只望受教者之能適合之，亦常爲忽略受教者之能自動表現理智情感意志活動之人格者。吾人誠視受教者爲能自動表現知情意活動之人格，則吾人之普遍化吾人所體驗之文化內容，以成爲一對受教者之希望與理想時，此希望與理想，決不能只涵蓋於受教者身心發展之上，而虛懸爲一垂法之意識。此只由上至下以實現吾人理想之教育意識，必須下降而貼切於受教者之身心並沈入其中，以體驗其發展，由此以認識其爲一自動的表現知情意之活動，且各有其特殊之個性環境習慣等以接受敎育之人格。敎育者此時乃不復只有普遍化其認爲有價値之文化內容於被教育者之理想，且有當求如何實現此理想之特殊的個別的教育方法，幷觀此理想如何由被教育者之知情意之能力之引發與訓練，而自動實現，化爲受教者自身之理想——卽其個性或天性中所湧出之理想——而爲受敎者本願依之以生活者。所謂教育卽生活，唯依此義而可說。而敎育者亦唯於此時，乃眞見及人類文化與受教者之自然身心之貫通，而眞體驗及文化之再生根於自然，在自然中成長，而有最大之教育意識之滿足。

四、吾人之教育意識，最初恆只爲普遍化吾人所體驗之文化內容而望被教育者接受之意識。此乃因吾人初所能用以施教者，只爲吾人所已體驗之文化內容。然當吾人既透入被教者之身心，而知其爲一能自動實現一理想，其個性與天性本身即能湧出理想者之後；吾人即知被教育者不僅爲一文化之承受者，且兼爲一能創造文化者。由是而吾人之更高之教育意識，即不能只教學者爲已成文化之享受者，且須教之成未來文化之創造者。此即謂教育者不僅須有教被教育者同於其自身之意識，且須有教被教育者所創造之文化之內容，超越其自身所體驗之文化之內容之意識。此即謂最偉大之師，爲望弟子勝過其自身之師；最大之教育家，爲使後代之文化高過現代之教育家。由是而最大之教育家之教育意識，復爲一種：將其文化知識向受教者與後來人貢獻，對於眞正之受教者與後來人天性中之潛在的文化創造之能力，致其誠敬之意識，對人類未來文化之進步致其企盼祝望之意識。

五、由教育者之此種對受教者之內在的天性，內在的文化創造能力，致其誠敬，而受教者之內在的天性，內在的文化創造能力，又爲一未被規定的形上實在；故教育者之致此誠敬，即對一形上實在致誠敬。由此而可使教育者全超越其已有之知識及文化生活之觀念，而覺其若一無所有。此若無所有之感，即使教育者產生一大虛懷，而對一切在彼之外之一切人類已有及可能有之知識文化，皆有願加以學習，而承認其價値之意識，亦兼有一不敢謂來者不如今之意識。而受敎者之善于接受敎育者之所敎，與其創造文化之能力之表現於敎育者之前，亦恆使敎育者自覺不如受敎者。至少在敎育之歷程中，敎育者能覺受敎者之承敎後之文化活動人格進步，可反而促進啓發其自身之文化活動人格進步。由此而受敎者一方亦對敎育者爲一意義下之敎育者，而師生卽同朋友。由是而人可進而了解，一切創造我所願學之學術文化之過去人類皆爲我之師；而一切現在可能與我互相促進學術文化之陶養者，皆爲我之友；一切我之敎育之努力所能影響之未來人，皆爲我之弟子。于是可視，全人類爲一大敎育團體，所以使自然之個人成爲文化之個人，並使人類文化世界貫通於自然世界，及自然世界上升於文化世界者。而諸個人于此，卽成爲各種社會文化所通過而交融，以成就文化之發展創造之樞紐，以支持此文化世界與自然世界之流通歷程者。緣是而人類之敎育事業不僅有人類文化之意義，且有宇宙之意義。吾人對人類文化敎育負責，亦卽對整個宇宙負責。此方爲最偉大之敎育意識。而敎育者有此最偉大之敎育意識時，卽有中國儒者所謂師之意識，卽「友天下善士，並以守先待後爲己任，而德可以配天地」之敎育意識。

六　結論

體育、軍事、法律、敎育四種文化意識，皆爲保護人類文化之存在之文化意識。其中體育軍事之一組，法律教育爲相對之一組。體育爲自覺的重建自然生命之意識，軍事爲通過自然生命死亡之可能，以獲得生命之意識。法律爲維護已成之人類文化，建立人類集體生活之條理秩序之形式之意識。教育爲延續未來之人類文化，造就發展人類文化之個體人格之意識。教育柔而法律剛，軍事剛而體育柔。此四種意識，皆接觸文化生活與自然生活之邊沿，而求透入自然世界之中以維護文化世界者。體育意識中所重建者自然生命，軍事意識中所包含者，透過自然生命之死亡之可能，以重獲自然生命。人在法律意識中，恆承受依自然生活實際生活而形成之風俗習慣，以爲法律之標準，幷以對人之自然生活所施之懲罰，以維護法律。教育意識中包含對於受教者之自然生命之身心之發展，實際生活之習慣之體驗，而對之施陶養之工。故四者皆可稱爲透入自然世界之中以維護文化世界之意識。其中體育與教育，皆是正面的文化意識。體育主要爲身體方面的，教育主要爲精神方面的。軍事法律皆是反反以顯正之文化意識。軍事主要爲身體方面的，法律主要爲精神方面的，故吾人合而論之於一章。

第十章　人類文化在宇宙之地位與命運

一　物質世界與生命世界

吾人於上列諸章，已分別將人類之各種文化意識中之文化活動加以說明。吾人隨處所着重之點，皆在指出人之生物本能，不足說明人之文化意識之所以生，而見人之文化意識文化活動，處處顯出人之一超越生物本能，以實現其精神理想，表現人之道德理性之性質。吾人亦嘗論各種文化意識文化活動之不同。然吾人始終未能論及人類之文化活動文化意識，在整個宇宙中之地位，及各種文化活動之互相配合貫通成一整體之故，與人類之文化何以有衰落之故，及如何免於文化之衰落，而成就人文世界之全面的發展，使吾人之道德理性充量的實現之道。此章卽將畧補此數缺點，以結束本書。

吾人如只本現象之觀點以觀此宇宙，明見人類文化世界并不等於世界全體。在常識及一般科學中，皆公認在人文世界、精神世界、人格世界之外，有物質世界與生命世界。在宗敎及哲學中，吾人尙可謂有所謂神靈世界，宇宙之本體世界，價値理想世界自身等。畢竟人類之文化世界，與此諸世界有何關係，乃一極大之問題。吾人今日只能加以若干近乎獨斷的說明。尤重在依吾人之理想主義觀點，以說明文化世界與物質世界生命世界之貫通。其詳則當于宇宙論及形上學中論之。

依吾人之意，吾人所直接認識之物質世界之本性，卽一切物體在時空中之互相外在。吾人之謂吾人之身體爲物體，亦卽自其佔一定之時空，而與時空中他物體互相外在而言。此種互相外在性，幷不礙諸在不同時空之物體之互相影響，物體之能力之互相傳達，物體之互相結合而生新物等。此等等乃表示物體之互相外在非絕對，而仍有互相內在之理可說。唯吾人之通常用物質世界一名之涵義，畢竟重在物體在時空中之互相外在。二物之能力之相互傳達，在通常之觀念中，並不表示二物之在一空間。吾人恆在此分別能力所自發之處，與所到之處，爲互相外在之二空間上之不同地位。卽諸物體之互相結合而生新物，吾人通常仍自原先之諸物體與結合成之物體其出現之時間之不同，而視之爲二。遂常不免設想相結合之諸物體之物質，仍幷存於新物體內，而各於其中佔一空間。此皆足證吾人之論物觀物，皆恆自然的着重其在時空中之互相外在性。

吾人於生命世界之看法明不同于吾人對物質世界之看法，生物之異於無生物者，人通常皆自生物之能自己營養以生長，兼能生殖着眼。自己營養以生長，卽求自體之保存。生殖卽求種族之保存。吾人可說生物之保存其自體與種族，即求其過去之存在延續於現在；現在之存在延續於將來，亦即使其過去之生命，內在於現在之生命；現在之生命，內在於將來之生命。生物求食物以自營養，即表示其求食物之化為內在其身體之養料，成為身體之組織細胞之形成之材料，而身體組織細胞等之形式，乃即內在於自外而來之養料物質中。生物之求與異性交配以生殖，即求異性之身體中一部與自己身體之一部，互相融化而相內在以生後代，而使其自身身體之形式，內在於其後代中。生物之飲食與營養，求其自身之保存，與物質的物體之攝受他物之能力如光熱，並依其惰性，而若在發出一力量以抵抗他物，以求維持其自身之存在，有相似處。其生殖時之交配，亦與物質的物體之互相化合相似。然物體之攝受「他物之能力」，乃消極的攝受。其依惰性而似發出力量以抵拒他物，亦為消極的抵拒。彼不能自動的選擇他物與他物之能力之有利於其自身之保存者而攝受之。吾人即不能說其眞有同於生物之維持其自身存在之嚮往。又由其化合而生之新物，恆在形態上與原物迥然不同，其物質材料唯是原來二物體之物質材料之和。而生物之生殖，則是生殖一具同類形態之後代。此後代之身體之質料，則自其脫離母體後，即取諸其他之自然物者。故吾人唯於生物，可眞說其有保存其生命或身體之形態於未來世界中之嚮往。而於二物之化合為新物，則縱新物與舊物形態全相似，吾人亦不能說其有保存其形態於未來世界中之嚮往。因此舊二物並不能使此形態實現於其自身之物質材料以外之其他物質材料也。

生物之保存其自體與種族之嚮往，吾人通常稱之爲保存其自體之要求及保存種族之要求。此要求不特動物有之，植物亦有之。吾人如透過此要求，以觀生物之現實生命之意義，則知任一生物之現實生命中，均包含一不自覺的客觀化其身體之形式於其他物體之物質中，而使此形式繼續表現於其未來身體或後代身體之無盡的要求，亦卽使此形式成爲客觀物質世界之形式之高一級形式之要求。充此無盡要求之量以說，吾人亦可說任一生物，皆有一使全宇宙物質皆表現其身體之形式之潛在的要求。此是一生命之盲目的大私，亦卽其晦闇之原始的無明，或欲征服一切之權力意志。然此大私心，在實際上乃不能實現者。生物之要求其自身與種族之保存，以繼續表現其身體之形式於客觀之物質世界，必須受客觀物質世界自身之形式或運動之定律之限制，亦受其他生物之同類之要求之限制。彼接受此限制，亦卽接受環境中之他物之形式之規定，以隨時改變其身體之活動之形式，以與相適應。由是而生物之身體之形式，亦時在發育改變進化之中。而其保存自身與種族之要求，亦只能在環境之容許之條件下實現於特定場合之物質世界中，而通過此特定場合之物質世界，以成就其自體生命之發育流行，與種族生命之延續。在此發育流行與延續之中，生物實一方時時要求保存其已獲得之生命活動之形式，一方亦時時由接受環境之限制規定，而超越其自身之形式之限制，而增益其新形式。尅就此時時超越自身之形式之限制，而有所增益上言，則生物之本性卽不得說純爲不自覺之大私或無明，而是不斷自其所私之形式解放，以開明其自體，而通達於外者。由是而吾人可知，一切個體之生命皆不能不遭受環境之限制阻礙，而受困阨苦痛之故。此乃爲生命自身之自其大私解脫而趨於開明，以發育進化所不可少者。而吾人眞自生命之發育進化以觀生命，則只謂生命之要求在保存其活動之形式，尙有所不足。而當謂生命之要求乃不斷保存其形式，亦不斷超越其所保存之形式而獲得新形式，以逐漸成就生命自身之開明與無私者。而吾人如只牢執生物之自我保存種族保存之概念，亦將不能說明何以生命世界不只保存於一定形態之生物之中，而竟由進化而展現爲具如此複雜豐富形態之生命世界之故。

在生命世界中，植物動物二者不同。植物只定置於特定之空間之地位以生長，而不能運動，只能接受光熱等之刺激以反應，而無知覺對象之器官以知覺對象。動物則兼能知覺與運動。植物不能運動而各定置於特定空間之地位以互相外在，此乃其更近乎無生物者。動物能運動而超越其所在之空間之地位，亦卽更能自一特定空間之環境之物解放，以與另一環境中物發生感應關係者。動物之運動，表示一能撇開原來環境中之物，而趨向他環境中之物之「向性」。動物之知覺，亦卽表示動物之生命，能向環境中之特定物之刺激集中，而撇開其他之刺激以凸顯一物之刺激，使一物之刺激對象化爲所知覺之物相者。此與運動之趨向於另一環境中之一物，乃同原。一動物之運動，因其不自覺的置定一所向之「外」。其能知覺，亦因其不自覺的置定一所向之「外」。植物靜處無運動與知覺，則無所向之「外」。一切外物之刺激爲彼所攝受，卽在其內。而彼亦自限於此「內」，而不能開拓其此「內」。動物運動有所向之「外」，則能不自限於原先所攝受之刺激之「內」，而能開拓此「內」。此動物之不自覺之經驗內容之多於植物，即動物生命之開明之高於植物者。

動物之知覺運動皆有所向，此有所向即表示對環境中之物，有一選擇作用。植物定於所居，其對環境中之物之刺激之接受，亦不能謂無選擇作用。但植物之選擇之事，唯在外物之刺激業已達其體內時，乃表現於迎或拒，消化或排洩之活動中。此動物亦有之。然動物則能由運動而改變環境以選擇環境，同時由對外物之知覺，而先行準備去接受或去逃避彼外物將對其自己發生之作用或刺激。動物由當下外物對彼之刺激之接受而發生知覺後，即似預感另一外物或外物之另一作用或刺激之將至。如螞蟻感氣壓低時，即搬家準備逃避大雨。是爲通常所謂動物之本能。此本能實依於一種由當前刺激之知覺，而對將有之刺激之存在，生一直覺，而對之先有一準備之行爲。此由當前刺激之知覺，而直覺將有之刺激必來，預爲準備，表示動物之能直伸展其知覺，以入於物之刺激之內部，而感其因果之線索，或感其將次第生之刺激之連鎖，乃若不自覺的置定一將有之環境之刺激於體外，並由準備，而置定將有之反應之機括於現在。由是即在其自己身體與環境之間，造成一對峙之局面。此對峙局面，同時使其生命活動之有所向成可能。而其預作準備之運動，即表示其對環境之選擇作用，可表現於對將有環境之選擇。故於將有環境之刺激來臨之先，彼已在準備迎拒之態度。此乃爲眞正之自動的選擇環境，而植物則不能也。

動物之生存，主要賴本能以適應環境。本能之直覺，若能透識環境中某些事物之內部之因果線索，而對將生之事，預爲之備。然本能之直覺所識之物之範圍恆極少。而此直覺之透識事物之內部之因果線索，亦卽生物之生命之陷蔽於事物之內部。生物之用本能以適應環境時，其本能固可有多套，以應不同之事物。然多套非無限套。故恒有本能不足應付環境之時。而當前環境之刺激爲某一種，其本能之直覺透入其中，以識其因果線索時，彼立卽有一自然之準備動作，繼之而起。此中不能有間隙，以使其生命另有所通氣。而其動作之發，乃若純由先天機括決定，一發而不能自止。惟動物愈高級者，則除本此先天之本能以適應環境外，愈能本過去經驗以適應環境。所謂本過去經驗以適應環境之原始形態，卽一動物以偶然之關係，接觸某一新刺激知覺某一新物，而某物適對某動物之求生存之活動有順違或利害苦樂之關係時，則此動物下次遇某物時，于其爲順之利之使之樂者卽迎之，于其爲違之害之或使之苦者卽拒之，是卽一種本經驗以適應環境之行爲。又某動物對某物之迎或拒之某方式之行爲活動之結果，又可對某動物之整體之生活活動，亦有順違利害苦樂之關係。而彼在旣感此關係後，則下次遇同一之某物，卽改正其行爲之方式，或捨棄其行爲活動方式之結果之不利於其整體生命活動者，而重複其利於其整體生命活動者。此種依經驗以定適應環境之行爲活動之能力，在愈高級之動物愈發達。然此事之所以可能，則純本於動物之能擴大其所知覺之事物之範圍，以知覺依其先天本能本可不加注意之事物，亦由其有各種不隸屬於本能之運動系統之其他任意而發之不成系統之不同方式行爲活動之故。故動物之能本經驗以應付環境，卽依於其知覺與運動力之能自本能規定之方式之限制中，解放而出。動物之經驗，雖可於動物以後之適應環境有用。然動物之知覺彼初與其本能不相干之事物，而「以任意而不成系統之行爲活動對之反應」之本身，則初實爲無用之事。此經驗之有用，乃其自然之結果。動物之所以有此經驗，則只由其知覺運動力之擴大。尅就此擴大本身而說，則不能言其最初之目的卽在用此經驗以利於其自身也。

由動物能依經驗而重現過去之反應，同時卽使動物能受他動物之暗示而模倣之以動作，而有好羣與同類意識等。動物之動作之顯於他物之知覺中之形象，卽此動作之客觀化。吾人可謂此形象與動作有一形上意義的同一。當吾人或動物覺後者時，卽直覺前者，因而可引起吾人或動物之不自覺的作同一之動作。然如動物之動作，皆爲本能所決定，則隨時受暗示以引起模倣動作之事，將不可能。

由動物之知覺運動之擴大，同時有所謂交替反應之現象。所謂交替反應者，卽原來對知覺情境中之刺激或知覺對象A之反應行動R，因此A與另一知覺對象B，在迭次經驗中常相連接，於是此反應行動R，卽轉而直接對B而發。此交替反應之生，自其起原上言之，更顯見爲初非以實用爲目的者。因如A與B之性質不同，則對A作R之反應如爲對動物有利者，而對B作R之反應，儘可爲無利益或有害者。因而此反應，自利害觀點看，當爲不必須。R與A之相連，在初次經驗中，原有一自然的物理生理之因果關係。而R與B之相連，則初無自然的因果關係。R與B之相連之唯一媒介，唯是AB之在知覺中之同時呈現，而成一整體之知覺。唯因此整體知覺之存在，而後R乃不只連繫於A，且可連繫于B，以成交替反應。則動物之交替反應之所以產生之根據，即在知覺整體之特顯其重要性，與其反應之推擴至原來引生之刺激之外。此知覺整體之特顯其重要性，亦即知覺中之客觀對象之整體之特顯其重要性，動物之生命之更趨向於客觀化，而若對客觀對象之整體之有一置定。故只A現時，一方反應以R，同時如在預期B。而其反應之推擴至原來引起之刺激A之外，而移至與A同在一整體知覺中B，即表示動物行爲之有一不自覺的自動普遍化其反應於A外其他知覺對象B之自由，而見動物生命活動之更大的開展或開明。此亦即動物之心靈之初現。

二　動物心與人心

在動物之交替反應中，動物固表現一推擴轉移而普遍化其反應之自由。然此推擴轉移之事，恒爲此知覺整體所決定。如迭次經驗之知覺整體中A與B，不同時呈現，則R之反應不必能移至B。如在各次經驗知覺中，B一次與A同時呈現，一次與C同時呈現，A初所引起之反應爲R，C初所引起之反應爲P，R與P相異而AC之力相等，則動物對B作R之反應與作P之反應同樣可能，而可互相抵消。則動物此時卽可對B無顯出行爲之反應，而只有一知覺，爲潛在之互相抵消之R及P二可能反應行爲所拱戴。此卽成動物之純注意之現象。在此注意中，動物實同時不自覺的預期對對象之二種可能反應。如一知覺對象之整體，爲二知覺對象所合成，吾人對之皆不能有確定之反應行爲，或皆爲二相異之反應行爲所拱戴時，則此整體知覺之中之一知覺對象重現時，依經驗之再現之原則，應可引起其他知覺對象之重現，如交替反應之重現過去反應然。此卽爲聯想。又如當前之一整個知覺對象B本有二方面，一方面可引出R之反應，一方面可引起P之反應，則如B由二面並顯，而使動物生一無特定反應之注意後，而忽又只顯一面而隱其他一面時，則R與P之反應，卽將擇一而顯現。而當B更迭顯其二方面，則R、P反應，亦更迭顯出。在此如R及P之反應與此動物爲全無利害關係，則R及P之反應之更迭，卽顯爲純粹表現此動物之自動的生命活動之游戲活動。如小貓之玩球，卽見球之各方面之更迭而出，而亦更迭顯出其原先對球各方面出現時之反應方式之遊戲活動。唯如貓之玩球之諸反應方式，原所以對與球同時呈之他物者，則可謂其玩球時更迭而出之反應方式，乃更迭而出之交替反應耳。而人之依任意聯想而生之游思雜念亦可成爲交替反應或爲一種游戲，其理相同，思之自知。

吾人在動物世界中，可見有暫無反應行爲之知覺，如注意，以及初無實用目的之交替反應與游戲等。然吾人不能斷定其有「不待外物之直接刺激之知覺；而純由自覺的觀念引起之動作行爲」。

據動物心理學家言，動物於外物有所知覺後，亦能留意像，或由聯想而作夢。然吾人殊無證據，斷定其能自覺其意像觀念而依之以行爲。然人則能化其所望實現之意像觀念爲理想，而求其實現，因以發生行爲。此蓋自行爲上所看出的人與其他動物之大不同。人依自覺意像觀念以行爲，必先自覺其意像觀念之存在，並自覺此意象觀念實未實現——即自覺在知覺世界中無意像觀念所應合之對象存在——然後反省其過去對物有何種動作或動作之結合時，曾使知覺世界中有應合意像觀念之物存在；乃重現或組合一行爲，以實現出應合於意像觀念之物。而吾人今欲說明人心異於禽獸之心之特質，實當先自「人對能自覺意像觀念之自覺」如何可能，及「自覺的內心之意像觀念世界與知覺對象之世界之對待感」如何可能上看。

吾人對上述問題之答案爲：若人對所知覺之對象之反應，一一皆能着實際而有所把握，而感受一阻礙，以限制規定吾人之活動，則一切知覺對象皆指示一實在，吾人亦不能有無實在性之印象觀念之單獨呈現於心，而吾人對觀念意像之自覺，亦根本不可能。唯對若干知覺對象，吾人恆可對之作交替反應，同時復對之不能實際加以把握，而彼亦根本對我無所反應，以顯一對我之反應活動之限制規定之作用。此時吾人向彼之反應，即可全爲撲空。由此屢撲空，而吾人再見此知覺對象時，吾人即自收歛其反應活動，而只對之作純粹注意之知覺的觀照。吾人於此時，即有超吾人之行動之純知覺的對象世界之置定。此即吾人在於科學哲學與道德理性章所言之對象之注意之純粹認識興趣之出現。如小孩之捉月而不得，月卽成一純粹注意之知覺對象。然此中尙無內外二重的知覺世界與意像觀念世界之劃分。此劃分爲二，一由于吾人在知覺中又恆有種種自然的幻覺錯覺而來。因幻覺錯覺之知覺之內容，既與吾人往昔之其他正常知覺相似，則吾人卽可對之作同樣之反應動作。然對其他正常知覺之反應可引起一實在感——卽吾人可覺此知覺對象能反作用於吾人之動作，加以限制規定——而對幻覺錯覺之反應，不引起實在感——卽無此能限定規定吾人動作之反作用——吾人便能辨幻覺錯覺與正常知覺之不同，而劃分幻覺錯覺之世界與正常知覺之世界，並以前一世界只爲內心的意像觀念之世界，兼以與「能引起實在感之正常知覺對象」同時被知覺者，屬于一正常知覺之世界。

人之有內外二重世界之自覺的劃分，一由於幻覺錯覺之存在，一由於吾人亦能劃分吾人對實有外物之意像觀念，與對實有外物之純粹知覺。此事之所以可能，吾意初仍由吾人對某外物有知覺後，可再對之有一欲望，而有追求之把握之之反應活動。然當吾人把握追求之反應活動正進行時，此物可復逃走或被他物消滅。此中，以吾人把握追求之活動，原欲把握某物，而某物又先呈現爲吾人之純粹知覺對象，吾人遂先對此純粹知覺對象自身有一把握；於是當該物消滅不見時，此純粹知覺對象卽化爲一單純的意像觀念而被保持。吾人此時卽一方有一內在之意像觀念，一方亦希望此對象之再出現，而又覺此希望之無所得。此時卽亦有內在之意像觀念與對實有外物之知覺對象之劃分。此時之希望無所得，卽漸使支持希望之動作亦折回而收斂。此一收斂之動作，卽使吾人向外之知覺力亦折回而自照。即成對意像觀念之自覺。由此自覺而吾人有內在之意像觀念世界之肯定。而吾人之慾望受阻動作收歛之結果，遂使此動作中之生命衝動之流（或一串的身體生理變化之動向）還逆行折回，經腦至於動作所自生之感官（動作初起於感官感覺）或與感官頭腦接近之顏面，而有種種由失望而生之蹙額呻吟發哀號之純粹表情。（此所謂純粹表情乃指無實用目的之表情）

如吾人上列之說為不謬，吾將再試從事實上說明人心之如何進化而出，以使吾人之理想主義之理論，與進化論者之說有一協調。依進化論者之說，人之所以異於其他動物之生理基礎，在人之能直立，能有靈活之兩手。吾人將承認此實為人之異於禽獸並能自覺而依理想以動作行為之外緣。然吾人之解釋則不同一般之說。吾人以為人直立之最大效用，即在由人之直立，而人乃能自由望天空之日月星等。由人之手之靈活，人乃能隨時用手以作種種向外追求把握之反應活動。吾意人心之進化出，即由人之能直立而望天空，以開闢其視野，及人之善用手而對天空之日月星，及其他一切幻覺錯覺皆求試加以反應；由是而隨處發現：其反應動作之無用無效，而不與實在相接觸，其把握追求實在的外物之事，時在失敗之中。唯由此失敗之多，而純粹的意像觀念之世界及自覺此意像觀念之心，與實在知覺之世界之劃分，乃逐漸形成。蓋其失敗多，則其由欲望或交替反應而生之動作中之生命衝動之流，乃經常折回而收歛，以返於其所自生之感官頭腦，如上所述。于是表示人之向外要求之動物性之主要欲望——飲食之欲望——之口鼻，亦因而不只外凸以攝取食物，而向內退却，以與聲帶近，而利於發聲以表情。而純粹之表情之事，亦「動作中之生命衝動之流折回，返至其所自生」之所不可免。至人類最初之純粹表情，吾將臆測其多爲悲哀苦痛之情，而非歡愉之情。蓋唯苦痛悲哀之情，乃表示出自欲望與交替反應之動作中之生命衝動之流之折回，而使原始向外之生命衝動趨於柔和，此即使人知覺力亦折回內照，而使內心之意像世界與實在知覺世界之劃分成可能者。然人之最初之純粹表情亦非無歡愉之情。而此歡愉之情之來原，則吾臆測其由於手之靈活運用而恆有意外之獲得。由此意外之獲得，乃使本來準備發出之動作不須發出。而此動作中生命衝動之流，遂亦折回至此動作之所自生之頭腦感官，與感官頭腦相近之面目，以迸出之而爲笑。由人之多苦痛與悲哀之純粹表情而亦能笑，以撐開五官與其顏面，故人面上毛髮亦脫落最淨，而耳目口鼻可只爲無所爲而爲之純粹表情之用。人愈進化，則人之耳目益非復只爲觀看外界之工具，而由耳目中所顯之向外知覺力，即益趨於如上文所述之折回而內照，以增其所自覺之意像觀念，口鼻亦益非復只爲飲食攝取外物之器官，而更成爲利于吾人發聲表情者。由此而化出正式之語言，以使吾人心意外達之事，亦易矣。

吾人上論人之純粹表情之生命活動或生理活動，初乃反乎人之出自自然慾望或自然反應之生命活動者，因而初亦即無實用之目的者。人自然的生命活動，乃由感官頭腦之受刺激，而有知覺意像觀念，再引生向外之動作。純粹表情則是由潛在的向外動作之阻抑或多餘，而有折回逆行，以返至感官頭腦顏面，以擴散此動作之能而生。故純粹表情之活動，自主觀心理方面言之，乃反乎吾人最初之「由知覺印象觀念之引至動作」之勢，而逆之，以返至於此最初之知覺印象觀念者。純粹表情之活動，固可及於身體之全部，如手舞足蹈，或椎胸頓足。然要須自頭腦發至感官顏面之純粹表情開始，方及於全身。而此一切之純粹表情活動之自身，同爲無實用之意義，或實在之目的，而反乎人之一般的含實用目的之自然的向外動作者。人皆有一經驗：即吾人之內心之苦惱悲哀歡愉之情，皆由痛快之純粹表情而發洩，以歸於內心之平靜。有痛快之純粹表情後，原先引起吾人之動作之知覺意像觀念，即恆漸趨於淡忘，以前之向外動作時之緊張之筋肉反應，今亦皆鬆弛。此皆足證純粹表情之活動，乃「由自然慾望自然反應而生之向外動作之生命活動」之逆行，以自銷化之事。吾人由此即可說不夾帶實用目的之純粹表情之活動，乃人之自自然向外的生命活動有一解放或超拔之表現，幷促進人內在的生命境界之提高，以形成更大的開展或開明之生命活動者，同時亦即使吾人之自然的生命活動升爲精神性的生命活動者。

純粹表情之活動，所以能使吾人自然的生命活動升爲精神的生命活動，其關鍵在此種表情之生命活動，乃於自然的向外之生命活動之外，另顯出一全不同性質之向外活動。此向外之活動，吾人上已言其乃由自然向外之生命活動，返至其所自生之感官頭腦而逆行，以自銷化之事。此生命活動之逆行至感官頭腦，自主觀方面言之，即逆行至吾人最初之知覺印象觀念。故吾人之此表情之活動，自主觀方面言之，卽不僅其擴散表現吾人之自然生命之動作之能於外之事，同時亦卽擴散表現吾人心中之意像觀念於外之事。在此種表情時，吾人一方有表情之各身體顏面之活動，同時亦自覺所以引起吾人之此種表情之意像觀念，及各種情緒之自身，並直覺此三者之相貫注而不可分。此乃吾人皆自反省而可證明者。而吾人之此種表情之身體生理活動，顯於體外或體內者，又可復爲吾人知覺之所對，則吾人卽可自覺吾人內心之意像情感，于其向外擴散表現時，卽客觀化於吾人所知覺之吾人自己之身體之生理活動中。在吾人之整全之自覺中，吾人之內心之意像觀念、情緒，與其表現於我之身體之生理活動，三者旣貫通而不可分；吾人復直覺此第三者爲前二者之客觀化，於是吾人遂可由自知覺吾人之情之表於身體生理之活動者，以更引發吾人內心之情。此卽悲生哭而哭亦可轉而增悲之故。吾人不能謂哭必增悲。哭之本性實所以使悲自銷化。如哭必生悲，悲復生哭，則悲哭應永無止時。然吾人可以謂由人之能自知覺，亦恒自知覺其哭，則人之哭可增悲。而由此人之恒能自知覺其表現而增益其情，卽人之所以又能自保存其情而引生其情之故。此情之自保存自引生，亦卽貫注于情之內心之意像觀念之自保存自引生。吾人由自保存引生其情之可能，卽知人之自保存引生其意像觀念之可能。吾人由是可以論人之言語文字之最早之起原。

三　語言文字與人類文化之起原

言語文字之最早之起原，當爲表情時之發聲與身體動作。所發聲可自聞。而此身體動作之中，可包含以手畫出種種之痕跡形相於外界。如偶畫出一形相與吾人之印象觀念相似。然無論此畫出之痕跡形相與吾人之意像觀念相似與否，吾人皆可以此所發出之聲，畫出之痕跡形相，爲吾人之表情的身體生理活動之表現。而由後者之知覺，同可引生保存吾人原先之情，及貫於情中之意像觀念。故人在事過境遷之後，重見昔日表情所成之附於外界之痕跡形相，皆可多少重現吾人過去之情，及其中之意像觀念。情初由意像觀念生，故即使情已淡忘，意像觀念仍可再被引起。而他人如有一表情之活動，其所顯於外之聲音或身體動作之形態，身體動作所留之痕跡形相，若足使吾人生同一之知覺，吾人亦自然引生類似之情或意像觀念。於是吾人即可構成一「聲音形相與吾人之情緒意像觀念」之習慣的聯結，此即語言文字能對自己表義之原始。

又吾人當發出某聲或畫出某形相痕跡時，又常引起他人之某反應動作。此反應動作可與吾人對同一聲形之反應動作，爲相似或不相似。然無論相似與否，吾人皆可由某聲形與他人某一反應動作之相繼呈現，並爲吾人之所知覺，以構成一整體之知覺，而留下一整體之經驗。此中如復假定：吾人正因某一自然慾望，欲追求把持某物或欲排斥抵拒某物，而吾人之發出某一聲形，又可使他人有某一同類的或不同類的而可助吾人之慾望滿足之活動；則吾人下次再有同一之慾望時，即可依吾人前所謂重複有利之活動之原則，而將自然的重複發出同類之聲形，以引起他人之助我之活動。此即以言語文字命人之原始。此中再假定：吾人用以命人之語文所引起之他人之身體動作，即與吾人初自然的發出此語文時之身體動作爲同類，吾人又時賴表同一意義之語文與身體動作，以相互引發同類之動作；則此語文與身體動作，即有一公共的客觀的相同之意義之呈現。而吾人亦即可普遍化吾所自覺之「我所發語文之聲形，或我之身體之動作與爲其意義之我心中之觀念印象之連結」以了解他人；而於見他人發出同一語文之聲形或有同一身體動作時，置定其心中亦有同一之觀念印象相連結。此即吾人之理性之顯現爲他人之內心之世界之置定或建立者。此他心之建立，爲吾人所自覺，爲吾人之理性之一眞正之顯現。亦即吾人個體生命之限制性之眞正解放，而一往向前開展，求眞正之通達人我之社會生活精神生活之開始。由此他心之建立，於是吾人之發出語文時，能自覺是直向一超乎我之個體生命之另一個體生命之心或另一客觀存在之心而發。而諸一定語言與一定意義之聯結，即成爲吾人「能兼自覺他心與己心之超越心普遍心」所支持，而化爲吾人所自定之諸規律，如吾人第一章之所論矣。

吾人上文已將人之所以有純粹之知覺對象世界之成立，及內外二世界之二劃分，對內在之意像觀念之自覺——即內心之世界之自覺——超實用目的之表情活動，語言文字之產生，理性之顯爲對他心之存在之置定，及吾人之個體心之化爲超越普遍心之自然進化的根據，加以一綜貫的說明。而由此純粹知覺對象世界等之成立，吾人之一切精神活動文化活動，即皆逐漸由之而可能。而人類最早之社會文化活動，吾嘗臆測其爲羣居而以聲音相招呼表情合作之不自覺的社會道德之活動。人之羣居之開始，即爲父母子女之羣居。而人之直接以聲音相招呼表情合作之社會道德，首即與人之性本能結合，並加以超化，以顯爲家庭生活之形成。其次即爲顯於血族之社會之形成。而人於此時，復能本於自覺的觀念印象，以運用已成之物而改造之，以達其希望目的之事，此即對物製造活動或生產技術之始。

溯人之本自覺觀念印象以運用改造已成之物一事之所以可能，蓋初由於吾人既依本能欲望，以追求把握一爲知覺對象之某物，而復無所得時，吾人既暫超越此追求把握之活動，而純存此某物之觀念印象於內心之後，吾人復可有欲望之繼起；同時見當前環境有一物，吾人過去經驗中，復有於此物施以某動作，即可由之以得某物之經驗。於是吾人即順欲望之興起與某物之觀念意像仍存於心，而重施某一動作于此物。此即人之運用物改造物以其達希望目的之事。唯此事，猩猩猴子亦能之。尙非眞正人之製造物之原始活動。溯人之製造物之原始，蓋兼由「吾人有某種運用改造物之動作，嘗使一物成爲某形態之物」之自覺，存於吾人之心。於是在某形態之物之知覺，所成之觀念意像，以後因自然聯想而重現時，人即再依習慣之聯結，而重現吾人以前之如何運用改造物之動作，以使之成某形態之物。此方爲純粹的依觀念意像以製造物，以應合於吾人之觀念意像之始。此種原始之製造物之意識，初儘可同於動物之游戲，而無實用目的者。製造物之能滿足人之自然欲望之實用價値，可爲後再根據過去經驗所發現者。製造之活動與動物之游戲之不同，唯是此中之觀念意像爲先被自覺者，同時復當爲依吾人上段所言之無實用目的之表現情緒於外之活動，所推置於意識之前者。而此表現情緒之生命活動之自內將此觀念意像，推置於意識之前，有一將此觀念意像向外投下之勢。故吾人之重現吾人以前如何用物之動作以製造物，以應合於吾人之觀念意像時，自吾人主觀心理言之，卽爲實現此觀念意像於外。而此觀念意像卽顯爲一欲實現其自身於外之理想，幷領導吾人之製造物之活動者。而由吾人之製造物之活動之反爲吾人所知覺，並與此理想及外物之逐漸應合吾人理想之歷程，同時爲吾人所自覺；吾人遂復直覺吾人製造物之生命活動，爲「吾人表現理想而實現理想之向上心理或向上精神」之客觀化，或實際之表現。此卽精神理想主宰吾人之生命活動，幷主宰客觀物質世界之外物之生產技術意識之原始，亦卽藝術意識之原始。

生產技術之意識與藝術意識相分化而自覺顯出，唯在人製造物之活動復與一製造物可滿足吾人自然欲望之自覺相連，及人自覺的求製造物以滿足吾人自然欲望時。由社會道德意識與生產技術之活動之結合，卽人類經濟組織之原始。至於藝術意識之自覺顯出，則在製造物之意識所製造之物之形相之美爲吾人所自覺時。由美的意像之不以實物表現而以文字表現，此卽文學之原始。

至於吾人如自覺一關於他人之動作狀態之觀念意像而存之於心，並依之而生出望他人再有此動作狀態之理想，遂自覺的向人發出語言或命令，以使他人有此狀態之動作，此卽人之支配人命令人之政治意識之原始。而由他人之語言，以知他人之心他人所命於我時所懷之理想，並以之支配自己之行爲活動，卽政治上之服從命令擁戴領袖尊重公意，而共形成建立政治組織之原始。此支配人命令人與服從尊重人之意識，與形成建立政治組織之各種意識，乃人之一種社會道德意識，與人之權力欲相結合，而又逐漸加以超化之所形成。

吾人之自覺一關於他物或他人之觀念意像，先存於心，而不以實際動作使之實現，唯單純的將其推置於意識之前，而同時復相信客觀外在之世界之某處，已有實際事物與相應合，則爲純理智的判斷活動之原始，亦卽求眞的學術活動之原始。而吾人發現之判斷之內容與客觀事物內容之相應合而表現同一之理，卽眞理之意識之原始。說出此眞理，卽科學哲學之學術著作之原始。而在吾人于一特定觀念意像，加以自覺後，卽超越此一特定觀念意像之相，以及其他，並自由的如是如是超越，以注意任一知覺對象，或使此心姑存任一觀念意像而以之作判斷，或實際造一物與之相應合，或表現之於文字，卽學術研究或技術藝術文學創造之自由感之原始。而對於眞理之體驗，或對于眞判斷中的觀念與觀念的聯結之眞理價值之體驗，對於美之體驗，或對于意像之結合和諧之美的價值之體驗，卽純粹之學術文藝精神生活之原始。

復次，在吾人最原始之精神意識中，吾人雖有內外二世界之劃分。然外在之世界決非單純的形相之世界，或一物質之世界。在原始之精神意識中，已有一正常的知覺對象之世界，卽一具實在性而能對我之生命活動加以阻礙限制規定之外在世界。此外在世界包括吾人今日所謂人羣之世界，自然生命之世界，及物質之世界。吾人上已言，由他人之語言動作，可使吾人置定一他人之內心之世界之同於我之心者。而其他生物之身體之動作，亦可使吾人置定一其他生命之存在。然吾人將說明，依此原始意識之自然發展，卽可同時置定一切自然的天地萬物中，皆有生命或精神之存在。此卽宗敎之原始。吾人於此文篇首雖謂存在世界中之物質世界，爲非生命性非精神性的，然此乃唯是自現象上物與物之互相外在上言，其底子上是否依于一宇宙之大生命或大精神，吾人實未討論。吾人之意是，凡定然的一直斷定，其底子上必不依于大生命大精神者，除由吾人不免自私或自己隔離吾人之生命或精神於客觀外在之物質世界以外，亦實無更深之理由。然此問題，吾人今不討論。至於原始人之所以相信自然之天地萬物皆有生命精神，則可只由一種自然意識之發展，卽足說明。依人之自然意識上言，人在受外界之阻礙限制時，人固可只覺一非我之存在，而初可不斷定外界必爲生命或精神之存在。然吾人前言，當人受外界阻礙限制時，人之向外之生命衝動之流，卽自外折回逆行至人之頭腦感官，以表現其心中之情緒及意像觀念於外，此中人卽有「一方將此情緒與其中之意像觀念在其自身被銷化，而一方推置於外在世界之自然性向」。依此性向，人卽可視其初之有此情緒意像觀念，亦由外在世界之賦與，而能賦此生命性精神性之情緒意像觀念於我者，亦卽宜爲外在之生命或精神之存在。由是而其他外在力量之能減少吾人所感之爲阻礙限制之外在力量，而與人以其他之情緒意像觀念者，人亦視之爲一種更强大之外在生命精神之存在之力量。是皆可爲人已自覺其生命精神之存在之心，直接依一種自然理性而生之一直覺的推斷。夫然，故順原始人表情活動與其自覺的置定一生命精神之存在於外之性向，以實際置定一外在之生命或精神，於能爲吾人之阻礙限制或能減少此阻礙限制之客觀自然萬物中，而視之如神，對之冒出一宗教性之信仰，皆爲理所當有而宜有者。而由於語言文字之能引發人之行爲活動，與人直覺語言文字之有引動吾人生命精神之力量，即可直覺有一生命精神之力量之透過語言文字以達於我。於是吾人可覺每一語言文字之自身之後，亦若有一生命精神之存在支持之，而語言文字遂漸被視爲吾人所信之神所造，而吾人亦相信語言文字可使吾人之生命精神與神相交通。由此而爲表現人之精神活動文化活動之最重要之工具語言文字，即首與人之宗教意識相結合。語言文字之最早之大用，皆見於神之祈禱讚頌，與爲巫術之工具等之中。而人之精神活動文化活動，最早亦皆環繞人之宗教意識，與宗教中所用之語言文字之意義，而逐漸開出。

原始宗教之進化，與各種文化之漸脫離宗教而獨立，乃一事之二面。各種文化之漸脫離宗教而獨立，乃由於各種文化活動之分別被重視。各種文化活動之分別被重視，由其分別表現人之理性。而由人之理性之分別表現於各種文化活動，則原始宗教信仰中之自然萬物之神，即日益失其神性。如由人之生產技術藝術之活動，而自然物即日益爲吾人精神所主宰，而顯爲在吾人生命精神之下者。又由理智性的學術之活動，吾人遂日益能自現象上分別有精神之人與無精神之動物之差別，有生命之生物與無生命之無生物之差別。此皆爲自然物神之信仰之所以喪失之故。由是吾人對神之信仰，遂日益集中至吾人所不能控制主宰之自然物，如天地等，再進而只信一超越一切物質形相之天神上帝，而視之爲此現象世界未生起之先之創造者，或彌綸於現象世界之間存在於現象世界之後之內在的絕對精神。如此之神，即爲吾人純淨之精神自我超越自我之客觀化，亦純宗教意識之對象。吾人之宗教進化至能信如此之神，則成吾人前所論之高級宗教矣。

由吾人以上所論人類文化之起原，即知人類文化中之家庭、生產技術、政治組織、藝術、文學、學術、宗教之生活，皆爲依人之有內、外在世界等劃分之意識，及人之羣居與生命精神之表現要求等，所必然產生者。至於體育、軍事、法律、教育則唯所以保護此諸文化，亦內在於此諸文化之中者，今更不分別論其起原。

四　總論自然宇宙之存在人與其文化活動在自然宇宙之地位

人類文化如何產生，及人心之所自生，由歷史起原觀之，亦可說爲自然進化之所形成。然吾人仍將反對自然主義或唯物主義之論，並將力求不失吾人理想主義之立場，以再一總結上文之所論，而明所謂自然宇宙之諸存在及人心人文之出現於自然宇宙之眞實涵義。原吾人上文論自然之最重要一義，卽自然宇宙之存在之變化歷程，皆在其自己超越中顯示普遍理性而得成就。吾人雖曾于本章之始分別論物質世界與生命精神世界之存在，然會通上文所言以觀，吾人將不難看出貫於自然宇宙中者，實自始爲一超越物質世界或使物質世界自己超越之原理或道或生命精神在不斷顯現。物質世界之物體，自現象上看來，固互相外在而並立於時空中。然其互相外在之中，仍有能力作用之互相影響貫通而散發。物體之能力作用散發而物之質日以少，由有形而無形。則物體之以能力作用互相影響貫通，卽物體之自超化其物質性，由有形而超形，由形下而達形上之事，亦由多而融會爲一之事也。吾人如合所謂物質世界之互相影響之能力作用之全量，及其在無限時空中全體變化歷程而觀之，則不難看出一切物體皆如通而爲一「卽有形而無形，卽無形而有形之超物質而只有生生不息之幾之形上實體或形上之宇宙生命精神之顯示」。原吾人所謂生物之生命活動之特徵，卽在其能互相貫通而互相支持。人類心靈精神之特徵，卽在其能將顯於所謂客觀界者，加以選擇納之於主觀，兼將呈於主觀界者表現之於客觀界。人心之選擇也必有所捨，卽不形其客觀界初之所形。而其表現也，卽能形客觀界之所不形。則卽此所謂無限時空中之物質全體之一切變化歷程之互相貫通而互相支持以觀之，卽似一大生命也。而就其吐納萬形，使形者不形，不形者形而觀之，卽似一大心靈，大精神也。吾人如尅就此整個時空世界之各特殊物體，並立而觀之，則每一特殊之物體，誠皆是與他物體互相外在而對峙，宛若以其質力相抗，互不相知，亦不知其所依之宇宙之大全，其所具之質力之所自來，而唯恃之以顯形。顯形即耗力，形愈顯而力愈散，質亦毀，乃返其所自生。是見力質者，宇宙形上實體之生生之幾之運於「特定之形之相繼以生」之假名也。此特定之形所以成就各物體之個體性。形上實體之生生之幾，於此如姑自限於此特定之形中，而既竭其使形生生之事，終乃卷此形而納諸其懷以歸於無形，此天命流行之神妙而不測者也。

然自然世界中，有生物焉，既具一定之形以生，而又欲固執其形以求其相續顯現，而生保存身體之要求，延續種族之意志。其固執之事，乃天下之大愚大惑，亦天下之大私。然此大私大愚大惑之要求意志，亦依於一普遍化此形之自然理性而生。此其相續固執之事之得成，仍依於一相續生此形以實現自然理性之內在的生生不已之幾。唯此內在的生生不已之幾，直承形上實體而發者，又恒洋溢於此形之外。而有此形之生物，與有形之他物之相感，亦有自開拓其形之限制，以發展其生命形式之理。此理運於形形之更迭之中，而宇宙生生之幾亦順此理之所往，以充實彌綸於生物之發展進化歷程中，顯於生物之不斷適應環境，而變化其形之事之中。此生物進化之原理，生命世界之所由以開闢之大道也。

夫生物進化之原理，與生命世界之所由以開闢之大道無他，即不斷超越其與其外之他物之互相外在，互相對峙而互相阻隔之無明是也。植物之枝葉扶疏於天，根鬚四貫於地，未嘗無求破除其與其外他物之阻隔之事也。唯其上下向外生長，而定置一地，其中心之點若不動，則爲其生命之膠結而不能自解者。動物之運動知覺乃此膠結之自解之始。動物之依各種本能活動所生，對自然事物之因果線索之直覺，隨所遇而生發，乃能事未至而備之在先，此其生命之光輝，透入外在世界之事變之流，而先照之以求自處，以成就其生命之保存發展之事者也。然其本能之直覺之光輝，透入因果之線索，亦自陷於其中。其本能之反應，隨光輝所及而生者，皆環節天成，儼如機括，如前所述。故生命世界之開闢，不得不賴於能提出此「透入自然因果線索之光輝」，以照自然之表面形相之流變之知覺。形相至而應之以知覺，初唯所以開明生命者。而對此知覺之反應之適合與否及利與害之經驗，復有助于生命之其他活動之保存與發展。蓋反應之利害之機見，則取捨之事成。取其反應之有利者以對同樣之境而重複之普遍化之，此自然理性之運於利用經驗中者，皆高級動物於本能以外，由生命之開明，所另創之適應環境以求生存之一道也。至於交替反應生而整體知覺成，則生命之自超其個體，而注目於客觀外在世界之初機。其自動的順知覺對象之在整體中之形相關聯，以生起反應，亦即不自覺的爲整體知覺對象之形相關聯間之理所引導，以在原初之刺激與反應自然連結之外，另創其反應與純粹知覺對象之連結之道也。吾人昔又嘗謂：二種反應同對一知覺對象而皆可能，則知覺對象被拱戴而注意生。交替反應生，而恒無所實用，乃自由游戲之活動所自始。又謂人向知覺對象之反應撲空，人之知覺力遂置定一純粹知覺對象之世界。如「知覺對象間之聯結」得保存，而現其一卽現其二，則自然心理之聯想生。又反應或撲空而或否，知覺對象實幻之分遂見，內外之世界遂別。對一實在之知覺對象既有欲望，對象忽不見，而對對象之把握未消，則意像猶存，而心懷希望。及欲望之動作之終無所用，希望無所得，而心知反自收斂，則自覺其印象觀念之事成。動作無所用希望無所得，而生命之衝動折回逆行，乃顯爲失望之純粹表情之不容已。生命衝動之折回逆行，而表情卽憑藉感官之自身，以及於顏面與身體。而此種表情之際，亦同時將與情緒相連之印象觀念表之而出，以歸於銷化。唯此種表情之身體生理之活動，顯於體外或體內者，復可爲吾人所知覺，此知覺復可引生吾人之情，而情有自生起之勢。至表情之活動之見於聲音與手之動作之所畫出者，復引動吾人之情及與情相連之意像觀念，以至吾人以往表情之動作，使之復蘇；卽文字語言之所以有對自己自命之意義。而文字語言之能引起他人之表情動作，卽文字語言之所以有能命人之意義。語言文字之可爲人我所同發出寫出，而引起同類之動作，卽語言文字之所以有公共意義，而漸化爲約定俗成之語言文字者也。語言文字有公共意義，人可隨同一語言而有同類動作，而吾人可卽他人之語言文字或他人之動作，以直接置定他心之有某觀念。由是而有他心之建立，兼有自覺己心與他心之超越心普遍心之冒出，人類之社會道德卽由茲以生矣。直接依語言之招呼與合作，表現人之社會道德性所成人之共同生活，卽家庭生活也。

至於吾人之既能自覺其觀念印象之後，乃依其對某物之觀念意像，以重現吾人對環境中他物之活動以造某物，即吾人之依自覺理想以製造物之開始，亦精神主宰外界之意識之開始，而爲生產技術與藝術之起原。有共同之生產活動，而社會經濟成。有文字之表現美的意像，以代實物所表現之美的意像，而文學成。以言語文字命人，以他人言語文字自命，而政治活動起。吾人之生命精神活動受限制阻礙，遂置定一客觀外界之生命精神之存在，即宗教之肇始；而語文之大用，首連繫於宗教。故人類文化皆若始自宗教，人類文化活動之分別發達，而自然物之神性去，宗教之進化乃歸於信純淨之絕對精神，以顯吾人超越自我之本身。

由上文所論，是知人類文化活動之所自生，誠深植根於自然與宇宙之形上實體生命精神，實皆由自然之事物之在進化歷程中不斷自己超越而最後乃顯出者。夫自然之事物之進化，如果是先由無生物後有植物，再有動物，有人心與其文化，則此進化之歷程，正是由物體之相外在而變化無常，超越至植物生命之有常而據一點，以四達其生命；由植物之生命之膠結，而超越至動物之本能直覺光輝之外透；由動物之依本能以求生存，超越至依經驗以生存，再由經驗中刺激反應之連結之開解，而超越至交替之反應之生起；人則由動物經驗之無內外之分別，超越至有內外界劃分，而歸于人之自覺其別于自然，並以其精神理想主宰自然。夫自然之進化，必進化至人之自覺其精神理想能主宰自然，而別人與自然。即見自然進化之意義，即在自置定其自身於精神或人之下。而自然能進化出在其上之精神或人，則自然之本性，即一超越自然以拱出精神或人者可知。而自然之本性，亦即一超自然而同於精神之本性人之本性者可知。是眞能進化出精神或人之存在而爲其根據與理由之自然，即有精神性人性之自然也。人之精神性或人性之表現爲人文世界之成就，既已顯其爲日進無疆，而前途尚未可限者；則爲人之精神性或人性與人文世界之日進無疆，以趨於無限之根原者，非一無限之精神存在莫屬。則眞能進化出精神或人之存在而有精神性人性之自然，若果爲存在者，則亦不能不爲一無限之精神存在也。唯此尚唯是推理之所必至而未有所實證，則尚不能滿足吾人之要求。若言實證，則必須實證之於個人之精神之內。故此無限之精神，又必須爲內在于任一人之精神之中者。此實證吾人將以爲最後應求之于個人宗教之信仰與道德之實踐之中。然吾人誠知人之一切文化活動，皆吾人之道德活動之一表現型態，則亦無往而不可實證矣。

吾人如何而可由吾人各種文化活動中，實證或實見吾人之具一無限精神，於吾人之內部？此要在確知吾人之一切文化活動，皆初不受自然之本能欲望交替反應與聯想等自然心理之決定，而恒依於一精神理想以生，即恒反顯一「超越自然的本能欲望等，以涵蓋的理性化吾人之自然欲望等」之超越的精神自我或本心之存在；即一「超越吾人個體自我，而涵蓋他人自我及一切生物或物體」之超越的精神自我或本心之存在。吾人全書之宗旨，亦即唯說明此一事。如總括而論之，則人之家庭生活之本性，即超越涵蓋人之性本能者也。人之生產技術活動社會經濟之本性，即超越涵蓋人之求食利用物體以謀生存之本能者也。人之政治活動之本性，即超越涵蓋人之求權力之本能者也。人之學術活動者，見人之無私的探求宇宙之萬物人生之眞理，而充塞彌綸於一切眞理之世界之精神者也。人之藝術文學之活動者，見人之無私的表現宇宙萬物人生中之至美，而昭明煥發彼至美之世界之精神者也。人之宗教活動者，皈依宇宙萬物人生中之至神，以超升現實世界之苦痛醜僞罪惡，而光榮理想世界之眞美善者也。人之道德活動者，實現吾人之理想世界中之眞美善於吾人之自身，以完成吾人之人格，並由吾人之人格以散佈理想世界之光輝，與吾人之道德自我精神自我之光輝，於現實世界，以使現實世界成理想世界，成吾人之超越的道德自我、精神自我或神之具體的客觀表現者也，此卽皆依於吾人之超越的精神自我之不自限而無限之精神而生之文化，而皆可由之以直透宇宙之形上本源者。

夫人以外之自然世界之萬物，非不表現眞理與美善也。然此眞美善皆未嘗被自覺。今試析論之。夫眞理爲萬物之所依以成，人以外之萬物之發展變化與求生命之保存延續，必依乎理而動乎理，卽表現眞理。然人外之萬物明無能自覺此理者。復次，人外之萬物，如生物，其與物之感應，有所別擇。其所樂感之物之力之形，與感應之之時所表之態，恆相對映而和諧，以內外配合，卽其感應蓋明似動乎美。生物所樂之感應，莫過于雌雄之悅愛，尤似動乎美者也。然彼等不能截斷感應間之緊接之連鎖，以觀照所感之他物之形，亦分明不能自覺其應之之態，則其所感之形之聚合與感應間之配合之美等，皆不爲其所眞知。人以外之萬物，如高級生物，其代代之相續以生，蜂蟻有同類之相扶持，哺乳動物有母子之親，固明有其善者之表現。然彼等終缺一他我他心或他生命個體之獨立存在之自覺，因而亦不能自覺的透入他我、他心、他生命個體，以致其同情。則他生命個體之生生之善仍不爲其所知，亦不能自知其自己之生生之善。此諸生物，徒盡其所賦於天之生生之理，以變化發展，以生存延續，以感他物之力或形相，以作種種活動，而顯形相於他物。而求避其所惡而得其所愛，以未避所惡而苦，以得所愛而樂，若以其所樂，爲其所善，以其所苦，爲其所惡。則萬物之善乃互爲外在，而不相知，而共處之善不見。於是相與對峙或敵對鬥爭以權力相壓之意生，而不免于相殺。夫然，故人外之物雖日行於眞美善之世界，亦日以表現眞理美形，以生、以動、以得其所善爲事，而眞美善之世界乃若未嘗對彼爲存在而長掩於無明之幕下，此可悲也。至人之異於其他萬物者，卽在其能由超越個體自我之限制，而秉自覺自心與他心之一念，以揭破此無明，而體驗此自然世界已表現之眞美善，並探求自然世界未表現之眞美善，而呈現昭露之於其自心，以爲其心之理想境，而再求表現或實現之於自然。故人能求生存而求識外物之眞理，男女相悅而知其美，共同生活而知互樂共樂爲善；乃進而求超乎爲生存之實用目的以上之眞理，超乎男女相悅中之美情，超乎共同生活之小羣之善而及於大羣之善，並以對神對天心之崇敬皈依，自化其敵視而壓倒他人他物之傲慢心與權力欲，以養其謙遜慈悲之心，以勤觀勤求無盡之眞美善與神聖。夫然，故天地萬物所表現之眞美善，皆若于人得其知己。萬物之勤力於表現之而未嘗知之之憾，人可爲之補，萬物乃不爲虛生。萬物未表現而只在天心中之眞美善，亦不得長寂寞以終古，天心乃得所慰藉。人道遂由此尊，羣治遂由此安。溯人之一切求眞美善之文化活動所自生，皆見人之有一超越個體之精神自我，主宰乎人心，恒卽自然而能超自然，以顯其自我之全體大用於自然世界之裁成與人文世界之建立。至於人文世界中、體育、軍事、法律、敎育之文化，則在保人文世界之自身。軍事所以保人羣，體育所以强其身，法律維持社會之秩序與個人之自由，敎育綿延文化而普被之。强身之事通乎求生存。保羣之事，始於保家庭宗族。法律以輔政治而均權，以制裁人好利而貪，好色而淫，與人之權力欲，傲慢心。法律本人之希利避害之心，以實際之賞罰使人不敢爲非義，是秉以人之自然本能欲望，制其本能欲望之道也。敎育之綿延文化而普被之，而重在以學術藝術道德宗敎之陶養，正面的啓迪人之善心。是純以超自然本能欲望之文化化其本能欲望之道也。體育法律之道方，而通乎學術；軍事敎育之道圓，而近乎藝術。法律所立者人間律，學術所硏究者宇宙之律。藝術者，依理想以型範自然之事，敎育者依理想以型範人格之事。體育者依運動律以訓練身體之事，軍事者本對自己民族文化之美好處之愛，以去其敵害之者，而昭顯其美好於光榮之勝利之事。人如果能和平相處，則軍事之文化可同化於體育，而唯以自强。人如皆能自動守法，則法律之賞罰可廢，而立法律之事皆同於敎育。是此四種保護文化之文化，亦皆可涵之於前所論之各種文化之意識中，同可以見人文世界之補足自然世界所不足，人之文化意識之旣超越于人之自然生命欲望，而又可涵蓋之以規範之條理之，以使之表現價值者。而亦與其他文化活動互相補足，互相引生，互相貫通，互相限制規定，而又並行不悖，合以成一整全有機之文化生命之實體以矗立於自然世界之上者也。

五　人類文化之興亡之故

吾人上文之尊人類精神活動，文化活動在宇宙中價值地位，可謂至矣。然此中有問題焉，卽人類精神及人類文化在宇宙中之最後命運如何是也。人類文化果永日進無疆而不毀乎？抑終將崩壞而湮沒以不彰耶？其所以崩壞之根本理由在自然耶？抑在人類精神文化之自身耶？吾人果有加以補救之道，使之歷萬劫而不毀之道耶？如其果能不毀，則何以過去有無數民族之文化，如希臘、巴比侖、埃及、羅馬民族之文化，皆消逝於世界？如往者可毀，則今日如歐洲中國印度之文化，又何不可毀？或亦將歸於毀耶？一切特殊之文化皆可毀，則整個人類文化又何不可毀乎？又其毀也，果卽無價值乎？抑有其當毀之理，而不毀反不足見宇宙之正義乎？則無價值文化之苟存苟生者，尚不如有價值之文化之成於其彰顯價值於天地之時，後毀於其弊之既見者矣？此皆人類文化之形上學之大問題，吾書不能有詳盡之討論，然不得不有一近乎獨斷之答案。

吾人之答案唯何？曰凡一切特殊有限之物，皆本無不毀。然如有限之物而能眞自覺的體無限之精神於其自身，則無能毀之者。故將人類文化視作一特殊有限之物，而置定之於宇宙以觀之，則無一民族之文化不可毀，而人類與其文化之在宇宙，亦終不免於毀。然因人復能自覺的體無限之精神，則人類可不毀，文化可不毀，吾人亦當力求其不毀。唯此力求其不毀之精神，不能只爲少數個人之精神所具，至少必須此少數個人之力，可以阻彼文化崩壞之力，而後文化乃可不毀。如少數個人之力，不足阻文化崩壞之力，勢已成而不可挽，則亦終歸於毀。此無可奈何者也。至于文化崩壞之故，吾人將同情斯賓格勒之論，謂其主要原因在人類文化精神自身之墮落，而不在其外之自然。人類文化精神自身之墮落，即其罪。罪大而毀，則毀之價值亦可高於存在。吾人此處之觀點，實同情於西方宗教中之罪惡招致毀滅之論，與黑格耳歷史哲學中所謂毀滅亦表現價值之論。唯吾人以爲人之文化精神之墮落，乃由於文化進化之中，人之精神之負担之增重。故此墮落之勢之成，乃由於錯綜之因緣，而不純由墮落時代之個人精神，不如前代人。故吾人對墮落時代之人之精神不能過於苛責，而墮落時代之人之個人人格之價值，仍不必低於文化興盛時代之人。人之遭遇墮落之時代，與人類文化之自然有趨於墮落之時代，乃人生之悲劇，吾人於此當致其同情。而文化之墮落，終招致毀滅，則宇宙所以滌除湔洗人之罪惡之一道，使人類精神得救於永恒之世界，其本身並不純爲悲劇，而亦爲喜劇。此天地之不與聖人同憂也。唯吾人如生於某一文化之中，則雖明知其罪惡已成，吾人仍當力求其長存不毀，而挽之以上升，此乃個人之所以自盡其道。而吾人亦不能臆斷社會人心必無一旦昭蘇以共挽此頹勢之理。而果吾人皆能明於文化興亡之故，而致其所以興，避其所以亡，則文化之永存，亦即爲當然與必然之事。如人竟不能明其文化之興亡之故，而致其所以興，避其所以亡，則民族文化固可毁，人類文化亦可毁，而宇宙仍當另出現其他之有精神活動、文化活動之存在。彼雖可不名爲人類，而其有精神文化活動之本性，仍當同於人類。則人類雖毁而仍不毁。至於個人之精神之眞能向上者，則其功皆不唐捐，而將有助於其魂靈之超升，並裨益未來世界之羣生。宇宙一切人之有價值之人格精神，無不被保存於天地。然亦唯力求現實世界之文化之保存與進步者之人格精神，爲眞有價值。此即人之所以可於任何危難之世，皆有所以自慰，而亦當有以自奮者。此君子之樂天知命故不憂，而唯念念在立命以與天爭順逆者也。

吾人對此獨斷之結論，不能一一明言其故，讀者能信則信，不信則疑，而幸勿輕斷。吾人以下唯將一說明文化興亡之心理基礎，明白文化之發展何以復有趨於墮落之勢，及其可以加以挽救之理，與挽救之之方。

夫人類文化之所以興，唯在精神之向上。當人精神向上之時，則合理性之理想昭顯於心，充乎內以求形於外。以其自己生命唯是一精神，則視他人之生命亦充滿精神，而敬之以禮，接之以誠。又以其生命精神恆洋溢於整個之自然世界，乃視自然亦爲生命精神之流行之境界，而天地萬物之中，遂若有神靈主宰于其中。鬼神之爲德也，洋洋乎如在其上，如在其左右，敬信之心，乃不容已。

此人類原始之宗教文化也。夫人類原始之宗教文化之中，固夾雜種種之迷信，人智尚未能自進於高明。然人與人及神相遇之禮與誠及敬信之心，其顯於樸質肫摯之情，篤實厚重之貌，誠悃敦篤之行者，皆文化日進之人所不可及。逮乎人智日進，七竅鑿而混沌死，純樸破而玉生輝，固理之所當有，勢之所不免。神靈日自退出於自然之外而益尊，自然亦益屈居於人下。天地開，而人乃頂天立地於其間，各種文化活動皆離宗教而各發展其自身，以成人文之世界之疊疊。三才之分，政教禮樂之別，皆智照之明既作，所立之宇宙人生之大義，而其間自有一周流貫通之精神，行於人文世界之開展之中，爲濟彼人文世界中之義道之仁道。此時天人分而不離，道術散而未裂。人文之枝葉扶疏，而人之生命精神之本榦，足以持載之。文化中之元氣之生生不息，充實飽滿之文化理想之生生不息，使人皆自然努力於文化之創造，而不重文化之享受，其享受亦皆所以助其創造精神之發抒。則文化之興盛之時代也。吾人本書全部所分析之人之文化意識，亦皆偏重顯示人之文化意識中之向上創造精神。其說明人文世界之所以成立之精神意識之基礎，亦即所以說明文化之興盛之精神意識基礎也。

然吾人亦非不知人之文化積累，即有一致文化精神墮落之趨向，潛存其間。其關鍵即在人之對文化成果之享受之精神意識之孳生，而日益掩蔽其創造精神。吾人所謂文化之享受，非只指物質文化生活之享受而言，亦指精神文化生活之享受而言。吾人意謂一切只被動的接受一種文化之成果之意識，皆爲享受之意識。享受之本身非必壞，亦恒爲創造之事不可少之憑藉。然享受精神過於創造精神，則爲一切文化墮落之本。吾人論文化，不可不知文化活動與其成果之分。求眞理，求美求善等爲文化活動。而已成之紀載知識之書籍，藝術作品，宗教儀式，由生產技術活動與經濟活動所成之財富之累積，政治中個人已得之地位名譽，社會國家之平治與安定，法律中之確定之法制，道德中之禮儀之形式，道德生活之習慣，體育活動所得之健康與壽命之延長，軍事所致之國力之强盛，與教育之教材之富，學校之多，皆人類文化之成果，而可供後人之享受者也。當文化發達文明日盛，而普及愈廣之後，大多數人之對文化之享受精神，恒有强過少數人對文化之創造精神之勢。因國富、兵强，社會政治之平治與安定，法制、禮儀之建立，道德生活習慣之確定，與書籍著述及藝術作品之已成者之多，皆可使人生下地，即已有文化文明之成果先在，以供其需要時之取用。而人之應用此文化之成果，恆不須賴一創造之智慧，而只賴一辨別何者可滿足其需要之智力，或運用巧便之方，以獲得社會文化文明之享受之智力。世界中之思想家教育家政治家與家庭中之父母，亦恒隨新生之人之所需，而爲之擇已往文化成果中之所有，以應其所需，或迫新生之人接受其所視爲善之文化成果。此其動機皆不得謂爲不善，而亦表現思想家教育家政治家及父母之道德理性者。然此後代所生之人，能不經困難，不與阻礙奮鬥，而得其所需，即足以使後代之人，覺創造精神爲不必需。而前代之人所視爲善者，又未必與後代之人之精神上之要求相應。于是前代人之好意，即或成阻礙後代人之創造精神之發抒而壓服之於無形者，同時使後代之人接受前代之人之所善，徒爲接受其表面之形式者。

又當文化日益發達之時，本於分工之勢，人恒各有其所從事之文化活動，而分別貢獻其精神于不同之文化領域。於是人所以教其子孫或學生或他人者，皆視其所習以定其所善。人之精神不易相知，而易相知者，唯是人各種精神之表現于言語文字物質世界或身體之動作者。如後代之人不能透入前人之精神，則亦將唯習得其言語文字或身體動作之儀式，而以取得各種文化器物，如藝術品等，而佔有之，以代對前人之精神之承繼。而文化既發達之後，精神之表現於物質世界身體之動作，與語言文字者日多，後代之人接於耳目而應之不暇，亦勢不能一一發見其精神之意義。於是文化之發達，雖使人襲得之文化活動之外表之形式愈多，吐辭愈能嫻雅，行動愈能遵禮法，金玉愈能滿于堂，書畫文籍愈盈於私人之家與公共之圖書館；而人之精神之內容，實日益貧乏，創造精神日以衰，而享受亦漸成非能契合於文化精神內容之享受。蓋契合於文化精神內容之享受，亦多少須一創造性的理解，而潛依於一創造精神也。此創造精神之衰退，文化之傳播只爲文化形式之襲取，與文化內容精神之喪失，卽文化衰落之始。而此衰落之勢所以成之故，皆唯是順文化發達，利用方便，而精神之表現於外者之多，其勢之不得不然，以促成之者也。

然眞正人之文化精神之墮落，而使文化崩壞之故，尙有進於上所言者。上所言之文化之衰落，不過人之精神之唯知襲取文化之形式，而使人之文化活動之相續，成爲社會習氣之流傳，或一人與人間之互相交替反應之類耳。眞正人之文化之精神之墮落，乃始於文化既分門別類而發達，人既各有其所習之文化活動之後，一方自見其文化活動之價值，欲普遍化此文化活動於社會，一方又抹殺其他人之文化活動之價值。夫個人或社會之文化活動，固恒不免有所偏重。此偏重亦可表現一向上精神，如西方希臘文化之尙科學藝術，中世之尙宗教，近世之尙科學及各種文化，與牛頓長科學，歌德長文藝，皆各表現向上精神也。然當創造之時代，則一人之向上精神偏重於此，正可使他人之向上精神偏重於其他，以互相引發而增上。至當人偏重一種文化活動之價值，而抹殺其他文化活動之價值時，如中世基督教後期之殘害異端與箝制科學，則精神之墮落，而世衰之徵也。大率當世衰之際，人皆恒不免蔽於所習，而抹殺他人之他種文化活動之價值。此卽一摧殘文化之動機。此動機之初起，蓋亦由於上述文化既發達之後，人與人精神不易相知而來。因他人不我知，故亢舉其心以高自位置。因我不知他人，故易於對他人加以鄙睨抹殺，此尙可諒者。然當人各亢舉其心以相鄙睨抹殺之際，則人之權力欲，卽易順之而孳生。由權力欲之孳生，而支持吾人之亢舉之氣，以鄙睨抹殺他人，堅執一己之必是，而謂人之必非，則有學術文化之意見意氣之爭。此意氣意見之爭，卽使各人自視其精神爲一中心，而與他人之精神互外之始，亦卽文化崩裂之機之初動。此意見意氣之爭，初蓋多表現於宗教、學術、文學、藝術、及社會道德標準之純粹文化之範圍。而由此意氣意見之爭，轉進一步，卽入社會政治之範圍。此卽首表現於爭名，次爲爭位，次爲爭權，次爲爭勢，次爲爭利爭財富，次爲爭武力之以求財富權勢。名、位、權、勢、財富、武力本身非必壞。如依於人類之眞善美之文化理想，社會政治經濟中之正當目標，而求之者，皆非必不可。人之尊名位權勢之動機，如秉受人之自然之理性之主宰，皆可引人之精神上升。如吾人在論政治經濟中所論。然單純之爭意氣爭名位權勢，皆畢竟爲一罪過之事，將終於歸於人與人相殺也。

爭名者爭社會之一同情，亦卽爭他人之以有價値名詞加於我。而我卽由他人之施此名於我，以知他人之精神對我有一嚮往。嘗美名聲聚集於我，而我之實未必與相符，卽還加以把握佔有，以得一權力慾之滿足，此卽一罪過之意識。唯爭名之心，尙可與勉力爲善以符實之誠心相結合而求實，則又誠爲一可免爭名之罪過者。又人至少須作稍有價値之事，以副人之望，乃能邀名。苟能久假不歸，亦可歸於精神之向上。

至于爭位，則位爲社會之一常名，爲可尊之人所居。無居其位之實而有爭位之心，乃欲由得位而得名。（此章所謂位乃已公認之社會政治組織中名位，畧同英文所謂 Rank。此與第四章論政治與國家及道德理性前三節所謂權位、勢位、德位、才位重在高下等級之義，畧同于英文 Degree 者有異。）因位與可尊、當尊、必被尊之義連，故人恒可得位以得名。得位後人可再無所事事，唯恃他人尊某位之習慣的心理，或尊曾居某位之人之交替反應，以得名。則無實而爭位之意識，恒較爭名之意識爲尤低之意識。因其與一懶惰心相連，而唯利用社會之習慣心理交替反應，尙不似爭名者之必有所勤力，而求人之精神之嚮往我而譽我也。

至於爭權之心，則直接爲發洩權力欲，以支配人之心。權與勢相連，有權則有勢。然權乃自上至下之所施，勢乃自下覩上之所見。下覩上之施權，則其權未施，已覺其將施而先自懾服。爭權者欲居高以施權，其精神尙可有一超臨氣象。爭勢者則意在使人先自懾服於下，則不敬人亦最不自敬者莫如爭勢。夫爭名尙須爲有價値之事，求位於一人或羣衆，皆可出之以奉諛之言行，（此卽與人以名以爭位），則不須爲有價値之事。至求權勢，則可由先竊位以弄權，亦可唯恃自己之財力武力，使人生羨而畏勢。羨畏皆可使人精神抑下，而先屈服於我前，甘受我之役使，而足我之權力欲。故無實而爭權勢，而唯恃財富武力之炫耀，以顯其權勢之大者，乃不敬人亦不自敬之尤。

上所言之爭意氣者猶多君子，自爭名爭權以降，則皆小人。君子道消，小人道長，而社會文化風俗之敗壞；乃至唯見爭財富武力，以得個人之權勢者之聞名於世，則社會眞正崩壞之始。彼爭財富武力以得權勢之小人，其人格精神，乃全下沉於自然欲望或權力欲之中。人類所創造之文化成果到此，至多成爲其用以滿足其自然欲望或權力欲之工具，如藉禮法以爲束縛人民之方；以文藝爲麻醉之具，以哲學理論爲戰伐之辭令。唯彼小人之大利，乃利在社會一般人之唯知好利而畏威。亦可謂利在人人之只成一求生存之動物，或只知享受物質文化之成果之存在，而後彼可恃其財力與武力，以鞭笞天下。社會至只有爭權勢之人橫行於世，及人皆只知好利而畏威之時，則人同於禽獸之只有飲食男女與憤怒恐懼之本能者。人沒其本性之良，否定善以成不善，故其罪尤甚于禽獸。此時人爭權力者，求眞善美之無限之精神，全歸隱蔽，其無限理性之潛存於心者，遂唯知推擴權力欲或其他欲望，使之成無限之貪嗔。人與人之貪嗔又相反而相尅，於是人與人不能不歸於相殺而大亂起。唯自另一面言之，人與人之相殺，可以銷除人文世界之墮落時代之罪惡，亦爲已物化之人，刺激其生命之活氣之唯一道路。因唯由此相殺，人可知現實之生存之無保障，而有超越現實生存之理想之興起，亦使人之相互放射之權力欲，由互相否定以折回，乃再求肯定人與我之獨立，更有文化精神之興起。故此相殺，亦有其客觀之價値。然一民族亦可不俟其精神墮落至相殺之階段，已因其內部之分崩離析之勢已成，而見毀於異族，此卽希臘羅馬之所以滅亡之故。一民族亦可於尙有創發與發之精神時，遇一力量更大之民族與之戰而被消滅，如迦太基之滅於羅馬。一民族亦可以人口生殖繁而遇天災；一般人求生存艱難之故，遂促進人之殘殺意志，以供野心家之利用。然吾人以爲縱無此一切外在之原因，而順人之文化之自然之發展，人類文化精神之次第墮落，一社會文化均有其內在的趨於自毀之勢之理由。若唯此自毀，乃能滌除其罪惡汚穢者然。此猶如生物個體之不免於死亡，如一切有成之物，無不有竭盡其力以歸於自毀之勢。此卽古人所謂一治一亂循環之不可免也。雖然，天下縱無道至極，人殘殺過半，只須無大天災或外力，使一民族消滅；孑遺之人，孳生子息，則出自人之理性之精神理想，仍將昭露而復有文化精神之興起。至人在覺文化精神之墮落之機已見，而挽之於機先，或崩離之勢已成，而救之以其道，則亦可長其治以遠其亂。若乎吾人能知人類文化之本原，而達於性與天道之精微，以時時提起向上之精神，以御文明之末，使分殊而不失於會通，會通而不失於分殊；則長治久安之事，亦當可能。此蓋中國文化之理想，吾人將詳論之於他書。

吾意中國文化之精神於立本以持末，求絕亂源於機先，以撥亂反正，長治久安之道，實高於世界任何民族之文化。中國歷史文化之所以較爲悠久，其故亦在此。唯中國文化過往之成就，仍未能打破一治一亂之循環，於成就人文世界之分殊的多端發展，亦尙有所不足。故其文化雖較能長久，而未極豐富，不免乏精采。在西方希臘羅馬與近世歐洲之文化中，則其人民皆善能分途充達其向上精神于文化之多端發展，以顯精采。顧其精神之向外表現之事，又若皆洩漏無餘，文化多端發展，或使道術散開而分裂。其社會崇尚財富武力之病，亦蓋深于中國。如往而不返，則史賓格勒所預言之崩壞，亦所難免。吾人由是以知人類文化欲長久，當如中國古人之時時注念於人類文化之本原，而提起向上精神。欲救中國文化之淡泊，則宜取之於西方文化，以求文化內容之豐富。此中西文化精神之融合之道，亦即所以開拓人類文化。此道者何道也？即反乎一切文化衰落毀滅之道，反乎人類精神之下墜以求向上之道也。此道之詳細內容如何，吾人今不言之，而由讀者自思之。吾人言之亦不能盡。唯望人人於其自己精神之下墜處，所見文化精神之下墜處，隨處求所以挽救之。而於其自己精神之向上處，一切現實社會與歷史中人類文化精神之向上處，求所以自覺之，保持之，充實之，再進而提升之，普遍化之。吾人之偏重論人類文化之道德理性之基礎，亦卽所以使人自覺人類文化之本原中之向上精神，而挽救文化之下墮之一事。識其善者之可好，卽所以使人惡其所不善，而去其所不善之道。徒惡其不善者，而不自覺眞善者，則人與人唯以相惡其不善爲事，正所以毀人類之文化也。好惡之幾微，而爲用大，不可不察也。故吾書之所重者無他，卽文化本原之淸淨，不可不信也。人性之至善，不可不信也。道德爲一切文化之基礎，不可不信也。人之精神人格，爲人間至貴之物也。人不可不互尊人格，而尤不可不尊特殊之人格，如天才聖賢豪傑之類，以提起精神也。人之傳播其文化理想，不可不出自對人之敬誠也。此皆不可不信者也。又不同文化活動之出於一本，並行不悖，而互相貫通之理，不可忽也。天心至仁之宗教信仰，不可少去也。純粹表現人之超越的精神自我之無私的求眞求美之心之科學哲學文學藝術，不能不爲文化之主也。其無用皆其大用之所存，不可不知也。家庭之情感，爲人之德性表現於人與人間者之始，不可不愼也。政治經濟生產技術與體育軍事法律之文化，皆當所以助人之求眞善美而實現其人性，顯其精神自我，以參贊自然也。而敎育之方，必須使後代之人之創造精神不受壓抑也。吾人之意是，道德不能徒存於內心，而不顯於其他文化。道德徒存於內心，而無形於外者以養之，則不能持久。文化不能只一往向外表現，而必須知其本在人之人性與人格，亦所以顯人性成人格。人有文化之表現，不自覺其本之所在，而忘其本以離其本，卽吾人上所論文化墮落之幾也。人不信天心，則人之精神與人心，徒托於空虛，而天心亦孤懸而搖落。然人徒信天心以絕塵世，則人心亦隨天心以孤懸，而未出於空虛。人不求眞理，則生命精神無四達之門。人徒求眞理則冷漠而無情，而眞理將必徒成人之欲望權力欲之工具，而理亦可殺人。人不求美，則生命精神無潤澤而歸於枯乾。徒求美則浮華而無實。隔岸觀火，而終缺德，美皆可爲光景之玩弄，而成爲好名求愛之工具。據必然之理，以備器致物以成禮樂，求眞之通乎美合乎善者也。欣賞表現感覺形相之美，而知其有超形相的所以美之當然之理存焉，此求美之通乎求眞而善者也。順當然之理以充內形外，此人格之眞與美善之合一。此誠之道也。離眞美之善德，不可通內外，則亦不能爲人羣世界與政治經濟法律敎育之根據。故唯誠之爲道，可以合內外成文化世界之本末，而亦通於天心。天心亦誠而已矣。

夫人類社會文化，徒分則相爲蔽，故惡乎執一而廢百。而社會文化，又不得不分殊發展。故人在世界，當通達而致廣大者其識量；當專一而盡精微者，則對其所從事之文化事業之職責。有識量而能寬容。人相與寬容，人乃各有其自由。如個體人格之尊嚴不立，則人必俯仰隨人，而依順社會文化之習氣，以掩沒其創造精神。或以意見强人之必從，而好名好勢好權之私欲，緣之而起。故個人人格之尊嚴之自覺，對於他人自由之尊重，與保障自由之法律之建立，使人人皆能如康德之所謂成自動自覺之立法者，皆維持社會文化於不墜之骨幹。然人聚處於朝市，其相與酬應之事，日接不暇，則必漸趨於徒具形式之文化活動，順社會文化習氣之流行，而難自拔于流俗，卽不易有創造之文化精神。又人如只知今日之文化，而不能懷往古之文化，則蔽於現實文物之繁複，以趨於精神之分散。而人之家庭生活，與在自然世界之生活，則皆所以益人之天趣，以長養其生機，自拔於人文之積習，與名位權勢私利之欲之外者。夫然，故欲人類文化之發展，不順其自然之勢，以趨於崩壞；則人類社會之組織，皆宜求其分散而不求其集中。人當散處於鄉野，而有懷遠古，樂家庭，與親魚鳥山林之趣；此皆中國古人之能長保其文化於不蔽之一道，而爲今世之人所忽。夫自然之道，固無物不始於本而成於末，末成而終於毀。故不毀之道無他，卽凡所成之末皆返於本，而末皆爲本，斯可致生生之不已。萬物者，依於天地之本之末也。萬物蔽而不相爲通，故其生命活動各具成型而不改。故萬物雖多，可以彰天地之大。而其不相爲通，則無以見天地之和。人之性情無所不通，天心內在於人之本心，故人道立而天地之和見，是天心之本見於人，則本見於末之例也。家庭者生命之本也。古人與古代之歷史者，今之文化之本也。人在洪荒之世，唯見自然，其開闢人文世界，乃在自然中開闢，以鑿自然之混沌。混沌不可不鑿。然無混沌之可鑿，則亦無鑿混沌之創造精神矣。原始之自然界之混沌，吾人不得而見之。然寄情鄉野，恆存魚鳥山林之趣，則可使人彷彿憶起原始之自然界之混沌，而重現吾人鑿混沌開人文之創造精神。則親自然亦創人文之本。然凡此關於今世社會文化之安排計劃，仍可說唯是補偏救弊之方。而補偏救弊之方，恒須唯變所適，不能有詳密之預定。至一切補偏救弊之方之施行，求能曲合事情，仍在人之精神之能一直向上提起。人精神不能一直向上提起，則世間無不弊之文化，亦無不弊之補偏救弊之方。人精神眞一向上提起，則弊之所在，覺卽隨之。才能覺弊，卽求弊之方已見，斯可以眞救弊。陳白沙先生云：「才覺便我大而物小，物盡而我無盡。」程明道先生云：開拓得去，則天地變化，草木蕃；開拓不去，則天地閉，賢人隱。豈僅自然之天地草木爲然，人文世界之天地器物，亦如是。人能使精神一直向上提起，則一切皆由精神主宰，何弊之不可救？知人之本心卽天心，則開天闢地，卽人所任。天之所廢，人將興之。則人之與天爭順逆，人之存亡繼絕之事，尙非將出於情之不容已，而聊以自誌其當然之道；抑且自信其事之必成，其功之必就，先天而天亦弗能違者。是則賴乎人之眞信得其本心卽天心，以知「萬化在乎手宇宙在乎身」，而自强不息，使精神一直向上提起，更無一息之懈弛。則使人文與天地長存不毀之大事因緣，卽實自今日始矣。

索引

索引說明：

一　索引區分爲二部分：㈠人名索引，㈡內容索引。另附外文人名中譯對照表。

二　內容索引以名詞概念爲單位，同一名詞下無特別說明者，僅標明頁數；有特別說明者，該名詞概念用～符號代替。

三　索引以筆劃多少爲序，外文人名中譯對照表順英文字母爲序。

四　索引中所標明的頁數，卽本書每頁兩旁的頁數。

五　本索引編製人林營明。

(一) 人名索引

四劃

五劃

六劃

七　劃

八　劃

九　劃

十 劃

十一劃

十二劃

十三劃

十六劃

十九劃

二十劃

(二) 內容索引

二 劃

三 劃

四 劃

五　劃

六　劃

七　劃

八　劃

九劃

十　劃

十一劃

十二劃

十三劃

十四劃

十五劃

外文人名中譯對照表

Aristotles　亞里士多德

Bentham, J.　邊沁
Bradley, F. H.　勃拉得來

Cassirer, E.　卡西納
Comte, A.　孔德
Croce, B.　克羅采

Dewey, J.　杜威
Dilthey, W.　狄爾泰
Durkheim, E.　涂爾幹

Epicurus　伊壁鳩魯

Feuerbach, L.　佛爾巴哈
Fichte, J. G.　菲希特
Freund, S.　佛洛特
Friedell, E.　佛芮德爾

Hartmann, N.　哈特曼
Hegel, G. W. F.　黑格爾
Hobbes, T.　霍布士
Hoffding, H.　霍夫丁

Hume, D.　休謨
Huntington, E.　亨廷頓

James, W.　詹姆士
Jesus Christ　耶穌

Kant, I.　康德
Keyserling, G. H.　凱薩林

Lipps, T.　利浦斯
Locke, J.　洛克

Marx, K.　馬克思
Mill, J. S.　穆勒

Nietzsche, F. W.　尼采

Plato　柏拉圖

Rickert, H.　利卡脫
Rousseau, J. J.　盧梭
Russell, B.　羅素

Santayana, G.　桑他耶那

文化意識與道德理性

唐君毅著. – 校訂版. – 臺北市：臺灣學生，民 75
面；公分.--(唐君毅全集；卷 20)
含索引

ISBN 957-15-0520-X (平裝)

1.道德

190 82003068

唐君毅全集卷二十
文化意識與道德理性（全一冊）

著作者：唐君毅
出版者：臺灣學生書局
發行人：孫善治
發行所：臺灣學生書局
臺北市和平東路一段一九八號
郵政劃撥戶：〇〇〇二四六六八號
電話：(〇二)二三六三四一五六
傳真：(〇二)二三六三六三三四
E-mail:student.book@msa.hinet.net
http://studentbook.web66.com.tw

本書局登記證字號：行政院新聞局局版北市業字第玖捌壹號

印刷所：宏輝彩色印刷公司
中和市永和路三六三巷四二號
電話：二二二六八八五三

定價：平裝新臺幣四六〇元

西元一九八六年四月全集校訂版
西元二〇〇三年四月二刷

19006

ISBN 957-15-0520-X (平裝)